世界建築經典圖鑑

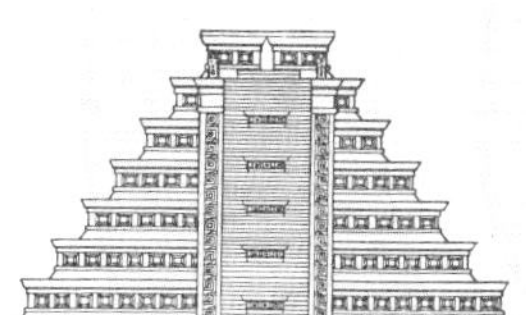

THE GRAMMAR OF ARCHITECTURE

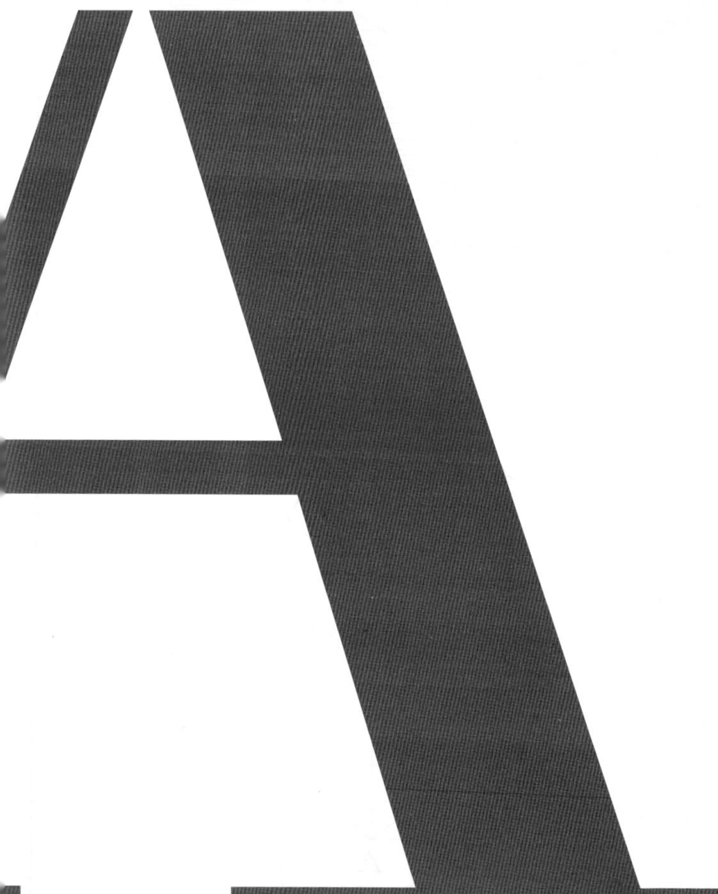

主編｜艾蜜莉・柯爾（Emily Cole）

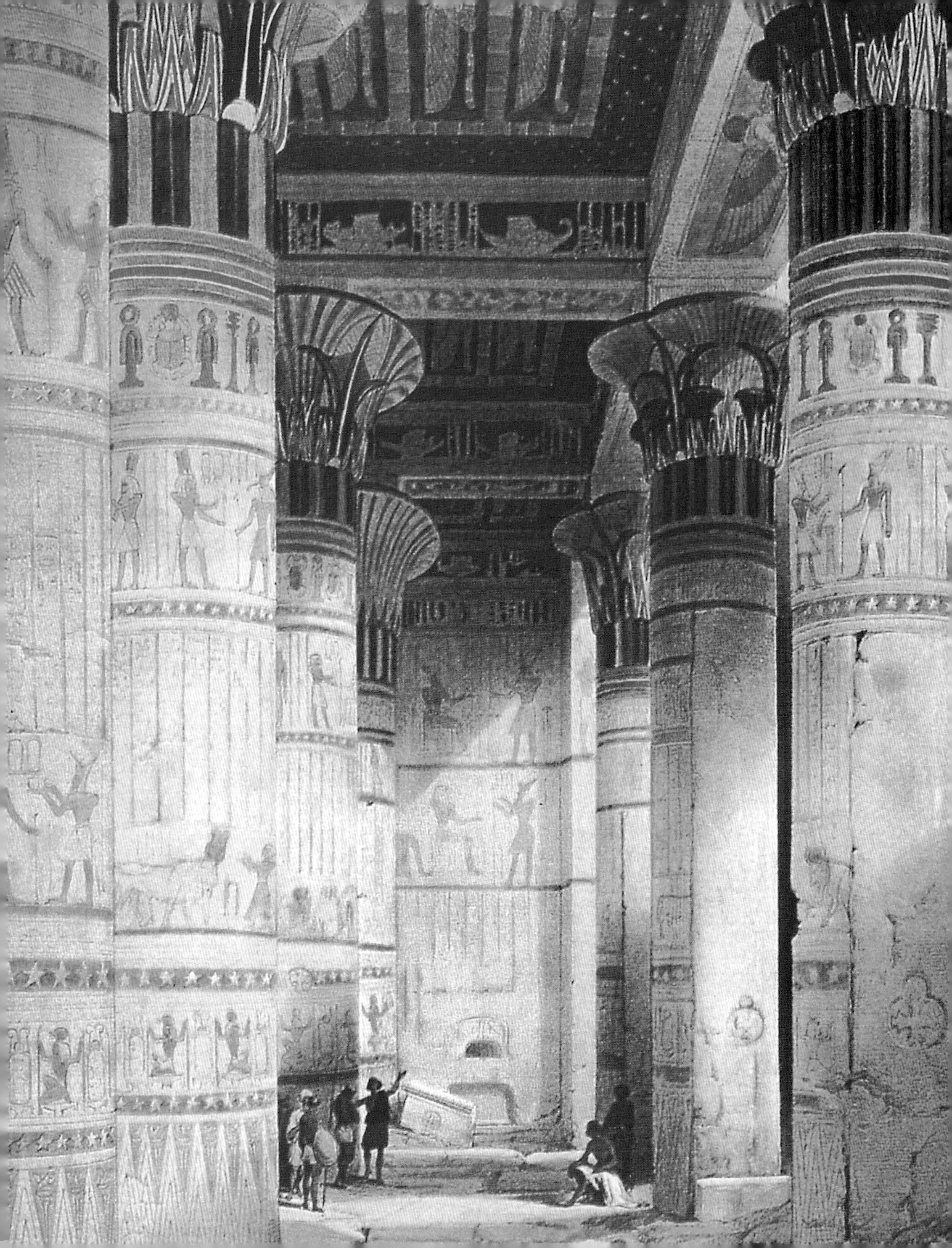

本書作者

◎主編：

＊艾蜜莉・柯爾（EMILY COLE）

建築史專家，目前致力於英國歷史建築遺址研究。

◎各章節協力編撰：

＊菲利帕・貝克（PHILIPPA BAKER）：早期基督教與拜占庭風格

＊蘇西・巴森（SUSIE BARSON）：巴比倫、亞述、波斯；伊斯蘭建築

＊艾蜜莉・柯爾（EMILY COLE）：前古典時期歐洲；早期和古典印度；古希臘

＊瑪麗亞・佛萊明頓（MARIA FLEMINGTON）：新古典主義

＊艾蜜莉・吉（EMILY GEE）：古典日本

＊泰莎・吉勃遜（TESSA GIBSON）：仿羅馬式

＊艾瑪・勞茲（EMMA LAUZE）：古羅馬

＊瑪麗・佩斯克-史密斯（MARY PESKETT-SMITH）：文藝復興

＊艾蜜莉・羅令森（EMILY RAWLINSON）：前哥倫布時期中南美洲；巴洛克和洛可可；帕拉底歐主義

＊詹姆斯・羅斯威（JAMES ROTHWELL）：哥德式

＊莎拉・維德勒（SARAH VIDLER）：古埃及

＊愛麗絲・耶茨（ALICE YATES）：風景如畫主義

＊許易農（XU YINONG，音譯）：古典中國

本書譯者

◎中文主譯者：陳鐫、王方戟

◎協力譯者：趙娟、陳娟、孫放、李巧媚、陳霜

◎校譯：孟瑜、李巧媚、趙娟

◎繁體中文版校譯：吳莉君

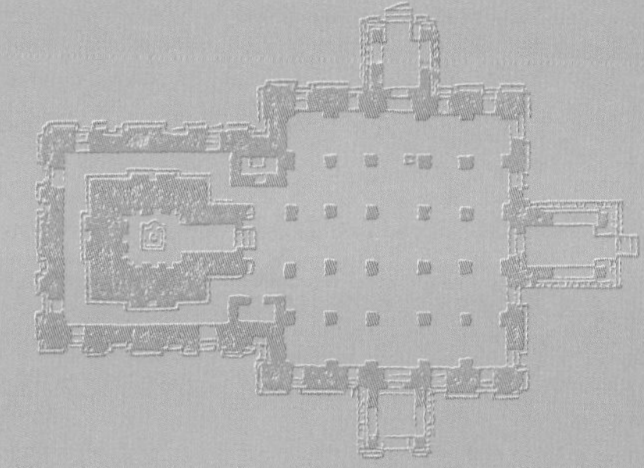

藝術叢書 FI2008C

世界建築經典圖鑑

編者　艾蜜莉·柯爾（Emily Cole）
主譯　陳鐫、王方戟
校譯　吳莉君
版面構成　郭乃嫄
副總編輯　劉麗真
主編　陳逸瑛、顧立平
執行編輯　吳莉君
封面設計　羅心梅

發行人　凃玉雲
出版　臉譜出版
城邦文化事業股份有限公司
台北市中山區民生東路二段 141 號 5 樓
電話：886-2-25007696　傳真：886-2-25001952
發行　英屬蓋曼群島商家庭傳媒股份有限公司城邦分公司
台北市中山區民生東路二段 141 號 11 樓
客服服務專線：886-2-25007718；25007719
24 小時傳真專線：886-2-25001990；25001991
服務時間：週一至週五上午 09:30-12:00；下午 13:30-17:00
劃撥帳號：19863813　戶名：書虫股份有限公司
讀者服務信箱：service@readingclub.com.tw
香港發行所　城邦（香港）出版集團有限公司
香港灣仔駱克道 193 號東超商業中心 1 樓
電話：852-25086231　傳真：852-25789337
E-mail : hkcite@biznetvigator.com
馬新發行所　城邦（馬新）出版集團 Cité (M) Sdn. Bhd.
41, Jalan Radin Anum, Bandar Baru Sri Petaling, 57000 Kuala Lumpur, Malaysia
電話：603-90578822　傳真：603-90576622
E-mail: cite@cite.com.my

二版一刷　2012 年 2 月 7 日
二版三刷　2013 年 7 月23日

城邦讀書花園
www.cite.com.tw

ISBN 978-986-235-138-3

定價：700 元
（本書如有缺頁、破損、倒裝，請寄回更換）

目錄 Contents

前言

《世界建築經典圖鑑》是以大量通俗易懂——對學者和非學者而言皆如此——的建築術語來描繪世界建築長河中最具代表性的一些作品。本書的特殊之處在於它並未採用傳統按字母順序編排的方式，而是以年代為序安排章節，每一章都附有一系列精美的版畫並搭配權威性的文字說明。

這種以年代排列的架構，可幫助讀者從歷史脈絡的角度更清楚地掌握建築的各類元素、形制、技術以及風格。每一章的綜述部分會先勾勒該主題的時代框架，包括宗教、社會、政治和經濟等背景知識，也會含括諸如建築基地、功能、材料和建築師的角色。

本書同時也附有可供讀者快速查閱的建築詞彙表，對正文中提及並加以討論的專業術語予以簡明定義。另外，書中還闢了一個詞彙圖解的單元，介紹古今中外所有建築共通的十大元素：包括圓頂、柱子、塔樓、拱及連拱廊、門道、窗、三角楣及山牆、屋頂、拱頂和樓梯。

本書以古埃及建築為起點，依序描繪了整部世界建築史上相繼誕生的各種主要風格。每種風格的區判標準是根據建築式樣、地區或歷史發展而定。對於某特定風格的代表性建築——例如代表古希臘的帕德嫩神廟，代表拜占庭的聖索菲亞大教堂——會有較為詳盡的介紹。而每種風格在書中所占的篇幅長短，也大致反映了該建築語彙的普及程度。對於那些經過長期鑽研的風格——尤其古典建築（古希臘和古羅馬）和哥德建築——以及較早發展成熟的複雜建築術語，書中也會有篇幅較長的討論。至於其他風格，像是前古典時期的歐洲或前哥倫布時期的中南美洲，則只略加提及，因為直到目前為止我們所能掌握的相關資料仍然不夠明確也不夠專精。

章節中的插圖是用來展現每種風格與眾不同的元素和特色，從樓地板平面到屋頂都包括在內。不可或缺的建築裝飾細節，尤其是插圖的強調重點。

書中所介紹的最後一種風格是 18 世紀末到 19 世紀初的風景如畫主義運動。由於 19 世紀後期和 20 世紀初的建築語言基本上只是一些主題的循環，其程度甚至比先前的幾種風格更為明顯。大部分的傳統術語依然沒變，只是把注意力轉移到建築材料與建造技巧上。比方說，想要了解哥德復興式的建築，只要理解哥德式的建築術語即可；只要理解古埃及的建築術語，同樣也能看懂埃及復興風格的建築。這種範圍上的縮減意味著本書無法自詡為一部綜覽世界建築史的大全，事實上，這樣的工作弗萊徹爵士（Sir Banister Fletcher）在他的《建築史》（*History of Architecture*）中已經做了非常傑出的示範（該書於 1896 年初版，至今仍極具參考價值）。本書試圖打破傳統辭典的窠臼，在建築詞彙的主架構下融入歷史脈絡的說明，並避免過於複雜的建築分析，希望能藉此幫助讀者建立對建築的基本了解與認識。這種編輯取向不僅有利於初學者入門，同時也可為那些渴望獲取更多建築知識的讀者提供必要的訊息。

插圖資料也是本書的一大特色，這些圖片都是從 18 、19 世紀的建築論文和辭典，以及考古學和地形學的相關研究中蒐集而來。這些插圖主要是銅版畫和鋼版畫，其精細準確的程度完全貼合本書的目的和主題。而且從比較廣泛的角度來看，這些插圖也會令我們想起最早對世界建築萌生出廣泛興趣的那個時代。從 19 世紀初開始，隨著印刷術和藝術創作技巧不斷發展，附有插圖的書籍已變得極為普遍，並吸引了形形色色的廣大新讀者。在那個出國旅行遠比今日困難且花費昂貴的年代，地形學的著作為讀者們提供了寶貴的機會，可以一窺遙遠國度的自然風景和建築風尚。本書收錄的許多插圖就是翻印自這類作品，這類作品的編排方式都很類似，插圖說明幾乎就構成所有的正文。看著這些插圖，我們不禁會想起圖中所描繪的建築曾經在建築師、建築愛好者、學者和贊助者之間，激起多大的靈感和迷戀，其中並蘊含了維多利亞時代對於藝術和科學知識孜孜以求的永恆理想。總而言之，這些插圖讓本書顯得更加精美古雅，值得讀者擁有與珍藏。

世界建築經典圖鑑

The Grammar of Architecture

古埃及 *公元前3200—公元前30*

梯形墓

隨著上、下埃及被第一代法老美尼斯所統一，古埃及的建築藝術也在其統治時代迎來了第一個繁榮期。在古王國時期（公元前3200-2680），現存最古老的埃及紀念性建築——梯形墓——出現了。古埃及宗教宣揚人的肉體生命是短暫的，精神生命則永恆不朽，因此，那些紀念永生靈魂的建築就必須永遠屹立。陵墓和神廟因這一信仰而備受重視：陵墓為逝者提供了前往來世的通道，而神廟則是眾神的居所。因此，它們被精心地規劃、設計和裝飾，並達到了審美與實用的巧妙和諧。古埃及人的城市與宮殿早已土崩瓦解，重又歸於塵土，但他們的靈魂之家至今卻仍為現代建築提供無盡的靈感。

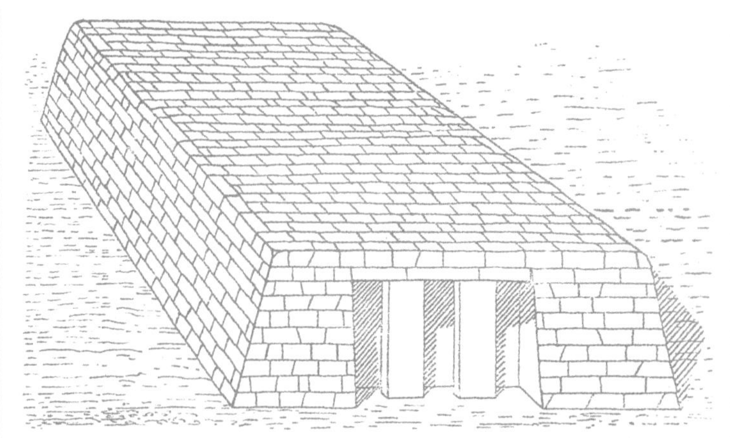

梯形墓

梯形墓是模仿古埃及人的住宅設計的。它看上去像一個形狀規整的土墩，內部有一些小房間，房間底下就是寬大的墓穴。這樣的設計既給死者提供了棲身之所，又為他準備好了來世生活所需的一切。梯形墓通常由粗糙的泥磚砌成的柱子或木柱做為支撐結構，然後用碎石填埋，再圍以泥磚牆。

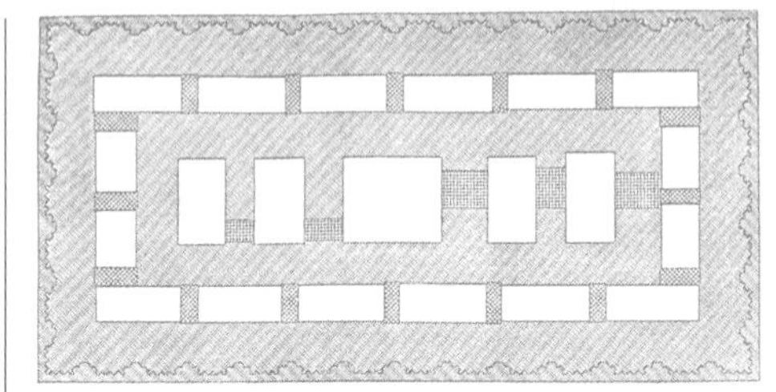

宮殿式立面

古埃及王室梯形墓的立面樣式通常為凹凸相間型。據信，這濫觴於早期宮殿牆面上的木質鑲板。建造這種宮殿式立面，是因為法老的陵墓也正是他的亡靈在世間的居所。宮殿式立面由泥磚砌成，可能是受到兩河流域建築風格的影響。宮殿式立面上通常塗有亮麗的顏色，至今仍可看出鮮豔裝飾的痕跡。

墓室

在第三至第四王朝時期（公元前2780-2565），古埃及人開始轉而關注墳墓的安全問題，此時的建築革新也都集中於梯形墓的內部，其外部則日趨簡化。陵墓主人最終安息的地方——墓室——其位置變深了，位於地下的岩層中，與之相結合，人們還採取了一些保護措施，比如設置吊門。

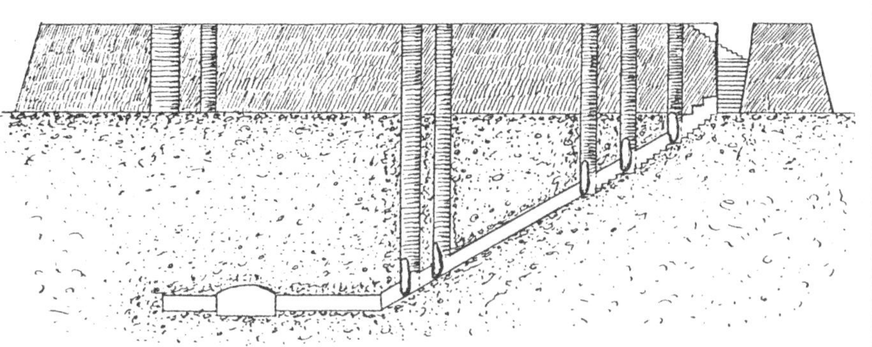

梯形墓墓地

在第四王朝時期（公元前2680-2565），與王室陵墓相關聯的非王室梯形墓墓地逐漸發展起來。這些陵墓的主人多是高級官員（能夠下葬在這種陵墓中可能是法老王所賜予的恩榮）。此外，這些陵墓還配有一個小小的祭堂：通常只是一個簡單的壁龕，內設擺放祭獻亡靈的供品祭台。

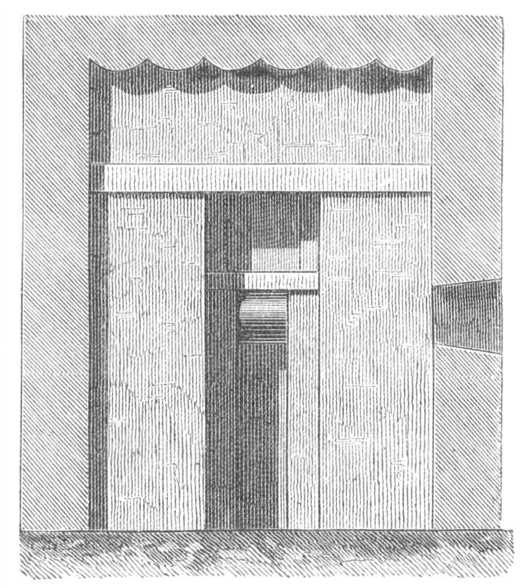

假門

墳墓是亡靈在來世的住所，而假門（在墳墓立面，仿木門樣式建造的泥磚門或石門）則讓陵墓主人的靈魂（古埃及人稱「卡」），能夠隨意出入墳墓。這種「門」多建在墳墓的東側，也就是朝向尼羅河的一側，這樣，亡靈們就能夠沿河「旅遊」了。

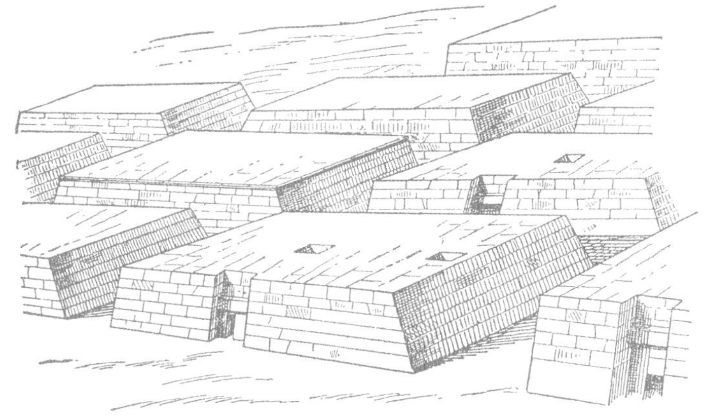

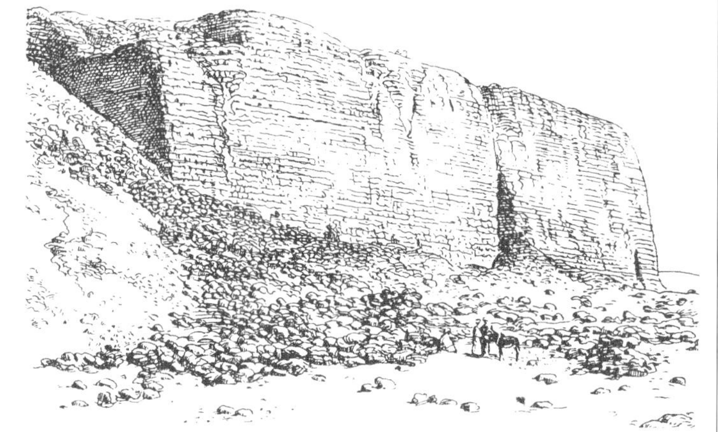

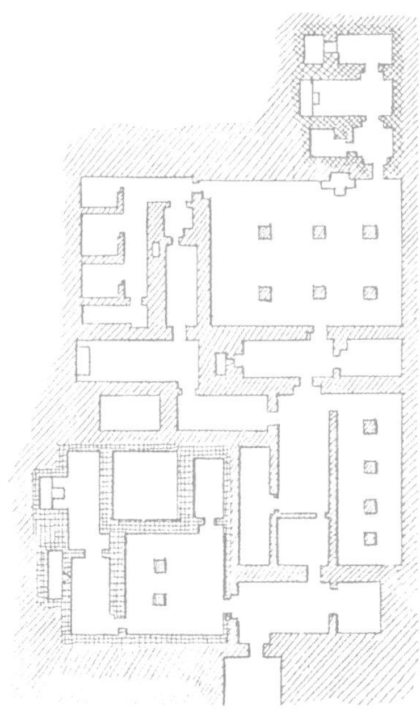

平面圖

結構最為複雜的墳墓中設有許多房間，在為死者提供通往來世之路的同時也為其亡靈創造了周備完整的住所。這些房間裡飾有以日常生活場景及自然界為主題的生動浮雕，將來世描繪為一個與現實埃及平行存在的理想世界。墓中有儲藏室、祭堂、休息處以及用餐區。

泥磚

由泥和麥稈混合製成的泥磚是古埃及標準的家屋建築材料。泥磚非常適合當地的乾燥氣候，兩河流域的人民曾用它建造具紀念性尺度的階梯式通天廟塔。泥磚的採用，使得一些日常工藝技術開始在紀念性建築中得到運用。

古埃及

金字塔

提起古埃及，人們首先想到的就是其獨具特色的金字塔。藉由古代世界七大奇蹟中唯一倖存至今的吉薩古夫大金字塔，這種建築樣式早已為世人所熟知。金字塔首次作為王室陵墓出現是在第三王朝時期（公元前2780-2680），並於第四王朝臻於極善。到了中王國時期（公元前2134-1786），這種王室最鍾情的陵墓建築形式遭到廢棄，並與私人的陵墓合流。內部飾有大量葬禮咒語（也就是「金字塔銘文」）的王室金字塔不僅護衛著死去的法老，也為他提供指引。古埃及人相信，金字塔能讓法老與太陽神「瑞」靠得更近，並與牠共升天堂，而同時擁伴左右的還有其重臣，他們就埋葬於近旁的梯形墓中。

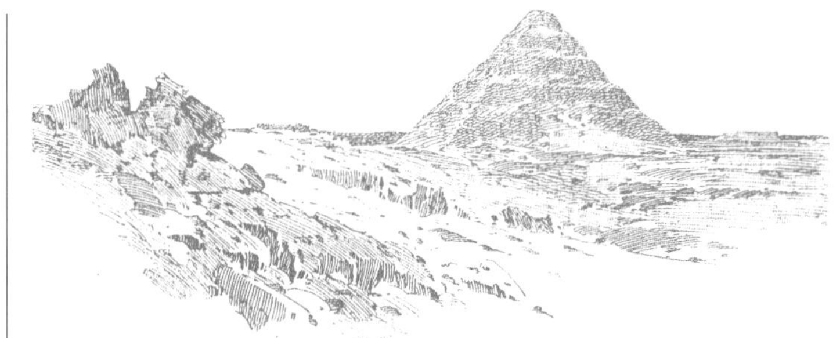

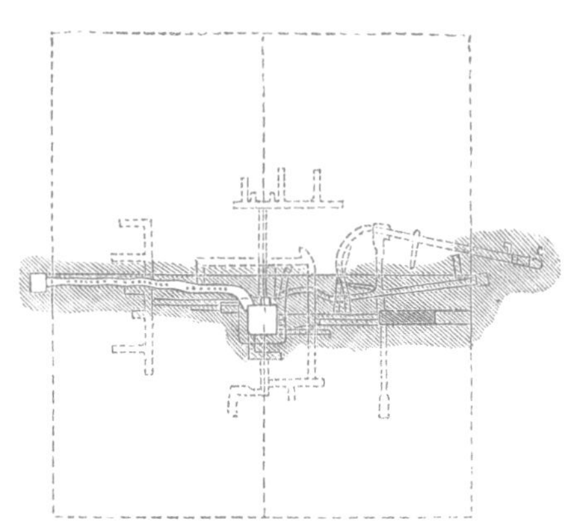

塞加拉階梯式金字塔（約公元前2778）

位於沙漠邊緣的塞加拉，在屬於第三王朝法老左塞的這片陵區內，矗立著最早期的一座金字塔，陵區內還包括了神廟、舉行紀念慶典的建築以及一座仿宮殿建築。階梯式金字塔已被證明是古王國時期最重大的建築革新。而第一座階梯式金字塔的建築師伊姆霍特普，則在此後被奉若神靈。

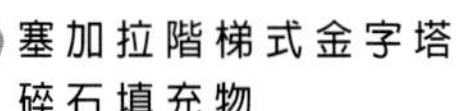

塞加拉階梯式金字塔碎石填充物

該金字塔的地上建築部分是由泥土和碎石所築的六個梯形墓壘疊成級的，整體呈階梯狀，地下墓室則是在基岩中開鑿出來的。墓室表面的石料都經過琢刻，以模仿木頭和蘆葦的材質構造；這也是迄今發現最古老的以石頭為建造材料的紀念性建築。

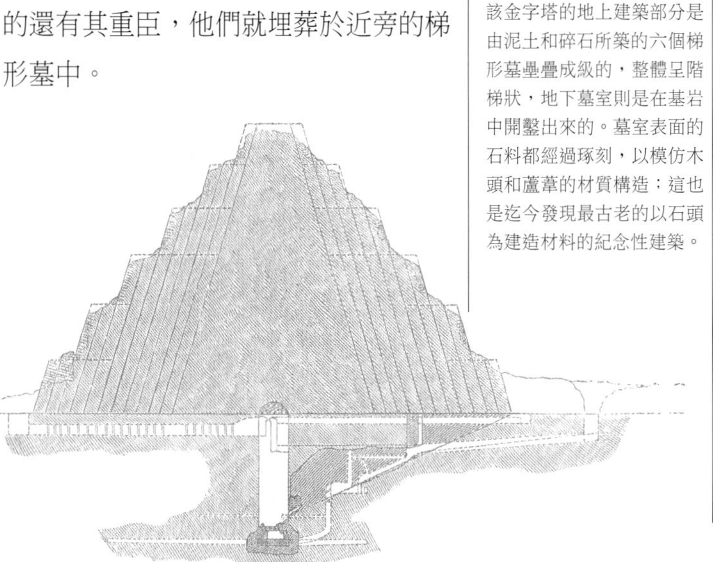

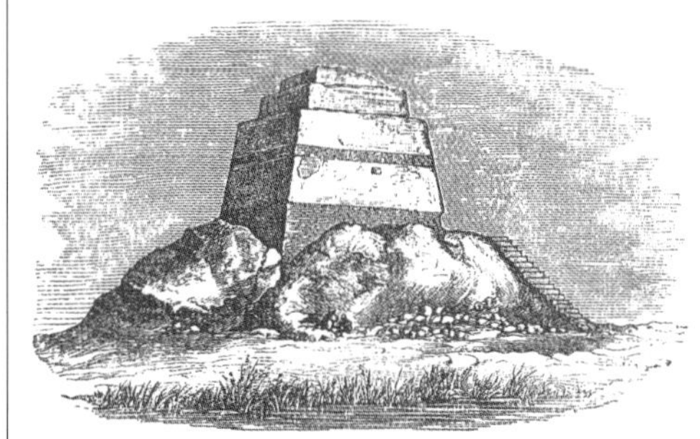

麥登金字塔（第三王朝）

麥登金字塔最初建成時是七級階梯式金字塔，其殘存的構造部分顯示，它由數層厚實的石質構造築成。這座金字塔可能始建於胡尼法老統治時期，直到斯奈夫魯法老時代才告竣工，成為一座具有斜度側邊的真正意義的金字塔。

麥登金字塔橫剖面圖

使麥登金字塔從階梯式金字塔轉化為真正金字塔（儘管該部分現已不復存在）的關鍵在於：在階梯狀基礎構造的表面，再砌上沿一定角度切割的石灰岩石塊，以形成平滑的側面。因此，在墓室之上總共疊壓了八層石質構造。

塞加拉烏納斯金字塔（第六王朝）

這座作為王室陵墓的金字塔與塞加拉的階梯式金字塔毗鄰，但它相對簡單而且建造得也比較粗陋。其最引人注目的特色在於象形文字與圖像（金字塔銘文）等裝飾，它們為亡靈的來世之旅提供指引。

阿布瑟金字塔群（第五王朝）

塞加拉北部的金字塔群由三位法老的金字塔組成，此外還有位於河谷的神廟，負責迎接沿河運送而來的法老遺體，遺體下船後順著堤道運往葬祭殿，並在那裡接受葬入金字塔前最後的獻祭。

達舒爾彎曲金字塔（約公元前2723）

建造於斯奈夫魯法老統治時期的這座金字塔從未後真正使用過。其四側的傾角從54度突然降為35度，因此形成了一道非常明顯的彎折。據推測，這麼做可能是出為了支撐整個上層結構。該金字塔的表面鋪砌石灰岩，墓室有梁托支撐。

烏納斯金字塔吊門

設於通向墓室的通道內的吊門，是為保護死者免受盜墓賊侵擾。巨型花崗岩石板由木架支撐，當木乃伊安置就位後，便將墓道入口的支木撤除，使大石板落下，將陵墓封閉。

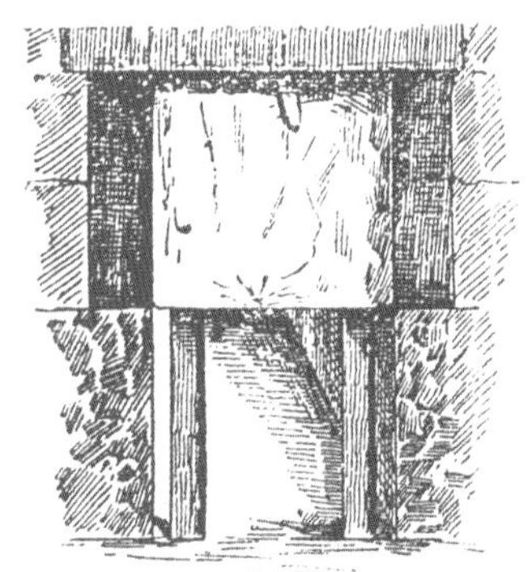

阿比多斯私人金字塔

從中王國時期開始，金字塔逐漸成為一種頗具特色的私人墓葬形式。這類金字塔比較簡單，但也擁有王室陵墓的基本組成部分：一座祭堂和一間為磚砌金字塔所覆蓋的墓室。這類金字塔被廣泛採用，成為當時墓葬的主流形制，甚至超過了人工開鑿的石窟墓。

古埃及

吉薩大金字塔

位於吉薩的第四王朝金字塔群是古埃及金字塔建築的顛峰之作。建於古夫（祖父）、哈夫拉（父親）以及門卡烏拉（兒子）三代法老統治時期的這一金字塔群，涵括了巨型王室陵墓所具備的典型建築特色。為了建造真正的金字塔，成千上萬塊巨石沿河運來，再用滑撬拖至沙漠邊緣。對於這些規模宏大的金字塔及其附屬建築，雖然人們至今尚未弄清古埃及人的真實建造方法與工作方式，但長久以來，它們所引發的有關法老暴虐不仁的故事卻一直流傳不息。古夫大金字塔展示了最純粹的幾何建築形式，至今仍對現代建築具有啟迪意義，像巴黎等城市的當代建築物中，便不乏金字塔的效仿者。

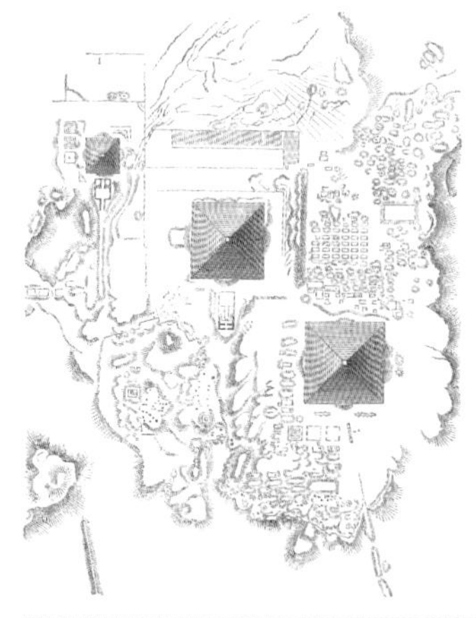

吉薩陵區

吉薩陵區三大最主要的組成部分就是古夫、哈夫拉和門卡烏拉的金字塔，它們坐落於同一條對角軸線上。每座金字塔所附屬的葬祭殿與堤道都位於朝向尼羅河的一側，而在金字塔西側，則是埋葬法老重臣們的梯形墓。

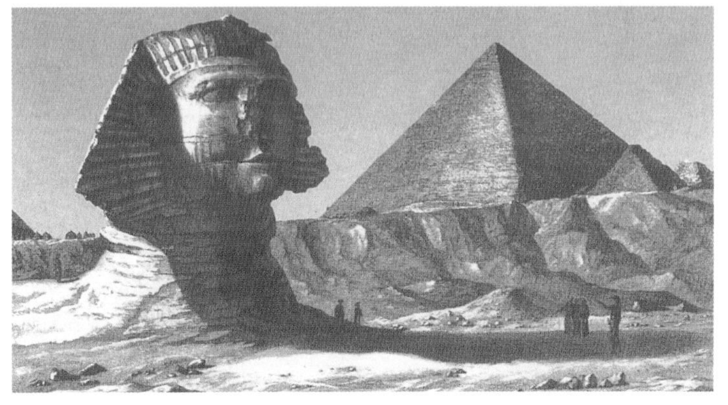

獅身人面像

作為哈夫拉金字塔的附屬建築，獅身人面像是由一整塊露出地面的石灰岩雕鑿而成。獅身人面像結合了獅身與法老的頭部、髮式及假鬍子，是現存最古老的此類雕像的典範，也是法老王陵墓的守護者。

古夫大金字塔走廊

在古夫大金字塔內建有國王墓室、王后墓室與地下墓室，這三個墓室以三條石壁走廊（包括上升走廊和下降走廊）相連，其中最長的一條有100公尺。這些未經裝飾的走廊為法老的亡靈提供了一條神聖的通道。

古夫大金字塔
（公元前2680-2565）

它是三座金字塔中最大的一座，高達146公尺，底面積231平方公尺，占地約5.2公頃。使用的石料還包括當時由域外進口的石灰岩。金字塔兩側各有一個埋著王室之船的坑穴，目的是為了使法老的靈魂能自由旅行。

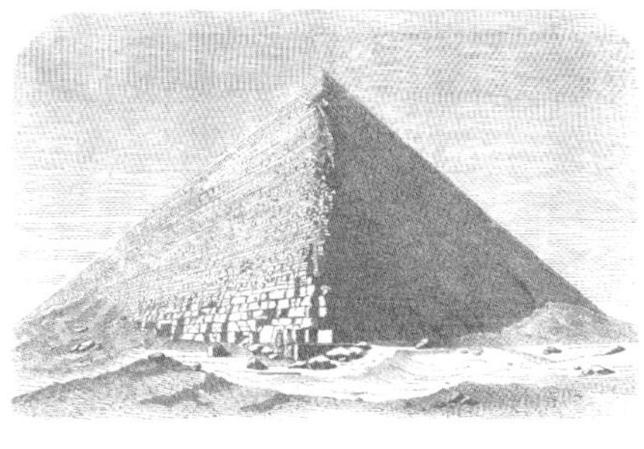

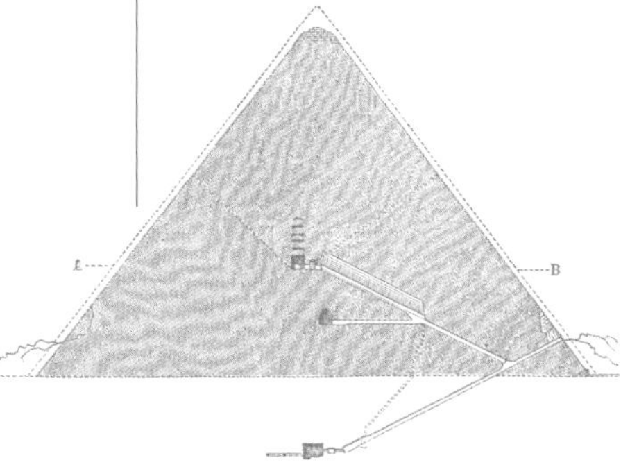

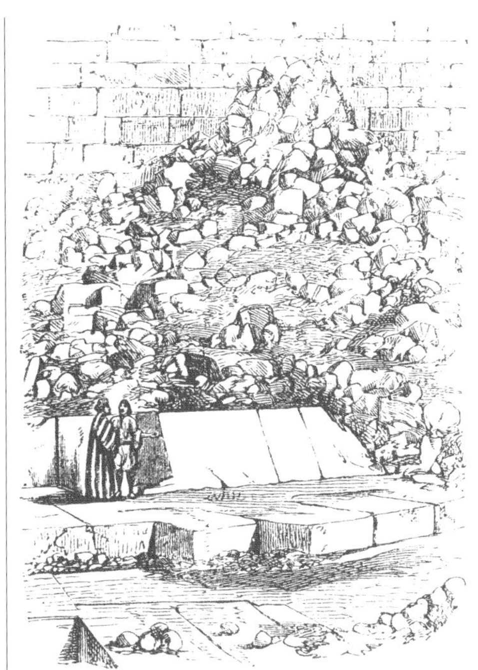

古夫大金字塔外部包砌

古夫大金字塔建成時原本包著一層石灰岩，因此表面潔白平滑，其頂部則是一個「小金字塔」，也就是一塊鍍金的金字塔形巨石，上面還刻有禱文。從金字塔上反射的太陽光芒可能被認為是死去的法老與太陽神「瑞」的聯繫紐帶，並能令整座陵墓顯得光芒四射。

古夫大金字塔墓室

墓室以有吊門保護的前廳與走廊相隔，墓室的頂部共有上下五層，每層又以九塊巨型石板依次疊壓而成。在它們的最上方，是由兩塊減壓石覆蓋的拱頂。有兩條狹窄的通道連接墓室與外界，它們的確切用途尚不得而知。

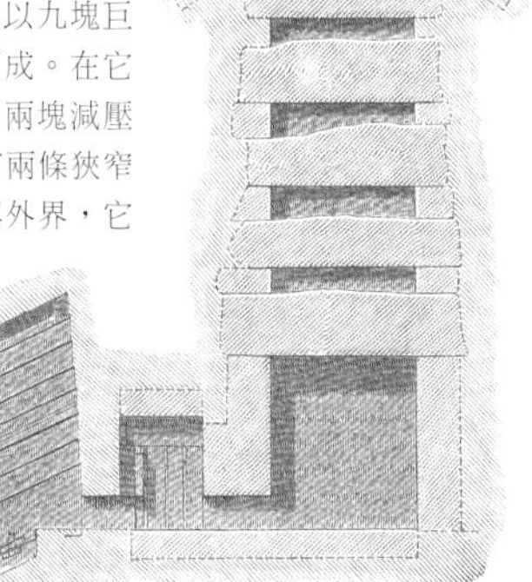

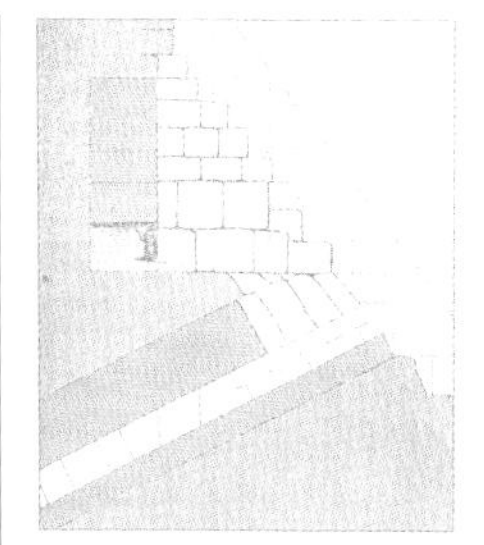

古夫大金字塔結構核心

金字塔的結構核心部分由在當地採挖的成千上萬塊石塊組成。這些石塊的平均重量高達2.5噸。它們完全靠人力運至施工現場，因此，一支浩蕩的勞動大軍是必不可少的。當石料運來後，建造者們還得藉由一層薄薄的石灰沙漿的潤滑作用將巨石移動到位。

古夫大金字塔減壓石

在金字塔入口的頂端有四塊減壓石，它們負載著其上方的絕大部分重量。金字塔的入口是封死的，又被石灰岩塊所包覆，人們從外面根本看不見，這增加了陵墓的安全性。古埃及人對這些石料的使用，顯示出他們懂得將物理知識應用於紀念性建築物的建造中。

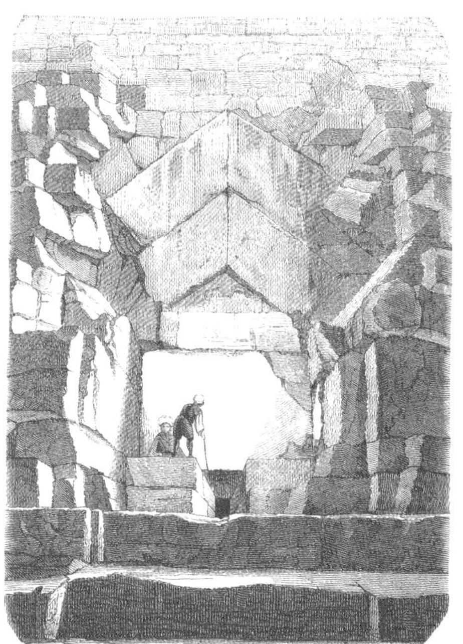

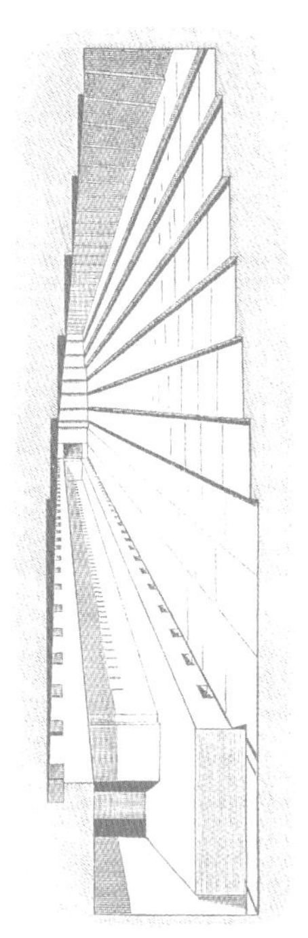

古夫大金字塔疊澀走廊

大走廊通向上下兩層墓室，即有著花崗岩四壁的國王墓室與王后墓室。大走廊內還有七層逐級伸出的凸石，從下往上，層層相承。這道沒有任何裝飾的上升走廊因在構造中連續使用大型巨石，從而增強了該金字塔肅穆內斂的紀念性風格。

古埃及

石窟墓

雖然在古王國時期，金字塔是王室陵寢建築的基本定式，可是到了中王國時期（公元前2134-1786），私人墓葬漸漸捨棄了傳統的梯形墓，轉而採用直接在尼羅河沿岸山丘上開鑿出的石窟墓。很快地，法老們為使其陵寢免遭無時無處不在的盜賊侵擾，也選擇了石窟墓形式。最終，在新王國時期（公元前1570-1085），埃及工匠的石窟墓建造水準已達到顛峰極致，法老們則為建築工匠提供一切所需。選擇底比斯西側的國王谷作為法老陵墓的集中地，可能是因為此處西山的天然形狀頗似金字塔。這些法老陵墓延續了早期墓葬模仿生前生活設施的定規，建造了許許多多的墓室，用以安置死者及貯放陪葬物品。裝飾用的圖畫大多色彩亮麗，其主題涉及日常生活、重要儀典、神話故事乃至葬禮儀式本身。

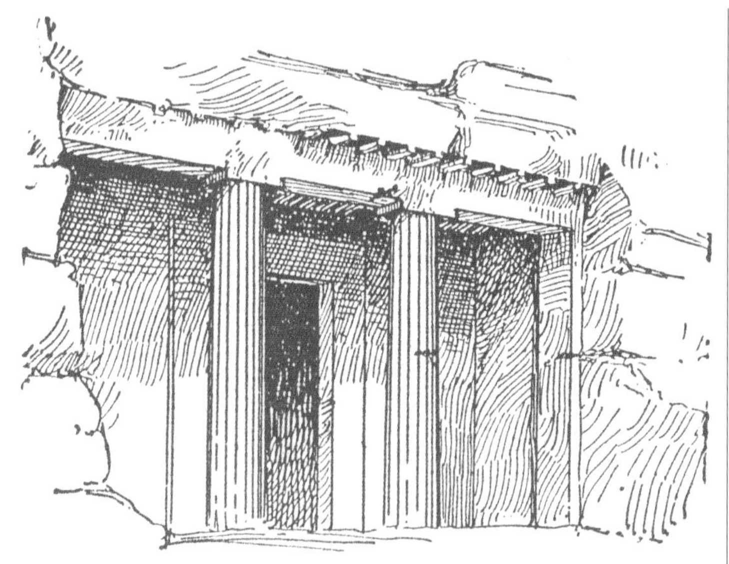

貝尼哈桑柱廊式陵墓入口（公元前2130-1785）

這些建於第十一與第十二王朝的陵墓完全是在岩石上開鑿出來的，陵墓主人都是一些地方官員。面朝日出方向的陵墓入口是仿照門廊的樣子建造的，這種門廊曾出現於中王國時期的典型民居建築中。

貝尼哈桑陵墓平面圖與立面圖

在這張簡單的平面圖上，我們可以看到陵墓入口的兩側各立有一柱，往裡走是一間矩形的墓室，該墓室由四根圓柱支撐，在後牆上還鑿有一座壁龕。墓室的頂棚為平頂或略呈拱頂。入口處是整座墓室唯一的光源。

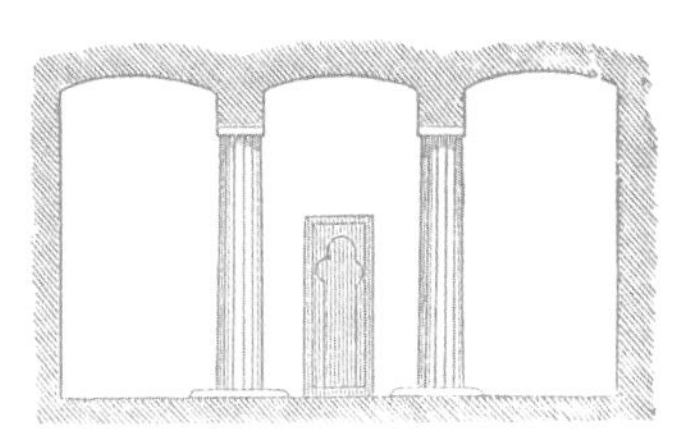

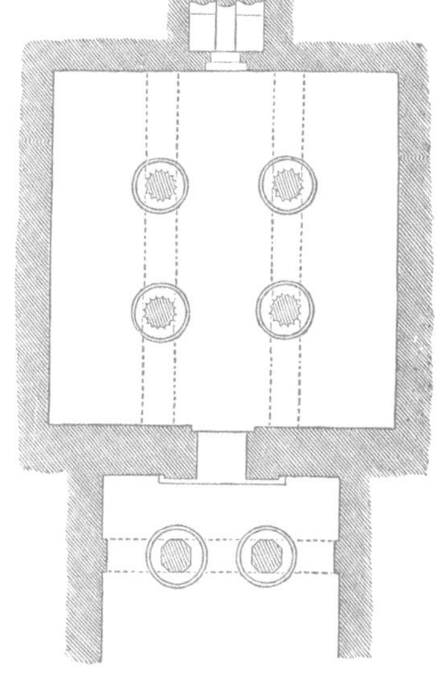

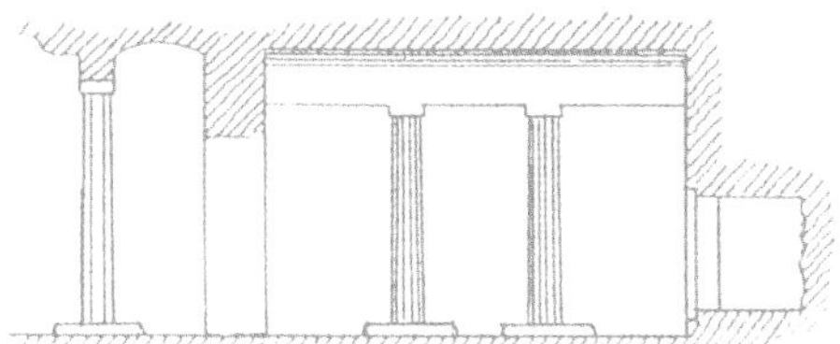

貝尼哈桑柱礎

墓中的立柱都立在巨大的圓形扁平柱礎上，這些略加修飾的柱礎最終成了後世埃及建築中柱礎的標準樣式。

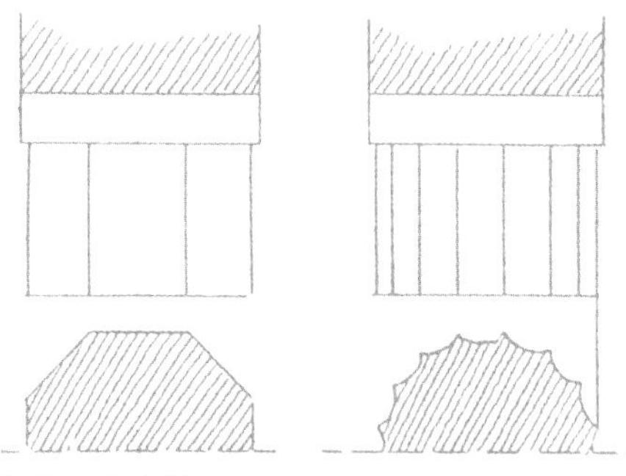

貝尼哈桑立柱

這些立柱基本上都是平面八角形或帶凹槽的十六邊形。採用這種形狀的立柱應該純粹是出自美學上的考慮，以柔滑變化的線條改變傳統四方柱的刻板。立柱由柱基至頂部逐漸變細，頂部除了方形石板或柱頂板外沒有任何柱頭。

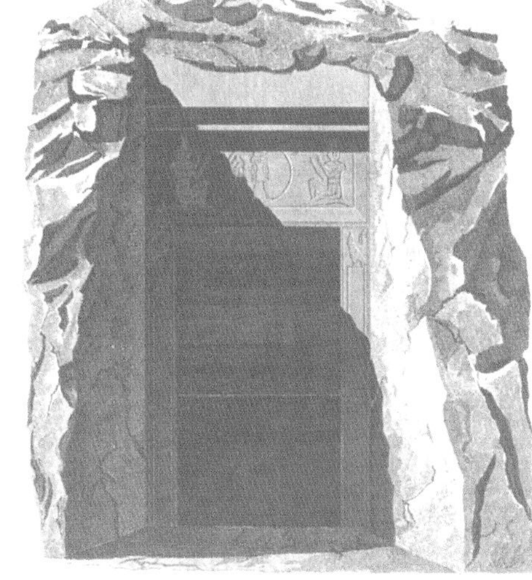

國王谷陵墓入口（公元前1570-1085）

在天然呈金字塔形狀的西山之下，法老們在國王谷的岩床中開鑿自己的陵墓，希望能躲過盜墓賊。這種石窟墓與早先高聳惹眼的金字塔形成鮮明的對照。其中，埋葬著圖坦卡門法老的石窟墓一直封存到二十世紀才被人發掘。

底比斯新王國時期王陵平面圖

最初的王室石窟陵墓形式相對簡單，可到了第十九王朝的拉美西斯家族時代，石窟墓出現了複雜的系列墓室。這些飾有凸浮雕的墓室由通道與樓梯連接，它們的建造者是來自德爾美地納村莊的專門工匠。

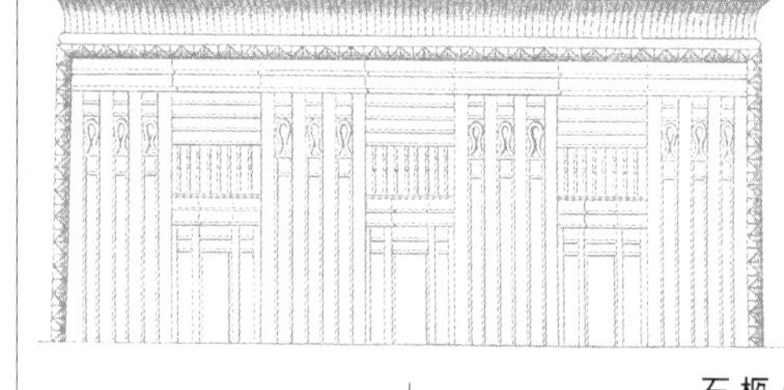

石柩

安放石柩的墓室裝飾得十分奢華。裝著木乃伊的巨大石柩通常由堅硬的花崗岩塊雕鑿而成，石柩上飾有精美的象形圖畫文字，其中許多堪稱具代表性的古埃及藝術傑作。

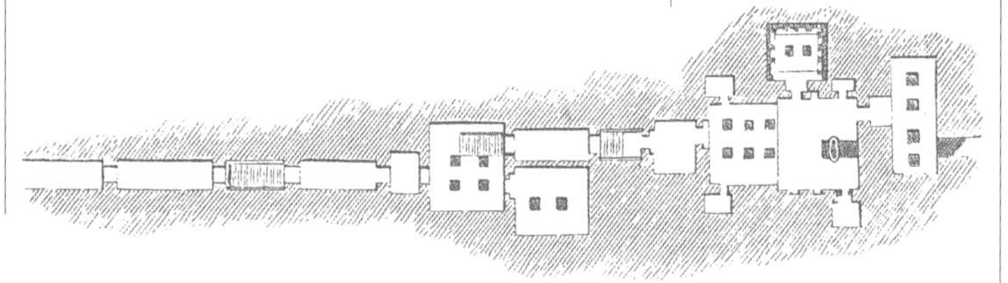

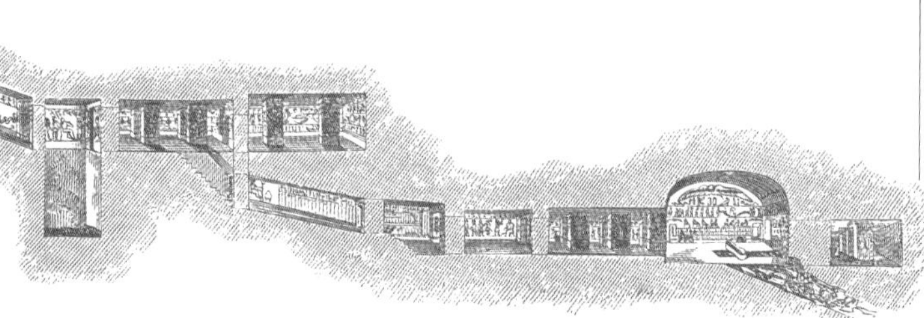

假樓板

陵墓中的其他部分（包括陷阱、假樓板和假墓室）都是為了保護陵墓免遭盜賊破壞。假樓板能將侵入者騙進空蕩蕩的假墓室，而真正的墓室其實就掩藏在他們腳下。

古埃及

神廟

像陵墓一樣，神廟建造也是基於亙久矗立的目的，所以它們多用石頭砌成。作為神明或逝者靈魂的居所，神廟也依照紀念性建築的傳統，模仿世間陽宅建造。這是源於古埃及人關於精神世界與物質世界並行存在的信仰。由於新建的神廟經常會蓋在舊廟基址上，所以早期神廟的遺蹟很少能倖存至今；儘管如此，新王國及希臘一羅馬時期所建的神廟，仍在今天俯瞰著它們四周的現代城區。神廟向民眾展示了法老的權威，法老與這種屬於神靈的公共場所的關係則藉由神廟內所裝飾的圖畫表現出來；這些圖畫大多描繪法老勝利時或虔誠供奉神靈時的情形。神廟也是重要的社會及政治活動中心，在新王國時期，祭司們擁有相當大的權勢，神廟在經濟上也完全獨立，能夠獨自供奉諸神。

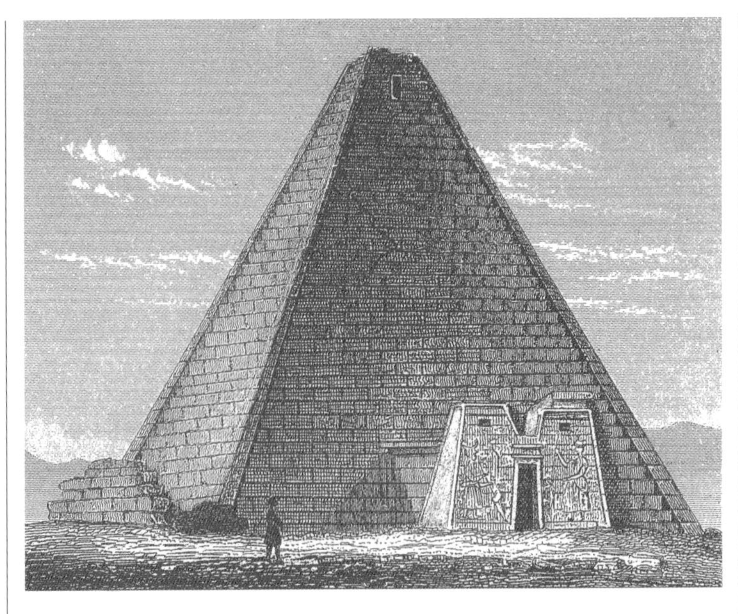

葬祭殿

葬祭殿毗連陵墓而建，是向亡靈獻祭的地方，也是「卡」 的休息之所。與大多數神廟一樣，此類葬祭殿也由入口大廳、庭院、聖殿以及壁龕等基本部分構成。

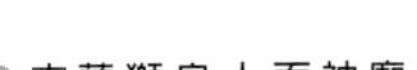

吉薩獅身人面神廟

這座建於獅身人面像旁的神廟是附屬於哈夫拉金字塔的河谷神廟。作為河谷神廟，它是法老木乃伊的下船登岸點，也是在葬禮獻祭與入葬儀式之前接納法老亡靈的地方。

阿布古羅布太陽神廟

太陽神廟是供奉太陽神「瑞」的地方。最華美的太陽神廟建於第五王朝時期。這座神廟由兩組建築組成：河谷建築與地勢較高的廟堂。二者由堤道相建。在阿布古羅布，圍牆環繞中的廟堂內有一座露天中庭，其中矗立著一尊巍峨的方尖碑和一座雪花石膏砌成的大祭壇。

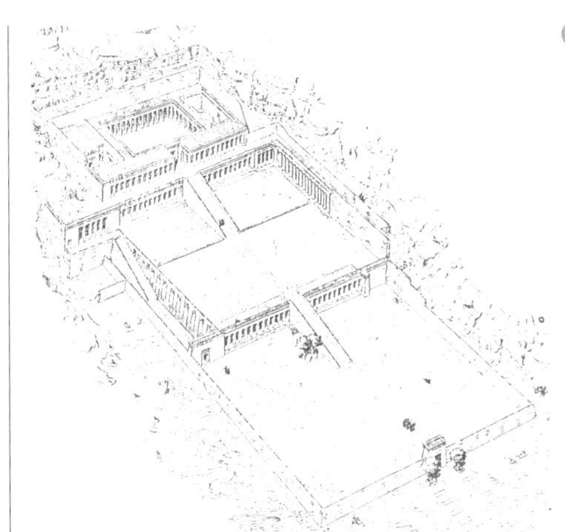

德爾巴哈里的哈特謝普蘇特神廟（第十八王朝）

哈特謝普蘇特神廟最早是一座葬祭殿，但同時也是供奉阿蒙神（主神）的聖殿，此外它還是哈托爾女神（西底比斯守護神）與阿努比斯神（墓地守護神）的聖地。受鄰近較早建成的曼托霍特普二世葬祭殿的影響，哈特謝普蘇特神廟採用了較獨特的階梯式露台。這座位於西山腳下的神廟不僅有獨立建築的元素，也有鑿岩建築的特色。

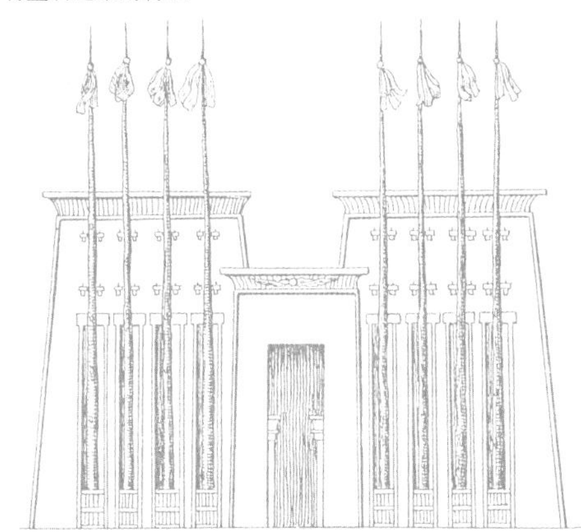

塔門

塔門，顧名思義就是坐落於神廟大門兩側的石砌梯形高塔，其塔身微微內傾，塔頂則有簷口外挑。塔門飾有精美的浮雕，正面內容多為政治宣傳，背面則描繪宗教儀式。塔門的前方通常立有巨型石像，塔身鑿刻有用以固定旗杆與旗幟的凹槽。

拉美西斯二世葬祭殿（公元前1279）

拉美西斯二世的葬祭殿展示了一種對於傳統樣式的回歸，整座建築包括了塔門、中庭、多柱式建築（見23頁）以及聖殿。建築設計的焦點集中在對已故法老的崇拜。

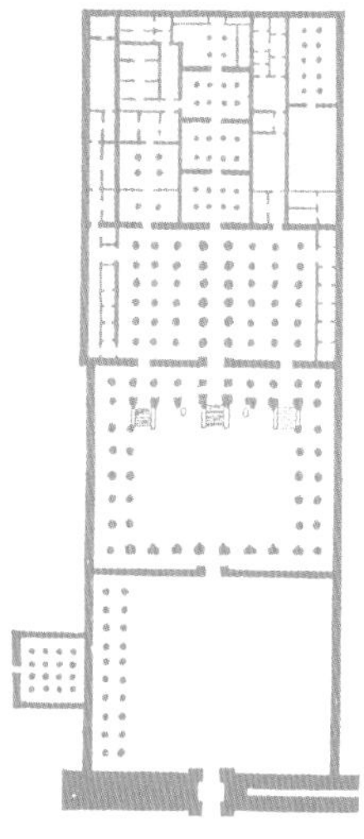

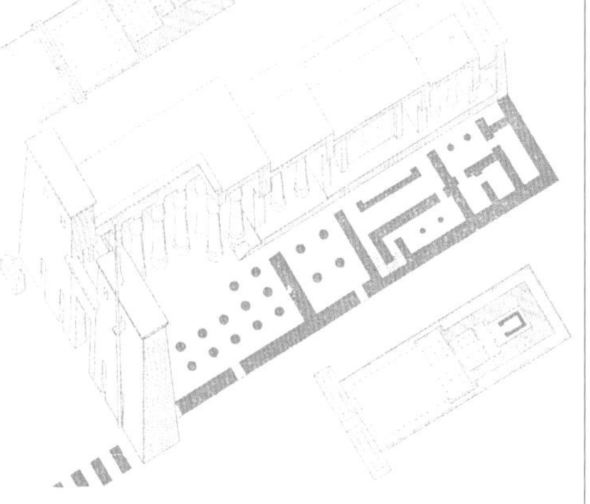

巨型石像

巨型石像是由一整塊石體鑿刻而成，雕刻的對象是已被奉為神明的法老。法老的姿勢或站或坐，頭戴上埃及與下埃及的王冠或帝王專用的頭飾。這些石像通常位於新王國時期的神廟前，其重量可達上千噸。

祭祀神廟（新王國時期）

神廟是對埃及起源神話的建築演繹。其圍牆暗指宇宙混沌時代泱泱大水的邊緣，而造在升高地面上的聖殿則象徵了最初建立埃及的那塊高地。

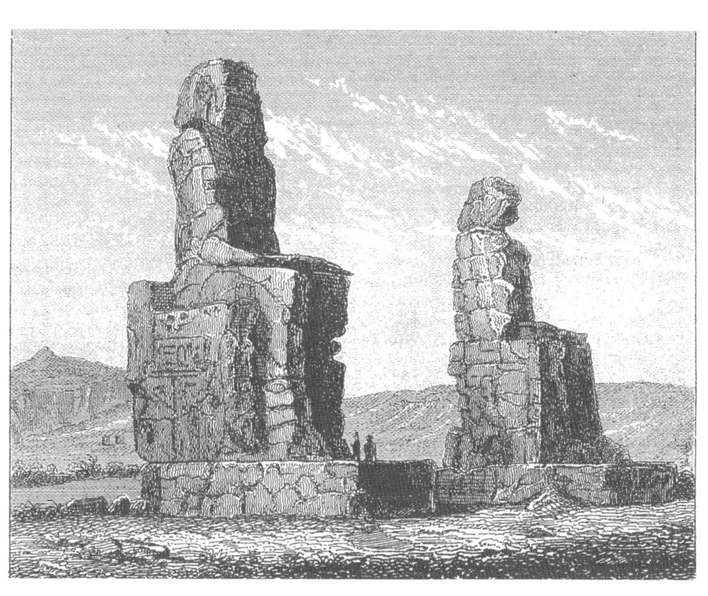

古埃及

底比斯卡納克神廟

卡納克神廟建造在底比斯的尼羅河東岸，是膜拜諸神之王阿蒙神的中心聖地。這裡同樣也是新王國時期整個埃及的宗教中心，這可能與王室墓地選址於底比斯西岸有關。作為古代世界規模最宏大的宗教建築群，卡納克神廟在很長一段時間中不斷由歷代法老加以擴建，他們想藉由使神廟更加宏偉、更有權勢，來回報神明的護佑。不過到了阿瑪爾那改革時期（公元前1570-1314），為了削弱祭司們的權勢，王國遷都於埃及中部，並設立了一種新的宗教。可是，隨著阿肯那頓法老的去世，舊的秩序很快又重新恢復起來，卡納克神廟也得以再度繁盛。新王國時期，神廟的規模越來越大，氣勢也越來越恢弘，但已不再對全體平民開放了。

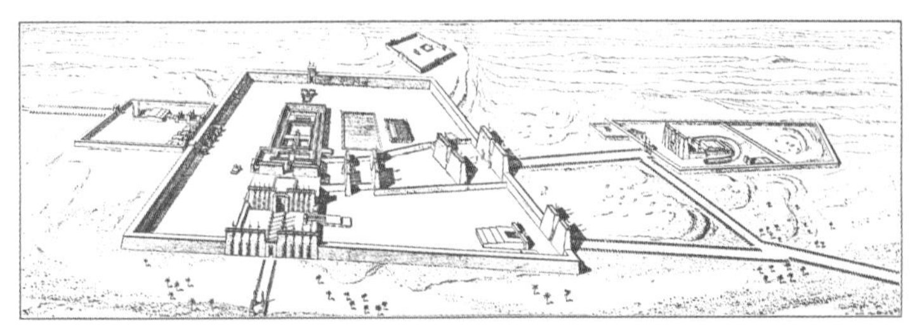

神廟建築群

主廟的周圍是附屬的聖湖、廟宇、住房、教育中心以及輔助建築。整個卡納克神廟建築群構成了底比斯城的宗教與社會活動中心。神廟如今已取代金字塔成為紀念活動的核心，尤以供奉阿蒙、穆特與孔蘇三神的卡納克神廟最為至尊無上。

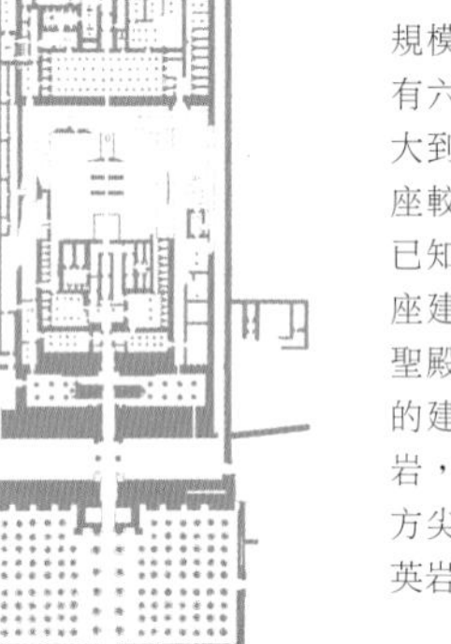

神廟平面圖

規模宏大的卡納克神廟中有六座塔門，其第一中庭大到足以完全包容南邊一座較小的神廟，此外還有已知最大的多柱廳以及一座建於中王國時期的古老聖殿。卡納克神廟最主要的建築材料是砂岩和石灰岩，而點綴其間的雕刻與方尖碑則使用花崗岩和石英岩。

泥坡道

神廟第一塔門右側後方的遺蹟正是建造與修飾這座塔門時所用的泥坡道的殘址。當年，泥坡道隨著塔門的建造而逐漸壘高，然後再漸次拆除，使藝術家得以自上而下地對石砌塔門進行裝飾工作。

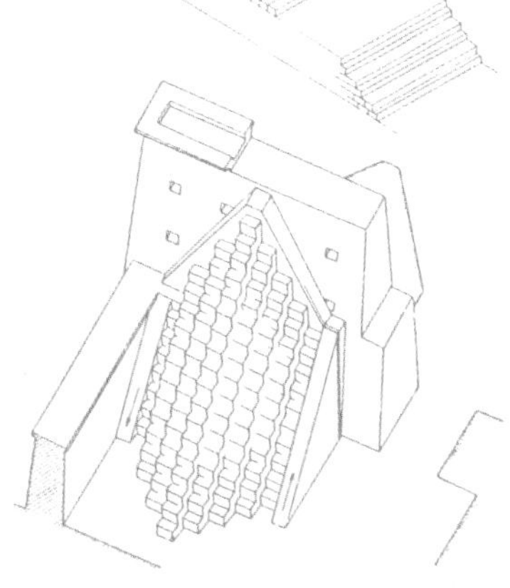

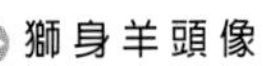

獅身羊頭像

一組按宗教儀式排列的獅身羊頭像指引著神廟入口方向，它們為那些進入神廟、升往仙界的靈魂提供庇佑。這尊雕像展現了有著公羊頭的獅子用牠的一對前爪護住法老—公羊是阿蒙神的一種顯形。

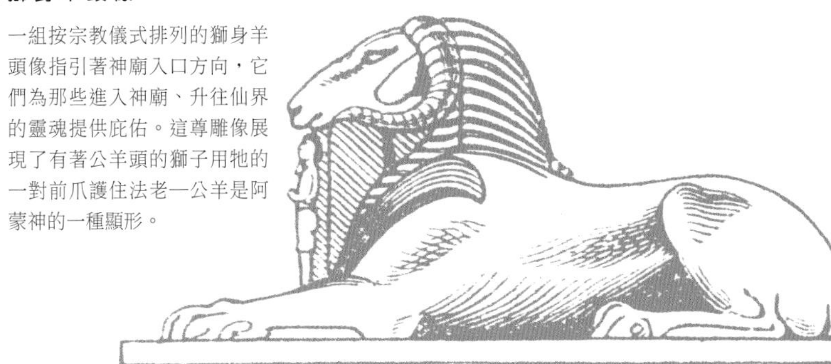

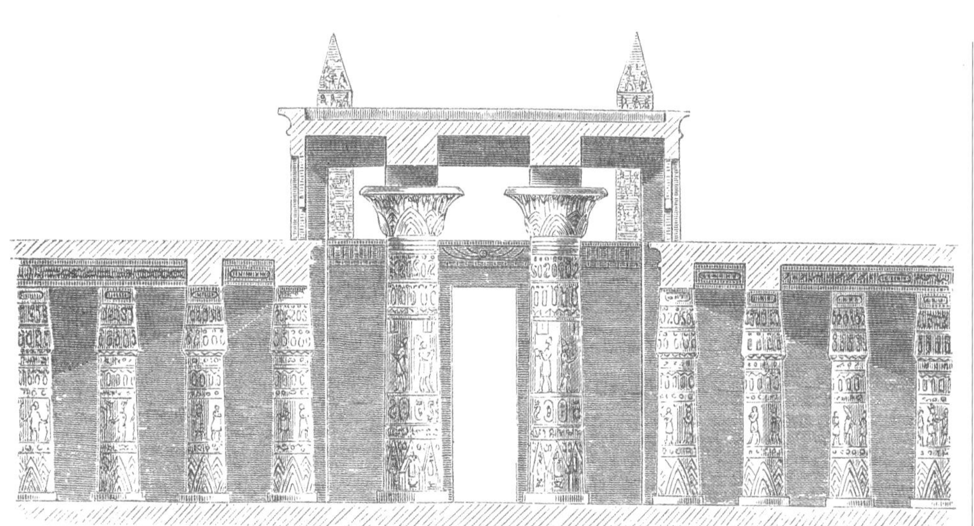

方尖碑

方尖碑展現了新王國時期的建築技術成就。其巨大的方形柱身逐漸收縮為頂端尖尖的一點，材質通常為花崗岩，一般重達350噸。方尖碑是運往神廟後再就地進行裝飾雕琢。那些十八王朝時期最為精美絕倫的方尖碑，甚至還鑲有向太陽神「瑞」表示敬畏的金質象形文字。

柱頭

在紀念性建築中，模仿植物形態（紙莎草、蓮花以及棕櫚葉）的柱頭隨處可見。一般認為這種柱頭形式的靈感是源於遠古時期用蘆葦搭建的神廟。除了柱頭雕刻採用植物形態之外，這些石柱還以雕刻或繪畫手法大量裝飾了象形文字銘文、典禮場景以及自然界主題的圖案。

多柱廳

卡納神廟的多柱廳（有多列柱子支撐的封頂建築）內共有134根石柱，共同支撐由巨大石板構成的殿頂。這座大殿建於拉美西斯二世時期（公元前1279-1213），大廳的中央廊道由較高聳紙莎草柱頭的石柱圍成，兩側則排列著較矮的石柱，柱頭雕飾為蓮花。這樣的安排是為了使廊道部分的頂棚高出其餘部分的殿頂，好讓窗子開設在高低兩層天頂的錯落之處。

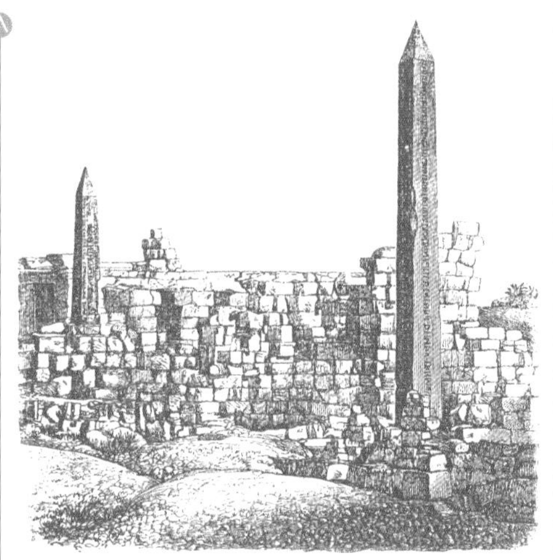

孔蘇神廟（約公元前1198）

這座專為孔蘇（阿蒙與穆特之子）修建的神廟沿襲了新王國時期祭祀神廟的建築樣式：地面隨一系列的台階而逐級升高，與此同時頂棚卻漸次降低，直至最裡面的聖殿。由此而產生的一種不斷加深的隱密感向人昭示：聖殿不得隨意進入，只有祭司和法老才有資格進入聖殿。

古埃及

努比亞邊境

與埃及南部邊疆接壤的努比亞對埃及的經濟與政治軍事具有非同一般的意義。努比亞盛產黃金與石料，埃及正是因為成功控制了這些資源而成為古代世界的主要強國。坐落在邊境地帶的阿斯旺城是當時重要的花崗岩開採基地，而那些深入南部地區的探險者則為法老帶回異邦的稀罕礦石與奇花異獸。古埃及在努比亞建造神廟、劃定領地，並且有證據顯示，這一地區的人民也奉行埃及當時的法律規章。到了中王國時期，埃及人設立了邊境前哨或稱「要塞」，以保護進口貿易的安全，並可維繫整個地區的往來。最終，在新王國時期，努比亞地區成為了埃及帝國的一個省，陵墓中的壁畫上也開始出現深膚色的努比亞人形象。

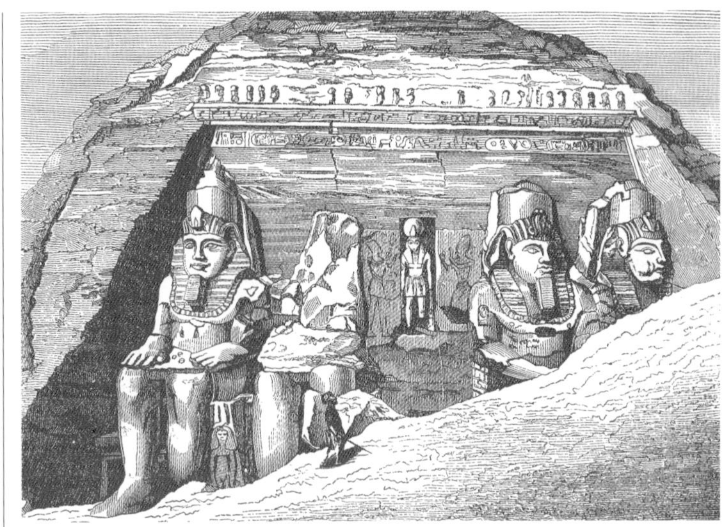

下努比亞阿布辛貝神廟（約公元前1260）

這座建於拉美西斯二世統治時期的葬祭殿是在阿布辛貝的一處粉紅色砂岩峭壁上開鑿出來的。神廟的正面呈塔門狀，朝向東方，其前方有四座巨大的國王雕像。這些備受尊崇的國王表情安詳；國王像的中央位置是鷹首人身的太陽神「瑞」的雕像，頭頂上則為一排正為日出歡呼的狒狒刻像。

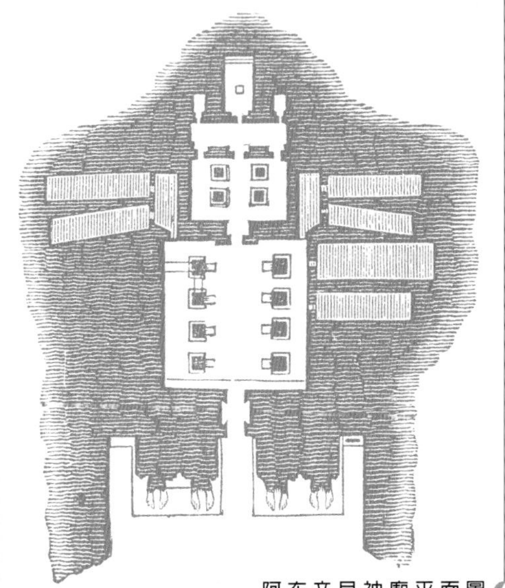

阿布辛貝神廟平面圖

巨大的國王雕像的正中是一條狹窄的通道，通向一座較為寬闊的多柱廳。大廳的後面是壁龕，龕內供奉著埃及三大主神的雕像，以及與牠們平起平坐的國王雕像。這些雕像面朝東方，而且，每到拉美西斯二世誕辰那天，陽光恰好會照射在他和阿蒙神的雕像上。與多柱廳毗連的是一些狹窄的石室，應該是供倉儲之用。

阿布辛貝神廟橫剖面圖

阿布辛貝神廟深嵌於砂岩峭壁之中，其建築樣式延續了底比斯神廟的傳統，但就其規模和粗率的施工而言，這座神廟的設計意圖顯然更注重表面的影響而非實用性。神廟的裝飾多集中於表現埃及與北方強國西台的卡疊什之役，以及法老們與神明之間的緊密關係。凡以種種都是為了以具象的方式展現法老的軍事實力、他們的神聖不容侵犯，以及主導自然萬物的統治權威。

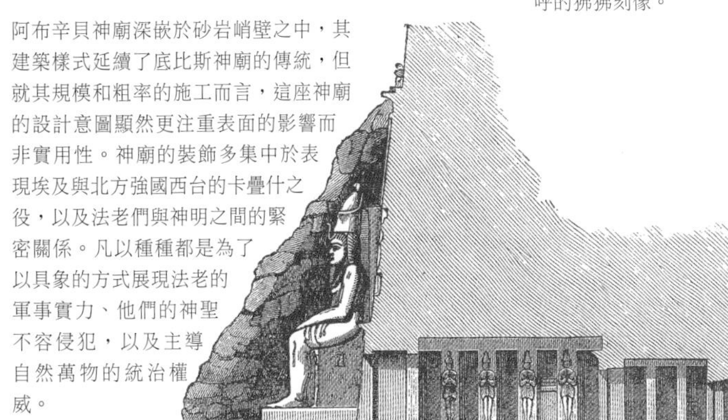

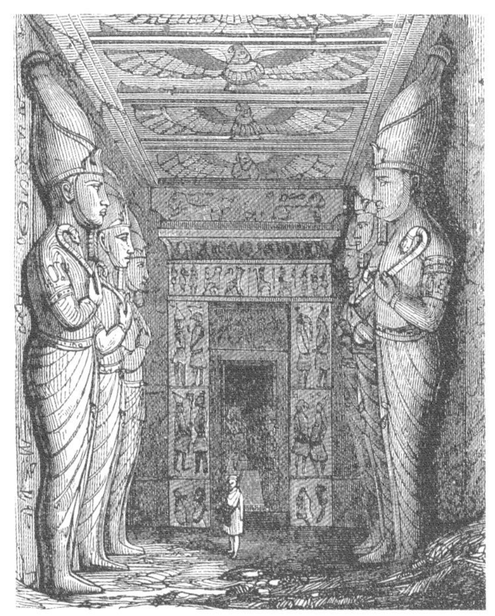

阿布辛貝神廟奧塞里斯神柱

在多柱廳內，有八根方形石柱支撐著八尊拉美西斯二世的雕像，雕刻以奧塞里斯神的形象出現。奧塞里斯神為蠻荒一片的埃及帶來了文明，他還是亡靈世界的國王。對奧塞里斯神的崇拜活動於新王國時期復甦。在阿布辛貝神廟中，這些雕像的鬍鬚是直的（生命的象徵），而非死亡之神的那種彎曲的鬍子；雕像戴的是奧塞里斯神與眾不同的王冠，顯示出拉美西斯二世畢生都想讓自己受到永世的崇拜。

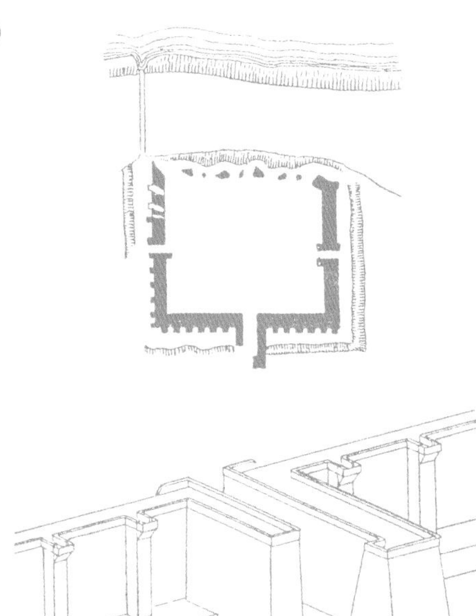

布亨要塞入口

在布亨，考古學者發掘要塞西側的入口遺址，由此即可進入圍牆內的中心要塞。在其向外突出的入口端頭還有一段凸壁，再加上特意建造的女兒牆，這個入口能夠有效地監控交通往來，並保障整座要塞的安全。甚至可以說，這個狹窄的要塞入口本身就足以抵抗住任何大規模的攻擊。

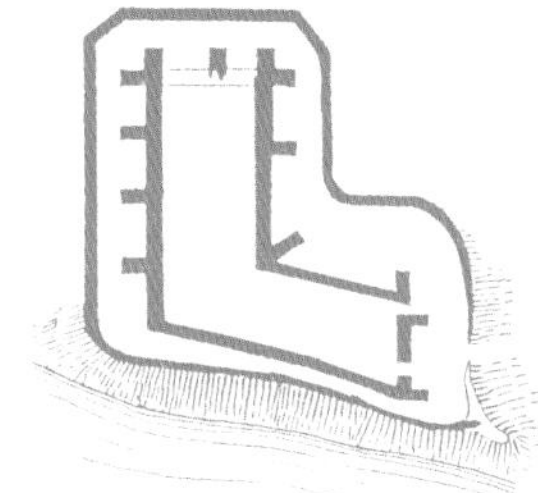

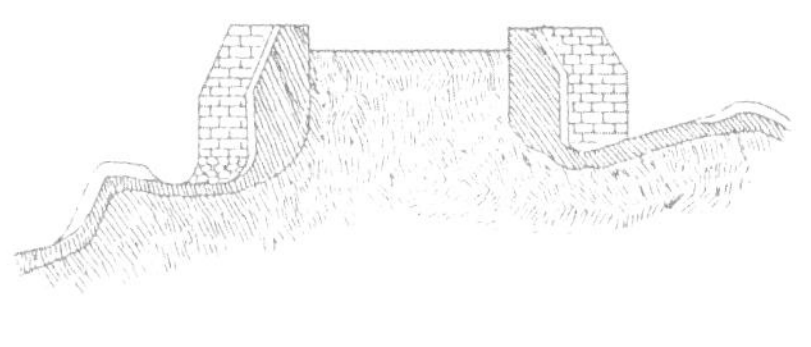

塞姆那要塞（第十二王朝）

從第二瀑布附近的布亨直到塞姆那的尼羅河河段長60公里，其間沿河建了至少有八座要塞，都是用泥磚和石料壘砌而成的。其中最南端的兩座要塞是以泥磚為核，外面包砌著石料。它們屹立於尼羅河兩岸，守衛著古埃及的國土邊境。而為要塞駐防部隊提供服務的小鎮，也有圍牆包繞以資保護。

雉堞

此時的要塞與小鎮圍牆都已具備了一些後世歐洲城堡的特徵。牆上的雉堞使得弓箭手們可以交替使用這些鋸齒狀的缺口，城壕與胸牆則提高了建築的防禦性。這些要塞在中王國時期為那些前來努比亞開採礦石的人們提供了庇護，同時也強化了法老們在南部地區的軍事存在。

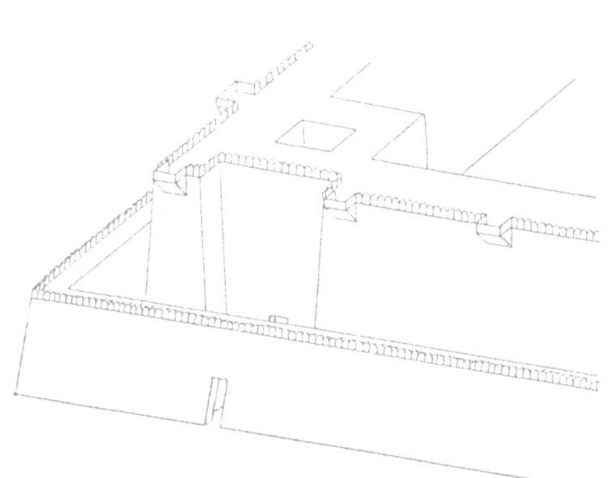

古埃及

希臘羅馬式神廟

在托勒密王朝時期（公元前305-30），埃及的希臘羅馬式建築發展達到頂峰。在異族的統治下，古埃及的建築式樣與傳統理念都得到復興，當然，根本性的變革還是不可避免。此時的埃及神廟變得光線幽暗，籠罩在神秘之中，相比之下，反而是新王國時期的神廟更顯開放，且宏偉富麗得多。不過大規模的營建計畫畢竟使許多神廟得到了重建或擴增，而埃及人的宗教信仰也和外來統治者的信仰一樣得到了延續。基本的建築要素與空間格局形制得到保留，同時又增加了希臘式的門廊與獨立的中央聖殿。在後繼諸王的時代，神廟依然擁有強大的社會功能，並因而成為所在城鎮的核心，當局並賦予它行政及經濟（當然也包括宗教）上的價值。

伊德富神廟平面圖

這座砂岩神廟的設計複雜卻又不失流暢感。塔門有階梯迴繞，拾級而上便能登上塔頂。進入大門，在一個巨大的庭院後，依次是前廊、多柱廳、前廳與最深處的獨立聖殿；在聖殿四周是一圈走廊。廟內裝飾的銘文宣稱這座神廟乃依古制而建，再次強調了這裡是舉行祭禮活動的神聖場所。

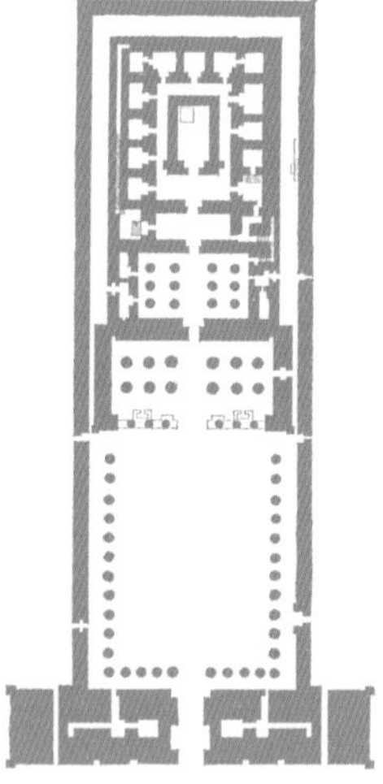

庭院

在神廟第一塔門入口處的正上方，雕刻著一輪生有雙翼的太陽，它象徵著貝底特神（世界的創造者與守護者）。穿過入口，拜謁者便進入了一個柱廊環繞的庭院。庭院中以明快色彩精心描繪的柱頭和化身為獵鷹的何露斯神巨型雕像，為整座神廟增添一種令人印象深刻的公共性。

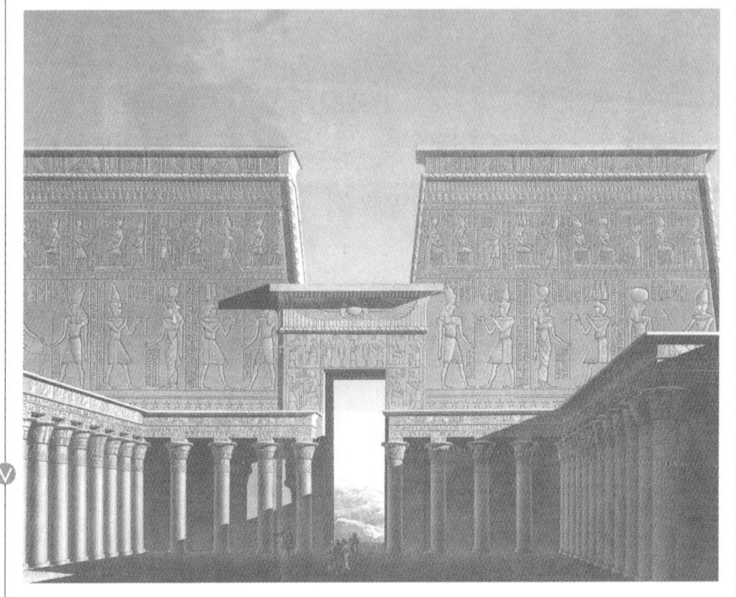

伊德富神廟橫剖面圖（約公元前130）

作為最完整的一座希臘羅馬式神廟，伊德富神廟是為供奉鷹神何露斯而建的。整個工程延續了一百八十年，因此，在這座神廟中，你可以找到這一時段內幾乎所有的典型建築要素：斷梁門道、精巧的列柱柱頭、橫貫多柱廳的屏擋牆，以及用於舉行宗教儀式的屋頂。

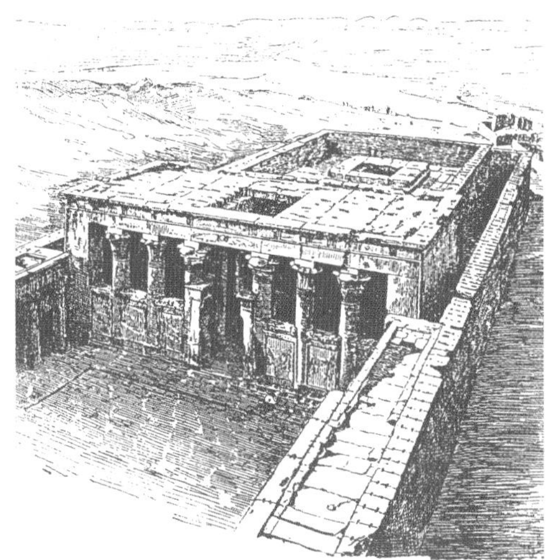

伊德富神廟希臘式前廊

希臘式前廊，亦稱作「寶座前的大廳」，是神廟的圓柱式前廳，以及所供奉神明「居所」的入口處。在伊德富神廟的希臘式前廊中，一堵屏擋牆之後是三排圓柱，每排六根。屋頂的一孔天窗是此處唯一的光源，透射而入的光線令前廊成了外部物質世界與內部靈魂世界之間的轉換交會之所。

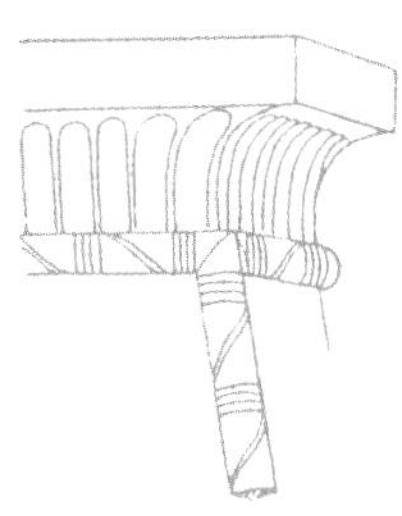

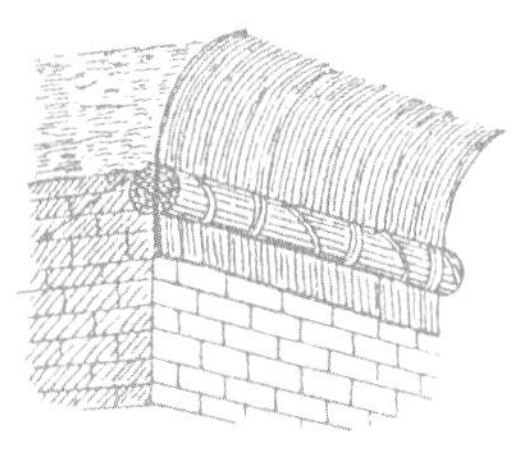

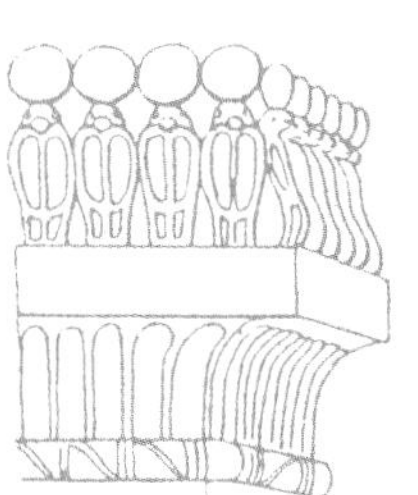

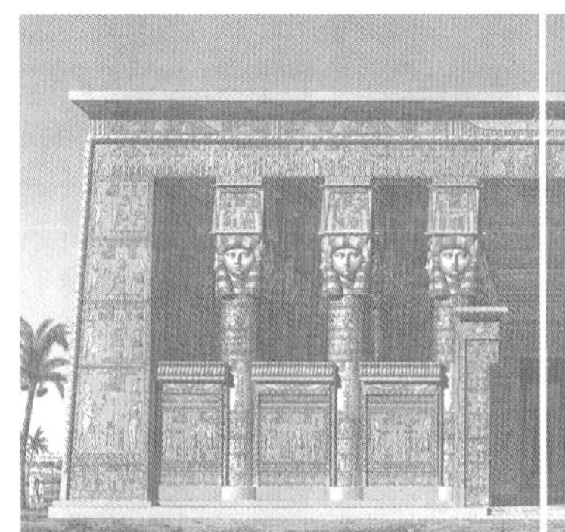

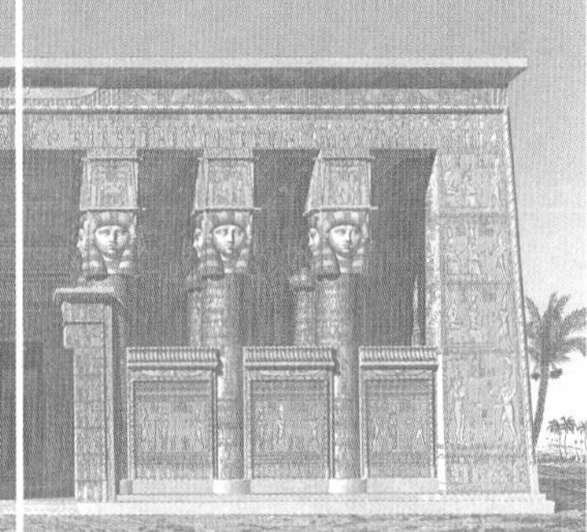

丹德拉哈托爾女神頭像圓柱（公元前1世紀）

哈托爾是埃及神話中的愛神，相當於希臘的阿芙柔黛特。在丹德拉神廟的多柱廳內，每一根圓柱的柱頭四面都雕刻著哈托爾的頭像，清楚昭示著此處所供奉的神祇身分。在哈托爾女神頭像柱頭上方，還刻畫著「生之屋」——一座與神聖血統相關聯的建築物。

簷口

簷口是沿神廟牆頭或塔門頂部突出的裝飾線腳。作為古埃及典型的建築裝飾元素，簷口的設計從最早期不事雕琢的泥磚蘆葦，發展到具有宗教象徵（身子立起的眼鏡蛇和日輪）寓意的精細刻劃。這些裝飾為肅穆的紀念性建築憑添了幾分雅致。

屏擋牆

以薄石料砌於第一排圓柱之間的屏擋牆，目的是為了限制光線射入希臘式前廊的水平高度，以便為進入聖殿前的拜謁者營造一種更為肅穆的氛圍以洗淨凡塵。屏擋牆上裝飾著大量浮雕，以法老與王后形象、宗教儀式或神話故事為主題，再次向世人強調了法老的宗教地位。

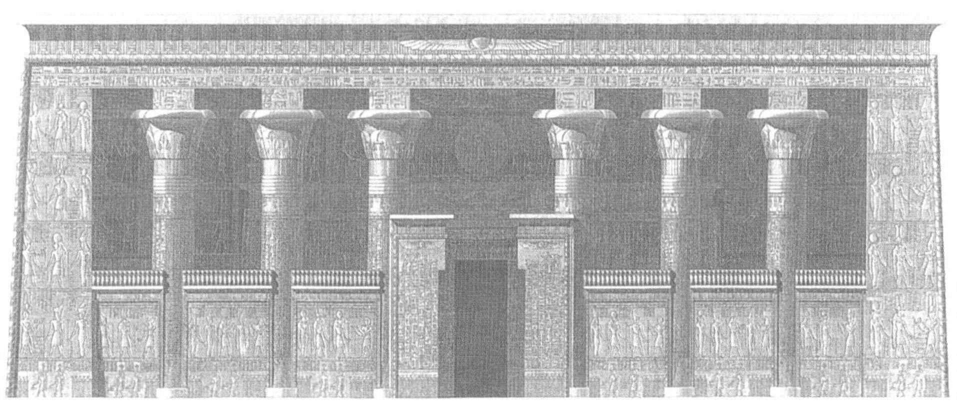

巴比倫、亞述、波斯 *約公元前2000—公元前333*

巴比倫建築

古巴比倫（或加爾底亞）建築出現於上古時代的美索不達米亞（今天的伊拉克）。人們所發現的古巴比倫建築遺蹟非常少，且絕大部分集中於幼發拉底河與底格里斯河之間的地區。那些在烏爾和烏爾卡發掘出的古巴比倫廟宇、廟塔（階梯式神廟）以及墓葬遺蹟的建造年代都可以上溯至公元前2235年到公元前1520年。而從公元前9世紀到公元前7世紀的亞述時期，其建築遺蹟相對要豐富得多，人們在亞述古城尼尼微、尼姆魯德、古薙吉克和霍爾薩巴德的遺址周圍發現了大量的亞述宮殿與廟宇遺蹟。其後的波斯時期始於公元前538年，終結於公元前333年被亞歷山大大帝征服。在帕薩爾加德與蘇薩都有這一時期的建築遺址，而最壯觀的古波斯建築遺址則在波斯波利斯。該時期的建築深受埃及、巴比倫與希臘文化的影響，並將這些原本殊異的建築風格糅合為一體。

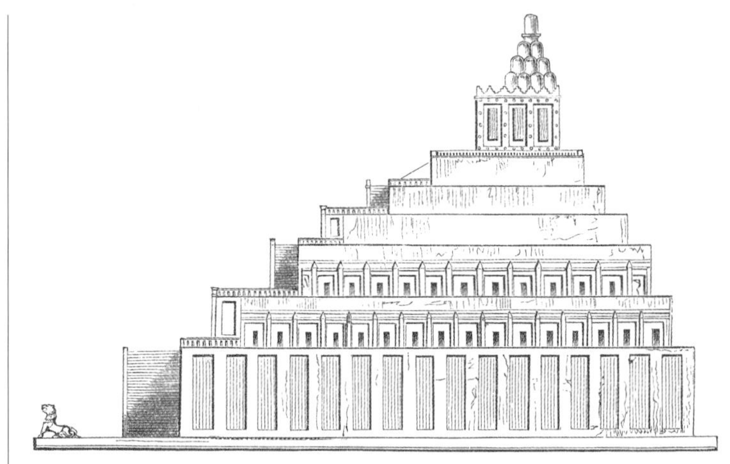

伯斯尼姆魯德七星神廟（約公元前2000）

該神廟為僅存的幾處古巴比倫磚（曬乾）木建築的遺蹟之一，共有七層，層與層之間有階梯相連。其中，最下一層為正四方形，其餘六層逐級疊加於上，但並非疊建於下一層的正中，而是稍偏一些。最上面一層建有這座神廟的神殿，或稱聖堂。

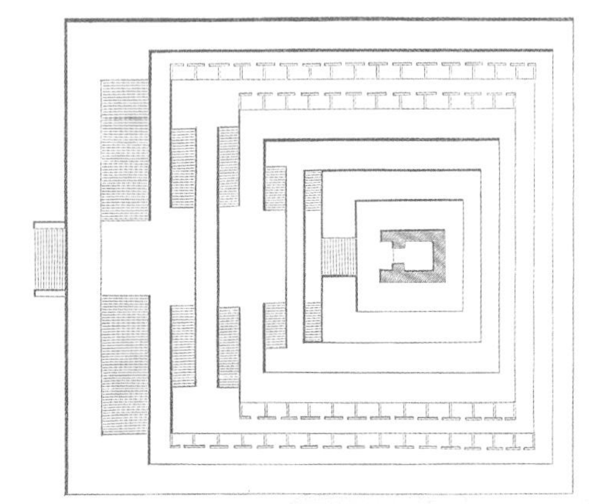

七星神廟供奉

這座神廟是為獻祭七顆星球而建的，而且每一層都貼著不同顏色的釉面彩磚。最下面的一層是黑色（土星），以上依次是橙色（木星）、紅色（火星）、金黃色（太陽）、綠色（金星）、藍色（水星）以及白色或銀色（月亮）。

伯斯尼姆魯德廟塔（通天塔）

廟塔的字面義是「上升的尖頂」，是由數層矩形平台逐級疊加建成的，頂端建有神廟。古巴比倫人想藉此達到通往天堂的渴望。這座廟塔被設計成正四方形，有樓梯可拾級而上。

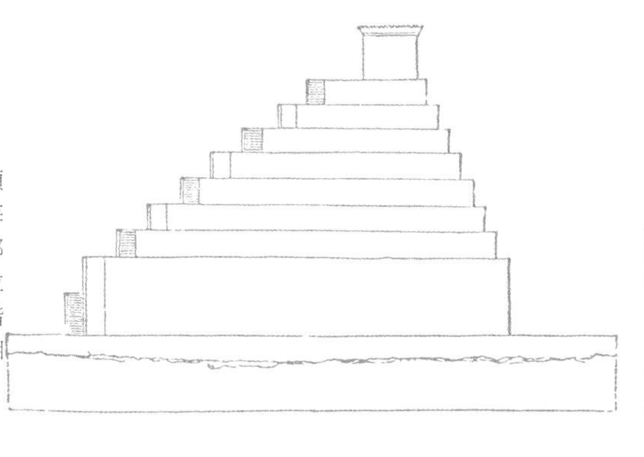

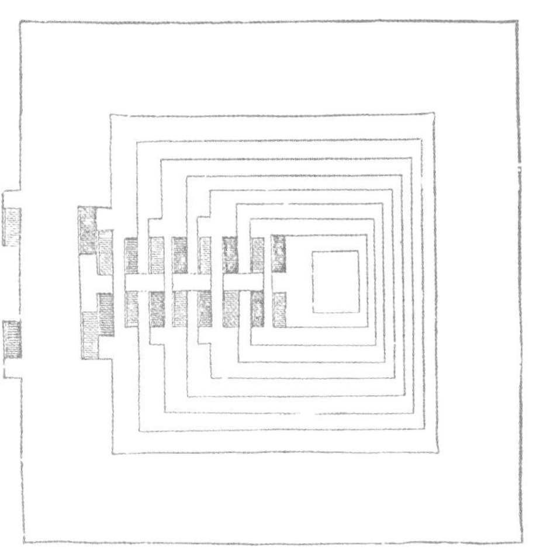

珀爾西帕神廟立面與平面圖（約公元前2000）

這座階梯形金字塔的頂端有一座小神殿。其每一層平台的每個側面都嚴整地對準羅盤的方位基點，而供上下用的階梯都位於各層平台的相同一側。

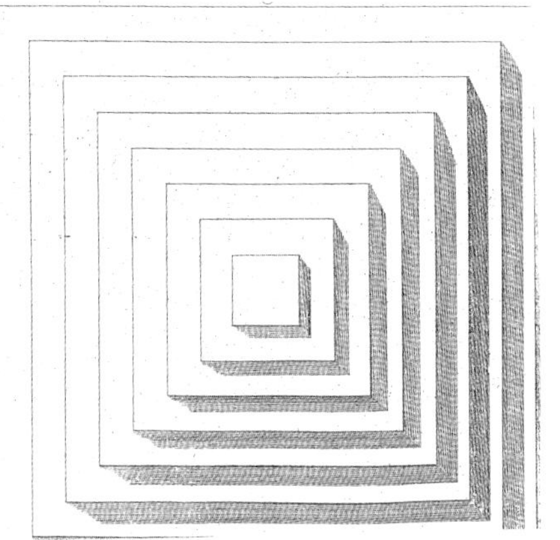

通天廟塔

早期的美索不達米亞神廟高踞在泥磚平台之上，而通天廟塔則是建造在以階梯形的矩形平台疊起的人造山丘頂端。對於廟塔每層平台的外牆面有多種修飾的方法：在潮濕的灰泥上鑲嵌圓錐形的馬賽克；或貼上釉面彩磚等等。

西米拉米斯空中花園（約公元前7世紀）

巴比倫著名的西米拉米斯空中花園，是古代世界的七大奇景之一，其始建年代可上溯至加爾底底—巴比倫王國晚期。可能是由設於人工平台上的層層梯台組成，因而每一層平台都是一座獨立的花園。

古雍吉克淺浮雕

這是發現於古雍吉克的一幅淺浮雕的復原圖，浮雕表現的是一座四層的神廟，其側翼的門道與古埃及的塔門相似。入口位於最底下的一層，第二層有扶壁支撐，最上面一（已經缺失）則專供作神殿使用。

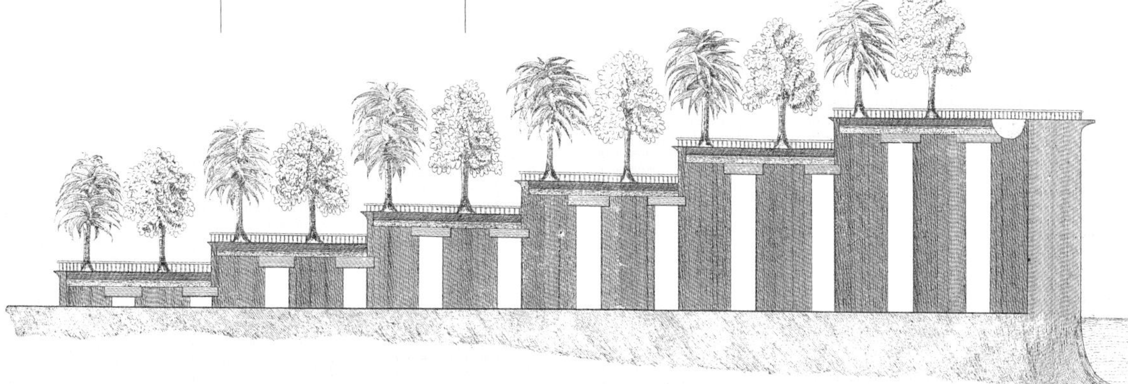

巴比倫、亞述、波斯

亞述建築

說起亞述建築，最主要的就是宮殿與堡壘，亞述帝國想以這些建築物炫耀其實力與權威，但這些森嚴的建築外表卻往往裝飾了一層華麗的彩色磚牆。因為是用黏土磚建造的，所以人們如今只能藉由殘存的廢墟來考證這些建築物當年的形制與格局。這些遺蹟提供了當時主建築的位置，以及一些刻畫著建物、動物與人物的浮雕石板。位於霍爾薩巴德的宮殿遺址便以其砌石工程（如拱頂、圓柱、門窗側柱和過梁），以及一些建築雕刻，如巨大的人首翼牛像與獅身鷹頭獸等，而成為一處能展現亞述完整的宮殿規劃格局的重要古蹟。

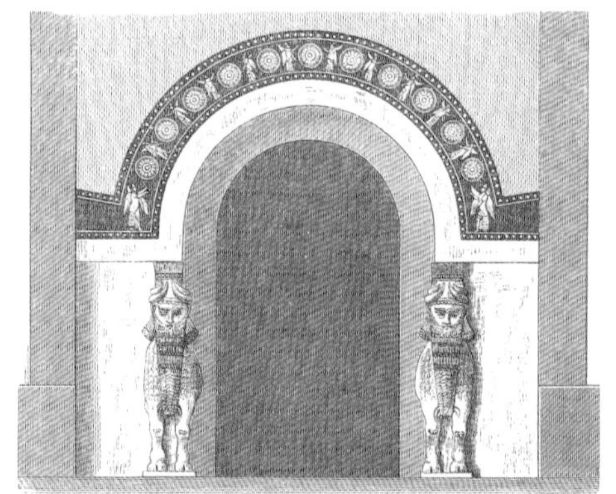

霍爾薩巴德城門入口

沿著通往宮殿的階梯拾級而上，會看到一道拱形入口，就像宮殿的其他地方一樣，這道入口的兩側也各有一尊人首翼牛像，門拱的兩端恰好落於翼牛雕像的背脊上。門拱帶上裝飾有上面描繪了人像和星星圖案的藍色釉面磚。

薩爾恭王宮入口

位於霍爾薩巴德的薩爾恭王宮的入口建於厚重的牆內。平面圖正中的兩小條黑色區域標示出正門兩側翼牛石雕像的位置。穿過這道門，即可通向寬敞的露天外院。

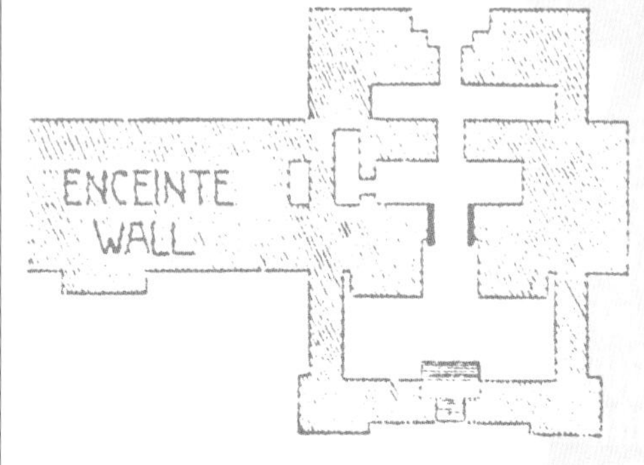

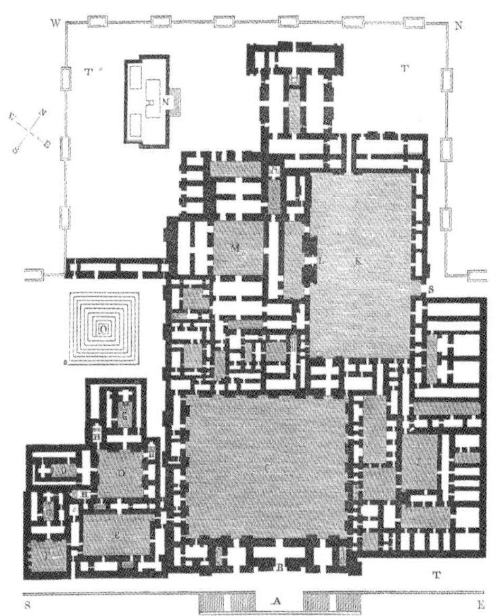

霍爾薩巴德薩爾恭王宮平面圖（公元前720）

這座宮殿建造在平原中一座隆起的山丘上，與要塞相鄰。有一段階梯通向宮殿（見平面圖底部）。穿過三座雄偉的宮門，便可抵達一座外院，裡面還套著六七個更小的院子，小院中配有畜欄或地窖。居住區與大廳坐落於建築群的深處。該宮殿的平面格局並無軸心，也無對稱性，而是按對角線斜向排列。

筒形拱頂

這是亞述人所使用的早期建造拱頂的方法。在此處，建造拱頂不需要鷹架，而是以去垂直性的方式將層層拱環黏合起來。這一方法想必曾運用於建造地下排水溝，也可能運用於建造面積較狹小的宮室的拱頂。

霍爾薩巴德天象台（公元前720）

像早期的神廟一樣，這座位於霍爾薩巴德的建築也由七級平台組成。不同的是，這裡的每一層平台都疊加在下一層的正中央，而不是偏向一邊；而且，這些平台都有一定角度的傾斜，構成了盤旋而上、直至塔頂的坡道。這一點倒與巴比倫的巴別塔完全一樣。這裡每一層平台的顏色序列也和尼姆魯德神廟的配色一致。

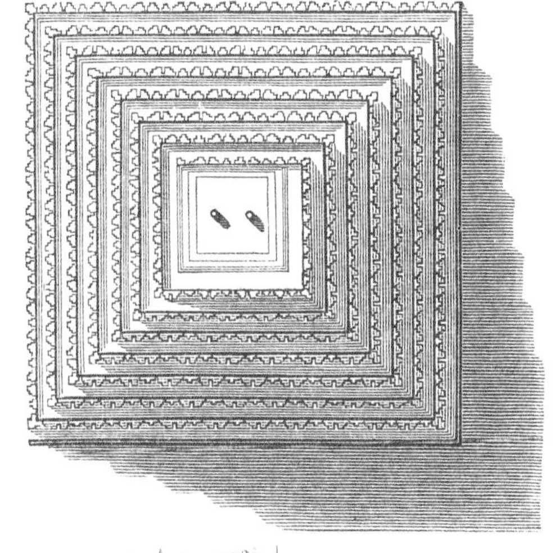

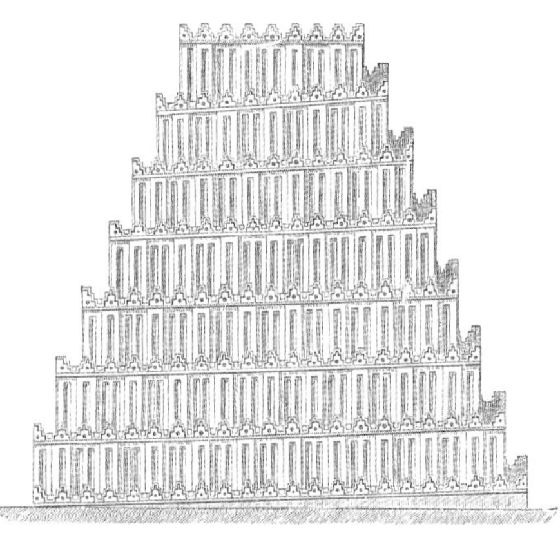

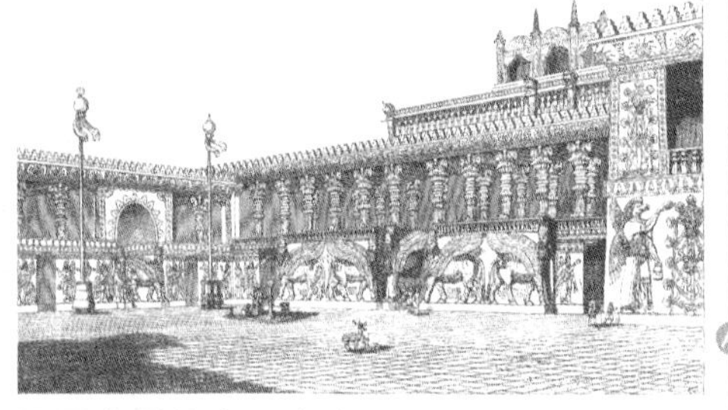

霍爾薩巴德宮殿庭院

上圖展示了宮殿一角的想像復原圖。大殿牆上鑲嵌的雪花石膏浮雕板上刻劃了國王肖像、歷史事件以及寫實風格的人物、動物形象。上方牆面施以彩色灰墁，外牆面上則嵌有鑲板以及帶溝紋的壁柱。

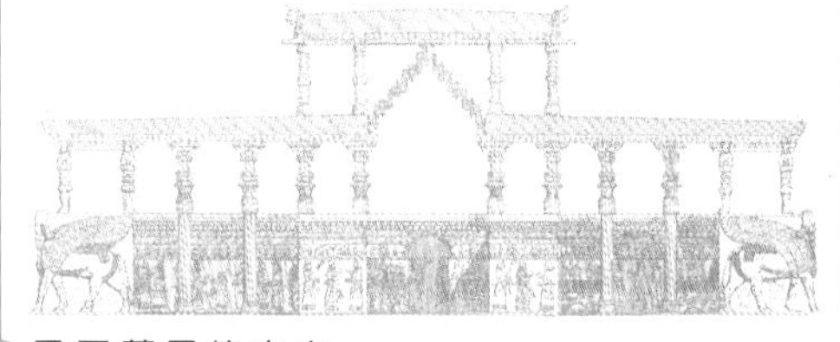

霍爾薩巴德宮室

這幅想像復原圖描繪了霍爾薩巴德宮殿的一間主要宮室。鑲嵌著雪花石膏板的牆身較矮，因此光線可以從牆上部的敞開處射入。這座宮殿的許多小房間與走廊都覆有拱頂，但帝王房間的頂棚可能是裝飾華美的木結構。

薩爾恭王宮入口

薩爾恭王宮的主門道有一個拱形入口，雉堞上並有一目了然的亞述階梯形頂脊，象徵此處宛如一座神聖不可侵犯的山峰。

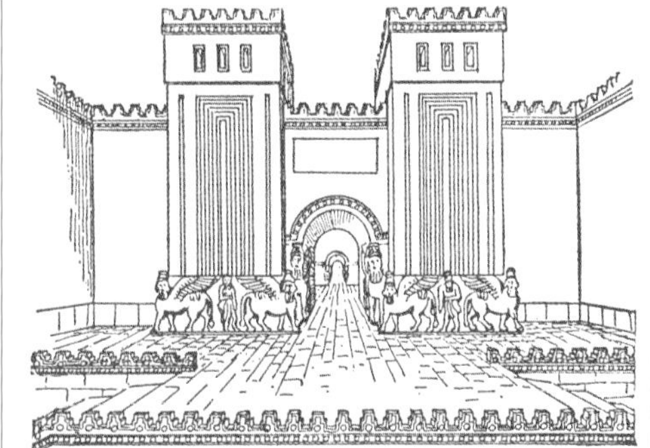

霍爾薩巴德步行者門道

為徒步旅行者而設的這些門道都裝飾著令人心生敬畏的人首翼牛像。在翼牛雕像中間有一個巨人，似乎正在用力扼緊一頭獅子。

巴比倫、亞述、波斯

尼尼微、尼姆魯德與古雍吉克亞述宮殿群

亞述建造了許多帶有廟塔或不具廟塔的神廟。不過到了亞述晚期，宮殿建築越來越多也越顯重要，旨在強調君王權威的核心地位。尼姆魯德古城在公元前9世紀進行了修復與擴建，並在城堡的高牆中建造了一座宮殿。這座宮殿有一個巨大的開放式庭院，庭院東側為一組房間，南側則是成排的巨大宴會廳。這是亞述宮殿的傳統格局結構，整座宮殿就是為了確立和彰顯國王的榮光。舉凡尼尼微、尼姆魯德與古雍吉克的亞述宮殿遺址（公元前8-7世紀），全都顯示了類似的平面格局——即將宮殿建造在壘築的高台上，其四周圍繞著較低的露台。

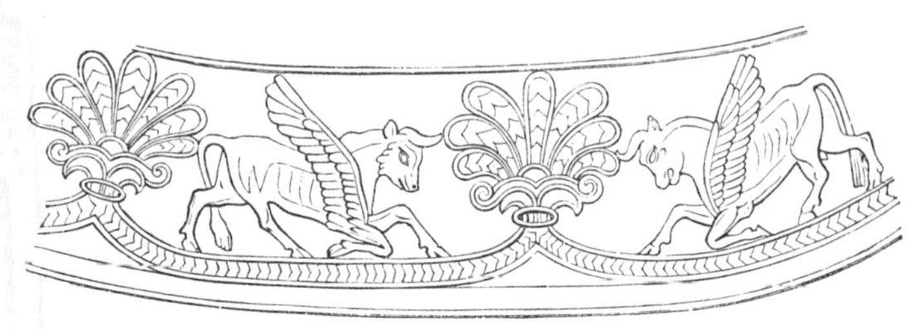

尼尼微亞述式裝飾

在尼尼微廢墟中發現的這塊雕刻精美的裝飾鑲邊上，刻著帶翼長的公牛，風格鮮明的植物圖案可能是一種聖樹的代表。以花卉和動物形象為主的鑲邊也可能以繪畫方式出現在天花板的橫梁上，有時甚至用金粉描畫並鑲飾寶石，令整個建築體更顯華美奪目。

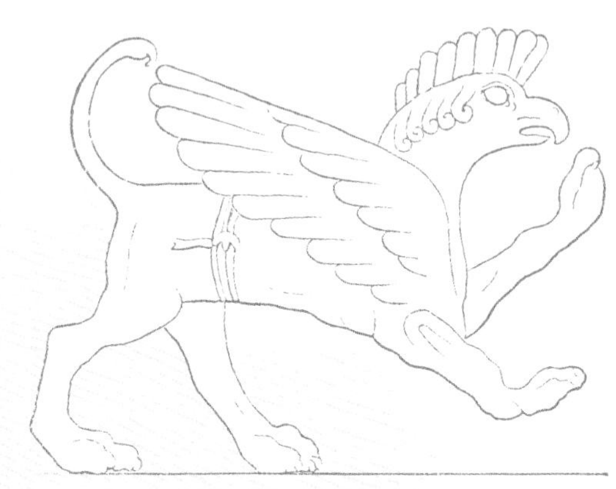

尼尼微獅身鷹頭獸雕像

亞述淺浮雕最大的特色就是其強健有力、栩栩如生的人物及動物造型。這些雕像顯示出雕刻者對解剖學與動作有著入微的觀察，同時並賦予雕刻對象某種建築裝飾特有的風格。巨大的石鑲板或護牆石板，在高牆上呈梯狀排列，或作為長牆的橫飾帶。鑲板上最常見的主題是各種猛獸，如公牛、獅子或獅身鷹頭獸（半獅半鷹的怪獸）；有時會出現國王的形象，通常是他正在將這些惡獸殺死的場面，以此來昭示國王的英勇，並象徵正義戰勝邪惡。

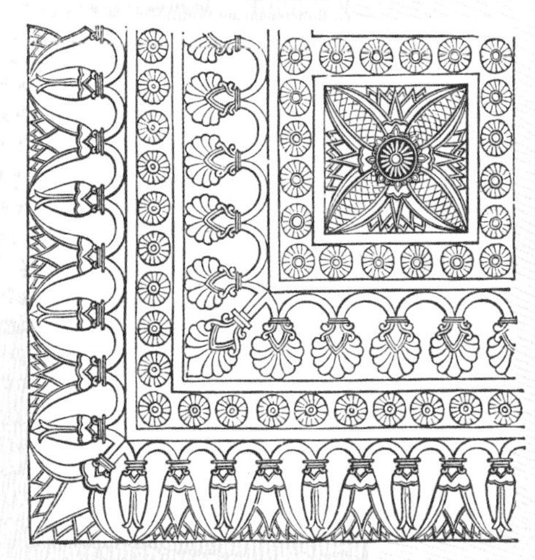

吉雍吉克中央宮殿的路面石板（公元前704）

這塊雕飾精美的鋪路石板的外緣花紋源自蓮花葉片（與古埃及的裝飾圖案類似），內圈則是另一種具有亞述風格的花卉圖案，之間由一圈窄窄的圓形花飾分隔。

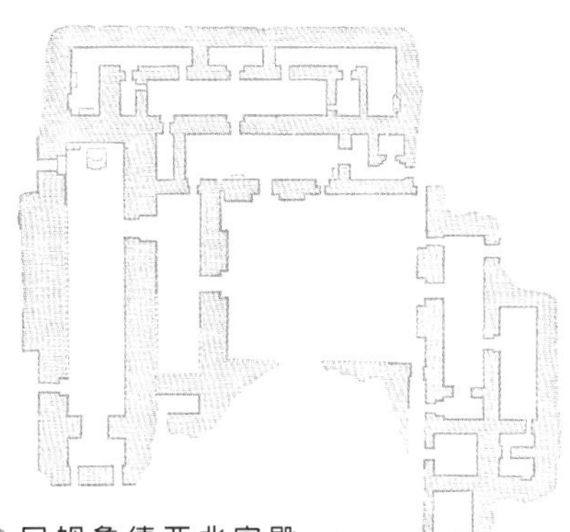

尼姆魯德西北宮殿平面圖（公元前884）

作為尼姆魯德遺址土崗上最古老的建築遺址，這座宮殿的中央是一座方形庭院，穿過主要入口即可進入。庭院連接著一道通向大殿的階梯，階梯口由人首翼牛像守衛。庭院的東邊是私人居室，包括婦女居住區（後宮），南面則是宴會廳。

亞述宮殿想像復原圖

建築史家佛格森對亞述宮殿的完整面貌作過推測。他的重建圖中表現出其中的主要特徵，包括一個有扶壁支撐的架高露台；一道富麗堂皇的台階，兩側是一排向國王致敬的人像雕刻；一個光線充足、位置較高的敞開式樓層，以及呈雉堞狀的屋脊。

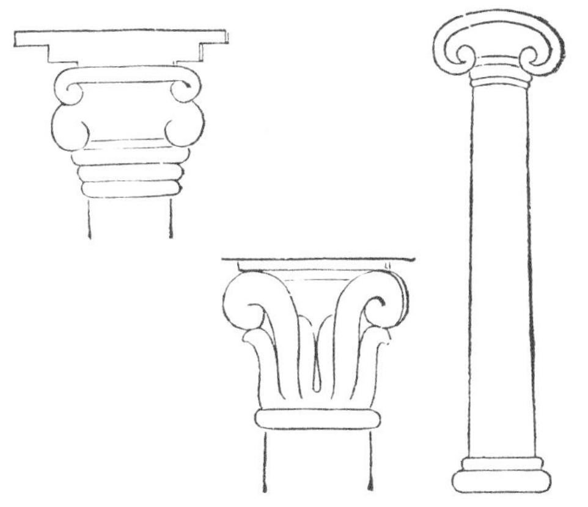

亞述柱頭形式

在尼尼微的宮殿廢墟當中，建築史學家發現了一些雕刻鑲板，上面有一些表現亞述（或可能是希臘）建築物細節的浮雕圖案。這些帶渦旋形飾的柱頭與希臘的愛奧尼亞及科林斯柱頭風格有著密切關聯。

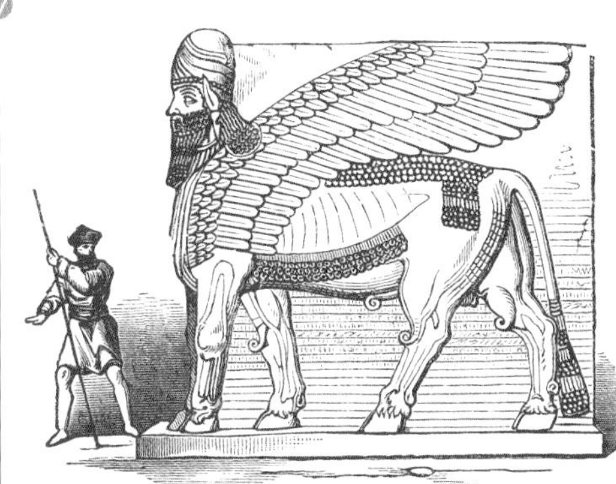

人首翼牛像

人首翼牛像（巨型石雕獸像）鎮護著宮門，以驅災辟邪。它象徵具有獅子的凶猛、鷹眼的敏銳、公牛的強壯以及人類的聰靈智慧。

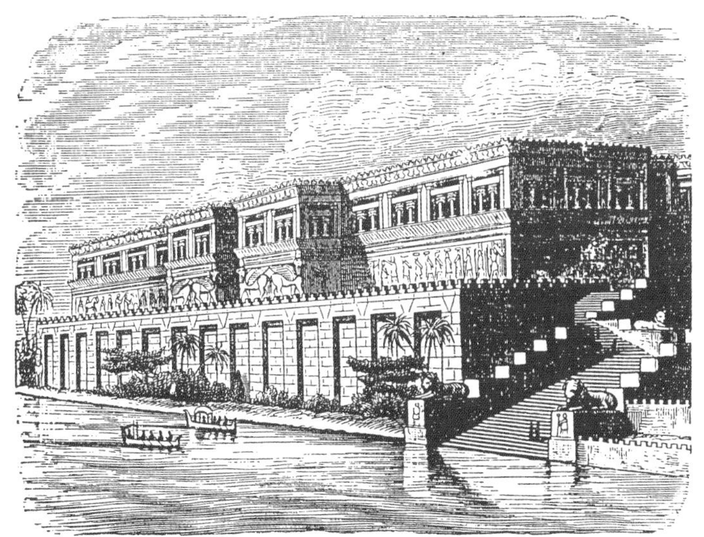

迪瓦努巴拉方尖碑（約公元前800）

這座由曬乾及燒製的磚塊砌成的高大方尖碑，其頂部碑體呈階梯狀層層向內收。碑面上的雕刻和銘文表明這是悼念死者用的。

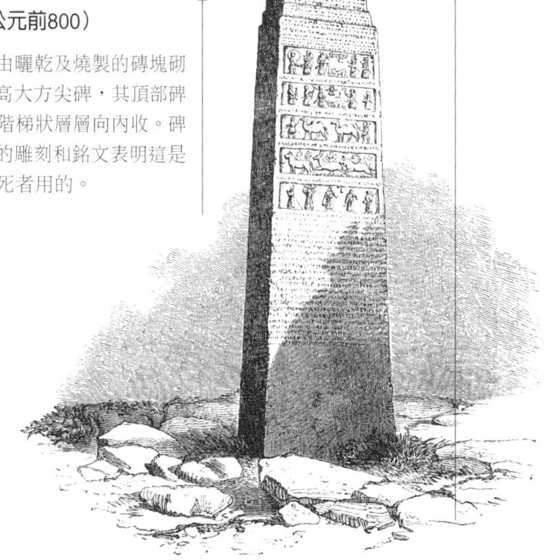

巴比倫、亞述、波斯

波斯建築：波斯波利斯宮殿群

後世對波斯建築的認識大多來自建造於公元前6世紀至公元前4世紀位於帕薩爾加德、蘇薩與波斯波利斯的宮殿一廟宇建築遺蹟。這些建築帶有明確的個性特徵，也糅合了來自埃及與希臘的影響。波斯人也有在土墩或平台上（他們甚至鋪設了通向這些平台的精美石階，並在上面雕刻動物以及國王扈從像）建造建築物的習慣，而且使用巨型的浮雕裝飾和色彩鮮豔的釉面磚牆，這些都是承襲亞述的建築傳統。波斯波利斯不同於以往之處僅僅在於：由宏偉的方形多柱覲見大殿為主導的龐大宮殿群，更複雜的平面格局，以及大量使用石料。

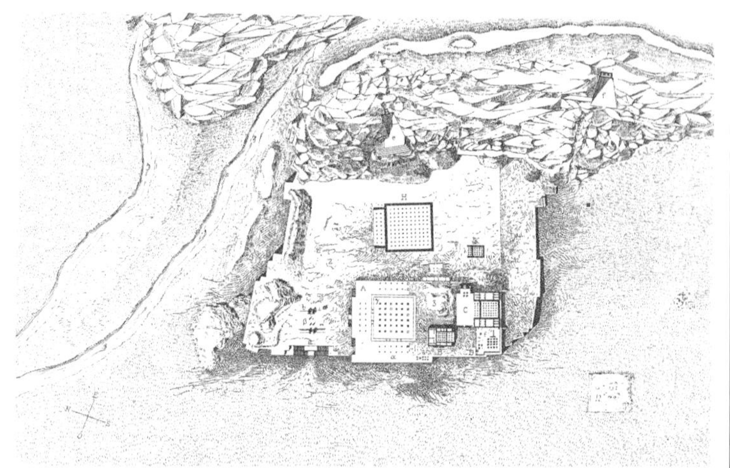

波斯波利斯平面圖（公元前521-465）

整個波斯波利斯遺址有城牆環繞，城垣之內是三座巨大的露台：中央的高台以較低的兩座平台為輔翼。位於這些露台上的是波斯國王大流士與其子澤爾西斯宏偉宮殿的遺蹟。北面的露台上建有澤爾西斯宮殿的前門廳，其餘建築則位於中央露台。

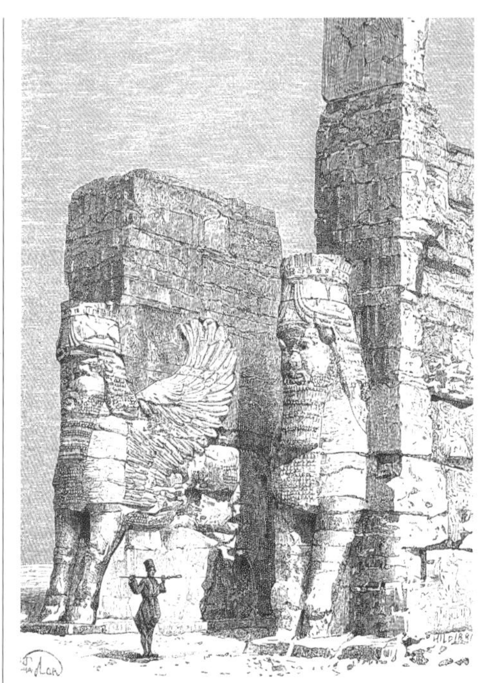

百柱殿的人首翼牛像

在百柱殿前方是正門的遺址，存留有人首翼牛石像。這些公牛雕像與亞述尼尼微以及尼姆魯德遺址的人首翼牛像非常相像。巨大的雕像矗立在以泥磚牆建成的門房兩側，門房磚牆的表面還覆了一層彩色釉面磚。

大流士宮殿（公元前521）

在這幅想像復原圖上，雙側階梯通向宮殿正面的開放式敞廊，穿過敞廊，便進入中央大殿。在宮殿建築的頂部，是一座高台，國王（同時也是最高祭司）就在上面主持宗教儀式。這幅復原圖是依據大流士墓中的宮殿雕刻作品繪製而成。

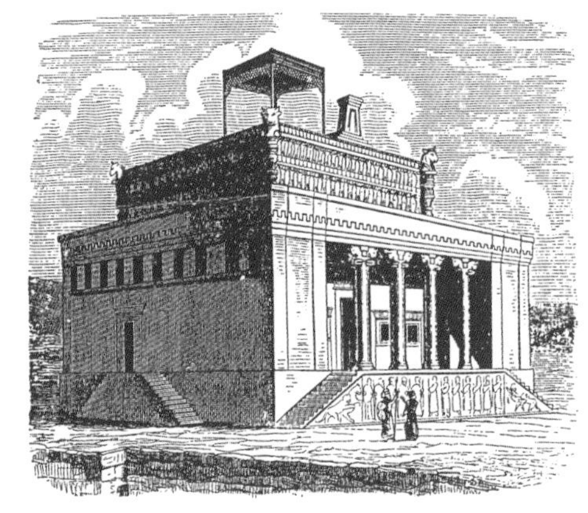

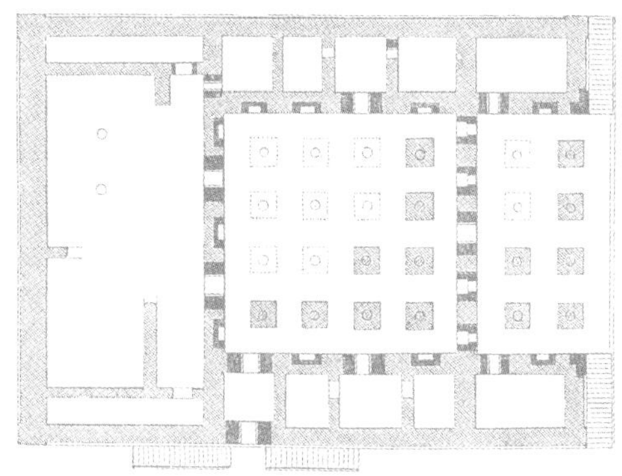

大流士宮殿平面圖

在中央大殿（或稱覲見大殿）內，有十六根圓柱。大殿周圍是一些小室。四角的塔樓內可能有警衛室與樓梯。當年，從西側的門廊向外望去，應該是一片視野廣闊的田園風光。

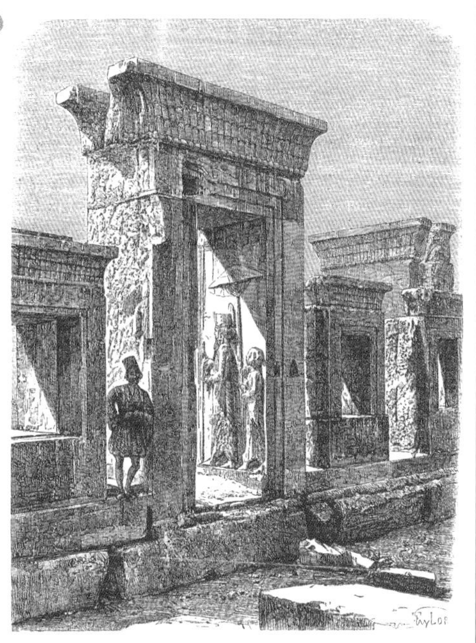

大流士宮殿中央門道

從這個角度觀察大門的埃及式簷口時，我們還可看到門框內側有一塊石雕鑲板，上面刻著國王在扈從的簇擁下回宮的場景，身後的一名奴僕正為他打著遮陽傘。

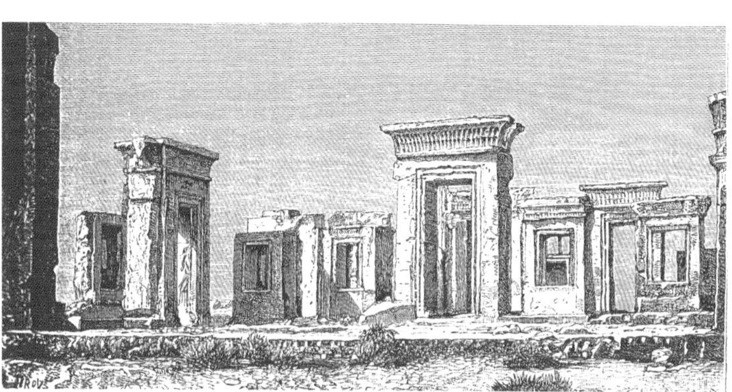

大流士宮殿的立面

露台的每一側都有階梯通向宮殿，穿過門廊就是宮殿的門道。門道上方有呈曲線向外伸展並刻有稜槽的簷口，與埃及神廟門道上的簷口非常相似。

大階梯頂端的視野

位於左側是澤爾西斯宮的前門廳，其後（向右）矗立著澤爾西斯宮覲見大殿的立柱。更遠處則是大流士與澤爾西斯宮殿中較小的殿堂遺址。

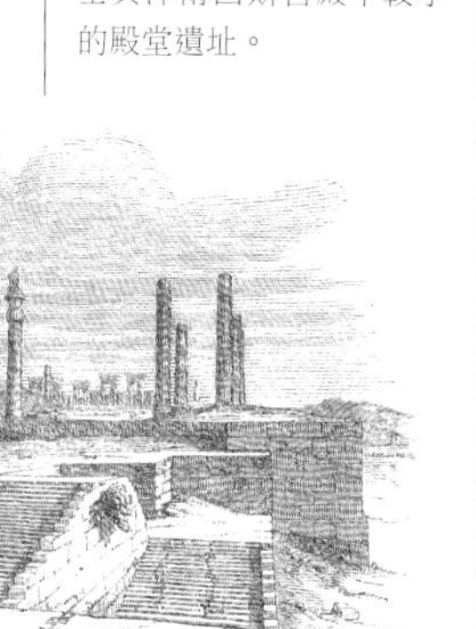

帶有石製女兒牆的階梯

通往澤爾西斯宮覲見大殿的階梯兩側排列著鐫刻了行軍戰士像的石雕鑲板：仔細描繪了兩名長矛手。在這裡，人物形象與建築裝飾圖案（風格化的植物造型、片狀的圓形花飾，或是蓮花花瓣）彼此結為一體。

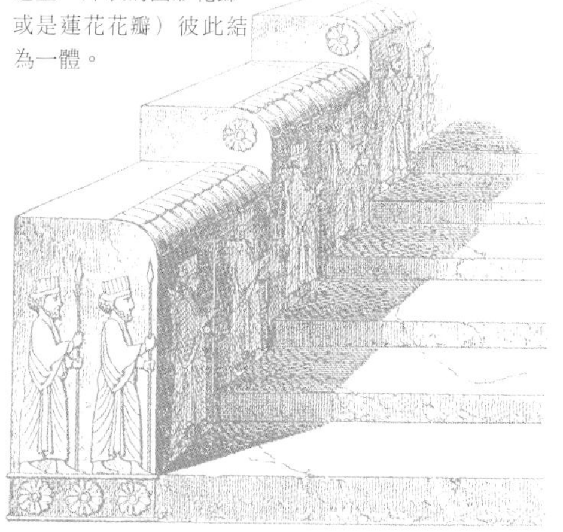

巴比倫、亞述、波斯

波斯波利斯：澤爾西斯宮殿

大流士（公元前522-486在位）和其子澤爾西斯（公元前486-465在位）的宮殿兼具王室居所與神廟的雙重功能。這座由殿堂與宮室組成的綜合性建築可劃分為不同的功能區：國王及其扈從的居住區，以及處理典禮、宗教儀式與掌管政府政務的區域。通常，國王是政府最根本的首要核心；同時，他也是其臣民的最高祭司。所以，王宮就成了世俗與宗教權威合而為一的象徵。神廟——可能由一座木製平台和一個頂蓋所構成——就建在宮殿屋頂上，波斯諸王在此地膜拜星辰，同時認為其膜拜對象也能夠在此清楚地看到他們。

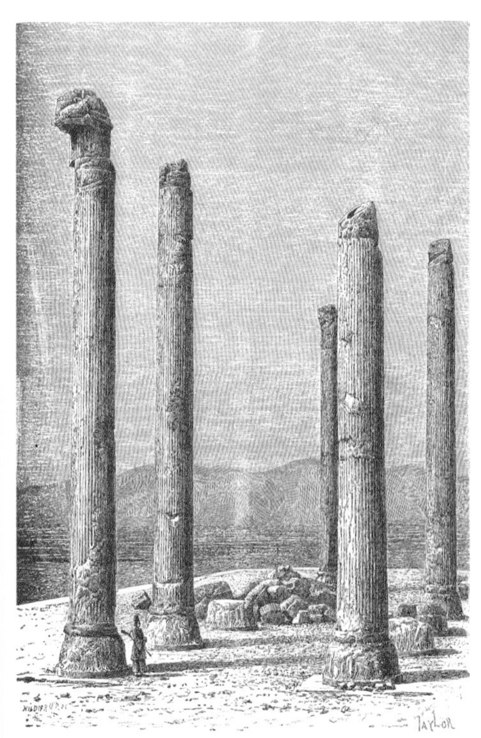

澤爾西斯宮觀見大殿南殿石柱

澤爾西斯宮殿的觀見大殿是一座四角帶塔樓的四方形的柱殿，殿堂的三個側面都有門廊，每個門廊都設有雙側階梯。高聳的凹槽圓柱支撐著雙牛柱頭，柱頭又承托著大殿的木製平頂。雪松與柏樹材質的大梁下側，當年想必應有極精美的裝飾。

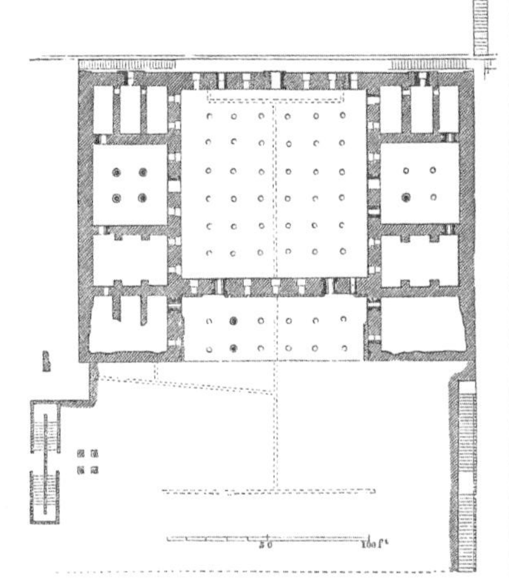

觀見大殿與宮室平面圖（約公元前485）

雙側階梯直通建於平台之上的宮殿。一座由十二根圓柱組成的開放式門廊在內牆上有兩個入口，通向觀見大殿，門廊兩則各有一排宮室。每排宮室正中的那個房間呈四方形，由四根立柱支撐，其中一側是三間小室，另一側則是警衛室。觀見大殿內有三 十六根間距相等的圓柱，光線則來自於六扇窗戶。觀見大殿背後有一個門道開向一處狹窄露台，可由此通往低一層的露台。

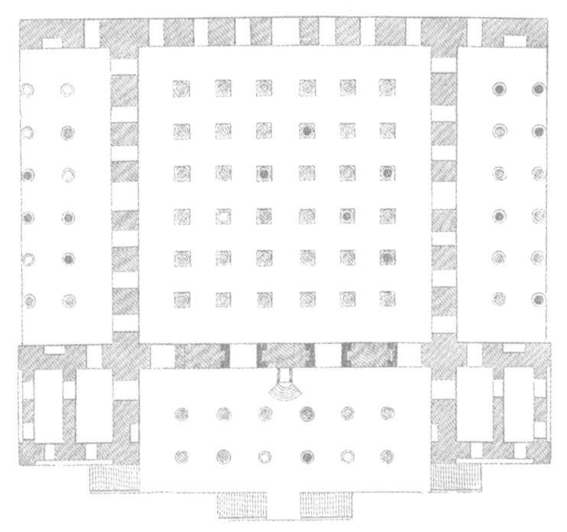

澤爾西斯宮觀見大殿的復原平面圖（約公元前485）

沿階梯向上走，即可進入三座開放式敞廊中的一座。穿過敞廊就是澤爾西斯宮的觀見大殿，這是一座由三十六根巨柱支撐的中央大殿，其三側建有門廊。

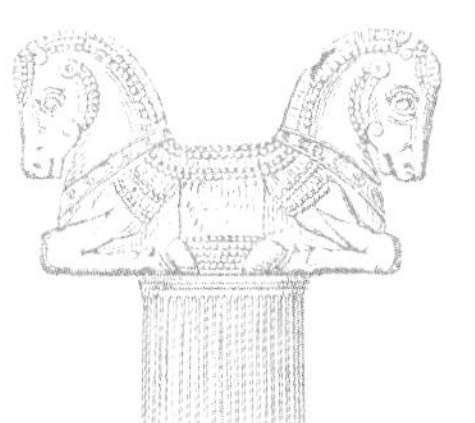

西門廊立柱

這種立柱是波斯波利斯遺址所特有的。其柱體由下到上逐漸變細，表面刻有精細的凹槽；藉由刻著棱線的座盤飾與圓形柱礎相連。柱頂則為造型奇特的雙牛石雕柱頭。

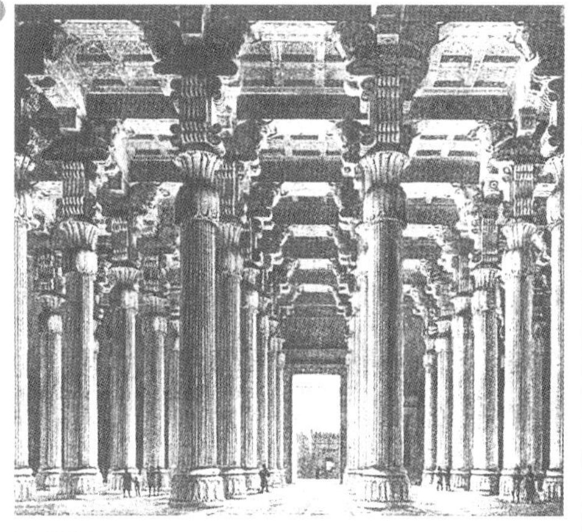

北門廊立柱

這根柱礎呈鐘形的圓柱有著與西門廊立柱相同的精細凹槽柱身，但其柱頭卻大不相同（同樣僅見於波斯波利斯遺址）。該柱頭的底座以蓮花為主題，上表面呈凸圓形，最頂部則呈「I」字形。「I」字形的柱身如花莖的部分飾有棱紋，其邊條部分則雕刻成雙漩渦形或雙渦旋形。

雙側階梯

通向澤爾西斯宮殿的雙側階梯上，裝飾著雕刻鑲板，上面刻了行進的士兵與長矛手，以及搏鬥中的野獸形像。其外牆則排列著刻有植物圖案的石板。

百柱殿

這座巨大的四方形大殿是波斯帝國一項偉大的建築巨構。其光線來源是入口兩側石牆上的七扇窗戶。這張復原圖向我們展示了大殿可能的內部景觀：巨大的空間內立柱林立，柱體塗飾著明亮的顏色，並有雙牛托座柱頭。這些立柱支撐了大殿的平屋頂，平屋頂之上還有一座平台。

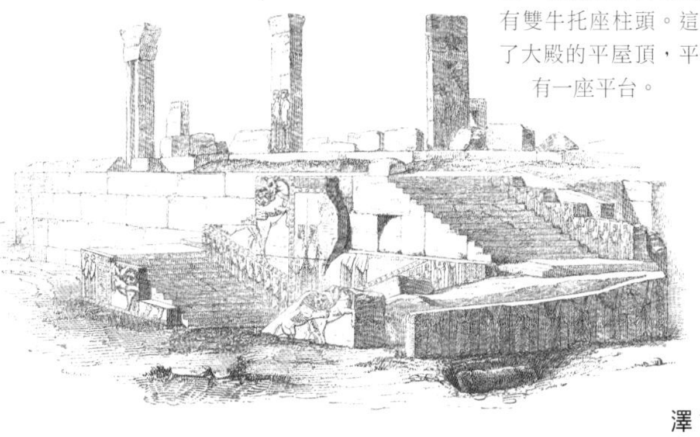

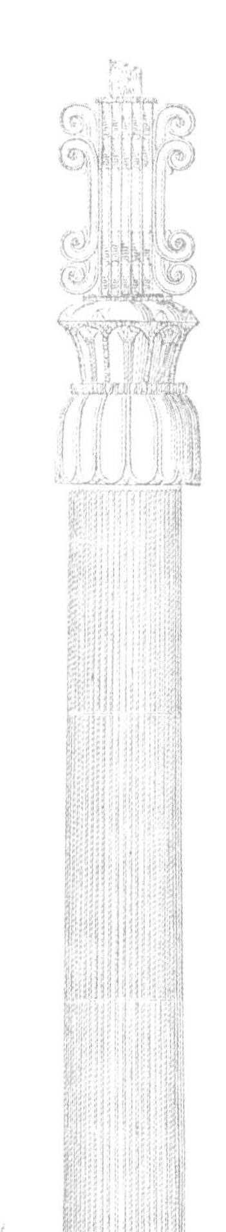

澤爾西斯宮

這幅復原圖讓我們對這座大殿的外觀有一些印象：華麗的台階、門廊以及貼有釉面瓷磚的泥磚牆。屋頂大平台的四角據推測帶有屋頂飾物，造型為公牛或獅身鷹頭獸。

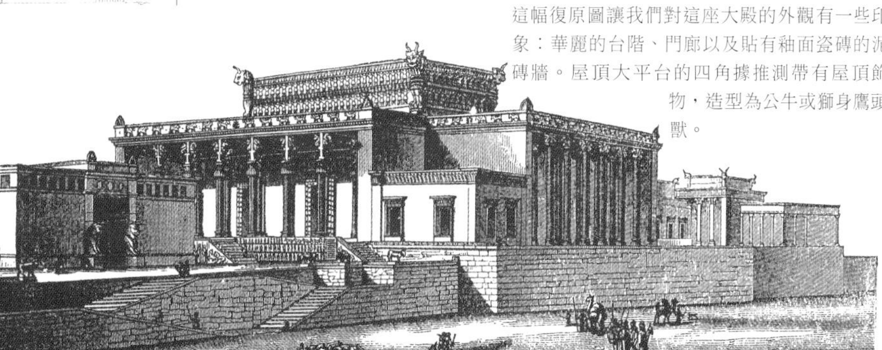

巴比倫、亞述、波斯

波斯建築工藝

古波斯帝國的都城波斯波利斯在當時匯聚了來自各地的能工巧匠。為了恰如其分地顯示這是王權和神聖宗教的勢力中心，建築物表面全經過精心塗飾。一些牆面精心打磨過，以達到高度反光的效果；而從石砌工程的雕刻細節似乎可看出石匠們曾借助珠寶匠的工具，即使連邊緣也打造得簡潔俐落。同時，這些石砌工程也相當宏大，整套門窗（包括階梯的部分台階）都是從一整塊巨岩上鑿切下來的。木雕工藝則可能非常複雜，展現於巨梁上精美的線腳裝飾。有時候會在木料外包飾厚厚幾層貴重的金屬，有些是表層鍍金，再鑲以象牙、綠蛇紋岩和赤血石。橫飾帶經過雕刻，而且和厚磚牆上的灰墁一樣，都漆成了青綠色、紅色或黃色。

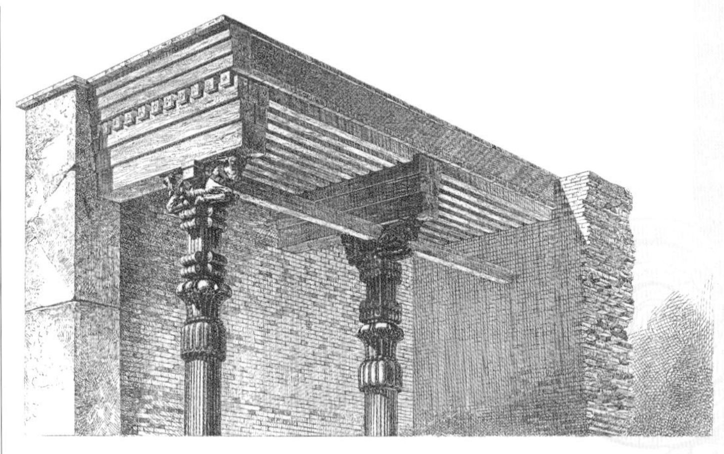

波斯風格的木工

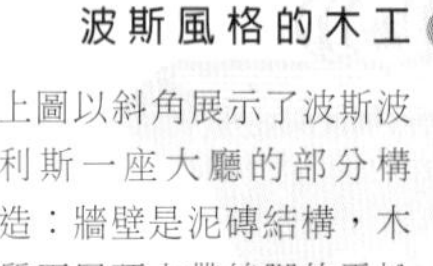

上圖以斜角展示了波斯波利斯一座大廳的部分構造：牆壁是泥磚結構，木質平屋頂由帶線腳的雪松木梁支撐，柱頭為雙牛頭狀，細高的圓柱刻有凹槽。

圓柱

帶牛頭裝飾柱頭的圓柱用於支撐門廊和多柱廳的廳頂，這一形制部分是受到古埃及建築的影響啟發。但由於圓柱子所承托的是木梁而非石梁，所以較古埃及的更為細長，應用面也更廣。

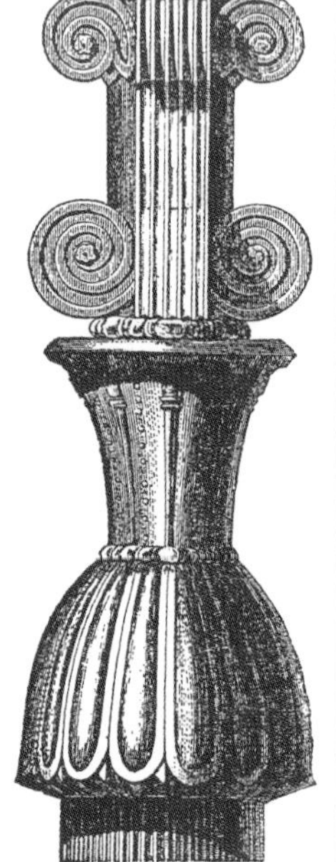

柱頭

柱頭的凸基座是棕櫚葉形，向上漸細，隨之又向外張開，以支撐刻有凹槽的矩形柱身。而在矩形柱身的頂端和底部，各飾有一對渦旋形飾。

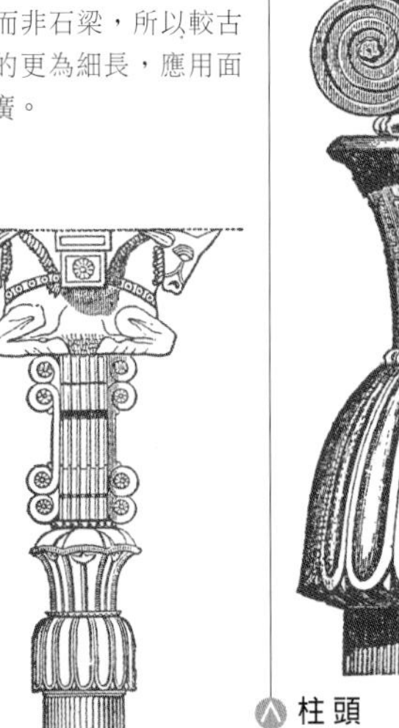

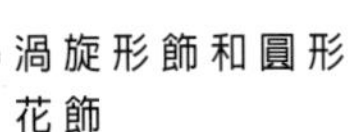

渦旋形飾和圓形花飾

在波斯波利斯有許多來自希臘愛奧尼亞的工匠，他們帶來了一種螺旋形的渦旋形飾（如右圖詳示）。渦旋形飾中間的圓形花飾象徵太陽和豐饒。

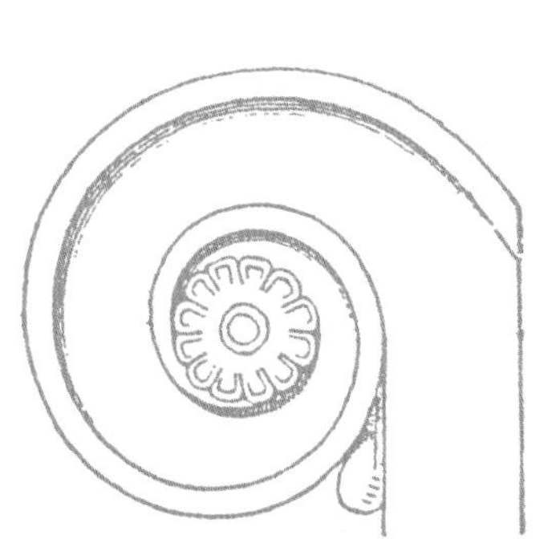

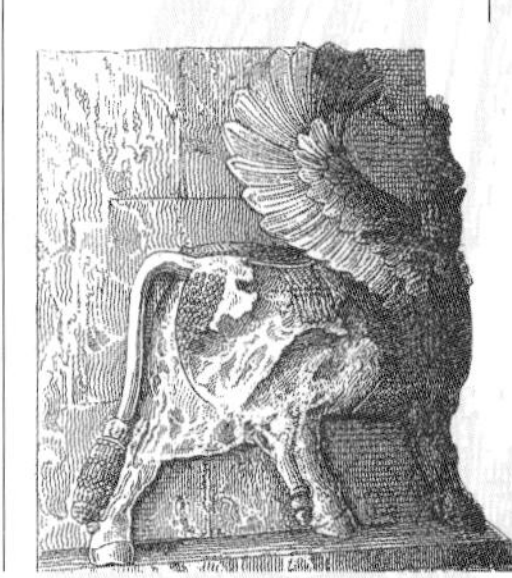

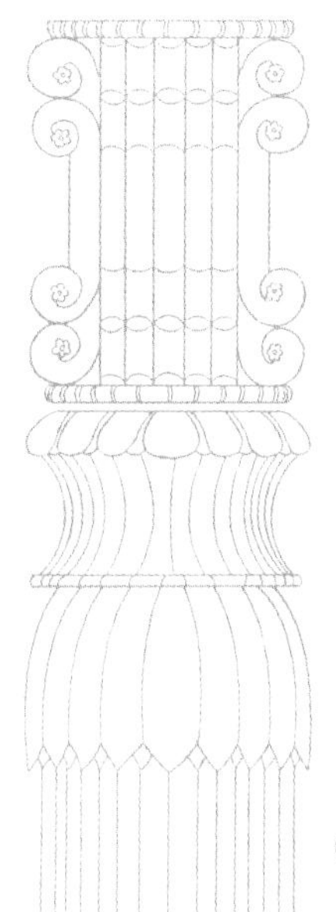

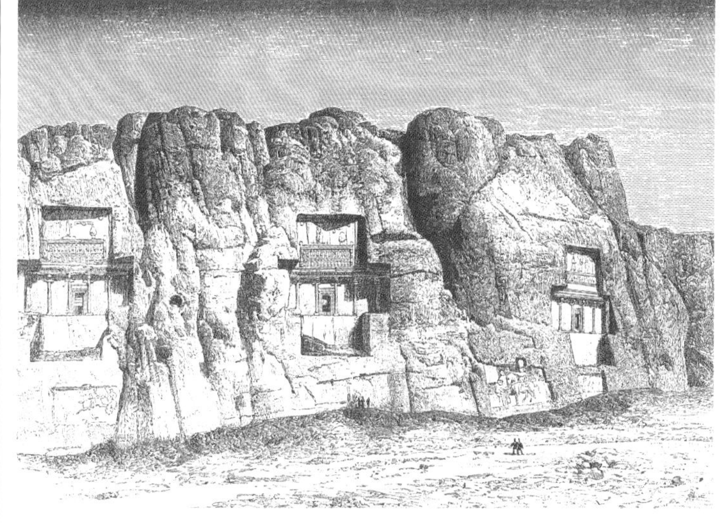

大流士國王墓（公元前485）

這座十字形石窟墓的立面是由崖面直接開鑿而成的。中央部分代表了宮殿（可能是大流士國王在波斯波利斯的宮殿）的門廊，由帶牛頭狀柱頭的圓柱支撐。正中央的門通向陵墓內部。立面頂部的雕刻描繪上下兩列奴隸抬起一座高台，高台上的國王正在一座火壇前祭拜。此外，帶翼圓輪中的人物可能是主神阿舒爾，也可能代表已逝國王的靈魂。

柱頭細節

這張線描圖清楚展現了波斯柱頭的各個部分。上部是帶凹槽的矩形柱幹，每個側邊有四個渦旋形飾；柱頭下部呈圓形。兩部分加起來高度超過5公尺。

廣泛與多樣性

下列各圖展示了波斯人在牆體、柱礎和柱頭上所運用的多樣化雕塑手法：人首翼牛像源自亞述，葉形飾和鐘形柱礎引自埃及，凹槽柱身和渦旋形飾則源於希臘。只有雙牛頭（或雙馬頭）柱頭是波斯波利斯的獨有風格。

石窟墓

除了獨立式陵墓以外，波斯人還為他們的國王建造了石窟墓。這些石窟墓開鑿於懸崖岩石之中，以經過雕刻的立面及人物像為特色。在離波斯波利斯北部幾哩遠的山脊中，人們在一處懸崖正面的高處，為大流士國王和他的三位後繼者開鑿了四座石窟墓。

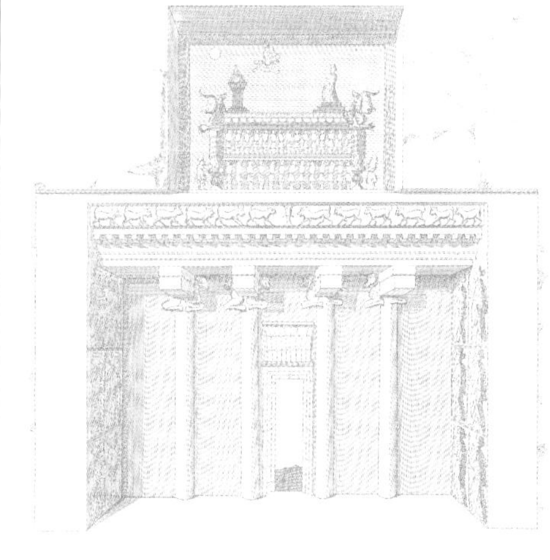

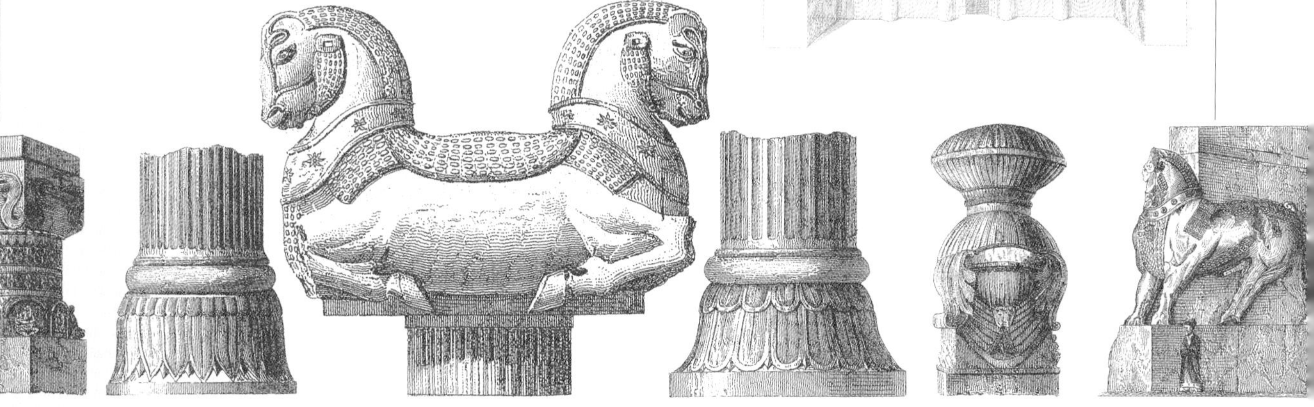

早期和古典印度 *公元前300—公元1750*

窣堵坡和經幢

現存最早的印度建築建於公元前7世紀，是由佛教信徒建造的宗教性建築。印度佛教建築主要以窣堵坡為主，又稱塔婆或舍利塔。它們最初是作為墳墩，但是當佛陀（公元前483）及其追隨者圓寂後的遺體埋葬於此，墳墩就變成了聖祠，用以緬懷佛陀及其教義。直到佛像出現以前，窣堵坡一直是佛教信徒祭拜的主要對象。窣堵坡也用於紀念一些宗教聖地或聖蹟。與窣堵坡相關的建築形式是經幢，又稱獨柱，是一種獨立式的紀念柱。在每個大窣堵坡旁邊和重要的支提窟前，都立有一至兩根這樣的紀念柱。

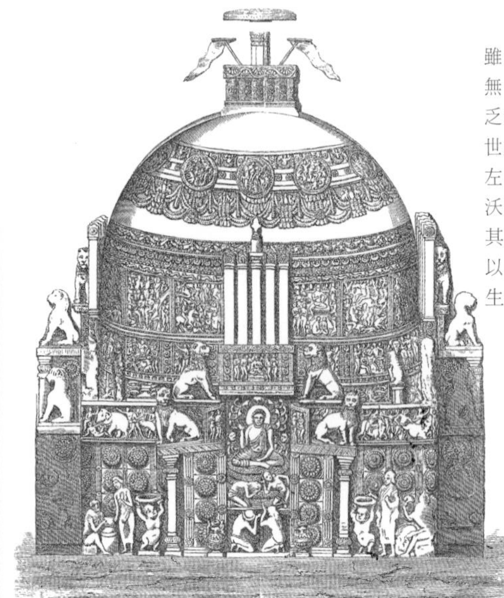

裝飾

雖然大多數早期的窣堵坡都毫無修飾，但後期的窣堵坡已不乏精心的妝點，尤其是公元前2世紀到公元前3世紀那段時期。左圖這座位於德干高原阿默拉沃蒂的窣堵坡曾經輝煌一時，其外層便以灰墁塗飾，同時還以圓形浮雕、花環和採自佛陀生平的場景作為綴飾。

陀蘭那

環繞窣堵坡的圍欄在主要方向上常常設有入口門道，稱作陀蘭那。陀蘭那的樣式很簡單，由兩根以額枋相連的柱子組成，但經過精雕細刻，如右圖桑奇窣堵坡的陀蘭那。信徒們在進行繞拜儀式時，可藉由領會陀蘭那上的圖像而進入虔心冥思的狀態。

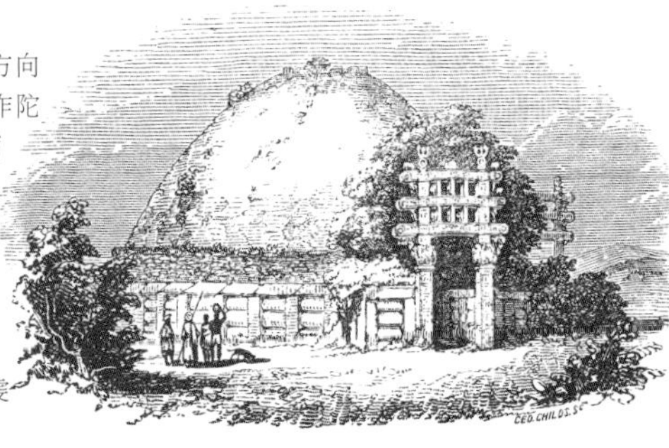

窣堵坡的組成部分

窣堵坡最重要的特徵是半球形圓頂，也叫覆缽（字面意思是「蛋」）。小尖塔的部位稱為寶頂，周圍通常繞有欄杆。寶頂上面是埡替或者柱子，負責支撐階梯式的傘形頂，傘形頂飾的層數並無定數。右圖展示了一副埋存於窣堵坡中的窣堵坡形狀的棺柩。

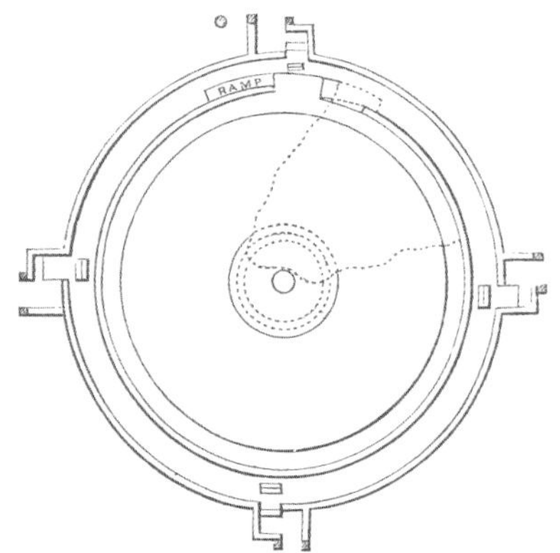

繞拜儀式

繞拜儀式是以順時鐘方向繞行窣堵坡（並不停循環）。窣堵坡周圍鋪有小路，小路兩側有圍欄。

圍欄

環繞窣堵坡的圍欄具有非常重要的作用，它們標明了聖域的地界，並往往裝飾富麗，上面的圓形浮雕刻劃了花鳥、動物和神話人物。

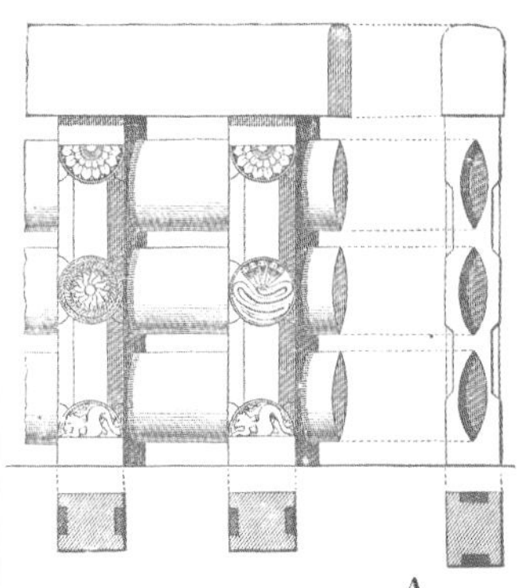

後期經幢

經幢——信徒們將它豎立於寺廟前方——直到17、18世紀仍在繼續建造中。右圖這座耆那教經幢稱作曼拿斯塔帕，柱頭有小亭閣。印度教教徒也有豎立經幢的習慣，他們稱經幢為燈柱。

裝飾柱頭

經幢的柱頭聳立在裝飾華麗的柱頸上方。大多是波斯式的，或更確切地說，是波斯波利斯風格。下圖這個柱頭的歷史可追溯至公元1世紀，上面雕刻了駿馬和馱有人物的大象。

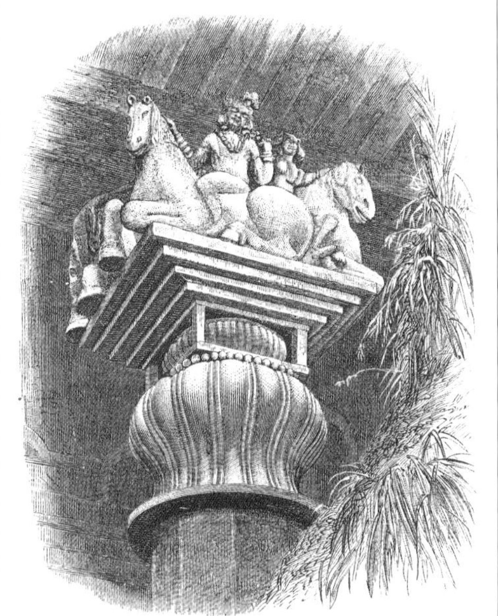

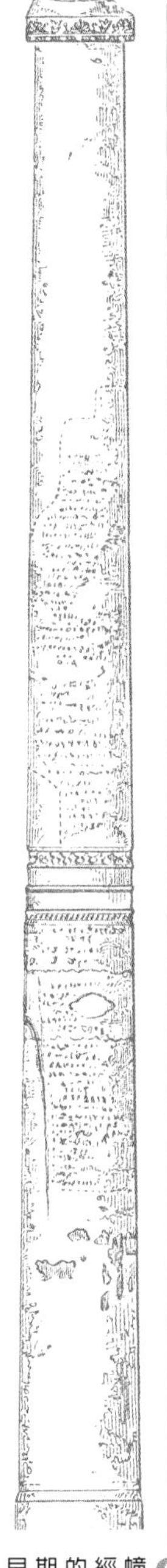

早期的經幢

現存最早的經幢由阿育王（公元前269-232）所立。這些經幢似乎是根據木模型所建，但這些模型現已失傳。經幢上面刻有佛教教義和一些歷史見聞。其柱頭上飾有忍冬花，這是受到古波斯和亞述風格影響的標記。

早期和古典印度

支提窟

印度最神聖的佛教建築當屬支提窟。支提窟是供集體祭祀的廟宇，其設計和功能都足以與仿羅馬式或哥德式教堂相媲美。與教堂不同的是，這些支提窟主要是由石窟構成。印度人用大頭錘和鐵鑿從天然岩崖中開鑿出石窟。現存最早的支提窟可追溯至公元前2世紀，可能部分受到波斯和亞述石窟的影響。此後五百年間，信徒們開鑿不輟。支提窟的主體空間由兩排柱子分為中殿和側廊兩個部分。用岩石鑿成的奉獻窣堵坡也是一種支提窟，是主要的宗教祭祀中心。窣堵坡的形式，連同四周供繞拜儀式之用的小路所構成的圓形區域，相當於基督教堂裡的後殿。

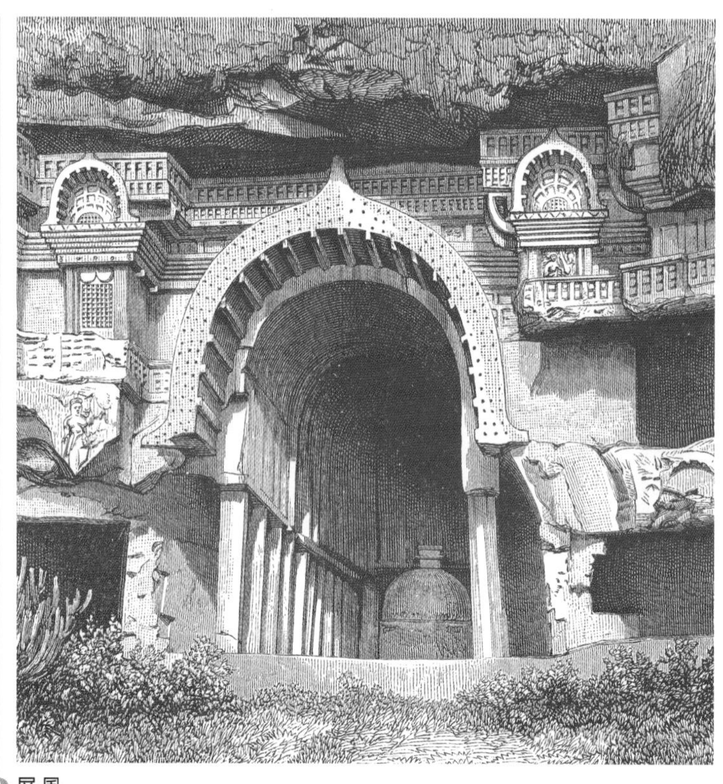

屏風

起初，石窟式支提窟在大廳前設有木屏風，其低處有一或多個門，上層有一巨大的透光窗。雖然在這座位於德干高原巴賈的早期支提窟中，木屏風已不復存在，但當年裝屏風的凹槽卻保留了下來。嗣後雖然屏風仍獲沿用，但已改用石材。

查札拉獨立式支提窟

最早的支提窟應該是獨立式木結構。雖然現已失傳，但藉由磚石複製品，人們還是可以有所了解。比如右圖這座位於臣奈附近的支提窟，即是罕例。在德干高原的特爾還保留有公元2至3世紀時結構相似的建築。

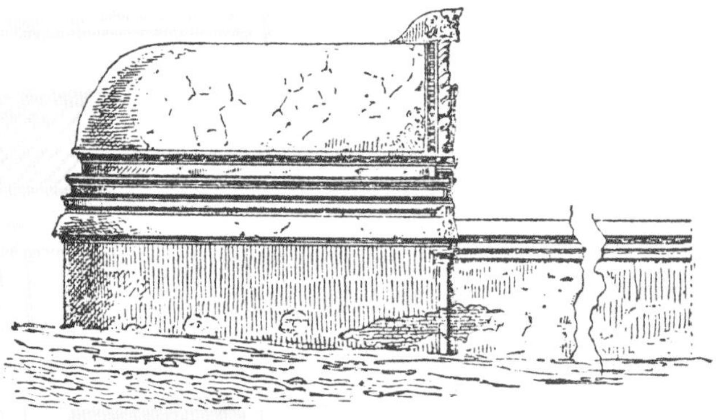

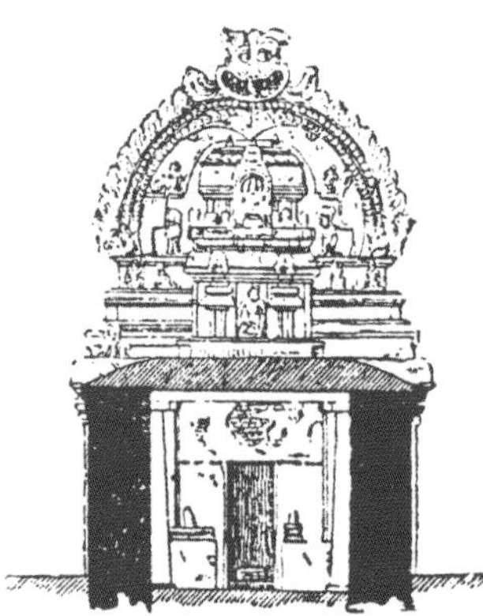

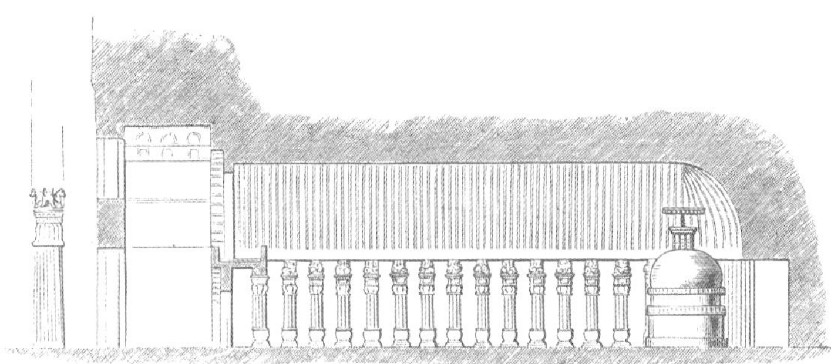

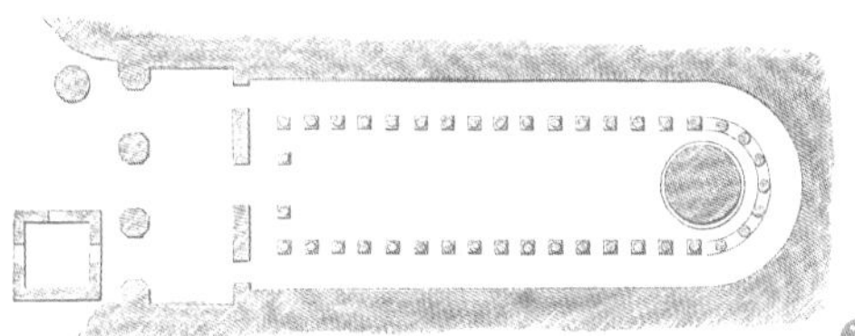

卡利支提窟（公元前1世紀）

現存最大、保存最完好的早期支提窟位於德干高原的卡利。它的平面設計沿用了固定模式——大廳由兩排柱子分隔，並以窣堵坡為焦頭。雖然在這座支提窟中不乏雕刻華美的柱子，但相對而言，其內部裝飾仍相當樸素。

支提窟窗戶

大窗戶是支提窟建築不可或缺的組成部分，陽光可藉此投射室內。窗戶呈馬蹄形，這種設計又稱為gavaksha。這種馬蹄形主題反覆出現在支提窟的立面，稍後並在寺廟建築中沿用長達數百年。

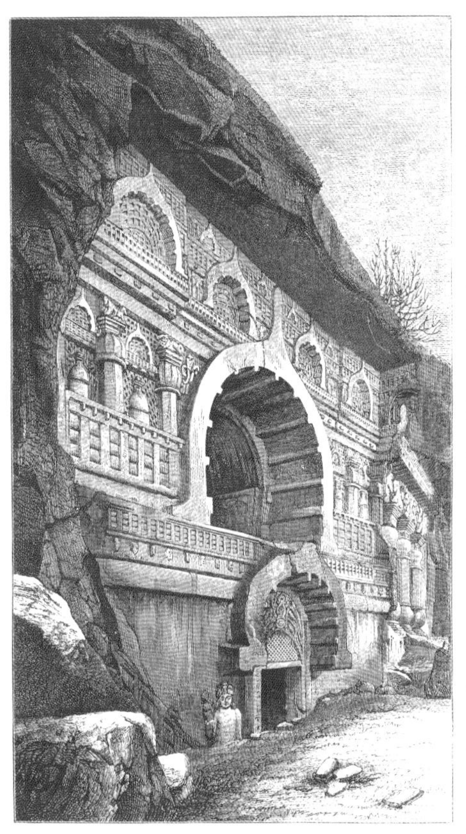

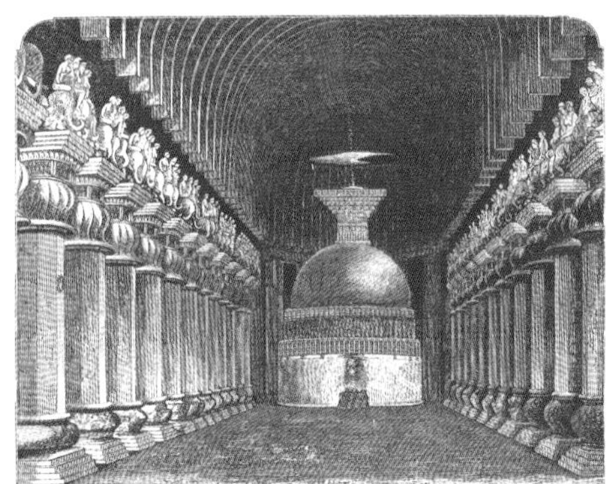

窣堵坡

用岩石鑿成的窣堵坡經常刻有華麗裝飾。光線透過大窗戶直接投射於窣堵坡上，令窟內的其餘部分顯得黯淡無華。這座位於卡利的窣堵坡是兩層鼓狀結構，帶有欄杆、寶頂和精緻的木質傘形頂飾。

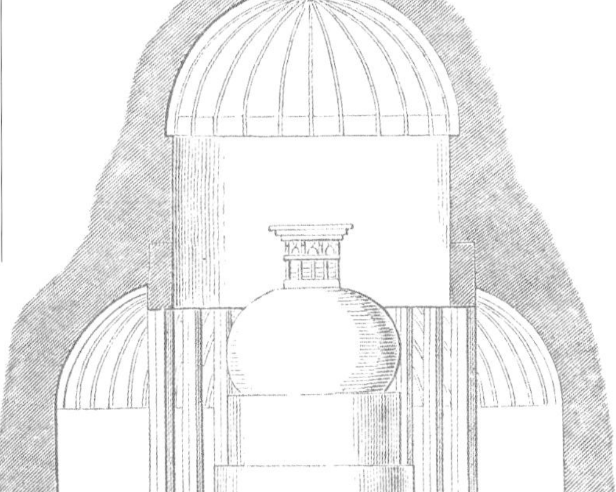

支提窟屋頂

支提窟的典型特徵之一是窟廳帶有筒形拱頂；側廊則帶有半拱頂。這些鑽孔肋無論木質或石質，都是模仿木質的形制。位於德干高原阿占塔的這座支提窟有特別高的側廊樓，曾飾以灰墁，並塗有彩繪。

早期和古典印度

精舍

精舍的歷史可追溯至公元前2世紀，是早期佛教建築的一種重要樣式。其中大多數是簡單的石窟，僧侶們在這裡集會、祈禱和睡覺。精舍的主要組成元素為祭拜物（窣堵坡或佛像）、僧房（帶有石床），以及放置神像的聖祠。精舍常集合興建，組成建築群。現存這類石窟群中最著名的位於德干高原的阿占塔；精舍盛行於公元前2世紀至公元5世紀晚期。後期的精舍濃彩重飾，與傳統印度藝術風格不同。精舍在耆那教建築中也頗受歡迎。耆那教是與佛教差不多時期興起的一個教派。

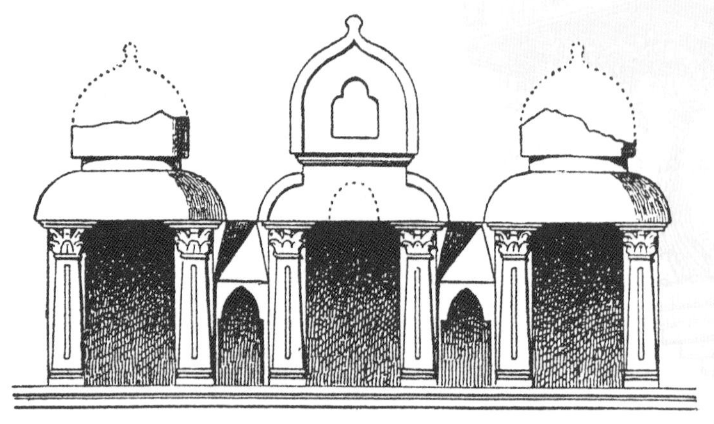

僧房

典型的馬蹄形拱，模仿了支提窟的窗式，安置於供僧侶們就寢的僧房門道上方。到了後期，隨著設計發展更為成熟且裝飾更為精緻，僧房開始出現圓頂，立面也經過雕刻加工。

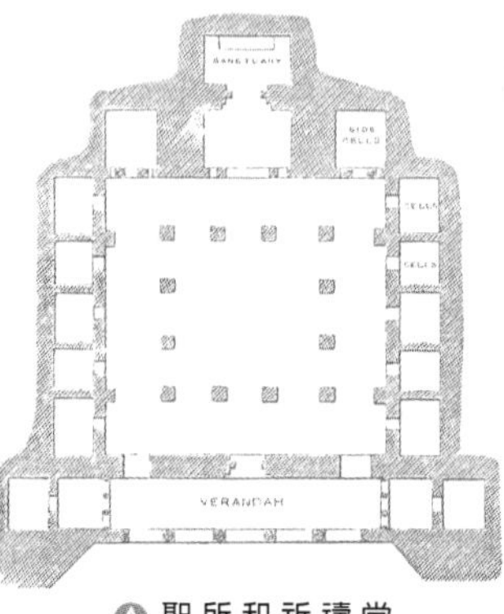

聖所和祈禱堂

到了公元5世紀，精舍的構造包括了祈禱堂和聖所，僧侶們可以在支提窟外獨立進行祈禱。聖所位於正對入口的地方，通常包括一座窣堵坡或一尊佛像。

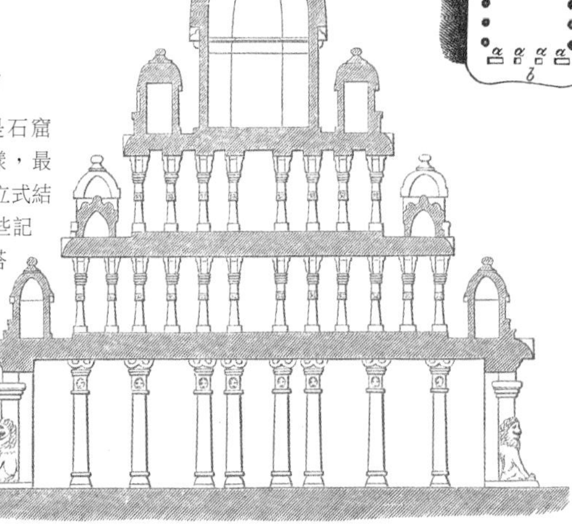

早期的獨立式精舍

雖然現存最早的精舍是石窟型，但如同支提窟一樣，最早的精舍幾乎也都是獨立式結構。根據那個時代的一些記載，早期精舍呈金字塔形，廳堂層層疊加，層與層之間架以木柱。

精舍和支提窟

最早的石窟型精舍就建在支提窟旁邊，但彼此並不相連。早期精舍樣式很簡單，只有一個矩形庭院，庭院四周設有若干小型僧房。早期精舍不需另建祈禱堂，因為可就近在毗鄰的支提窟中祈禱。

外廊

精舍的主體以外廊（大門門）為正面。外廊是外界與昏暗的石窟廳之間的過渡所，通常也是裝飾的焦點。外廊的柱子經過雕飾，有時廊牆和頂棚上還飾以壁畫。

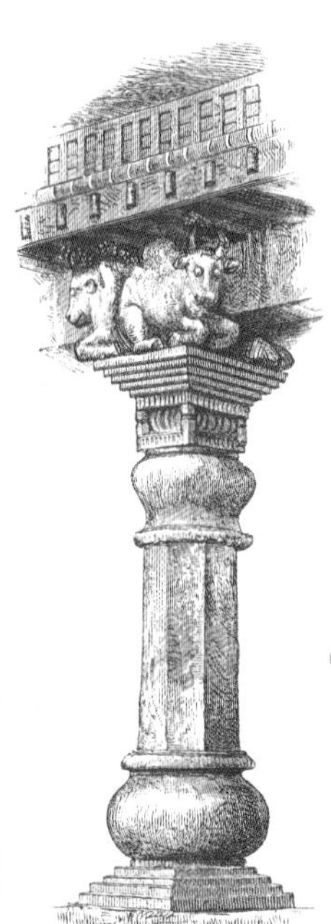

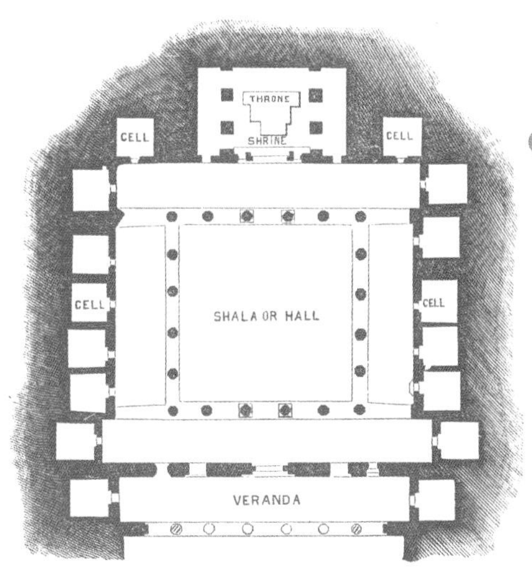

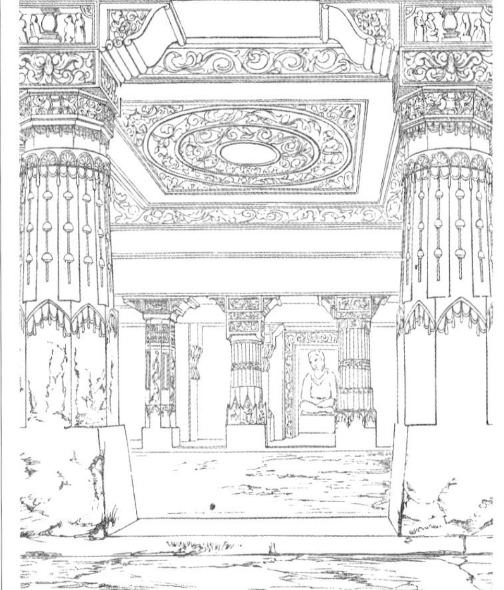

帶柱大廳

隨著精舍的規模越來越大，屋頂越來越輝煌，大廳內部也開始安放柱子，以支撐不斷擴展的屋頂。最初只設有四根立柱，然後是十二根，後來變成了二十根，甚至更多。上圖的這座精舍位於德干高原的阿占塔，建於公元5世紀晚期，柱子、頂棚以及牆面上都塗有彩飾。

大廳

在一些晚期的精舍中附有稱之為sala的大廳。大廳主要作為僧侶的學習室，但也可能當作飯廳（dharmasalas）或宗教祭拜之用。這座位於中印度巴古的精舍，建於公元5世紀。通過有二十根立柱的外廊，再穿過主廳便可進入。大廳的內牆上最初應該有華麗的裝飾。

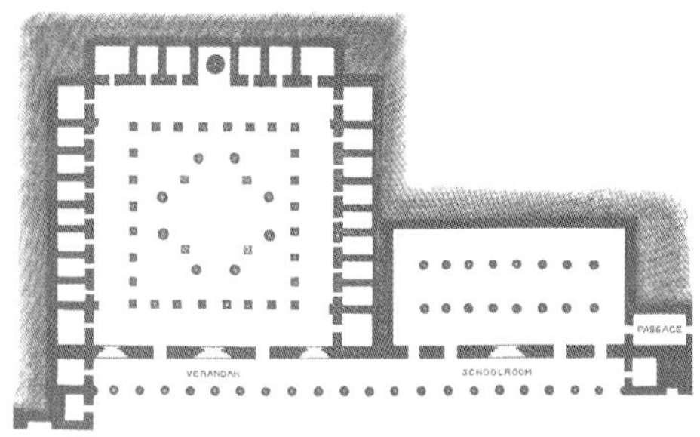

結構型精舍

在犍陀羅地區，即今天的巴基斯坦北部，精舍全都是石造的獨立結構。下面這座精舍在公元3世紀建於塔夫提拜，構造如下：方型庭院及其中央的窣堵坡（A），設有佛龕的庭院（B），稱作僧伽藍的居住庭院（C），和會客廳（D）。

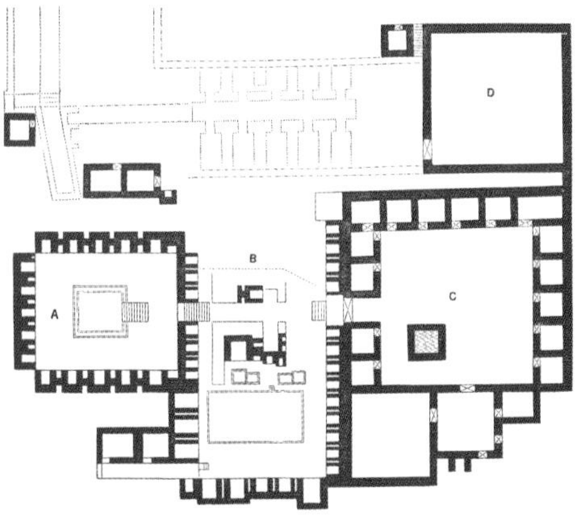

早期和古典印度

石鑿廟宇

從公元6世紀開始，佛教經歷了一段衰落時期，而印度教則在全印度復興。在印度教的影響下，寺廟被尊崇為神的住所，並發展出一種獨特的建築樣式。不管是印度教還是耆那教，全印度的廟宇都十分雷同。印度的建築「論」典根據地理位置（而非宗教）把印度廟宇劃分為三種風格。其中主要的兩種風格是南印度的達羅毗荼風格、北印度的那加風格或稱印度－雅利安風格；第三種是前兩種的混合，叫作混種風格或查魯克雅風格，集中於中印度（德干高原）地區。而現存最精采的一些早期廟宇大多為達羅毗荼風格。

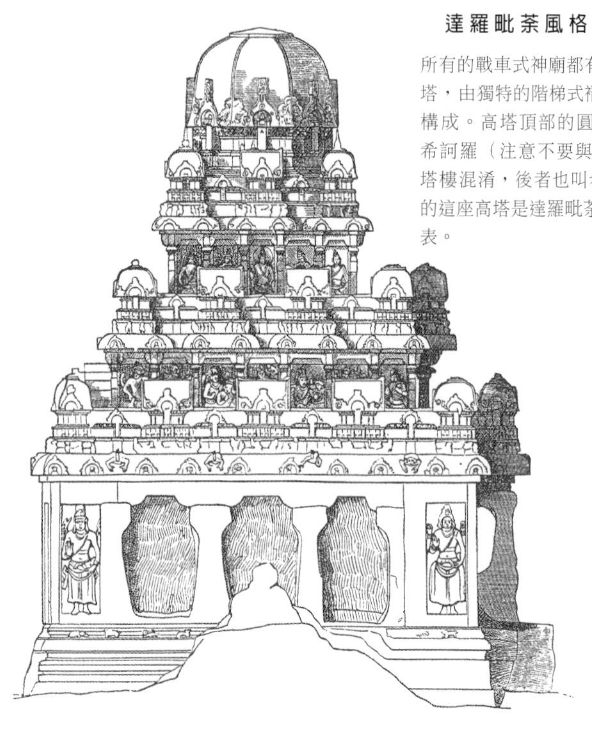

達羅毗荼風格的塔樓樣式

所有的戰車式神廟都有引人注目的高塔，由獨特的階梯式褶襉建築（塔旯）構成。高塔頂部的圓頂裝飾物叫作希訶羅（注意不要與那加拉風格的塔樓混淆，後者也叫希訶羅）。左圖的這座高塔是達羅毗荼風格的典型代表。

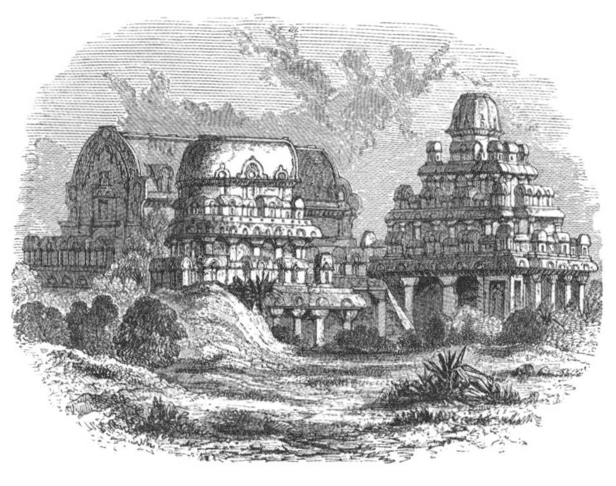

戰車式神廟

公元7世紀的馬馬拉普瑞體現了達羅毗荼風格最早、最純粹的樣式。該地有一系列名為「戰車式神廟」（rathas，字面意思是「戰車」或者「列隊馬車」）的獨石造寺廟。這些廟宇都是用花崗石岩塊切鑿而成，而且尚未竣工便遭廢棄。戰車式神廟的雕刻乃模仿其他結構型建築，可能是早期獨立式精舍。

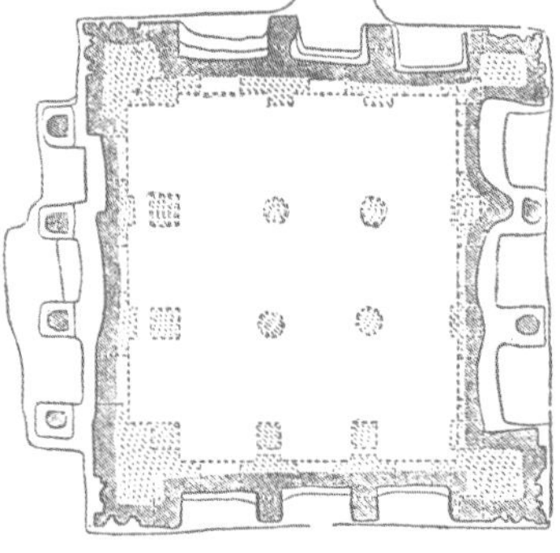

達羅毗荼風格的廟宇平面圖

從平面圖中，我們可以看出達羅毗荼風格寺廟在建築上還不太成熟，只由單一空間構成，有時有立柱支撐。

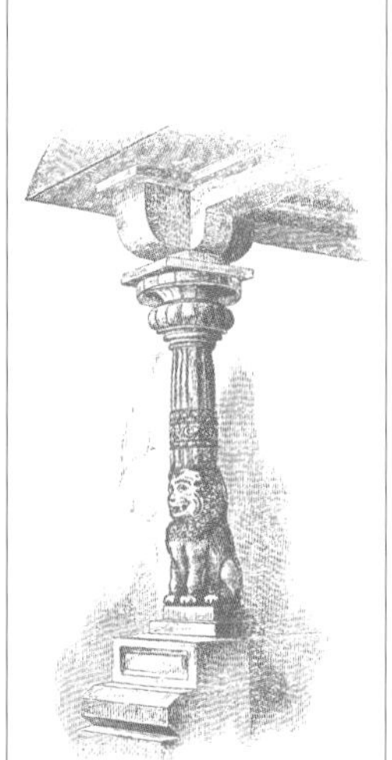

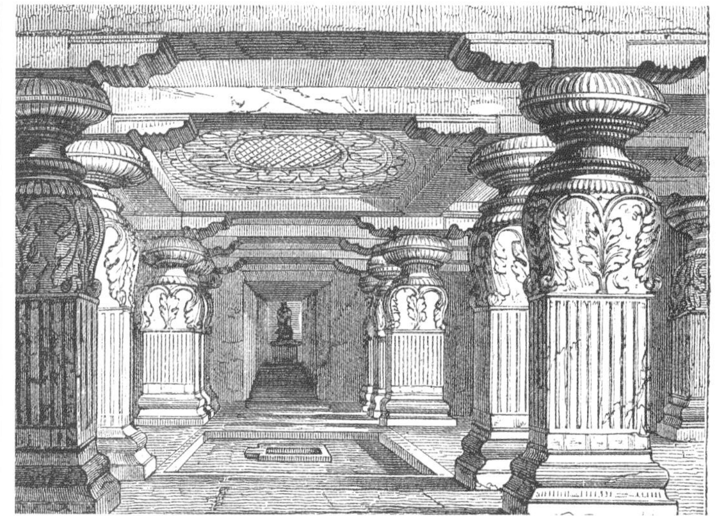

埃洛拉因陀羅薩巴石窟（9世紀）

埃洛拉不僅有印度教教徒建立的廟宇，還有耆那教教徒的廟宇。這此廟宇可與一些達羅毗荼風格的廟宇，如凱拉薩寺（見下圖）等量齊觀。如圖所示，建於9世紀早期的因陀羅薩巴石窟是埃洛拉地區風格最為精緻的廟宇。柱子上刻有繁複的葉形主題圖案，讓人聯想到希臘的爵床葉。

馬馬拉普瑞獅柱（公元7世紀）

這根雕刻過的柱子是達羅毗荼風格的代表，也是在馬馬拉普瑞地區發現的典型柱式。柱礎上有一頭端坐的獅子——帕拉瓦王朝的紋章——柱頭為彎曲、墊塊狀的寶瓶式。柱頭上面是盛開的蓮花狀飾物，以及又寬又薄的柱頂板。

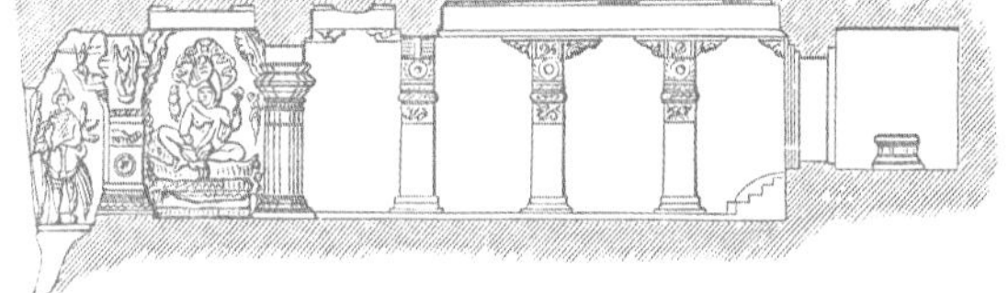

毗濕奴雕刻

毗濕奴是印度教廟宇中常見的雕刻主題，祂是印度教最尊貴的主神之一。上圖的巴達米石窟建於公元6世紀，是達羅毗荼風格最早的代表性建築之一，其中的毗濕奴神是騎在五頭蛇阿南達身上。

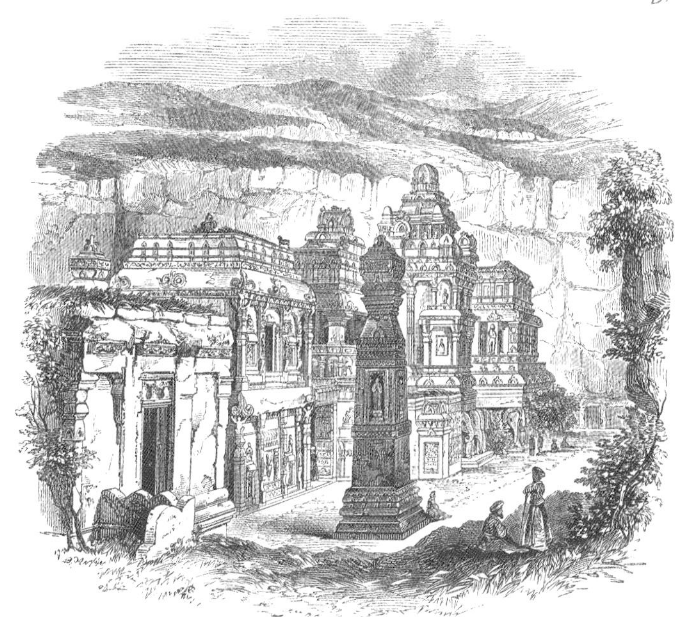

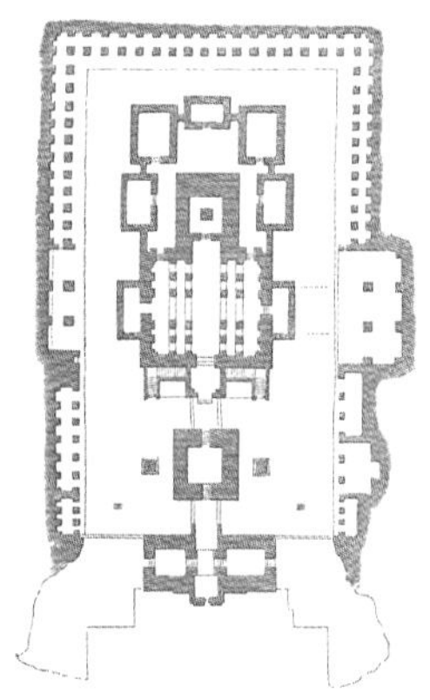

埃洛拉凱拉薩寺廟（8世紀）

右圖這座建於8世紀中期的寺廟，其石鑿建築的水平已達到頂峰；並首度展現出發展成熟的達羅毗荼風格。凱拉薩寺（最左圖）是獨立式建築，岩塊與周圍山壁整個切離開來。

早期和古典印度

廟宇：平面格局及內部

印度廟宇對平面格局有嚴密的規定。印度人認為比例準確合理的建築可與宇宙保持和諧，並為社會帶來秩序。寺廟依東西軸線而建，暗合太陽東升西墜之意。寺廟建築依據的是一種稱作曼荼羅的幾何圖。最初，所有的寺廟都只有一個簡單的聖所，通常附有獨立的帶柱門廊。隨著時間推移，聖所(胎室)變得更富裝飾性，塔的地位更為突出，門廊則演變為與聖所相連的廳堂。雖然各地方的建築傳統有所差異，但公元5世紀至7世紀間，分布於印度北部、南部和中部的廟宇仍奠定了各自主要的風格：即那加拉風格、達羅毗荼風格和混種風格。

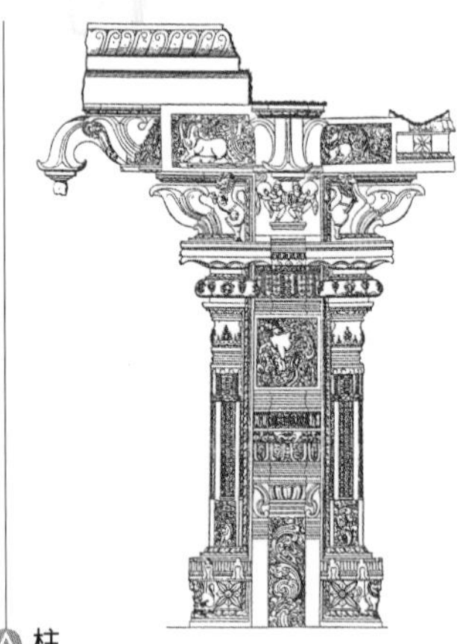

柱

印度廟宇的室內立柱風格，尤其是曼達波的立柱，曾歷經幾百年的不斷演變。上圖是17世紀的柱子，那時的雕刻已變得極其繁複多樣。滴水狀的梁托懸飾（突出於梁托的懸空飾品），是達羅毗荼風格最常用的一種。

胎室和曼達波

聖所是印度寺廟內最神聖的地方，這個小而黑的房間稱為胎室，裡面設有神像。聖所四周是供繞拜儀式用的走道。要進入聖所得通過供教徒們集會用的地方，叫曼達波。胎室和曼達波之間的低矮門廳叫做中廳。

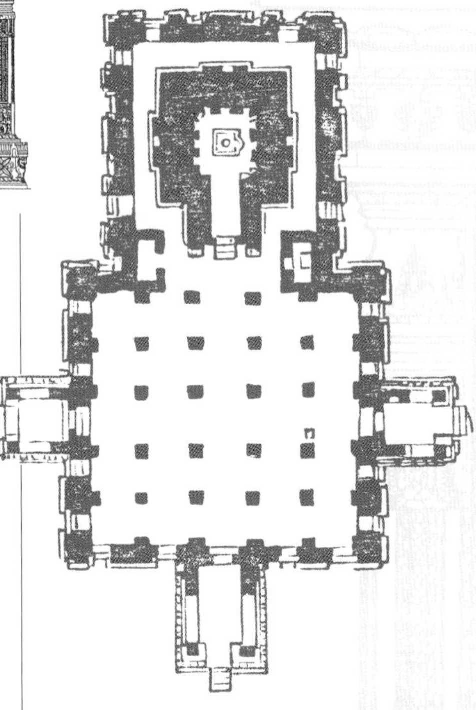

塔和屋頂

室外的塔或尖塔標示了胎室的位置，曼達波的屋頂位置要稍矮一些，通常呈金字塔狀。右側的曼達波帶有階梯式的毗達屋頂，這是奧里薩式的特徵。

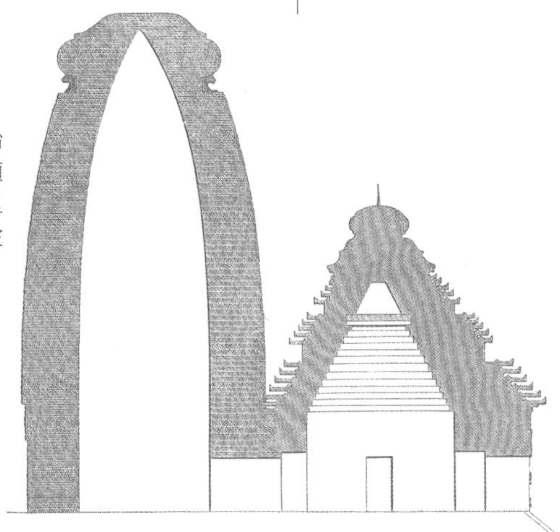

奧里薩式

東印度的奧里薩邦有一組風格獨特的廟宇，是建於11-10世紀的建築珍品。其平面追隨北部風格的設計特徵，以方形為基底，分為兩個空間：一處聖所和一處曼達波；當地人稱之為deul和jagamohan。

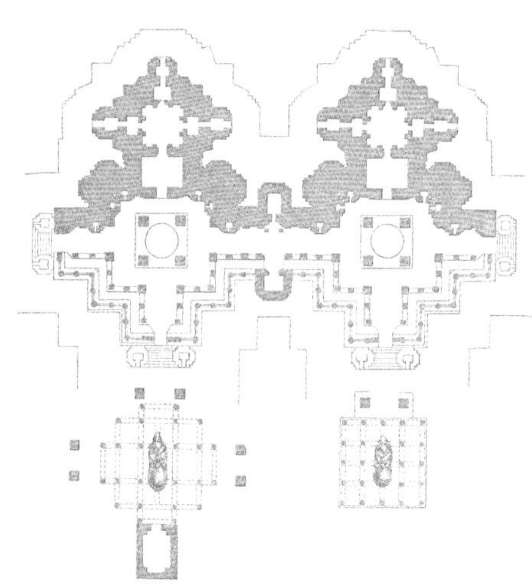

曷薩拉式風格

雖然印度的廟宇建築主要分為三種風格——那加拉風格、達羅毗荼風格和混種風格，但仍存在一些地方性建築式樣，常常以當權的王朝命名，比如曷薩拉式就是其中之一。它從屬於混種風格；後者的典型特徵是星形聖所和雙廟平面設計。

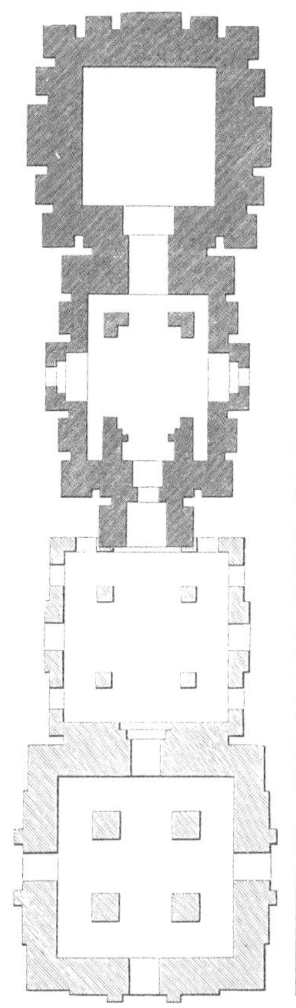

複合式曼達波

在較為複雜的廟宇平面設計中，複合式曼達波依循一條中軸線而建。每個廳堂的功能都不一樣，比如有的是跳祭舞用的，有的用作餐廳，有的供奉獻用。

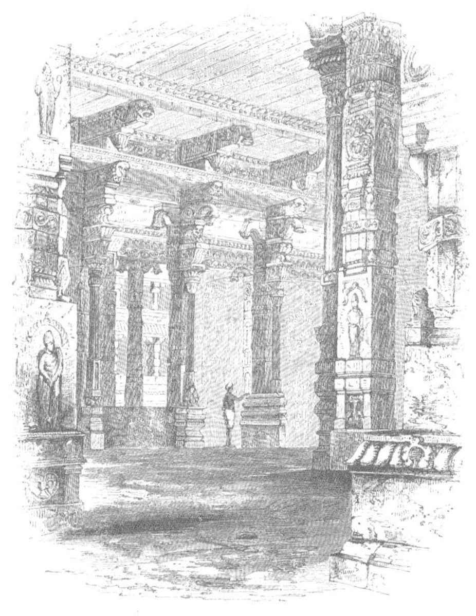

門斗及曼達波的裝飾

與胎室的簡樸無華形成鮮明對比的是門斗及曼達波的奢華裝飾。上面的圖例位於南印度的吉登伯勒姆，柱子上飾有眾神、小神以及天仙的浮雕。

曼達波圓頂

曼達波開放式的中央區域上方常覆有梁托式圓頂，並施以豐富的雕刻。右圖是位於西印度阿布的耆那教寺廟（1032），刻有十六尊智慧女神像和一個中央懸飾。

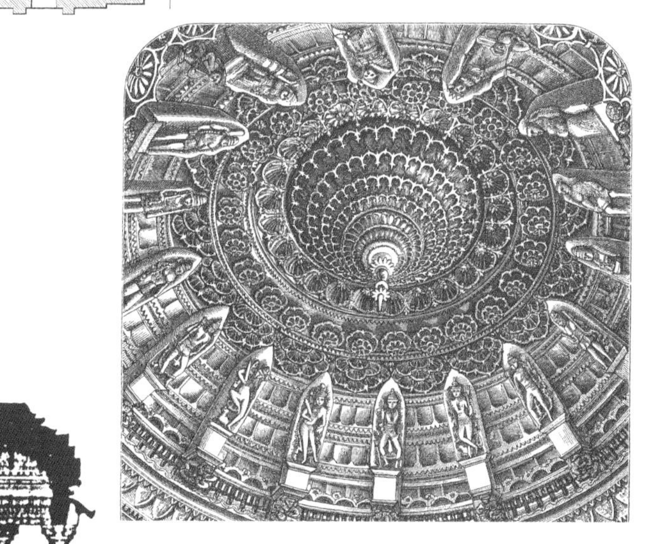

早期和古典印度

廟宇：外部

印度人會花費很多心思為廟宇選址，並決定每個建造階段的時間點，因為他們相信廟宇和宇宙秩序之間存在對應的哲學關係。石層與石層之間的結合方式通常不是靠砂漿，而是藉由石頭自身從上而下所產生的重壓。石頭是利用泥土堆壘的斜坡搬運，在某些案例裡，整個建築在建造過程中會填滿沙子和泥土，直到工程竣工才由門道把這些東西移走。雖然建築工程主要是在主建築師（蘇特拉哈拉）和監工的指導下完成，卻是大量民眾集體創造的結晶。由於建造廟宇通常得依靠國王的資助，所以從不同的建築風格上可以看出不同王朝的印記。

庵摩勒迦塔尖

這幅立面圖是那加拉風格的變體——奧里薩式——的縮影。希訶羅曲線形塔身的位於方形底座上，並以水平線腳分隔開，頂上則以庵摩勒迦塔尖作為裝飾特徵。塔尖的底座是南瓜形或瓜形，頂上立有一只寶瓶——一種裝飾性的花瓶或水壺。

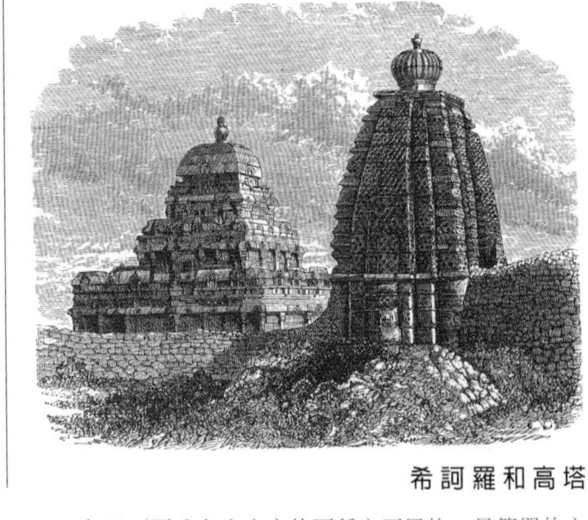

希訶羅和高塔

如果要區分印度廟宇的兩種主要風格，最簡單的方法便是研究它們的塔。那加拉（北部）廟宇有的蜂窩狀塔叫希訶羅，達羅毗荼（南部）廟宇的多層金字塔狀塔叫高塔。「希訶羅」一詞的意思是「頂峰」或「雞冠」，人們相信廟宇是神仙們居住的聖山。

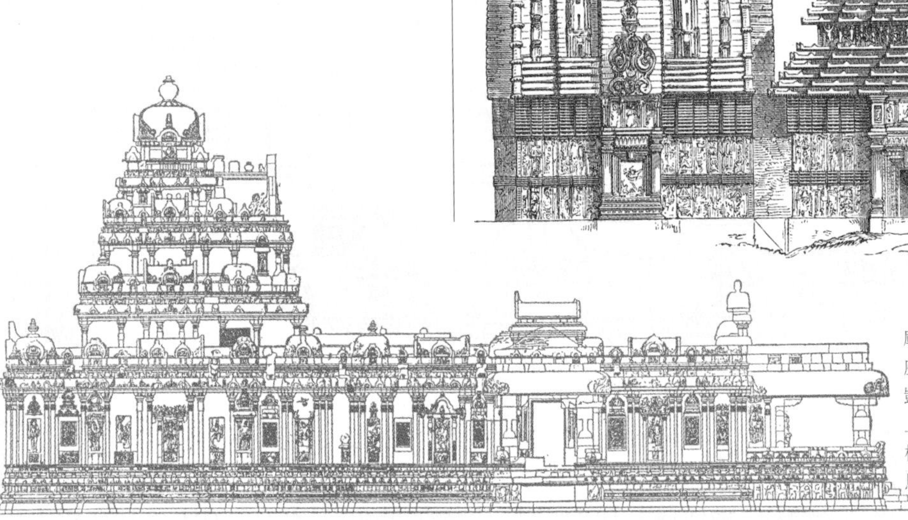

外部裝飾

廟宇裝飾是理所應當的。左圖這座18世紀中期的廟宇位於帕特答凱，是當時最宏偉的寺廟之一，上方的裝飾主題為達羅毗荼風格：高壁柱、雕刻的壁龕，以及馬蹄拱。

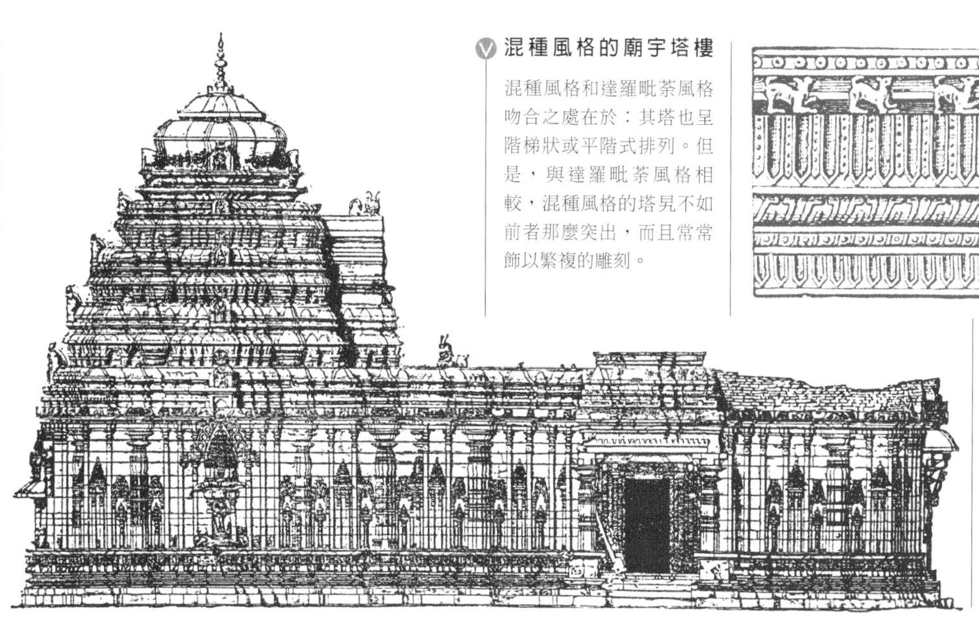

混種風格的廟宇塔樓

混種風格和達羅毗荼風格吻合之處在於：其塔也呈階梯狀或平階式排列。但是，與達羅毗荼風格相較，混種風格的塔房不如前者那麼突出，而且常常飾以繁複的雕刻。

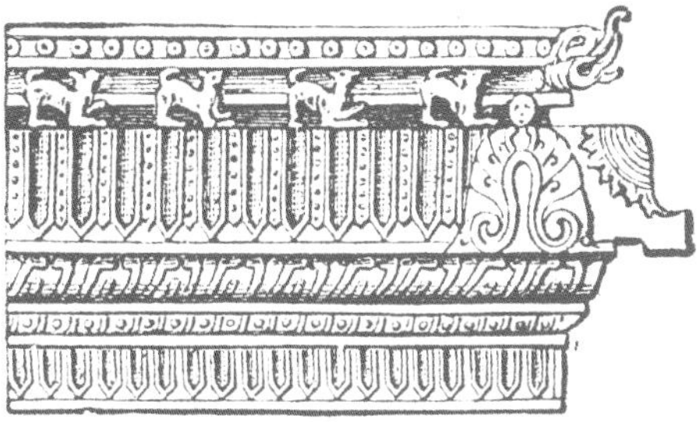

簷部

在印度建築術語中，簷部稱為普拉斯塔拉。印度雕刻的流線感很強，刻紋很深，平面上的凹凸變化更為明顯。

壁柱

印度建築中的壁柱與希臘、羅馬建築中的壁柱非常相似，都是淺壁柱或柱幹稍微突出於牆面。印度壁柱具有完整的柱頭和托座。

基座

印度寺廟常建在一個高台座上，如此一來寺廟的外部雕刻就可抬高與視線平行。混種風格的廟宇尤其如此。

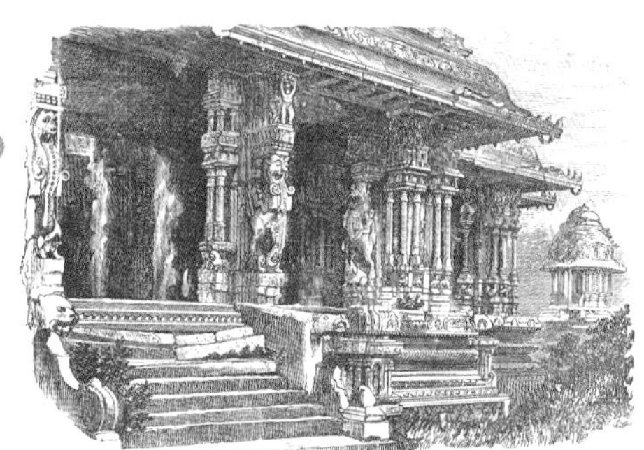

寺廟門斗

精雕細琢門斗就如佛教教義中對欄杆的定義一樣，乃劃分外界和聖地的界線。上圖的門斗是典型的達羅毗荼風格，具有粗簷口、小型柱群、獸像以及濃彩重飾的柱基座和底座。

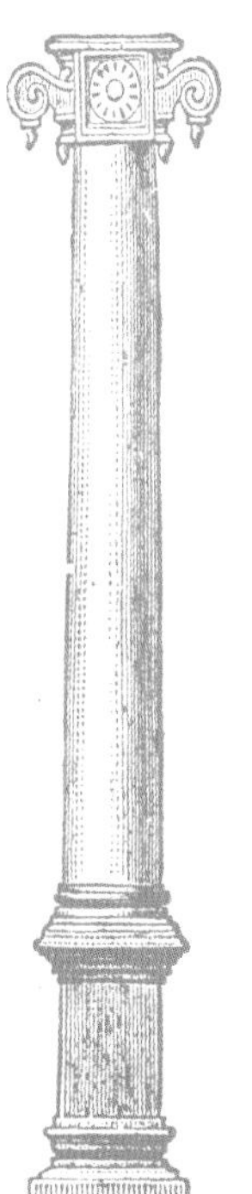

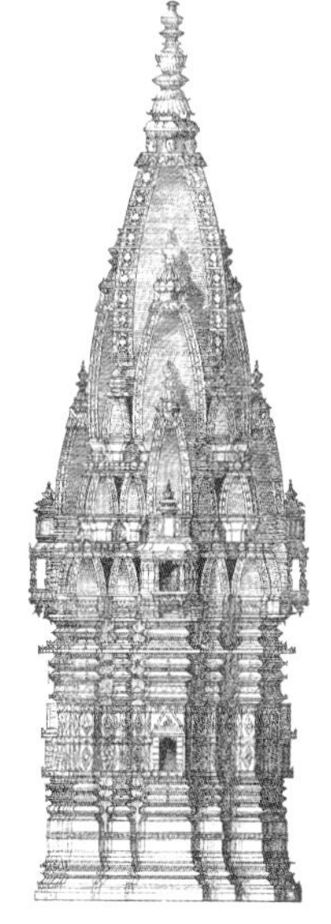

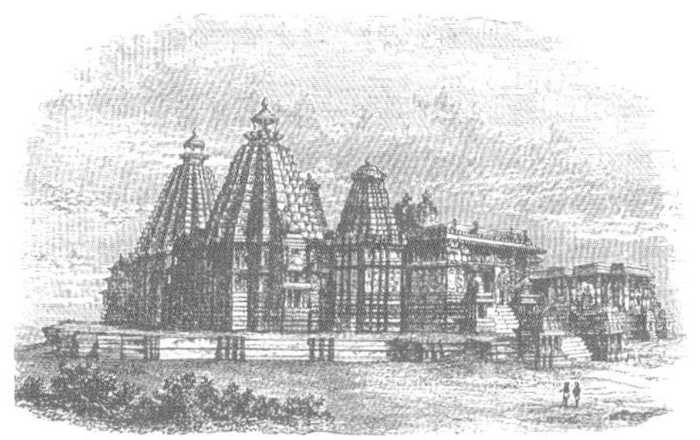

希訶羅的發展

在那加拉風格晚期，希訶羅塔身常以其自身的小複製品作為裝飾，這些小型希訶羅稱為urusringas。

早期和古典印度

寺廟：建築群

北部那加拉風格的最後一個主要發展階段大約在10世紀；然而此後幾百年間，南部的達羅毗荼風格仍在繼續發展，直至1250年的注輦王朝時期才臻於鼎盛。複合式曼達波（類似於大廳）功能眾多；巨大的通道口——有的竟高達52公尺——強調了庭院（普拉卡拉）的顯著地位，甚至讓包繞其中的聖所相形見絀。富麗堂皇的門塔展示了寺廟的財力和權勢，而且加強了聖祠入口處的視覺衝擊力。在許多案例中，廟宇建築群會不斷擴展，這種情況一直維持到18世紀。因此印度教風格與穆斯林風格產生了相當程度的疊合，穆斯林早在1100年左右便開始修建伊斯蘭版的印度建築。

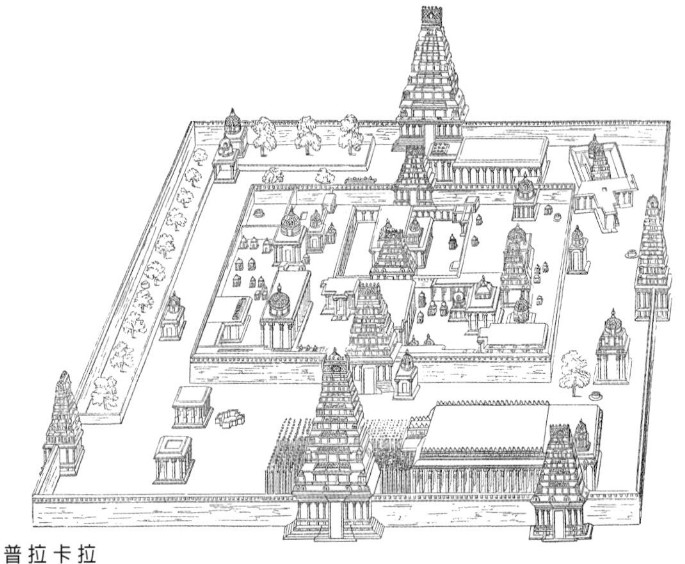

普拉卡拉

在南印度，原先的寺廟界限往往變得很不適合，於是便在原始建築物的四周修建普拉卡拉，將聖祠、曼達波和其他建物包圍起來。

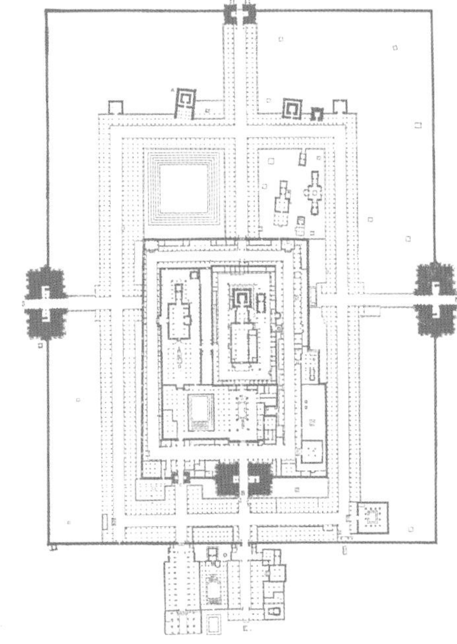

大水缸（17-18世紀）

大水缸寺廟建築群的一個重要特徵，用於沐浴淨身和準備聖事。大水缸內的水來自雨水、小溪和渠道，四周建有台階。圖為位於瑞梅斯瓦熱姆的寺廟院落中的大水缸（左上角），三面有柱廊環繞。

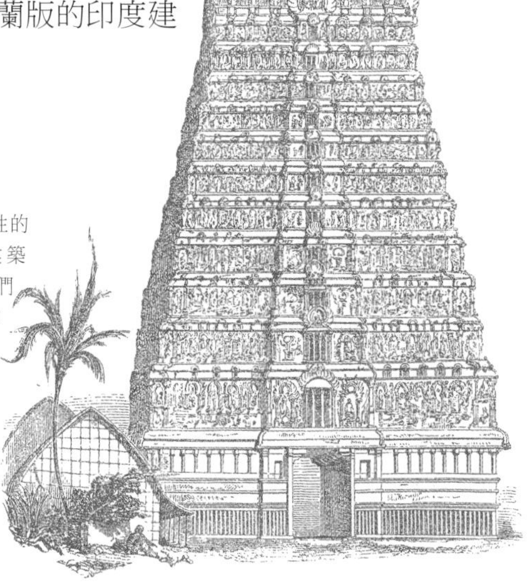

哥普蘭門塔

哥普蘭門塔是一種紀念性的塔狀入口，也是印度建築中最宏偉的一部分。教徒們便是由哥普蘭門塔進入神聖的廟宇建築群。哥普蘭門塔有一個石基座，覆以數層的磚、木和灰泥。頂上常常以小窣堵坡作裝飾。

馬杜拉曼達波大殿的鞨爾垂（17世紀）

鞨爾垂即帶柱殿，常見於達羅毗荼晚期風格的寺廟建築群中。它有多種功能，既可作為門斗，又可當慶典大廳。下圖這座大廳是為迎接一個地方小神而建的，共有128根柱子，每根都雕刻成不同形狀。

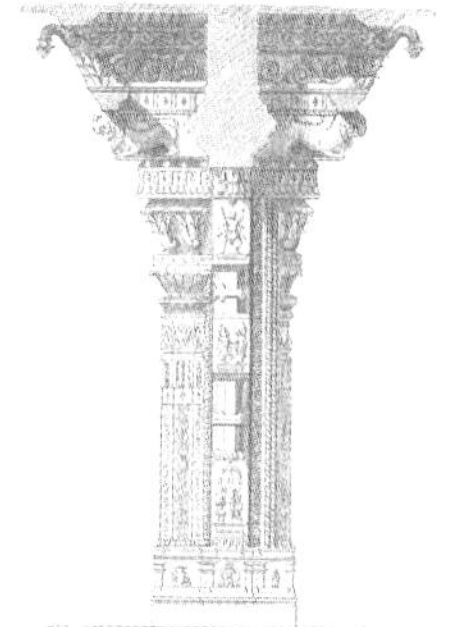

聖祠（12世紀）

從早期開始，寺廟建築群即設有聖祠，以祭祀小神。下圖為貝魯爾寺廟的聖祠之一，它的屋頂是模仿寺廟本身。

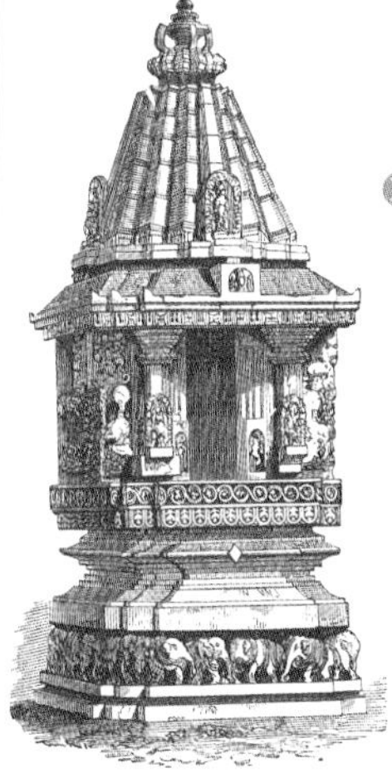

布巴內斯瓦爾寺廟建築群（11世紀晚期）

與南部不一樣的是，在印度北部那加拉風格中，寺廟建築群的主要特徵是帶有希訶羅的主寺廟。入口很低，通常並不張揚，比如左圖的這座林嘎拉加寺廟，該寺廟位於奧里薩的布巴內斯瓦爾。

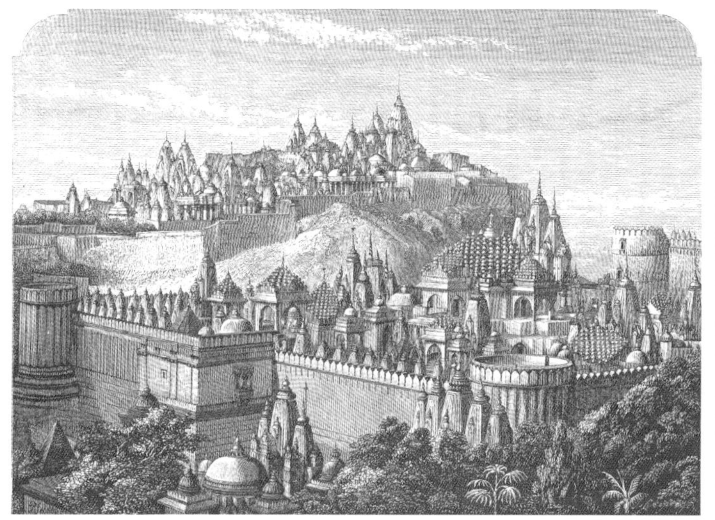

耆那教的寺廟建築群（16世紀）

與印度教不同，耆那教建築常常把數目可觀的寺廟集合在一處。在西印度的聖薩雀加雅山上，共有五百多座寺廟和聖祠，四周圍有堅固的城牆，稱為tuks。tuks入口處的裝飾非常華麗，四角建有稜堡。

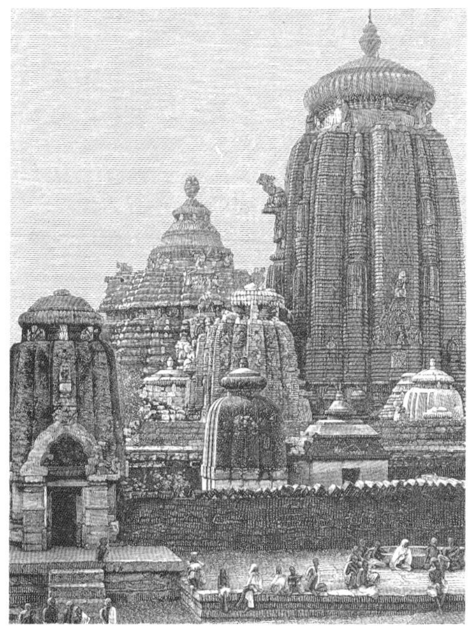

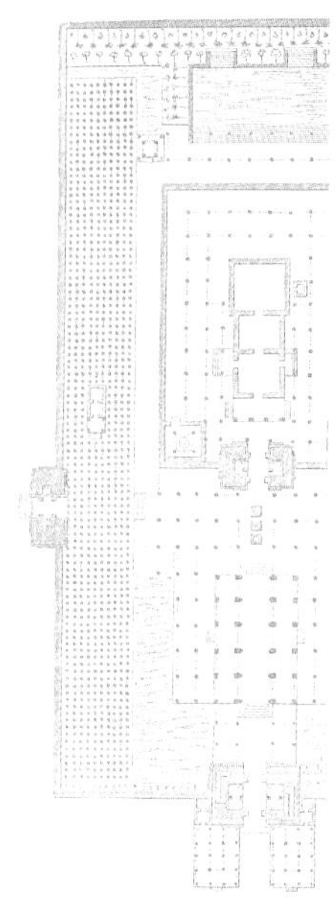

千柱廳

17、18世紀的達羅毗荼風格寺廟建築群擁有帶柱走廊和千柱廳，後者足以與埃及的多柱廳媲美。

古典中國 *公元前1500—19世紀*

木結構殿堂：形制與結構

中國古典建築絕大多數是木構造。自古以來，中國人一直認為木構建是適宜居住和祭祀神靈的地方。最典型的結構形式是：底部以夯土築成一定高度的台基；之上布以長方形平面的柱網，其木柱與梁枋由榫卯結構互相連接，形成複雜穩固的抬梁式木構架；柱間豎以幕牆，由於承重完全依賴柱梁體系，因此牆不承重。大約至公元7世紀(唐代)，已發展出一套完整的模數技術，並廣泛運用，從而使木構架建築能適應於多種用途。柱梁承重體系可以提供大跨度的無隔斷空間，門窗的安排可自由設計，同時建物也可在基本平面上向四方延伸擴建。

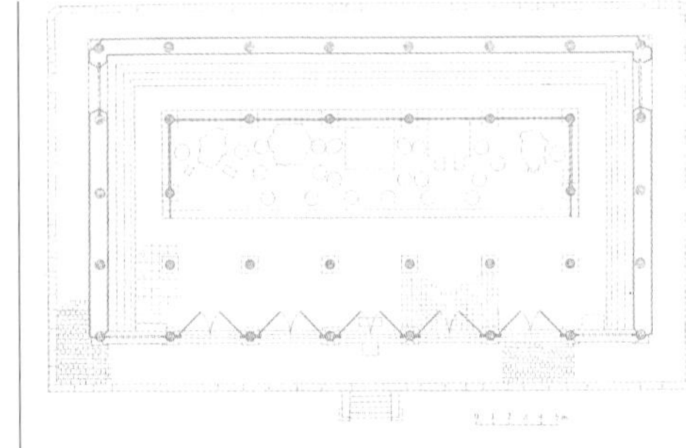

佛光寺大殿樓平面圖

佛光寺大殿是中國現存最古老的木構建築之一。大殿平面為長方形，以長邊方向作為主立面，面闊七間，正中布置明間，左右沿中軸線各有次間、梢間和盡間三間，每間的寬度從內往外依次略有遞減。這是中國古建築典型的平面布置手法。

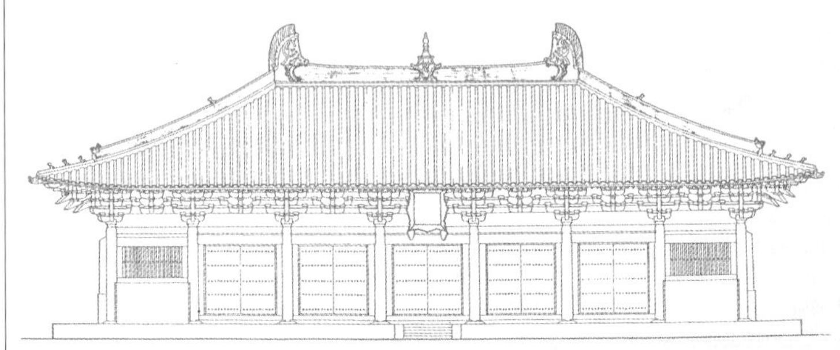

佛光寺大殿立面圖

大殿的屋頂強調了結構上的平緩坡度和深遠的出簷。同樣引人注目的是斗拱，斗拱由柱子直接受力承托，並承負著重要的結構功能。大殿的簷柱微向內傾，角柱增高，稱為「側腳」和「升起」。柱身圓形，柱頭微向內收縮，稱為「卷殺」。

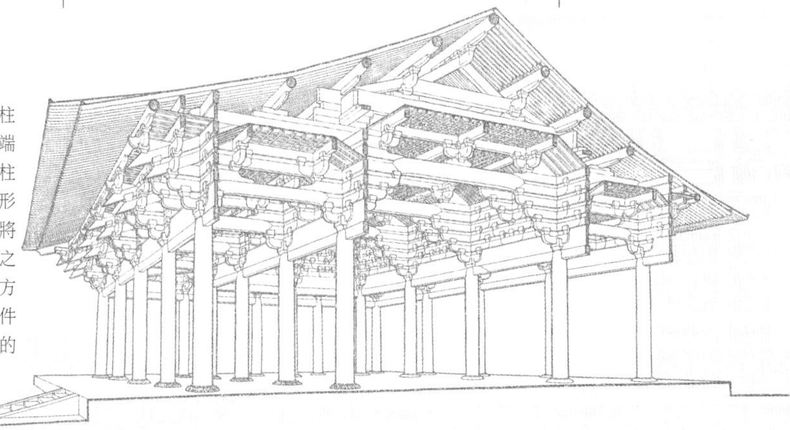

五台山佛光寺的大殿梁架結構(857)

如圖所示，抬梁式木構架是沿房屋進深方向立柱，柱上架梁，梁上再疊以短柱和逐層縮短的梁。柱的上端以橫向的枋相連結，形成穩固的框架結構；各層梁柱之上安置檁，檁上排列椽子承載屋頂。斗拱是在方形坐斗上用小斗和拱層疊裝配而成，安置於柱頭，以將所承托的屋頂重量傳遞至柱子。斗拱作為屋頂與柱之間的連接部分，輔助梁枋的承重功能，維持柱在各方向的受力平衡，並將整個木構架垂直方向的承重構件聯為一體。抬梁式木構架構成了建築物舒展、優美的屋頂曲線。

北京故宮太和殿平面圖

始建於1420年的太和殿是中國現存最大的木結構宮殿建築。這種在梁架結構大廳周圍環繞廊廡，並在前方設有寬闊平台的手法，在中國古建築中十分常用。

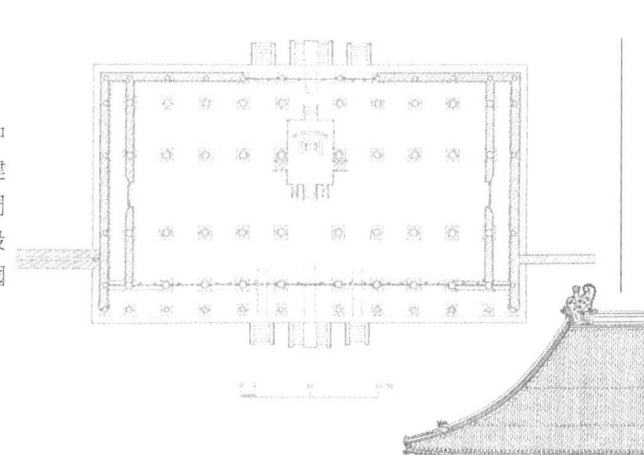

太和殿立面圖

經過幾個世紀的演進，木構架宮殿從形制到風格都產生了巨變。到了15世紀（清代），宮殿的屋頂更加高大陡峭，同時，屋脊與簷部線條則變得平直且呆板。由於無需支挑屋脊與屋簷之間的坡度形狀，因此也就從原來的高低不齊簡化為統一高度。自然，屋簷的挑出深度也明顯減小。

北京天壇祈年殿平面圖

同樣的建築原則可適用於不同的平面布局。改建於1540年的天壇祈年殿被賦予相當多的象徵寓意。環形的平面布局象徵「天」（中國文化裡有「天圓地方」之説）。祈年殿的殿頂由三重柱子支撐，位於中心承托殿頂的是四根較為高大的龍井柱，象徵四季；中間一重十二根金柱、外圍一重十二根簷柱則分別象徵十二個月和十二個時辰。

太和殿結構

由於選用了斷面尺寸巨大的梁柱材料，斗拱已失去原來用以承重的結構功能，而成為一種更精緻、更纖巧的裝飾品。斗拱作為一種重要的裝飾元素不斷在柱梁上連續出現，且脫離了原先連接屋頂與柱子之間的功能。

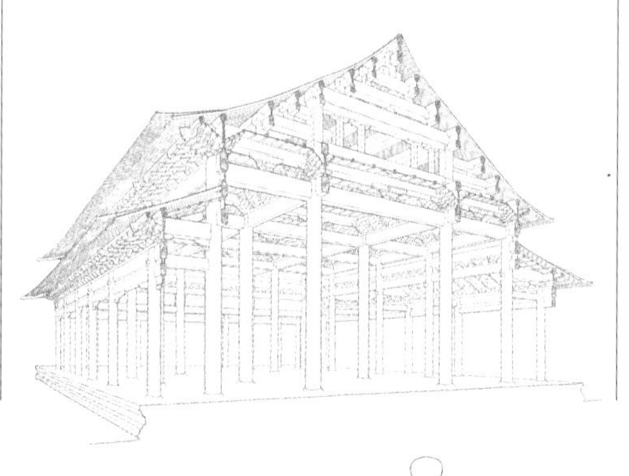

紫禁城平面圖

一般而言，在中國古建築中，獨立存在的單體建築並不多見，通常是作為旨在傳達某種社會功能的建築群落的組成部分。因此，在「院落」概念的布局原則中，單體建築的分布都以中軸線為依據，有規律地組織成群，而建築群中主體建築最理想的朝向應該是坐北朝南。

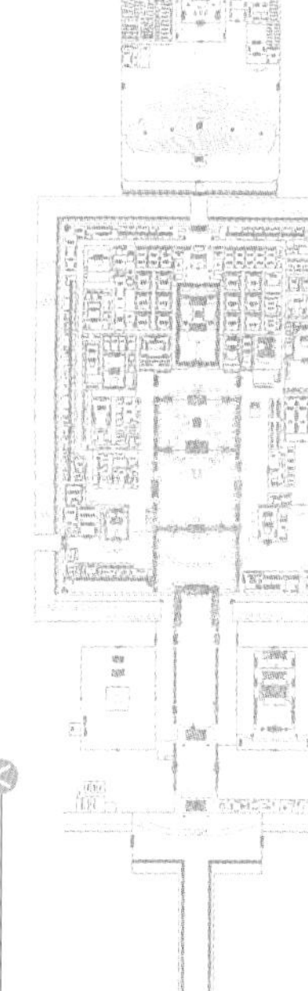

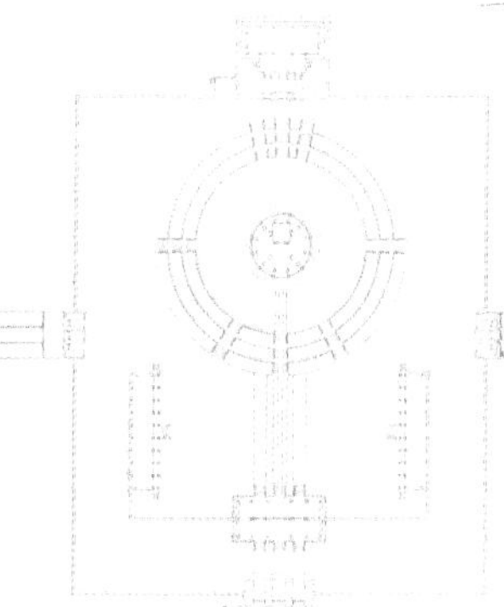

天壇祈年殿立面圖

祈年殿建在三層漢白玉石砌圓形基座之上，屋頂形式為三重簷攢尖頂，上面覆以象徵「天」的藍色琉璃瓦和鎏金寶頂。

古典中國

木構架殿堂：外部裝飾

中國古建築以其結構坦露無華，及結構與裝飾之間的密切關聯為顯著特徵；其裝飾成分通常是出於結構上的需要，而不單單為了形式上的美觀。例如漆飾的結構目的是為了防止木材受到侵蝕，同時兼有美化的效果。木構架殿堂的外部裝飾可按其方式不同而分為四個部分：屋頂以突起的挑簷為建築物遮擋雨水；施以彩繪的斗拱構件兼具了結構和裝飾的雙重功能；屋身莊重大方，包括上了漆的柱、牆和門窗；台基則是整棟建築物的基礎，將整個木構架殿堂承托其上，具有防潮作用。中國歷朝歷代對於私人建築的規模、形制及裝飾都有嚴格的明文規定，百姓必須遵守，不得逾越。

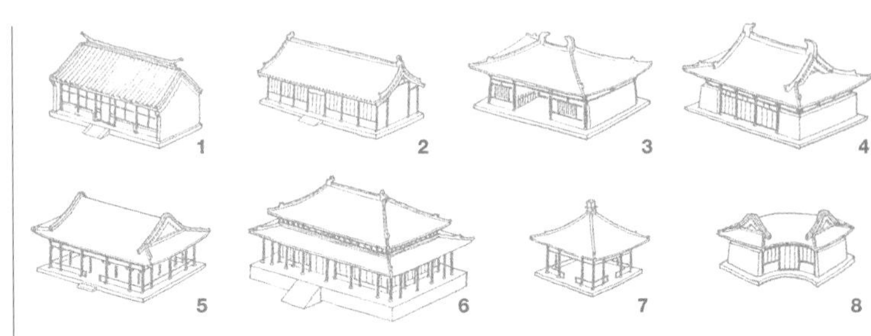

屋頂形式

中國古代建築的屋頂形式豐富、變化多樣，主要有四種基本形制：硬山頂（如圖1、2）、廡殿頂（如圖3、6）、歇山頂（如圖4、5、8）及攢尖頂（如圖7）。以此為基礎，還可以組合創造出各式各樣的複雜形式。在這些形制中，廡殿頂是最高級的一種。

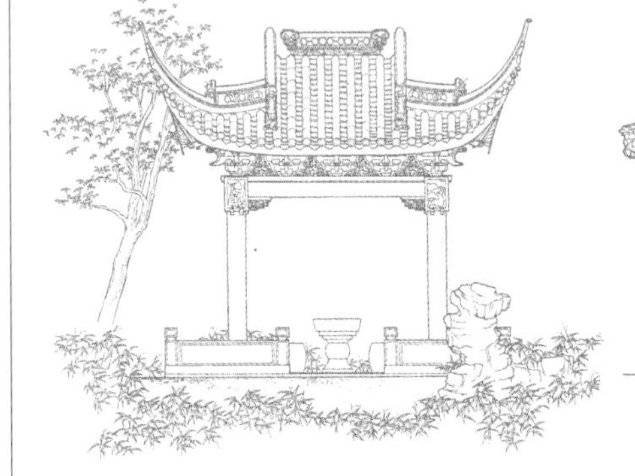

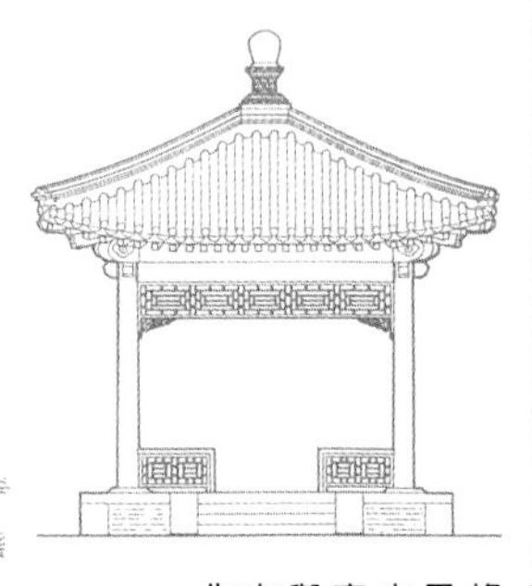

北方與南方風格

中國古典建築在風格上有顯著的南北地域差異。北方建築（如右上圖）通常雄健渾樸而少精緻的裝飾；南方建築最引人注目的則是其屋簷轉角處，採用南式「發戧」的翼角做法，使其屋角上翹更高，彎轉如半月，曲線十分優美（如左上圖）。

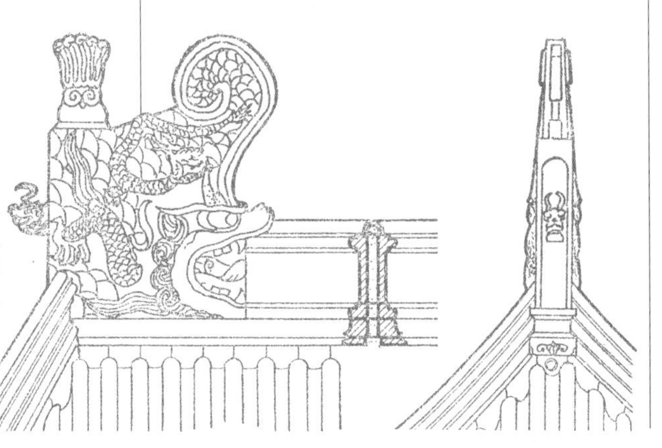

鴟吻

鴟吻，又稱「正吻」，是一種屋頂的瓦作構件位於屋頂正脊的兩端，覆在正脊與垂脊相交的連接點上。14世紀時，鴟吻已衍生出一系列帶有防火滅災神力象徵的神奇的動物形象。據說，鴟吻上的這種龍形動物由於常常會飛離而去，所以必須在其背部插一柄劍，以將其鎖定在屋脊上。

垂脊走獸雕像

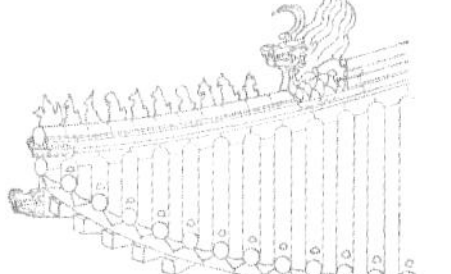

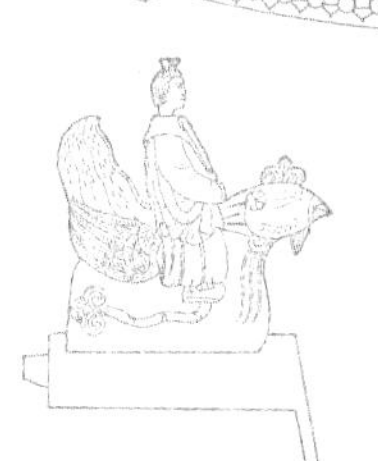

屋頂脊飾上的一列走獸雕像每每不同，各自代表一種神異的動物（因此，中國人將他們稱作「小獸」），並將它們安置在屋頂轉角相交的每一根垂脊之上。最初具有結構功能，覆蓋在脊瓦與脊瓦的連結點上，以發揮掩蔽、裝飾和固定的作用。

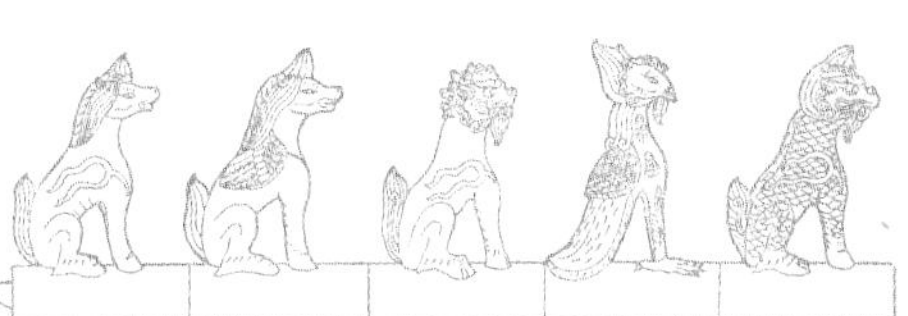

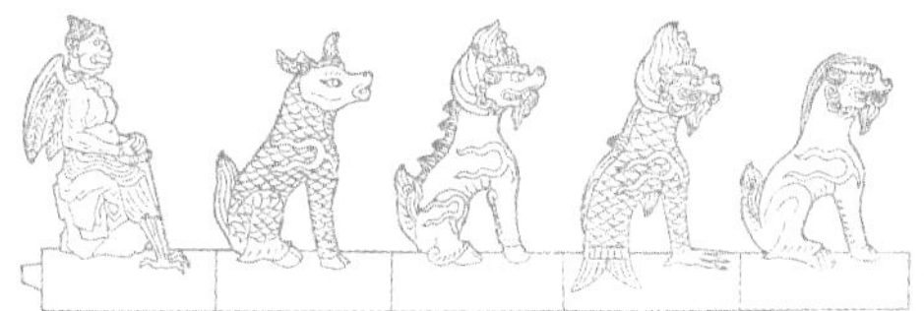

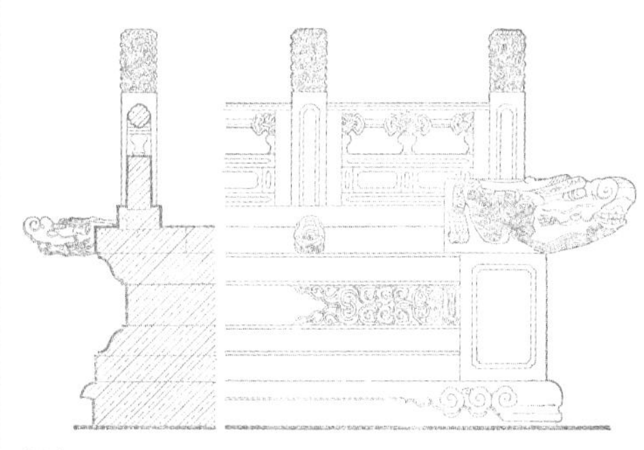

欄杆

建築物的樓、台、廊、梯等邊沿處通常建有扶欄，以供圍護和裝飾之用。10世紀時，雖然雲石欄杆仍是最普遍的形式，但已經可以在一些私家園林中看到木製欄杆。上圖為太和殿台基欄杆部分節點的圖解，其欄杆底部還造有排水的龍頭。

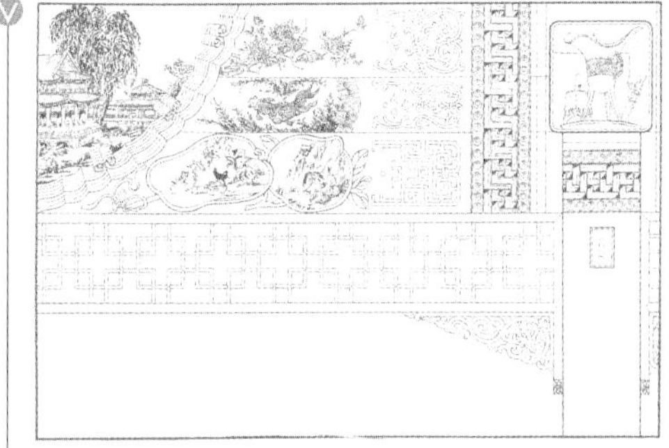

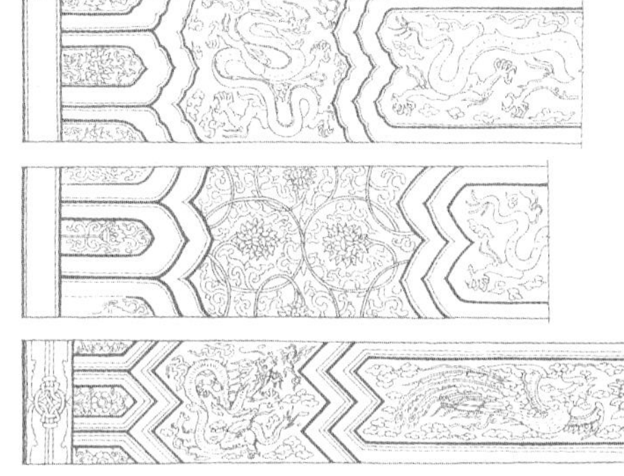

彩畫

彩畫是指在建築物的外部木構件上塗刷油漆而形成的彩繪裝飾。自14世紀以來，北方建築一般以暖色調（尤以丹朱為主色）漆刷柱、牆及門窗，而簷下的陰影及被遮掩部分，包括斗拱和梁枋，則多飾以冷色系。以上三個圖示為彩畫的兩種主要類型：前兩者為「蘇式彩畫」，最下者為「和璽彩畫」。

欄杆柱頭

欄杆柱頭的雕飾值得特別重視。如下圖所示，騰龍和飛鳳為主題圖案，往往應用於重要的宮殿建築。至於其他建物的柱頭雕飾，其主題圖案包括蓮花、石榴等多種，多用於園林建築。

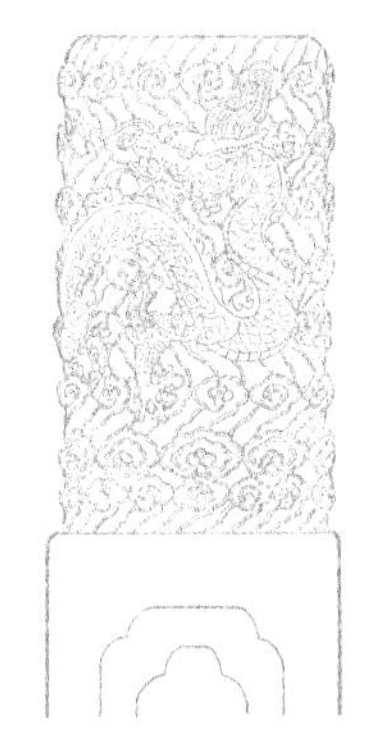

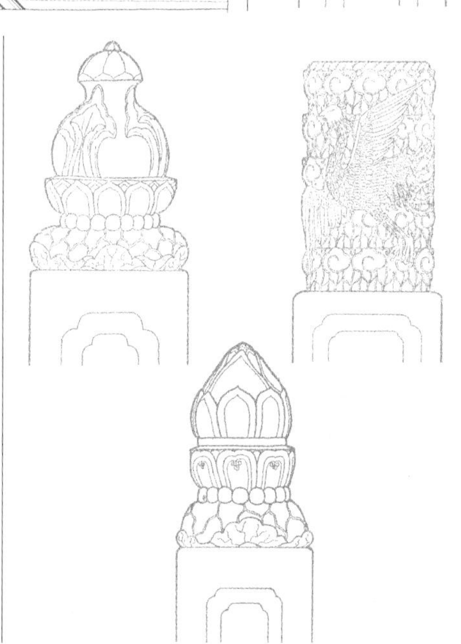

古典中國

城市

歷朝歷代，中國城市的首要功能是代表帝王統治的行政中心。城市的性質並非作為其本身居住人口的社會性實體，而是作為包括了其周邊鄉村在內的大片區域的政治核心。「城市」的正規定義是有城牆圍護的地方——漢語中的「城」字兼有「城市」、「城牆」以及「築牆圍城」等含義。自14世紀以降，城牆的社會性意義已超過了其本身的實用功能，象徵著官府權威和社會秩序。許多城市都經過事先規劃，因而平面布局十分規整。但是也有不少未經規劃的居住區，雖然嗣後進行了一定程度的規劃改造，終究無法徹底實現整齊劃一的城市格局。

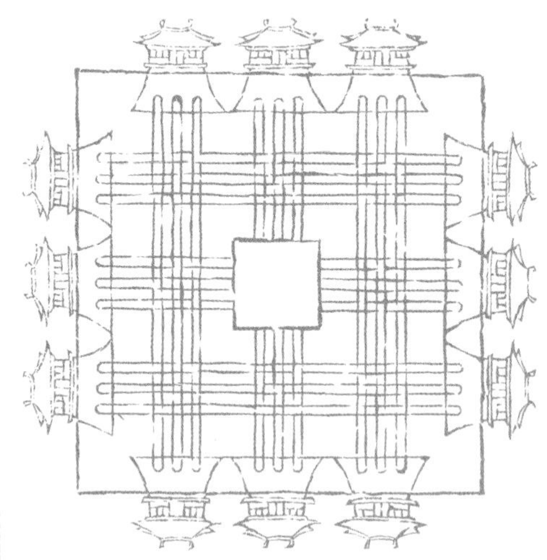

宋代《三禮圖》中的周王城圖

左圖描繪了理想中的周朝王城（約公元前100）。城市的平面為正方形，四面各設三座城門；根據東南西北四個正方位定向，強調南北軸線關係；城裡的主要街道或東西向、或南北向，直通這些城門洞，形成經緯交叉；皇宮則建於王城的中心位置。這是此後兩千年中國最為尊崇的城局古制。

宋代平江府（今蘇州）地圖

這幅平江府地圖是拓自1229年的石碑銘刻。自公元8至10世紀，位於經濟發達地區的城鎮其內部的結構布局發生了相當大的變革，最顯著的變化是以城垣環繞的集市逐漸消失，取而代之的是更加自由的商貿街區網。位於城中央的子城，平面呈長方形，以城牆環繞，是平江府衙署所在地。另外，一套水陸兩用的交通系統在平江府也相當活躍興盛。

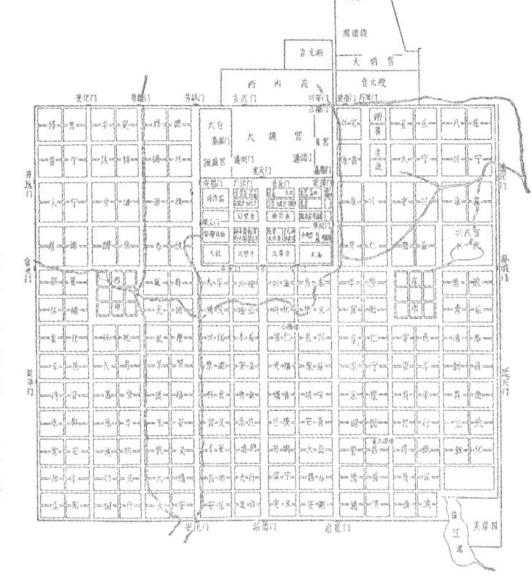

唐代都城長安的平面復原圖

建於6世紀末的長安城是當時世界上最大的城市。唐長安城的規劃以方整對稱為原則，宮城的城廓沿南北軸線，（以城門要塞為主要區域，圍繞城牆和護城河）置於全城最北端的正中央，宮城以南是皇城，即朝廷政府機構所在地。城市的其餘部分劃為108個里坊，分區明確，街道整齊，並在城東與城西對稱分布著兩個集市，亦用牆垣圍護。

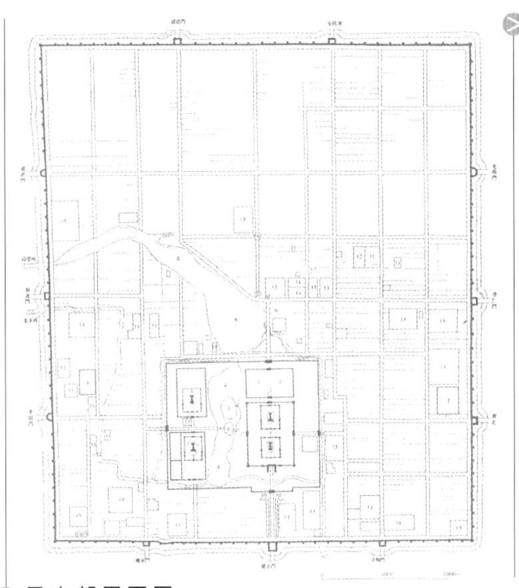

元大都平面圖

大都位於今天的北京，自1267至1284年，歷時八載建成。大都以一種幾近完美的幾何形制規劃，有三重城牆。宮城坐落於大都的南北軸線上，為皇城所包圍。皇城的外城牆除北面為兩座城門外，其餘三面各有三座城門。

浙江紹興府城平面圖

由於華北平原地形平坦遼闊，北方城市的平面規劃一般都偏重於採用正方形、長方形的規整形式。而在河道縱橫、丘陵起伏的南方城鎮，為適應較為複雜的地形情況，城鎮多採取不規則的平面布局。此圖繪製於1893年，其中展示的紹興府城，以溝渠縱橫及各式橋梁聞名。

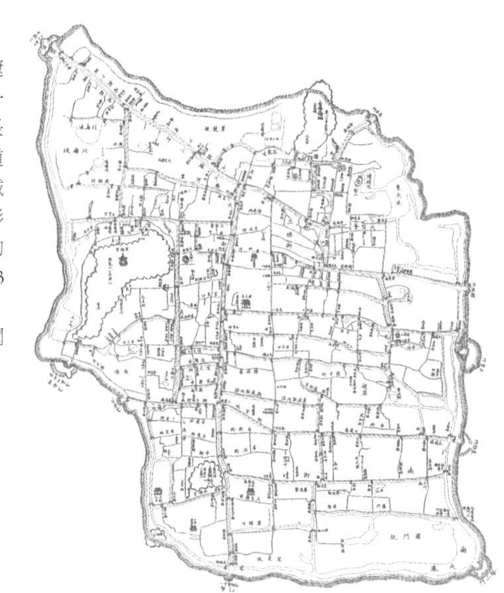

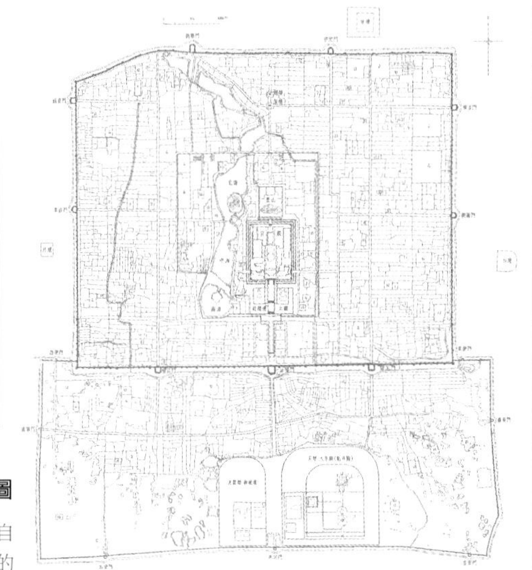

明清兩朝北京城平面圖

在元大都的基礎上，北京自1403年起重建成為明清兩朝的京城。外城是於1553年在北京城南加築的，目的是為了保護城南商業繁榮的近郊地區。因此，整個北京城始自南部外城的中門永定門，至城北的鐘樓、鼓樓為終點，形成了一條自南而北長達8公里的中軸線。

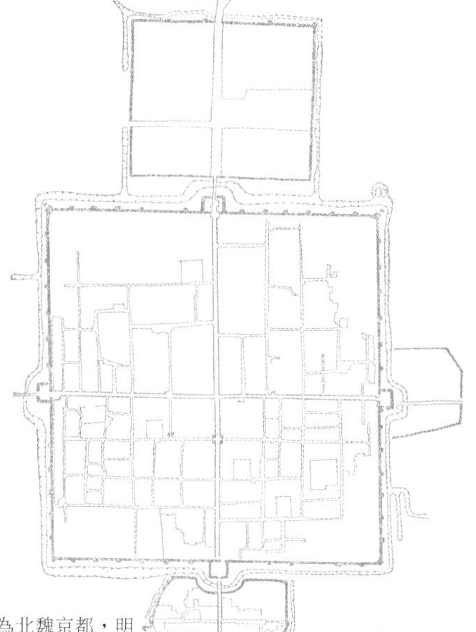

山西大同城平面圖

塞外城市大同，史稱「平城」，曾為北魏京都，明清重鎮。在這座北方古城內，分布著地方行政衙署、戍邊軍官府邸、軍營，還建有一座孔廟和若干佛寺、道觀，以及鐘樓、鼓樓各一座。此城的另一特徵是城牆開闢有屯田區域，用以耕種糧食和菜蔬。附加的城牆是以後陸續建的，目的在保護大同城門之外的一些繁華地帶。

古典中國

寶塔

中國寶塔的起源主要有兩種：一是早在佛教傳入之前（約公元1世紀）中國本土即出現的多層木結構高樓建築（構成中國寶塔的主體）；另一是源自印度佛教建築的窣堵坡（作為尖頂或尖頂飾）。各個朝代對塔基平面有不同的要求：10世紀之前，方塔為主流；之後則由多邊形平面取而代之。與此相似的是寶塔的形態和風格也不斷嬗變：或是受西域傳入的新式窣堵坡的影響；或是出於宗教信仰的改變；或是基於建築風格的演變發展。大多數寶塔為磚、木或磚木混合結構。寶塔不止局限於佛教聖地；也可以建於風景勝地自成一獨立景觀。甚至有時在「風水」解釋中，寶塔還另具有某些特殊用途。

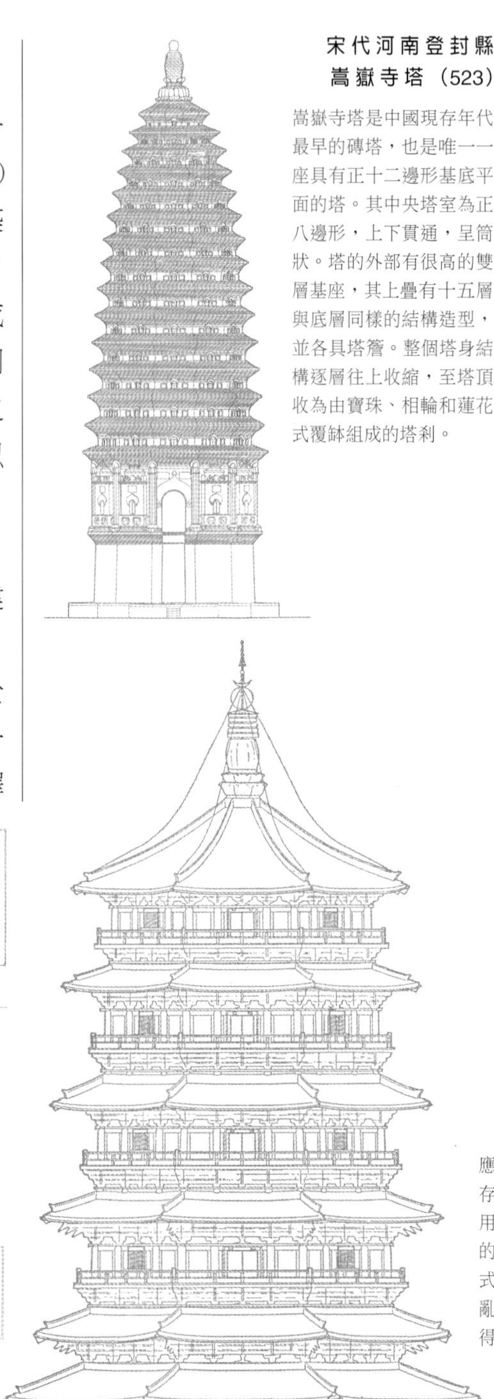

宋代河南登封縣嵩嶽寺塔（523）

嵩嶽寺塔是中國現存年代最早的磚塔，也是唯一一座具有正十二邊形基底平面的塔。其中央塔室為正八邊形，上下貫通，呈筒狀。塔的外部有很高的雙層基座，其上疊有十五層與底層同樣的結構造型，並各具塔簷。整個塔身結構逐層往上收縮，至塔頂收為由寶珠、相輪和蓮花式覆缽組成的塔剎。

南京棲霞寺舍利塔（937-975）

棲霞寺舍利塔是一座小型石塔，建於五代南唐時期，外觀五層，平面八角。特別值得一提的是，該塔基座與塔剎上雕有極為華美的蓮花圖案。蓮花在佛教中是「淨土」的象徵。

山西應縣佛宮寺釋迦塔平面圖（1056）

山西應縣佛宮寺釋迦塔，或稱應縣木塔，建於1056年。塔八角，恰恰坐落於佛宮寺平面南北軸線的中點位置上。這種選址方式在中國8世紀以前非常普遍，此後則較為罕見。

山西應縣佛宮寺釋迦塔立面圖

應縣木塔高67.3公尺，是中國現存最高的木塔建築。木塔大量採用了斗拱結構以支撐塔簷。全塔的斗拱共五十四種類型。但這些式樣繁多的斗拱並未令人眼花撩亂，遠觀，它們與整座塔樓顯得和諧統一，結構上渾然一體。

山西應縣佛宮寺釋迦塔橫剖面圖

這座塔在底層部分朝外擴出一圍外廊，並帶有屋簷，因此在外觀上有六重屋簷。最下兩層構成重簷，其上四層每層之下各建有一暗層，以容納體積較大的結構構件。因此，實際上應縣木塔的結構應為九層。

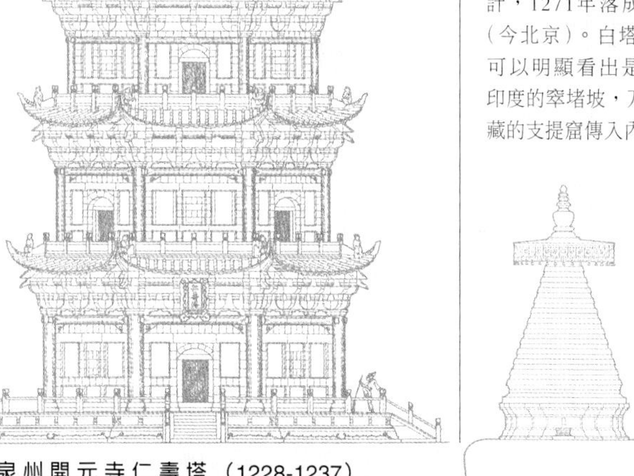

北京妙應寺塔（1271）

妙應寺塔全為磚造，外塗白堊，因而又稱「白塔」。白塔由終身供職於元朝廷的尼泊爾匠師設計，1271年落成於大都（今北京）。白塔的形制可以明顯看出是起源於印度的窣堵坡，乃經由西藏的支提窟傳入內地的。

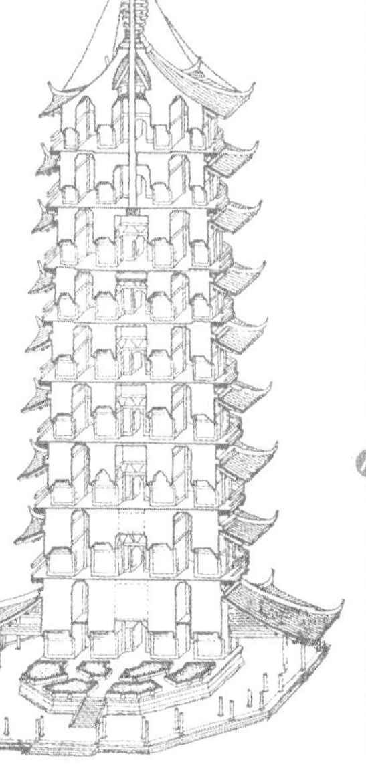

蘇州報恩寺塔剖視圖

1153年落成的報恩寺塔幾經戰亂，大部分於1898年重建。這座九層高的塔是磚木混合結構的樓閣式佛塔的典型。其塔心部分為磚砌結構，外部則為木結構，整體外觀仍像一座精美的木塔。

福建泉州開元寺仁壽塔（1228-1237）

這是開元寺的雙塔之一（另一名為鎮國塔），雙塔原為木塔，之後分別於1237年和1250年改建為石塔。雙塔均為八角、五層、五簷；具有仿木工的裝飾石作斗拱構件；其曲線上昂的塔簷起翹展現出濃郁的南方風格。

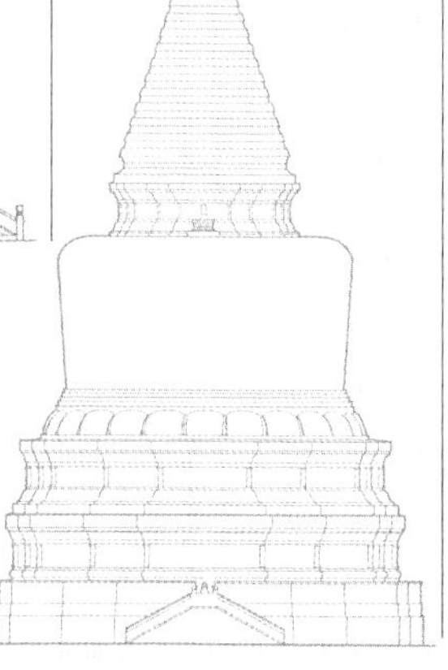

古典中國

民居

由於中國幅員遼闊，因地域、氣候環境、歷史文化和民族的不同，各地的民居在形式、風格上產生了很大的差別。這種多樣性與大一統的「官式風格」建築形成鮮明對照。不管任何地方，一般而言，其社會地位越高，其房屋與官式建築間的差異也越小。另一方面，儘管形態風格迥異，但中國各地的民居仍體現出相當程度的融合性，不僅是房屋承重系統的基本結構一致，而且在房屋朝向的選擇、對稱關係、軸線關係和平面布局等各方面，均表現出相當趨同的中國特色。

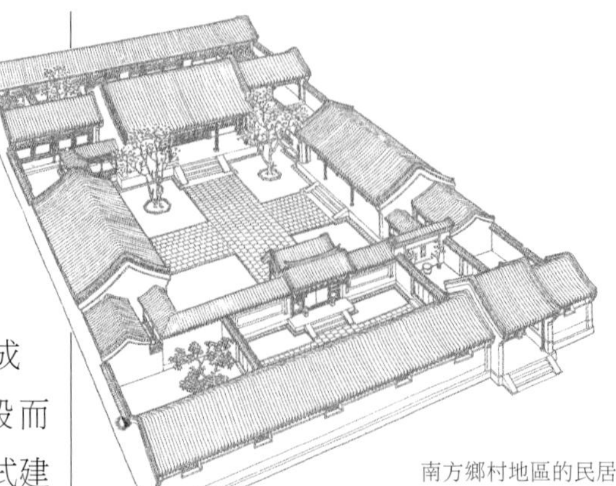

北京典型四合院

北方住宅以北京的四合院為代表。這種住宅的大門開於東南角上。對外客而言，每一重門都意味著他與內宅之間的一道屏障；而每進入一重門，則象徵著此人和這個家庭的親密程度又加深了一層。四合院強調的是該家庭團體對外的私密防禦性，而非各家庭成員之間互不干擾的私密性。

浙江民居平面圖

南方鄉村地區的民居在平面布局上相當靈活，根據地形建成高低錯落的地基，然後在其上建造房屋。下圖所示的民居中住著一個大家庭，父母和已成家的子女住在一起；那些小家庭各自分居於一些小院落，每個灶頭即象徵著一個相對獨立的小家庭。

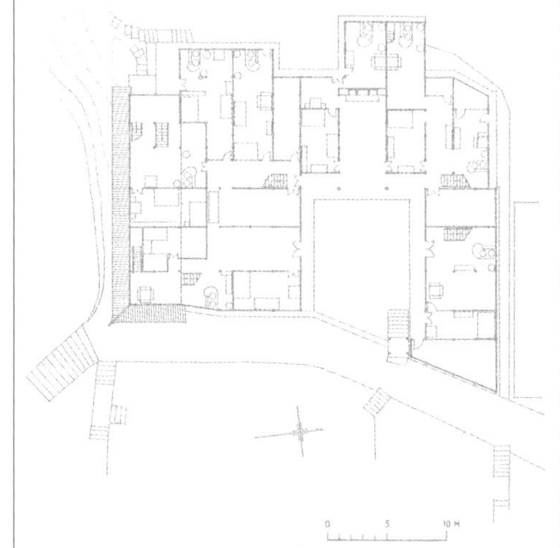

浙江民居透視圖

除了屋角的飛簷起翹外，南方民居的特色是應用了穿斗式木構架。在承重系統上，這種結構與官式常用的抬梁式做法有顯著區別：穿斗式結構的柱子直接伸入屋頂、支撐檁條，而抬梁式結構則是通過梁架將屋頂重量傳遞到柱子上。

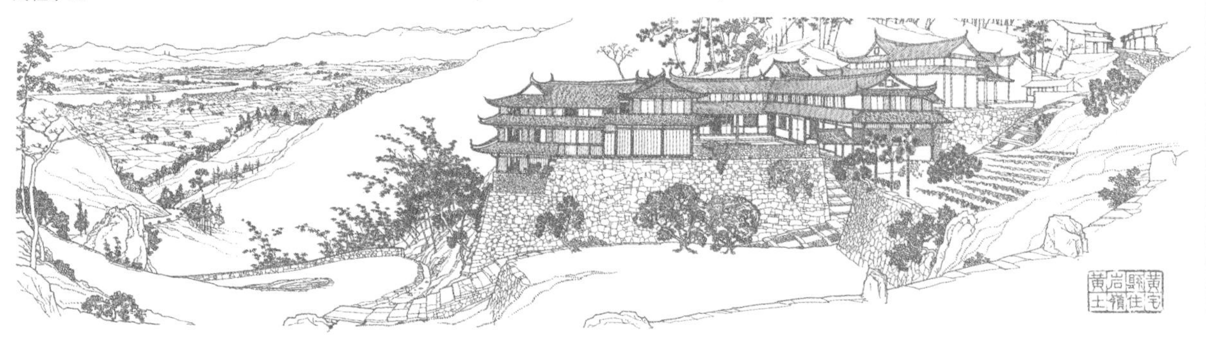

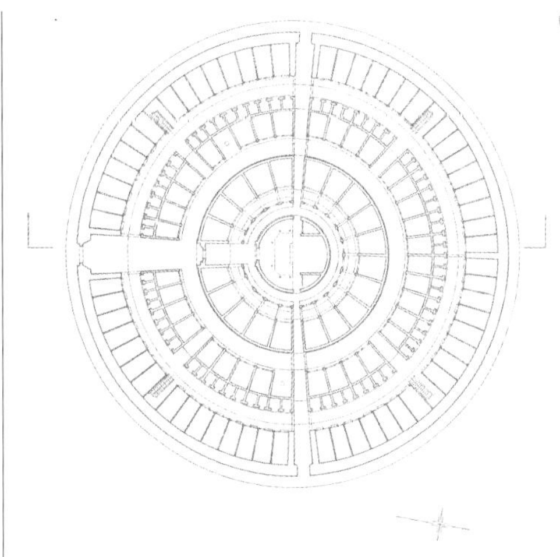

福建永定縣客家住宅平面圖

自公元前3世紀以降，客家人於不同時期陸續從中原遷徙至南方的福建、廣東和廣西諸省。由於受到當地人的敵意和排斥，導致客家人形成了聚族而居、共禦外敵的傳統習俗。因此而產生的這種群體住宅形制巨大，其平面為方形、矩形或環形，由堅實雄偉的磚牆或土牆包圍，狀似堡壘。

福建永定縣客家住宅剖視圖

祠堂占據土樓的中央位置。內部的兩環房屋包含客房和水井以及飼養家禽、牲畜的地方。外環房屋的底層作為廚房、浴室及雜用間；第二層供儲藏糧食；第三、四層則供居住。

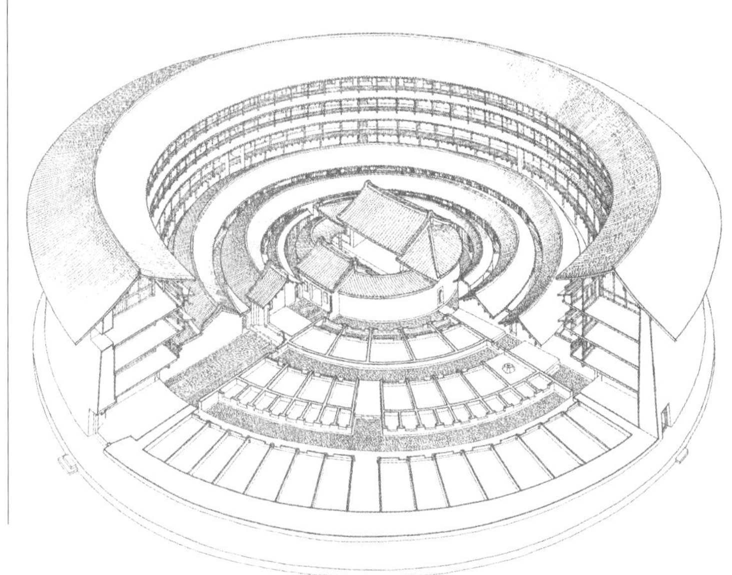

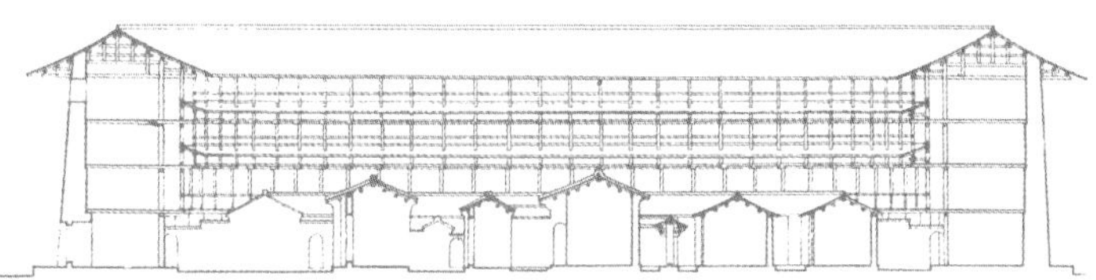

福建永定縣客家住宅橫剖面圖

這座四層客家土樓的外牆厚度超過1公尺，為夯土承重牆，並和內部木構架緊密結合。出於安全考慮，僅在一層樓高以上的牆壁上向外開些小窗。土樓內各間房屋和陽台均面向內庭開放。

雲南一顆印住宅

類似於皖南和其他一些南方地區，此地民居為方形平面布局，雙層樓房具有面向內庭開放的封閉式院落特點。廂房之間緊密相連，用於採光通風的中央庭院則縮減為一方垂直的「天井」。這種房屋外觀方正，如中國的印章，故得此稱謂。

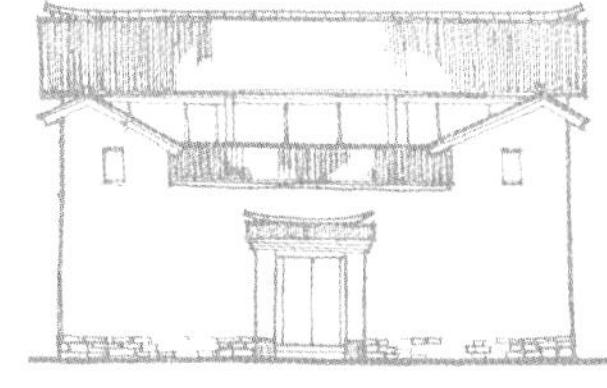

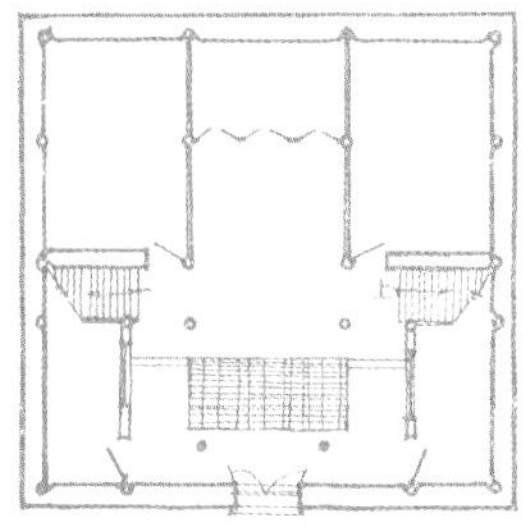

古典中國

園林

就物質形態而言，中國幾乎所有現存的古典園林都是19世紀之後的產物。然而，促使園林產生的傳統文化卻有三千餘年的歷史。中國的古典園林分為帝王宮苑和文人士大夫的私人宅園兩大主要流派，大約在公元3世紀末即已形成鮮明的分野；並在其後的一千多年裡相互交流滲透。如同山水畫，園林設計旨在萃取自然景觀的精華，以此再造自然山水的理想境界。文學是另一至關重要的構成元素，因為園林為才思提供了源泉和抒發對象，當然也包括那些能反映園林優美意蘊的楹聯匾額。

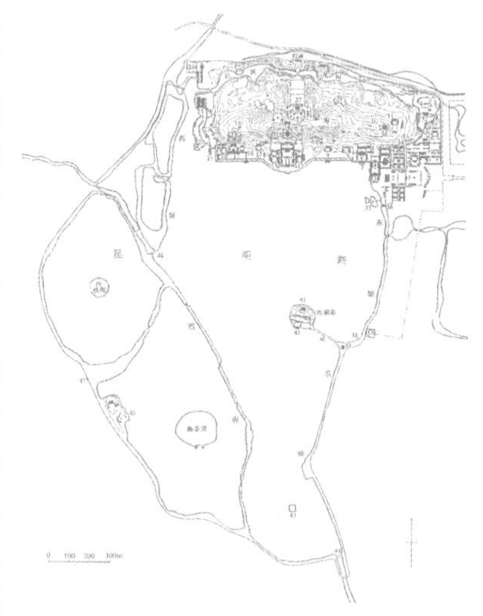

北京頤和園總平面圖

頤和園始建於1750年，是北京西郊五大皇家園林（即靜宜園、圓明園、暢春園、靜明園和頤和園）之一。其構思完全是以杭州西湖為藍本並加以改建，同時充分利用了原有的周邊環境，包括西部的山丘，巧妙成景。這種造園手法稱為「借景」，在園林設計中經常運用。

北京西苑總平面圖

現存的西苑始建於1450至1460年間，地處紫禁城的西隅，位於宮牆之內。西苑包括三處湖面，北為北海，中為中海，南為南海。如同頤和園昆明湖的布局，這些湖中也堆置出一些小島，象徵著「蓬萊、瀛洲、方丈」三座仙山。同樣，與頤和園相呼應的是，西苑內亦分割出若干小景區，每個小景區自成體系，並連綴為一個有機的整體，構成了所謂「園中之園」的獨特景致。

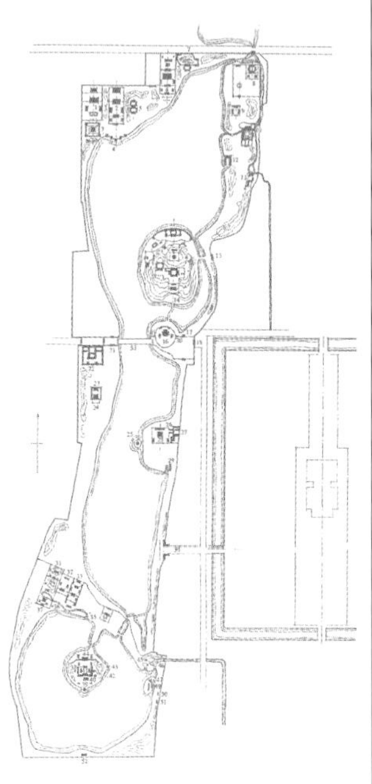

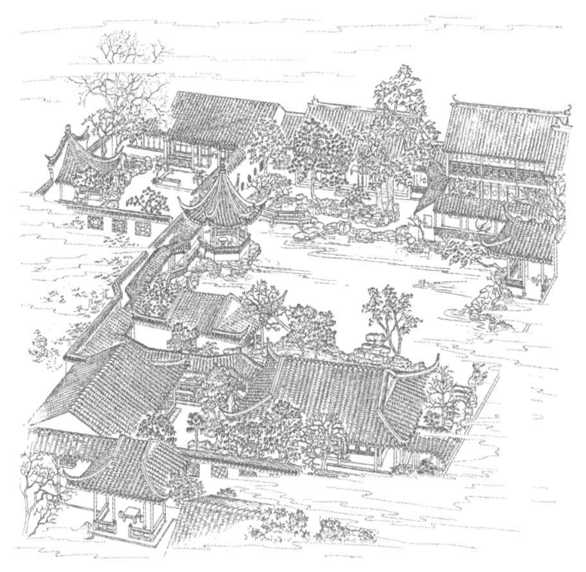

蘇州網師園鳥瞰圖

在網師園中漫步，比如說繞池而行，遊者當能領略到所謂「步移景異、一步一景」的意境。還有一些亭台樓閣，位於景色的最佳觀賞線上，其設計原則是受到山水畫理論的靈感啟發。

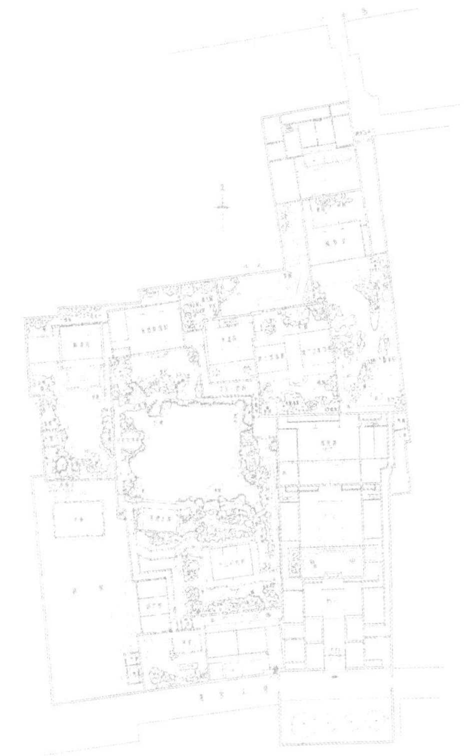

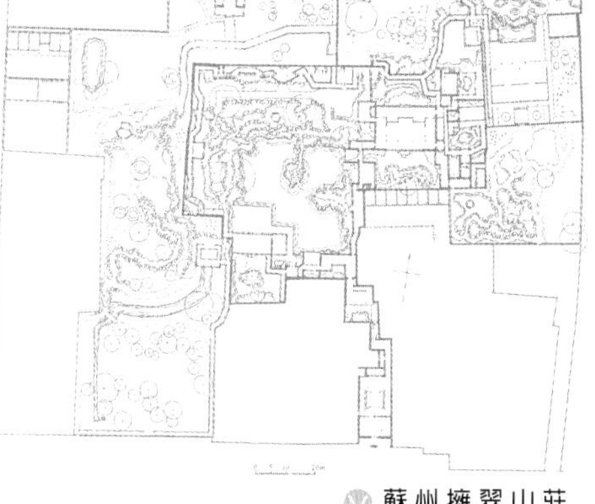

蘇州留園總平面圖

留園始建於明代，幾易其主，直至19世紀末才定名。該園採用了常見的造景手法，將園劃分為大小不等的若干小景區，每個景區各有其主題與特徵，從而產生聯貫與對比的藝術效果，這是中國明清時期園林創造意境的特點。圍牆、欄杆、迴廊、假山、石洞、小橋流水和亭台樓閣，高低虛實，交相映照，構成了豐富多變又情趣盎然的景觀。

蘇州擁翠山莊鳥瞰圖

下圖顯示，擁翠山莊利用山勢斜坡，錯落有致地分布著各個獨立建築。整座山莊與虎丘山景完美融合，有一種渾然天成之氣。

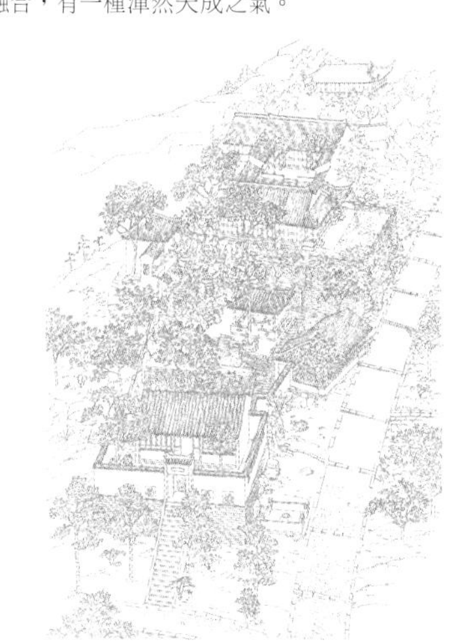

蘇州網師園總平面圖

現存的網師園是1795年在原址上重建而成的「城中之園」。它是以住宅為核心、向周邊延展而建的私家園林的經典之作。儘管造園的具體建築工程基本上都是由工匠們完成的，但是網師園從平面上看，卻仍然是一件優雅精美的作品，如同文人士大夫筆下的詩詞山水。

蘇州擁翠山莊總平面圖

這座山莊建於1884年，位於虎丘山的南坡，在蘇州的西北角，距離市區3公里。此園依地形而建，充分利用了原有的地勢條件，借景園外，是中國古典園林中因地置宜的造園佳例。

留園的橫剖面圖

在中國園林中人們常常使用一些對立又互補的概念或元素——比如陰陽——來強調某些特點或暗示無窮的變化（以及最終的和諧）。類似的概念還包括大小、明暗和虛實等等。

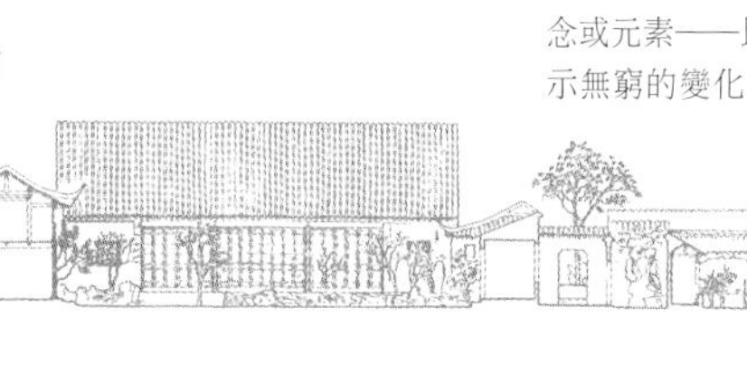

古典日本 *公元前6世紀—19世紀*

神社

在公元前6世紀佛教傳入日本以前，神道教一直是日本的傳統宗教。最初人們在天然的開闊場地四周壘上一些石堆，或是選擇一些帶有天然界限的空地，便可作為神道教的修煉場所。後來日本人便利用一些天然原料——主要是用木頭搭起框架，用茅草覆蓋——來建造一些簡單的建築，如鳥居和小神祠。雖然在神道教的形成過程中出現了建在抬高地面上的聖祠和人字形屋頂（依照倉庫的建築形制），使得神道教建築在日本有了繼續發展的基礎，但神道教在本質上仍是一種缺乏完整建築形制的民間宗教。除了在選擇天然原料時會特別謹慎外，日本人還很注意祭祀物品的擺放，所以我們可以從空間組織中看出日本人的祭祀程序。

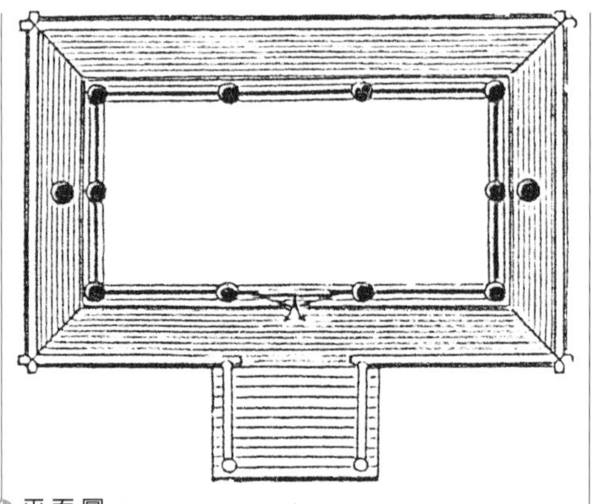

平面圖

門道中央有一道樓梯，通向架高的神社內部，主廳四周有外廊。厚木牆上只有樓梯這一處開口。每個山牆端頭的中央都有一根獨立式柱子支撐屋脊。

結構

在本州島的伊勢地區，神社的建造材料用的是日本柏樹。這裡的神社是由直接插入地下的柱子承重，而不是像早期神社一樣，建在基石之上。

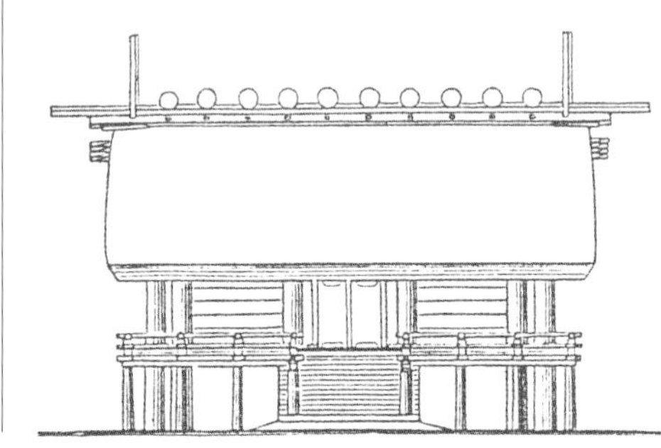

鳥居

鳥居是神社最重要的構件，也是最早的建築形制之一。作為一種柱梁結構，鳥居是以筆直的木柱直接插入地下，支撐著兩根水平過梁。這種形制安排是為了讓教徒們可以魚貫穿過鳥居進行祈禱。

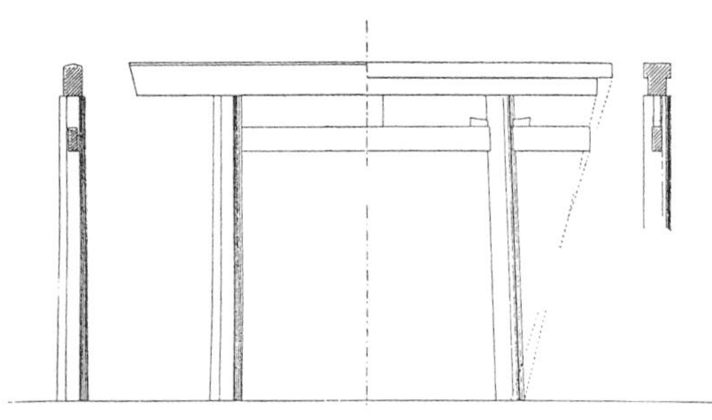

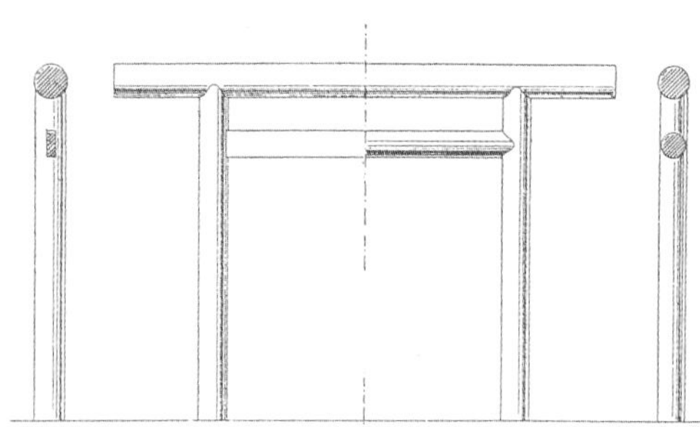

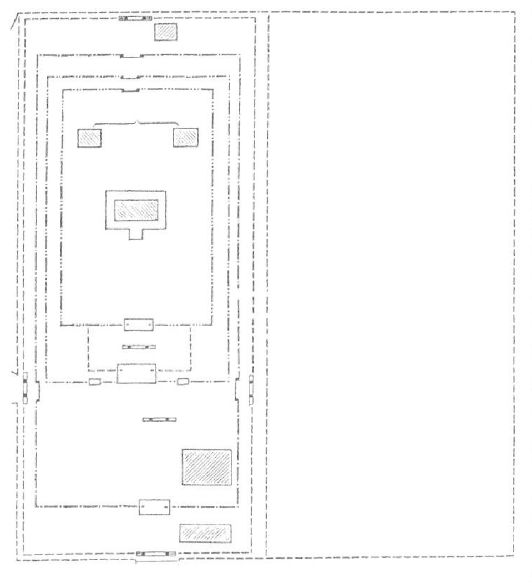

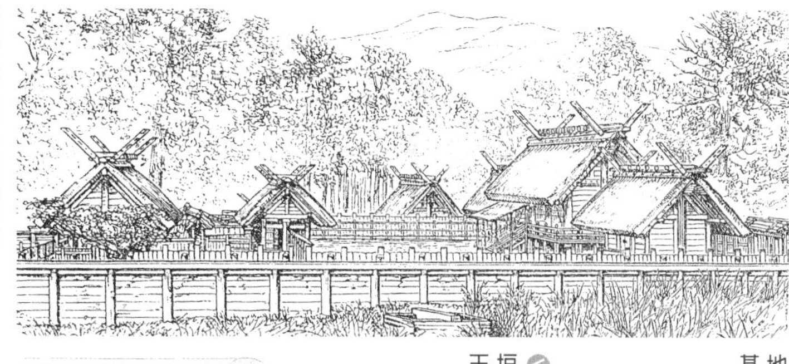

玉垣

玉垣是由附連於垂直柱杆上的水平板條所組成的木質圍柵，環繞於神社四周，是早期神社建築的重要元素之一。

基地

位於日本東海岸的伊勢神宮最初建於4世紀，不過在此前的漫長時期，這塊風景秀美的地方一直就是神道教祭祀的場所。

基地平面圖

從公元8世紀以來，日本一直進行著各類全國性的慶典，任何一組包括了幾類神祠在內的建築稱之為神宮。其中內宮是供奉皇祖之神天照大神的地方；而外宮，則是供奉地方神明豐受大神。

伊勢神宮

位於本州島的伊勢神宮不僅是天皇家系祭奠皇祖大神的地方，也是日本的國家神社。其特徵是深椿木、人字形的茅草屋頂；屋頂的封簷板延伸至屋脊處，並形成兩對交叉的千木，千木和十根平行的堅魚木共同構成了這座神宮的特殊立面。

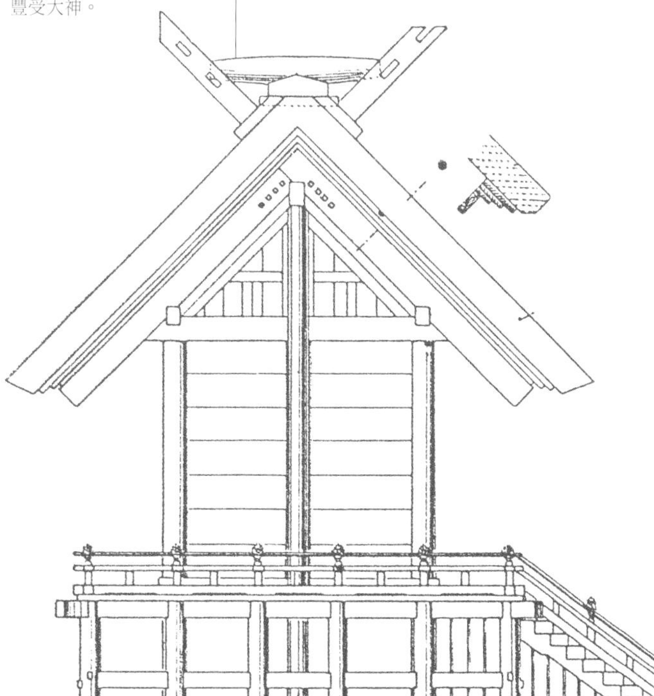

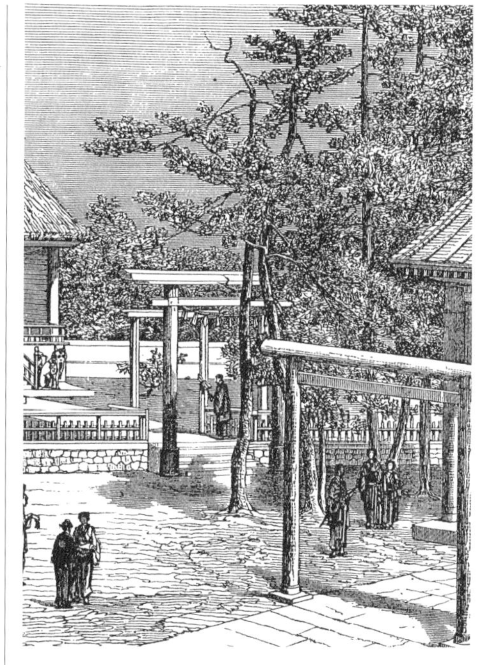

建築傳統

日本有一種稱做「式年」的風俗，那就是每隔二十年就要對神社進行一次原樣翻修，這樣是為了保證傳統的神社建築風格能世代傳襲下去。

古典日本

佛教寺廟

公元6世紀佛教從韓國和中國傳入日本，同時也帶進了成套的教義、宗教儀式和建築風格。影響所及，建築中裝飾的成分大為加重，體表也開始飾以雕刻、圖繪、清漆和金箔；此外還有一些細節，諸如屋頂下精雕細刻的斗拱、彩繪、茅草屋頂以及經過雕刻的線腳模型和經過裝飾的柱子，凡此種種都被日本建築所吸收。日本第一座佛寺是奈良的法興寺，建於588年。雖然古老的神道教對神社的建築構造規定嚴格，但早期的日本佛寺並沒有遵循傳統的標準固定格局。佛寺通常包括擺置神像的本堂、放置聖物的寶塔和其他一些建築——諸如鐘樓、壇場和僧房等。

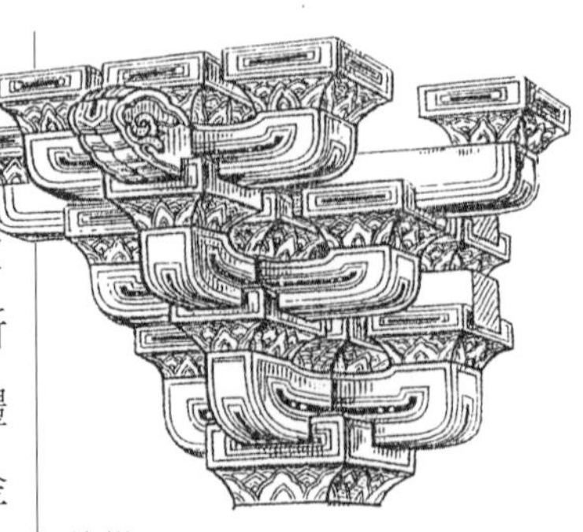

斗拱

在日本佛教的寺廟建築中，斗拱是屋頂的重要組件之一，功能為裝飾外廊底面以及支撐飛簷。斗拱通常由一系列木塊或者支撐體組成，朝上彎曲，一直延伸到裝飾性的柱頭墊木為止。

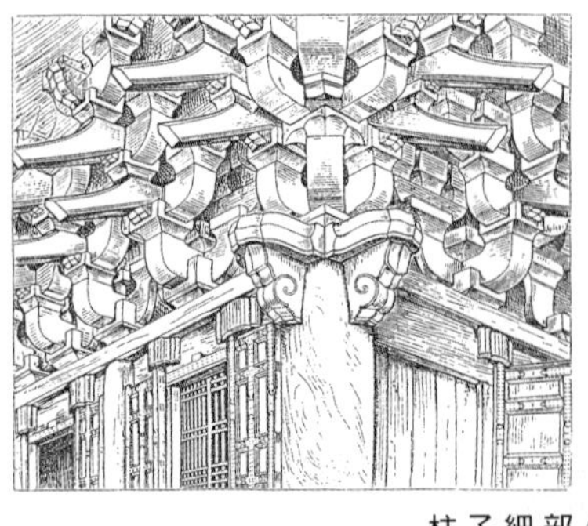

柱子細部

從圖例中的柱礎和柱子與梁的連接點，我們可以清楚看出寺廟內殿柱子的塗漆和裝飾，都是仿自刺繡圖案。在內殿的最裡層，柱子和繫梁上的圖案都鍍了金粉。

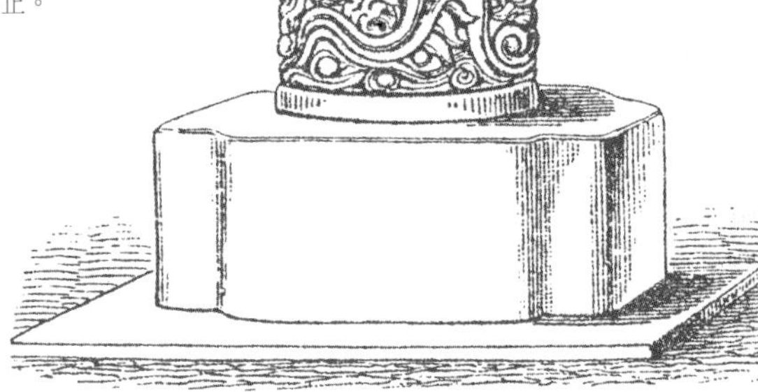

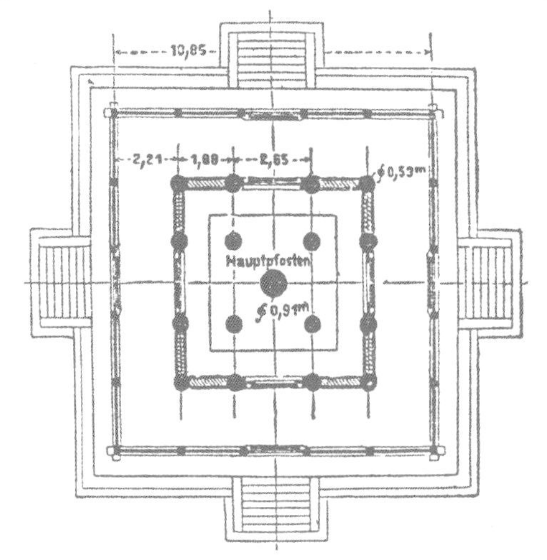

法隆寺寶塔平面圖（7世紀）

法隆寺的寶塔具現了最初從中國傳入日本的寶塔樣式，這類寶塔常被當作寺廟的一部分，底層用來安放神像和神龕，上層放置銅鐘。寶塔的平面通常是方形，四邊的中央都安有階梯，挑出的屋頂下有一圈外廊。

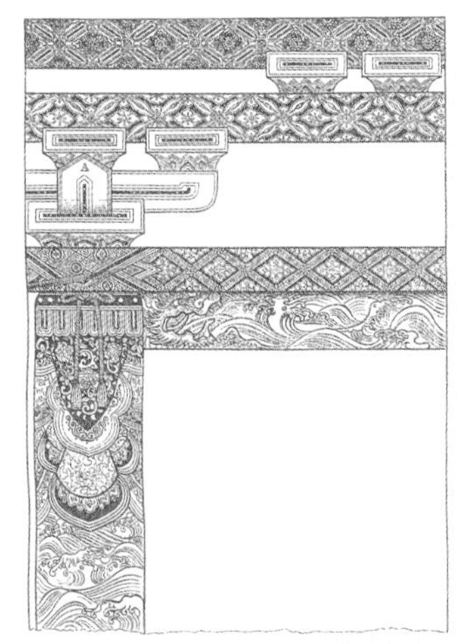

橫濱寺廟群（19世紀）

橫濱這組寺廟群位於蔥郁茂密的樹林裡，包括一座鳥居和一對立於神祠入口處的石燈籠，神祠建在木底座上，以茅草覆頂。這是寺廟群的典型範例，室外的一些建築和神祠本身同樣重要。

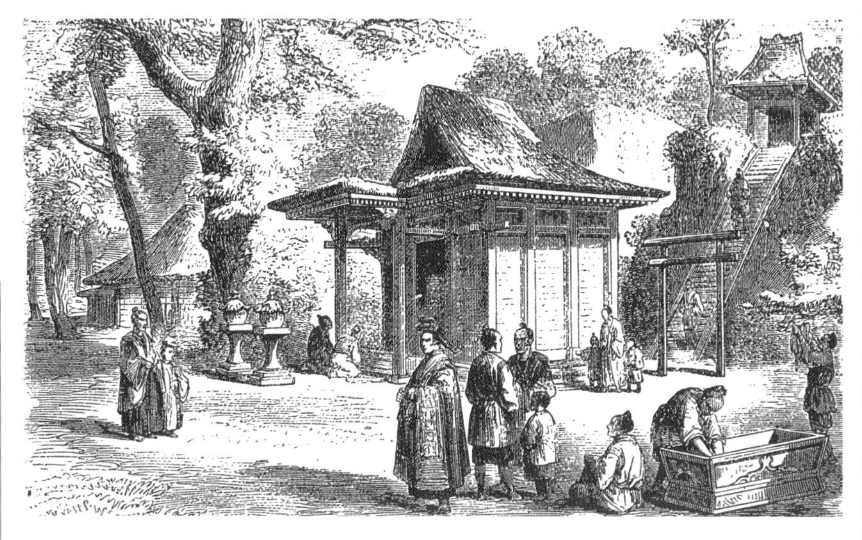

法隆寺正殿（7世紀）

這座正殿是世界上現存最古老的木結構建築之一，採用了凹凸榫接頭的建造技術。本堂端立於由石柱架起的平台上，平台高1.2-1.8公尺，可拾級而上。整個建築體有九開間之長、七開間之寬，一層樓，內殿的柱子比外廊上的柱子高聳許多，所以看上去好像有兩層樓。

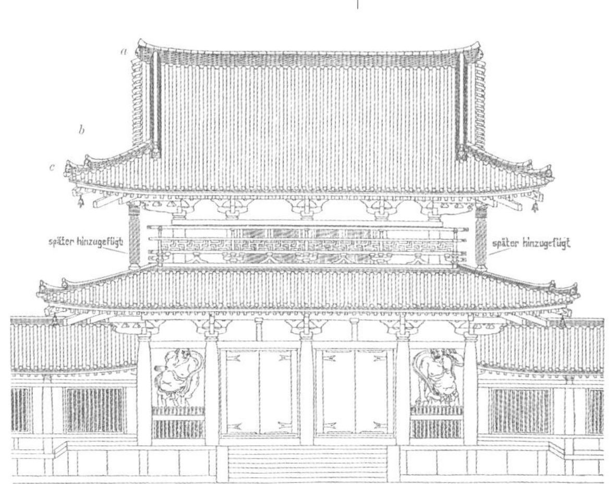

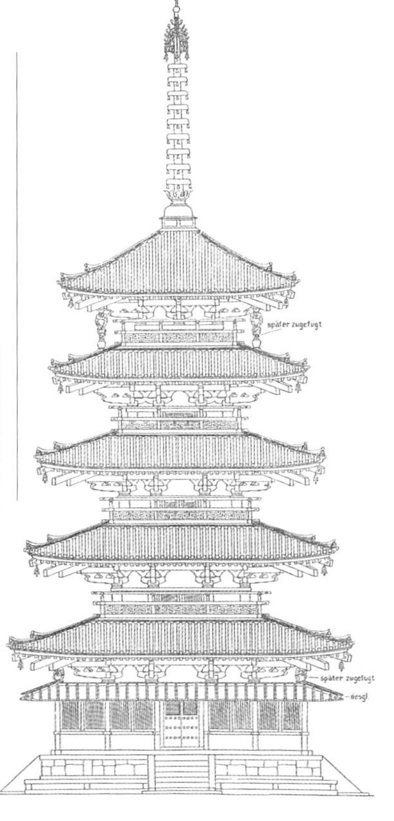

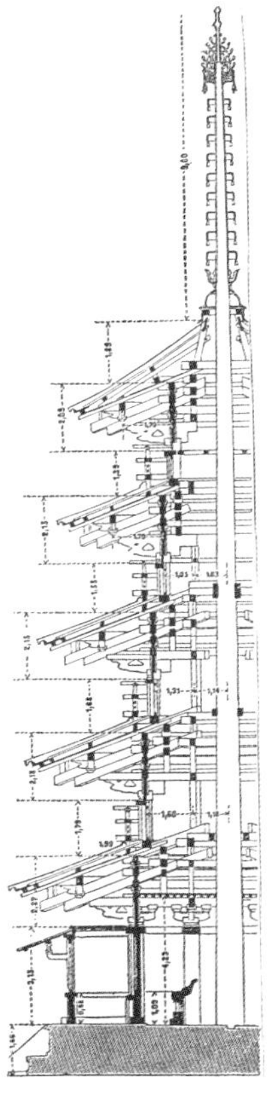

寶塔立面和剖面圖

寶塔通常有三到五層，每一層都比下面一層稍微內縮，從而形成了錯落有致的帶有飛簷的縱面，非常有特色。由於日本是個時時受地震威脅的島國，所以這些高聳的建物通常都採用輕便靈活的木結構形制。

古典日本

佛寺的發展

自6世紀佛寺建築傳入日本以後，日本的佛寺風格經歷了早中晚三個發展時期。早期階段包括飛鳥、奈良和平安時代。中期從12世紀開始，分為鎌倉、南北朝和室町時代。晚期的桃山和江戶時代一直從16世紀延續到19世紀。神社和早期佛寺比較注重建築原料和結構的整體感；晚期佛寺建築則不然，通常更注重體現建築表面以及構件的華美裝飾。例如，在建於17世紀的日光寺的入口處，斗拱頂端便雕有龍頭和獨角獸，而不再是簡單聯接於水平橫梁上的榫眼。

鐘

從聽覺和視覺兩個層面上來說，鐘都是佛教儀式不可缺少的建築元素。佛教將誦經、擊鼓、敲鑼和鳴鐘這些儀式引進了日本。

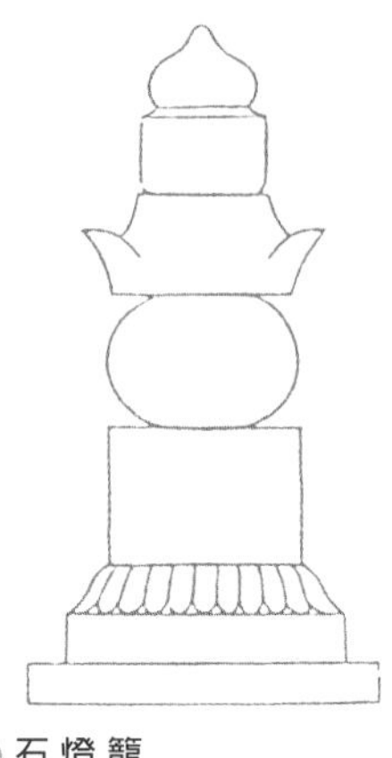

石燈籠

在佛教建築中，雕刻作品占有很大比重。在室外，無論是通向神祠的路上，還是花園裡，都能見到雕刻而成的木燈籠或石燈籠。這尊石燈籠位於一片聖地樹林中；在這片樹林裡，還有成千上萬尊這樣的石燈籠。石燈籠通常高達3-6公尺，由雕刻成各式各樣的石塊組成，比如帶有蓮花線腳的基座和洋蔥頂。

日光寶塔
（17世紀）

位於日光的這座寶塔有五層高，但因為頂上有一根細長的柱子，所以顯得更加高聳，與周圍的樹林十分和諧。覆有屋頂的牆面上嵌有精雕細刻的木鑲板，石基座則將寶塔以及其他一些附屬建築物圍了起來，構成整個建築群。

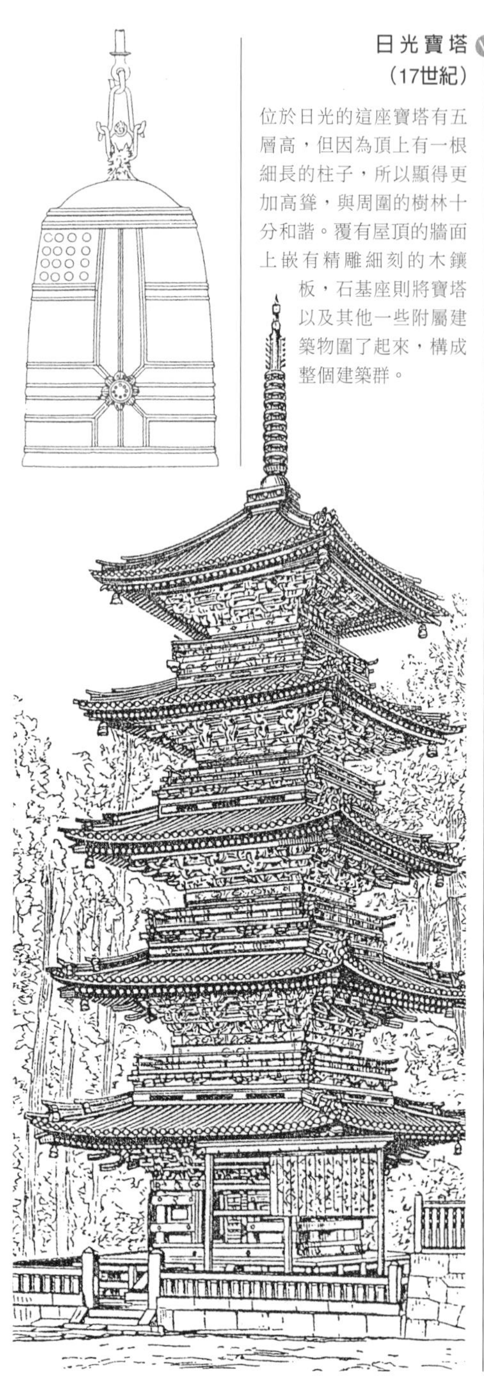

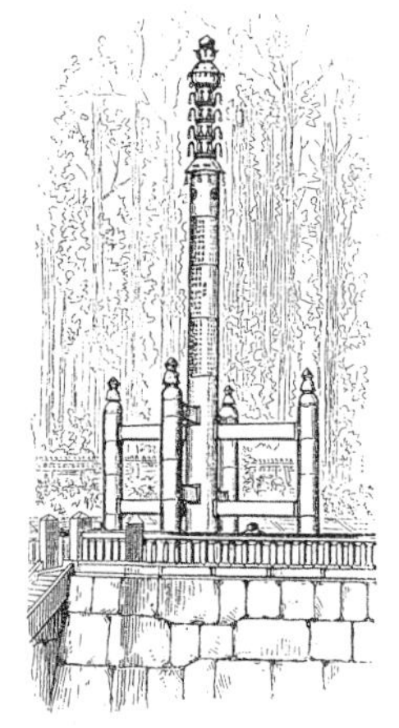

日光青銅柱

這根青銅柱立於架高的石製平台上，柱身刻有經文，柱頂鐫刻鍍金的經文標題。

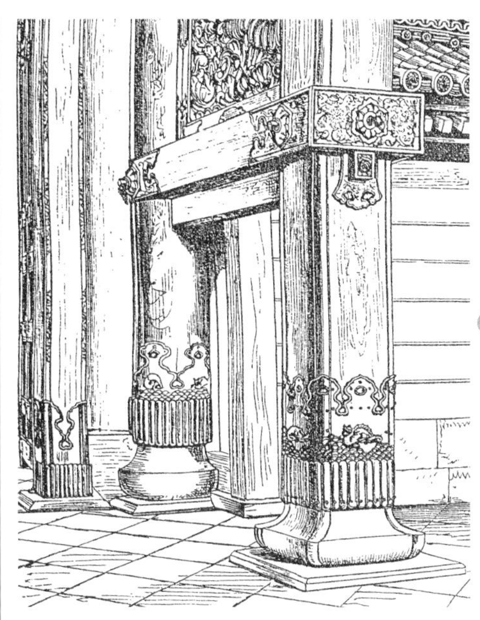

寺廟內部

從12世紀開始，本堂就不單只是放置神像，而變成人們可以進入並在裡面祈禱的殿廳，於是它的空間也跟著擴大以便容納更多信徒。下面這幅珍貴畫作記錄了寺廟內部的場景，足以感受到殿內的宏偉氣勢。殿頂由一系列繫梁構架而成，並具同樣的裝飾風格。

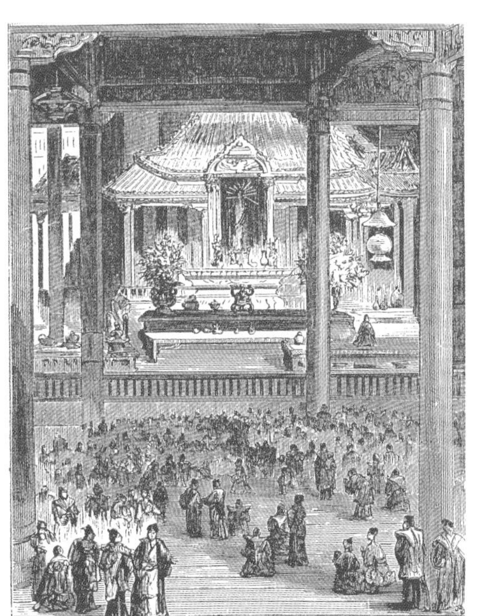

頂棚

佛寺的頂棚常經過精心裝飾。這座建於17世紀的神祠頂棚帶有藻井，一系列的方形鑲板被懸錘式金屬框隔開，然後鍍以金層，並刻有圖案。

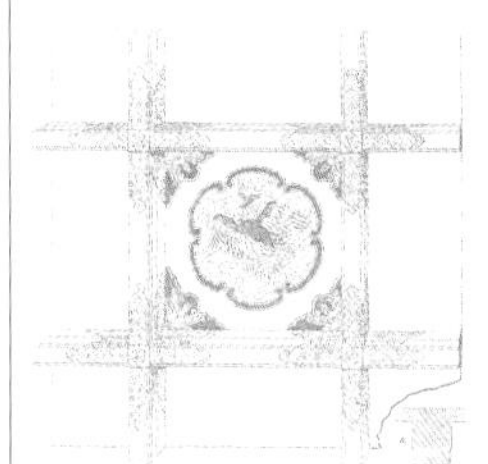

西本願寺門道

與寺廟一樣精心裝飾的門道護衛並象徵著佛寺聖址。左圖為京都西本願寺的東門道，這座門道以及裡面的大門都經過悉心裝飾，這些裝飾既象徵寺廟的財力和權勢，也意味著對神的豐厚祭祀。

日光門道（17世紀）

日光這座佛寺的門道有繁重的屋頂，周圍有展廊，展廊雕滿了龍、水、雲和褶紋，此外還有懸錘式的金屬裝飾和經雕飾的木塊料，以及鍍金著色的浮雕。這些在在顯示出建造此寺的幕府家族擁有不同尋常的地位。

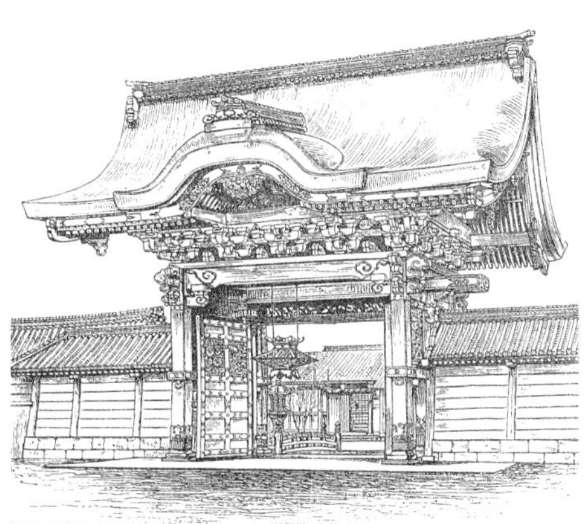

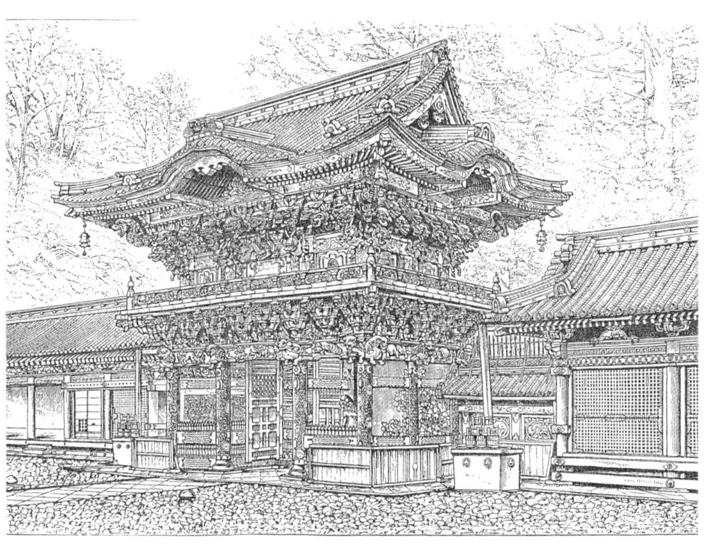

古典日本

住宅建築

島國的氣候與地理條件影響了日本傳統住宅的設計。房屋常常朝南坐落，並有異常突出的屋簷、高院牆和可移動的窗戶；房子隔成若干間，可以將海風和海流的好處發揮到極致。靈活的單層木構建築不但善用了日本豐富的森林資源，也有利於抵禦經常性的地震威脅。歐洲建築學家注意到，19世紀晚期的新房子與當時已經有三百年歷史的老房子基本上樣式一致。這說明了日本住宅經久不衰的建築傳統。

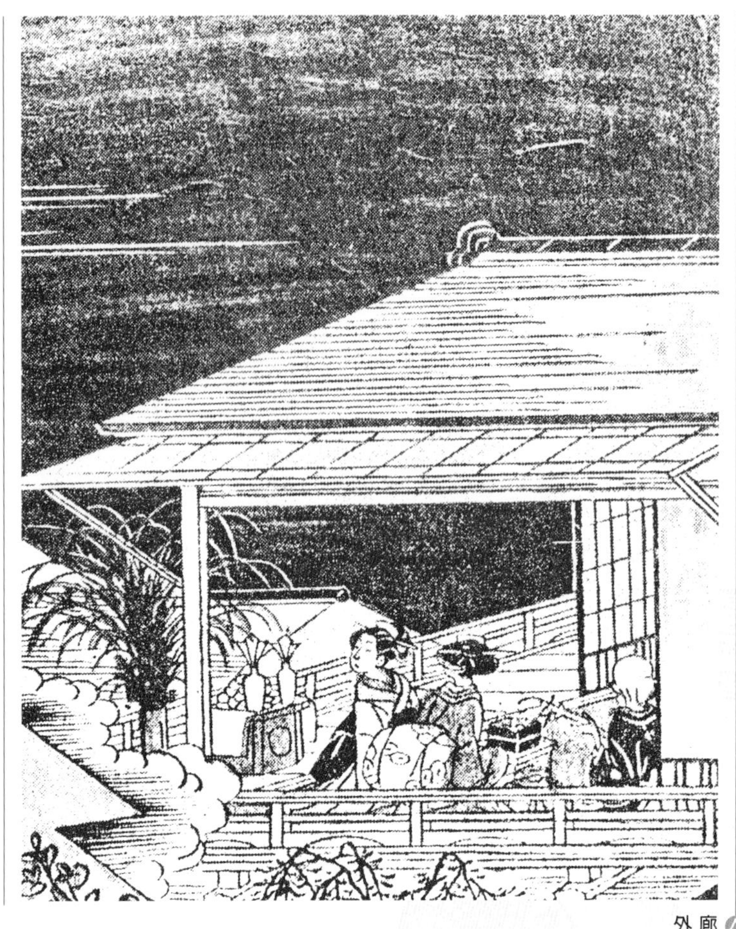

外廊

覆頂的門斗或外廊是日本傳統住宅中的一個重要部分，作為外門和內門之間的過渡區域。主屋頂的屋簷下往往會伸出一道短屋簷作為輔助屋頂，通常是由薄薄的寬木板搭成，由柱子或斗拱承托。

茅草屋頂

日本鄉村住宅中最常見的屋頂形式是帶有深椿木的人字形屋頂，這和寺廟的建築樣式一致。但是每個地方的屋脊之間存在地方性的差異。這座東京郊外建於19世紀的商人住宅，其屋頂上有帶有三角窗的附加山牆，屋簷上和山牆頂端的茅草修剪得格外對稱。

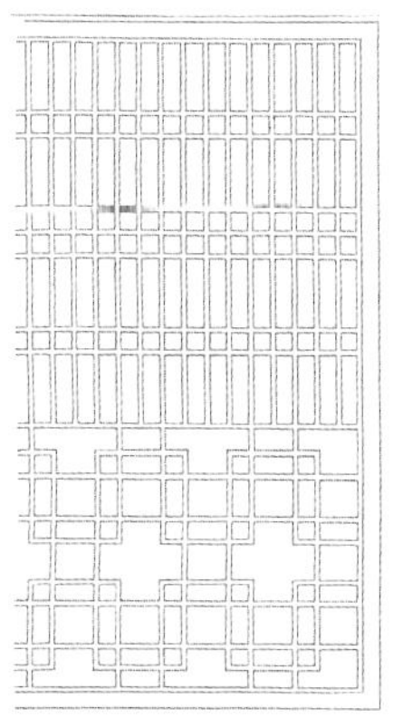

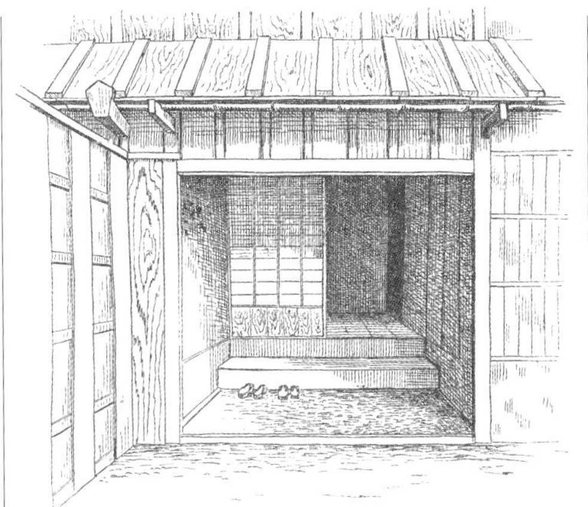

入口

正如神社的入口處設有鳥居、佛寺前建有精緻的門道一樣，日本的傳統住宅前面也有外廊或門廳，將宗教中的登場和行進儀式帶入日常生活當中。紙拉門是分隔內部房間與門廳的滑動隔屏。

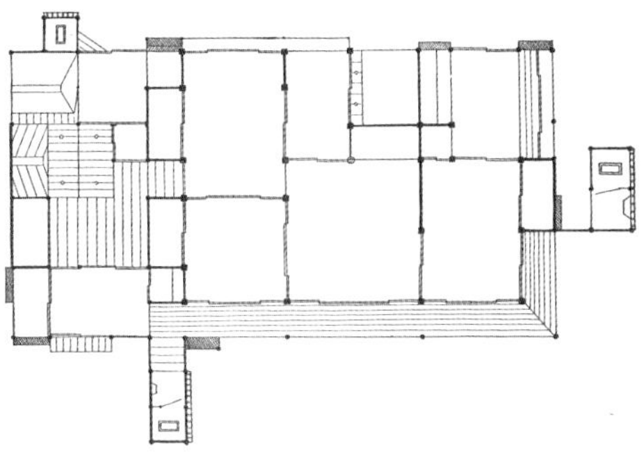

窗

在日本傳統住宅中窗戶不是以玻璃為材質，而是將不透明的白紙糊在木製的或竹製中櫺上，只能讓微弱的光線投射到屋內。這種設計是為了安全顧慮。室內的隔屏（左上角）則更為精緻，是細木條隔成的格子框樣式。

東京住宅平面圖

日本的傳統住宅是由許多相連的房間組成，房間與房間之間靠滑動的隔屏隔開，同時還保留一些通道。房間裡並不堆滿家具，顯示出房間的功能區隔相當有彈性。

東京街景

19世紀晚期的城市建築中既有一排排覆瓦屋頂的普通住宅，而且每棟住宅都有各自的樓梯直接通到街道上；也有精緻的富人住宅，屋頂是精心修飾的茅草屋頂，另外還設有煙囪、外廊和臨街的大窗。

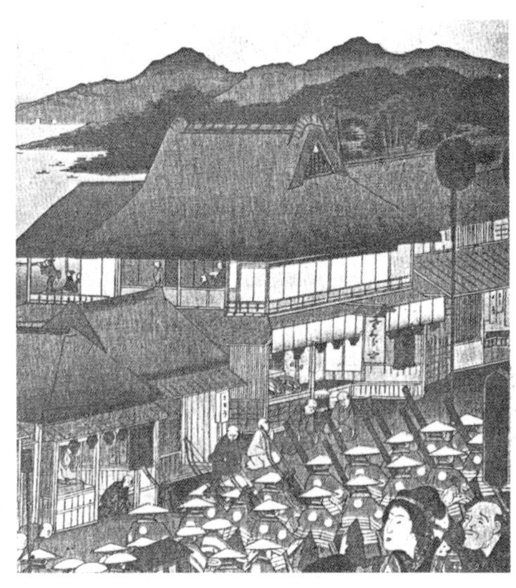

入口處平面設計

這是一棟日本武士住宅的入口處，入口處有台階通向與內室相連的紙拉門。廳堂有三張榻榻米大，室內唯一的家具是一種稱為「衝立」的獨立式矮屏風。

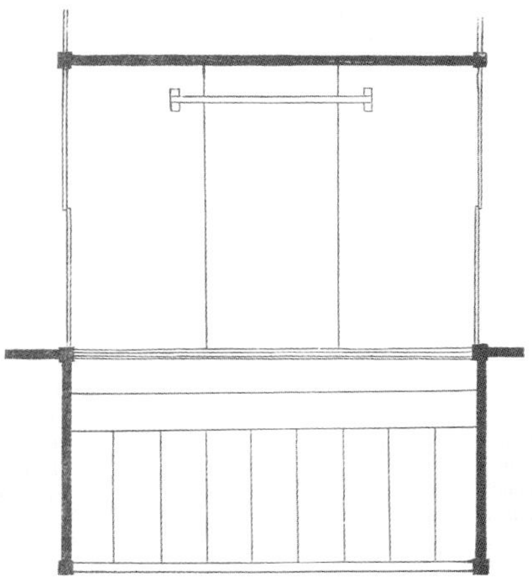

古典日本

政府和商業建築

從7世紀開始，不管是日本城市的整體布局還是重要建築的坐落方位，都受到來自中國的影響。如同中國的北京城，日本8世紀建造的奈良和京都也把皇宮放在城市正中央，貴族住宅、其他宮殿和政府機構則沿南北中軸線對稱分布，街道和街道交叉成格子狀。雖然寺廟和住宅都缺少宏大肅穆的威儀，但貴族府邸和政府建築仍可為平板的地景帶來更具戲劇性的視覺印象。比如建於17世紀的姬路城，便以傳統的屋頂形式在該地的制高點上創造出統馭全局的指揮氣勢。

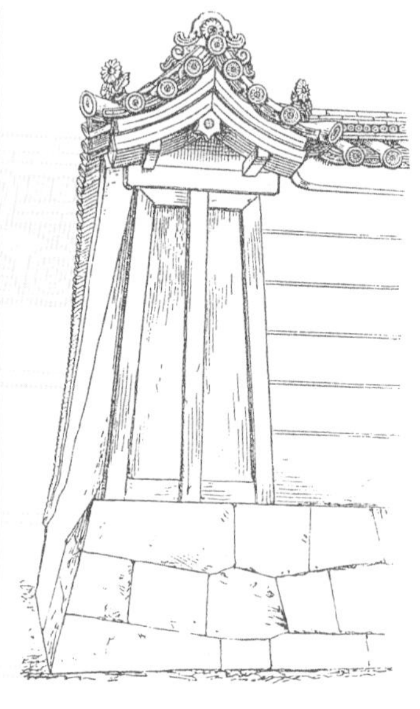

宮牆

環繞皇宮的宮牆基座向下張開，氣勢偉岸（有時候四周還建有護城河），且暗示了抵禦外來進攻和抗地震的重要性。牆端有黑粗石的柱基座，牆上塗覆灰泥，呈黃色，上面還飾有五道平行的白線，顯示出主人的皇族身分。

東京皇宮

從16世紀晚期開始，統治階級的建築便成為日本地景中的主角，它們多半是牢固的單層結構，或是建造在小懸崖上。下圖的東京小皇宮展現了住宅與周圍花園的和諧一致。

政府建築

下圖展示了外國使者在日本皇宮內的覲見場景。家具和樹木的擺設位置都是整體建築中不可或缺的一部分。天皇坐在最高處──覆有茅草屋頂的外廊上。

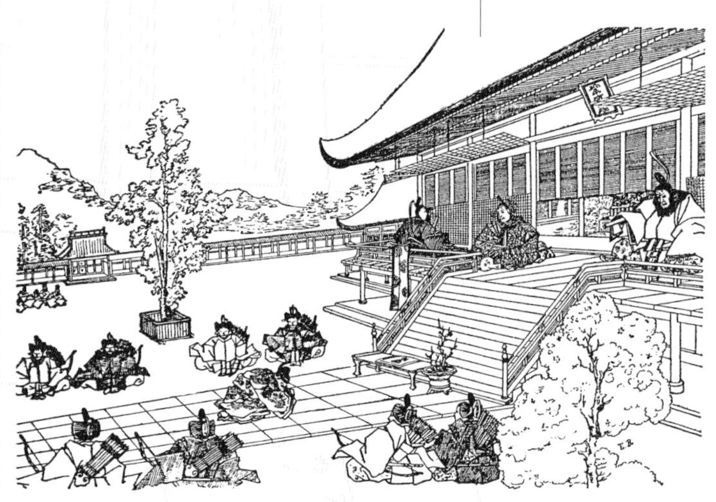

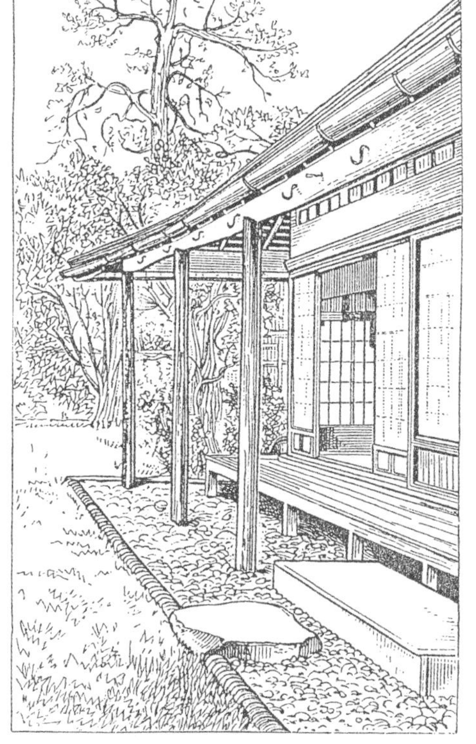

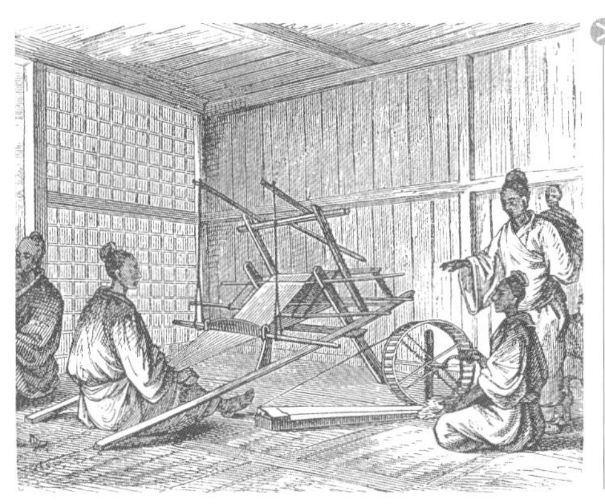

茶廠

這棟建築在樣式上與神祠和住宅都很相似，人字形向外挑出的瓦片屋頂由裸露的斗拱支撐，屋頂上還帶有一道隆起的小屋脊。

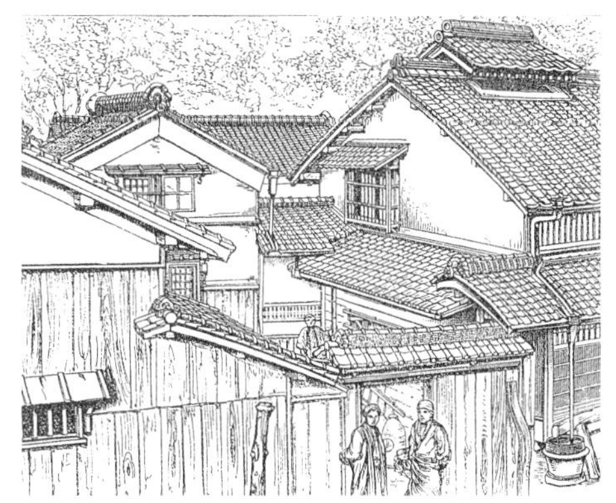

織布間

這個織布間與住宅差別不大：格子窗，地上鋪有榻榻米，室內除了織布機外別無他物。城市中的道路很狹長，臨街的房子往往成為店鋪。

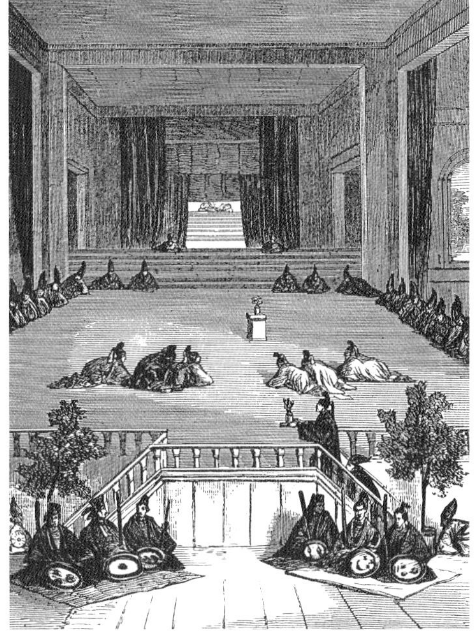

茶室

從16世紀開始，茶飲便成為日本傳統生活中的一種生活禮節和藝術形式。茶室也開始有了自己的建築樣式（後來還影響了住宅設計）。茶室常常是鄉村風格，修建得比較粗簡，有寧靜的小徑通往由數疊榻榻米構成的和室。從下圖中我們可以看出，百葉式的敞口和寬外廊對茶客們有著多大的吸引力，在這裡他們可以欣賞戶外的城市風景。

東京城市景觀（19世紀）

日本人在河水泛濫和地震威脅的環境下發展出高超的建築技藝，下圖的一系列木橋充分展現了這一點。那些屋頂和低矮建築也很適合多山的地形。

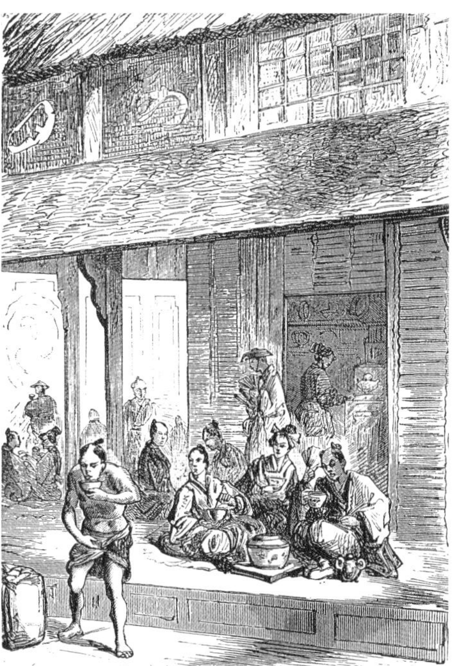

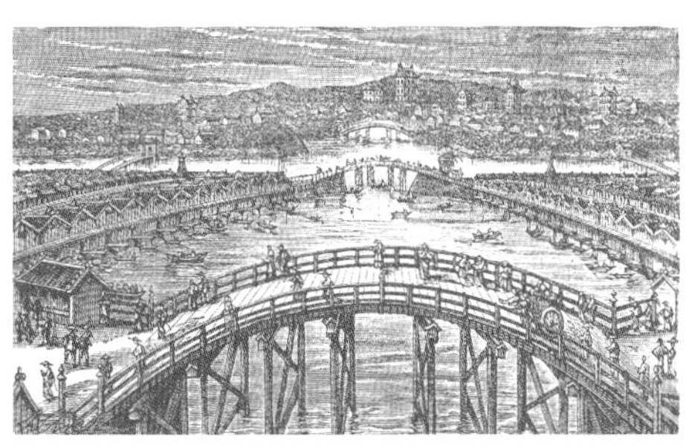

天皇宮廷（19世紀）

宮廷的設計非常巧妙，既強調了天皇至高無上的地位，又限制了覲見者的視野。室內的整體安排由低到高，主廳非常開闊，天皇所在的房間位於高處，不但強化了天皇的地位，也可掌控朝覲的進行。

前哥倫布時期中南美洲 *公元前900—1532*

中部美洲早期建築

中部美洲文明從公元前900年開始，一直延續到1519年被西班牙征服為止，整個墨西哥以及瓜地馬拉、貝里斯和宏都拉斯的一部分都屬於這一文明區。擁有數百座石製紀念物的城市本身，就是這個文明的主要見證，其中有些已半埋在熱帶雨林當中。巨大的金字塔、平台、神廟、廣場、球場院、儀仗路以及祭壇，都是舉行宗教儀式的場所，而宗教儀式又與日常生活密不可分。隨著統治者們越來越常運用建築來提升身分地位並象徵不朽，我們可以從大型宮殿建築群中看出不同城市之間森嚴有序的社會階級劃分。雖然現存的大部分建築都屬於公元4到10世紀之間的古代馬雅文明，但在其他一些中部美洲的建築群中也可看出一些重要的建築革新，比如奧爾梅克和托爾特克建築（以及一些個別城市如特奧帝瓦坎）。

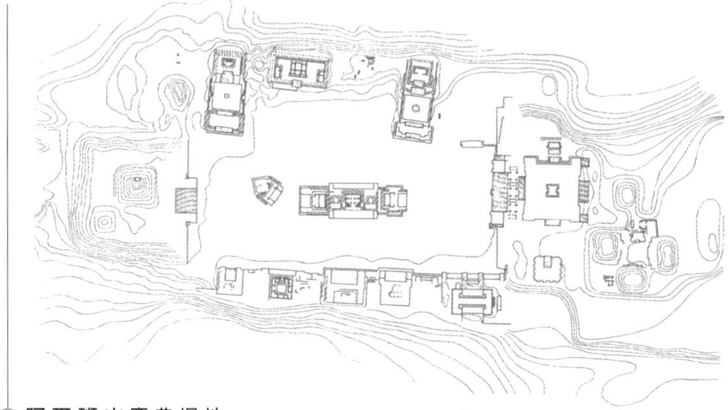

阿爾班山慶典場地

位於瓦哈卡峽谷阿爾班山的扎波特克遺址從公元前500年至公元後700年一直是慶典專用地，期間經過四個階段的演變。這座圍場有兩座石平台，南北各有一座衛城，中央是一個大廣場，廣場四周還有其他建築，比如神廟、金字塔、墓塚和球場院。所有建築物的基面都高於廣場，有大台階連接。

埃爾塔欣壁龕金字塔

這座壁龕金字塔位於埃爾塔欣的托托納克遺址（200-900）。這座金字塔並不大，除最上面的聖殿外共有六層，東面建有寬大的帶欄杆台階，上面飾有塔欣地區常見的梯形回紋主題圖案。金字塔各面共刻有365個壁龕，代表太陽年，這是中部美洲建築中反復出覆的裝飾主題。

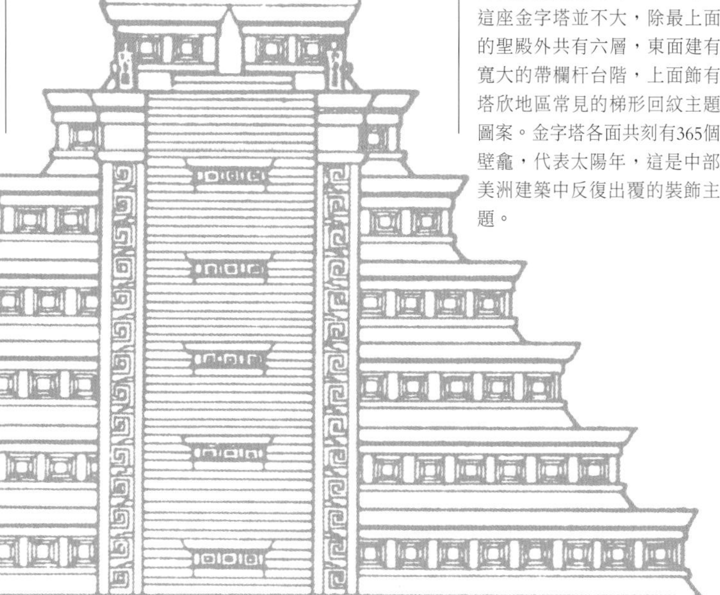

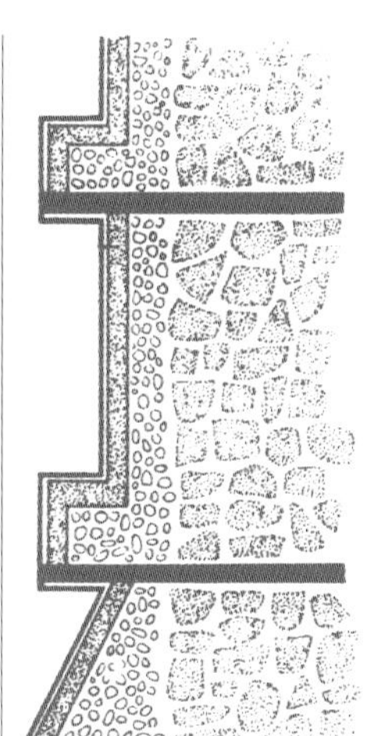

斜坡—鑲板

「斜坡—鑲板」這一模式最早出現於特奧帝瓦坎地區的建築中。這個主題包括一段向外傾斜的部分，支撐著被視為橫飾帶的方形豎直灰墁鑲板，鑲板上常常鑲有邊框，刻有花紋，顏色亮麗。

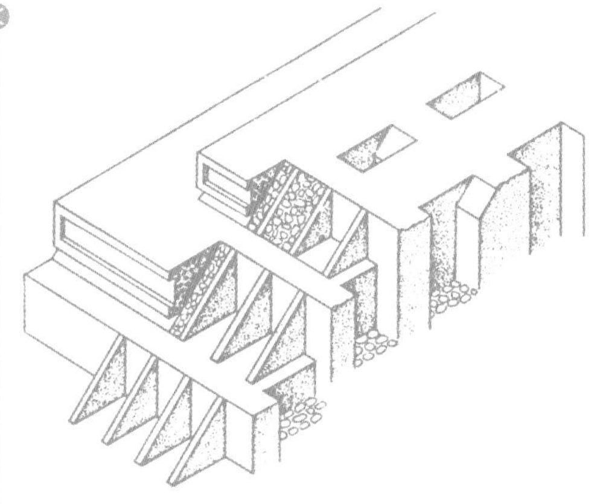

「斜坡—鑲板露台」

在特奧帝瓦坎的一些建築中，「斜坡—鑲板」模式會一路沿著金字塔反覆出現。左圖的露台立面是中部美洲地區常見的一種建築樣式，但不同地區有各自的變體。這種樣式不僅美觀而且經濟；高雅的框架構件用薄石板接合起來，嵌入碎石芯當中。

特奧帝瓦坎的格式平面圖（150-650）

特奧帝瓦坎的托爾邁克城其格局是格子式的，太陽金字塔位於城中心，作為主軸線的「死路」全長3.2公里，其中一端連著月亮金字塔，另一端在城堡處與另一根軸線相交。這兩根軸線將托爾邁克城分成了四塊，後來的阿茲特克人也沿襲了這種設計。

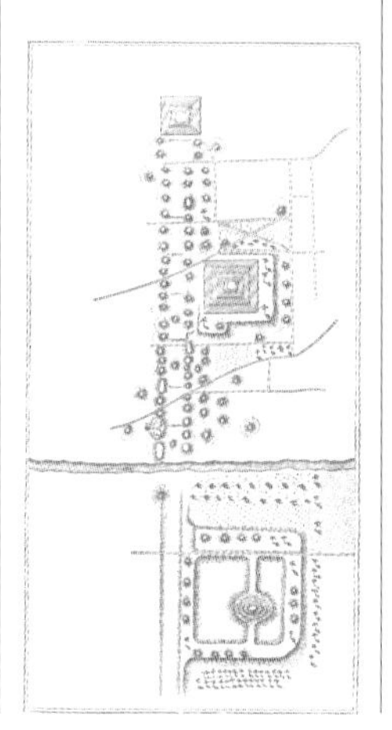

特奧帝瓦坎的月亮金字塔（約200）

月亮金字塔非常龐大，位於特奧帝瓦坎主軸線的最北端。它的底座是四層高的「斜坡—鑲板」平台，一道石梯切過平台通向金字塔頂端的聖殿。

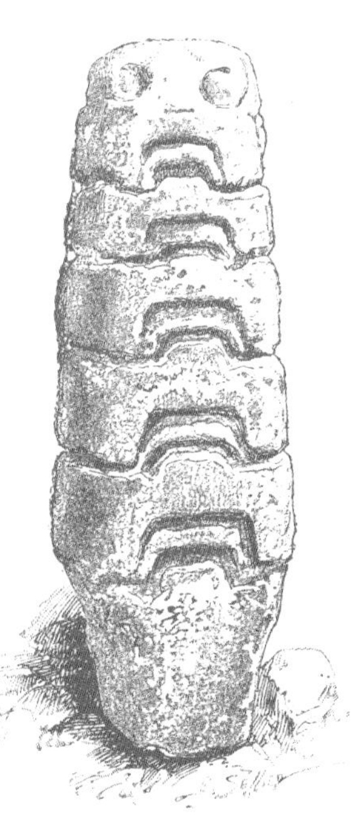

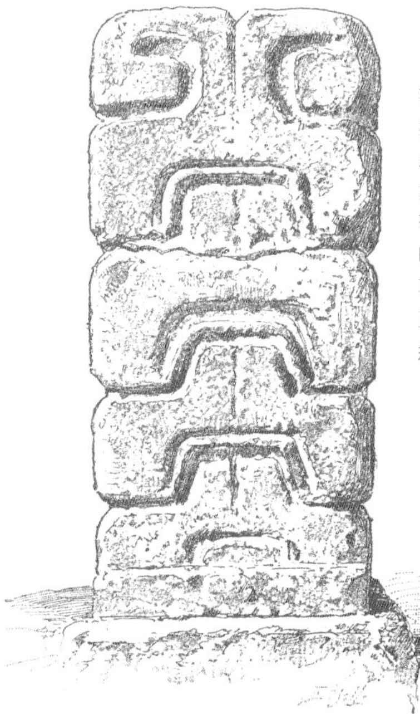

特奧帝瓦坎的豎石碑

在特奧帝瓦坎發現的早期獨立式祭石純粹作為宗教之用，上面所刻的作半抽象性符號代表眾神，包括著名的羽蛇神在內。馬雅晚期的豎石碑（垂直的厚石塊）上刻有現實中的國王像，更常作為世俗性的紀念物而非祭石。

前哥倫布時期中南美洲

馬雅古典文明

馬雅文明的鼎盛時期是在公元6至10世紀，中部美洲前哥倫布時期最重要的紀念性建築物中有很多是馬雅文明的成果。最近的一些研究已經可以解讀馬雅文明留在台階、橫飾帶、立柱、獨立式豎石碑和祭壇上的象形文字，為馬雅建築的相關研究提供了重大突破。我們可以藉此確定個別建築的建造年代，並確定統治者的年號。金字塔常常是在既存的老金字塔上不斷翻新，這種傳統可以在增加高度的同時，又把祖先的權威傳遞到新結構之上。馬雅宗教建築的基本特徵之一就是追求高度，這可從那些通向諸神、令人目眩的階梯看出一斑。其他重要的建築特徵還包括對疊澀拱頂的創造性利用，以及精緻的雕刻圖案。

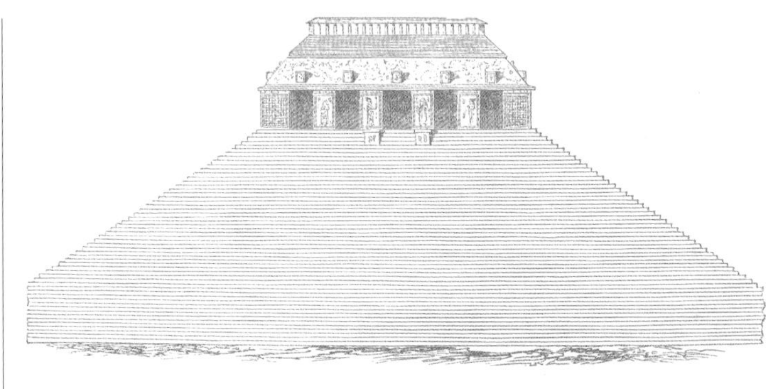

佩稜克銘文神廟 (675)

陡峭的石梯共分九層，象徵著中部美洲人觀念中的九層陰間。石梯頂端的聖殿帶有混凝土製的孟莎屋頂，這是佩稜克建築的典型風格。聖殿內部還有一道隱秘的拱頂樓梯通向地下室，那裡埋葬著國王帕卡（616-683）。沿著室內的樓梯旁邊還建有一條石管，以方便死去的國王與生者溝通。

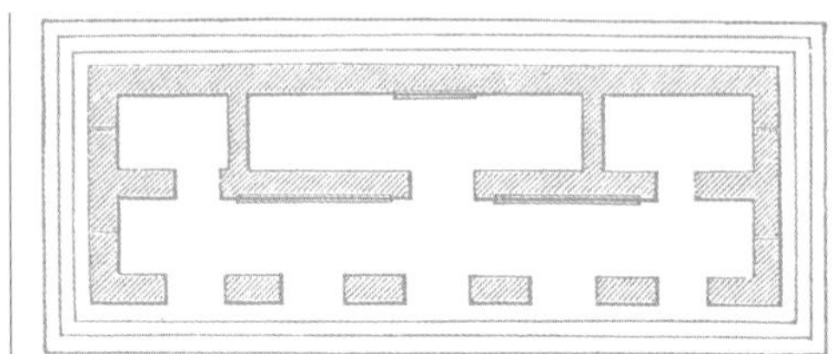

佩稜克聖殿平面圖

銘文神廟的聖殿外有一個五開間大的拱頂門廊作為入口處，上飾有灰墁的人像和著名的「銘文」，又稱「620行象形文字」，講述了佩稜克統治象者的事蹟。

屋脊飾

大多數馬雅古典時期金字塔的頂端都帶有屋脊飾，又稱雞冠牆。由兩片有花洞的框架牆相互靠在一起所組成，附有灰墁浮雕，浮雕刻有國王以及另一些統治者的形像。

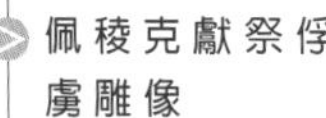

佩稜克獻祭俘虜雕像

佩稜克王宮東院的展廊裡放置有很多巨大的石灰石，上面栩栩如生地雕刻著被俘的敵方首領顫慄跪倒的場景。這些展廊是舉行宮廷慶典的場所，這些石雕象徵著對統治者的效忠。

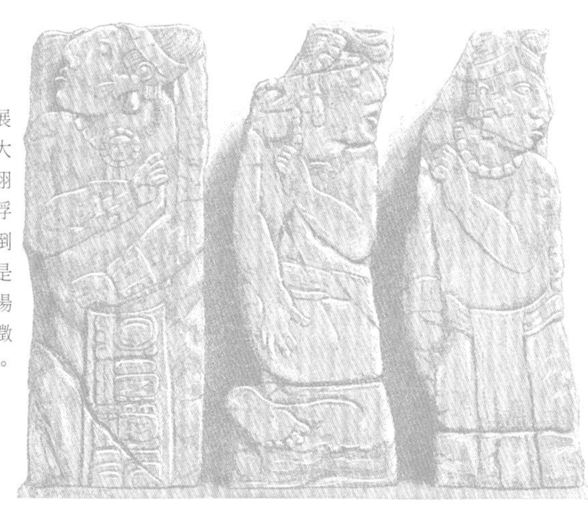

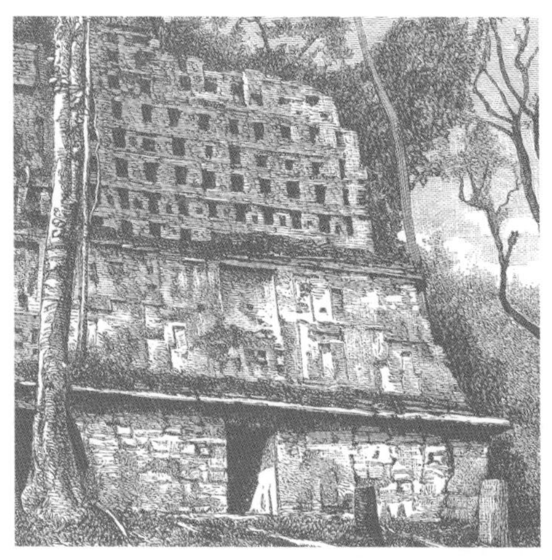

疊澀拱頂

馬雅古文明的一大建築發明是疊澀拱頂。最初，是在狹窄的房間裡以一排排的石塊疊成拱頂，每排都比下面的一排突出一點。後來，用灰漿和碎石黏合而成的厚牆替代了頂棚上凸疊的側面，使得室內的牆面變得光滑平整，可以抹上灰泥並彩繪。

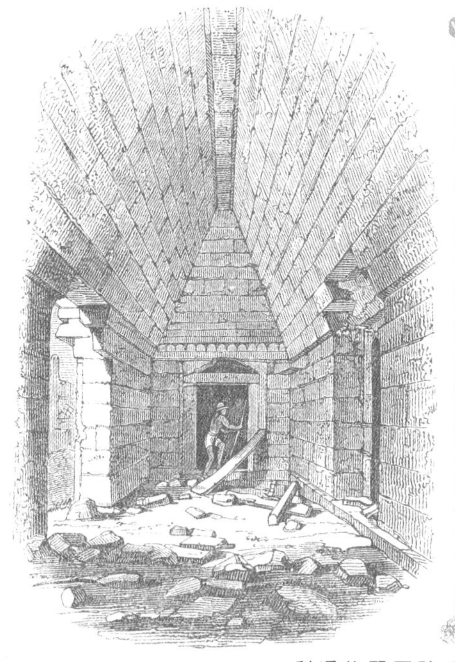

佩稜克疊澀拱

在佩稜克，馬雅人克服了拱頂房間的狹促感。他們把兩個疊澀拱頂肩並肩地建在一起，共用當中的承重牆，這樣側牆上的壓力就能減輕，於是可建造跨距更寬的房間。

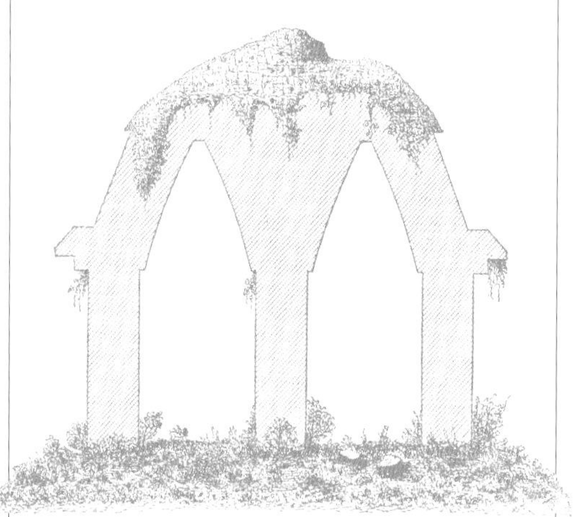

科潘的豎石碑

位於宏都拉斯的科潘古馬雅遺址（540-760）以其精緻的立體雕刻著稱，其中包括廣場上為數眾多的巨型豎石碑。在馬雅古典時期，這些豎石碑上雕刻著穿戴節日盛裝的統治者，他們載著華美的頭飾，雙腳向外張開。豎石碑上的象形文字講述了其英勇戰績。

科潘祭壇

科潘的祭壇是矮圓柱形的獨石造，位於豎石碑前方，通常刻有獻祭俘虜向豎石碑上的統治者投降的畫面。這類主題逐漸取代了早期祭壇上那類呆板的雕刻，比如神怪和神像。

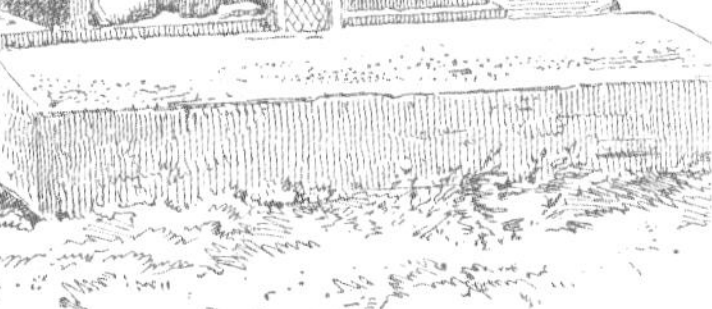

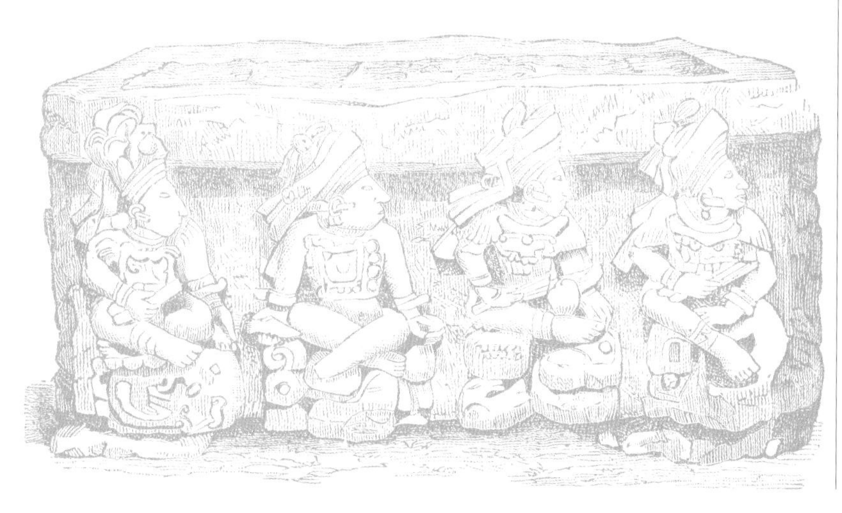

前哥倫布時期中南美洲

馬雅「普克」式風格

當馬雅古典時期在8、9世紀即將終結之時，城市建築的重心由宏偉的宗教建築轉移到了統治者的宮殿上。日趨複雜的宮殿建築群建於高大的平台上，帶有眾多的房間和數個巨大的四合院。由於地理條件和國家之間錯綜複雜的結盟關係，宮殿群的建築風格呈現出地區性差異。猶加敦地區性的城市以普克式的建築風格著稱，它的特點是帶有幾何形的雕刻裝飾，牆面不斷重複（幾乎到達臃冗的地步）運用相同圖案的浮雕，並借用馬雅宇宙觀中的一些象徵性符號來裝飾。

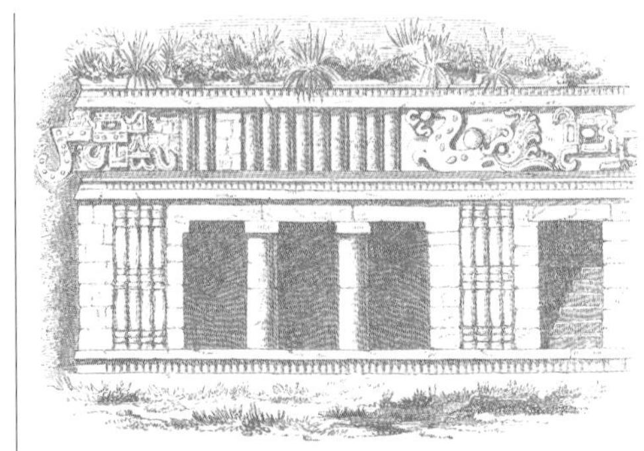

薩伊爾王宮
（約700-900）

位於猶加敦的薩伊爾王宮的第二層是開放式的門廊立面，帶有獨石柱和石製柱頂板。橫飾帶上有典型的普克式雕刻，上面刻有神像和蛇像，兩者之間以一排環形立柱圍欄隔開。這種宮殿樣式是原始小木屋的石頭複製品，在統治者和其人民之間確立了象徵性的關係。

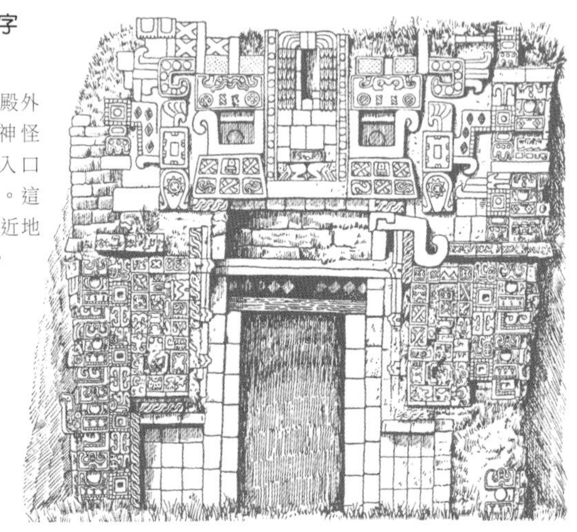

烏斯馬爾巫師金字塔立面圖（569）

巫師金字塔塔頂的聖殿外牆刻有一面巨大的神怪像。神怪的下顎是入口處，象徵著地獄之門。這種神怪式的入口是鄰近地區查恩斯的典型風格。

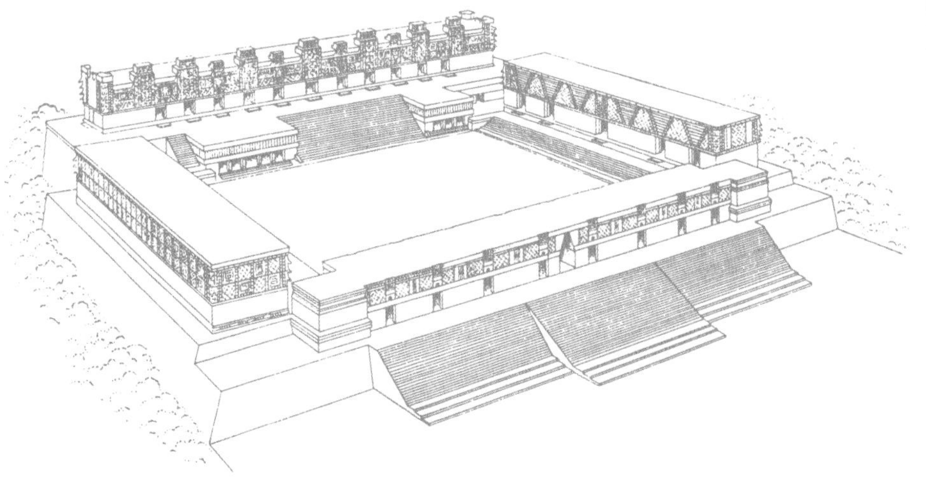

烏斯馬爾「女修道院」
（約700-900）

在烏斯馬爾的普克城有一座大四合院，後來西班牙人把它稱為「女修道院」。它的建築形式是在一座大院子的四周建有四棟獨立式的長宮殿。北面宮殿建在最高的平台上，兩側宮殿的平台稍高於南面入口處的平台。四合院外面的廣場上有一道石階可登上宮殿的南入口處。這座宮殿是由低漸高式建築的典型。

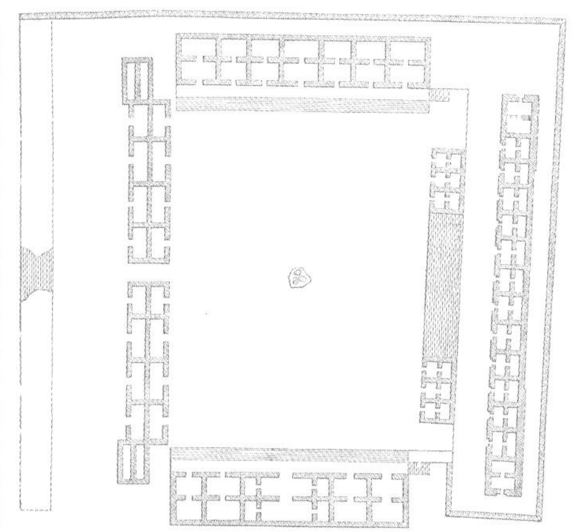

烏斯馬爾「女修道院」平面圖

古典晚期的宮殿樣式很複雜。「女修道院」共有四十多組雙聯房，和帶有六個房間的慶典所。普克式的建築方法，即把切割整齊的石頭貼在碎石芯上，有助修建大尺度的建物。

烏斯馬爾馬賽克橫飾帶

位於烏斯馬爾的總督府飾有長長的馬賽克橫飾帶。立面正中央是總督像，周圍以幾何形式分布著回紋主題和恰克像（分別象徵太陽神和雨神）。

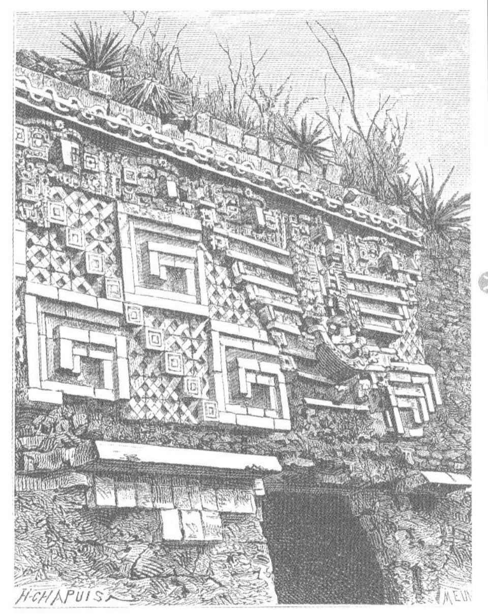

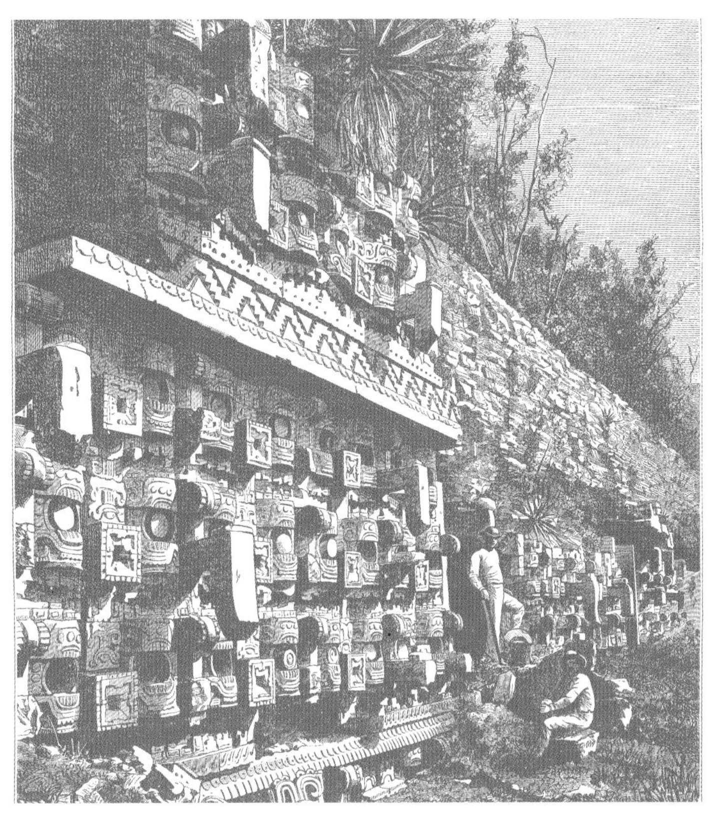

卡巴雨神像宮（約700-900）

在卡巴的雨神像宮中，雨神恰克像被不斷重複使用，形成了普克式建築的一個主題。雨神有一個突出的樹幹狀鼻子，兩側各有一只深凹進去的眼睛。在馬雅農業文明中，雨神和太陽神的地位高於其他諸神。

米特拉後古典時梯形—回紋主題

位於瓦哈卡峽谷米特拉的扎波特克遺址屬於馬雅後古典時期，但卻是普克地區馬賽克橫飾帶發展的範例之一。米特拉所有的宮殿都飾有一排排刻有複雜幾何圖案的鑲板，這是梯形一回紋主題的衍生。

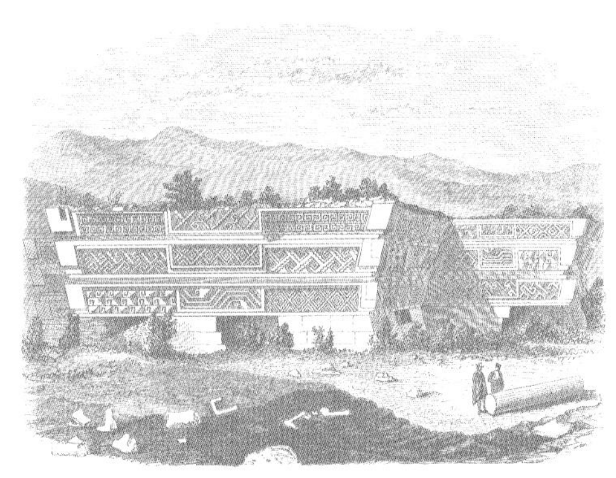

前哥倫布時期中南美洲

後古典時期遺址

到了10世紀，也就是馬雅文明後古典階段開始之時，大部分的馬雅城市都衰落了，建築活動的重心轉移到墨西哥中部，在那裡，馬雅文明滲透到托爾特克文明之中，形成了兩個重要的托爾特克－馬雅城市：圖拉和奇欽伊查。後古典時期的城市不斷被捲入戰爭當中，這點反映在它們簡樸嚴酸的建築結構中，比如圖拉和奇欽伊查的戰士神廟。奇欽伊查的石球場院和查克摩爾半臥像都證明了馬雅後古典時期活人祭的重要性。阿茲特克人繼承了活人祭的習俗，其首都特諾奇特蘭有一些異常傑出的中部美洲建築代表作。

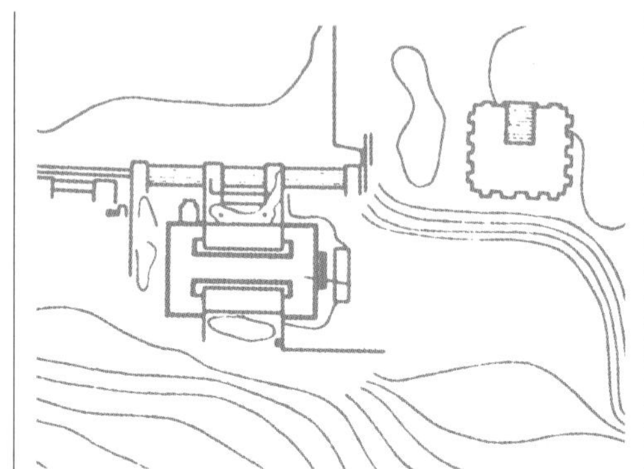

奇欽伊查的球場院

I形球場院的四周通常都築有高牆，上面設有觀眾席。奇欽伊查球場院的內牆上帶有精緻的淺浮雕，從這些浮雕中我們知道失敗的球隊將被當成祭品祭獻給神。他們的頭顱將保存在毗鄰的顱骨架上。

圖拉球場院石環

圖拉球場院的兩端各設有一個巨大的石圓環，比賽時每隊都要努力讓石球穿過圓環中的圓孔。圖拉的石環上刻有響尾蛇紋，這是羽蛇神的象徵。

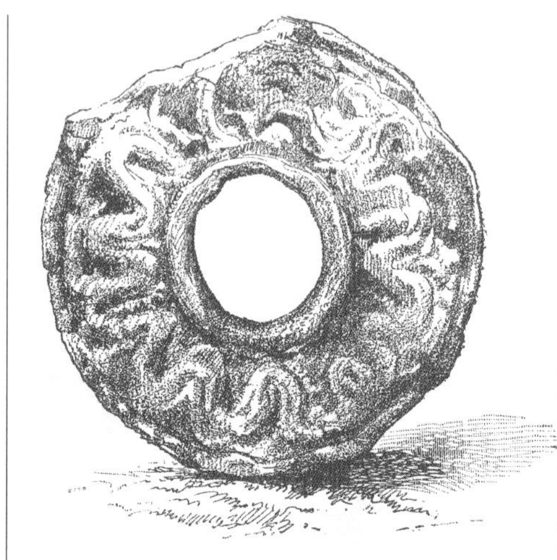

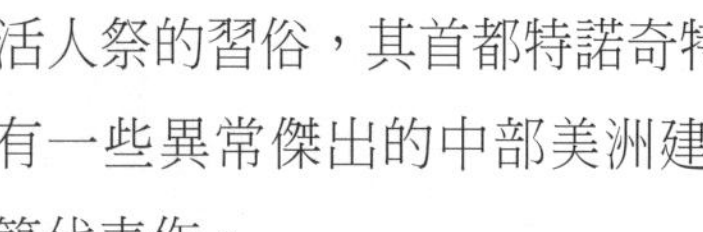

圖拉男像柱

圖拉金字塔的頂上有四根巨大的代表托爾特克戰士的男像柱，支撐著聖殿入口處門廳的屋頂。神廟以及金字塔底部的柱廊大廳裡面都刻有淺浮雕，不斷重複戰士主題。

圖拉圓柱

圓柱在後古典時期的遺址中較為常見。圖拉的圓柱是用四塊或者更多的岩石藉由榫眼和砂漿黏合在一起。其他地方的圓柱柱芯是木頭，外層是碎石。

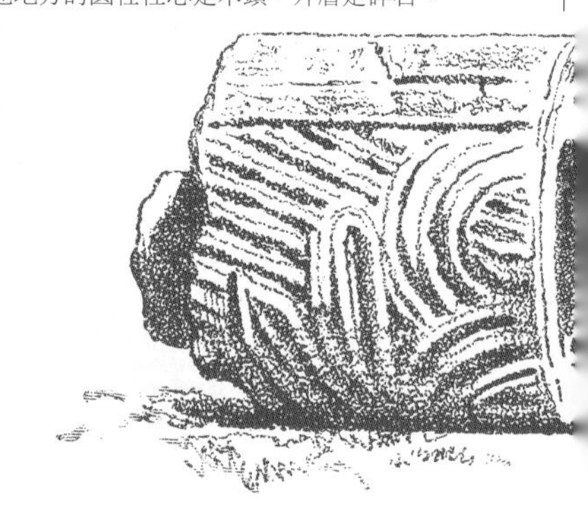

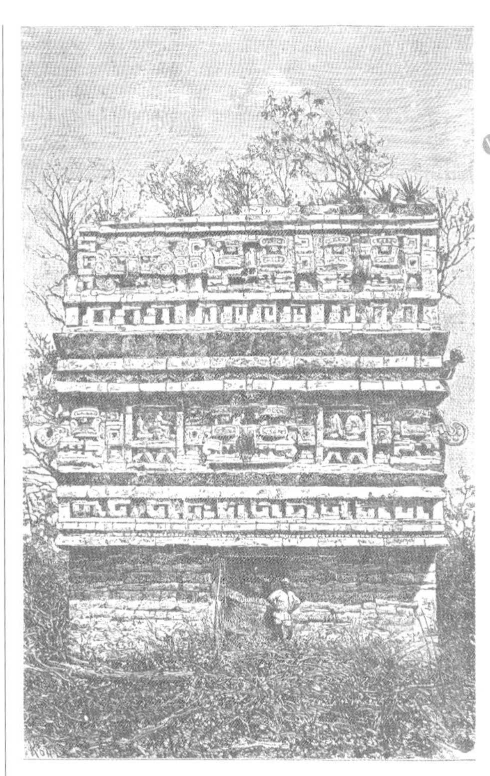

奇欽伊查普克式風格

「女修道院」南端矮形建築的前面有一條白色的、層次分明的儀仗路。南端建築的裝飾風格是馬雅古典時期普克式的，上面刻有雨神恰克像、大型馬賽克橫飾帶和回紋主題圖案。雕刻的密度和複雜度更像是典型的後古典時期的風格。

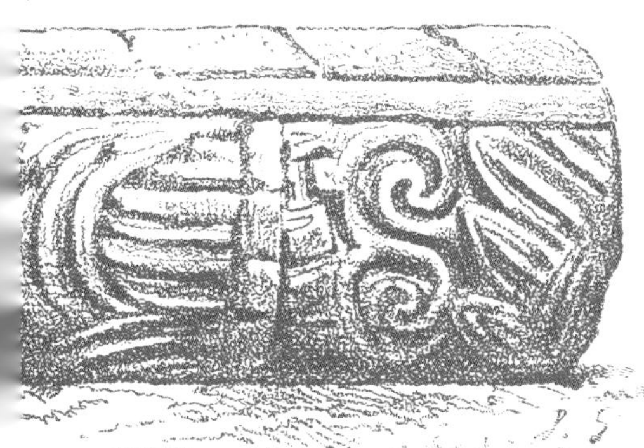

圖拉和奇欽伊查的查克摩爾雕像

半臥的人身像，又稱恰克摩爾，在圖拉和奇欽伊查的宗教性建築與世俗建築裡都有出現。人頭和人身成90度角，捧著位於腹部的圓輪狀容器，恰克摩爾是一種祭壇，用來接受祭品，這些祭品多為人的心臟。

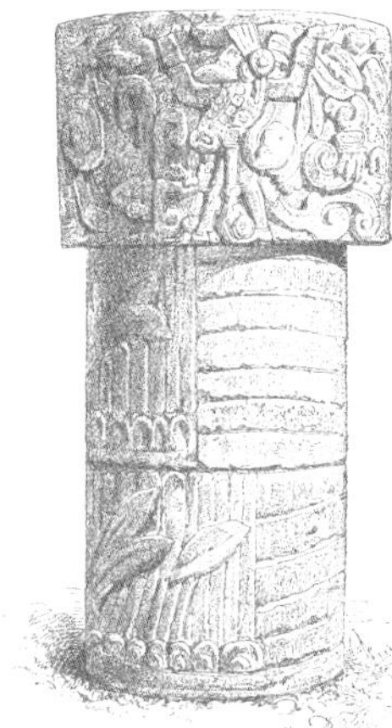

奇欽伊查雕刻柱頂板

卡司提羅大金字塔又稱古神大殿，從其上層的聖殿中可以看出那時已經產生了新的屋頂建造技術，使用支柱、圓柱還有木過梁一起作為支撐體。入口處門廳有兩根圓柱，柱身四周繞以羽蛇，柱頂板也經過雕刻，這為少見之例。

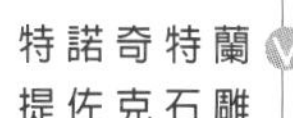

特諾奇特蘭提佐克石雕

阿茲特克文明產生過許多傑出的工匠，他們在建築物上雕刻出栩栩如生的人物。這個稱作提佐克石雕的祭壇上刻有十五幅皇帝拖曳戰俘的情景。石頭的上表面刻有一道日輪。

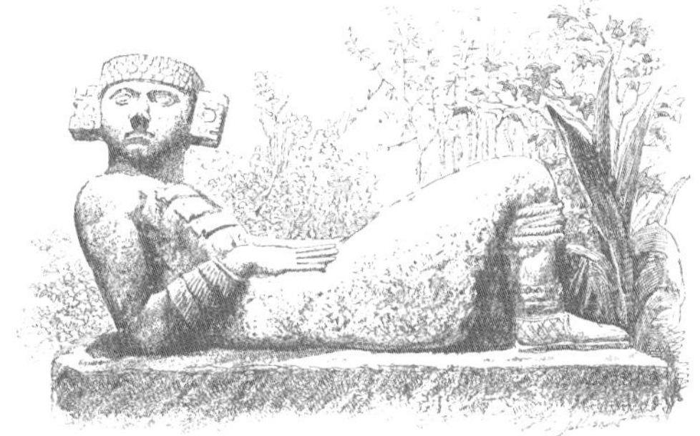

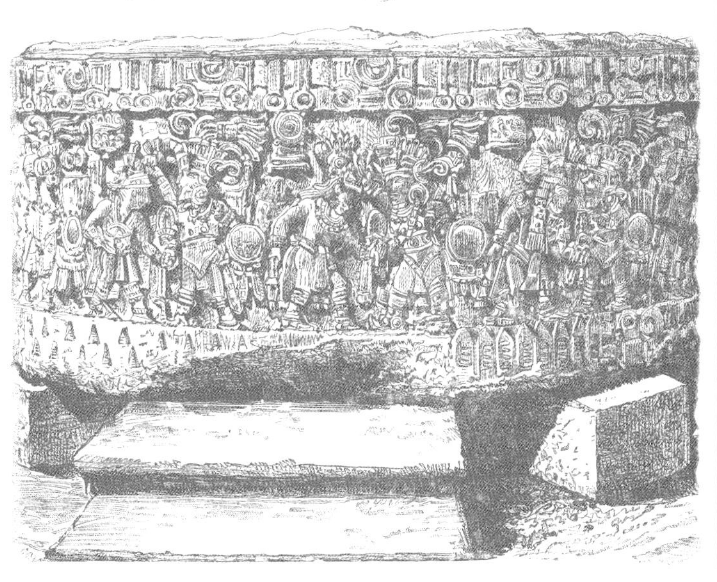

前哥倫布時期中南美洲

印加建築

前哥倫布時期的印加文明包括秘魯、玻利維亞和厄瓜多爾這些地方，從1100年起直至1532年被西班牙征服的這段期間，其建築發展出一種氣勢宏偉的風格。其中大多數的儀典建築是獻給太陽神或祂的前身「印加神」。印加人非常聰明，他們把安地斯山脈的貧瘠土地轉化成種種優勢，像是採用了精緻完備的梯田系統，將城市建在戰略要地上，並將烏斯努（祭台）等宗教和祭祀建築建在溪流和岩石群旁。印加人更像是外交家而非戰士，他們以首都庫斯科為中心，建造了四通八達的道路系統。在15世紀的印加王宮和神廟裡，結合了黃金鑲嵌工藝的石造建築技術達到了頂峰。

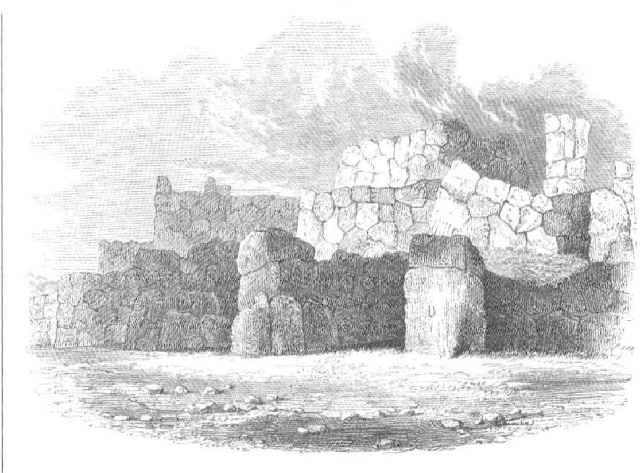

印加石造工程

著名的印加建築的牆面是由粗獷的多邊形石塊搭建而成，石塊打磨成正好與其他石塊契合的形狀。這種技術既應用於精緻的磚造建築，也應用於大型建築，比如上圖位於庫斯科的薩克塞華曼城堡。

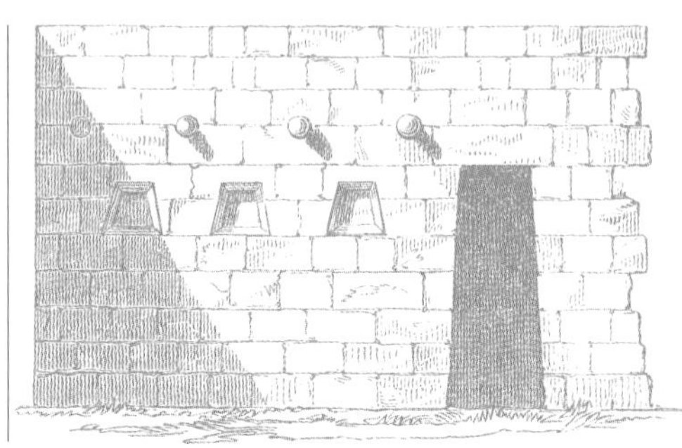

驛站

驛站是沿印加帝國的道路所建的供信使們休息的房子。典型印加風格的驛站是一座無窗的矩形矮房子，有一扇精緻的梯形門，這是室內光線的唯一來源。內牆和外牆上最重要的裝飾是一排排的梯形神龕。

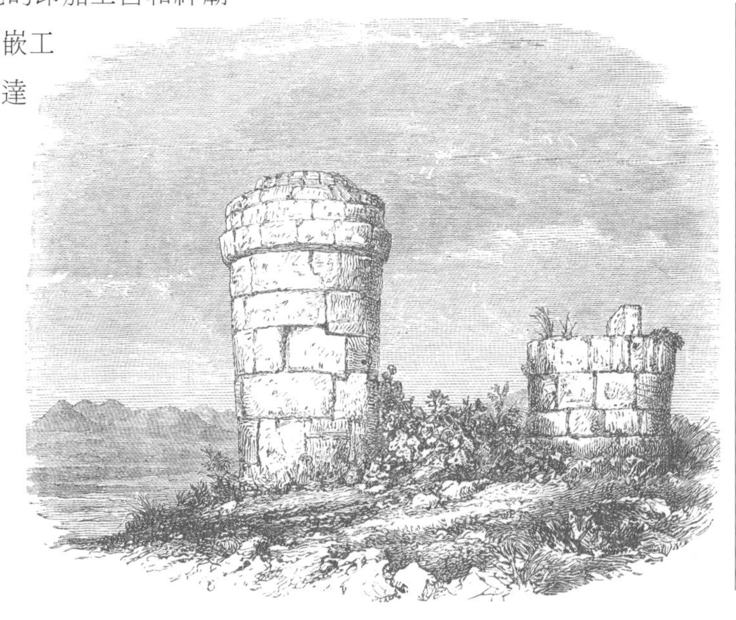

的的喀喀湖塚塔

在的的喀喀湖旁發現了埋葬死人以及殉葬品的前印加風格塚塔。這些無窗建物的平面是圓形的，裡面有數個房間，可供家族成員永久居住。印加人後來承襲了這種建築手法，繼續將圓塔用於宗教建築，比如馬丘比丘的石塔。

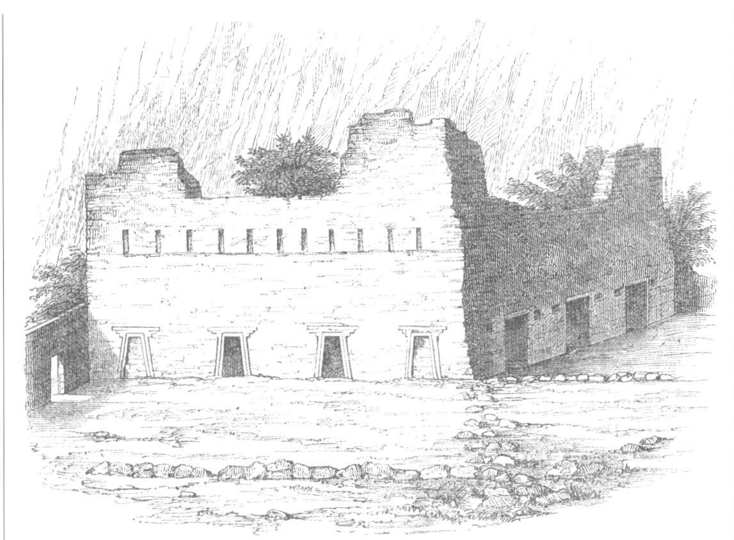

馬丘比丘城（15世紀）

馬丘比丘城位於高達2,430公尺的山頂上，是印加建築中利用地形優勢的最佳典型。肥沃的梯田挑懸於崖壁。採用精巧的磚石結構建築而成的三座神廟依著斜坡，以天然的花崗岩為牆，構成慶典圍場。

的的喀喀湖太陽神貞女房

這些大房子又叫作「被選中的女人房」，是供被挑選出來的女子學習的地方，她們通常是皇帝的妃子。這些女子被認為是太陽神的妻子，所以她們的房子貼覆有適量的金子。雙門框的梯形入口是諸如此類的尊貴建物所特有的。

的的喀喀湖之曼科·卡帕克之家

曼科·卡帕克是傳說中12世紀印加王朝的創立者。他的房子建於的的喀喀湖的一個小島上，是現存最古老的印加建築之一。房子的底層是堅固的磚石結構，上面豎立著塔狀的獨立式房間，這是典型的印加式雙層建築結構（十字架是後來加上去的）。

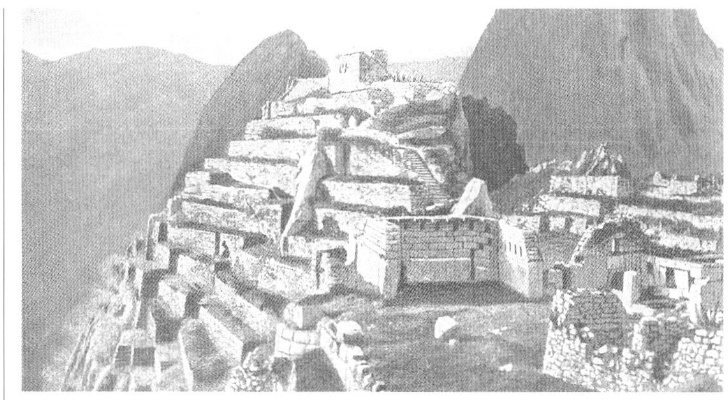

馬丘比丘城石塔

位於印加古城馬丘比丘遺址中心的石塔是一座小型聖殿。半圓形的牆面採用了最精緻的無砂漿石工技術，上面帶有梯形神龕。半圓形牆面是一種宗教建築形制。石塔裡面是放置有烏斯努的石洞。烏斯努是祭祀用的天然石台，用來盛放祭品——駱馬駝的脖頸。

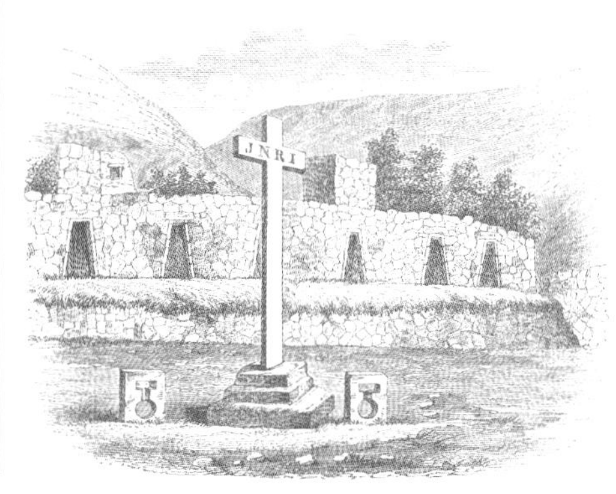

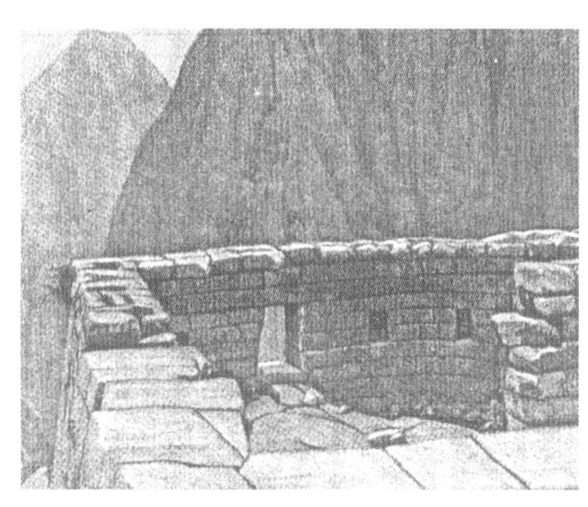

前古典時期歐洲 *公元前7世紀—公元前1世紀*

邁錫尼：城堡

在以克里特為基地的邁諾安人的主導下，愛琴文明於公元前1650-1450年間達到鼎盛時期。然而邁諾安文明在臻於頂峰之際旋告衰落，並迅速被邁錫尼文明所取代。邁錫尼是一支驍勇善戰的民族，於公元前1600-1200年間統治著希臘。由於邁錫尼人的生活和建築與荷馬史詩（《伊里亞德》和《奧德賽》）中的描述非常吻合，所以邁錫尼時期又被稱作「英雄時代」或「荷馬時代」。雖然克里特的工匠可能也參與了邁錫尼城堡的修建，但邁諾安和邁錫尼兩種風格還是截然不同。邁錫尼的建築經過精心規劃，焦點集中在中央灶廳上；而邁諾安建築則以複雜的迷宮形制為特點。

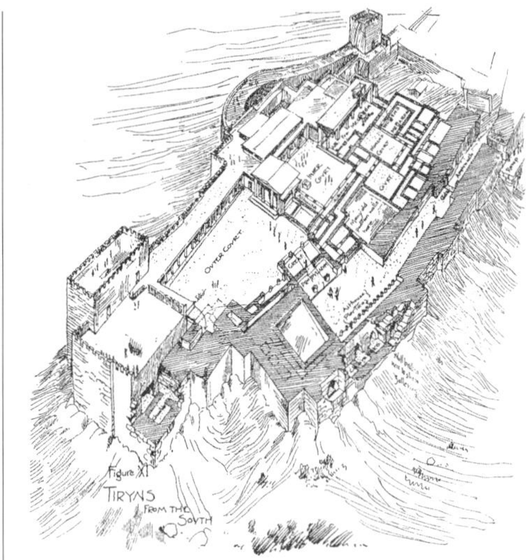

宮殿配置

和外層的城堡一樣，宮殿也築有堅固的防禦工事。遊客們如果要前往邁錫尼附近的泰林斯宮殿（公元前13世紀晚期），得先穿過一系列封閉的庭院和兩道H形的山門，然後才能到達主建築的門斗處。在中央灶廳旁還建有很多套房，包括臥室和浴室（見下圖）。

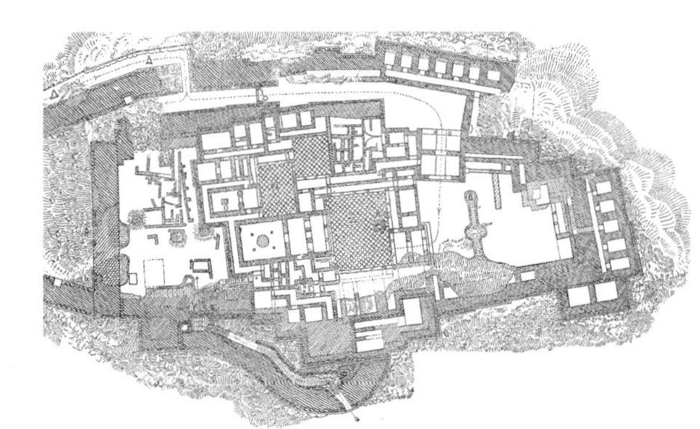

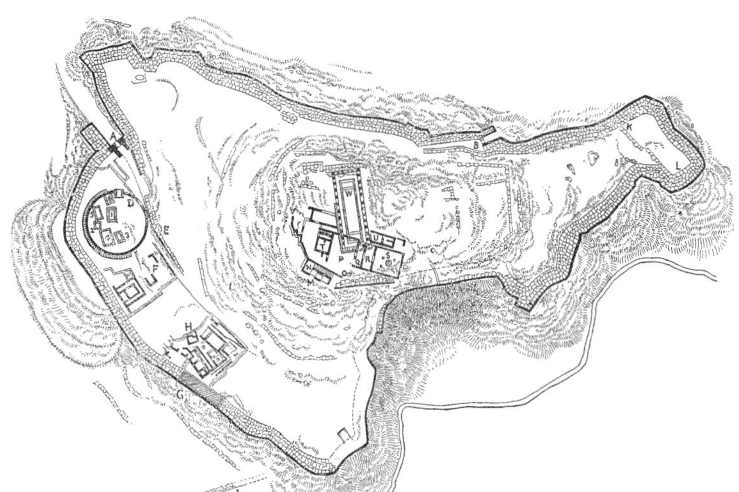

邁錫尼城堡（約公元前1340）

城堡通常建於具有戰略意義的山丘上，固若金湯，周圍築有牢固的圍牆。宮殿位於最高處，是國王和王室成員的住所。一些重要人物比如軍事將領也住在城廓裡，大多數人民則住在城牆外。

邁錫尼獅子門（公元前1250）

城堡建有宏偉的紀念性門道，比如邁錫尼的獅子門便是一例。它由兩塊垂直的石塊和一根巨大的過梁組成。門道上的減壓三角（見88頁）中刻有兩頭獅子。朝左的幕牆和朝右的方形稜堡（見左邊的平面圖）為入口守衛提供了遮蔽處。

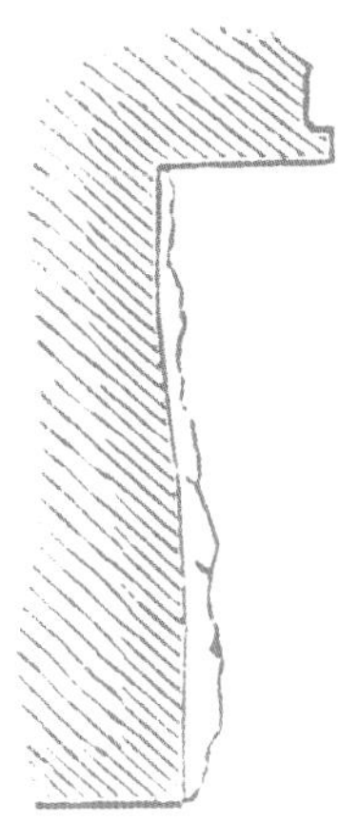

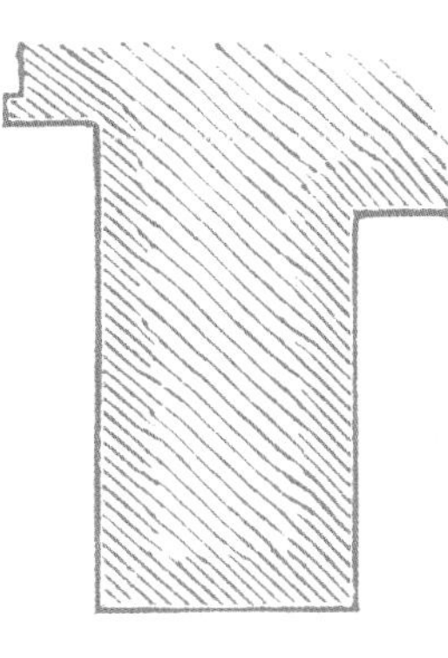

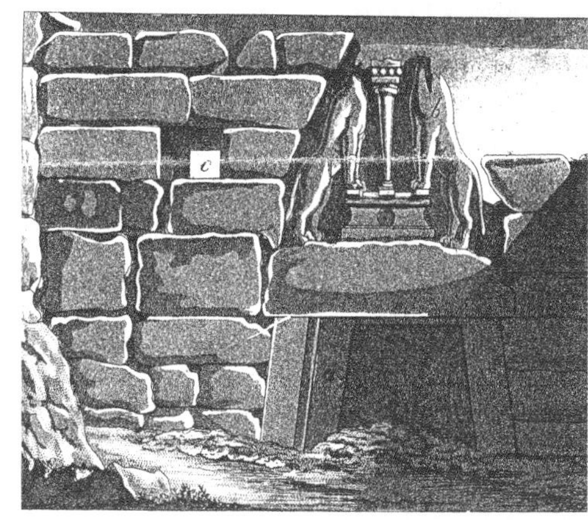

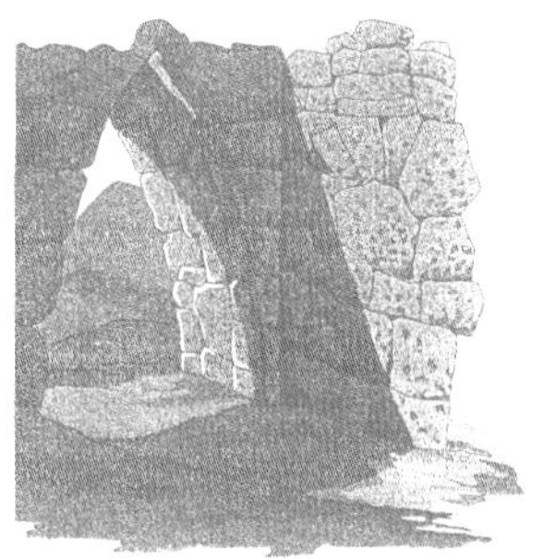

蠻石工程

邁錫尼那些氣勢逼人的圍牆是由巨大的不規則形狀的石塊組成。之所以稱作蠻石工程，是因為希臘人認為這些城牆是由神話中的獨眼巨人建造而成的。圍牆主要為了防禦城堡，有時上面還建有保護性的木樁柵欄。

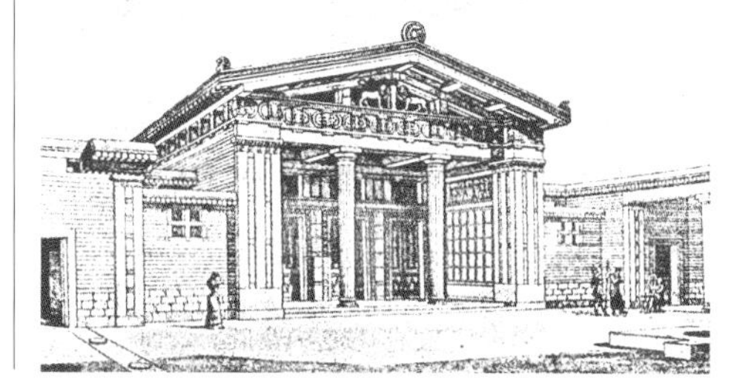

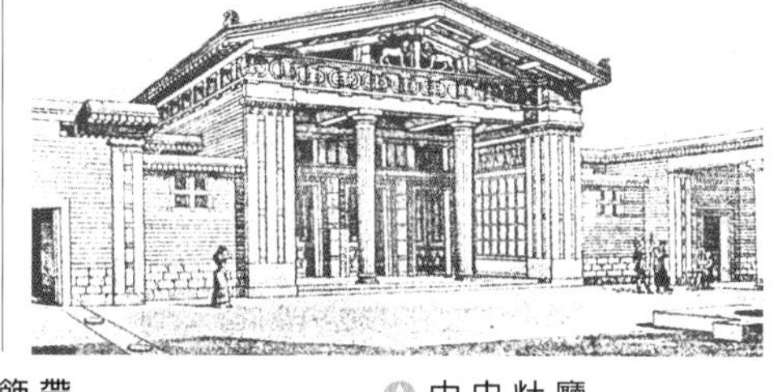

三槽板橫飾帶

邁諾安和邁錫尼宮殿中都有一種常見的裝飾，亦即三槽板線腳或主題圖案。這類裝飾是由重複的半圓花飾組成，半圓花飾之間隔以垂直豎條。有人認為這種設計是受到希臘多立克式的板間壁和三槽板影響，但沒有證據可以證明。

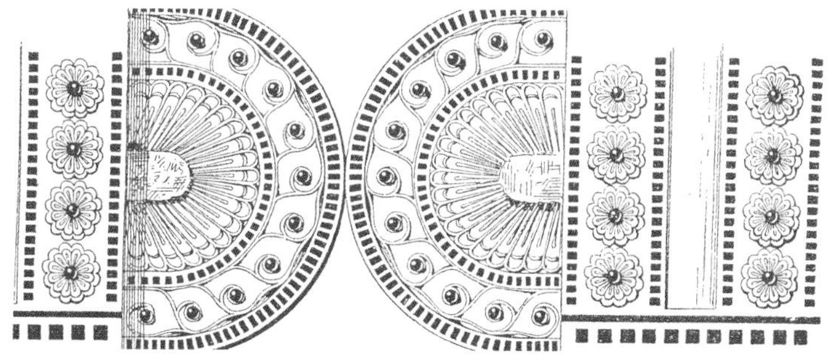

中央灶廳

中央灶廳是王宮的中心院落，也是主要起居單位。它是由圓柱門斗（荷馬稱之為aithousa）、前廳和狹義的中央灶廳所組成的一組狹長房間。上圖是泰林斯一處重建後的中央灶廳，它的歷史可追溯至公元前13世紀晚期。圓柱門斗朝南坐落，可從內庭進入。

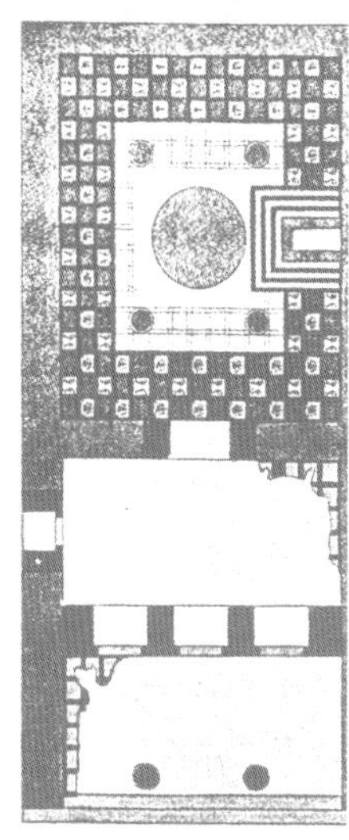

圓形灶爐

狹義的中央灶廳有一個抬高的寶座，中央還有一座固定的圓形灶爐，周圍由四根木柱支撐屋頂。地板上鑲有棋盤格花紋，牆面上飾有壁畫。

前古典時期歐洲

邁錫尼：陵墓

邁錫尼最宏偉的紀念性建築是「蜂窩塚」，於西元前1510到1220年間逐漸發展而成的。這類陵墓主要是用來安葬國王及其親屬，以便與安葬普通人的石窟墓區別開來。不管蜂窩塚還是石窟墓，兩者都是地下建築，其中蜂窩塚是設在山壁之中。1876年謝里曼發現了兩大蜂窩塚，即平時所說的邁錫尼的阿加曼農寶庫(公元前1250)和克萊藤妮斯特寶庫(公元前1220)。因為這兩座陵墓中葬有珍貴的陪葬品，所以希臘中部的多利安人將它們稱作寶庫。這兩座寶庫最顯著的特徵是疊澀圓頂，其中阿加曼農寶庫的圓頂高達13.2公尺，據說是前羅馬時期最高的拱頂建築。

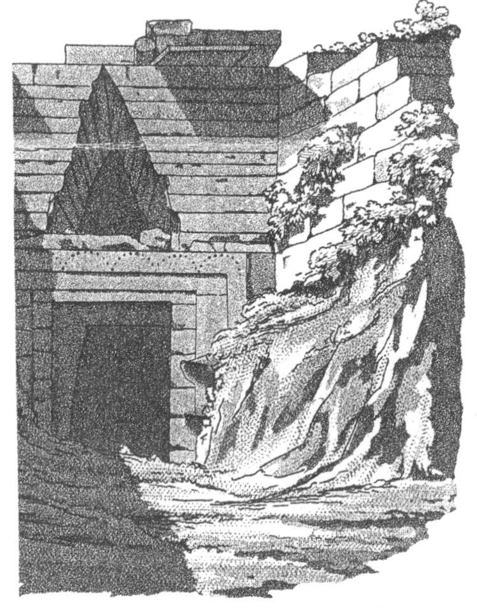

減壓三角

減壓三角是邁錫尼建築的重要特徵，有時候還嵌有一塊雕刻鑲板。三角有助於卸除門和過梁上的壓力。蜂窩塚的入口處上面有一根過梁和一個減壓三角。

平面組成元素

蜂窩塚有三個主要組成要素：水平通道（1）；深入口門道（2）；主要的圓形墓室（3）。在已知的兩座寶庫裡，圓形墓室旁都有一座附屬墓室。

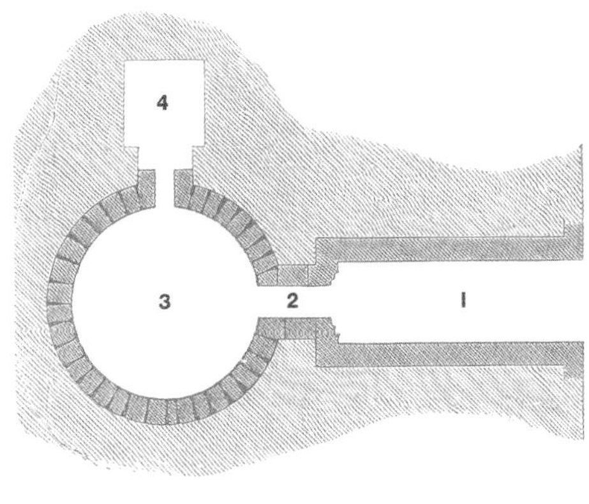

疊澀圓頂

蜂窩塚的疊澀圓頂類似老式的「蜂窩」，是水平的琢石砌層。所謂的「疊澀」也就是上面的每一層都比下面一層縮進一點，直到頂層。建造的時候，會在圓頂四周覆土以增強穩固性，所以最後整座墳塚會呈土墳丘狀。

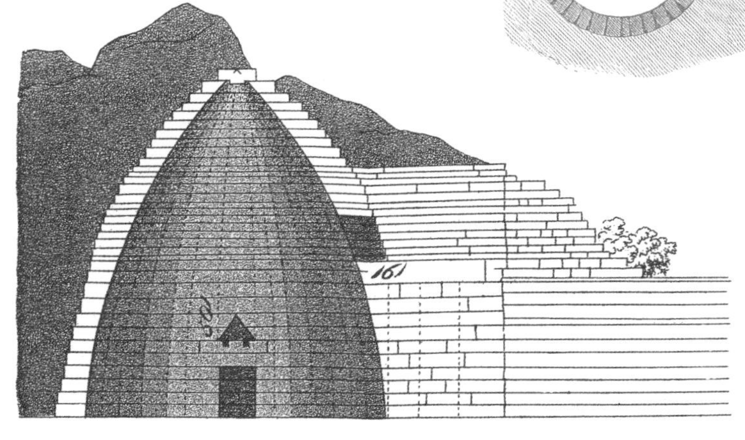

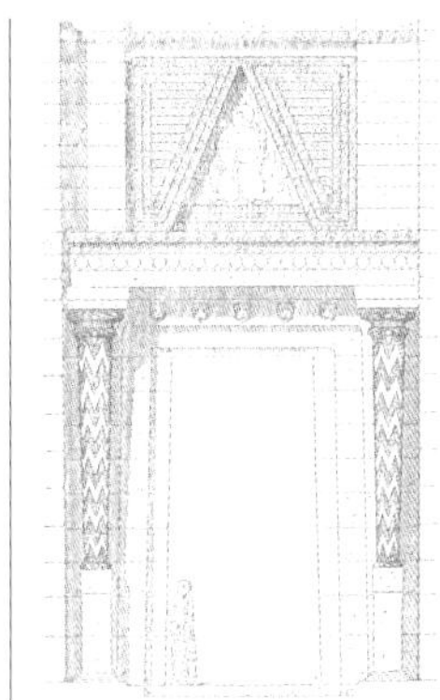

主入口

許多蜂窩塚都有裝飾華麗的立面。阿加曼農寶庫的立面裝飾恐怕是蜂窩塚中最精緻的。它的入口處有雙門，門側立有圓柱，門頂上有紅斑岩橫飾帶。

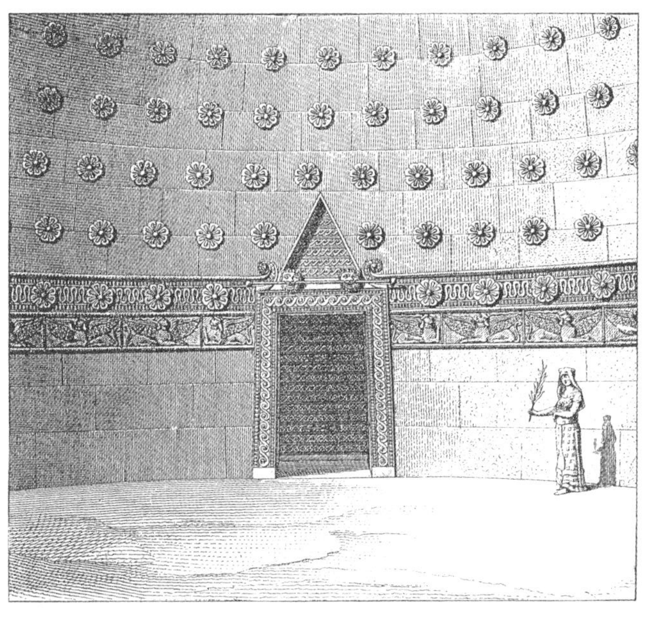

圓頂裝飾

最初至少有部分蜂窩塚圓頂內壁被裝飾得富麗堂皇。在圓頂的各層之間留有銅釘的痕跡，顯示那些地方以前可能飾有銅質圓花飾或銅星。由此看來，蜂窩塚圓頂應是模仿星空。在圓頂較低處還飾有金屬橫飾帶。

水平通道

蜂窩塚由一條水平通道指向入口，兩旁立有石塊，如下圖的克萊藤妮斯特寶庫。水平通道盡頭有一堵石牆堵住了入口，這顯示墳墓是在使用後被封起來的，深入口門道也被封在其中。所有的蜂窩塚和石窟墓都是如此。

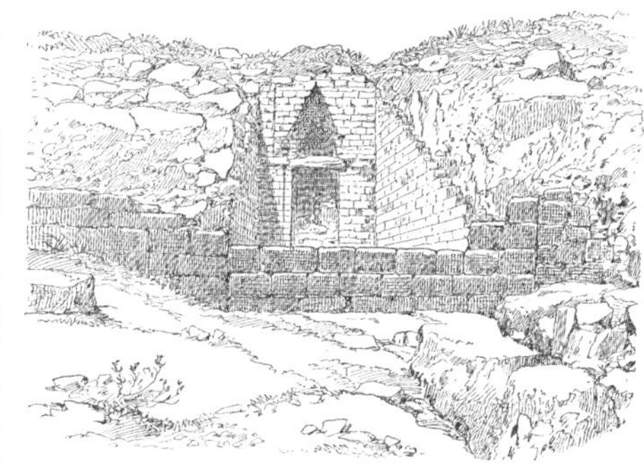

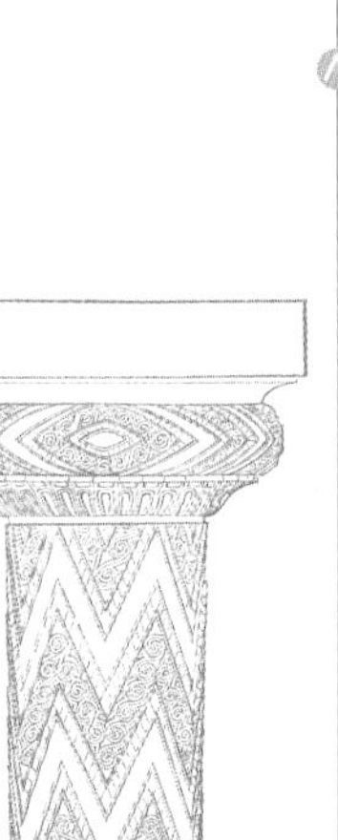

圓柱

邁錫尼的柱子（和邁諾安的柱子一樣）是細長的，而且柱身越往下越細。裝飾阿加曼農寶庫入口處的柱材是綠色條紋大理岩，柱身上的浮雕內容是渦旋形飾和人字形線腳。

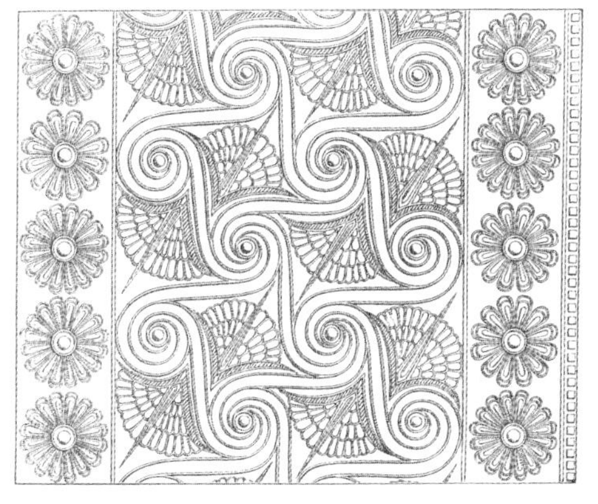

表面裝飾

在奧爾霍邁諾斯的閔亞斯寶庫（公元前1220年）裡，邊室的牆面和頂棚上都覆有平板，上面雕有渦旋形飾、圓花飾和其他一些流行主題裝飾，至今上面還留有當年的色彩的印跡。

前古典時期歐洲

伊特拉斯坎：陵墓

如同邁錫尼建築影響了古希臘建築一樣，伊特拉斯坎建築對羅馬建築的發展也很重要。伊特拉斯坎人可能是來自小亞細亞， 定居在義大利的中西部（伊特魯里亞），介於亞諾河和台伯河之間。從公元前7世紀晚期開始，伊特拉斯坎人的勢力逐漸增強，甚至有一段時間還統治了羅馬。但隨著公元前509年建立共和，伊特拉斯坎文明開始衰退，境內城邦也逐漸遭到征服。然而伊特拉斯坎人並未因此停止他們的建築活動，直到公元前1世紀，伊特拉斯坎建築依然保有其鮮明特色。留存至今的伊特拉斯坎建築很少，但都非常精美，尤其是陵墓。陵墓主要都位於特定的大墓地中。最早的墳墓都覆有土丘塚，到了公元前400年左右，墓室開始建有精美的立面，可以從外部直接進入。

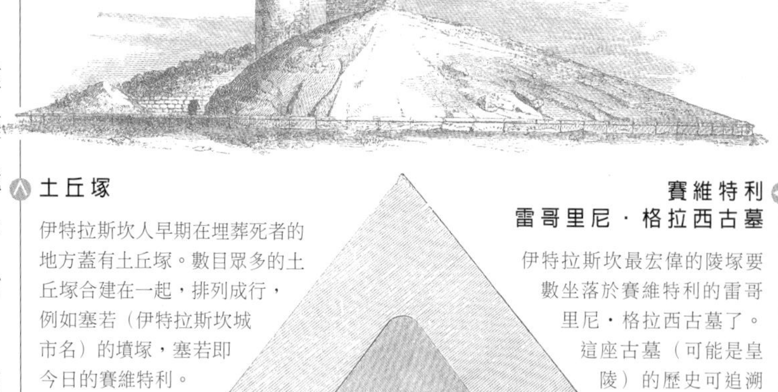

土丘塚

伊特拉斯坎人早期在埋葬死者的地方蓋有土丘塚。數目眾多的土丘塚合建在一起，排列成行，例如塞若（伊特拉斯坎城市名）的墳塚，塞若即今日的賽維特利。

賽維特利 雷哥里尼．格拉西古墓

伊特拉斯坎最宏偉的陵塚要數坐落於賽維特利的雷哥里尼．格拉西古墓了。這座古墓（可能是皇陵）的歷史可追溯至公元前650年，有兩間石室。

宅墓

伊特拉斯坎人認為人死後應該跟生前居住得一樣，所以許多墳塚都模仿住宅而建，甚至會沿著平整的道路一字排開。宅墓是屬於石窟墓，立面還雕有門框，有時還帶窗戶。墓室內通常放有石刻的家具，包括石床（安置屍體的地方）、床架和枕頭。塗有灰泥、彩繪的牆壁上掛有日常生活用具。

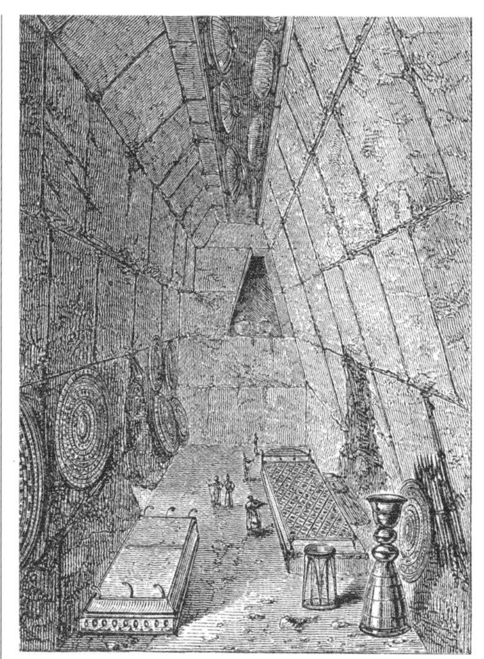

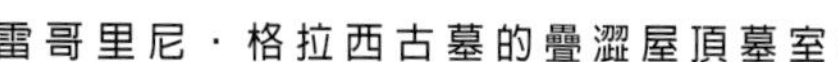

雷哥里尼．格拉西古墓的疊澀屋頂墓室

雷哥里尼．格拉西古墓的墓室是矩形的，它的疊澀屋頂很不尋常，疊法如同邁錫尼蜂窩塚的圓頂。墓室由一條帶有副墓室的水平通道連接外界。

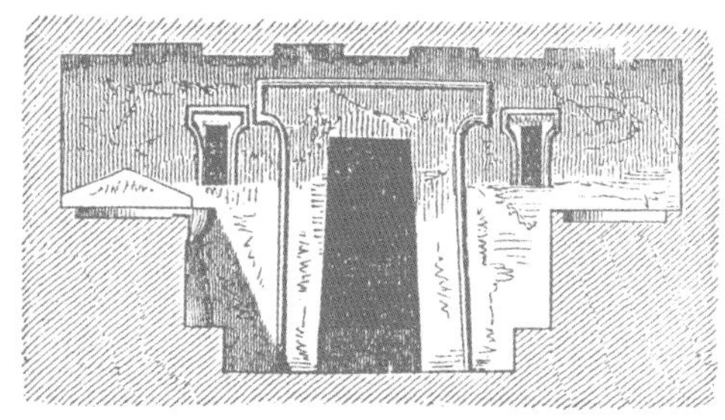

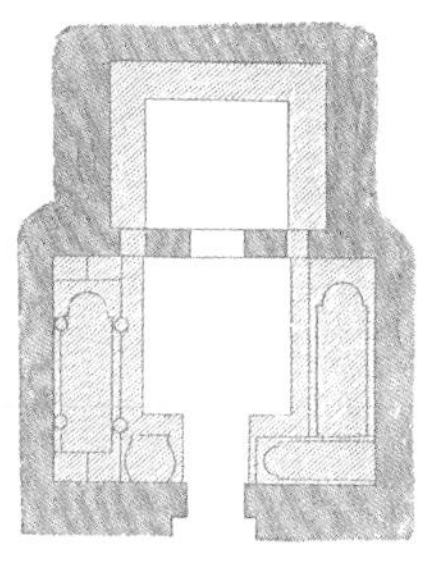

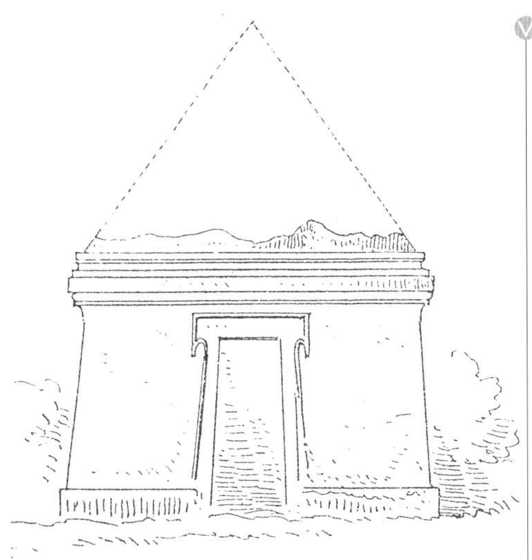

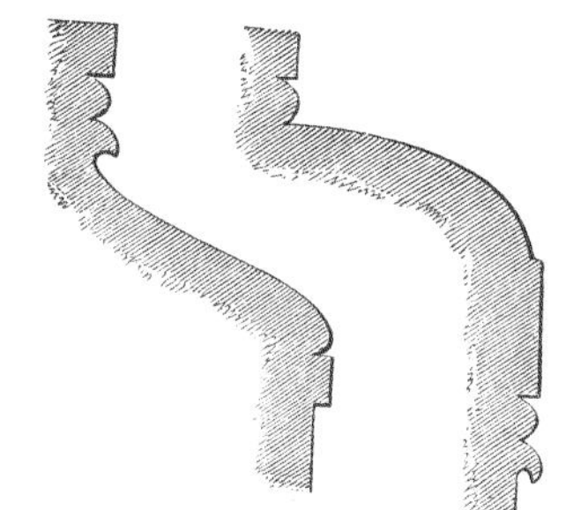

立方體塚

有些塚墳是獨立的，直接用岩石切鑿而成來。這些稱之為立方體塚的陵墓最初似乎帶有屋頂。上圖的立方體塚在重建時改成了金字塔形，不過大多數的墳塚是採曲線形式。豐富的線腳裝飾是立方體塚的特色。入口處的門框非常精緻，門柱是漸細式的，過梁左右兩端都稍微突出。

克魯希姆的坡瑟那陵墓

坡瑟那陵墓算是伊特拉斯坎墓葬建築中比較另類的，坡瑟那是公元前6世紀一位著名的伊拉斯坎亞國王。據羅馬學者瓦羅的記載，該陵墓在矩形墩座（平台）上立有五根圓錐體，墩座的四角和中央各一根。第二層也有類似的配置。下層圓錐體上方有圓形頂蓋，頂蓋四周的鍊子上繫有鈴鐺。

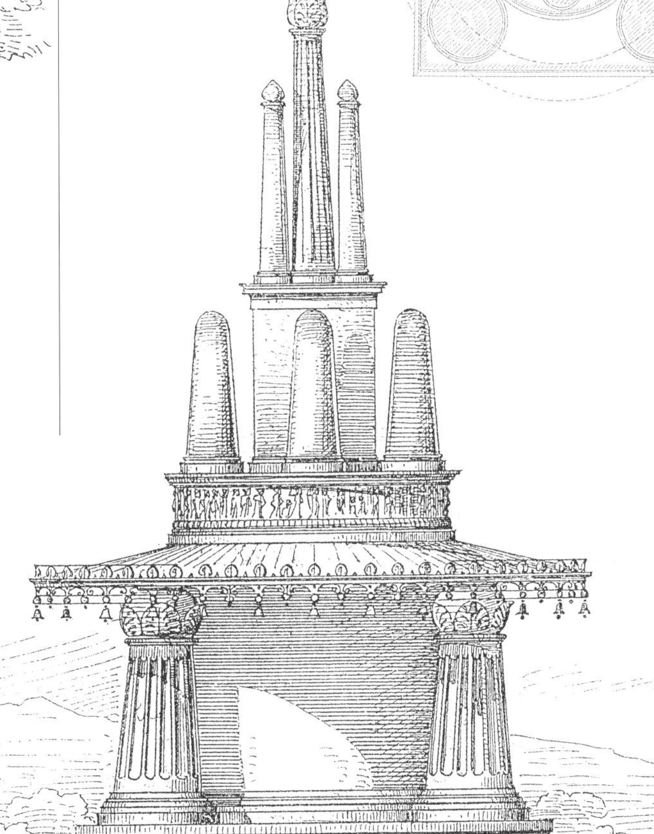

前古典時期歐洲

伊特拉斯坎：其他建物

據公元前1世紀羅馬建築師兼工程師維特魯威的記載，伊特拉斯坎人在希臘建築和東方建築的影響下，創造出一種十分獨特的神廟建築。維特魯威把這一種獨特風格稱之為托斯卡納式。雖然晚期也出現了石構神廟建築，但通常仍以磚木結構為主。神廟面南坐落，位於城鎮中心，正對著設有祭壇的廣場。伊特拉斯坎人也是能幹的工程師，修建了無數的橋梁和輸水道。從公元4世紀開始，防禦性工事變得越來越重要，城市外圍開始砌建高大的城牆和堅固的城門。現存最有名的代表性建築位於佩魯賈和沃爾特拉（約公元前300），以及新法勒尼姆（公元前250）。

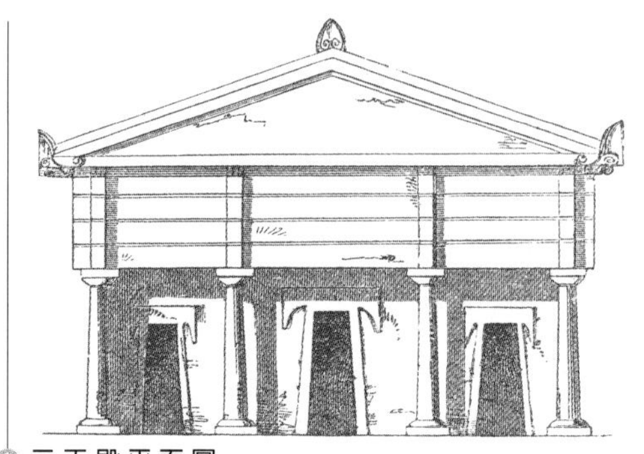

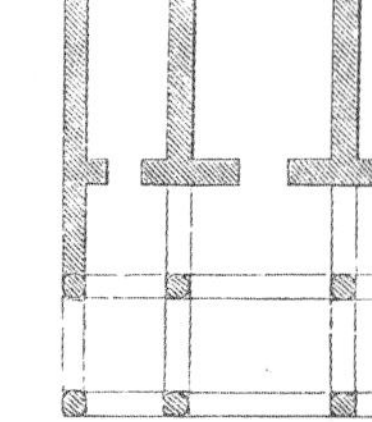

三正殿平面圖

許多伊特拉斯坎神廟都有三個正殿（聖所），中間那間最重要，通常也最大。這反映出伊特拉斯坎人的三神崇拜思想，三神分別是朱彼特、朱諾和敏娜娃。因為神廟沒有邊門和後門，所以建築的重點全落在前面。正殿前方有一個道寬敞帶柱的前廊。上圖顯示的木質門窗邊框是典型的伊特拉斯坎風格，它們層層疊加，形成簷部。

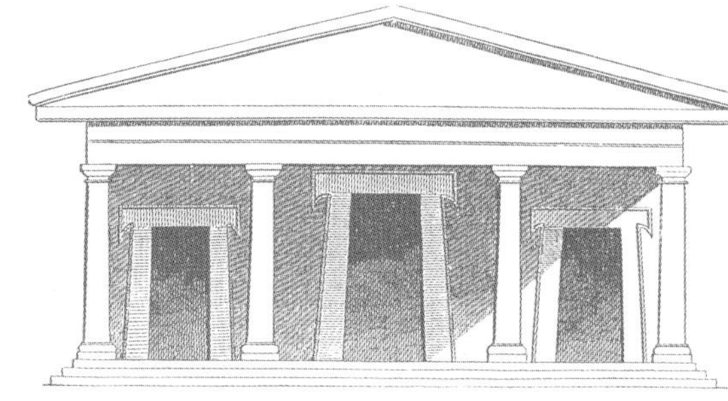

神廟立面圖

神廟通常建在築得很高的琢石墩座上。墩座前的台階通向前廊，祭司可以站在上面向信徒宣講。三角楣的坡度很緩，並稍突出於柱子，形成類似屋簷的結構。伊特拉斯坎式柱子似乎是希臘多立克柱的簡單翻版：柱身上沒有凹槽，有柱礎和簡樸的柱頭。這種柱型被羅馬人繼承，稱之為托斯坎柱式。

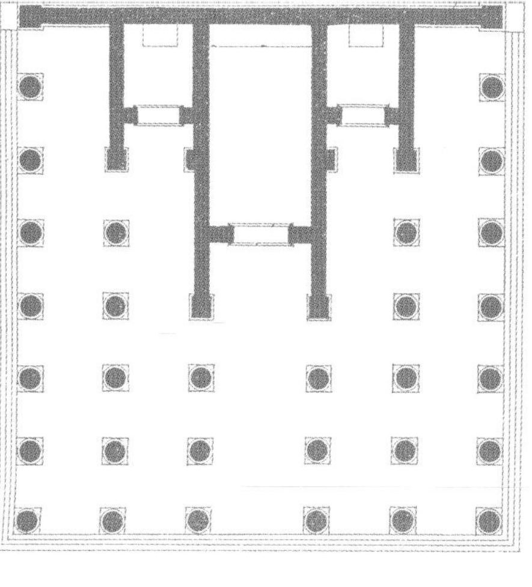

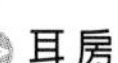

耳房

三正殿的平面設計有各種不同的變體。右圖中兩側的正殿像張開的翅膀（耳房），周圍立柱。有時候，耳房會被神廟四周的牆包圍起來，形成側廊。在著名的羅馬朱彼特神廟（最初建於公元前509年，重建於公元前69年）中，三正殿兩側還有耳房。

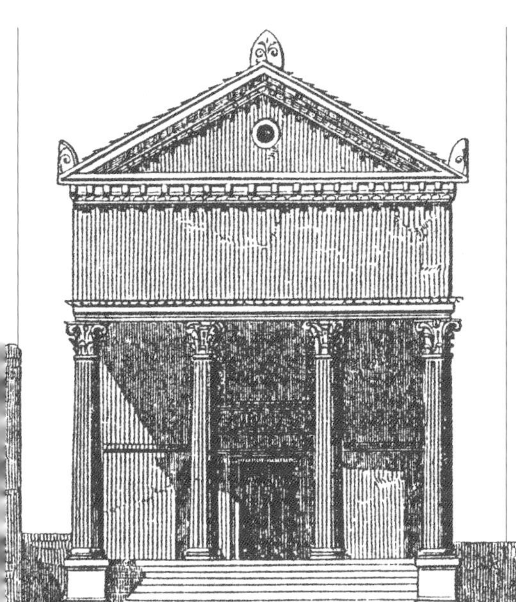

神廟裝飾

神廟以繪製精美的陶瓦裝飾得異常奢華，這些陶瓦同時具有保護木質結構的作用。例如，屋頂一側裝有瓦當（用以封擋一排瓦片的厚板），三角楣和前廊內均有雕像。上圖是模仿伊特拉斯坎風格的羅馬科林斯柱式神廟。

尖拱

伊特拉斯坎人採用與建造墓室房間相同的支撐方式建造尖拱門。這種向內凹縮的建築在建造時將石頭水平向上堆疊，然後沿著內側邊緣挑出形成拱形。

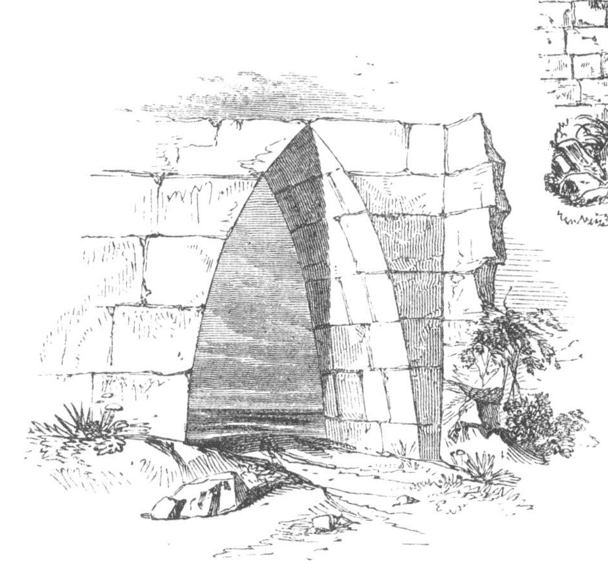

楔石拱

與希臘人不同，伊特拉斯坎人也喜歡在民居建築中使用拱形，如同城門、橋梁和其他公共建築物。伊特拉斯坎人很可能是義大利最早採用拱的民族，雖然拱是由同時代的羅馬人將它發揚光大的。這種拱門的基本形式是由楔形的石頭構成的。

古希臘 *公元前7世紀中期—公元前1世紀*

早期建築

古希臘在經歷了邁錫尼文明的衰落，以及從公元前12世紀開始的希臘「黑暗時代」之後，終於在公元前8-7世紀，藝術開始復興。打從最初階段，一種特別的建築便占據了主導地位，那就是神廟。神廟是神的居所，奉祀的神祇隨著各地的喜好與傳統而有所不同。最初，神廟用曬乾磚砌成，只有單室。神廟外有牲畜獻祭的祭壇。逐漸地，柱子開始出現於這些建築物的內部，隨後又現身於立面。最後，到了公元前7世紀晚期，聖所的主體部分被單排列柱完全包圍，這就是著名的圍廊。圍廊是希臘建築的獨特之處，也一直是其最大的傳統特色之一。

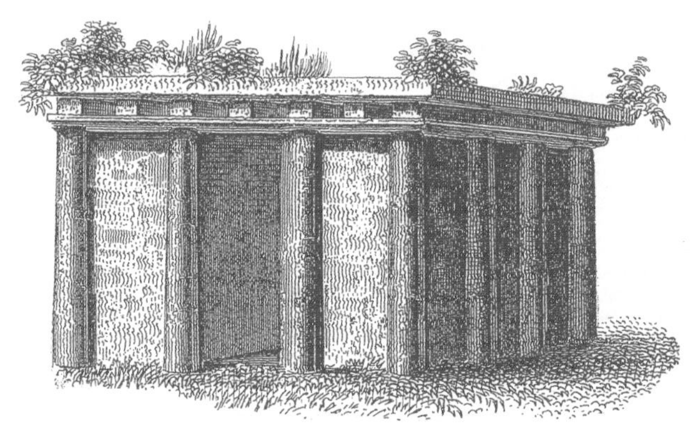

木雕神像

希臘的神廟可能起源於原始的小屋，這些小屋是為了安放粗糙的木製神像。古希臘人相信這些木雕神像是從天而降的。絕大多數的神廟宇都呈東西向，好讓初升的太陽能夠最先照射到神像上。

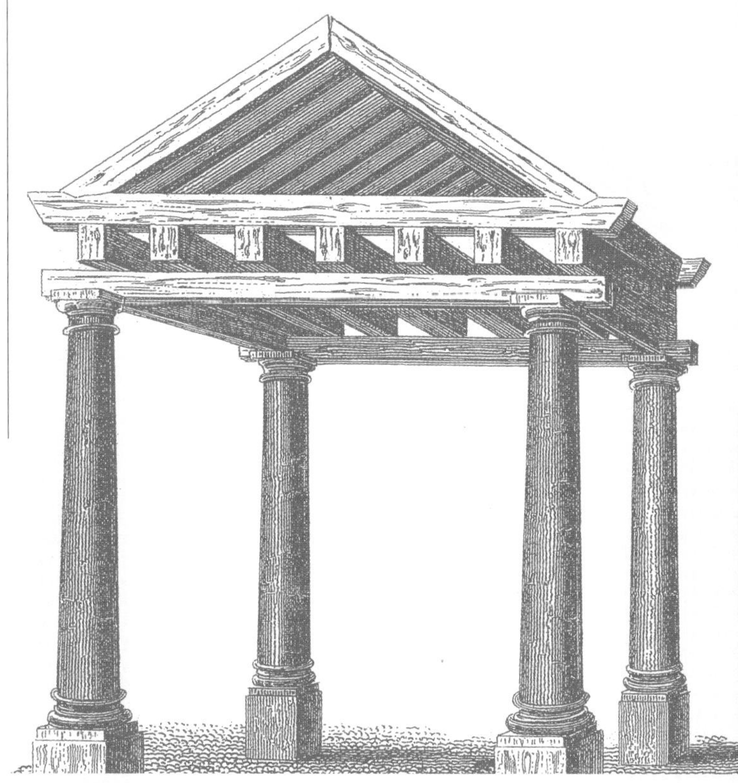

屋頂構造

希臘建築是以木過梁承托沉重的橫梁，而橫梁則托起撐木和傾斜的椽。如果建築物內部沒有柱子承重的話，過梁間的跨度就不可能太大。到了後期，這些木構造元素可能代之以石頭。

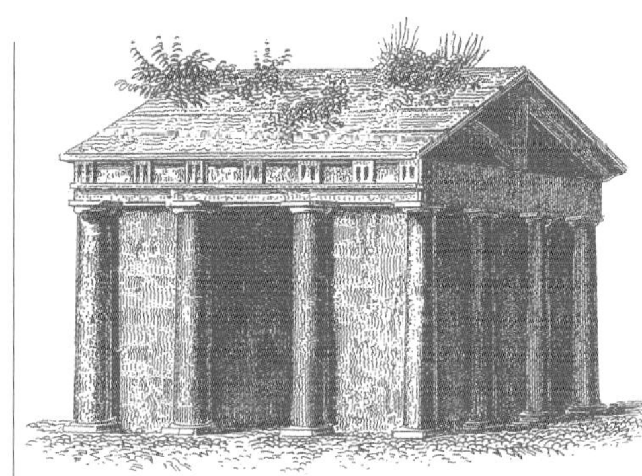

橫梁式結構系統

希臘建築的基本構造原則是過梁柱系統，又稱橫梁式或圓柱橫梁混合式。在這種結構中，圓柱承負了水平過梁的重量。此時，希臘人尚未採取拱式結構（這牽涉到拱的使用）。

柱間距

柱間距指的是兩根柱子之間的距離。維特魯威（公元前1世紀的作家）據此歸納出主要的五種形式：密柱式，柱子排列得比較緊密，間距為1.5柱徑；兩徑間排柱式，柱間距較密柱式稍寬，為柱徑的2倍；最佳列柱式，柱間距又再寬一些，為柱徑的2.25倍；長距列柱式，柱間距更寬，為柱徑的3倍；疏柱式，柱間距比人們通常看到的要寬得多，為柱徑的4倍。

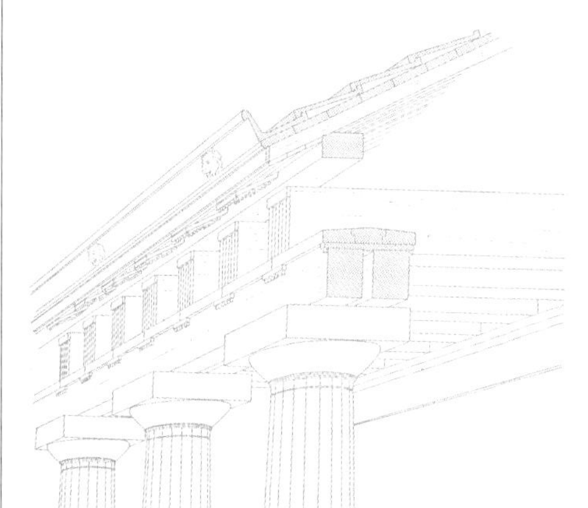

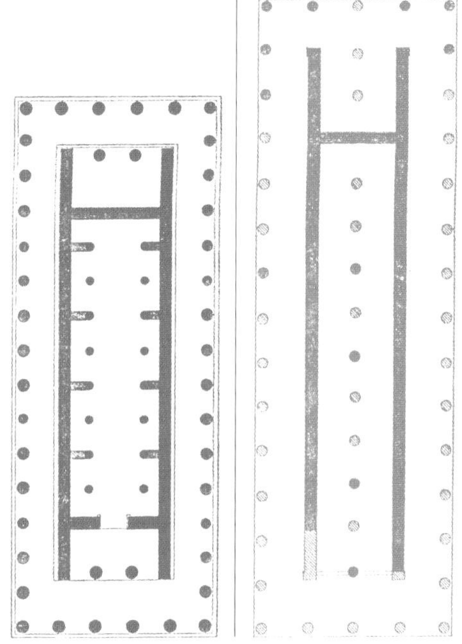

內部柱廊

建築內部是否有柱廊是判別早期神廟建築的標準之一。當牆壁相距甚遠而不能單只採用橫梁時，這些柱子便可支撐頂棚和屋頂。早期神廟的另一個特徵是寬闊的柱間距（額枋為木製並有大跨度）以及長寬比例懸殊。右圖為位於瑟莫姆的阿波羅神廟，建造於公元前7世紀，正是具備這些特徵的最早建築之一。

三槽板的起源

希臘古典建築的許多特色細節都源於它的木構形制。三槽板就是最好的例子，那是多立克柱式的特徵。按照維特魯威的記載，早期伸出牆面外的橫梁木端會被截斷，並飾以塗上藍色石蠟的木板。

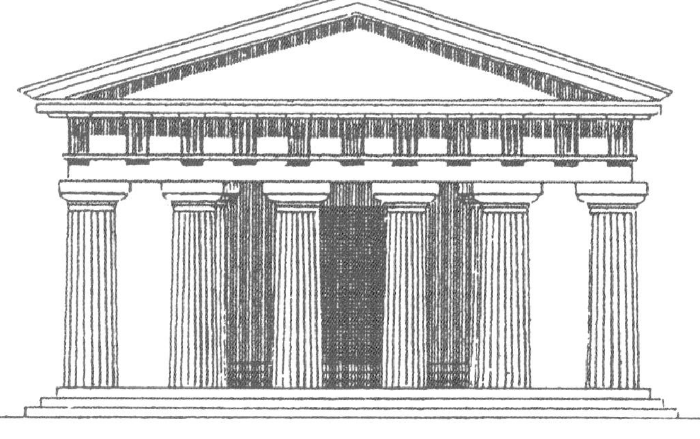

石基座

神廟建造在石基座上，最常見為三級台階。柱子立於最上層，這層稱作台基。整座神廟的基礎部分稱為排柱基座。

古希臘

神廟：形式和構件

直到公元前7世紀末，雖然神廟的基本樣式不斷演變，但其形式和構件卻大部分保留原狀。希臘人希望盡一切可能打造出完美建築，但他們的速度緩慢，且不去改動一些基本構件，如圍廊、門廊、前廊、內中堂、後門廳等。希臘建築是一種以數學為基礎的精準藝術，並受益於愛奧尼亞哲學家畢達哥拉斯（公元前580-500）的發現，他認為數字是人與神之間基本的溝通語言。希臘人覺察到如果能合理設計建築物地基平面和立面之間的比例，建築物將會趨於完美均衡（這裡的均衡不是我們通常理解的對稱，而是指各組成部分之間的平衡美感）。用以達到均衡的測量標準單位是模數，通常等於柱身底端的直徑或半徑。

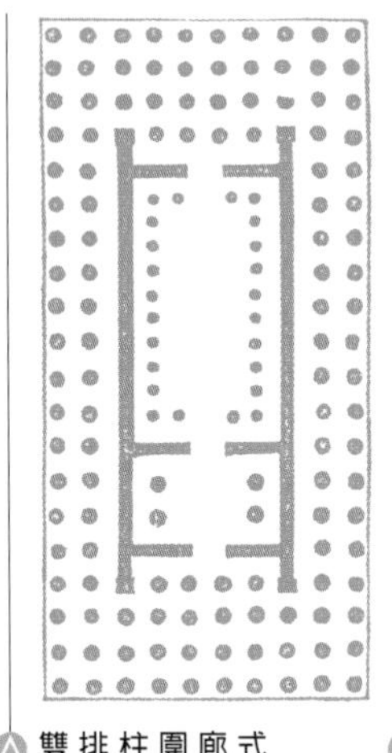

雙排柱圍廊式

雙排柱圍廊式是指神廟四周各面均為兩排柱子所環繞，也就是雙層圍廊式。

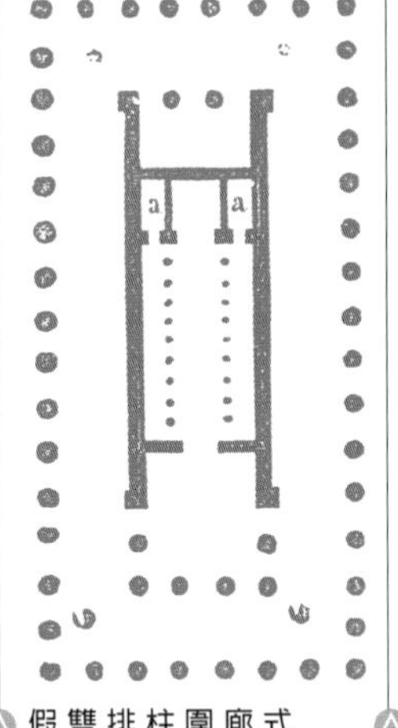

假雙排柱圍廊式

假雙排柱圍廊式是由雙排柱圍廊式發展而來的。這種結構省去了雙排柱圍廊式裡面的一排柱子，在公元前2世紀左右的希臘建築後期特別流行。根據羅馬建築學家和軍事工程師維特魯威的記載，這種構造是由建築學家赫莫傑尼斯首創的。

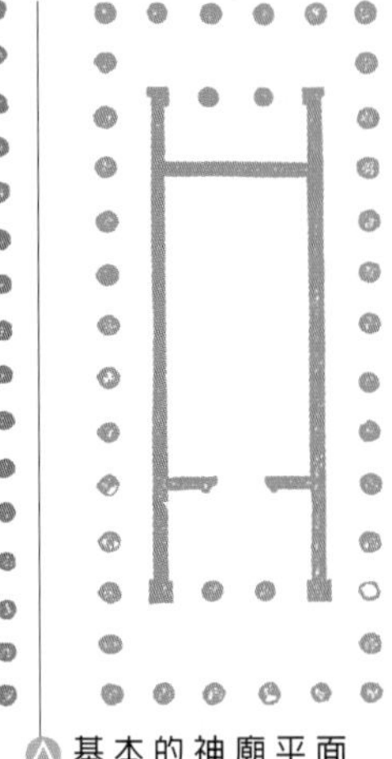

基本的神廟平面

希臘神廟幾乎總是矩形，並包含了一套基本的組成構件。建築通常由圍廊環繞，也稱為圍柱式柱廊或者翼廊。聖殿位於柱子內部並由走道隔開。聖殿通常包含三個部分：前廊、內中堂以及後門廳。

三角楣

三角楣位於屋頂山牆的緩坡末端，最常見於門廊上方。山形牆的三角形表面由水平簷口和傾斜邊（傾斜挑簷）所圍成，稱為楣心。

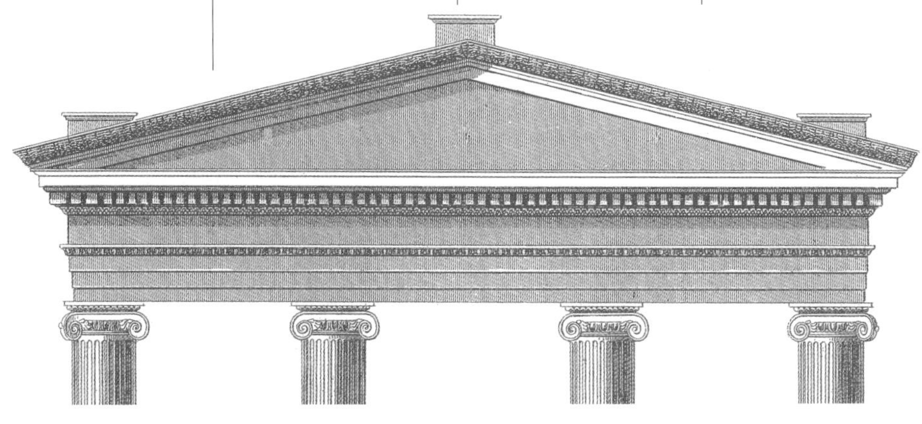

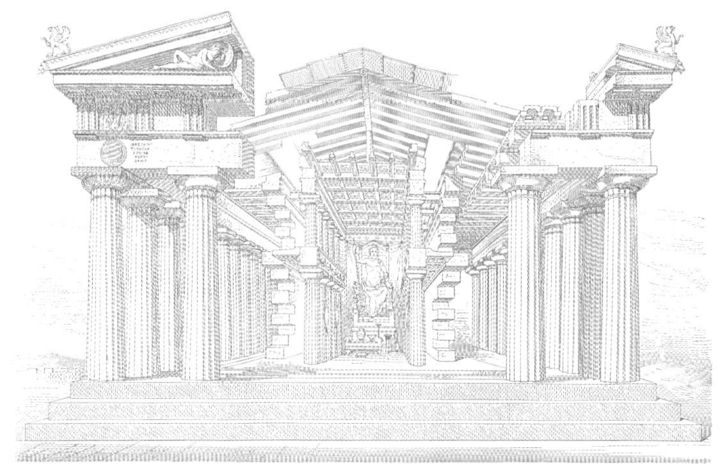

神廟內部

神廟內部的構造比其外部要樸實得多，真正體現了建築的基本用途。神廟的目的似乎不是要容納前來膜拜的信徒，因為只有祭司和擁有特權的人才可以進入，信徒只能聚集在神廟前面或其四周進行膜拜。

門廊

門廊是神廟的主要入口：通常覆有屋頂，且兩側為開放式。門廊式樣是根據柱子的數目命名。例如，四根柱子的叫四柱式，六根柱子的叫六柱式（這是最常見的一種式樣），十根柱子的叫十柱式。

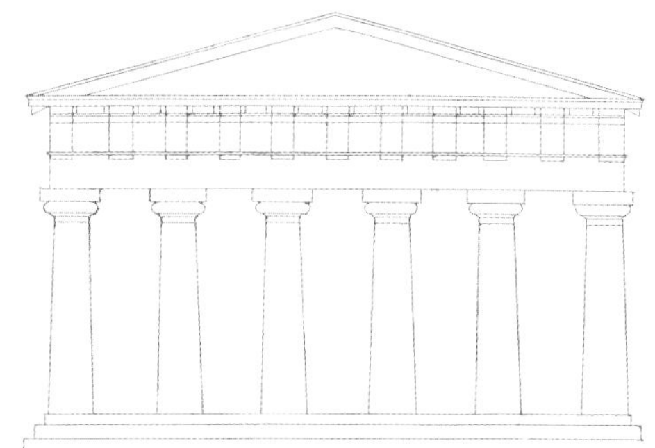

內中堂

即正殿，位於神廟中央，安置有神像。正殿與前廊一樣堆滿了奉獻物。後門廳有時會以銅門關鎖，用作貯藏室。

間柱

右圖的門廊是往建物內部凹縮形成的，這裡的柱子沿前牆排列：所謂間柱即指位於副柱之間的柱子。副柱是一種微微突出的壁柱或角柱，它們構成了門廊的外緣。

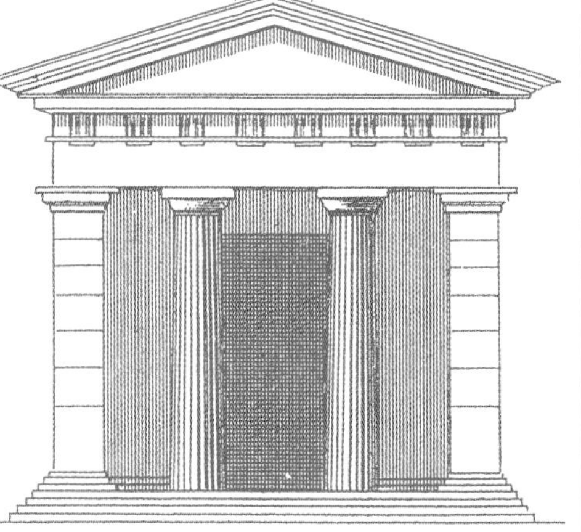

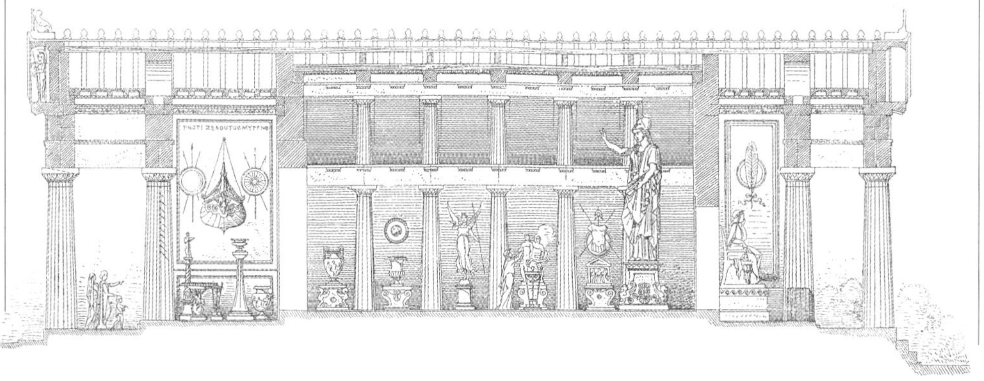

柱廊式

與間柱式門廊相反，柱廊是指突出於建物正面的門廊。上圖在柱廊的另一端也有類似的次門廊，但兩側沒有列柱，這種形式稱為前後排柱式。

古希臘

柱式：多立克式

柱式——柱子各部分的組合構造系統——在希臘人尋求完美比例的過程中扮演關鍵角色。柱礎、柱身、柱頭以及柱頂楣構（簷部）都經過測算，並按照以下三種方式之一進行裝飾：多立克式、愛奧尼亞式和科林斯式。多立克柱式是在由多利安人（希臘兩大主要種族之一）占領的土地上發展形成的，並成為希臘大陸地區和其西部殖民地（南義大利和西西里島）的首選風格。多立克柱式的發展在公元前5世紀中期達到頂峰，並為羅馬人所承繼，其特徵是線條剛勁、堅固有力。

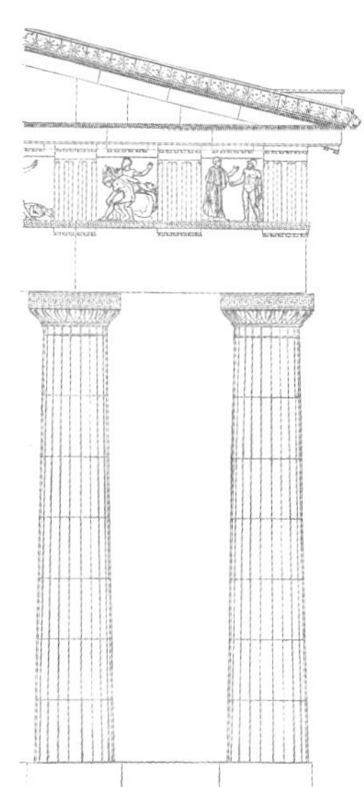

典型特徵

多立克柱式沒有柱礎，通常有凹槽，頂端是短而厚的簡單柱頭。包括柱頭在內的柱子高度是柱身最底端直徑的四至六倍。多立克柱式的簷部包括一塊樸素的額枋、一塊由三槽板和板間壁穿插構成的橫飾帶，以及不加裝飾的拱起簷口。

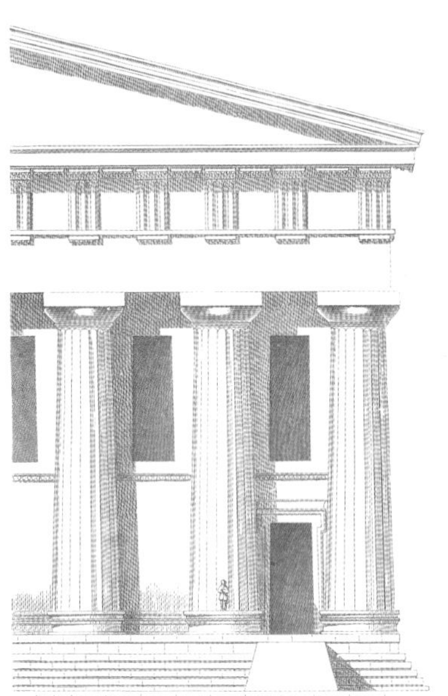
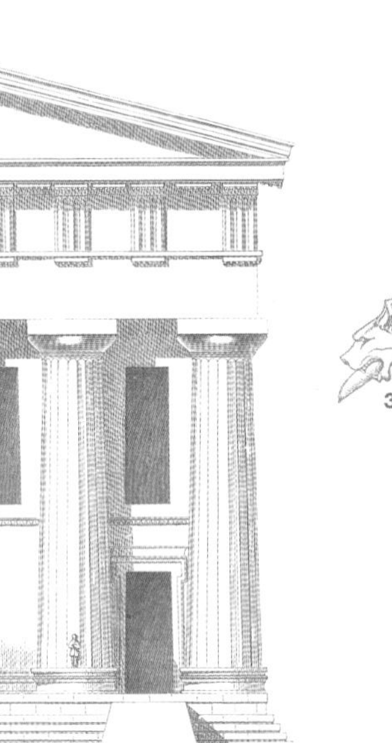
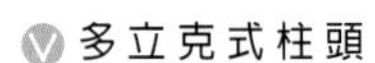

三槽板和板間壁

多立克柱式最突出的特徵之一是由三槽板和板間壁構成的橫飾帶。三槽板由垂直塊體構成，通常定位於每根柱子上方及柱子之間。板有兩道完整的垂直凹槽，邊緣各有半個凹槽（因此叫作三槽板）。板間壁是正方形的面板，位於兩個三槽板之間，通常有華麗的裝飾。

多立克式柱頭

多立克式柱頭（柱子的頂端部分）包含一個叫作鐘形圓飾的墊狀凸線腳和一個稱為柱頂板的方形塊體。在鐘形圓飾與柱身之間的連接處，飾有稱為圓箍線的水平線腳。圓箍線下方還有一條類似的線腳帶，稱為頸底槽。

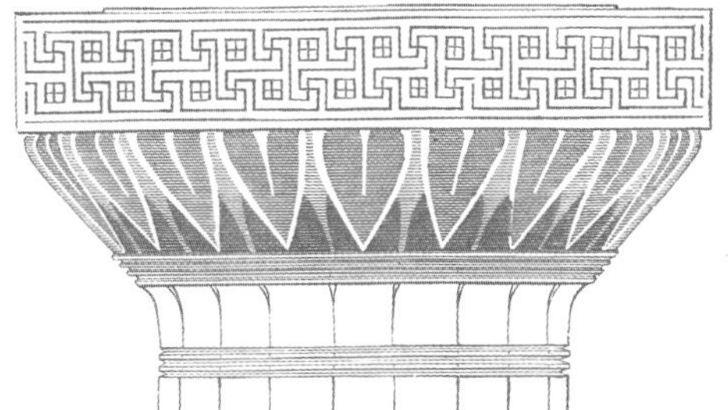

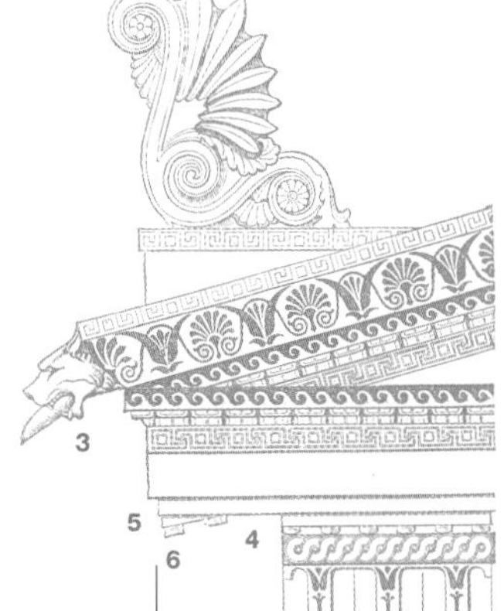

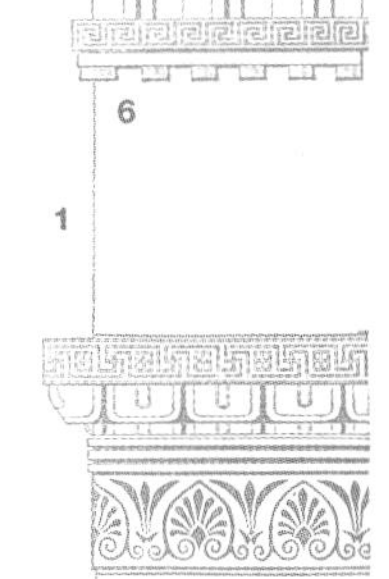

簷部

簷部（柱頂楣構）位於柱頭之上，由三個水平件構成，分別是額枋（1）、橫飾帶（2）和簷口（3）。多立克柱式的簷口底面（4）傾斜，托起稱作簷底托板的突出方塊（5）。簷底托板通常飾有雨珠飾（6），排列在三槽板（7）上方。有時雨珠飾也會裝飾在三槽板下方。

瓦當

用來封住屋頂邊緣的瓦片末端的裝飾性塊狀物稱為瓦當。瓦當的垂直構件部分通常雕刻有忍冬花主題圖案（右下圖）。與多立克式不同，愛奧尼亞式神廟兩側一般沒有瓦當裝飾。這種圖案也常出現在拱頂花邊線腳裝飾和三角楣頂雕像的獅身鷹首獸上（見107頁）。

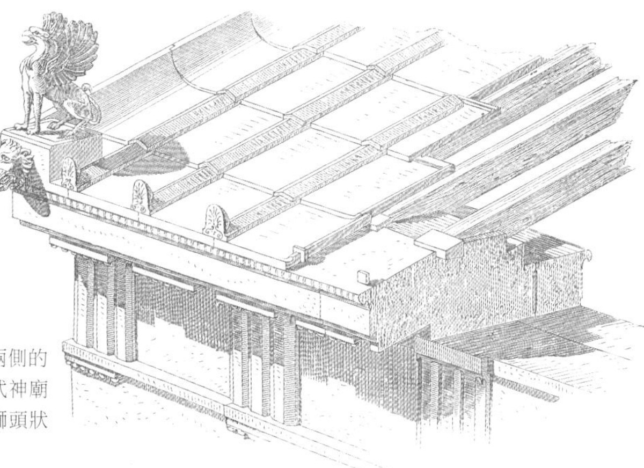

凹槽和尖脊

多立克式柱子通常雕刻有垂直平行的凹道，稱為凹槽：準確地說應該有二十道之多。這些凹槽的連接處較為尖銳，稱作尖脊。

拱頂花邊線腳

拱頂花邊指的是沿山牆和建築物兩側的屋頂簷槽。多立克式和愛奧尼亞式神廟的簷槽通常都有用來排洩雨水的獅頭狀出水口。

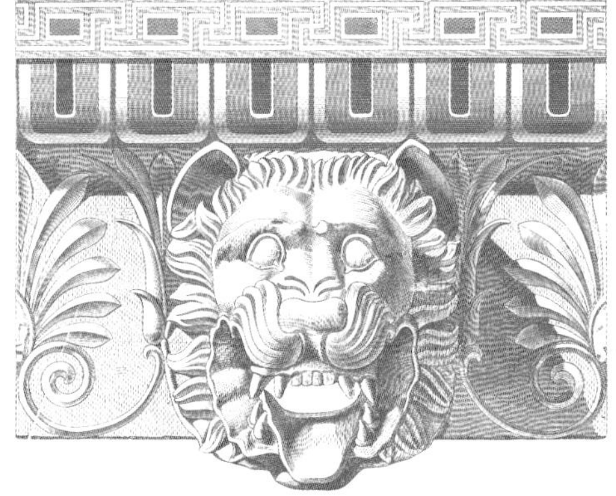

鎖飾圖案

浮凹雕工是多立克式神廟中常見的裝飾形式，其樣式包括鎖飾圖案、波飾圖案，以及如下圖所示的迷宮圖案。

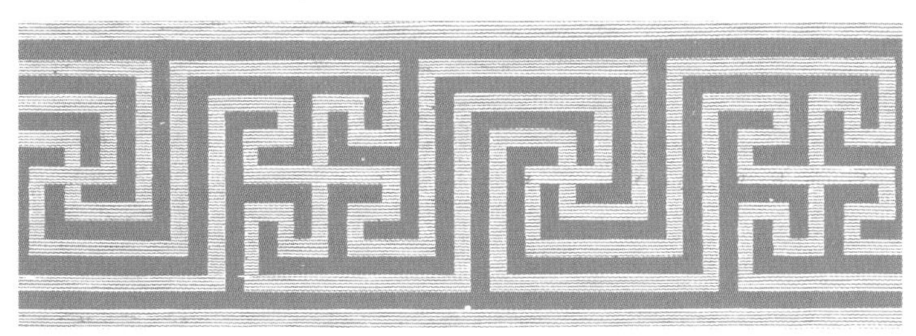

古希臘

柱式：愛奧尼亞式

愛奧尼亞柱式雖然與多立克柱式起源於同一時代，但直至公元前5世紀中期才逐漸流行並確立其最終形樣。這種柱式流行於以小亞細亞和愛琴群島為中心的愛奧尼亞土地上，形式遠不如多立克式那樣固定，各種地方變體持續了好幾十年，即使在形式確立以後，不同的變體仍得以存在。最初，多立克式和愛奧尼亞式都局限在各自的起源地，但這兩種風格逐漸混合在同一棟建物當中，例如雅典的衛門（公元前437-431）就是一例。一個世紀或更晚之後，愛奧尼亞式逐漸形成自己的風格，普利尼的雅典娜神廟（約公元前340）為其代表傑作。根據維特魯威的記載，愛奧尼亞柱式的主要特點是線條柔美、纖細秀麗，以女性的身體比例為基礎。

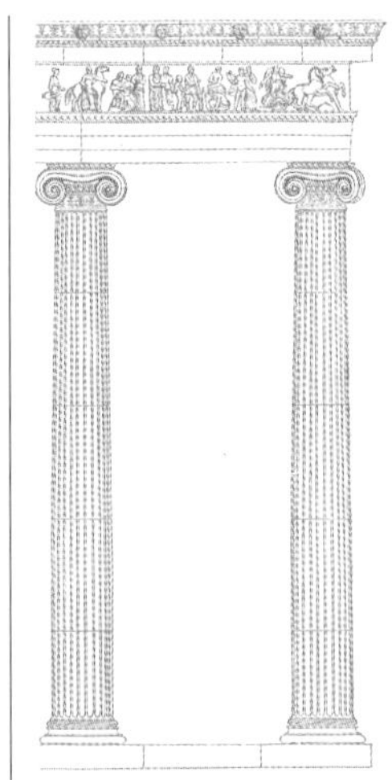

典型特徵

與多立克式不同，愛奧尼亞式的柱子都有柱礎（柱身和石基座之間的部分）。愛奧尼亞式柱頭上最突出的標誌是兩個螺旋飾（渦旋形飾），它們所承托的簷部遠比多立克式輕得多。

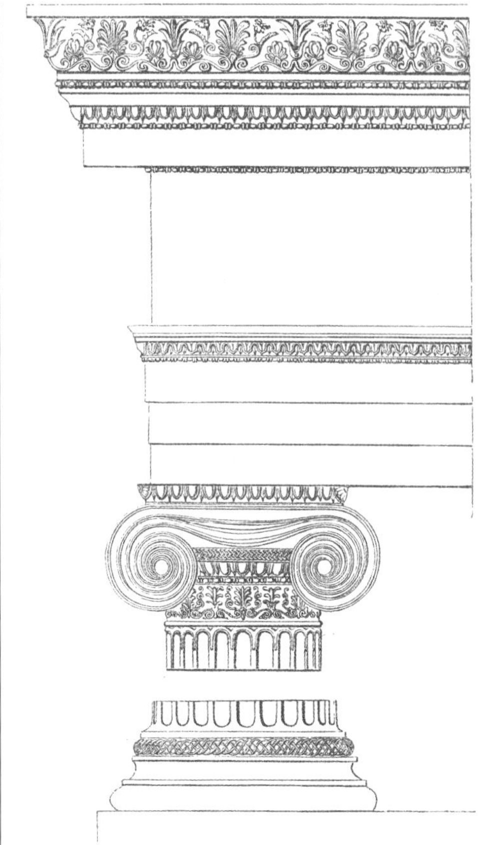

簷部

愛奧尼亞式的簷部在各個時期有不同的形式，但最具代表性的形式（公元前4世紀以前）包括一塊額枋，由分成三塊的挑口板組成；一塊連續的橫飾帶（不是未經裝飾就是有雕刻），以及妝點了精美細節圖案或齒狀塊體的精緻簷口。

卵箭形線腳

典型的愛奧尼亞柱式常常飾有雕刻圖案。最常見的雕刻圖案是卵箭形線腳，也稱為卵舌飾。

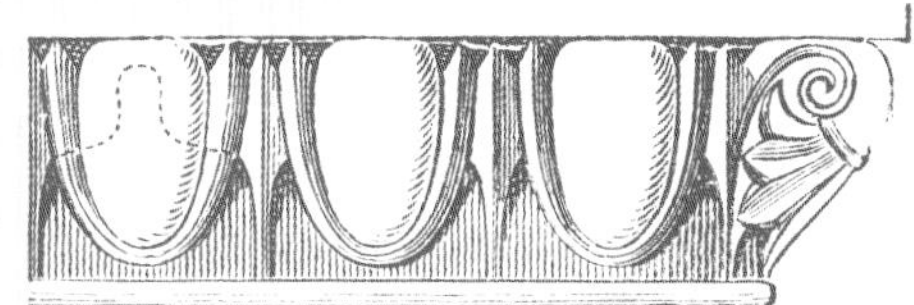

珠鏈飾

愛奧尼亞柱式的另一種常見雕刻裝飾是珠鏈式，也叫珠片飾。通常用來裝飾柱身和柱頭之間的半圓條帶。

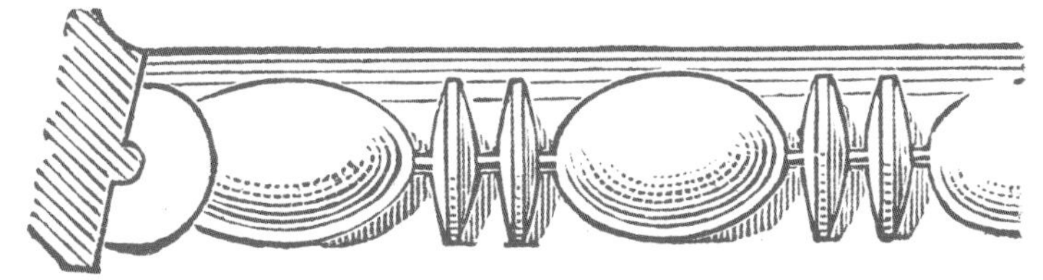

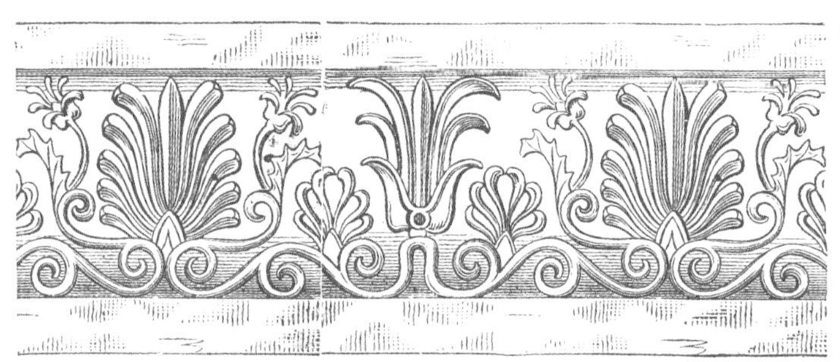

忍冬花飾與棕葉飾

棕葉飾和忍冬花飾的雕刻圖案頻繁出現於愛奧尼亞式柱子的柱頸部位。忍冬花飾是一種運用得相當廣泛的主題，在希臘神廟中隨處可見。

柱頭

愛奧尼亞式柱頭的渦旋飾位於鐘形圓飾之上，鐘形圓飾則總是刻有卵箭形線腳。渦旋飾上方的柱頂板比多立克式薄得多，也飾有卵箭形線腳。

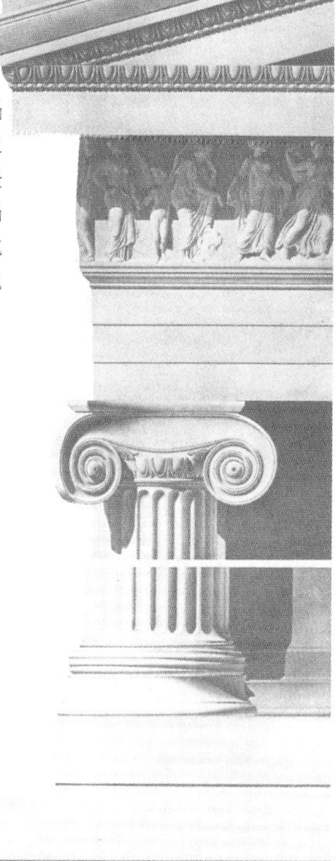

阿提克式柱礎

阿提克式柱礎（因成形於阿提克地區而得名）在公元前5、6世紀時運用得十分廣泛。它有兩圈座盤飾，下面一圈直徑較大，兩圈座盤飾之間用凹圓弧飾線腳連接。

凹槽與稜線

愛奧尼亞式柱也刻有凹槽，典型的有二十四道凹槽。這些凹槽比多立克柱式的凹槽更深，凹槽之間是稱為稜線的狹窄扁平條帶。

渦旋形飾

渦旋形飾是裝飾在愛奧尼亞式柱頭上的裝飾物。靈感可能是取自自然界的形式，如鸚鵡螺殼和蕨類植物。最初是出現在所謂的伊奧尼亞式柱頭上。渦旋形飾中心部分的環形稱為渦眼。

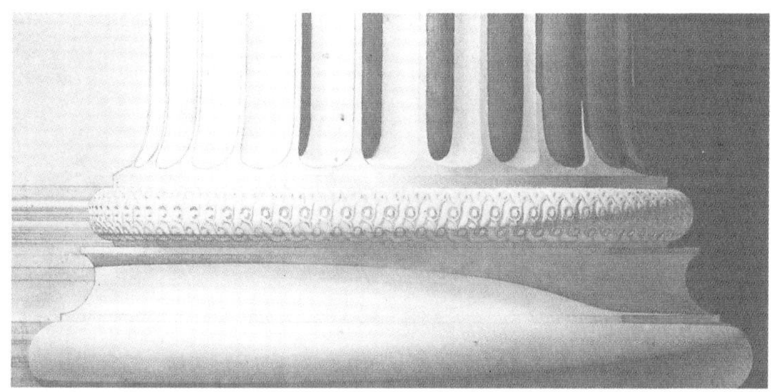

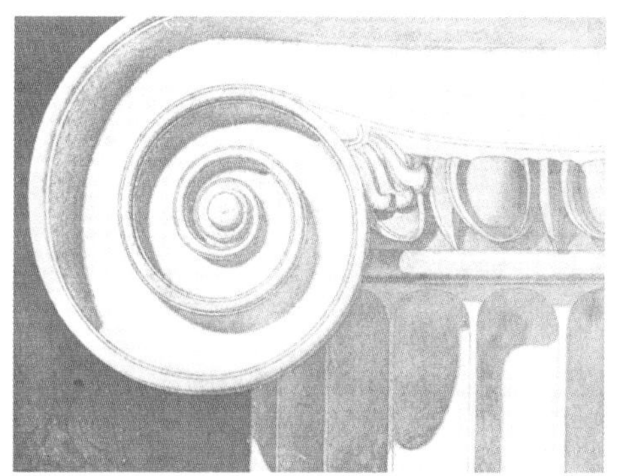

古希臘

柱式：科林斯式

這種柱式是希臘柱式的第三種，也是最晚形成的一種。文獻記載中最早採用科林斯柱式的例子是巴賽的阿波羅伊比鳩魯神廟（公元前429-390）（內部），和雅典的李西克拉特合唱團長紀念亭（公元前335-334）（外部）。與多立克柱式和愛奧尼亞柱式不同，科林斯柱式並不是一種結構系統，而純粹是裝飾性的，且其影響力幾乎完全得歸功於繁複的花形柱頭。根據維特魯威的記載，這種裝飾是由希臘雕刻家卡利馬科斯設計的，而且最初可能是由青銅鑄造。除了柱頭外，科林斯式的其他組成部分都借用了愛奧尼亞式。在希臘化時期，科林斯柱式逐漸有所發展，但一直要到羅馬人手上，才將其各元素相互糅合、臻於完美。維特魯威認為科林斯柱式仿效了「少女的纖柔」，它的整體效果只有一樣，即雅致和優美。

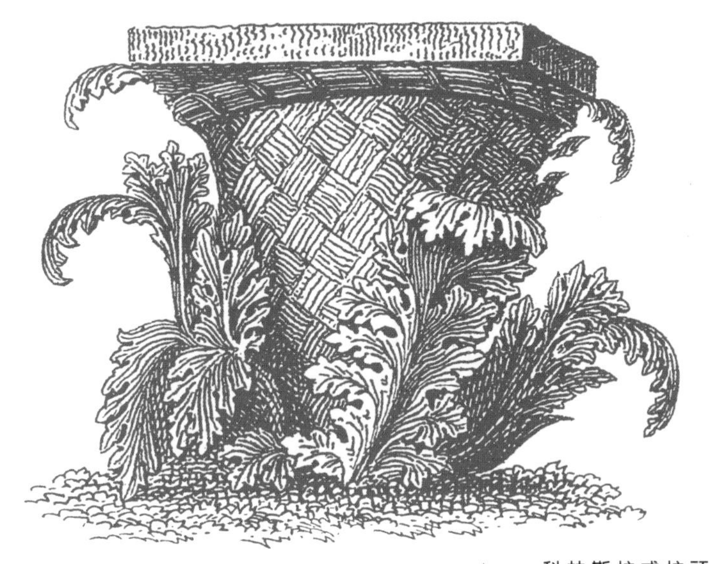

科林斯柱式柱頭設計起源

根據維特魯威的記載，卡利馬科是在看到一個長滿爵床葉的籃子後得到靈感設計出科林斯式柱頭。這個籃子可能是放在某個年輕女子的墳頭上，裡面裝著一些她生前的鍾愛之物。春暖花開的時候，爵床葉便長出來包住了這個籃子，而壓放在籃子頂上的一塊瓦片使得爵床葉子的外緣長成了彎曲的螺旋狀。

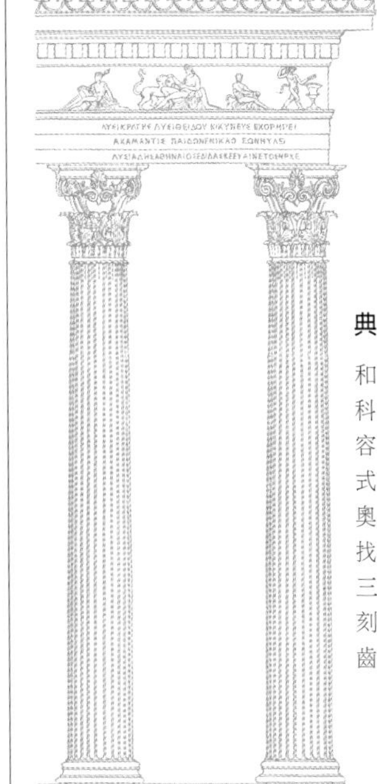

典型特徵

和愛奧尼亞柱式一樣，科林斯柱式從柱頭就很容易識別。由於科林斯式的其他部分都借自愛奧尼亞式，所以也可以找到柱礎、凹槽、分成三條挑口板的額枋、刻有雕飾的橫飾帶和帶齒狀裝飾的簷口。

柱頭

最完美的科林斯式柱頭有兩層爵床葉形裝飾，每層有八片葉子。莖幹從葉子頂端伸出，並在端頂捲成渦旋形或盤螺狀。它們承托著柱頂板；柱頂板有四個典型的凹面，每個凹面正中各刻有一個忍冬花飾。

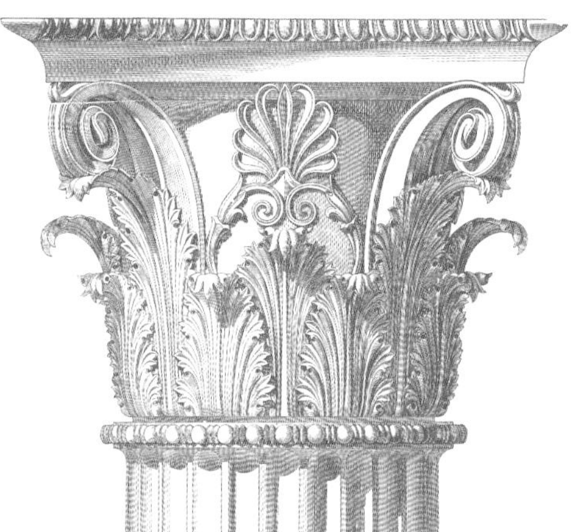

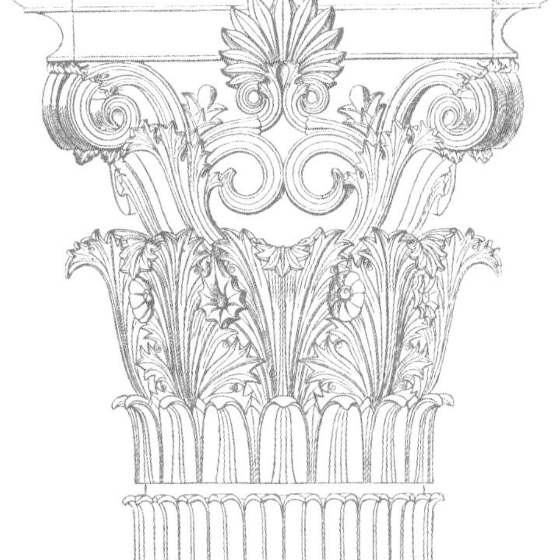

柱頭的早期形式

左圖是最早出現在建築物外部的科林斯式柱頭，位於公元前4世紀的李西克拉特合唱團長紀念亭上。柱頭上只有一層爵床葉形裝飾，較矮的一層則為水草形裝飾所取代。柱頭異常之高，達柱徑的1.5倍；後期為人接受的柱頭高度是柱徑的一又六分之一。

爵床葉形裝飾

科林斯式柱頭的主要裝飾元素是爵床葉，一種生長在地中海沿岸的堅韌草本植物。希臘人從爵床科眾多的尖葉類品種中尋找靈感，羅馬人則更喜歡以葉面寬闊的品種。

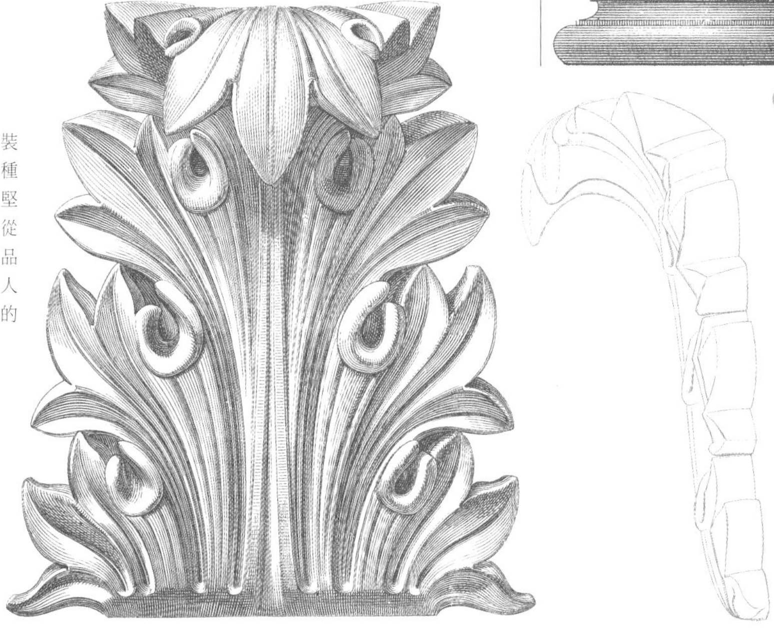

柱礎

科林斯式的柱礎也仿照了愛奧尼亞式風格，通常是阿提克式，兩圈座盤飾由凹圓弧飾線腳隔開。這些元素之間均以稱作為稜條的窄帶分割。另一種常見的柱礎形式是亞洲式，有兩圈凹圓弧飾線腳，以及彼此錯開的半圓飾帶，上方的座盤飾刻有水平小凸嵌線。

古希臘

多立克柱式的興起

公元前6至5世紀早期——即所謂「創始期」或「古典早期」——希臘建築的形式穩步發展，多立克式成為最重要的柱式風格。石材取代了木料（這過程稱為「石化」），但原先的木構造形式卻保留了下來。這一時期的建築遺址主要在「大希臘」（義大利南部和西西里島）。這一地區因為躲過了波希戰爭（公元前490-480）的破壞，因此保留了一些最早期、最富含趣味也最為完整的希臘神廟。今天，這些建築看上去似乎很樸素，但正如所有的希臘建築一樣，它們原先也是經過了重彩描繪和精雕細刻。正是在這一時期，多立克柱式和希臘神廟的形制整個定型，而在公元前500年後就沒有任何重大發展了。

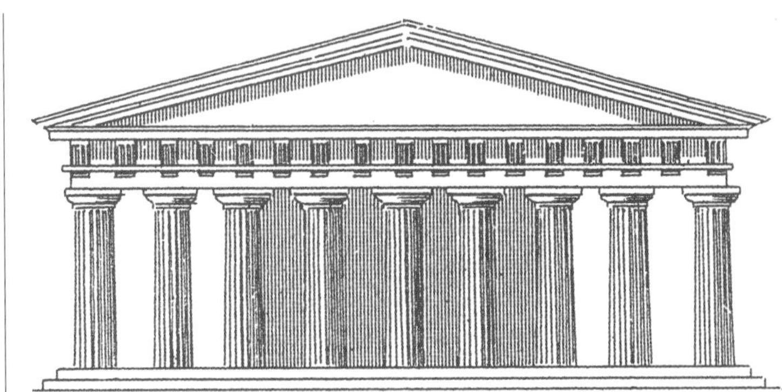

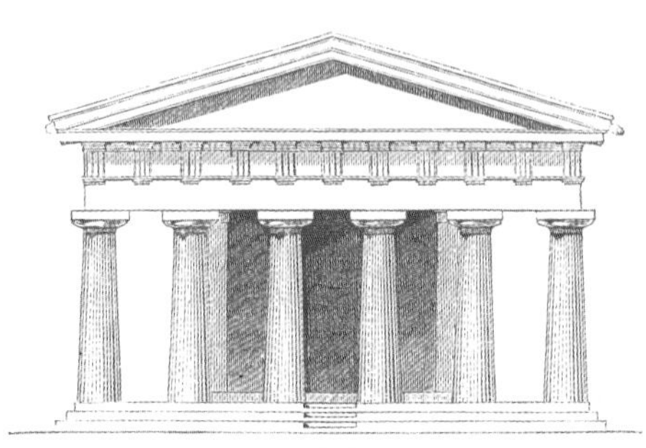

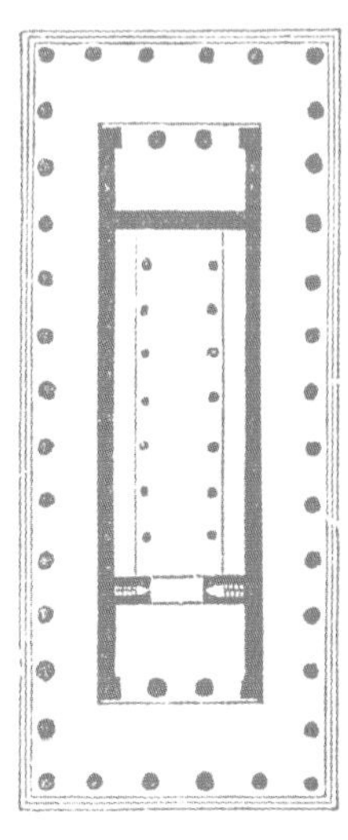

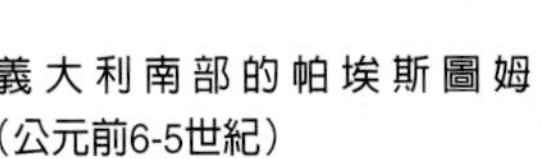

義大利南部的帕埃斯圖姆（公元前6-5世紀）

帕埃斯圖姆保留了大量神廟建築。其中最早的稱為「巴西利卡」，建造於公元前540年以前（見頂圖）。其不同尋常之處在於它的九柱式門廊，奇數暗示了有一道軸向柱廊存在。海神波賽頓神廟（上及右圖）是六柱式（約公元前460-440）；它也有一道內柱廊，雖然帶兩排柱子，但經由更成熟的設計安排，裡面的神像可以一覽無遺。

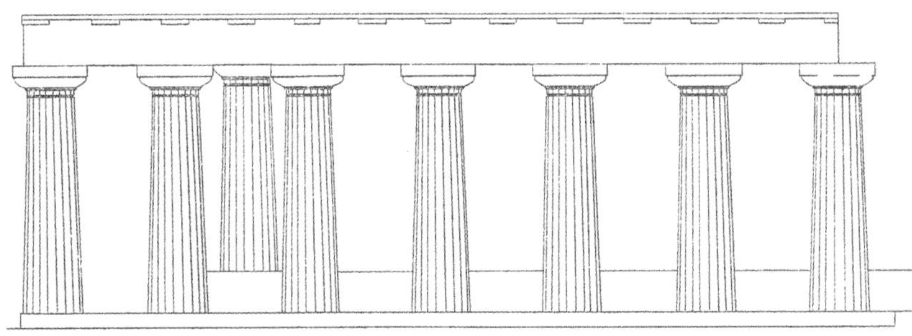

卷殺

從早期開始，希臘人在建造神廟時就刻意彎曲柱子的邊線。其中最基本的一種形式稱卷殺，柱身外緣微突，使柱身中段粗一些。這種方式在公元前6世紀開始流行。卷殺是修正視覺誤差的一種方式，因為邊線完全筆直的柱子看上去會有向內凹陷之感。

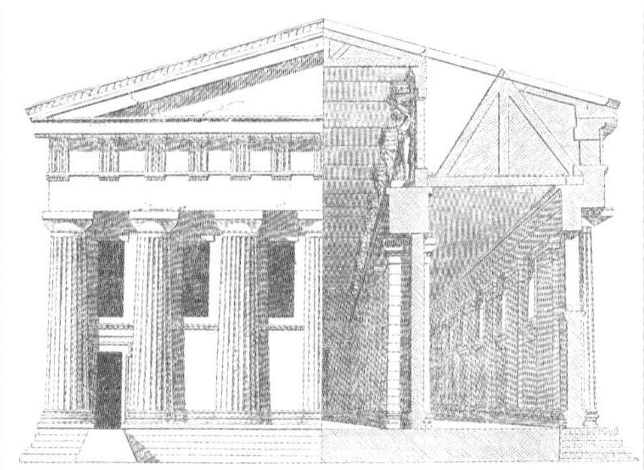

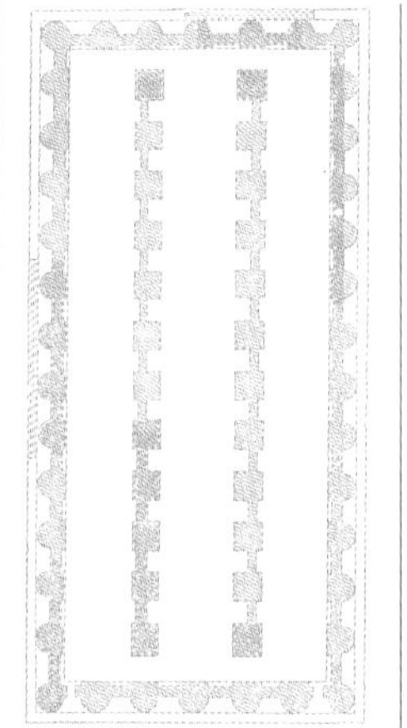

假單排柱圍廊式神廟

位於西西里島阿克拉加斯（今名亞格里琴敦）的宙斯奧林匹亞斯神廟（始建於公元前480）是最大的多立克式神廟之一。它同時也是最富創新性的神廟之一，採取假單排柱圍廊式，亦即它的圍柱（環繞建築物的單排柱）並非獨立式，而是附貼於牆上。這些柱子是巨柱式（往往比一層樓還要高），而且一反傳統帶有柱礎。

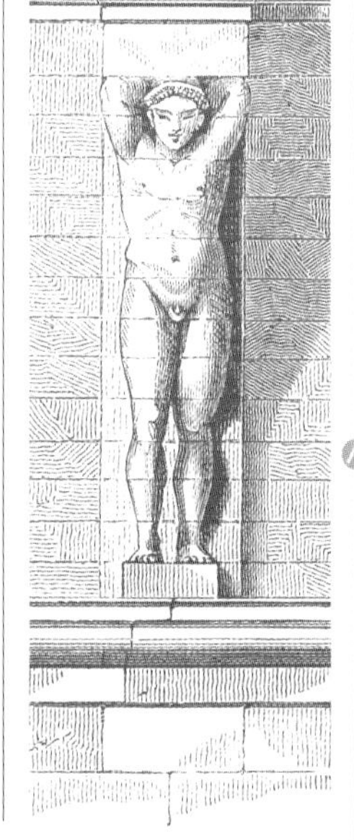

男像柱

被羅馬人稱作telamones的男像柱，是雕刻為男子形象的建築承重構件。這些男像往往擺出奮力托住重物的姿勢，如阿克拉加斯的宙斯奧林匹亞斯神廟，其男像柱便支撐了外簷部的重量，減除了後方磚石的壓力。據推測，男像柱也曾用在建築物內部。另外，也有雕刻成女子形象的女像柱。

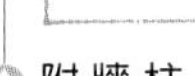

附牆柱

直接從牆面延伸出來的柱子稱為附牆柱或嵌柱。如果露出牆面的部分為柱子的二分之一到四分之三，也可稱為半柱。

層疊式柱式

層疊式柱式，指的是一層柱子排列在另一層上面，形成上下重疊的兩排柱子。層疊式柱式（通常是多立克式柱子疊在多立克式柱子之上）在這一時期的神廟建築中使用頻繁，用以支撐屋頂。後來，特別是在羅馬時代，柱子的層疊有了一定的順序：由下而上依序是多立克式、愛奧尼亞式、科林斯式。

古希臘

培里克利斯時代

希臘建築的發展在公元前5世紀中期達到鼎盛，這個階段也稱作「古典高峰」時期。其間誕生了一些聞名於世的偉大建築，這在很大程度上與當時的政治經濟背景有關。此時希臘人終於擊退了入侵的波斯人，百廢待興。在勝利的狂喜中，希臘人重新燃起了愛國熱情和自豪感，戰利品用來修建新的聖殿，建造神廟的熱情在培里克利斯的統治下達到了頂峰。從公元前444-429年，這位偉大的政治家統治著雅典，而他的名字也成了這整個時代的代稱。

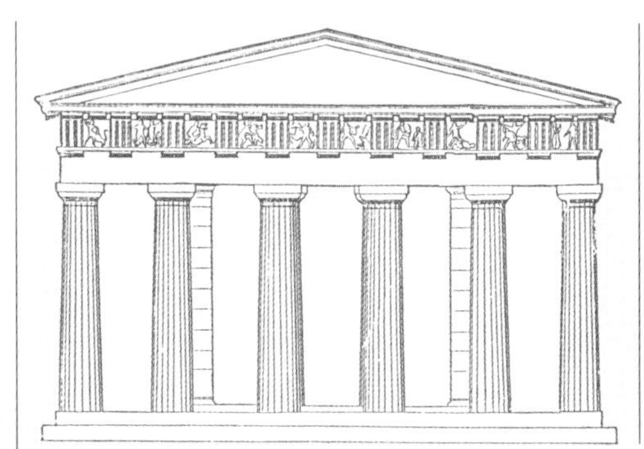

百尺殿

百尺殿指的是長度為100的赫菲斯托斯神廟（或稱希修斯神廟）即是其中一例，護神廟建造於公元前449-444年。

特徵

公元前5世紀的多立克式神廟特徵通常很容易識別：柱子比創始期的柱子更高、更纖細；橫飾帶裝飾得異常奢華；柱間距也較大。所有這些變化都體現出愛奧尼亞式的影響。

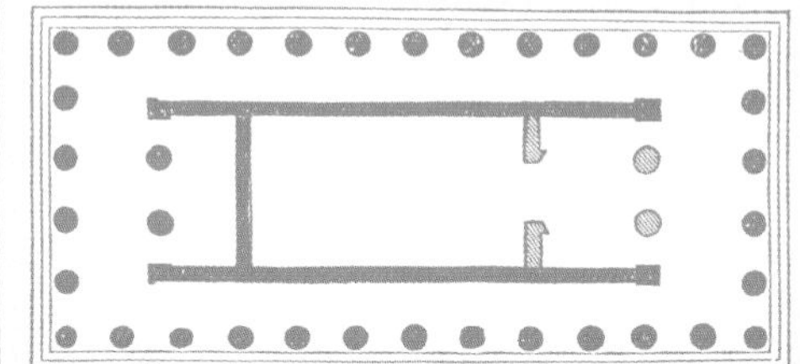

神廟構造

在這個時期，神廟是由內而外建造的。也就是說，聖殿先造，再在周圍加上柱廊。赫菲斯特斯神廟（下圖）保存之完好令人矚目，事實上，這得歸因於它曾被希臘拜占庭教徒改建成教堂。

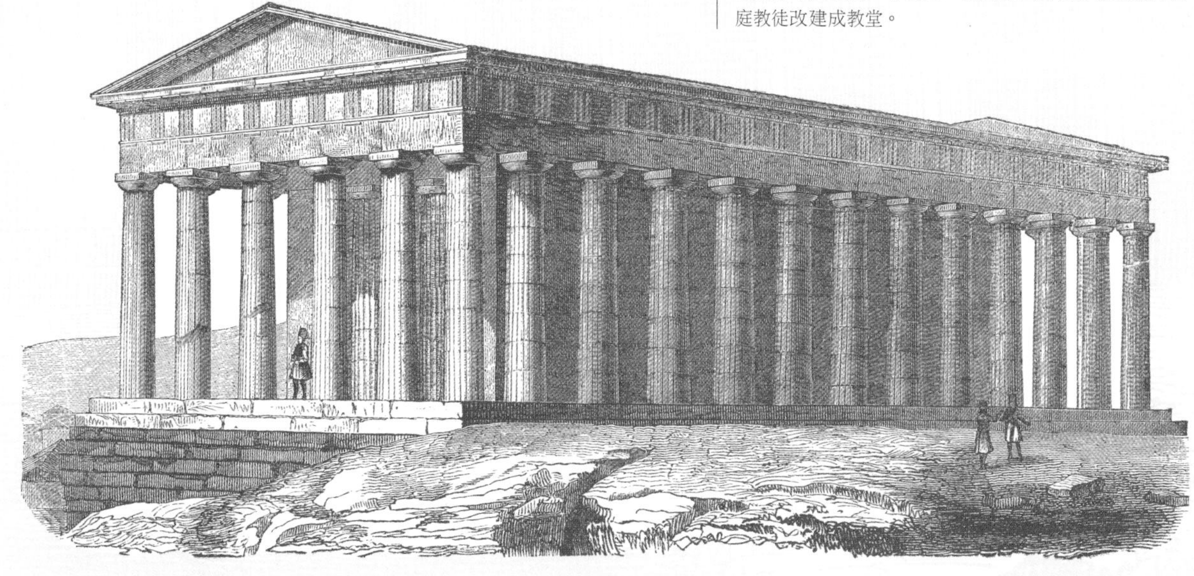

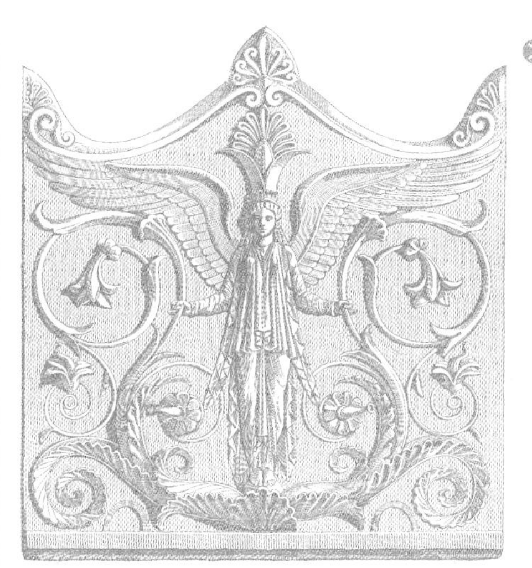

雅典伊里蘇斯神廟（公元前449）

愛奧尼亞式神廟於公元前5世紀首次呈現出完善成熟的發展面貌。這座位於雅典的神廟清楚體現了愛奧尼亞風格的主要特徵：秀麗而優雅。這座神廟是四柱式建築。

三角楣頂雕像

acroteria一詞原指三角楣的邊角和頂角上雕塑的台座或底座，後來也借指置於三角楣上的雕像和裝飾。位於奧林匹亞的宙斯神廟（約公元前470），其三角楣頂的雕像和裝飾是由青銅澆鑄而成。神廟的其他部分裝飾較樸素，但雕刻十分繁複。

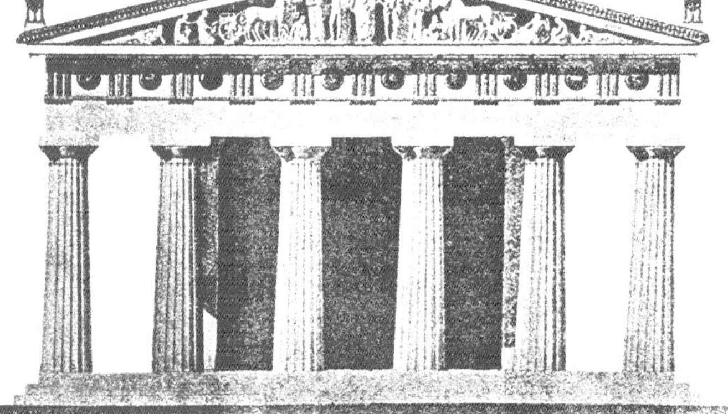

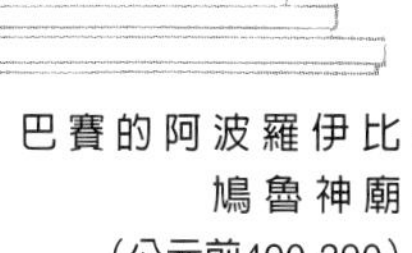

巴賽的阿波羅伊比鳩魯神廟（公元前490-390）

這座神廟的特殊之處在於它的朝向。它是呈南北而不是東西向，因此在東面的牆上安插了一扇特殊邊門。神像便是經由這扇特殊的門擺放進內殿。

三種柱式的融合

公元前5世紀的建築風格還很傳統保守，但也有例外。其中最引人注目的是巴賽的阿波羅伊比鳩魯神廟。其設計師是伊克蒂納，他還設計了帕德嫩神廟。在這座神廟中，首次把三種柱式擺在同一座建築上：圍廊為多立克式，室內的柱子為愛奧尼亞式，而中軸上的單柱則是科林斯式。

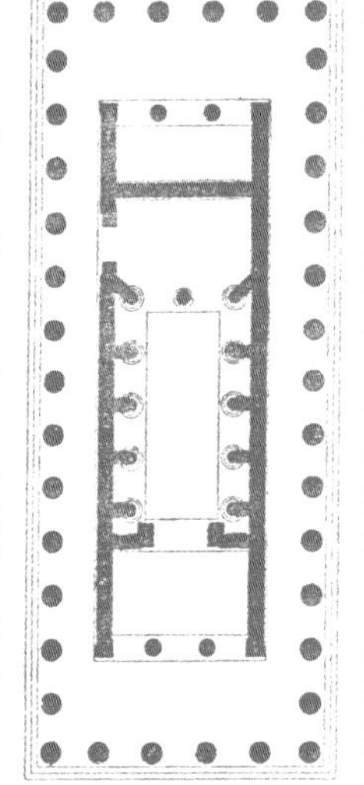

古希臘

培里克利斯時代：雅典衛城之一

雅典衛城在公元前480年波斯人戰敗撤兵時已成為廢墟一片。最早的帕德嫩神廟或其前身，以及衛城的其他所有建築都被完全摧毀。雖然雅典人有計畫要重建他們的聖地中心，但一直到公元前447年培里克利斯執政後，由於他急於要展示雅典的榮耀以及在希臘各城邦中日益強大的主導權，這項計畫才終於付諸實施。伊克蒂納和卡利克拉特受命擔任首要建築——敬獻給雅典守護神雅典娜的帕德嫩神廟——的建築師；菲狄亞斯受命為首席雕刻師。雅典衛城中的兩座培里克利斯時期的建築（帕德嫩神廟和衛門）將多立克式風格發展至最高峰，而它在建築比例上所展現的完美程度也是空前絕後的。

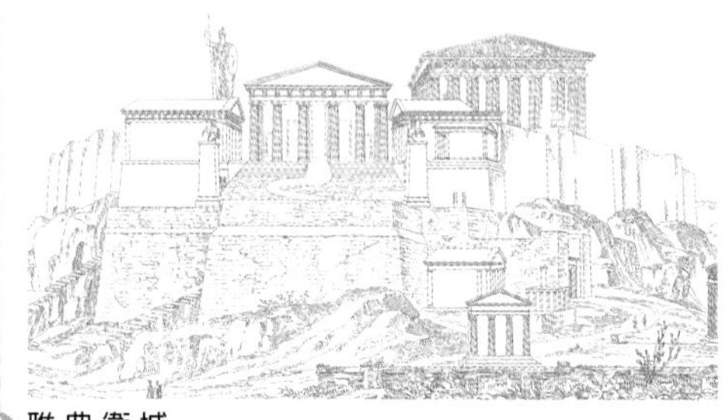

雅典衛城

「衛城」一詞指的是要塞或希臘任何城邦的「上城」。希臘大多數城市都建造在小山丘上，最頂端的衛城是城邦的宗教和政治生活中心。

泛雅典娜節

帕德嫩神廟與其他希臘神廟一樣，不僅是膜拜神靈的場所，而且具有舉辦社會和宗教典禮的功能。雅典人每年都要舉行泛雅典娜節，慶祝雅典娜的誕生。全城都會參遊行，最後以向雅典娜敬獻束腰外衣達到高潮。

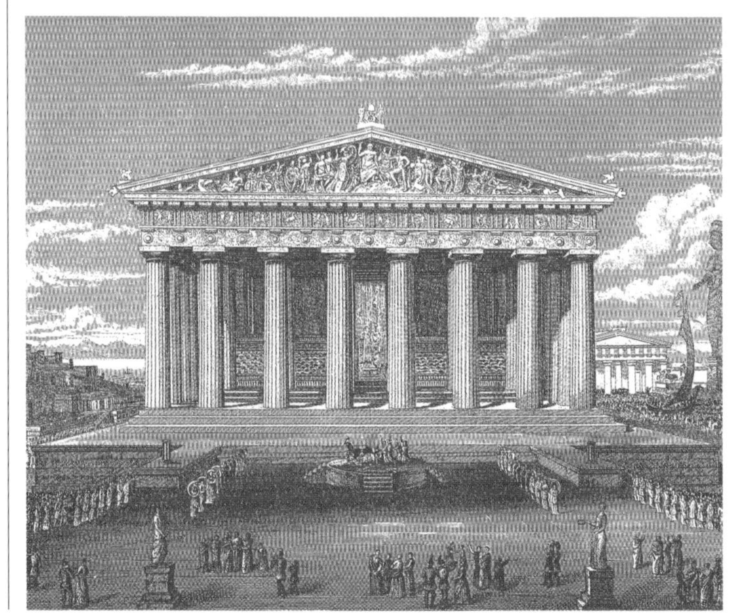

黃金象牙神像

帕德嫩神廟的內殿（正殿）矗立著一尊由著名雕刻家菲狄亞斯雕刻的雅典娜神像。這尊巨大的神像和其他類似作品一樣，統稱為黃金象牙神像。它們由木頭雕刻而成，外面包覆以黃金和象牙。

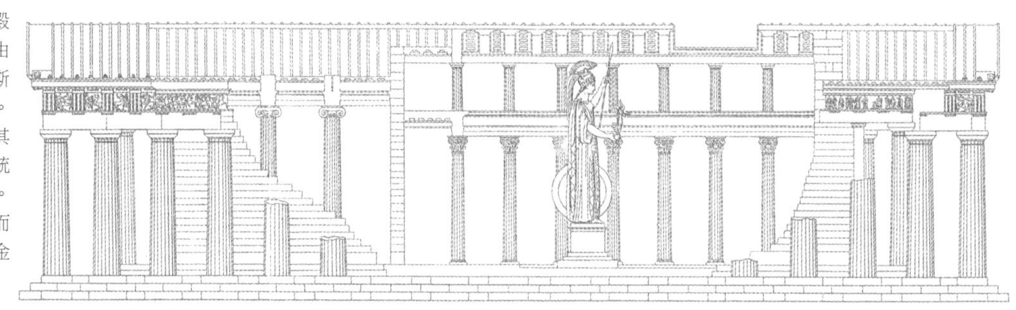

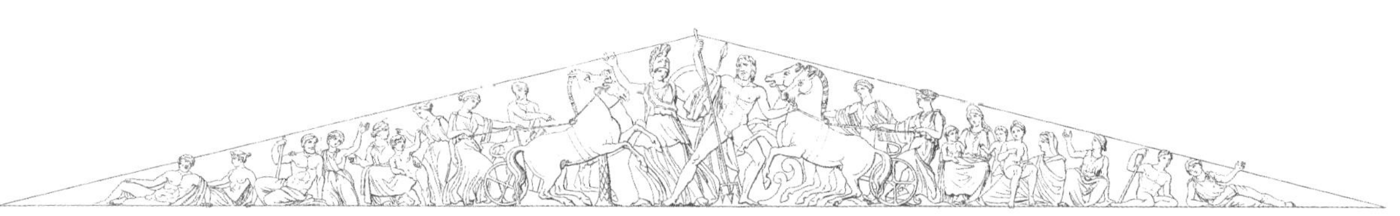

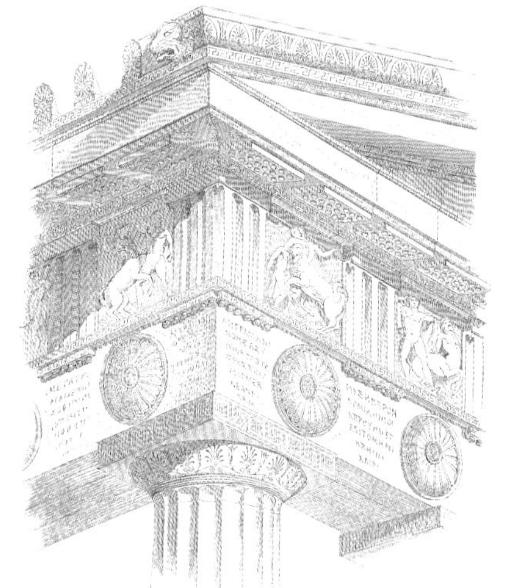

帕德嫩的雕塑

帕德嫩神廟擁有的最值得炫耀的財富，就是那些傑出的雕塑，其中包括兩面裝飾精巧的三角楣，刻於公元前438-432年間。上圖所示的是西面的三角楣，描述的是雅典娜女神和海神波賽頓之間的對峙場面。

衛門

（約公元前437-432）

稱為衛門的巨型入口通道，標明了通往祭祀區域或圍場的路徑。從雅典衛城下方的平原上順著一道斜坡往上，就可抵達衛門。衛門前後各有一個六柱式門廊，但其廂房只有一邊得以完工，這是因為伯羅奔尼撒戰爭爆發使得建造過程被迫中斷。

彩飾

雅典衛城的所有建築均以白色的潘特里克大理石建造，並在石上施以彩飾。帕德嫩神廟的柱頭、板間壁和三角楣的楣心部分，應該都曾有過色彩鮮豔的彩繪。

衛門的愛奧尼亞柱

衛門的中央有一條專供馬車和祭祀牲畜通行的道路，由沿道排列的愛奧尼亞式立柱引向西面。這是該時期的典型風格；同時也相當實用：圓柱的高度逐漸增加，掩飾了地面水平高度的變化，而小直徑的圓柱所也可將占據地面的面積減到最小。

帕德嫩神廟平面圖

現存的帕德嫩神廟是在其前身的遺址上按原先的平面建造的。儘管早先的神廟是八柱式，而現存的帕德嫩神廟是六柱式，但其結構並沒改變。神廟後門廳內有四根愛奧尼亞式圓柱；這座後門廳最初命名為帕德嫩（即處女廳），後來這個名字用以指稱整座建築。

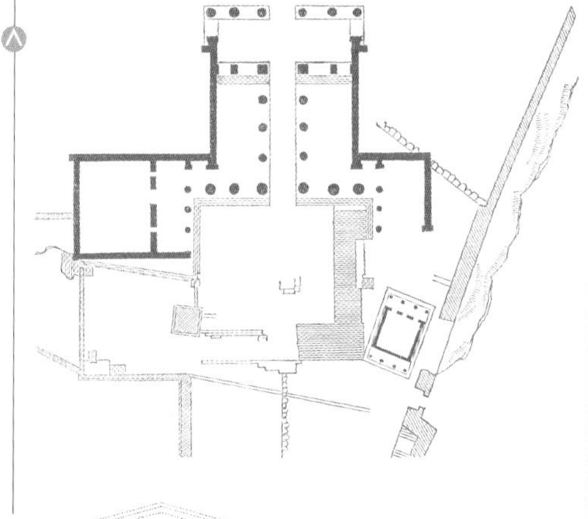

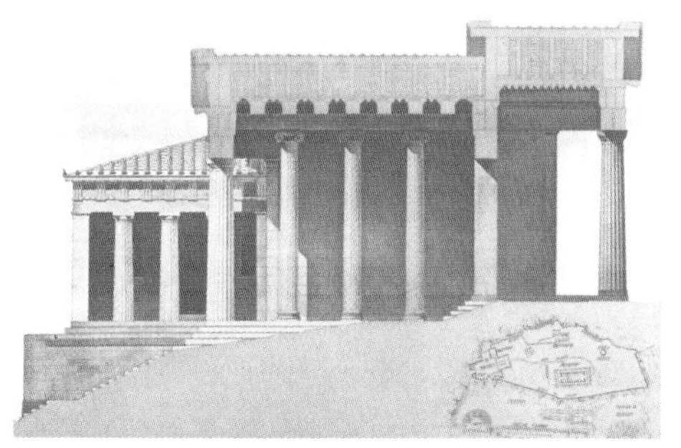

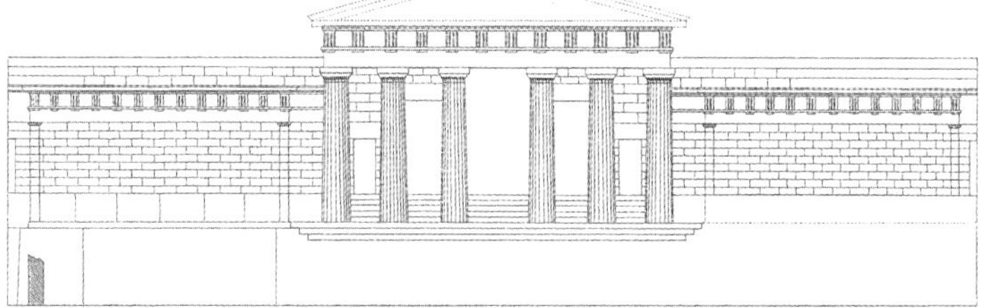

古希臘

培里克利斯時代：雅典衛城之二

培里克利斯建造雅典衛城的宏圖在公元前431年被迫中斷。當時雅典已經迅速發展成頗具威望的強國，斯巴達人在那年起兵對抗雅典，伯羅奔尼撒戰爭就此展開。這場戰爭一直持續到公元前404年，但在公元前421-413年之間有過一次短暫休兵。這次休兵讓雅典人有機會完成衛城的一些紀念性建築，兩座著名的愛奧尼亞式神廟適時開工，即埃雷赫修斯神廟（公元前421-406）和勝利女神雅典娜神廟（公元前421）。後者的建築師卡利克拉特曾經設計了帕德嫩神廟；埃雷赫修斯神廟則出自衛門的設計者摩涅西克勒斯手下。儘管建築師是同一人，但建築風格卻已完全不同。建築喜好已經轉變，多立克式的完美性在帕德嫩神廟上已臻於極致，無法超越，於是曲線柔美的愛奧尼亞式風格遂獲得建造者的垂青。

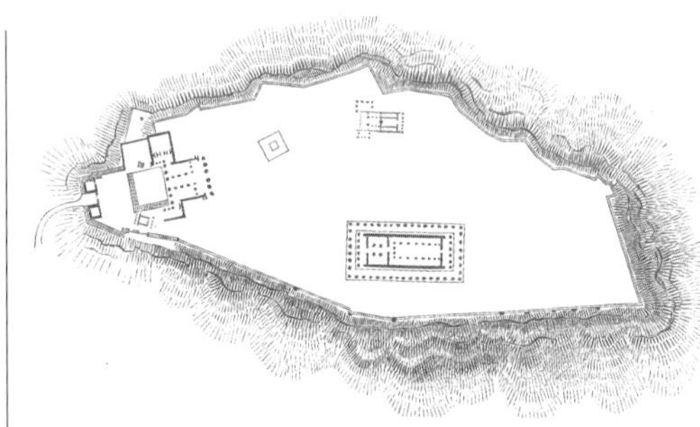

雅典衛城聖域

左圖這片環繞神廟的區域是神聖不可侵犯的，稱為聖域。圖中展示了雅典衛城的範圍，其中的四座建築可追溯到公元前5世紀。

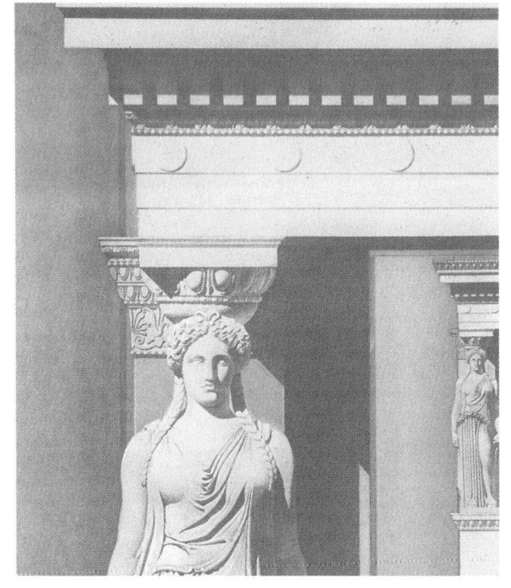

女像柱

女像柱是替代圓柱以支承簷部的女性雕像。維特魯威認為女像柱一詞源於一位名叫 Caryae的婦女，她因支持波斯人而被罰為奴。頭頂籃子的類似雕塑稱為頂籃女像柱。

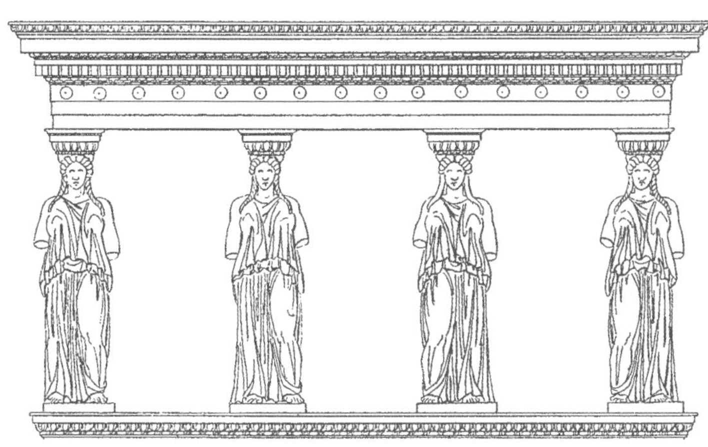

埃雷赫修斯神廟的女像柱

女像柱最著名的例子位於埃雷赫修斯神廟的南門斗。這個精緻的結構與其說是門斗，不如說是論壇（墊高的平台），因為從外面是不能進入此地的。

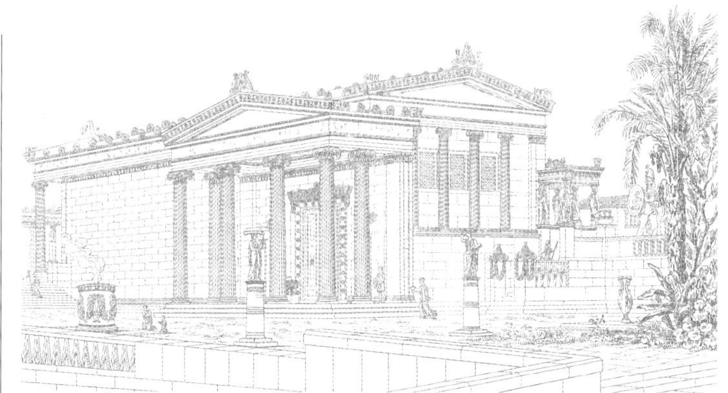

埃雷赫修斯神廟（公元前421-406）

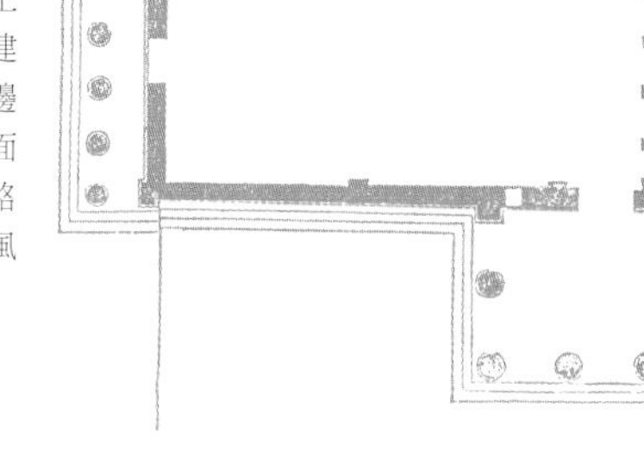

埃雷赫修斯神廟祭祀眾多神祇，其中包括雅典娜和埃雷赫修斯。它建在兩個平面上——可能是為了呼應既有建物——並有三個門廊，西邊一個是附加上去的。其平面並未依循古典的長方形格局，這種不因襲傳統的作風是那個時期的重要標誌。

勝利女神雅典娜神廟（公元前421）

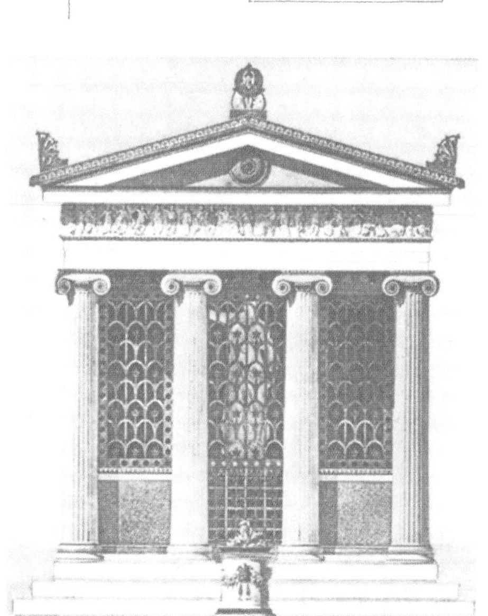

這座小型的愛奧尼亞式神廟早在衛門建造之前就計畫興建，卻直到公元前421年，才在衛城的一處天然海岬或說稜堡處正式動工。其平面採取前後排柱式（東西面有兩座門廊，各有四根柱子）。與埃雷赫修斯神廟一樣，勝利女神雅典娜神廟也是愛奧尼亞式風格的顛峰傑作。其連續不斷的橫飾帶尤其經典，上面描繪了雅典娜和眾神的形象以及一些戰爭場景。

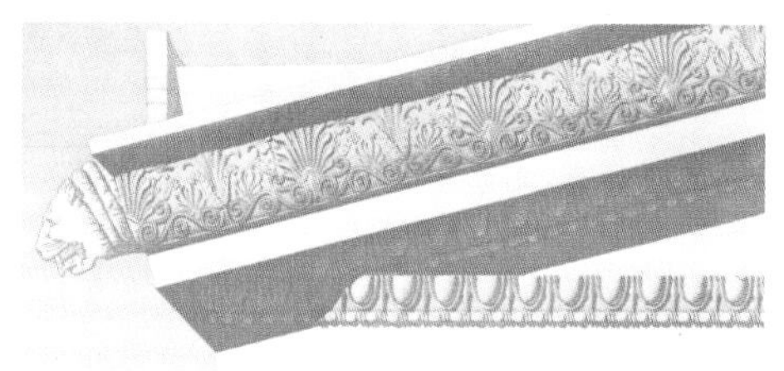

埃雷赫修斯神廟螺形托座

埃雷赫修斯神廟的北面門廊內有一道保存完好的漂亮門道。每一邊有兩個帶雕刻的螺形托座，S形的托座承托住簷口。螺形托座通常比想像的要高得多。門道四周的線腳以門窗邊框的形式出現，稱為面板。

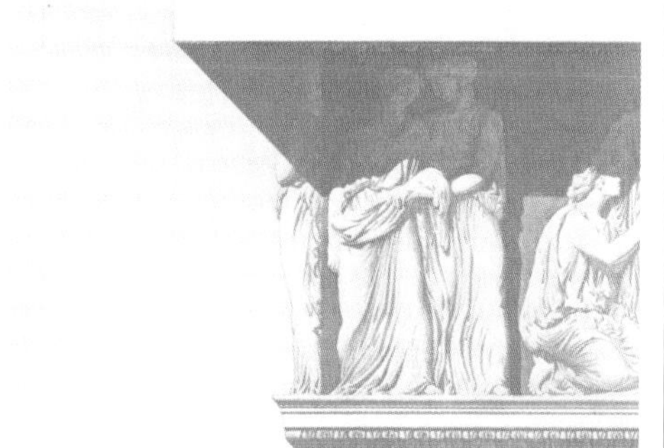

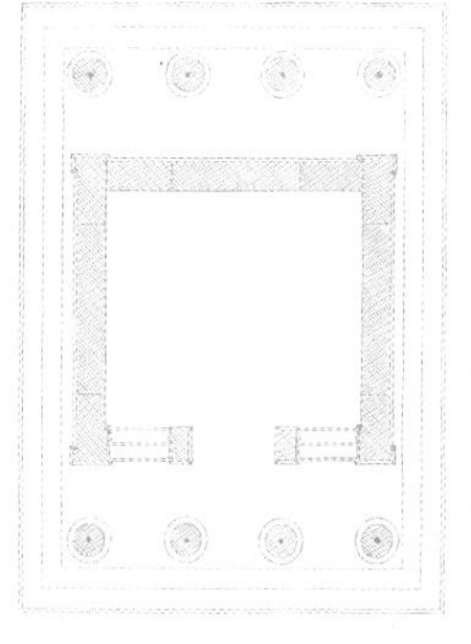

埃雷赫修斯神廟裝飾

埃雷赫修斯神廟展示了最精緻的愛奧尼亞柱式。從簷部的細節中可看出愛奧尼亞式最為經典的裝飾主題：卵箭形線腳、珠鏈飾和忍冬花飾。黑色的石灰石橫飾帶，有白色的大理石雕像嵌附其上。

古希臘

衰落的開始

雅典人的統治輝煌而短暫。公元前404年，在伯羅奔尼撒戰爭中戰敗後的雅典一蹶不振，希臘建築也隨之逐漸衰落，因為繼而興起的都是一些文明程度較低的城邦，如斯巴達、底比斯和馬其頓。這段時期通常稱為「古典晚期」，頻繁的戰爭導致宏偉的建築計畫不斷被迫流產。在希臘大陸地區，人們致力於建造住宅而非神廟，三種柱式風格開始在單一建物中混合採用。小亞細亞地區受到戰爭波及的程度較小，而且出現了向愛奧尼亞風格回歸的趨勢，這要歸功於波斯總督的庇護和亞歷山大大帝的支持，他於公元前334-333年征服並統治了小亞細亞。

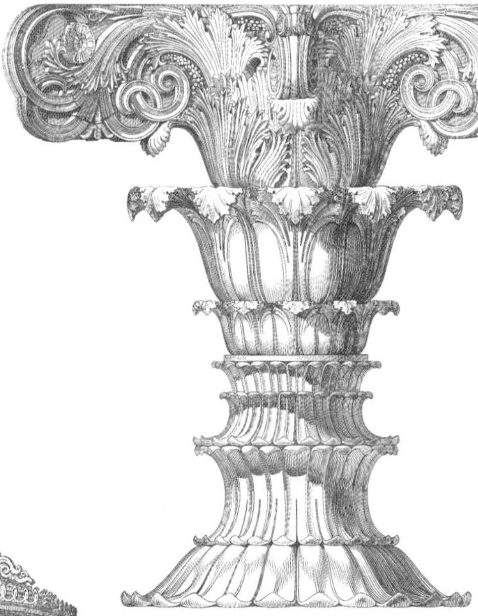

李西克拉特合唱團長紀念亭的尖頂飾

「尖頂飾」這個詞是指安置於屋頂的冠狀尖頂或突出的端頂（如三角楣）上的裝飾物。此處的尖頂飾是要盛放青銅三腳鼎，因此設計得極盡奢繁，上面裝飾有爵床葉飾和漩渦形飾。

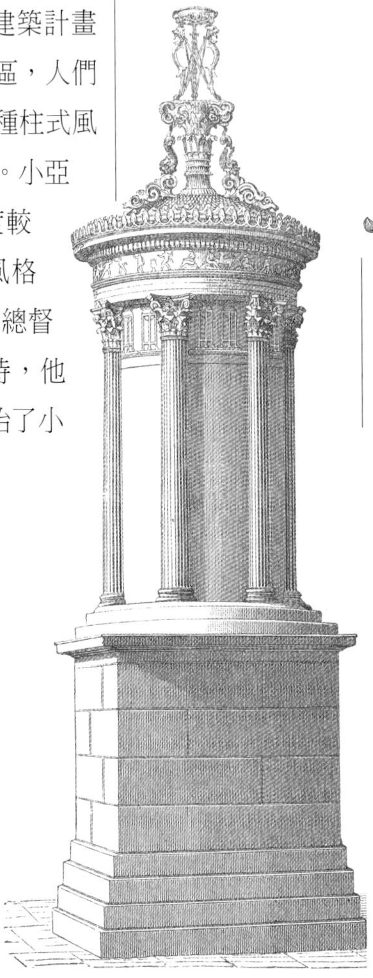

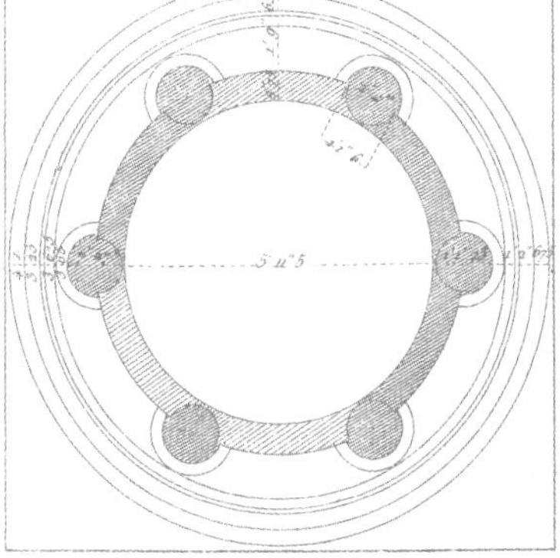

雅典李西克拉特音樂紀念亭（公元前335-334）

這一時期圓形建築在希臘變得流行。雖然它們往往模仿神廟形制，有些還安置了雕像，但使用目的尚不明確。位於雅典衛城山腳下的李西克拉特合唱團長紀念亭，可能就是最著名的圓形建築了。這是一座中空的小型聖祠，是為存放青銅三腳鼎而設計的，李西克拉特在一次劇院合唱中贏得該獎盃。這座建築非常精緻，而且意義十分深遠，是科林斯柱式首次應用於建物外部的範例。

李西克拉特合唱團長紀念亭齒飾

在小亞細亞發展成形的愛奧尼亞柱式，其簷口刻有排成一列的細小矩形突出物，彼此之間隔以凹槽（齒間飾），此即所謂「齒飾」。齒飾也運用在科林斯柱式的簷口上，但形樣略微縮小，例如李西克拉特合唱團長紀念亭所示範的。根據小亞細亞的傳統，愛奧尼亞式的橫飾帶應該要省略，但此處依然出現。

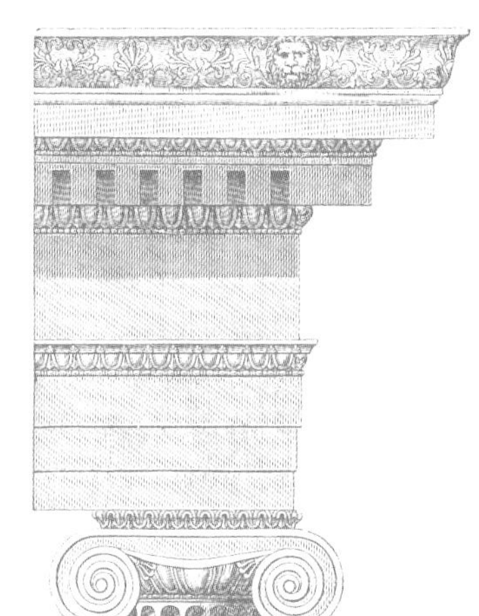

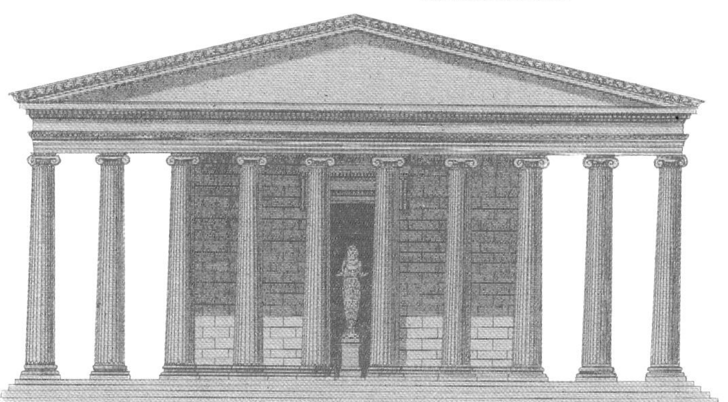

以弗所的阿提密斯神廟（始建於公元前330）

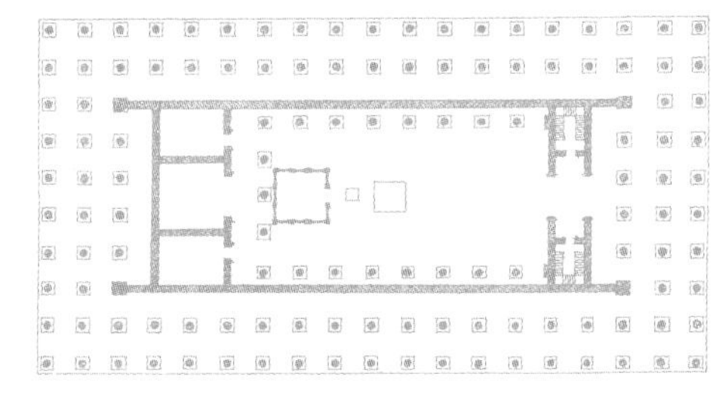

以弗所的愛奧尼亞式神廟，確切地說是阿提密斯神廟，是小亞細亞最重要的宗教建築，並和帕德嫩神廟一樣，並列古代世界七大奇蹟之一。在這座神廟的前身於公元前356年遭大火夷為平地之前，同一基地上就曾出現過若干座神廟。由於殘存的遺蹟甚少，我們無法確定其平面格局，根據目前的研究，它應是如圖所示的八柱式，而非十柱式。但是可以肯定，它是雙排柱圍廊式，並以其雕刻裝飾聞名於世，尤其最值得注意的是所謂的「雕刻圓柱」。

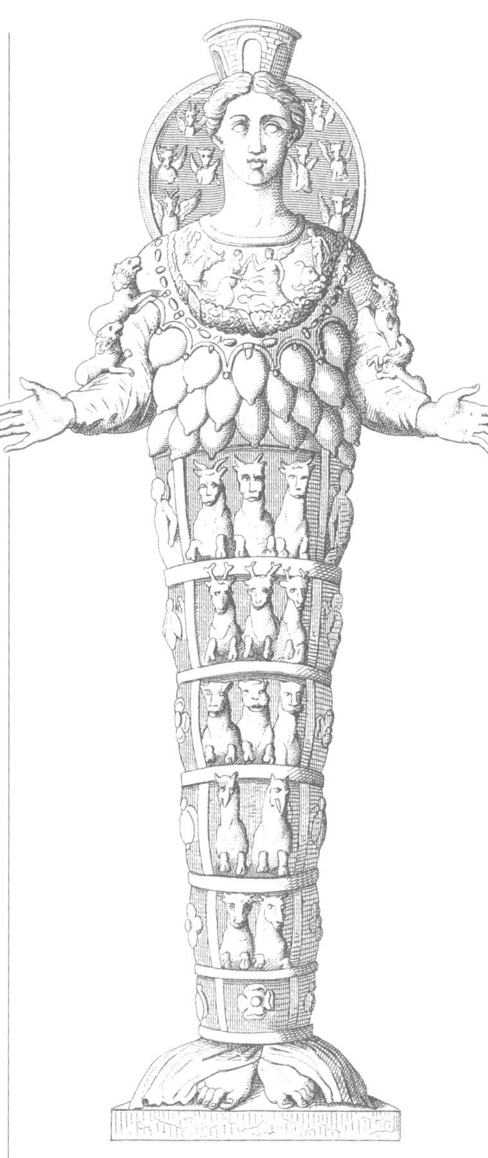

阿提密斯女神

這座以弗所的偉大神廟是為紀念阿提密斯而建造的，她是純潔的月亮女神和狩獵女神，羅馬人稱之為戴安娜。按照慣例，這座神廟裡應該有一座多乳造型的阿提密斯雕像。這種形象可能與這位美麗女神的角色有關，她代表母親身分並象徵旺盛的生育力。

古希臘

希臘化時期

公元前323年亞歷山大大帝之死，被公認是希臘古典時期（始於公元前650）結束、希臘化時期到來的標誌。在亞歷山大統治下，希臘帝國的疆域已經延伸到印度和努比亞，但希臘的傳統仍然影響甚巨。隨著亞歷山大去世，這塊遼闊的領土分裂成若干獨立王國，然而由於此時的藝術和生活風格都是模仿自道地的古希臘原則，因此被稱為希臘化時代。這個時期的建築已普遍偏離了早期形制，人們更加偏愛運用愛奧尼亞式和科林斯式，多立克式則幾乎廢棄不用；此外，他們還把注意力集中於各種建築樣式的組合上。希臘建築的這個最後階段對羅馬人產生了深遠影響，他們最終於公元前30年征服了整個希臘。

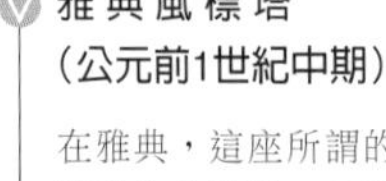

雅典風標塔
（公元前1世紀中期）

在雅典，這座所謂的風標塔是作為鐘塔。內部是依靠水鐘計時，外部則通過日晷來測量。該建築的八個側面上均飾有一個浮雕像，各代表一種風向（如西風等）；另有一根風向標指向風吹來的方向。

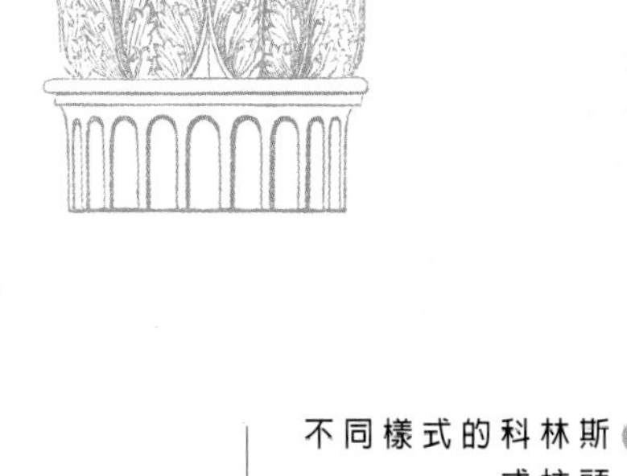

不同樣式的科林斯式柱頭

在希臘化時期，柱式原先具有的剛性特徵已告消褪，其樣式逐漸趨於探索性。例如，風標塔上的這個科林斯式柱頭便呈現出一種特殊的樣式。它只有一圈爵床葉飾，以及方形柱頂板，卻沒有渦旋形飾。

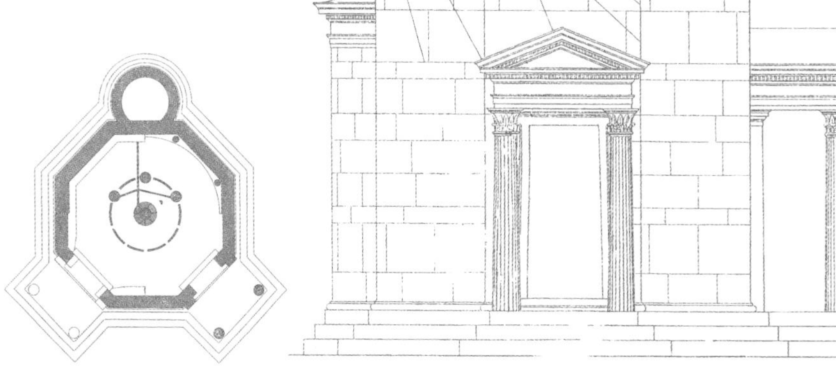

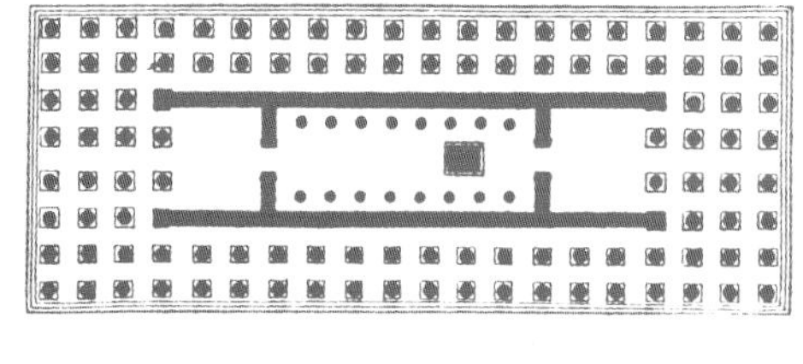

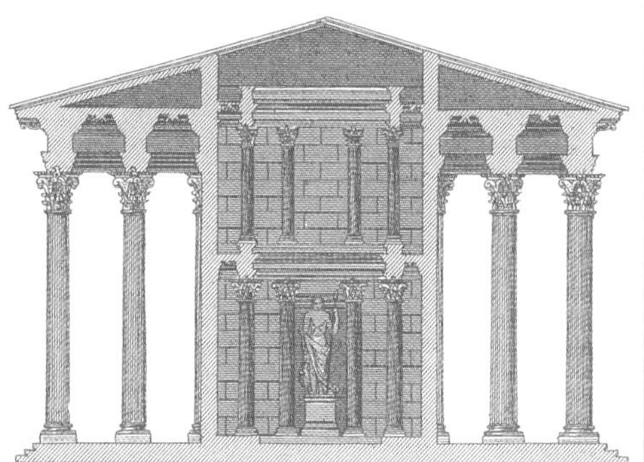

雙排柱圍廊式神廟

自公元前4世紀早期以來，雙排柱圍廊式神廟式逐漸流行。其主要特點是莊嚴，而且如圖所示，這種莊嚴感往往是憑藉其特別增設於神廟前後方的圓柱列而得以強化。這裡展示的是雅典雄偉的宙斯奧林匹亞斯神廟（始建於公元前174）。

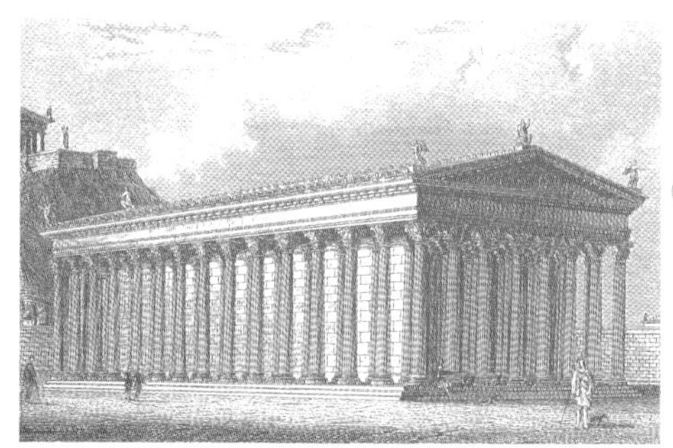

宙斯奧林匹亞斯神廟的科林斯柱式

希臘人很少建造純粹科林斯式的神廟，要留待羅馬人發展。儘管如此，宙斯奧林匹亞斯神廟仍是值得關注的一例，此時的柱式比例已變得極為嚴整，並且因簷部抬高而使柱式尤顯高大。

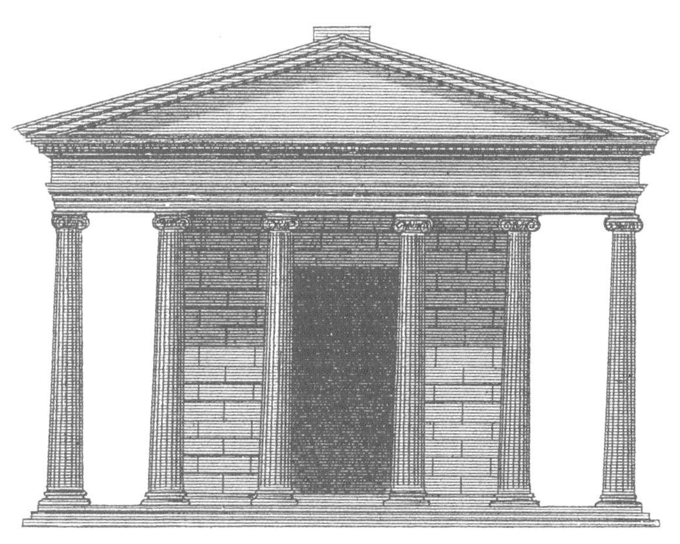

戴奧尼索斯神廟的愛奧尼亞柱式（公元前2世紀中期）

儘管在希臘化時期愛奧尼亞式神廟仍然普遍，但卻發展出數種新樣式。赫莫傑尼斯這位公元前2世紀的著名建築師，便創造了一套新的柱式標準，並記載於書中。戴奧尼索斯神廟正是由他設計的一座愛奧尼亞式建築。

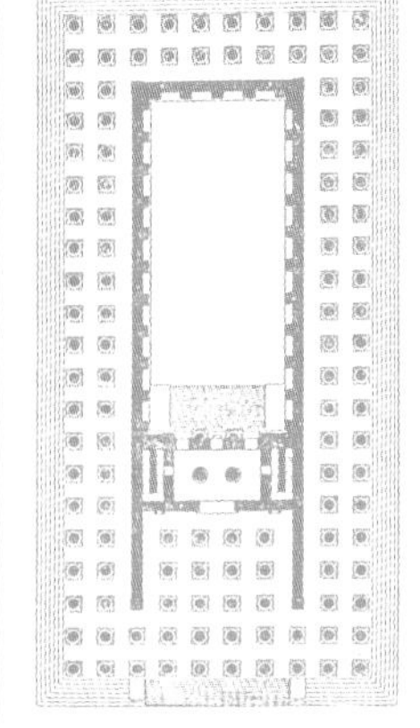

天井式

天井指的是中央區域全部或者部分敞露於天空之下的建築。米利都附近的迪迪馬阿波羅神廟便是一例。它是一座建造時間超過三百年（公元前313至公元後41）的巨型建築；敞口式的庭院包括一座聖殿和幾叢月桂樹，其圍牆正對壁柱。

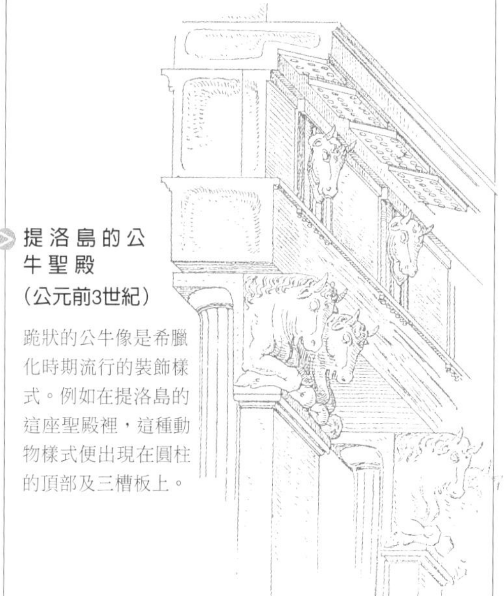

提洛島的公牛聖殿（公元前3世紀）

跪狀的公牛像是希臘化時期流行的裝飾樣式。例如在提洛島的這座聖殿裡，這種動物樣式便出現在圓柱的頂部及三槽板上。

古希臘

陵墓

死亡和葬禮是希臘人極其重視的大事。墓地最普遍的標誌是一座稱為豎石碑的墓石。不過到了希臘化時期，卻掀起一股興建大型陵墓的高潮，尤其是在小亞細亞，當地的外國統治者僱遣希臘建築師和工匠為其服務。這些墓室在建築平面和設計上往往模仿神廟，建有三角楣和圍廊。哈利卡那蘇斯陵墓就是這樣的墓室建築，它也是古代世界七大奇蹟之一。該陵墓始建於約公元前353年，由卡里亞的摩索拉斯國王及其王后暨姊妹阿特米西婭下令建造。

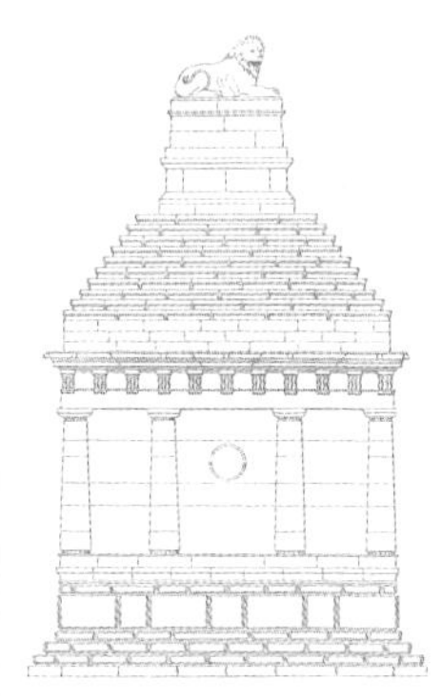

克尼杜斯的獅墓（公元前4世紀）

克尼杜斯的獅墓位於哈利卡那蘇斯城附近，似乎是為了紀念一場戰役（可能是海戰）的犧牲者。陵墓名稱取自於它的頂部特徵，那是一頭大獅，象徵了英勇、自豪、力量和勝利。這座陵墓有多立克式圓柱，上方有階梯狀的金字塔。

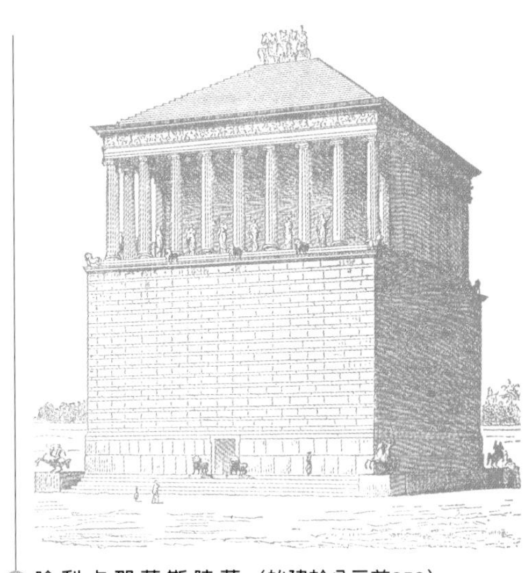

哈利卡那蘇斯陵墓（始建於公元前353）

「陵墓」指的是雄偉巨大的墳葬紀念物，其英文mausoleum即源自哈利卡那蘇斯城的摩索拉斯國王墓室，其建築設計師為皮休和薩提魯斯。由於該座陵墓在16世紀被毀後遺跡無存，因此其形式和裝飾一直是人們爭執不休的熱門話題。在上面的想像圖中，該墓室的墩座被描繪得異常高大。

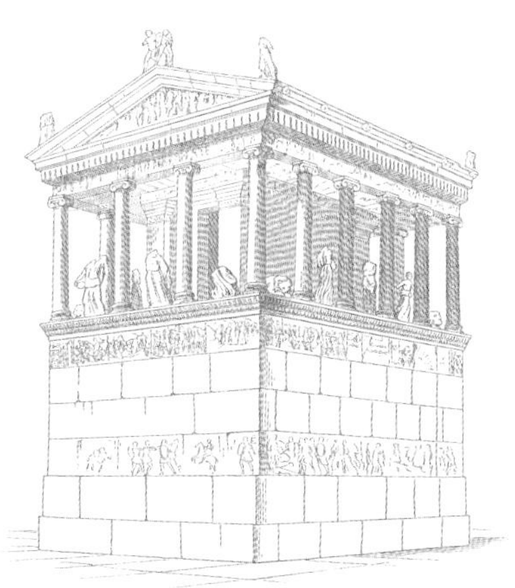

桑索斯的涅瑞伊德斯紀念堂墩座（公元前420）

墩座是其上設有立柱的矮牆、連續性基座或台座。如圖所示，有時是整個建築物都坐落於墩座上。這座紀念堂為愛奧尼亞式形制。

摩索拉斯陵墓平面和設計圖

曾經有無數人企圖重新建造哈利卡那蘇斯陵墓。根據普林尼的描述，該建築有一座由三十六根愛奧尼亞式圓柱構成的圍廊，墓室可能就包圍其中。墓室上方有一座帶二十四級台階的大金字塔。如果把墩座計算在內，整個建築高達41公尺。該平面圖有很多版本，如矩形、正方形和十字形。

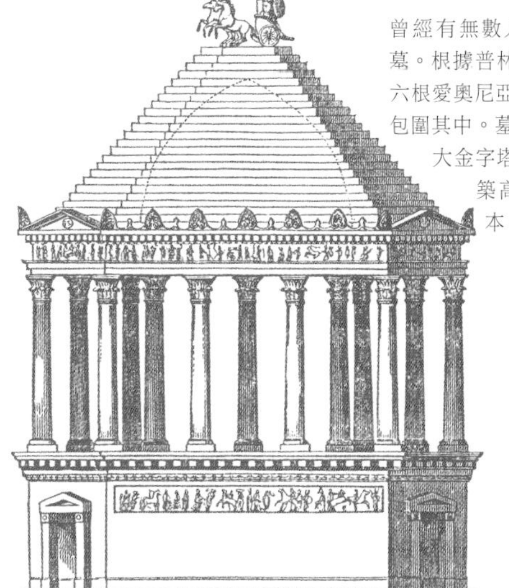

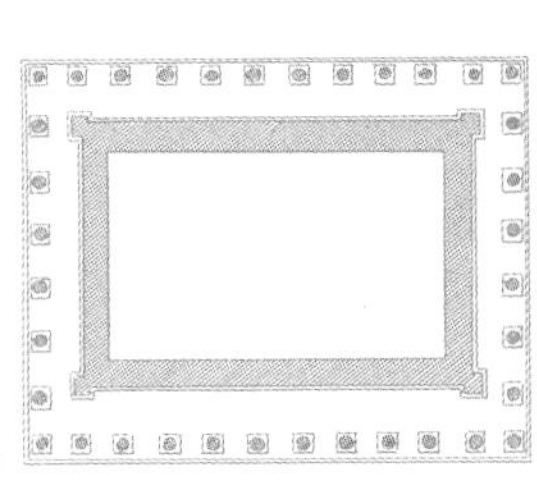

哈利卡那蘇斯陵墓的裝飾

這座陵墓最讓人驚嘆之處——也是它被譽為世界奇蹟的根本原因——就在於它的裝飾。其裝飾類型包括男性、獅子、馬和其他動物等雕像（內部和外部都有），出自布萊雅西斯、萊奧哈雷斯、斯科帕斯和提謨休斯這四位雕刻家之手。

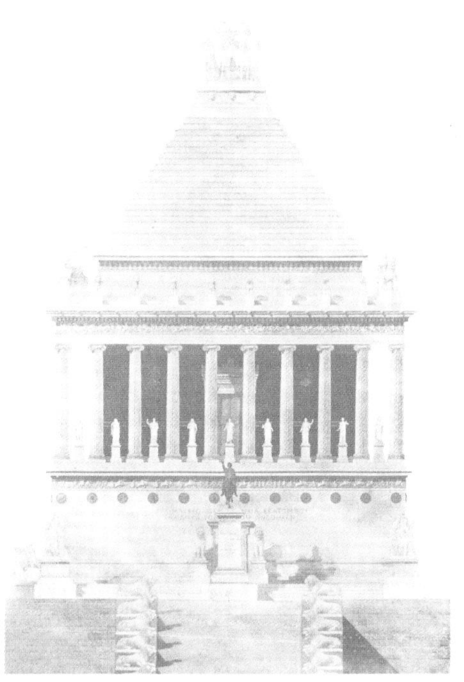

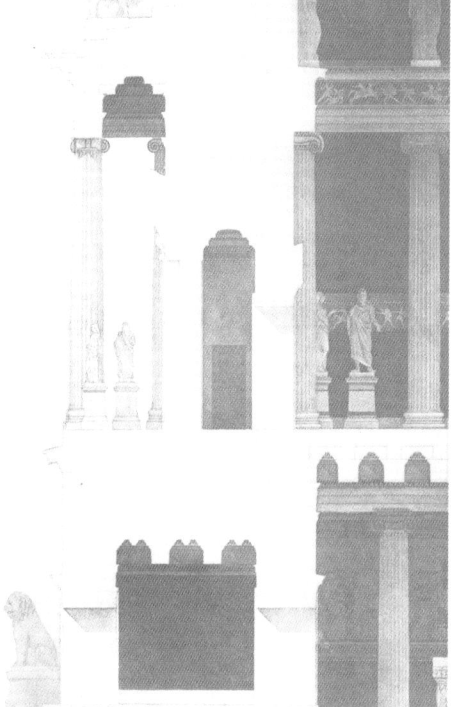

嵌板

希臘建築平坦的頂棚上裝飾有嵌板，指的是一種凹陷的正方形或多角形鑲板。它們的形制似乎是模仿了木製嵌板的精細圖案。圖示為哈利卡那蘇斯陵墓圍廊內嵌板的復原圖。

哈利卡那蘇斯陵墓的四馬雙輪戰車

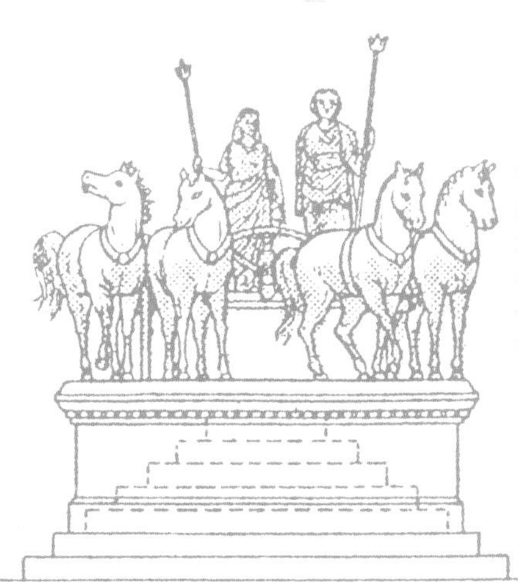

在哈利卡那蘇斯陵墓正上方的小尖塔上，有一組四馬雙輪戰車雕塑群，包括由四匹馬拉著的馬車和駕馭者（車伕或戰車手）的雕像。這組合雕像現有一部分保存在大英博物館。

古希臘

劇場和音樂廳

劇場起源於公元前6或5世紀，最初是與酒神慶典的合唱舞蹈表演有關。後來成為希臘喜劇和悲劇的表演場所。這兩種戲劇形式在培里克利斯統治時期發展至頂峰。劇場通常坐落在小山上，階梯狀坐席（開始是木製的，後改為石製）沿斜坡而建，中間凹陷處則作為表演舞台。所有的劇場都是露天的，雅典的戴奧尼索斯劇場（約公元前500）和埃皮達魯斯劇場是其中最為著名的兩座。音樂廳通常建在劇場附近，規模比劇場小，發展進程也較晚。迄今所知最早的音樂廳是由培里克利斯於公元前435年在雅典建造的。

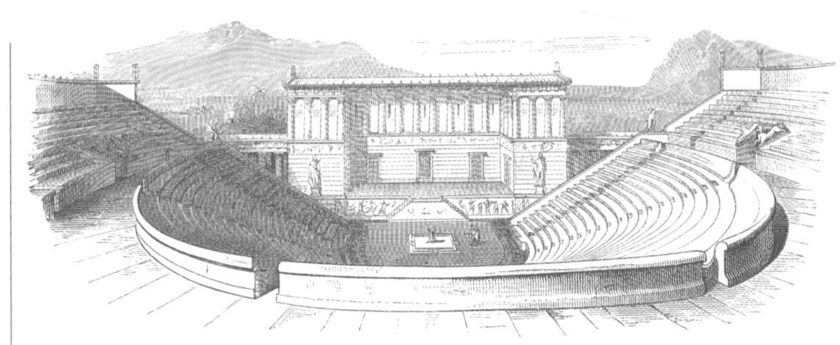

舞台

在希臘化時期，劇場表演的地方從舞池移轉到舞台的頂面，當時的舞台是一種沿景屋（見次頁）轉移到了舞台的頂面——一種沿劇場正面建造的帶柱廊建築。這一頂面形成了抬高的表演台（或演講區），以方便觀眾觀賞。同時，後面的景屋也增加為兩層，最高處的立面成了舞台的背景。羅馬人統治後，舞台的設計被壓得很低，舞台背景則裝飾得更為精巧。

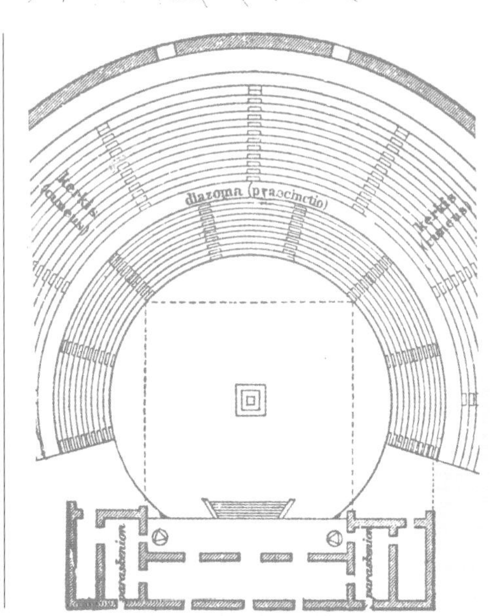

舞池

梯形座位底部那片平坦的圓形區域稱為舞池，從字面上理解就是「跳舞的地方」。正如其名，舞池是演員們跳舞和歌唱的地方，有時會在正中央放置一座獻給戴奧尼索斯的祭壇。演員們經由演員通道走上舞池。

劇場觀眾席

劇場的大型半圓狀座位區稱為觀眾席。它是由多排梯形坐席組成，離舞池最近的座位是為祭司、官員和其他貴客保留的。這些座席被輻射狀的階道分割成一個個楔形塊，可經由橫向走道進入座位。

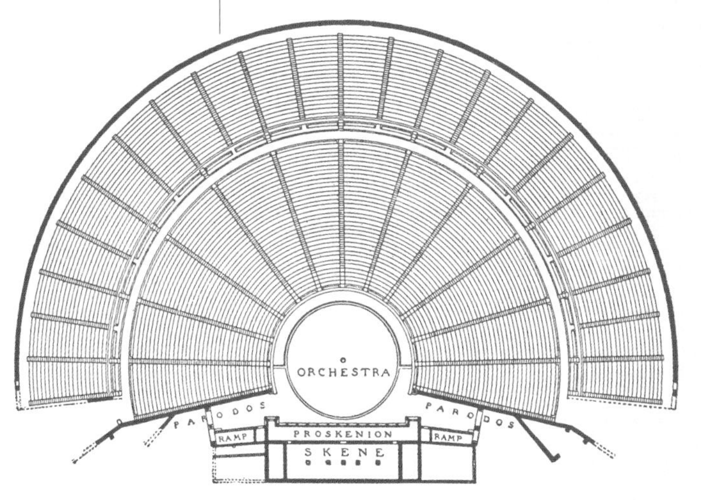

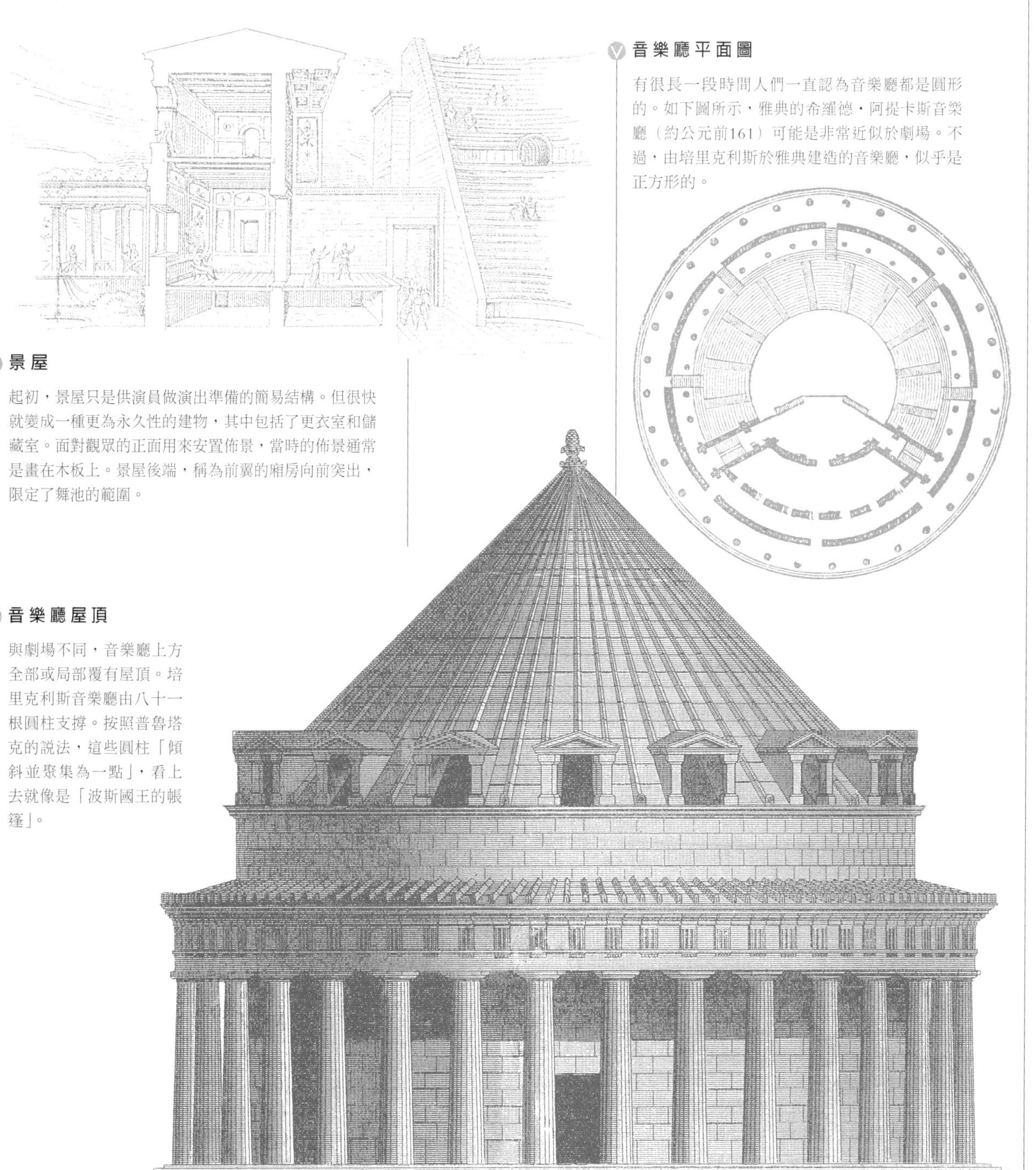

音樂廳平面圖

有很長一段時間人們一直認為音樂廳都是圓形的。如下圖所示，雅典的希羅德·阿提卡斯音樂廳（約公元前161）可能是非常近似於劇場。不過，由培里克利斯於雅典建造的音樂廳，似乎是正方形的。

景屋

起初，景屋只是供演員做演出準備的簡易結構。但很快就變成一種更為永久性的建物，其中包括了更衣室和儲藏室。面對觀眾的正面用來安置佈景，當時的佈景通常是畫在木板上。景屋後端，稱為前翼的廂房向前突出，限定了舞池的範圍。

音樂廳屋頂

與劇場不同，音樂廳上方全部或局部覆有屋頂。培里克利斯音樂廳由八十一根圓柱支撐。按照普魯塔克的說法，這些圓柱「傾斜並聚集為一點」，看上去就像是「波斯國王的帳篷」。

古希臘

其他世俗建築

正如我們所看到的那樣，希臘化時期建築的重點不在宗教建築，而且世俗建築的範圍不斷擴展。開放市場（agora）是城市中的露天市場，成為社會活動和商業活動的中心，包括諸如斯多亞敞廊、議院、行政辦公室和浴場等建物。開放市集以外則純粹是居住區，整體而言，民居的建築風格不事招搖——因為人們把大部分時間都花在室外或公共場所。與運動有關的建築物（如體育館和賽跑場等）則非常出色。體育比賽常常成為宗教節日的一部分，獨樹一格的泛希臘式運動會或節慶——包括奧林匹克運動會、皮提亞運動會、地峽運動會和尼米亞運動會——每四年舉行一次，統稱為奧林匹亞運動大會。女性通常不能參加這類運動會，甚至連觀眾都是清一色的男性。

雙層斯多亞敞廊

雙層斯多亞敞廊是帶有屋頂和柱廊的建築，為人們提供躲避風雨的地方，以及行走或聊天的場所。雙層斯多亞敞廊的建造極富建築美感，許多雙層斯多亞敞廊還帶有層疊式柱廊。位於雅典的阿塔流斯二世斯多亞敞廊（約公元前150），下層的柱式為多立克式，上層為愛奧尼亞式。

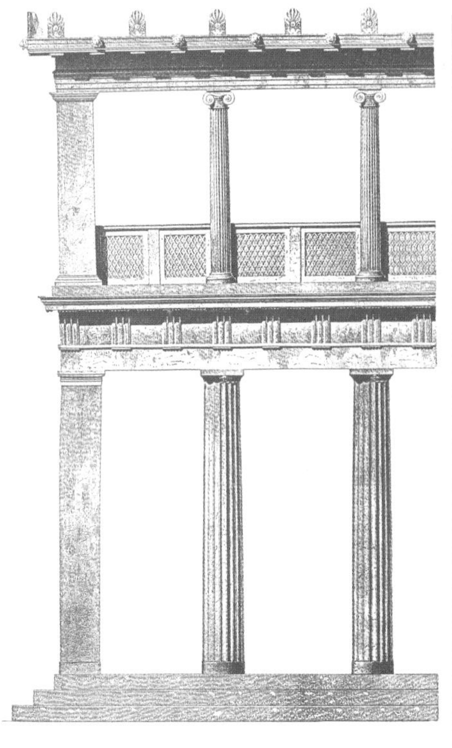

斯多亞敞廊屋頂

斯多亞敞廊的有脊屋頂通常是由一排沿房屋中線排列的愛奧尼亞式圓柱支撐。這種敞廊大多數建在開放市集場四周或者聖域內部。

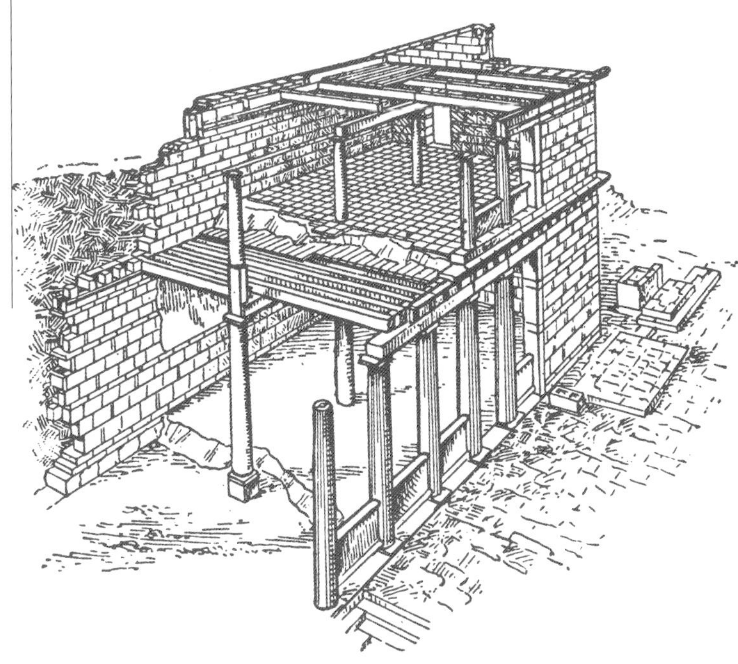

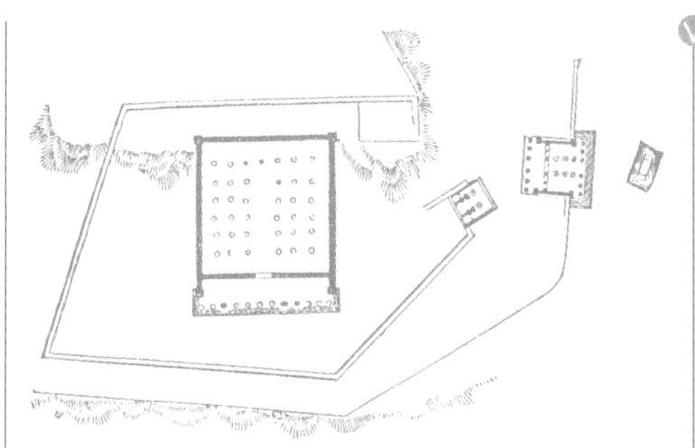

會議廳

希臘有正方形的會議廳（類似埃及的多柱廳），頂部覆有屋頂，四周環繞座位，並且有數量頗多的立柱。最著名的代表性建築是位於艾琉西斯的泰萊斯特林廳，或稱「神秘廳」，其主體工程完成於公元前5世紀和4世紀。

賽跑場

賽跑場是一條筆直平坦的比賽跑道，平均長度約183公尺。運動員比賽時通常要在跑道兩端設立的柱子或標杆處急轉掉頭。兩側有圍欄防護，後來則在其中一端為觀眾設置了席位。

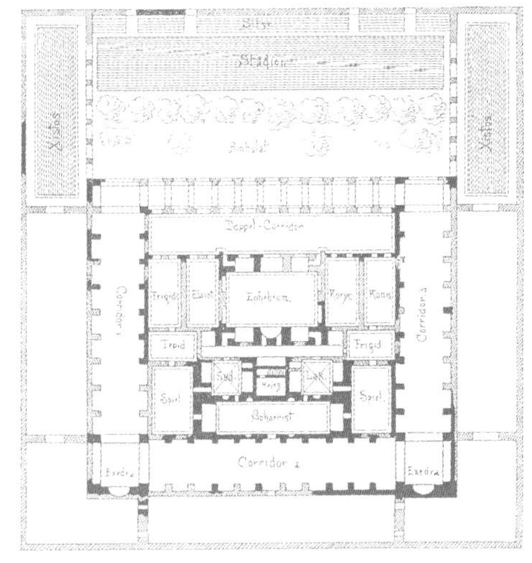

體育館

正規的體育館是一個大型的露天場所，專門讓男孩和男人進行各項體育運動。四周通常環繞著柱廊。然而，這個詞也用來指稱庭院以及其周圍的建築物，其中包括浴室、更衣室和演講室。

競技場

競技場是希臘眾多競技項目中最負盛名的戰馬競技和戰車競技的場所。希臘的競技場無一保存下來，但據說相當類似於羅馬的賽馬場，呈U字形。比賽從U字形的直端開始，繞著場地中間的障礙物進行。位於奧林匹亞的競技場中，戰車競技通常需要繞場十二圈，而戰馬競技則只需繞場一圈。

格鬥學校

格鬥學校類似於體育館，這兩個詞經常可以交替使用。但嚴格說來，它是指希臘私人經營的摔角學校。下圖是一座位於奧林匹亞的格鬥學校，由一個四周圍繞柱廊的露天院子組成，後面有更衣室和浴室。

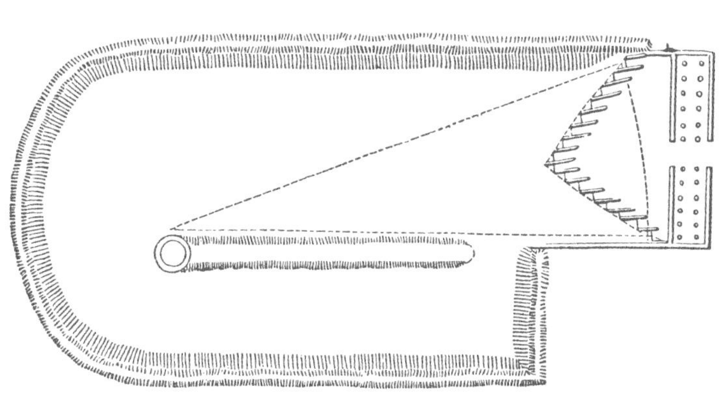

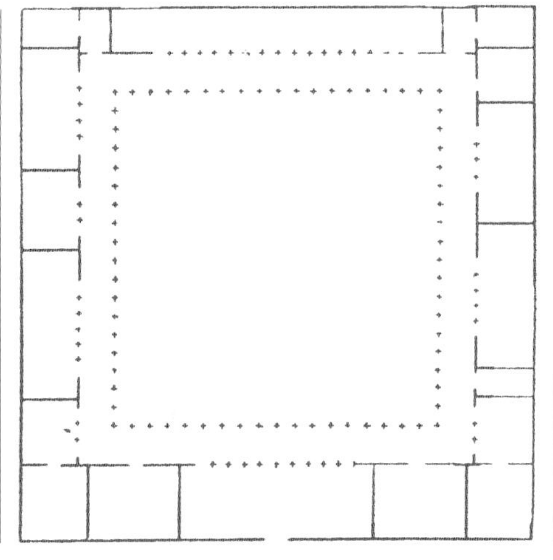

古羅馬 *公元前3世紀—約公元後340*

共和時期的羅馬

公元前第3和第2世紀，羅馬集中心力在打敗其本土及國外的敵人並擴大帝國疆域。共和時期，羅馬由貴族組成的寡頭集團統治，他們掌控了元老院和公民大會。這段時期隨著內戰以及奧古斯都於公元前27年登基而告結束。羅馬共和時期有一種新的建築形式浮現，這種形式是在伊特拉斯坎的義大利傳統基礎之上，吸收了希臘的古典式樣，並結合羅馬的營建技術。這個時期的建築很少留存至今，而有幸留存者都顯示出當時人們偏好尋找新的建築材料、類型及裝飾手法的創新精神。經過這番探索，羅馬人終於創造出自己的建築風格。

科林斯式柱頭

早期羅馬的科林斯式柱頭，其爵床葉飾更趨肥厚，柱頂板上的花形裝飾也更大，因而顯得比後期柱頭來得粗短。右圖是羅馬灶神廟的科林斯式柱頭，神廟裡曾有二十顆這樣的柱頭，全都設置在刻有凹槽的柱子上。

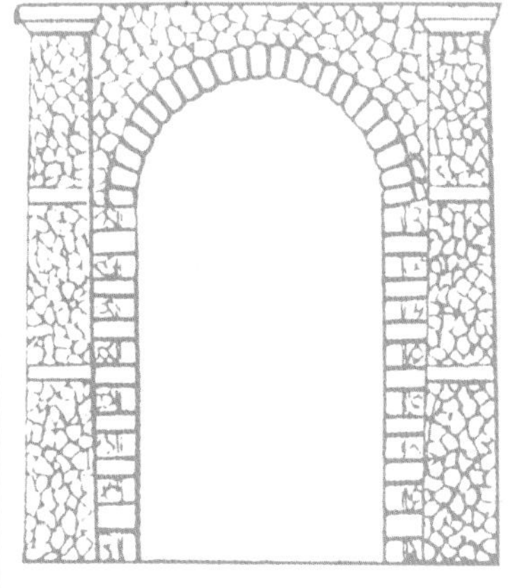

混凝土心牆毛石砌體

早期共和時期的建築通常是由混凝土和小毛石混拌建成，有時砌體中還會有磚帶橫穿。這種建築方式從公元前2世紀一直延續到公元前1世紀早期。

艾米梅利亞巴西利卡
（約公元前179）

除了下面這樣的殘片外，艾米利亞巴西利卡遺留下來的東西很少。從獎章及出土文物獲知，其長邊面向集會廣場展開，但是被一座有雙層高柱廊的鋪屋擋住了視線。它可能是透過天窗採光。

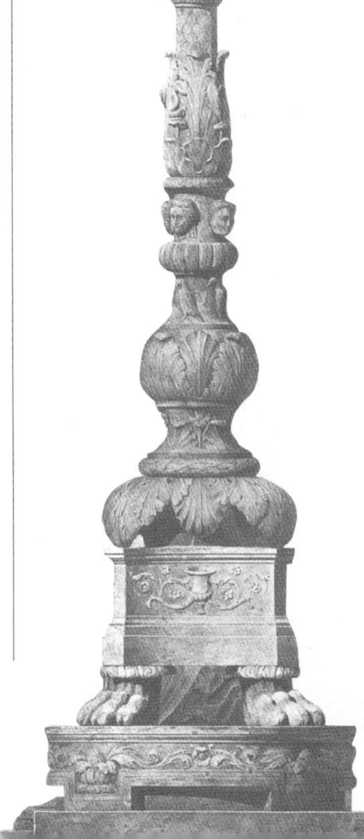

大賽馬場（4世紀）

賽馬場是用來賽馬和舉行格鬥競賽。羅馬的大賽馬場建於4世紀早期，後來整修過。大賽馬場建在一塊平地上，有600公尺長，除了直端上有一排出賽門洞外，四周都設置了坐席，兩端還各有一堵矮牆端柱或轉彎柱，形成一條可以繞圈的跑道。

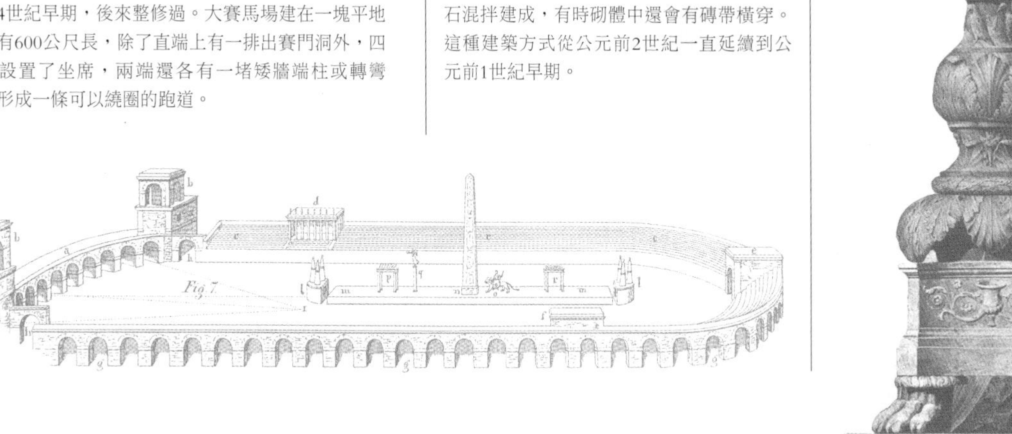

灶神廟（公元前1世紀）

這座建於公元前1世紀的圓形神廟繼承了伊特拉斯坎人圓形小屋的平面。然而它的立面卻是希臘式的。其柱子與牆的材料是來自希臘的潘特里克大理石。從四周的台階、古典式裝飾以及建築材料來看，這座神廟可能是希臘式的。其簷部已經不見，圖上看到的圓頂純粹是推測出來的樣子。

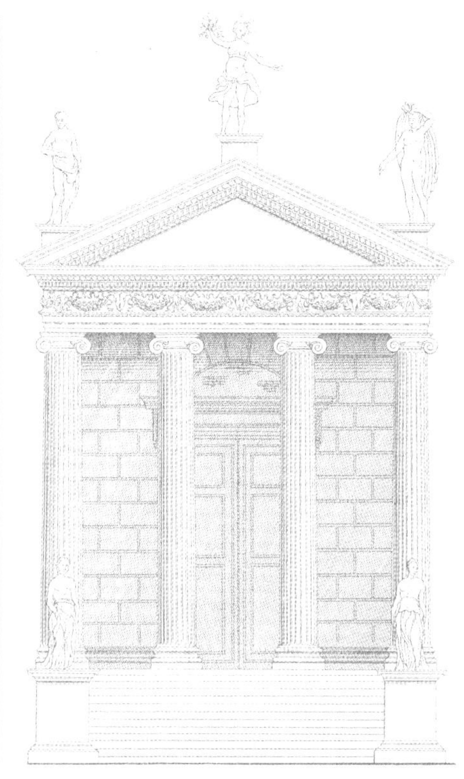

福爾圖納神廟（公元前1世紀）

這是一座愛奧尼亞式的四柱式（指有四根圓柱的門廊）神廟。混凝土墩座是用當地的凝灰岩建成的，並用石灰華——在鄰近的提沃利開採的石灰石——做貼面。牆面也是以凝灰岩砌建，但表面飾有灰墁。

福爾圖納神廟平面圖

從平面圖可以看出這座神廟嚴格的對稱性，這是伊特拉斯坎人的傳統。該神廟屬早期的假雙排柱圍廊式神廟：建築周圍有柱子，但柱子是半嵌在聖殿（或正殿）牆壁上的。

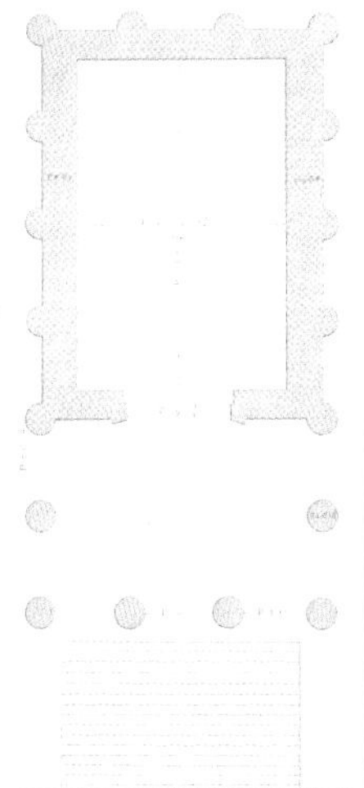

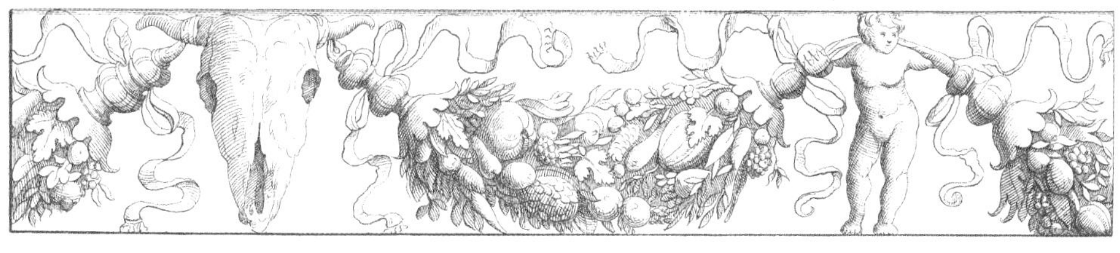

福爾圖納神廟牛頭雕飾橫飾帶

這個雕刻有牛頭、花環及邱比特的橫飾帶非常精緻，具有很強的裝飾性，取自福爾圖納神廟。

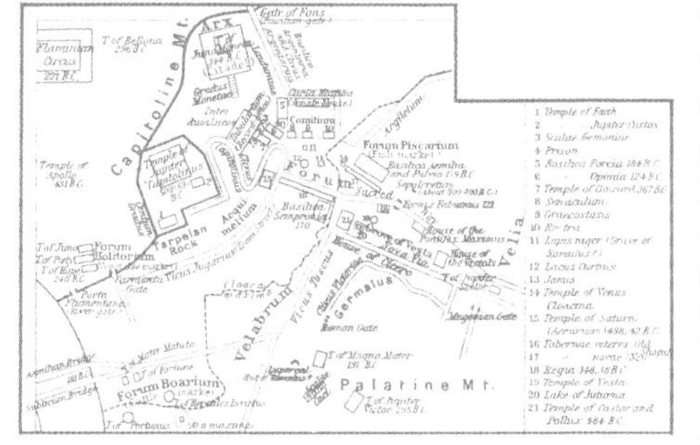

集會廣場

古羅馬的城市都有兩條主要街道，一條叫decumanusmaximus，一條叫cardo（樞軸）。兩者交叉的地方就是集會廣場。廣場由一組不規則的建築組成，是古羅馬城市的社會、宗教、商業和政治中心；綜合了伊特拉斯坎人的軸向市場以及希臘人帶柱廊的開放市集廣場。

古羅馬

龐貝城

坐落在那不勒斯以南的龐貝城可追溯到公元前3世紀，該城先是被公元63年的地震破壞，然後被79年維蘇威火山爆發後留下的厚厚火山灰覆蓋並保留下來。該城的挖掘工作自18世紀後期開始，並讓世人有機會目睹一座擁有豐富建築遺蹟的古羅馬早期聚落。該城的街道格局、住宅和大型公共建築都保存完好，其中還包括一些共和時期的建築。保存下來的通常是一些古羅馬最早的建築類型，比如巴西利卡或公共浴場。義大利南部受早期希臘殖民者的影響很深，龐貝城亦然，富家大宅中所展露的希臘風格成為這個城市的主要特色。

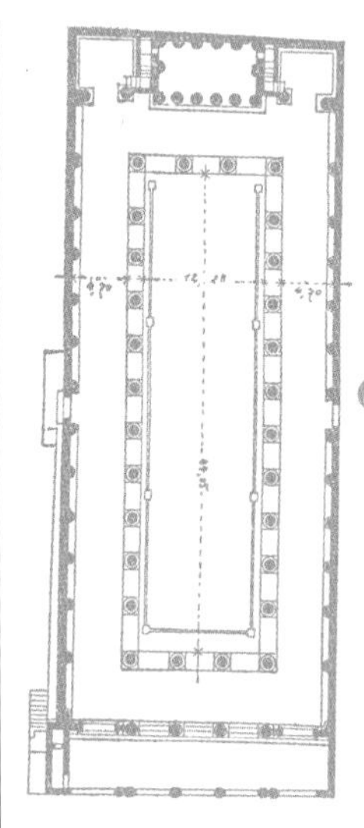

巴西利卡

巴西利卡可能是從希臘的廣場發展而成，後來漸漸加上覆頂。巴西利卡主要作為商場和法院。圖中是來自龐貝城的實例，從建築短邊進入，前面伸出的平台可供發表公共演講。

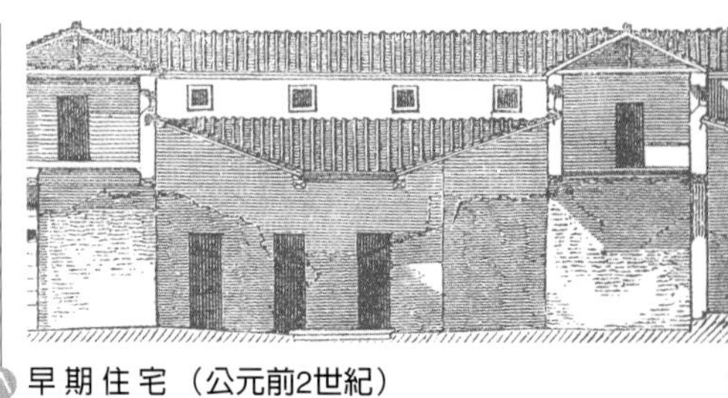

早期住宅（公元前2世紀）

這種早期住宅由集中在庭院周圍的一些房間組成，其形式是從伊特拉斯坎人那裡發展而來的。受希臘風格的影響，中庭延伸形成第二座花園，或稱圍廊。上圖是潘薩之家，其圍廊周圍還有許多房間圍繞。早期住宅也可能加蓋第二層，沿街部分出租作為商店。

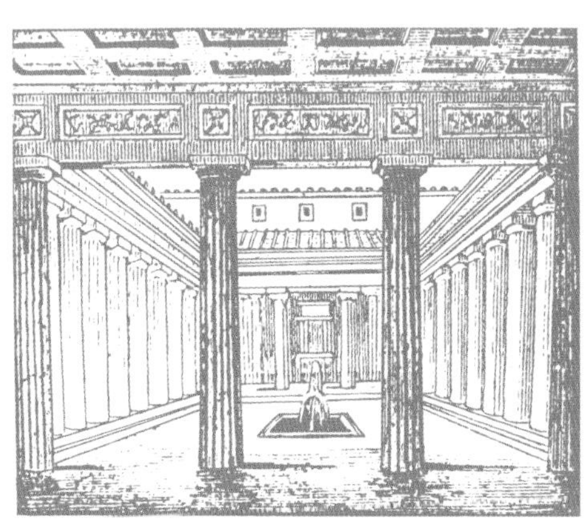

中庭

中庭是露天的，雨水可以匯集到地上的池子（蓄水池）裡。希臘化的圓柱逐漸以各種方式傳入。在這個例子裡，池子周圍有連續的柱廊環繞，稱為科林斯式中庭。

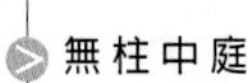

無柱中庭

從這座無柱中庭中，我們可以感受到富裕屋主豪華奢侈的生活空間。牆壁與頂棚都繪有壁畫，並以垂簾分隔家譜室與中庭。地板常常有馬賽克裝飾。

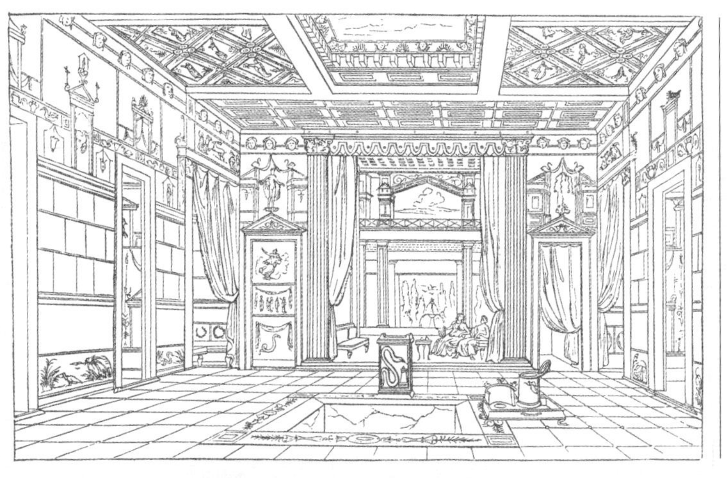

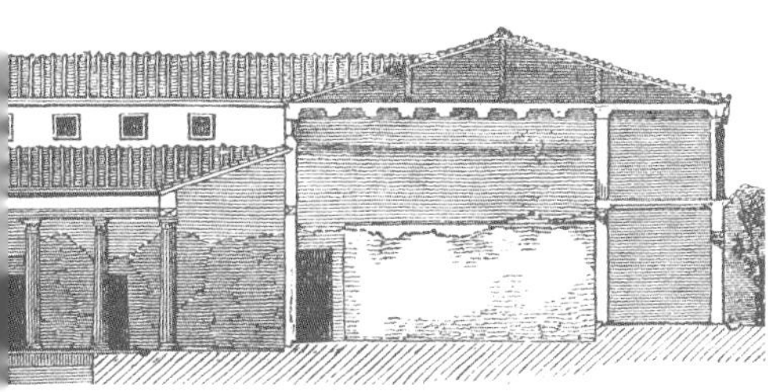

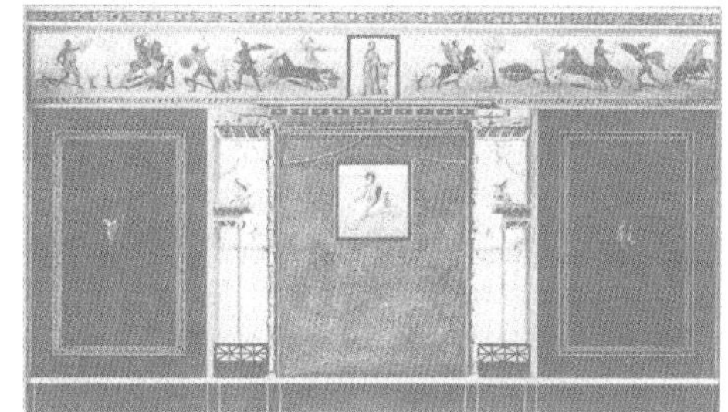

牆飾

早期住宅以牆裙和灰泥圖案為裝飾。對壁畫牆飾的喜好產生了「第一時期龐貝風格」(約公元前200-90)的濕壁畫。在這個實例中，牆上的壁畫模仿了建築式的隔斷手法。「第二時期龐培風格」(公元前70-15)一般設有柱廊，透過柱廊可以看到後面幻影般的地景。

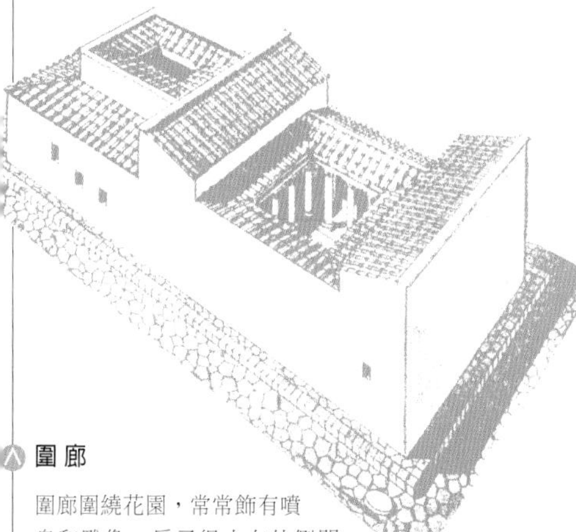

圍廊

圍廊圍繞花園，常常飾有噴泉和雕像。房子很少在外側開窗，圍廊和中庭是光線的唯一來源。漸漸地，隨著建築形制的演變，圍廊的一個或多個側邊開始不見，以便讓屋主可以看到外面的風景。

住宅平面圖

古羅馬住宅的平面是對稱的。最重要的房間稱為家譜室，位於圍廊與中庭之間，也是公共與私密空間的分界。兩側是穿堂。臥室、餐廳和廚房則設置在後面。

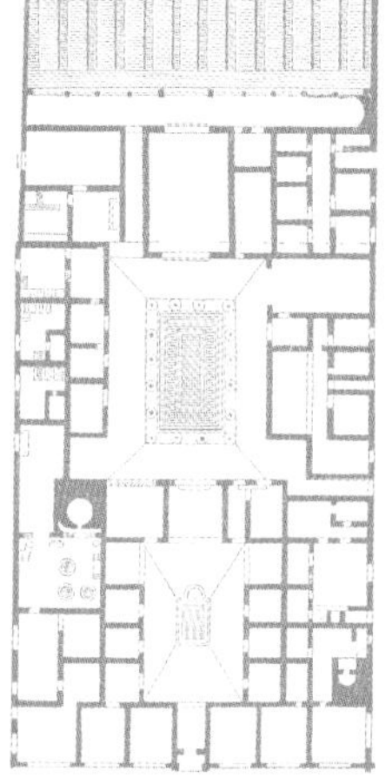

壁畫與拱頂

龐貝浴場的溫水浴室（約公元前100）展現出室內裝飾的水準。牆面上有壁畫，頂棚則結合了早期的筒形拱頂。

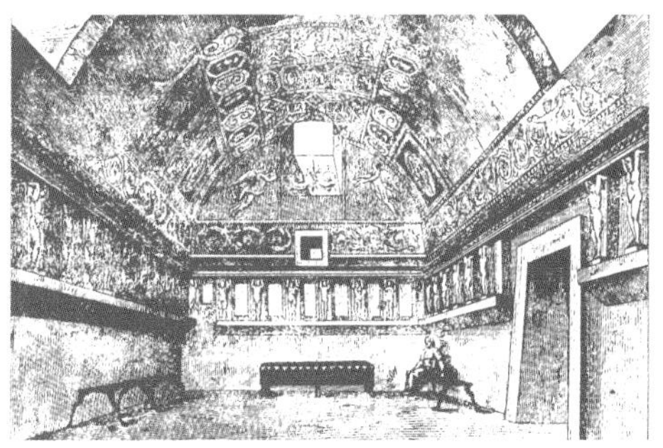

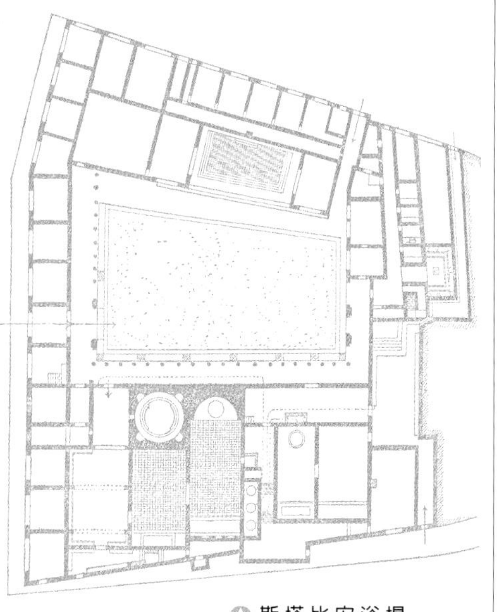

斯塔比安浴場(公元前2世紀)

這是現存最早的浴場建築之一。建築平面是不規則的，但後期浴場的基本要素都已具備，包括活動用的院子和游泳池。男女分浴，各自都有專用的更衣室、溫水浴室和熱水浴室。浴室用火盆來保暖。男子浴室的設計更顯精緻，其中的冷水浴室上有目前所知最早的混凝土圓頂。

古羅馬

羅馬以外的共和時期建築

公元前第3至第1世紀，羅馬以外的共和時期建築在建築式樣和材料方面的發展與首府相似。古羅馬人並不像希臘那樣擁有大量的大理石採石場，只好開發他們當地的凝灰岩、石灰華及白榴擬灰岩代用。此時他們已經開始採用標準化的燒製磚。極其耐久的混凝土也影響了新舊建築的建造。古羅馬人從不直接把混凝土裸露出來，而會在建築物外面包覆一層磚或著色灰墁。在這個時期，羅馬以外的神廟建築糅合了伊特拉斯坎的義大利傳統與希臘古典柱式。

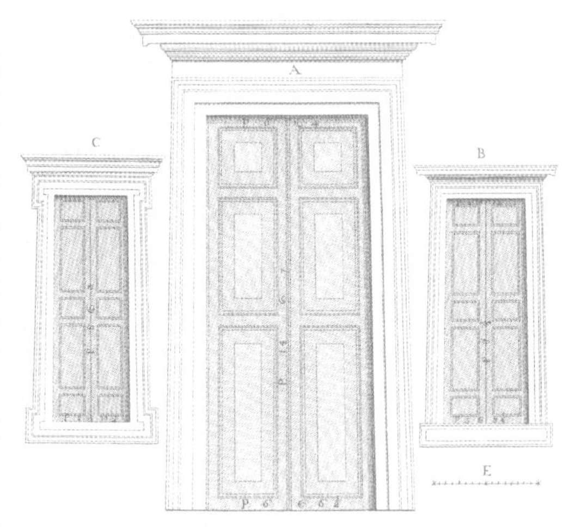

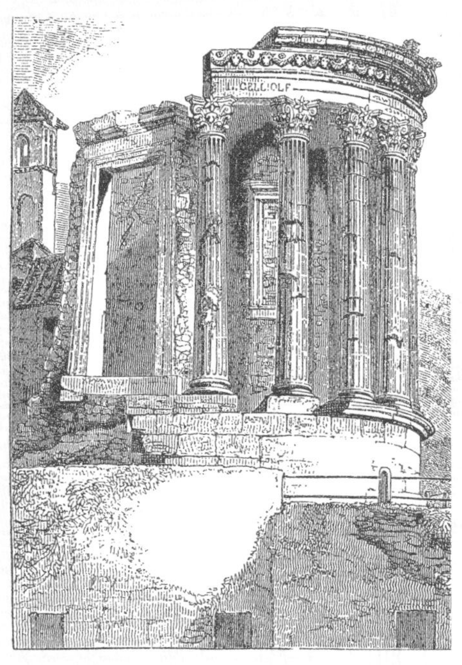

提沃利的灶神廟（公元前1世紀早期）

圓形的灶神廟高居於提沃利的溪邊峽谷之上，是獻給灶爐女神的。此時的神廟常常坐落在風景優美的環境中，可將周圍的鄉村景致盡收眼底。

希臘與羅馬風格的混合，灶神廟

帶有科林斯式柱頭（上圖）與牛頭橫飾帶的提沃利灶神廟，其裝飾本質上屬希臘式，但它採用當地的凝灰岩、石灰華及混凝土心牆毛石砌的建築法，則是典型羅馬式的。墩座、門、窗（頂圖）與正殿入口對面的軸向台階也是羅馬式的。

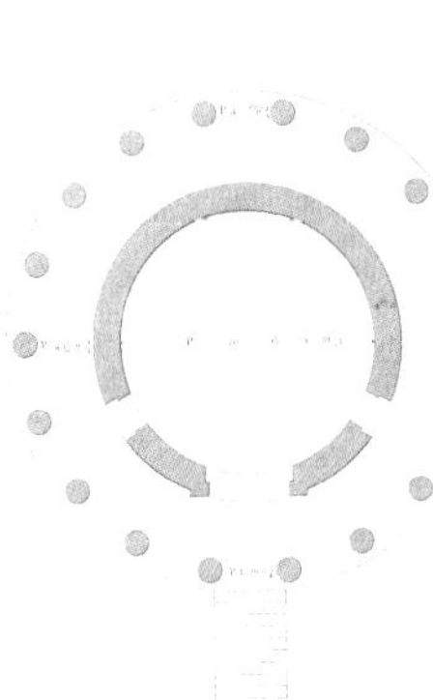

灶神廟平面圖

這張平面圖是根據羅馬的灶神廟繪製的。主要的區別在於羅馬灶神廟正殿的四周有台階圍繞，而左圖則只在軸線上有台階。

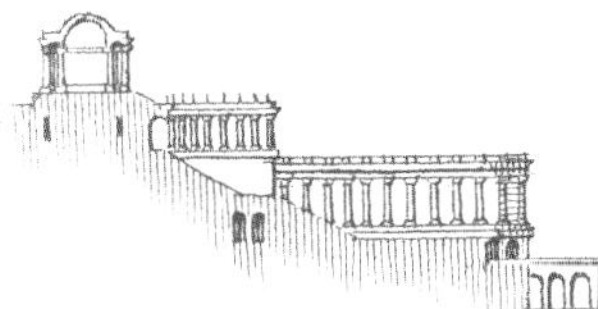

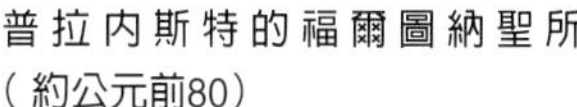

普拉內斯特的福爾圖納聖所（約公元前80）

羅馬城外的這組神廟是獻給命運女神的。神廟由兩部分組成：低處是集會廣場，高處是聖所，兩者之間由一組配置在七個平台上的對稱階梯及坡道連結起來。在這樣的基地上需要混凝土拱頂以凝聚視覺效果。

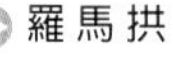

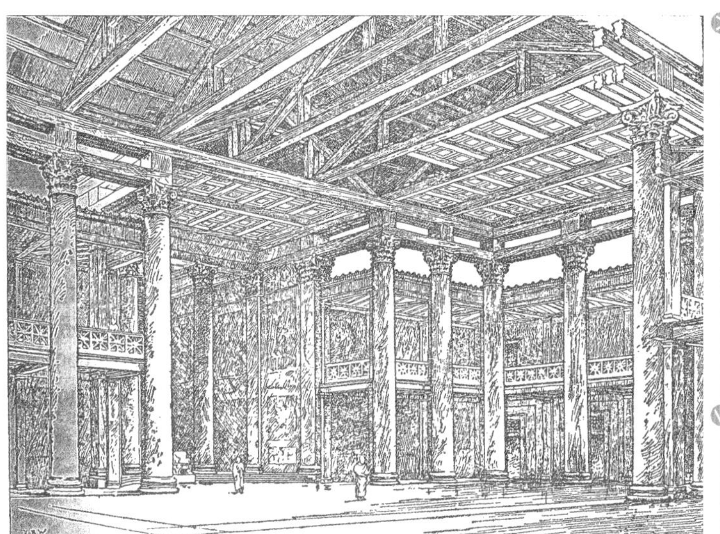

羅馬拱

古羅馬人發明了石楔拱，下方以獨立的柱子加以支撐。從這個基本形式陸續發展出筒形拱頂（如圖）、十字拱頂和圓頂。

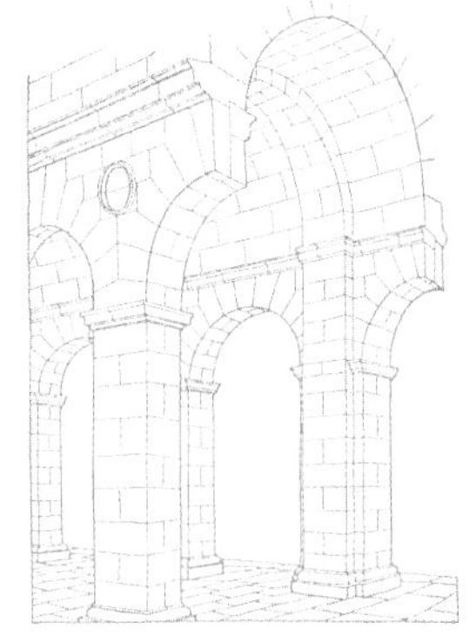

塞哥維亞輸水道（約公元10）

水道是用來將附近鄉村地區的水源輸送到城鎮裡。雖然水常由地下輸管道輸送，但遇到地形變化時就會建造巨型水道橋。圖例是西班牙塞哥維亞輸水道的局部，由雙層128個30公尺高、以毛石砌築而成的拱組成。

法諾的巴西利卡（公元前27）

維特魯威的《建築四書》是古羅馬保留下來的唯一建築論著。他所建造的唯一一座已知建築，是位於亞德里亞海邊的法諾的巴西利卡。其平面是長方形的，入口在集會廣場的長邊上，正對官員們執行審判的席位。維特魯威認為，為了參訪者的舒適起見，巴西利卡應該建在溫暖的地方。

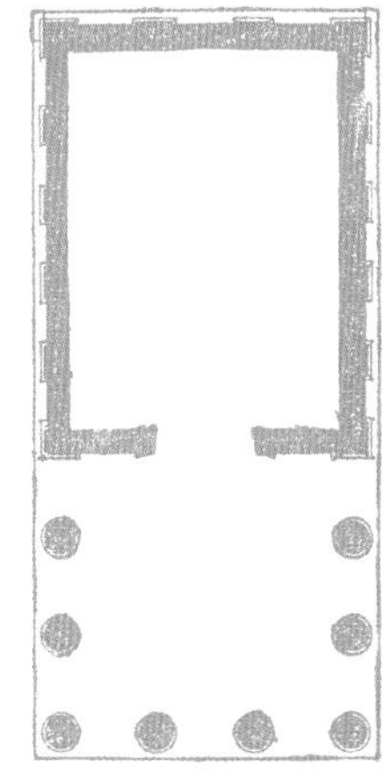

科里的赫丘力士神廟（公元前2世紀晚期）

這座位於羅馬南方科里的假雙排柱圍廊式（見105頁）神廟，正殿圍以牆垣，牆上附貼著連續排列的多立克式柱。密立的柱子在建築物前方圍劃出深門廊的空間；反之，在建築物背面則毫無修飾。

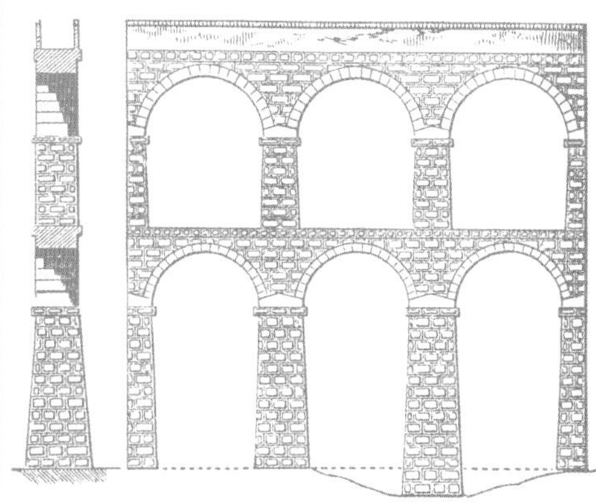

古羅馬

奧古斯都時期世俗建築

公元前27年，在經歷了一場內戰之後，奧古斯都開始執政，並開創了一段持續兩百年、被譽為「羅馬和平」的時代。他著手重建羅馬及整個帝國的基礎設施，建設了大道、橋梁和輸水道，並且鼓勵富人投資城市建設。可惜的是，這些世俗建築幾乎都沒能倖存。奧古斯都在許多方面都明顯以其養父凱撒為榜樣，他重建了集會廣場，並完成了羅馬城最早且規模最大的拱與附牆柱結合的建築——馬塞路斯劇場。水泥的運用技術已經有所進步：火山灰這種膠凝材料廣泛使用；也發明了水泥的一種慢乾施工法。然而總的來說，奧古斯都時期的建築風格還是趨於保守。

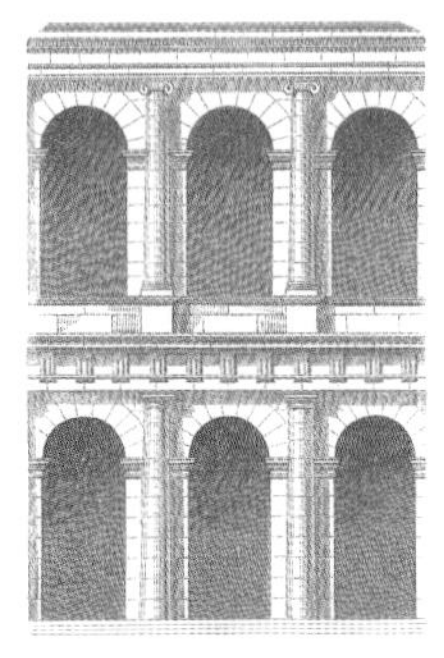

馬塞路斯劇場

馬塞路斯劇場（公元前13年建成，用來紀念奧古斯都的孫子馬塞路斯）外表呈半圓形，有兩層拱作為觀眾席的扶壁。這種將結構性拱與裝飾性柱式結合起來的做法，是典型的古羅馬風格。

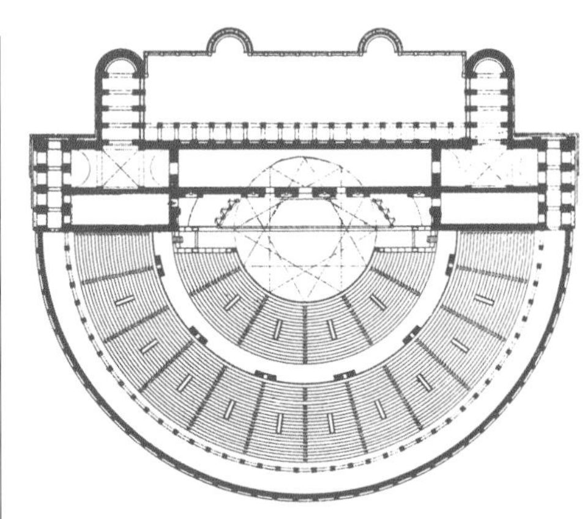

古羅馬劇場

古羅馬劇場與其前輩希臘劇場不同。它們是半圓形的而非圓形，並且由一堵稱為背景屏（參見第133頁）的牆封起來，不像希臘劇場那樣是在直邊向周圍鄉村開敞。劇場觀眾席建在帶有放射狀坡道與走廊的拱式地下結構上。這樣劇院就可以建在平地而不用建在山坡上了。

THEATRE DE MARCELLVS

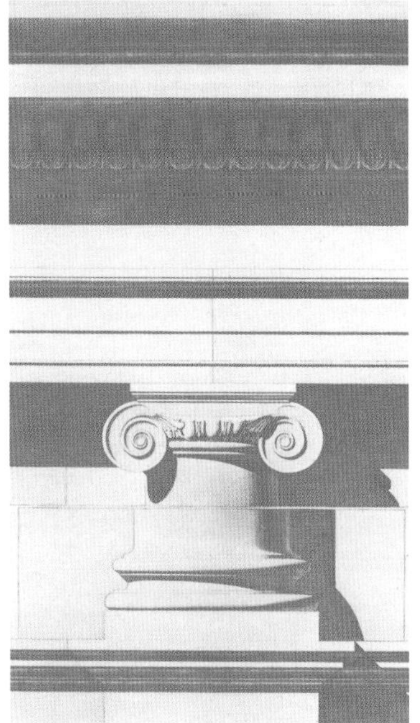

馬塞路斯劇場層疊式柱式

馬塞路斯劇場的遺蹟只保留下兩層，這兩層樓上的拱屬於愛奧尼亞式和多立克式相結合的層疊柱式。目前還不知道上方是否還有科林斯柱式的第三層樓，或是只有一個簡單的頂樓。古羅馬的多立克柱式往往帶有柱礎。

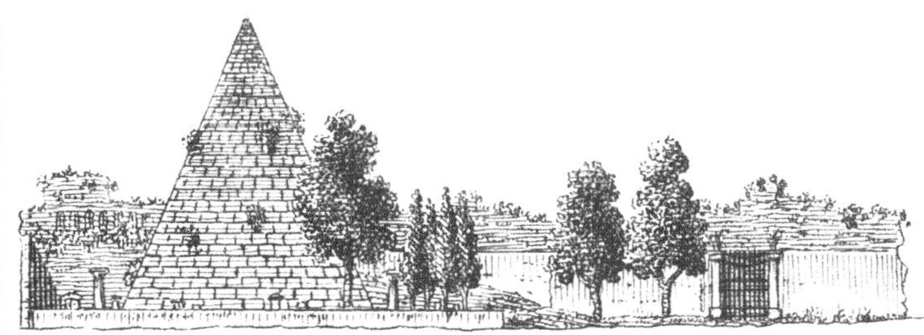

羅馬塞斯提亞斯金字塔（約公元前12）

塞斯提亞斯金字塔代表一種比奧古斯都陵墓更早的墓室形式。它由水泥建成，大理石貼面，內部有帶繪畫的墓室。

法國奧宏治的提比留凱旋門（公元前1世紀）

凱旋門本身不具備功能性，只有純粹的象徵意義。現存最早的凱旋門建於奧古斯都時期，包括位於奧宏治的凱旋門。

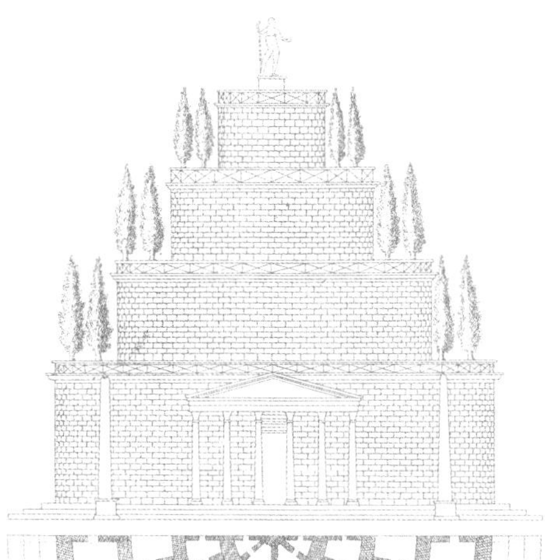

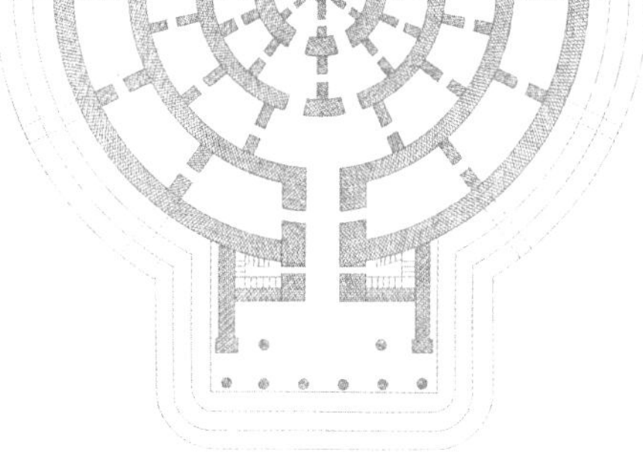

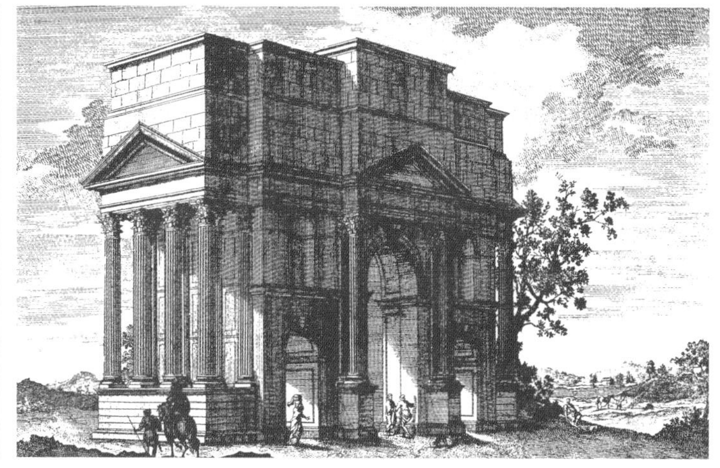

羅馬的陵墓（公元前28-23）

奧古斯都在城牆內建了家族陵墓，打破了不能在羅馬城內殮葬的規矩。該凌墓沿用了伊特拉斯坎人圓柱形陵墓的基本形制，其上疊加了種滿柏樹的土墩，頂上豎以巨大的皇帝雕像。

里米尼的奧古斯都大橋（公元1世紀）

古羅馬人發現了混凝土在水中的性能：混凝土會在水中凝結，可以用來建造受力性極好而且美觀的橋梁。就像下圖這座建於亞德里亞海邊城市里米尼的橋，它有五個大小不同的拱和巨大的橋墩。

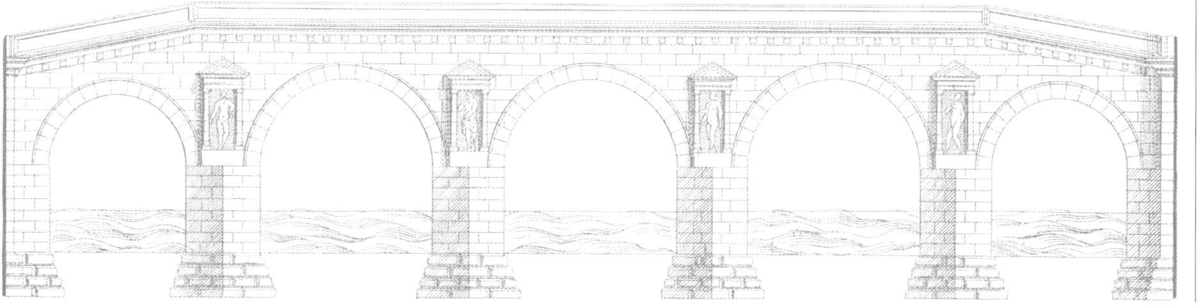

古羅馬

奧古斯都時期神廟

奧古斯都宣稱：他發現羅馬城時它是個磚砌城市，而他將留給後人一個大理石造就的羅馬。不管真實情況怎樣，許多在他統治時代建造或重建的神廟確實如此。他在自傳中稱，單在羅馬，一年他就重建了八十二座神廟。這一時期神廟的形制相當保守，是按共和時期的傳統建造，即結合了伊特拉斯坎人的平面與希臘的古典風格。奧古斯都時期神廟的平面雖然各有差異，但總的來說都有高度超過寬度或長度的趨勢。高墩座是此一時期神廟最常見的特徵，甚至是唯一強調的特色。大多數奧古斯都時期的神廟都是科林斯式的，這符合了當時人追求細節精緻以及大肆使用大理石的品味。

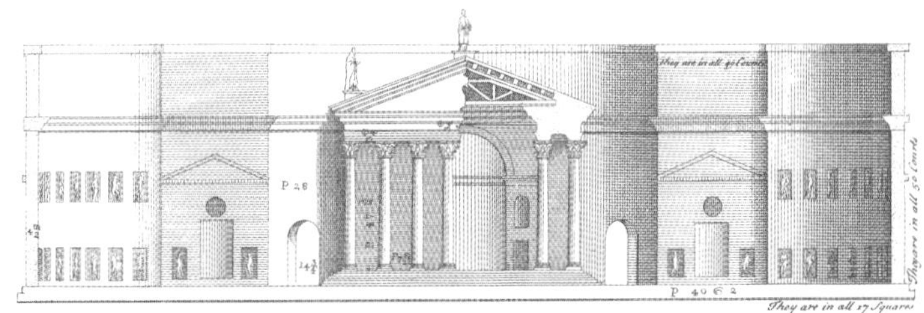

羅馬的復仇戰神廟（落成於公元2）

古羅馬人不斷發展有助於加強統治的建築形式。在菲利比之役（公元前42）中，奧古斯都發誓要為凱撒之死報仇，並根據他的記憶建了一座神廟。奧古斯都集會廣場中的復仇戰神廟是獻給羅馬城的禮物。

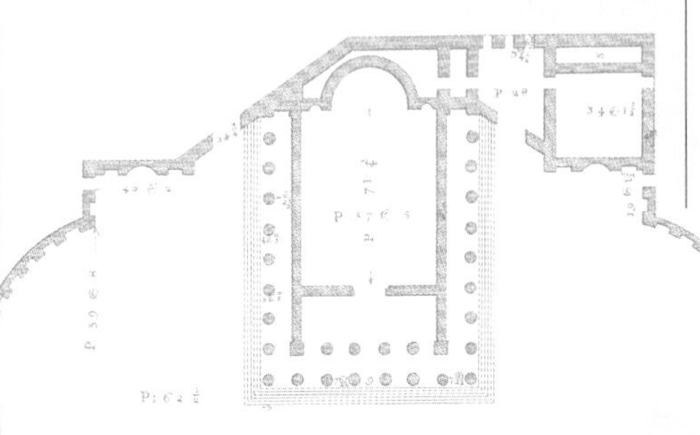

復仇戰神廟平面圖

復仇戰神廟強調其正面、對稱性，和軸線取向，這種平面格局是典型的古羅馬風格。復仇戰神廟為八柱式神廟，幾乎是正方形。它倚在一堵47公尺長的牆上，端立在高高的墩座上，統馭著前方由柱廊圈成的圍場。

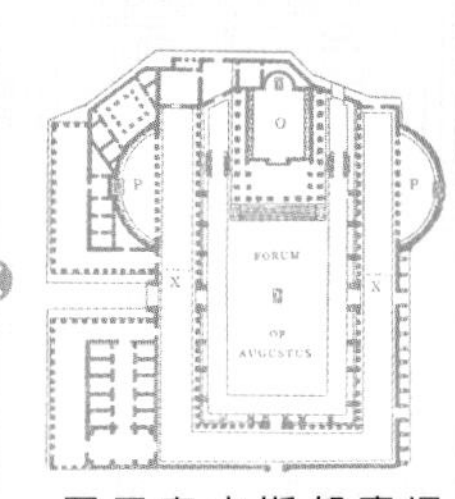

羅馬奧古斯都廣場

奧古斯都擴建的廣場部分與他前任統治者凱撒添建的部分呈直角分布。與凱撒廣場相同，神廟位於柱廊庭院的端頭，並在橫向軸線上設置了半圓形的庭院。與希臘建築師不同，這位建築師並未對這種不對稱的基地多加探索，而是用一個軸線對稱的平面將其掩飾起來。

大理石的使用

在盧那採石場於公元前20年開始營運前，大理石一直是昂貴的建築材料。在奧古斯都統治期間，盧那的大理石大量開採。它那與外來彩色大理石形成對比的特有白色也得到了開發利用。協和神廟（約公元10）全部都是用大理石建成的。

0 5 10 20 30 40 Mètr.

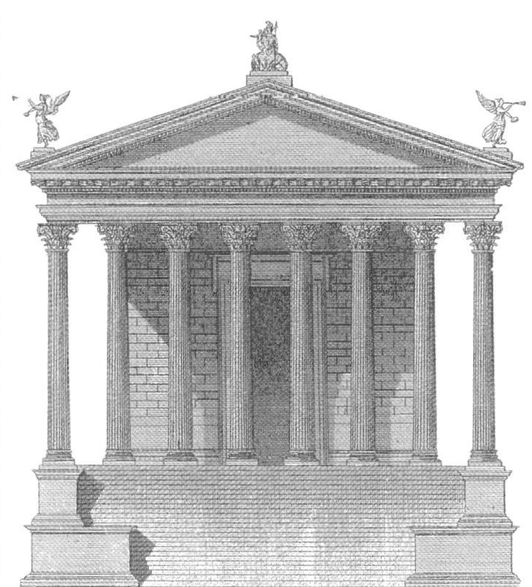

羅馬的卡斯托爾和波盧克斯神廟（落成於公元6）

奧古斯都統治時期，柱式——尤其是科林斯柱式——的使用逐漸變得標準化。卡斯托爾和波盧克斯神廟的科林斯柱頭及線腳繁密的額枋和深飛簷口，便是當時的標準形式。

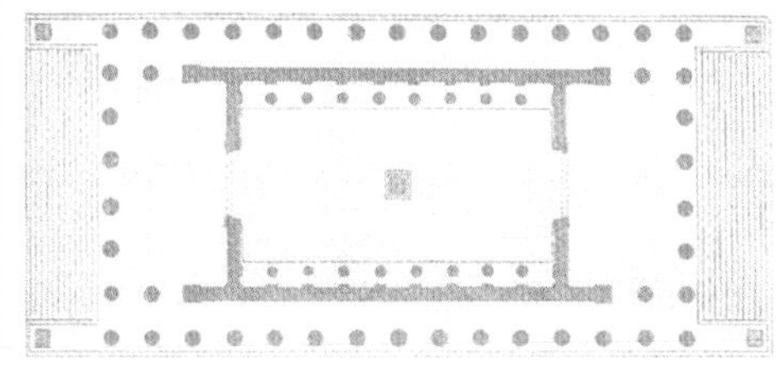

卡斯托爾和波盧克斯神廟平面圖

如同奧古斯都時期的許多神廟一樣，卡斯托爾和波盧克斯神廟也建在一座神廟的舊址上。這可能也是它的平面格局比較特剔的原因。卡斯托爾和波盧克斯神廟採用八柱圍廊式，及雙層墩座。從廣場上拔地而起的墩座常常作為演講台。

法國尼姆的四方神廟（1-10）

四方神廟以長牆支撐結構。牆邊的柱子只是希臘橫梁式結構的遺痕罷了，原先用來支撐屋頂的功能已不復存在，現在它們只具有裝飾作用。

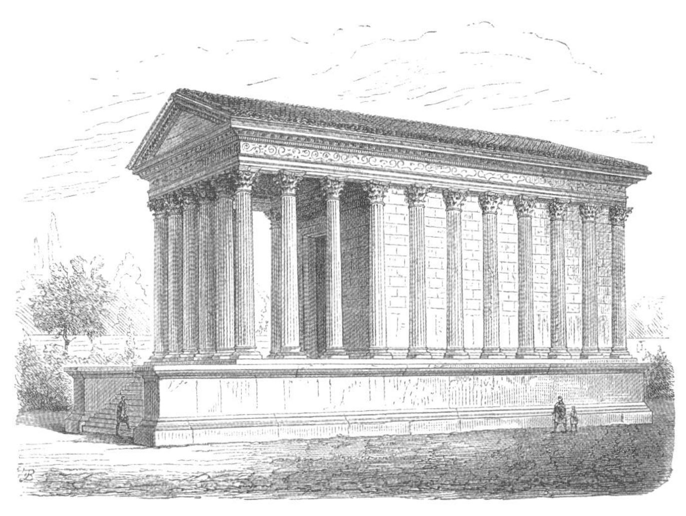

卡斯托爾和波盧克斯神廟額枋細節

大理石是奧古斯都時期建築的顯著特徵，這方面需要藉助希臘工匠的技術。許多神廟的古典裝飾上都留下了他們的印記。下面這塊雕工繁複的額枋可能就是出自希臘工匠之手。

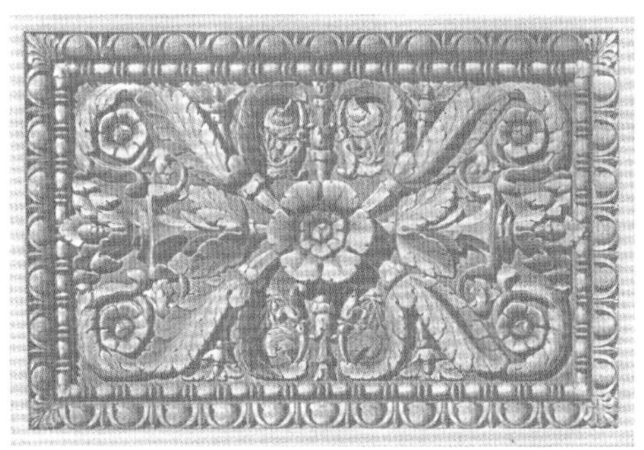

四方神廟台階

神廟的台階是控制行進軸向的一種方式。在四方神廟這個例子兩側的低土矮檔牆排除了其他進入方式，並額外提供了可供雕刻裝飾的牆面。祭壇常常設置在神廟外台階的頂端或下方。

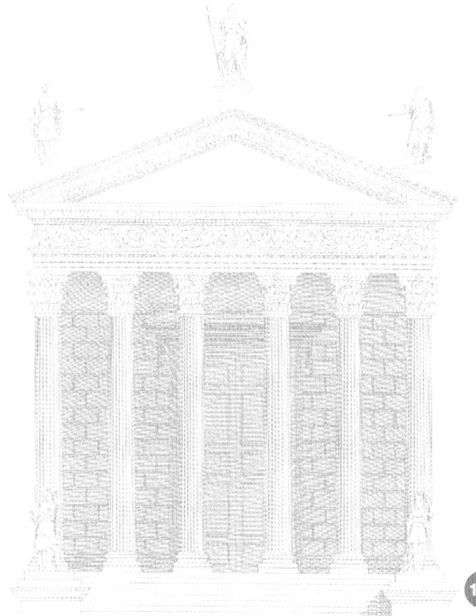

古羅馬

弗拉維亞王朝

韋斯帕先皇帝（統治時期69-79）創立了羅馬國唯一的王朝——弗拉維亞王朝。這個王朝排斥共和時代及奧古斯都時代樸素的建築形式。他們遺留給我們的是太平盛世才會出現的奢華建築。住宅和宮殿建築產生了許多實驗性的新型房間和拱的樣式，然而當時大多數的羅馬人卻是從公共浴場首次見識到這場變革。這個時期運用混凝土和建造拱頂的技術已達到爐火純青，可以在無須承重的條件下打造更大的跨度，例如尼祿金宮中那間屋頂採光的八邊形房間。公元64年的大火燒毀了羅馬城的許多建築，尼祿頒布了城市重建的法令，禁止使用木材，倡議使用混凝土的地板和頂棚，並在底層設置連拱廊。

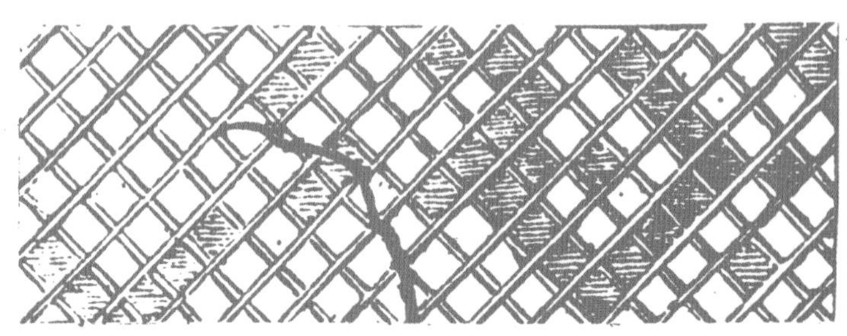

方石網眼築牆

從這個時期開始，許多混凝土建物的外部都會包覆一層由金字塔形凝灰岩以對角線方式堆疊而成的牆面，這種做法稱為方石網眼築牆。在建造房子的時候，會先豎立方石網眼築牆，然後再向裡面澆注混凝土。一旦澆注完畢，方石網眼築牆就不具結構作用，但可在它光滑的表面貼上大理石或施以灰墁。

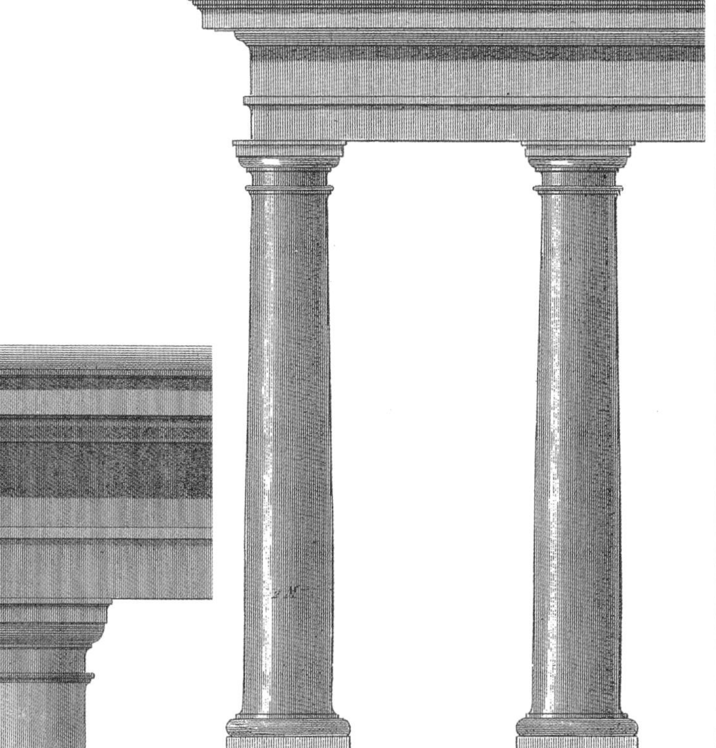

托斯坎柱式

托斯坎柱式起源源伊拉斯坎人，可以在他們的墓穴建築中看到。雖然古羅馬人意識到這是義大利特有的柱式，但在古羅馬大型建築上可以見到的托斯坎柱式卻更接近希臘多立克式，而不是伊特拉斯坎風格。與多立克柱式相比，托斯坎柱式的橫飾帶上沒有裝飾，簷口下也沒有簷底托板。總之，它的柱間距更大，比其他柱式更加粗拙。

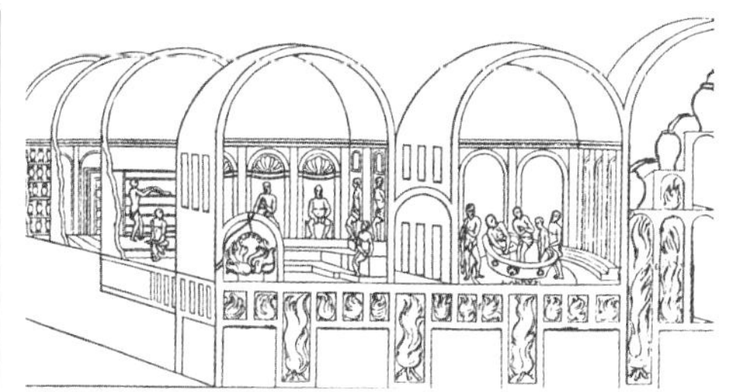

火炕式採暖裝置

古羅馬人發展出地下採暖技術，暖氣是來自位於地板下的中央火爐，並經由牆內的煙道傳至室內。這種設施在浴場中最為典型，可惜這個時期幾乎沒任何實例留傳下來。眾所周知，在多米田皇宮中便有這種火炕式採暖裝置。

羅馬提多旋門（81）

這個凱旋門建於多米田皇帝時期（81-96）。單拱凱旋門由壁柱環繞，其上的頂樓是獻給提多皇帝，以紀念其征服耶路撒冷。頂上有四馬雙輪戰車雕塑。

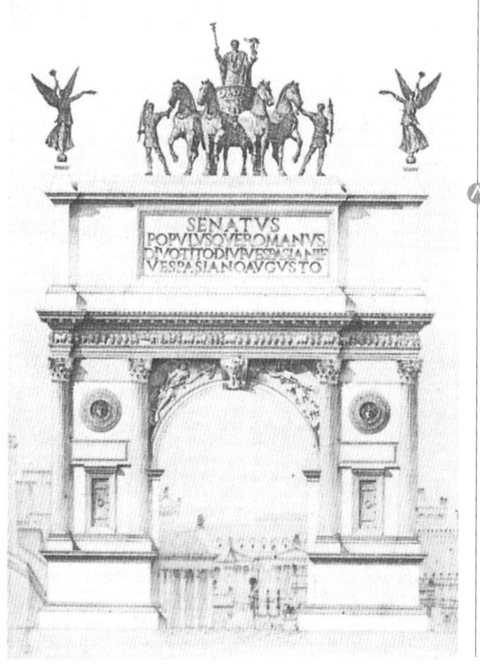

提多凱旋門 複合柱式

古羅馬人可能早在奧古斯都時期就已經將科林斯柱式與愛奧尼亞式柱頭結合起來，發明出這種複合柱式。提多凱旋門上的這個複合柱式是目前所知用在公共建築上最早的實例之一。這種柱式的出現頻率很高，尤其是在羅馬城。

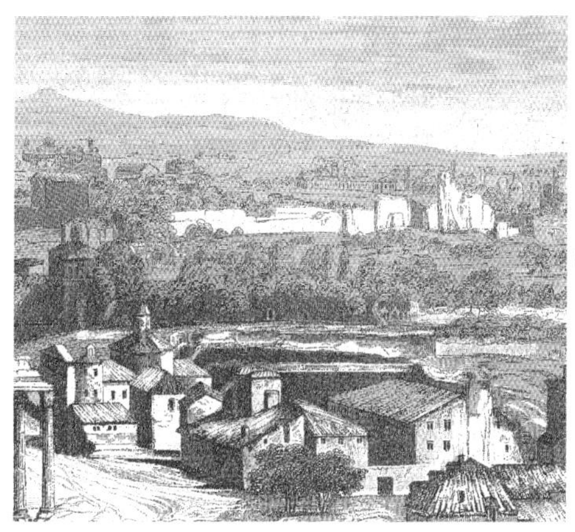

多米田皇宮（落成於公元92）

米多田皇宮坐落在羅馬城內的帕拉丁丘上，是由拉比魯斯建造，他是少數幾位已知的古羅馬著名建築師之一。這座宮殿在接下來的三個世紀中一直是古羅馬皇帝的正式宮殿。其設計以花園庭院為中心，在不規則的基地上以對稱的方式，將公共與私密宮室結合在庭院四周。

舞池

古羅馬劇場中作為表演區的半圓狀平地，其功能已經與希臘的圓狀原型不同了。與其說是舞台，不如說是社會特權人士的貴賓席。

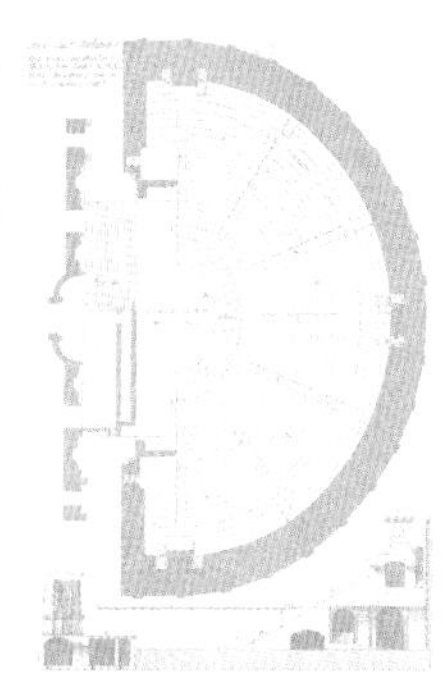

背景屏

古羅馬劇院背面的圍牆，或稱背景屏，是其最主要的特徵之一。其上飾有雕像和壁龕，其後是舞台建築，前方則是舞台本身。

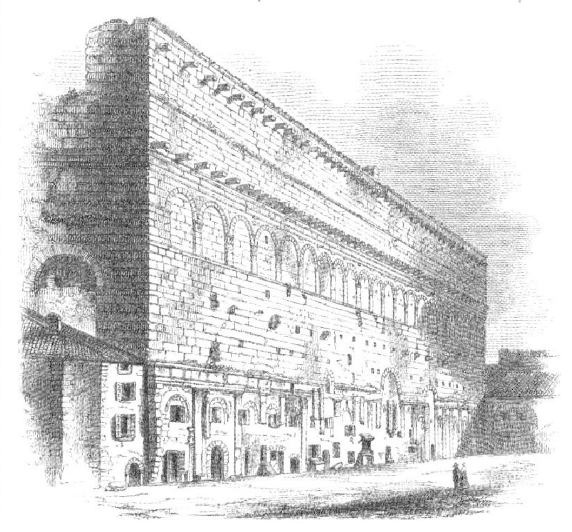

古羅馬

羅馬大競技場

大競技場也稱弗拉維亞圓形劇場，是公元70年由韋斯帕先皇帝開始督造，作為獻給羅馬城的禮物。該建築在公元80年由他的兒子提多舉行開幕式，最後在多米田時代完工。它的基地原是一座人工湖，就位在圍繞尼祿金宮的觀賞花園裡。地下的黏土正好構成了理想的地基，可承載這座建築的巨大重量。與尼祿的自私鋪張不同，韋斯帕先非常明智地將這座圓形劇場獻給羅馬人，好讓他們觀賞格鬥表演，並因此創造出羅馬城裡的第一個永久性圓形劇場。這座建築的平面和裝飾方面風格都保守，然而單是它的驚人尺度（188×156公尺），以及在建造如此龐然大物時所體現的供給能力，就足以令它與眾不同。

拱式地下結構

建築師用了超過三個樓層之高的拱式地下結構來承載坐席。放射狀的樓梯間將觀眾引至個自的座位，每一組這樣的楔形單元稱之為 cuneus。外環的走廊除了方便人群活動外，也用來支撐建築向外的推力。

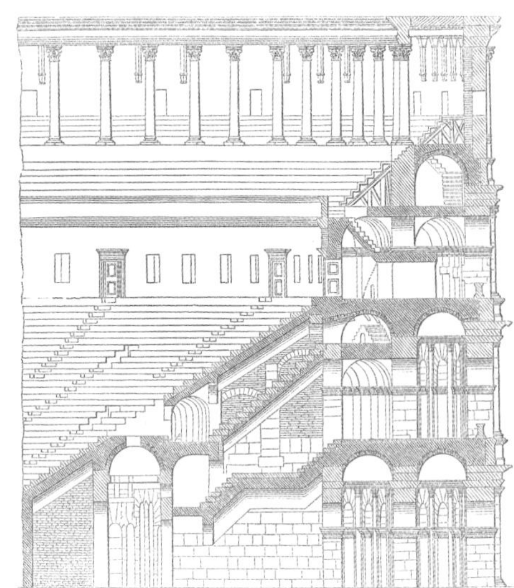

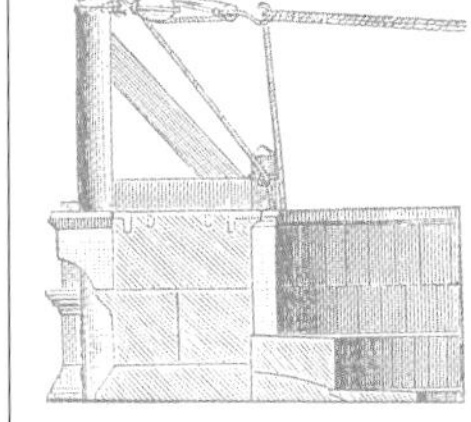

天幕

頂樓那些支撐天幕的托座插口現在仍保留至今。天幕覆蓋了圓形劇場的全部或部分，以為觀眾遮陽。它由連接到場外地面的滑輪系統支撐著。

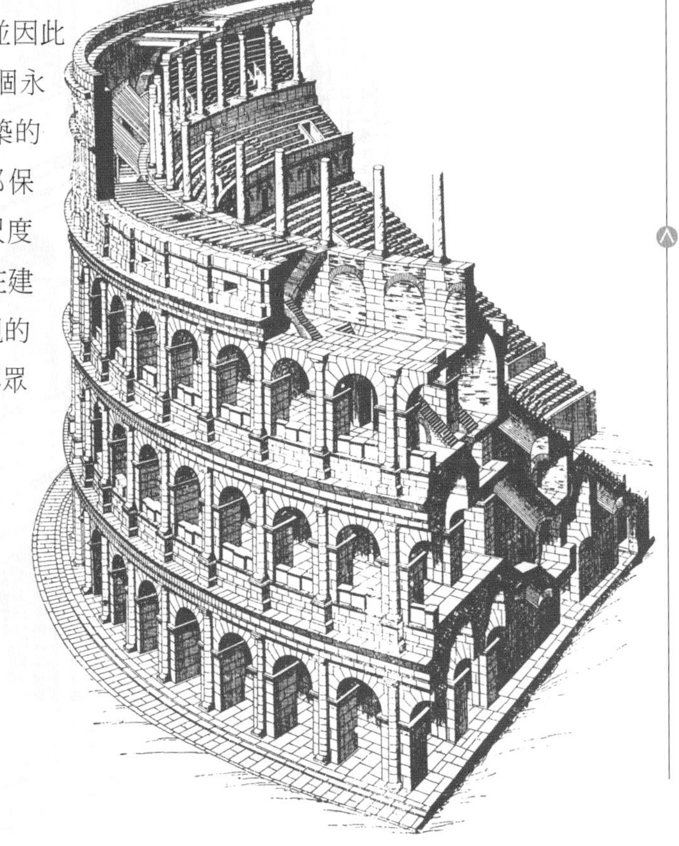

建築材料

建築材料有經過刻意挑選，以符合這項設計的重量與規模。地基用的是混凝土，弧形牆面用的是凝灰岩，到了頂端則變成磚面混凝土，建築外部用的是石灰華。

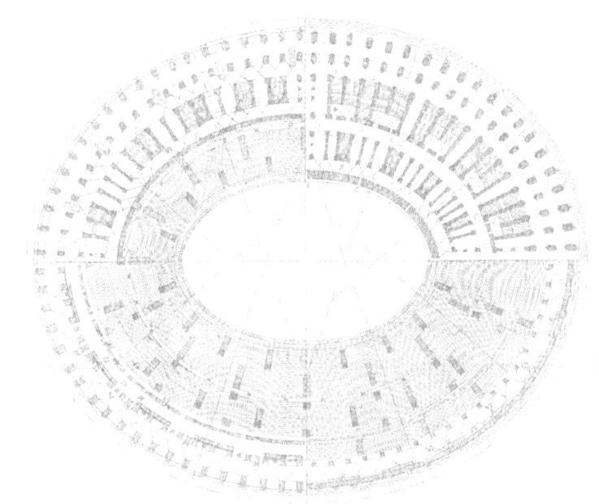

平面圖

設計上的主要挑戰在於如何處理最多可達五萬觀眾（還可能是不守規矩）的人流。大競技場平面是橢圓形的，共有八十堵弧形牆，七十六個編了號的入口。另有四個門廊通往皇家包廂。

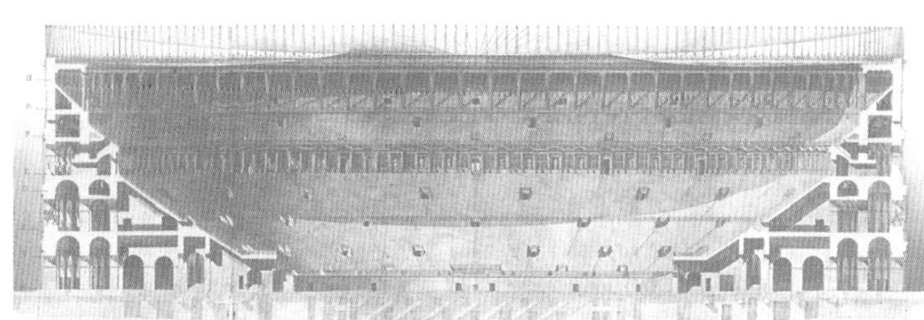

坐席

底下三層的富人坐席是大理石製的，頂層的窮人坐席則改為木製，目的是為了把側推力減至最低，因為這部分只有頂樓牆支撐。大競技場地下是供安置入場前的動物、表演者及布景之用的一組走廊和服務性通道。

外部裝飾

在建築外部，拱與層疊柱式的組合是受到馬塞路斯劇場的啟發。頂樓採光採取兩兩開間交替開窗的方式，窗與窗之間有青銅盾板。

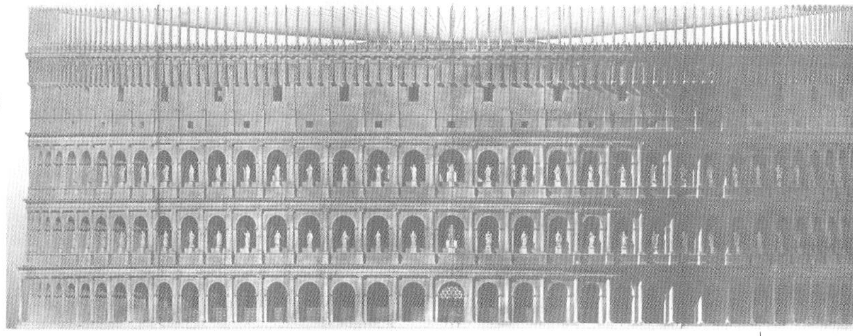

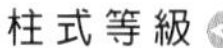

柱式等級

外牆上的四分之三柱從下到上按塔托斯坎式、愛奧尼亞式和科林斯式的順序排列，頂樓是科林斯式壁柱。這一柱式「等級」深深影響了文藝復興時期的建築師。

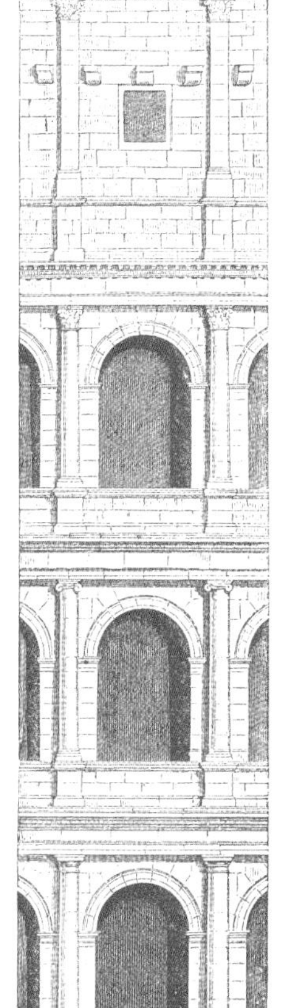

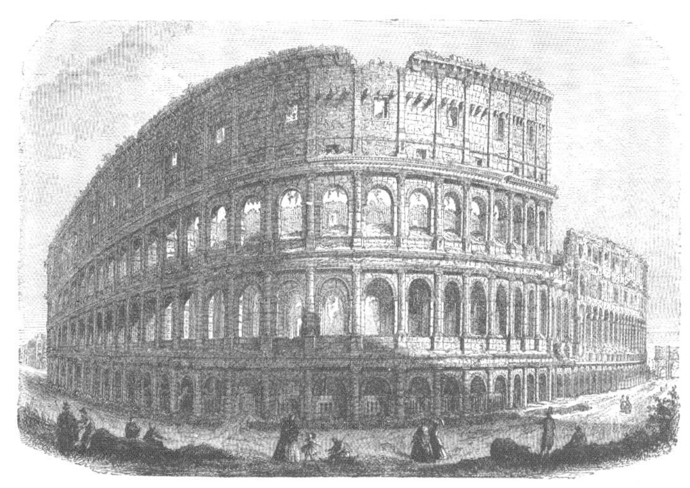

後期歷史

公元6世紀後大競技場內就再也沒舉行過格鬥賽了。在中世紀，大競技場增設了防禦工事，變成了一座城堡。後來它那優質的石灰華石材不斷被拆下用於羅馬的其他建築上。到了18世紀，大競技場成為祭祀基督殉難的場所，並因前基督教時代在此殉難的信徒鮮血而成為聖地。

古羅馬

圖拉真

西班牙士兵圖拉真在公元98年成了皇帝。他是歷任皇帝中最出色的偉大建造者之一。可惜他的建築除了圖拉真廣場外幾乎無一留存。在圖拉真廣場邊的奎里納萊山上，矗立著砌磚及混凝土的商店街。他還在尼祿的金宮遺址上建了一組浴場，大致仿照了提多浴場的平面，並進一步發展出輔助室。他也修建了港口及羅馬的碼頭。但圖拉真廣場才是他最大的擴建計畫。總的來說，圖拉真的建築風格保守，在這座廣場的裝飾方面甚至可說是倒退的，因為它僅是奧古斯都廣場的仿製品。

羅馬圖書館

在圖拉真紀功柱兩邊以及圖拉真神廟對面有兩座圖書館：一座是希臘文的，另一座是拉丁文的。圖書館中壁龕狀的書櫥內放置著卷冊。選擇磚面混凝土的原因可能是為了把火災的風險降至最低。

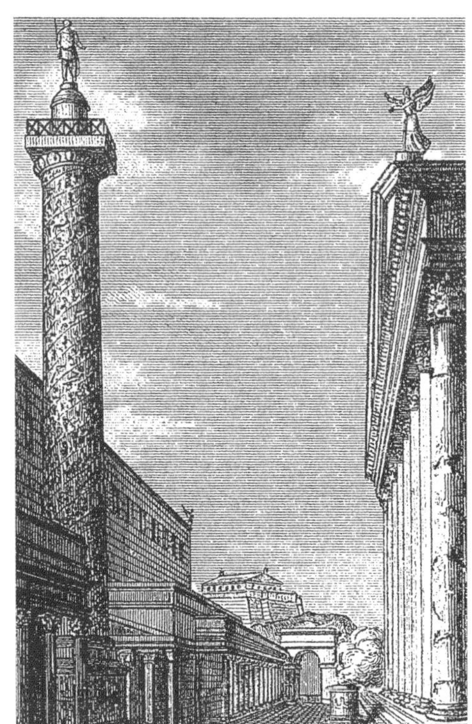

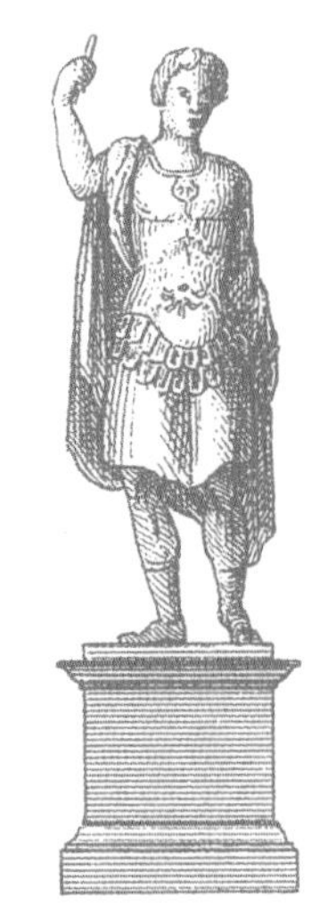

圖拉真紀功柱雕像

圖拉真紀功柱的墩座內有一間墓室，這位皇帝就長眠於此。人們可以經由柱內的螺旋梯爬到柱頂的圖拉真鍍金青銅雕像。後來這座雕像被聖彼得雕像取替。

羅馬圖拉真紀功柱（約112）

這根47公尺高、用盧那大理石製成的紀功柱，是為紀念圖拉真贏得達契亞戰役而建的。雖然有更早的紀功柱存在，但此柱的獨創性在於從墩座一直延伸到柱頭的連續螺旋式浮雕。

貝內文托的圖拉真凱旋門（約115）

義大利中部貝內文托的圖拉真凱旋門模仿了羅馬的提多凱旋門。它是單拱加上複合式附壁柱的凱旋門，上有頂樓。其主要特徵在於表面的繁麗雕飾。

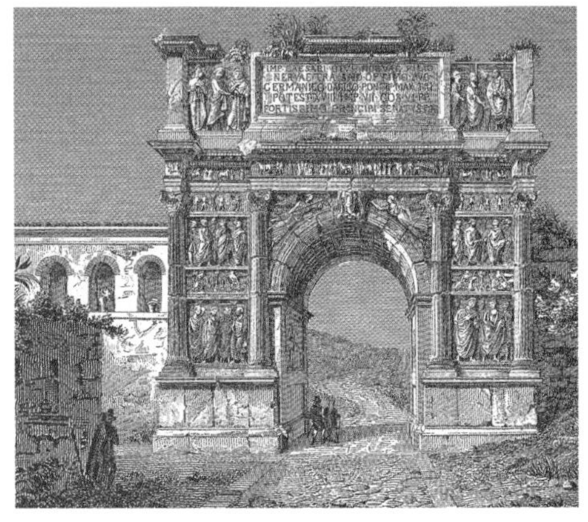

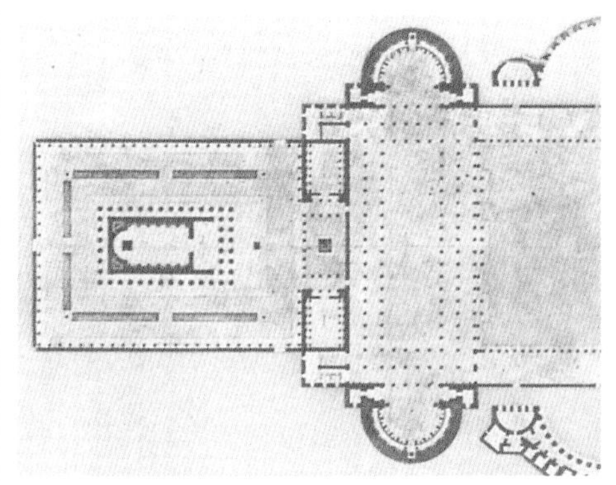

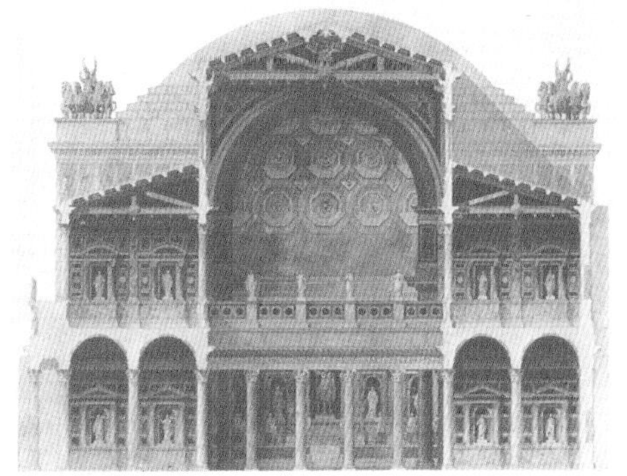

烏爾皮亞巴西利卡橫剖面圖

雙層柱廊把中殿整個圍合住，透過柱廊把中殿整個可以看見兩端的後殿。柱廊上面可能是展廊。即使在古代，這座巴西利卡也因其巨大規模和秀美外觀而聞名，而且很可能是後來第一座基督教堂的原型。

羅馬圖拉真廣場（約100-112）

作為羅馬公共集會廣場最後的擴建部分，圖拉真廣場是其中最宏偉的。在細部及裝飾上模仿了奧古斯都廣場，但在平面格局上則與傳統截然不同。傳統上用來設置神廟以鎮扼整座廣場的所在地，卻矗立著烏爾皮亞巴西利卡，廣場的中軸線橫穿而過。

羅馬的烏爾皮亞巴西利卡（約100-112）

圖為參觀者進入廣場時會見到的巨大側立面。相當於高側窗位置上的小窗是供建築主體採光用的。

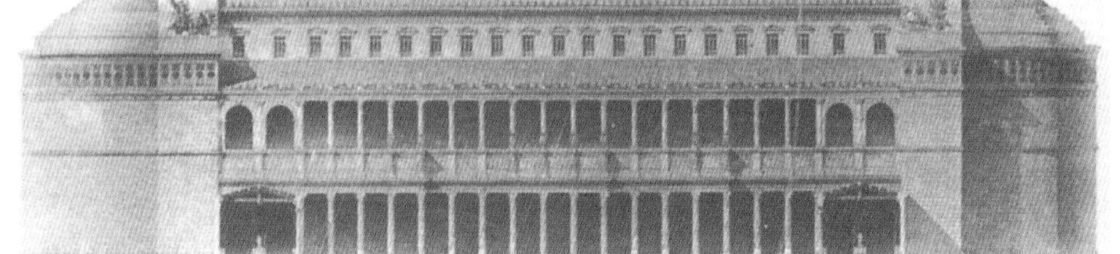

羅馬圖拉真神廟

圖拉真死後，他的繼位者哈德連下令建造了這座神廟，以獻給這位神化的皇帝及其妻子。神廟位於廣場最西端，使整個廣場建築群更顯完善。

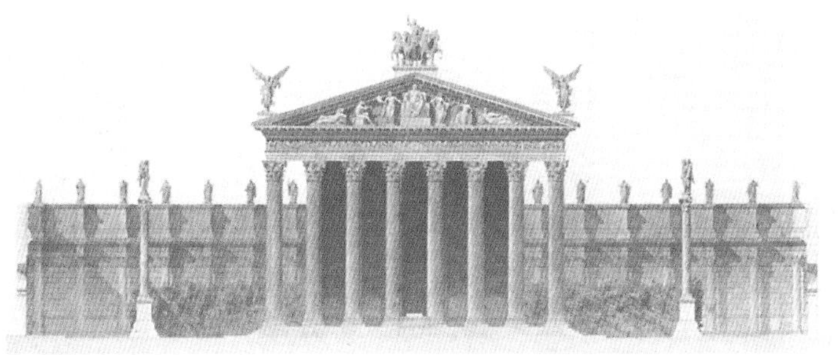

圖拉真神廟雕飾

這塊雕刻細部取自圖拉真神廟。在當時建造的大型建築上能找到很多極其精美的浮雕，這便 是其中的一個佳例。

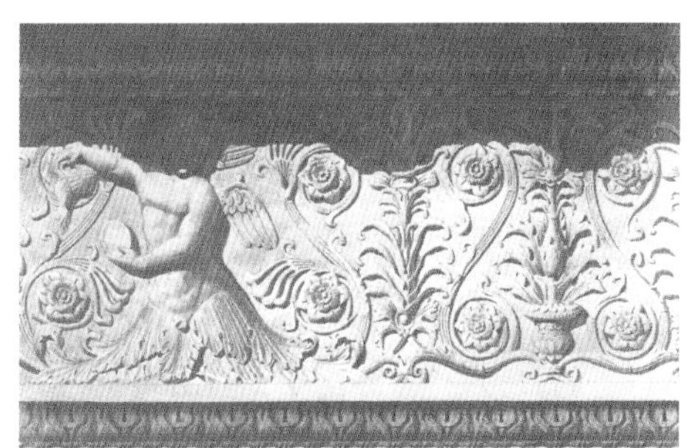

古羅馬

哈德連

哈德連的統治時期為公元117-138年，其間人們目睹了羅馬帝國後期多項建築的發展水平達到顛峰，特別是對混凝土及磚技術的完全掌握。這一點可以從哈德連在提沃利的別墅看出。在其隱修島——海上劇場——內，正弧與反弧交相輝映，體現近似巴洛克風格的可塑性及律動感。而黃金廣場上的亭閣裡，則可看到這種複雜的室內效果首次運用在建築外部。哈德連非常欣賞希臘，這一點在與其相關的諸多建築中都表現得很明顯。他甚至曾住在雅典並下令在那裡建造了一批建築。哈德連不但是重要的贊助人，而且還親自設計了維納斯和羅馬神廟等建築。

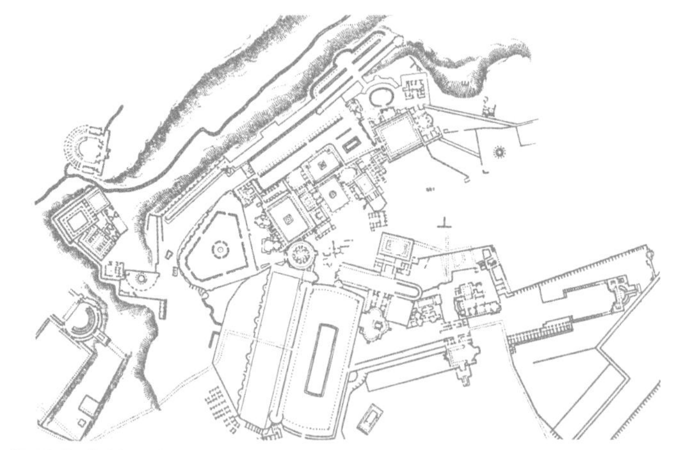

鄉間修養地：提沃利哈德連別墅（約118-134）

哈德連別墅的字面意思易讓人誤解，實際上它是一座宮殿。這座宮殿坐落在提沃利的郊外，由幢幢相連的建築物及室外空間組成。正反弧線的運用是這些建築的明顯特點，這種裝飾對於混凝土及磚材的建築來說相當容易。整個建築群內水面與雕塑交相輝映，並以蔥鬱的鄉間原野作為背景。

羅馬的維納斯和羅馬神廟（135落成）

這座雙排柱圍廊式神廟由兩座背靠背的巨大十柱式神廟組成。建築選用了普羅孔內蘇的藍紋大理石，並由來自小亞細亞的工匠建成。

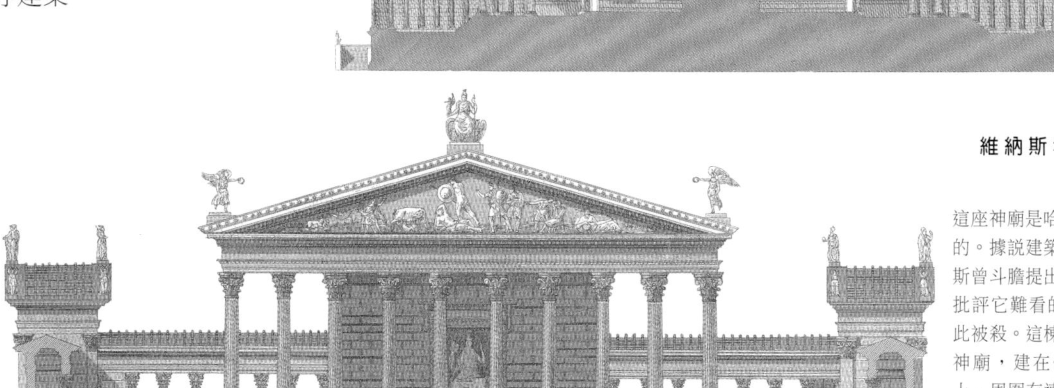

維納斯和羅馬神廟立面

這座神廟是哈德連親自設計的。據說建築師阿波洛道魯斯曾斗膽提出批評（可能是批評它難看的尺度），並因此被殺。這棟建築如同希臘神廟，建在低矮的柱基座上，周圍有連續的柱廊，每個長邊都有二十根柱子。

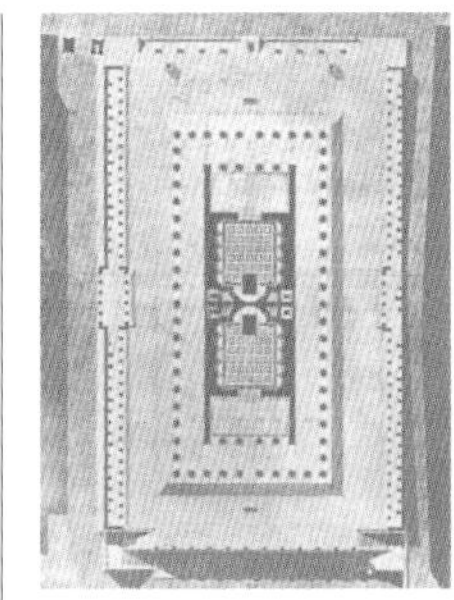

維納斯和羅馬神廟平面圖

維納斯和羅馬神廟的長邊有柱廊，短邊則是開敞的。

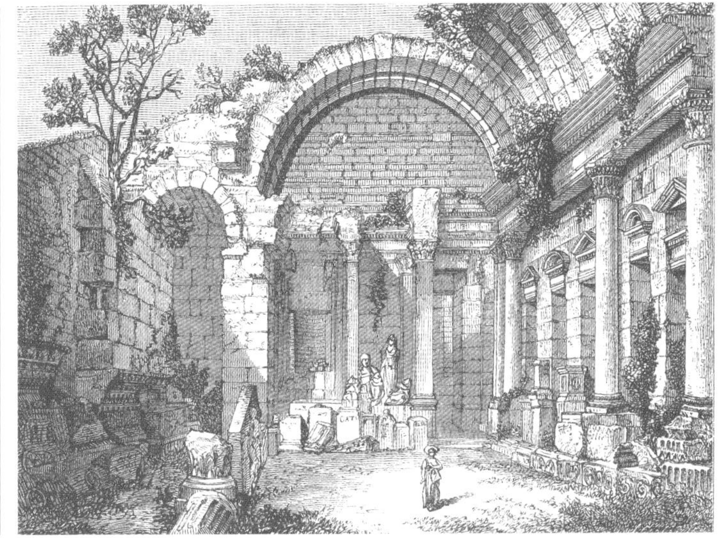

尼姆的戴安娜神廟（約130）

法國尼姆的這座戴安娜神廟，全部是由方琢石建成。為了支撐筒形拱頂的重量，其上方設有肋梁，以將推力傳至下方及側通道的外牆之外。

維納斯和羅馬神廟菱形嵌板

公元283年，哈德連最初設計的神廟屋頂及正殿遭大火燒毀，後來由馬克森提烏斯重建。倖存下來的後殿菱形嵌板對後世建築產生了很大的影響。

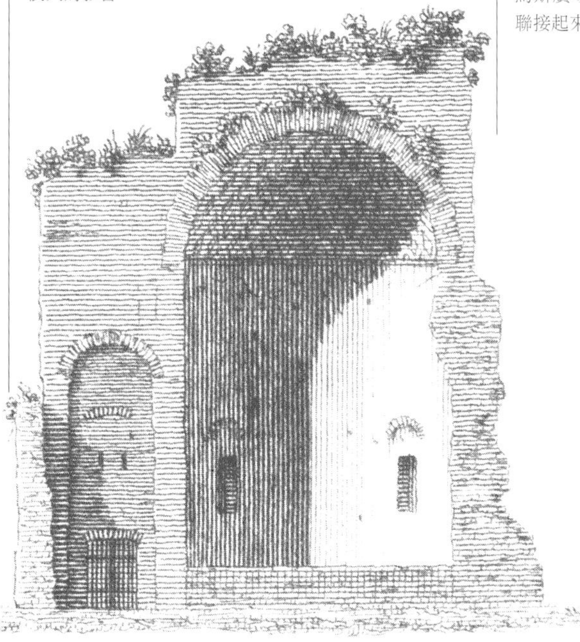

羅馬艾利烏斯橋（134）

哈德連下令建造這座七孔橋，以便將羅馬的馬爾蒂烏斯廣場與他本人的陵墓聯接起來。

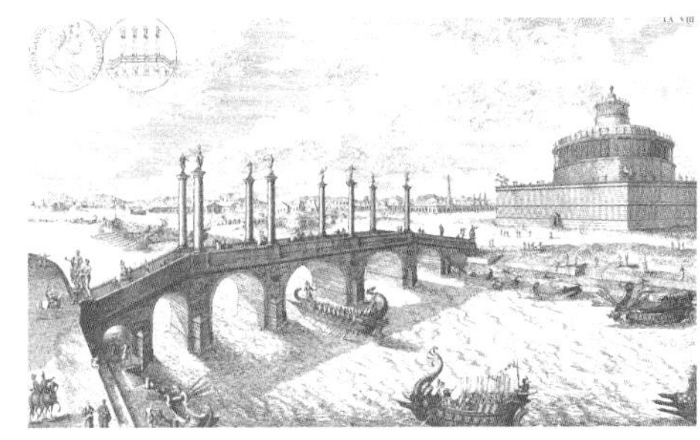

羅馬哈德連陵墓（竣工於公元140）

哈德連陵墓幾乎是完全仿效奧古斯都陵墓。二者最顯著的區別在於前者有一個正方形的墩座，並且使用了大量雕像和鍍金飾件。

古羅馬

羅馬萬神殿

哈德連於公元118-128年在執政官阿格里帕建造的神廟舊址上，興建了萬神殿。表面上它是一座獻給眾神的神廟，但哈德連建造的真正動機，以及他將阿格里帕神廟上的碑文刻在門廊上的原因一直是個謎。萬神殿是古代最偉大的建築遺址之一，其部分原因在於它保存得十分完整，這得感謝教皇鮑尼法將其改成了教堂並妥善維護。不過單憑這點並不足以解釋它在建築史上的巨大影響力。主要還是因為它在技術方面的創新、巨大的規模，以及讓人感到振奮又心生敬畏的內部空間。

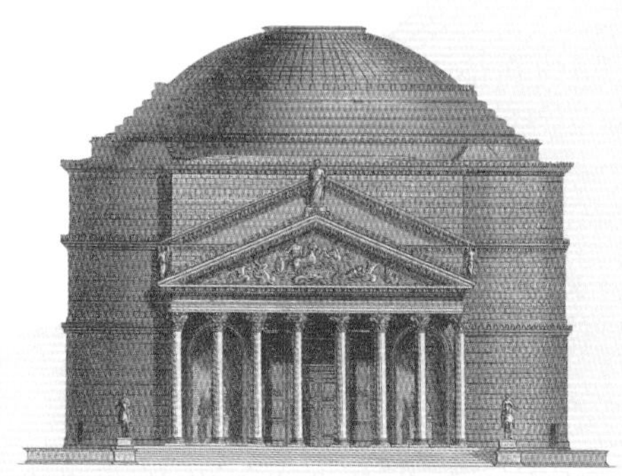

外部

萬神殿是由分為三層的鼓座作為主體，其上冠有一個淺圓頂，正面附接了一座八柱寬、三柱深的門廊。外部最初可能飾有灰墁，現在則剩存磚面混凝土。

內部

萬神殿內部，在圓頂起拱線以下只有兩層，而非三層。圓頂的頂部是一個開向天空的小圓孔。它是內部的唯一光源。

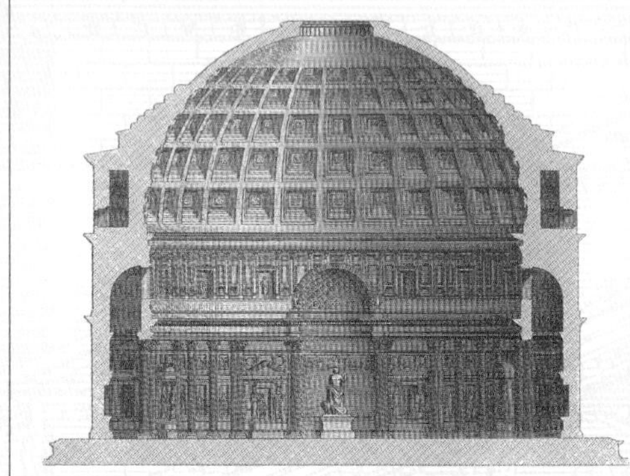

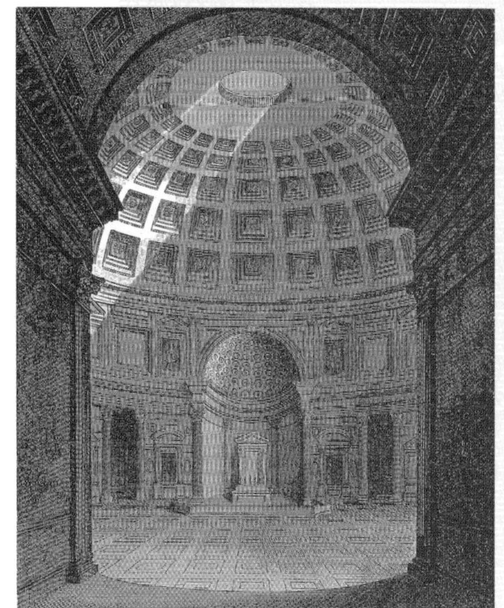

羅馬式裝飾

萬神殿展現了古羅馬獨樹一格的內部空間及裝飾新風格。這種設計上的解放，是因為使用裝飾混凝土的關係，這種材料讓各類建築型式在平面和尺度上都擁有巨大的發展空間。

尺度與比例

萬神殿圓頂的尺寸之巨大，直到文藝復興時代都無出其右者。其寬度與地面到小圓孔的距離相等，都是43公尺。實際上，它是個球體，但為了形成圓柱體的效果，所以把下半部拉直了。

平面圖

要將傳統的神廟立面與圓形正殿結合起來相當不容易。最初，萬神殿是建在由柱廊圍起的區域，傳統立面與圓形正殿無法接合的部分，可以隱藏在柱牆後面。

彩色大理石室內裝飾

內部牆面大肆鋪設以彩色大理石，顯示出羅馬帝國對昂貴大理石的慕求日益增長，遠超過對壁畫或馬賽克裝飾的喜好。內部的古典裝飾都與結構功能無關。

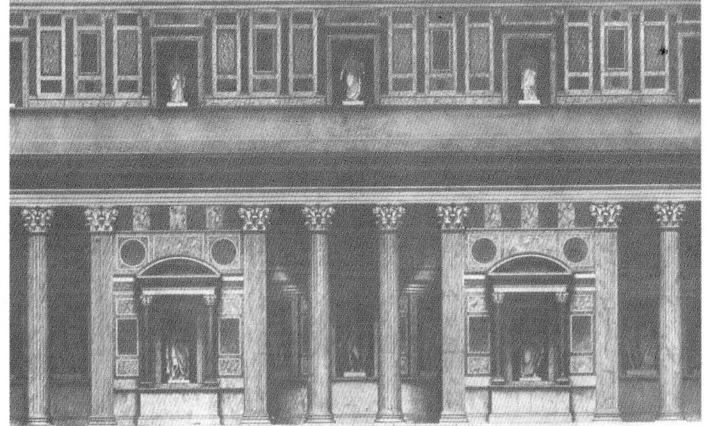

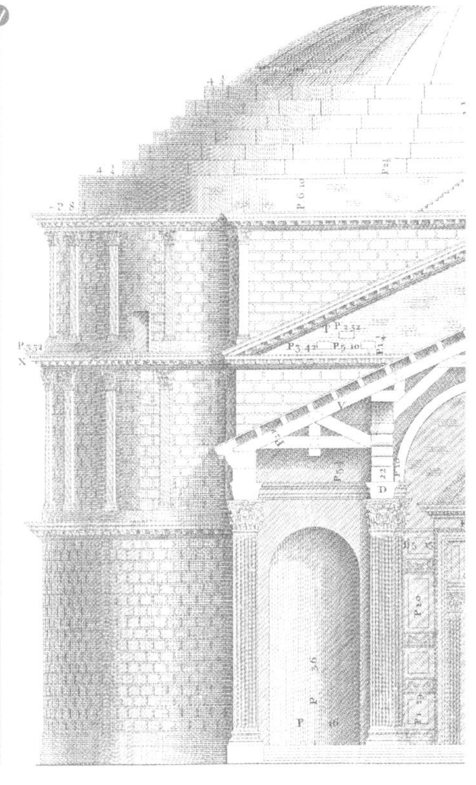

結構

建築的核心以混凝土為材質。混凝土的骨料有很多種，地基是厚重的玄武石，殿身為凝灰岩，圓頂則是最輕的浮石。從上到下，整個結構上都有空隙——有些看得見，有些看不見——以減輕牆體與圓頂的荷載。

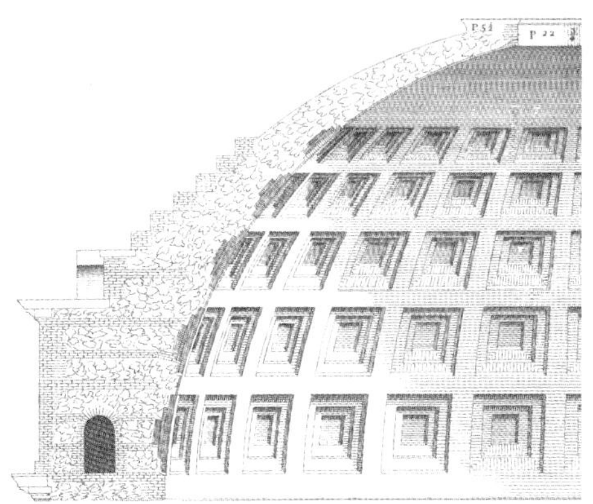

嵌板

圓頂分為五層，每層各有二十八個頂棚嵌板。這些嵌板越接近小圓孔尺度就越小，這種做法可以讓圓頂看起來更高，也可以減輕圓頂的重量。

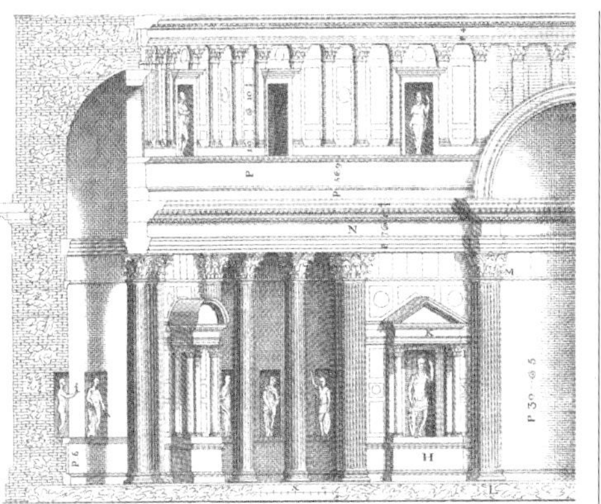

半開敞式凹室

進入大門後，可以見到位於唯一軸線上的後殿。左右兩邊則是半開敞式或說有柱子屏擋的凹室，其形狀為長方形與半圓形不斷交替。

古羅馬

塞維魯時代的羅馬

公元193年，經過一段時間的內戰後，塞維魯家族的皇帝開始執政。與帝國的其他地區比起來，羅馬的重要性日益衰落，他們企圖修建更加宏偉的建築來挽回其頹勢。他們對羅馬城的最主要貢獻是巨大的浴場建築群，或稱公共浴場。帝國後期的浴場設計原型實際上是公元1世紀時期的提多及圖拉真浴場。基本的對稱形制及房間格局的順序早就定型了，不同的是塞維魯諸皇帝所修建之浴場的規模：卡拉卡拉浴場占地20公頃，能夠同時容納1600人使用。混凝土的圓頂和拱頂可以在無須內部支撐的情況下，形成大跨度的巨大空間。

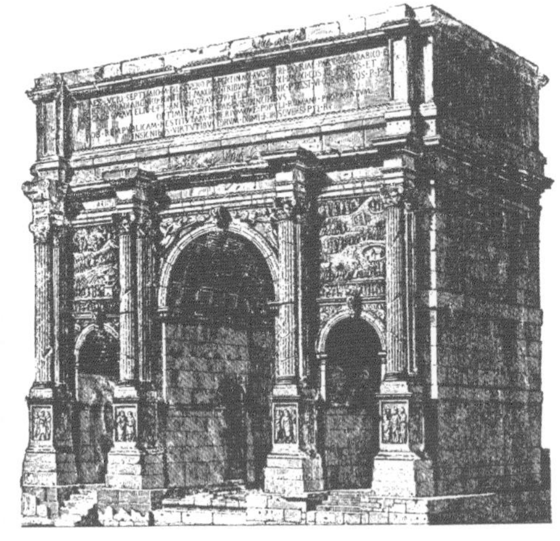

塞維魯凱旋門（203）

位於羅馬公共集會廣場上的這座凱旋門，在設計上非常保守。它坐落在多級台階之上，以強調其儀式性功能。但是，以獨立柱圍繞三個門洞的做法，卻是凱旋門設計中的新嘗試。

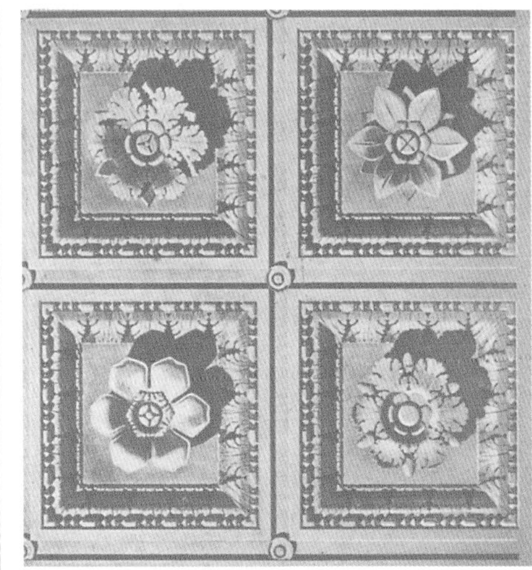

塞維魯凱旋門嵌板

塞維魯凱旋門上有相當高水準的裝飾性雕塑。門洞上的每個筒形拱頂都精心飾以華麗的嵌板，圖案是以爵床葉與卵箭形主題環繞的花飾。

塞普蒂繆斯塔（203）

塞普蒂繆斯塔的功能後世一直揣測不已，直到它在1588年被毀。該塔包括三層獨立式的柱列，依照柱式等級排列。現今研究認為，該塔僅僅是帕拉丁丘上宮殿建築的屏障而已。右圖的版畫是後人的想像復原圖。

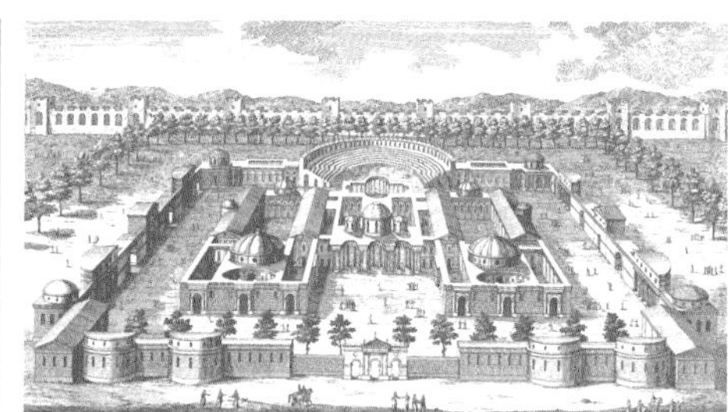

戴克里先浴場（298-305）

卡拉卡拉浴場是第一座在中心建築群周圍環繞大面積花園的公共浴場。在上圖的戴克里先浴場中，次要的建築物如圖書館、劇場及演講廳都均勻地排布在周邊。從浴場內部往外能看到美麗的花園景致。

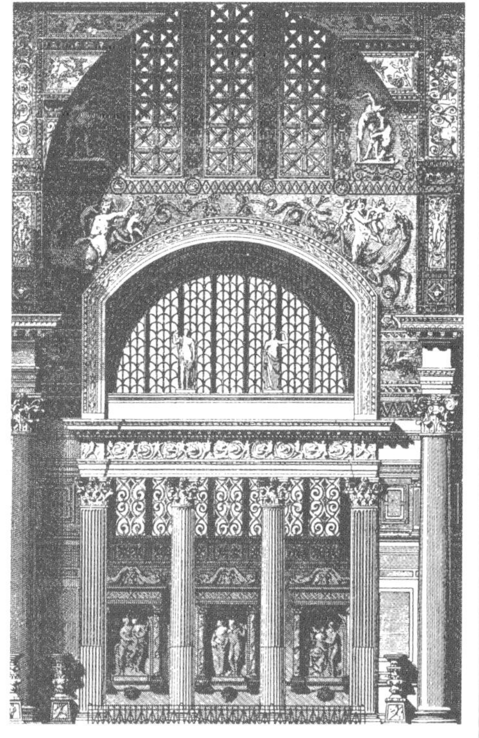

浴場裝飾

帝國後期的公共浴場是混凝土建築的集中體現，具有不同尺度與形狀的圓頂和拱形空間。浴場內部有奢華的大理石、馬賽克和壁畫裝飾，在光線與空間的共同作用下，令人有眼花撩亂之感。

卡拉卡拉浴場平面（216）

帝國後期的浴場建築群其對稱性都很明顯。卡拉卡拉浴場的平面上有兩根軸線，一是游泳池和浴室，另一是成對分布在兩側的健身場和服務房。混凝土與磚材使內部空間形式更加自由，例如圖中的圓形熱水浴室；這個浴室從體量中央突伸出去，以捕捉下午的陽光。

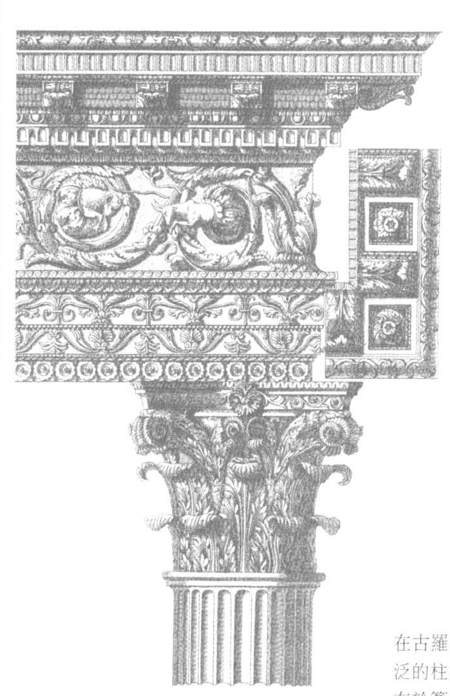

科林斯柱式

在古羅馬建築中科林斯柱式是運用最廣泛的柱式。它與希臘科林斯柱式的不同在於簷部及柱頭上的裝飾更加繁密，尤其是新加了飛簷口——將簷口挑得更深遠的水平板。有時簷部與柱頭之間還帶有嵌板，以加深從地面觀看時的宏偉效果。

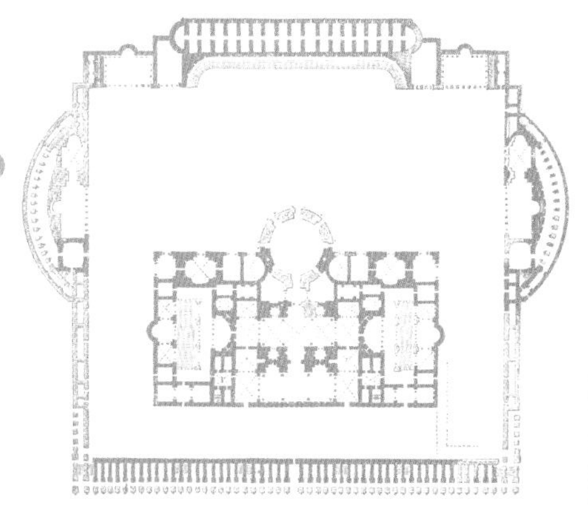

古羅馬

塞維魯帝國

就在羅馬城日益衰落之際，塞維魯帝國（193-305）的廣大疆土上卻發展出新的建築類型和風格。羅馬人將他們的建築推廣到帝國的各個行省，但其臣民卻根據各地的施工技術及材料進行了調整。在羅馬城以外水泥很少使用，這限制了許多可能性。比如斯普利特（即今克羅埃西亞）的戴克里先陵墓，其圓頂即全是由排成複雜扇形的磚砌成的，大大限制了建築的規模。此外，琢石雖然已被羅馬廢棄多時，但在行省地區還是使用了很長一段時間，雖然他們也追求外來大理石的風尚。古典柱式的運用則變得更加自由了，尤其是在簷部的設計上創造了許多新奇的形式。

巴克斯神廟室內裝飾

巴克斯神廟的室內裝飾是留存至今的實例中風格最繁麗的一例。其石灰石牆面的各個部分均施以古典裝飾。巨柱式的圓柱直通到頂，分割牆面，柱子之間的牆上有兩排壁龕，一排是三角楣式，一排為圓形。

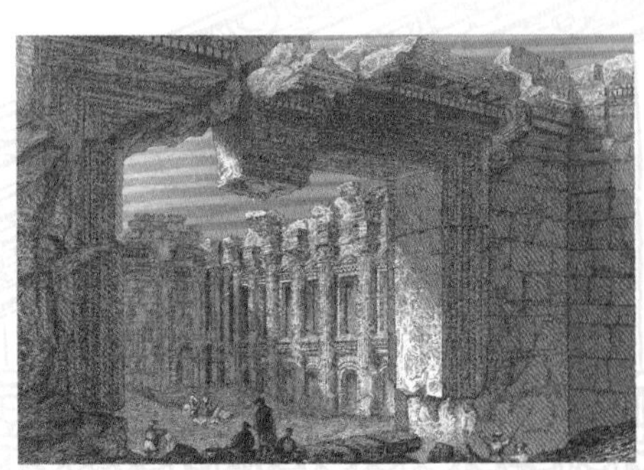

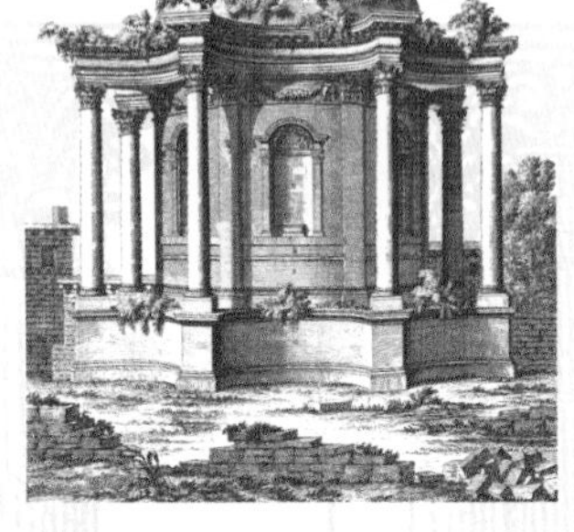

巴貝克的灶神廟（公元3世紀）

這座令人驚豔的灶神廟其正殿為圓形，上覆磚石圓頂。也許為了平衡圓頂的側推力，設計者在周圍設置了帶有彎曲額枋的五邊形科林斯式立柱，創造出一種正反弧線不斷變幻的巴洛克式效果。

巴貝克聖殿壁龕

巴貝克聖殿的庭院四周有長方形和半圓形交替出現的半開敞式（凹室）。牆面的每個部分都用壁柱、額枋或雙層壁龕裝飾。

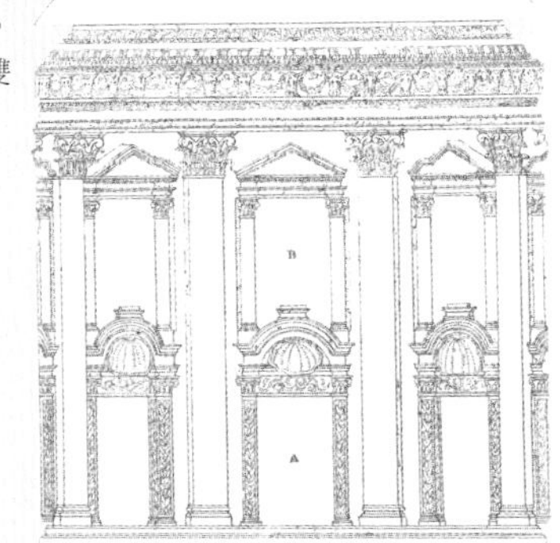

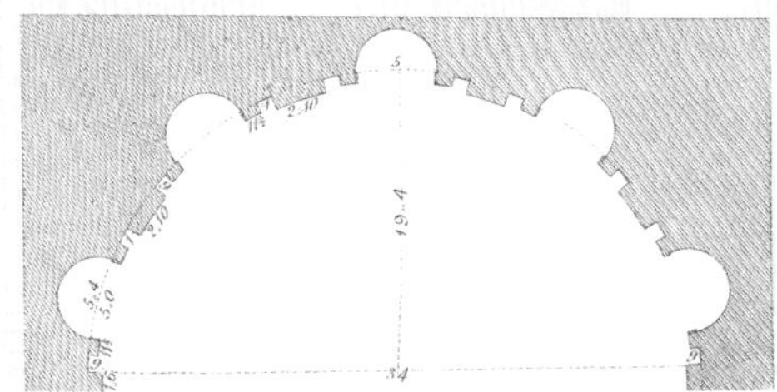

巴貝克的巴克斯神廟（公元2世紀）

位於巴貝克（今黎巴嫩）聖殿旁的這座神廟，其立面為典型的羅馬式風格，帶有深門廊和位於高高墩座上的大型正殿。不過它的高度卻比較類似希臘化風格。這是現今保存最完好的神廟之一。

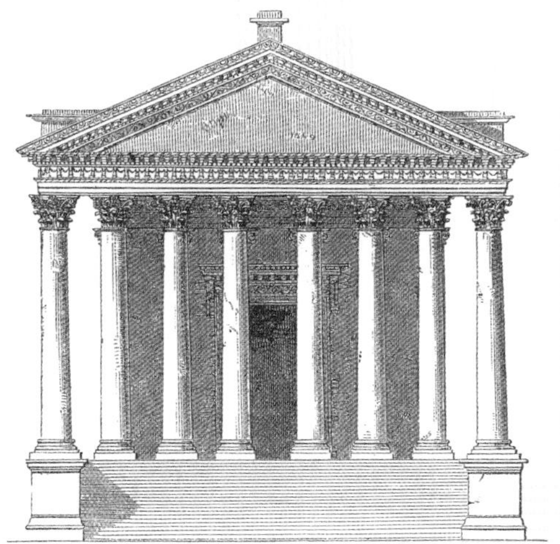

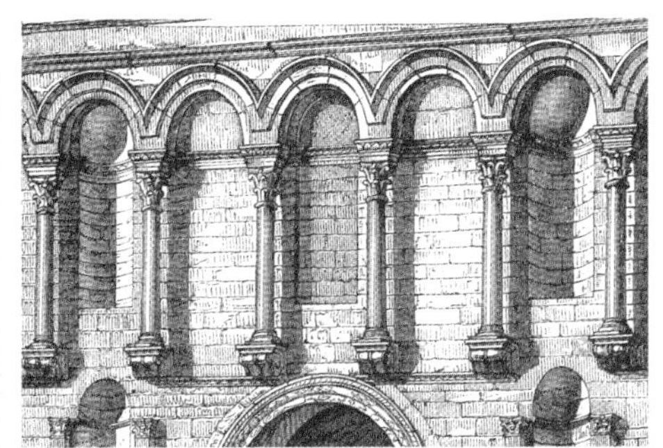

斯普利特的戴克里先宮梁托柱（約300-306）

戴克里先宮入口上方的柱子，也許是西方最早藉助梁托支撐的例子，但在敘利亞可以找到先例。

戴克里先宮的城堡建築

軍事建築對戴克里先宮的影響顯而易見。這一點從它無比厚實的牆壁，以及位於每個牆角上的方形瞭望塔即可看出。

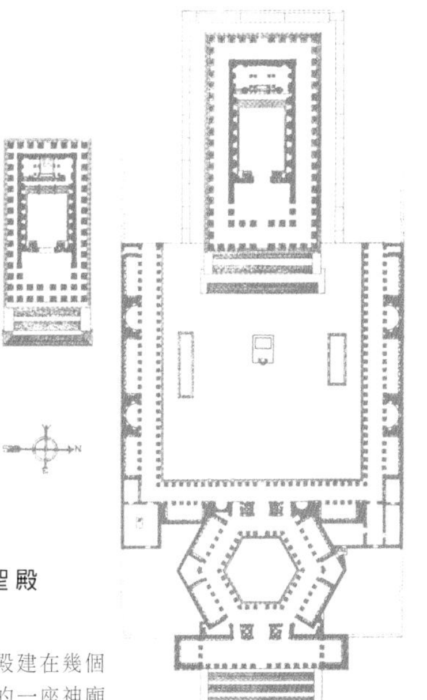

巴貝克聖殿平面圖

巴貝克聖殿建在幾個世紀以前的一座神廟舊址上，就在朱彼特神廟的正中央。前方是一座長方形的庭院，可從六邊形的前院進入。巴克斯神廟就在附近。

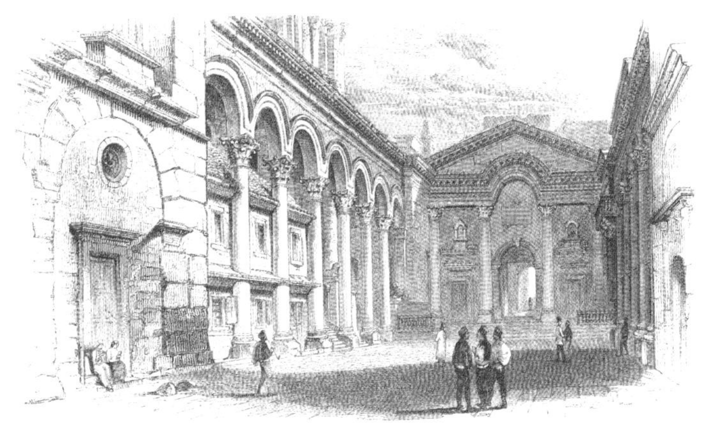

戴克里先宮跳躍式拱

戴克里先宮的入口庭院裡有一排列柱連拱廊，其拱腳出人意料地從科林斯式柱頭上起拱。在同一座院子裡還可以看見反覆出現在面海立面上的所謂戴克里先窗的簷口彎曲木。

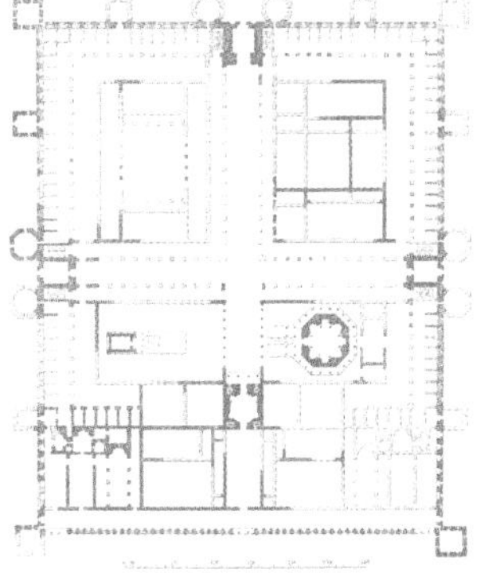

戴克里先宮房間平面

戴克里先宮的平面類似於古羅馬的城堡式城鎮。這組建築群由兩排柱廊街道劃分成四部分。靠近海邊的兩區是皇陵、神廟和生活區，另外兩區可能是衛兵居住的地方。

古羅馬

帝國晚期

君士坦丁大帝在其統治時代進行了兩項對羅馬建築產生深遠影響的重要變革。公元313年，他認可了基督教的合法性，自己也成了教徒；330年他將首都遷往君士坦丁堡。由於北方部落的威脅與日俱增，加上羅馬政局動蕩不安，人們重新使用古老的建築材料，而諸如石雕這樣的技術，也變得越來越不講究。但那時還是出現了許多建築，包括圍繞羅馬城的奧里略城牆。馬克森提烏斯皇帝甚至在阿庇亞大道旁為自己建了一座新的別墅和一個跑道運動場。帝國晚期（306-340）是從帝國風格過渡到拜占庭風格的轉變期，就像帶有圓頂、鼓座以及突出後殿的敏娜娃神廟所體現的那樣。

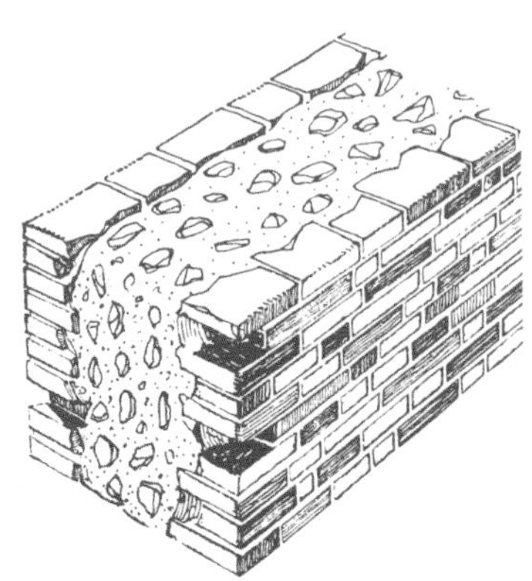

碎瓷瓦飾面

雖然碎瓷瓦飾面或磚面混凝土早在奧古斯都時期就已使用，但要到帝國晚期才成為最主要的建築材料。除了凱旋門外，其他建築幾乎都不再採用石頭。

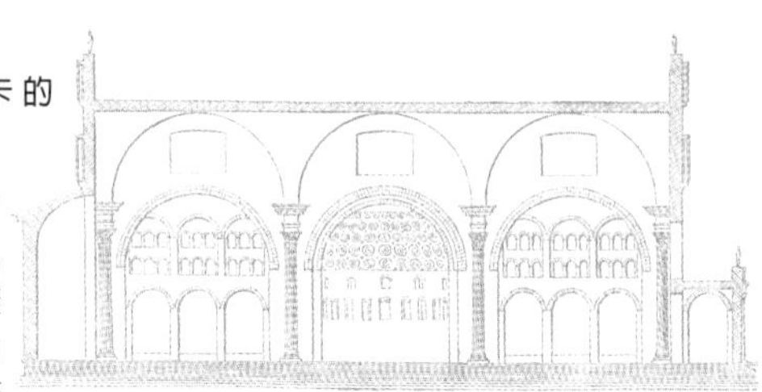

馬克森提烏斯巴西利卡的邊開間

中殿兩旁的三個邊開間具有結構上的功能。其作用是以扶壁的方式支撐由巨大混凝土拱頂所產生的側推力，由此看出拜占庭及中世紀建築的雛形。

馬克森提烏斯巴西利卡交叉拱頂

右圖中的交叉拱頂有35公尺高，25公尺寬。為了減小跨度，建築師將巨大的普羅孔內蘇大理石柱附貼在起拱處的支柱上。

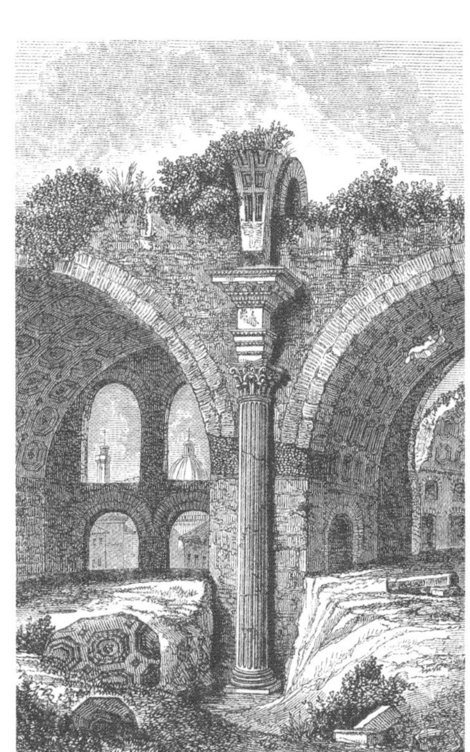

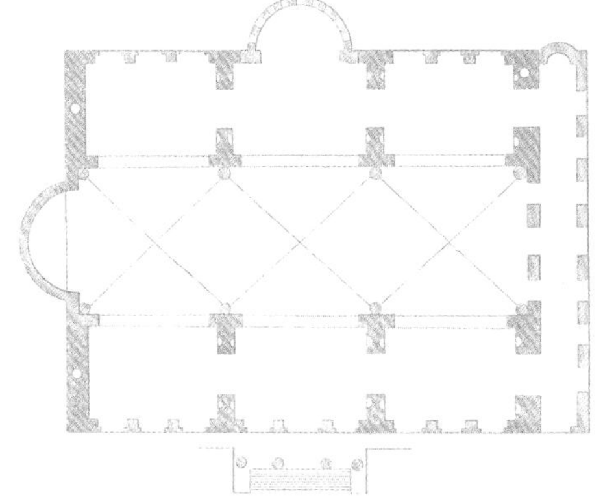

羅馬的馬克森提烏斯巴西利卡
(307-312)

馬克森提烏斯巴西利卡實際上是由君士坦丁所完成。他添加了新的入口和位於長邊上的後殿，從而改變了建築的軸線。其設計靈感來自於皇家浴場的冷水浴室。

羅馬浮雕
(約312-315)

君士坦丁凱旋門上的浮雕是取自公元1、2世紀紀念性建築上各種新舊元素的混合。當時的雕刻比起以往要粗糙得多。這也許是由於傳統技術已經失傳，因為那時已很少使用石頭。

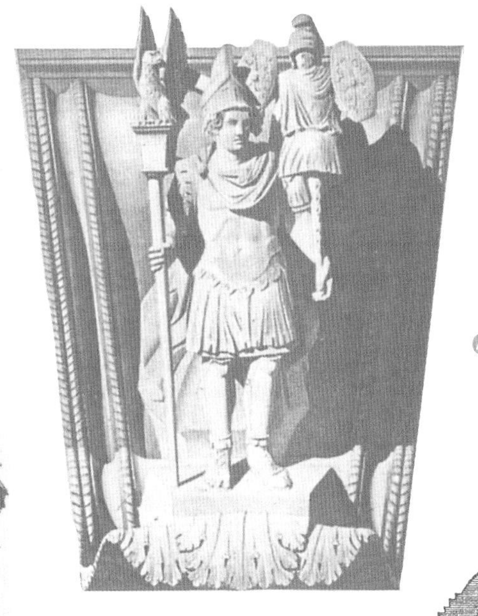

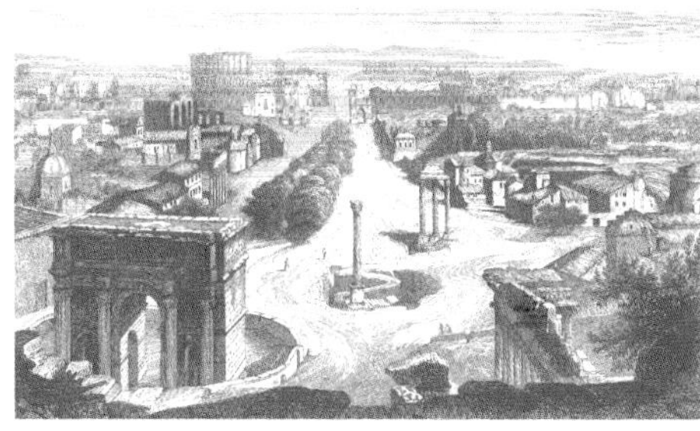

羅馬「牛群廣場」

自君士坦丁大帝於公元330年遷都君士坦丁堡後，羅馬城便逐漸衰落。那些繁榮一時的大型紀念性建築也慢慢被泥土掩埋，後人在這裡放牛的時候隱約可見它們露出泥土的部分，所以這裡被稱為「牛群廣場」。

康斯坦薩陵墓
(約350年)

君士坦丁大帝在羅馬為他女兒康斯坦薩建了這座陵墓。圓頂坐落於中間開窗的鼓座上方，由雙柱支撐，四周則建有迴廊。

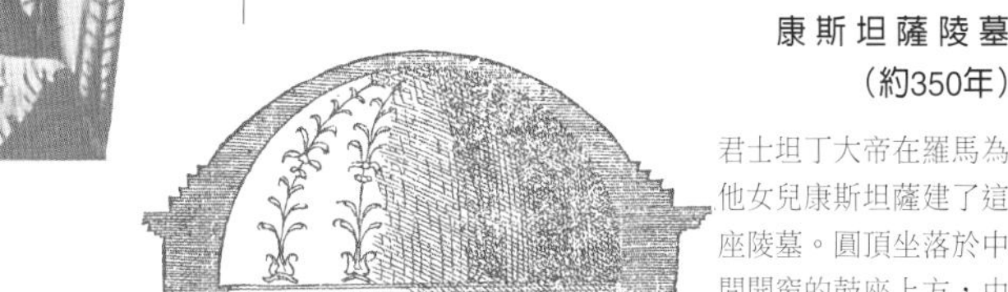

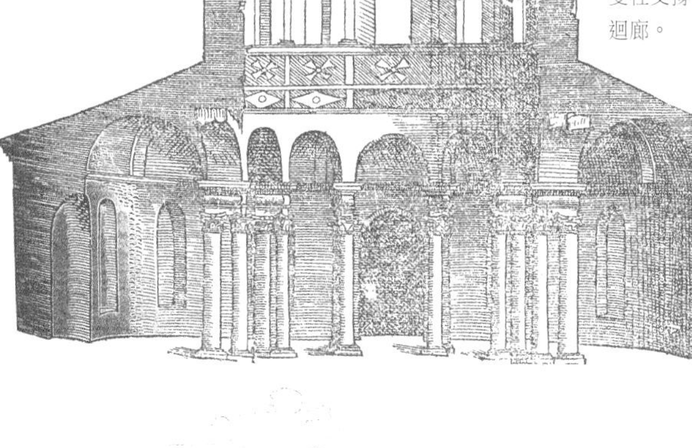

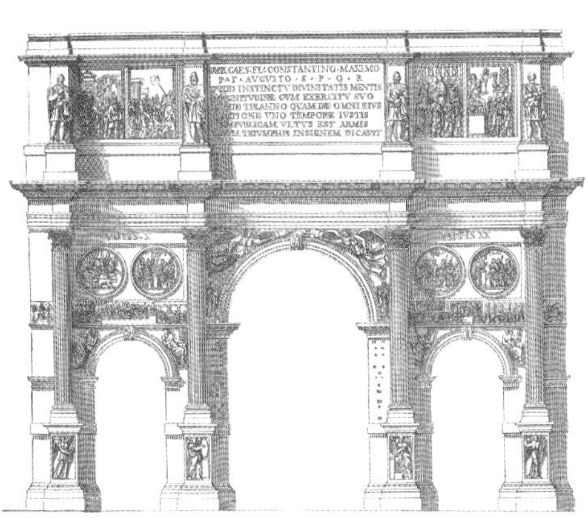

君士坦丁凱旋門：最後的凱旋門

這座凱旋門是為紀念公元312年君士坦丁大帝在米維安大橋戰勝其對手馬克森提烏斯而建造的。它是在羅馬城建造的最後一座、同時也是最大的一座凱旋門。形式上模仿了塞維魯凱旋門，但頂樓層的分格線更加明顯。

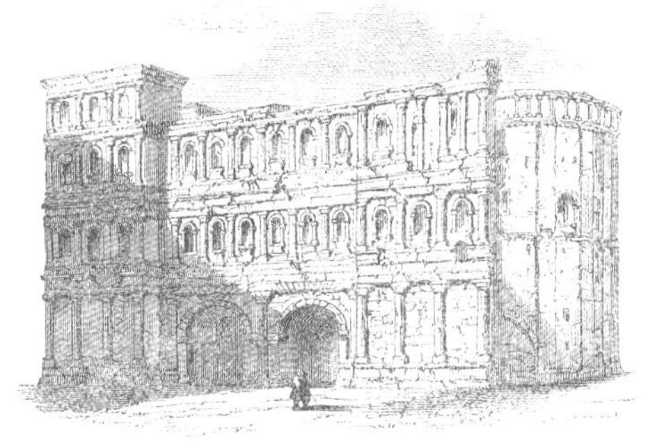

特里爾的尼格拉門
(公元4世紀早期)

德國特里爾的尼格拉門是一座宏偉的城門。儘管它的門拱和附壁柱的裝飾都很傳統，但其所產生的光影變幻和虛實對比的效果，預告了一個新建築時代即將來臨。

早期基督教和拜占庭風格 約313－1453

巴西利卡

公元313年羅馬皇帝君士坦丁一世頒布了《米蘭敕令》，基督教自此在羅馬帝國內獲得了合法地位。到了326年，它已成為羅馬帝國的國教。當時羅馬帝國的疆域西至米蘭和科隆，東到敘利亞，南至希臘和埃及，新首都設在拜占庭——後改名君士坦丁堡（現在的伊斯坦堡）。新興的基督教需要一種新建築形式來塑造其身分，於是採用了最富特色的羅馬建築類型：巴西利卡——一種適用於任何場合，包括法庭或交易所的長方形集會廳。巴西利卡作為一種莊嚴的官方公共建築，不帶有任何異教色彩，所以很適合基督教採用。帝國境內的巴西利卡也由於不同的在地傳統，而呈現出豐富的變化。

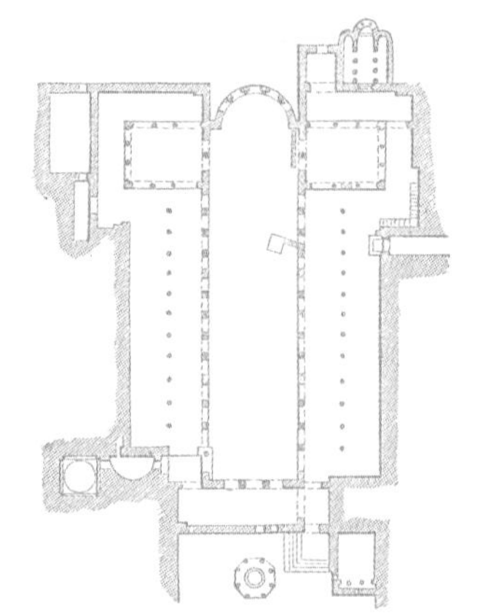

塞薩洛尼基的聖德米特里教堂耳堂（5世紀晚期）

在某些巴西利卡教堂裡，其後期增建是加在後殿和中殿之間，形成了拉丁十字形平面。聖德米特里教堂位於希臘的塞薩洛尼基，其耳堂內部也分隔成中殿和側廊，如同教堂的主體一樣——形成十字形交叉。

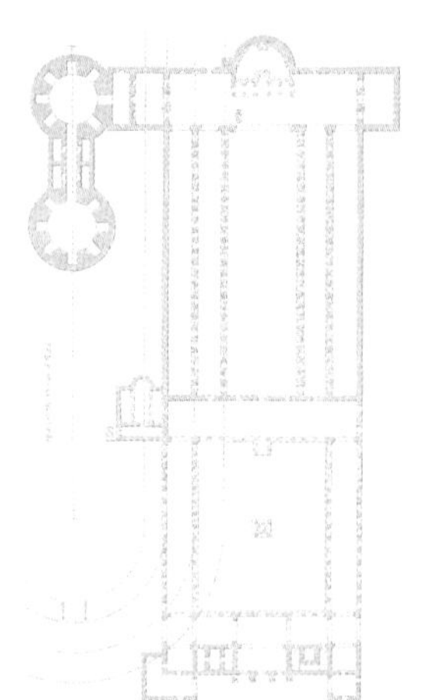

羅馬聖彼得大教堂平面圖（319-322）

君士坦丁大帝所建的聖彼得大教堂有一道不間斷的「連續耳堂」，存放著聖徒遺物。這座教堂因為其半圓形後殿位於西端而非東端而顯得與眾不同。東端有一道前廳穿過中殿和側廊，通向中庭。

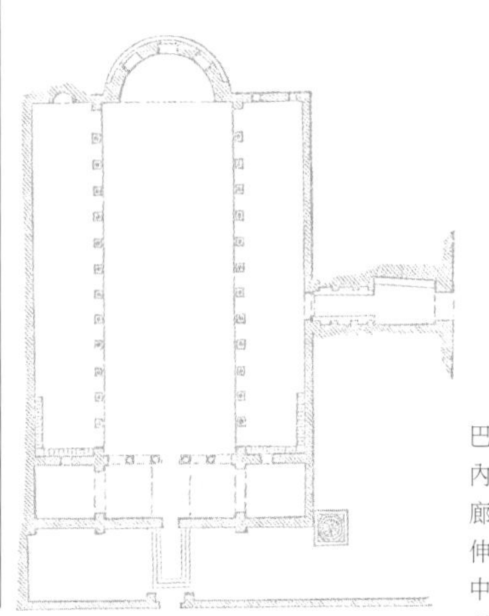

巴西利卡平面圖

巴西利卡是一種長方形大廳，由縱向看，其內部分隔為一座中殿及兩側的二或四個側廊。大廳的一端，通常是東端，帶有一個突伸出去的半圓形後殿：羅馬式的巴西利卡中，此處是法官席；基督教教堂裡則是聖所。

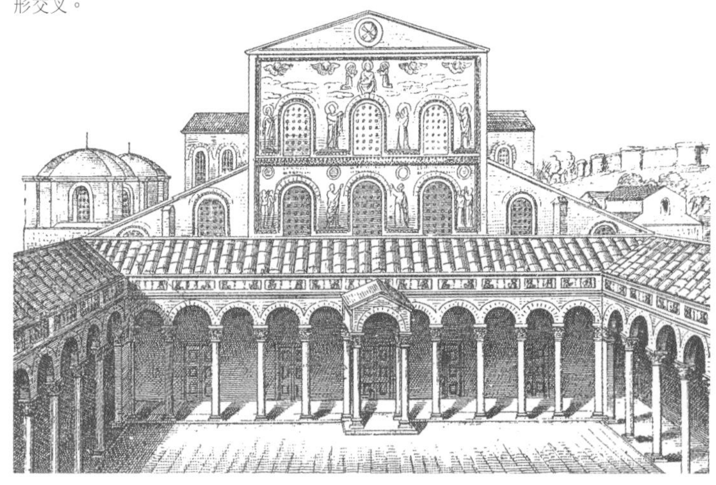

羅馬聖彼得大教堂中庭和立面

中庭是一座前院，位於前廳前方，四周環繞帶柱廊的門廊。這裡是新信徒（未受洗禮的信徒）離場的地方，他們可以參加教堂禮拜儀式的第一部分，但是不能參加信徒彌撒。

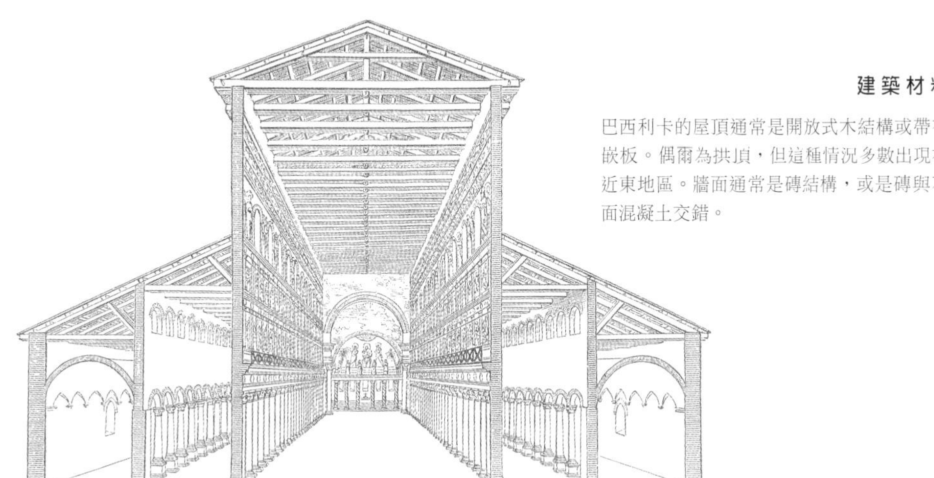

建築材料

巴西利卡的屋頂通常是開放式木結構或帶有嵌板。偶爾為拱頂，但這種情況多數出現在近東地區。牆面通常是磚結構，或是磚與石面混凝土交錯。

外部

聖彼得教堂（見上頁下圖）的立面顯示，早期基督教巴西利卡的外部裝飾十分簡樸。近東地區的情況也一樣，該地的主要建材是琢石。下圖這座位於土耳馬林的教堂建於5世紀，為典型的敍利亞風格，入口門斗有柱廊，兩側各有一座塔樓。

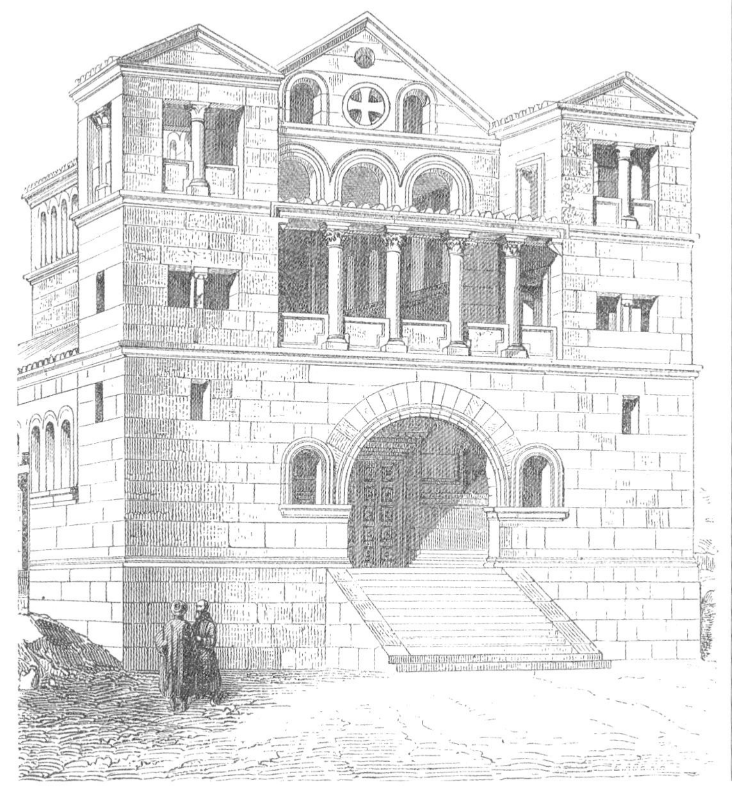

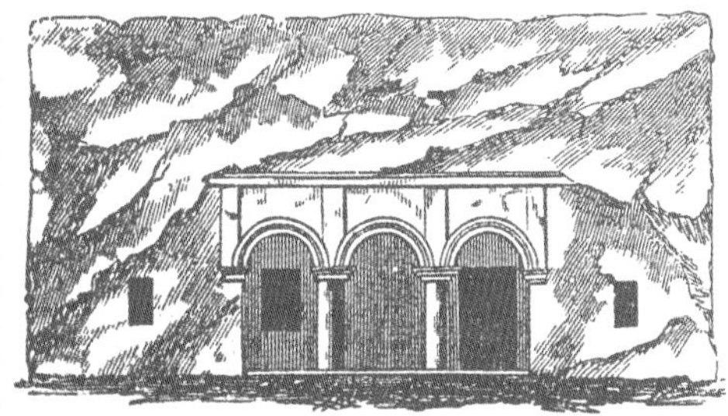

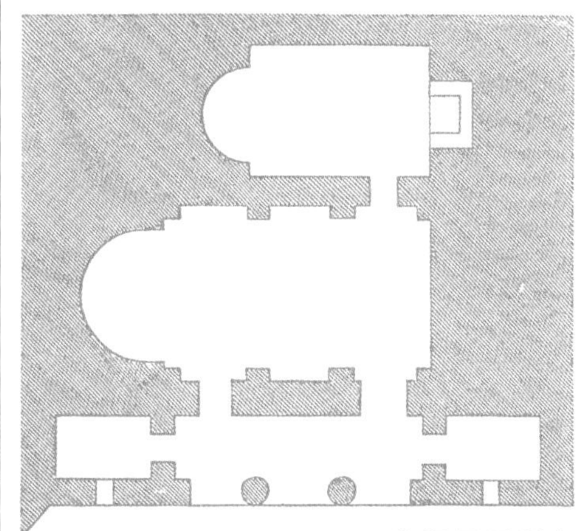

晚期巴西利卡

巴西利卡是教堂建築中一種既堅實耐用又靈活多變的樣式，盛行於整個早期基督教時期和拜占庭時代。例如土耳其的這座石窟式教堂（位於卡帕多齊亞），便是從石壁中開鑿出簡單、不帶側廊的巴西利卡。

早期基督教和拜占庭風格

早期基督教教堂內部

早期基督教教堂（3-5世紀）的內部金碧輝煌，結合了色彩、光線和珍貴的建築材料，與外部的簡樸形成了鮮明對比。室內的每一寸表面，都覆以豐富的裝飾：牆壁上是有大理石護牆和壁畫，以及人物和裝飾圖案的馬賽克；連拱廊的圓柱和支柱也是大理石製成，柱頭鍍金；屋頂（開放式木結構或帶有嵌板）也是鍍金的；地板上常常鋪以大理石馬賽克；額枋、柱頂楣構以及屏風上都飾有幾何形和葉形圖案；祭壇以金銀為建材，外層鑲有珠寶；後殿的半圓頂上有巨大的濕壁畫或馬賽克，通常是基督或先知像。在西羅馬帝國，柱頭、柱子以及柱頂楣構通常是掠自羅馬建築的舊物。

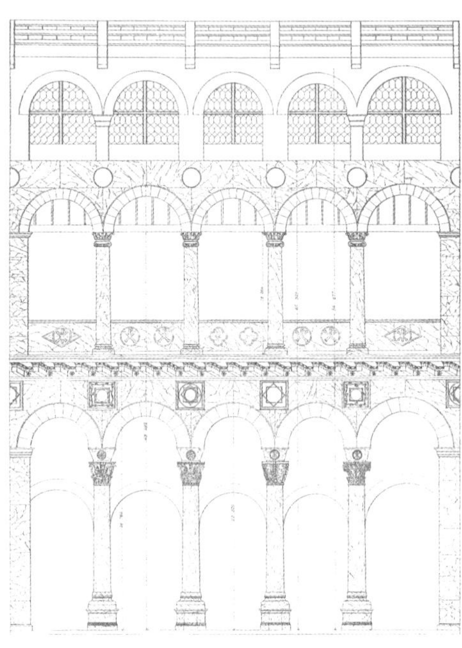

高側窗

由於側廊的屋頂低於中殿的屋頂，因此位於中殿牆壁上層的窗戶就可以讓光線從上方透進室內。

展廊

側廊有時候有兩層，其中第二層便叫作展廊（通常是為女性而設）。如果沒有展廊，那麼女性和男性就分坐於中殿兩側。

連拱廊

中殿和側廊被圓柱列或支柱列隔開，上部的覆頂或者是以拱形成連拱廊，或者是由柱頂楣構——雕刻過的水平磚石砌層——形成。

後殿

連拱廊的盡頭是後殿，通常帶有圓頂和凱旋門形拱，裡頭安置了聖所和為神職人員準備的同心圓式教堂長椅。後殿內部或前方有教堂的聖祠或高祭壇，上面覆有裝飾精緻的頂蓋，或稱祭壇華蓋。

柱頭和副柱頭

塞薩洛尼基的聖德米特里教堂中殿是用劫自各地的戰利品建造，於是出現了形形色色的柱頭。右圖這個雙環式四獸人像柱頭上刻有爵床葉飾，葉飾頂上是鷹形浮雕。浮雕上方的副柱頭又稱拱墩，構成了圓形柱頭與方形連拱廊基座之間的過渡。

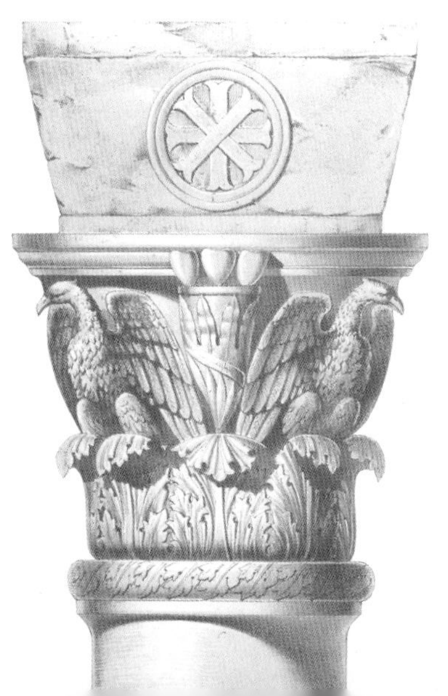

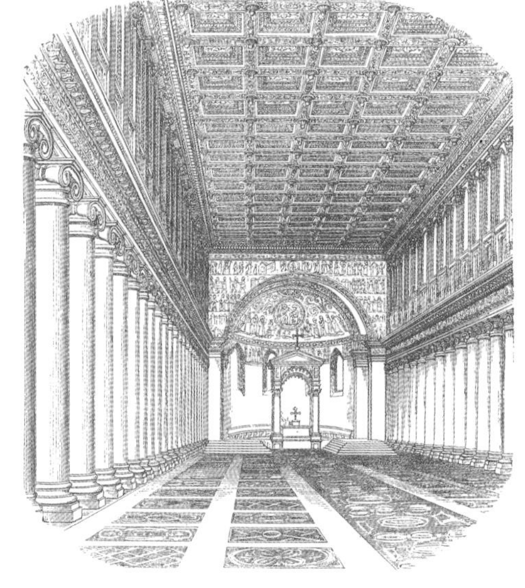

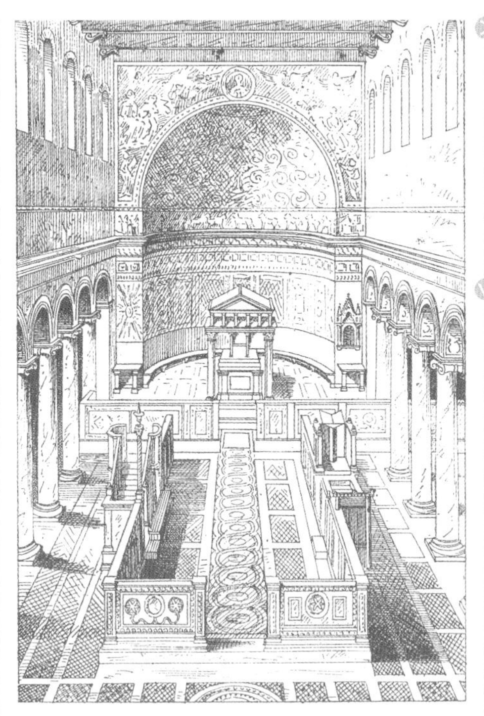

禮拜儀式設備

供神職人員使用的聖所有時會建在平台或講壇上。聖所和中殿之間常隔有矮護牆或稱為聖像屏的高屏風。上圖中神職人員可以沿著突伸進中殿的抬高走道（教堂通道），走到頌經台上。

頌經台

頌經台是一個抬高的平台，神職人員站在上面頌讀《使徒書》和《福音書》。和其他禮拜儀式所用的設備一樣，頌經台通常是石製的，上面的裝飾鑲板有華麗雕刻。

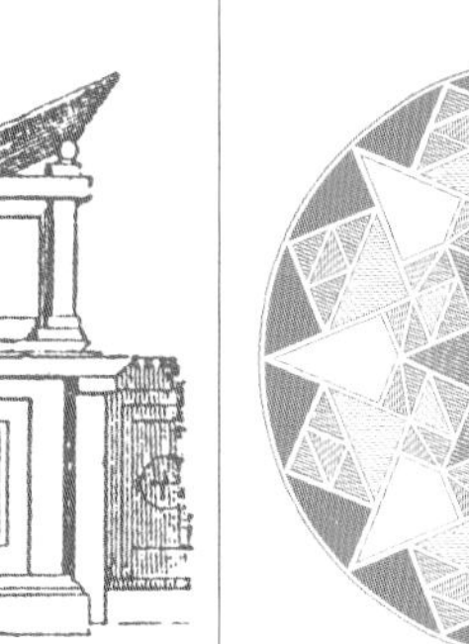

近東地區教堂內部

與西歐和中歐地區教堂形成鮮明對比的是，近東地區教堂的內部極其簡樸。其笨重低矮的連拱廊是由寬間距的支柱支撐。

窗

早期基督教巴西利卡的窗戶會藉由在石飾板上鑿出裝飾性洞孔，或是有色玻璃和蠟石，使透進的光線顯得輕飄而模糊，藉此增添教堂的神秘氣氛。晚上在搖曳的燭光下，整個教堂的大理石和玻璃光芒金銀閃動，撲朔迷離。

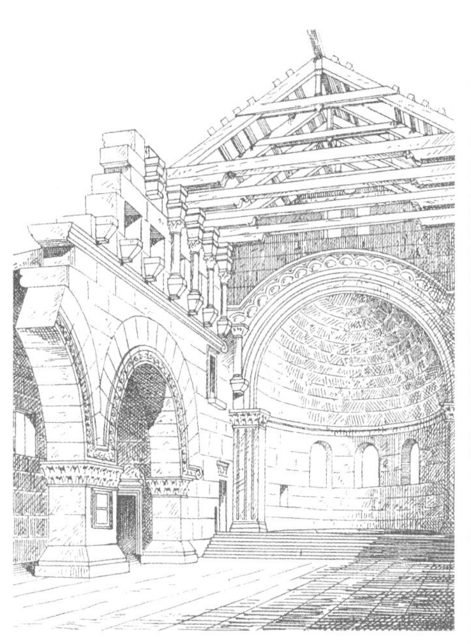

花磚飾面

許多教堂的牆壁和地板上都會以花磚飾面作裝飾，即將大理石切割拼組成各種幾何形圖案。其他的樓板覆面還包括石板和大理石鋪面。

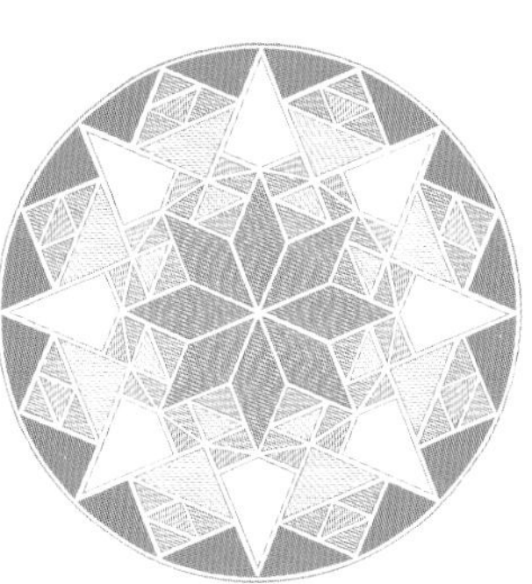

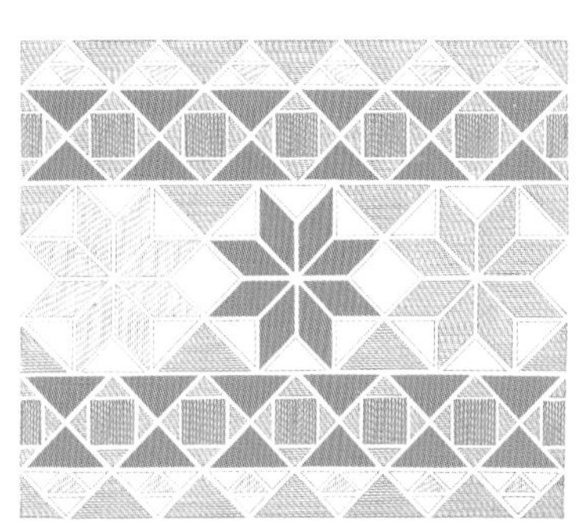

早期基督教和拜占庭風格

集中式平面

早期的基督教建築也從羅馬建築裡汲取了圓形、十字形或多邊形的集中式平面。羅馬建築中最以這種平面結構著稱的是陵墓，受到這一傳統的強烈影響，早期基督教的墓葬建築，尤其是那些為了緬懷逝者而建的紀念墓，也採用了同一設計。聖祠原先是和會眾教堂建在一起的，比如羅馬的聖彼得教堂，後來漸次獨立，有了自己的獨立式殉道堂，且通常都採用集中式平面。這種集中式平面後來也融入教堂的平面設計中，尤其是那些王室禮拜堂，已開始採用圓形、八邊形或四葉形的平面形式。

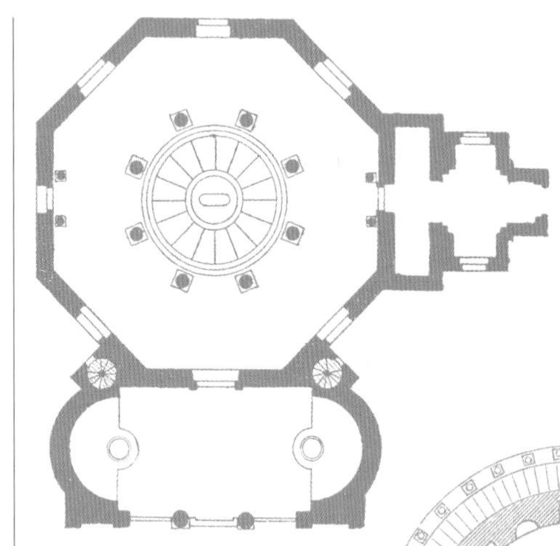

羅馬的拉特朗洗禮堂（約315）

早期基督教時期已分化出專用於洗禮的建築物，往往沿用早先公共浴場的集中式平面。洗禮堂常為八邊形，數字八象徵著重生，因為人類世界誕生於創世紀後的第八天。

陵墓 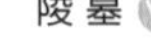

早期基督教的陵墓直接繼承了羅馬陵墓的建築傳統，也採用集中式平面。與羅馬陵墓不同的是，基督教陵墓多半建在巴西利卡墓地附近。大多數的基督教陵墓是以柱子界定出中心區域，並以迴廊圍繞。

羅馬聖康斯坦薩教堂橫剖面圖（約350）

這座為君士坦丁大帝的女兒修建的陵墓，包括一個由十二對柱子組成的連拱廊所支撐的圓形圓頂，巨大的圓頂形成一種華蓋，旁邊則圍繞以筒形拱頂迴廊。中央區域由高側窗採光，其上方的圓頂部分覆以木結構屋頂。

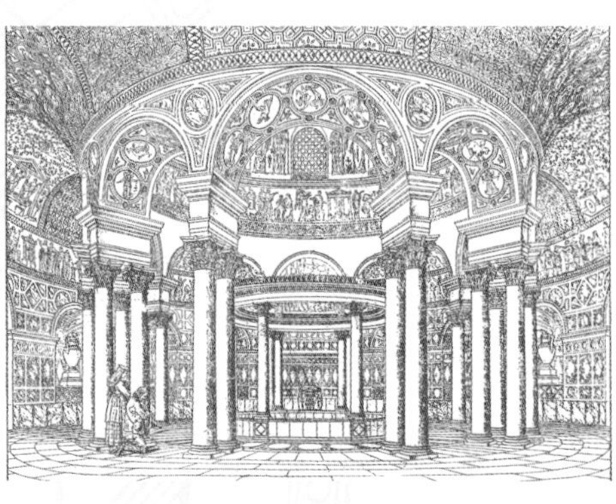

聖康斯坦薩陵墓內部

陵墓內部裝飾奢華，正如聖康斯坦薩陵墓所展示的。馬賽克裝飾覆滿了牆面，其主題井然有序地從幾何形圖案開始，然後轉向蔓藤和普蒂圖案；尤以位於入口處對面石柩上方的裝飾最為精美，其上方的金色圓頂象徵天堂，圓頂上有舊約場景。

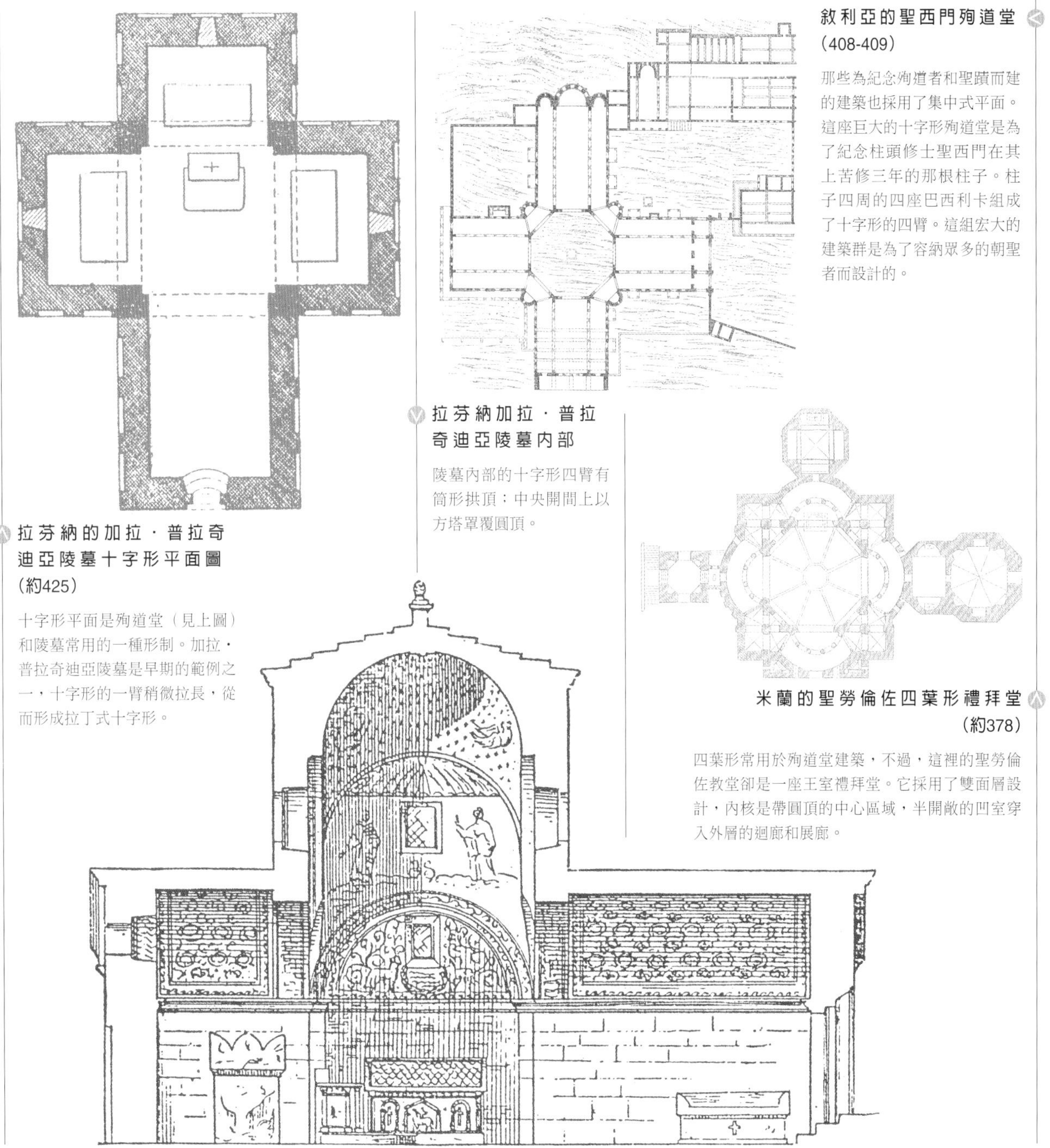

敘利亞的聖西門殉道堂（408-409）

那些為紀念殉道者和聖蹟而建的建築也採用了集中式平面。這座巨大的十字形殉道堂是為了紀念柱頭修士聖西門在其上苦修三年的那根柱子。柱子四周的四座巴西利卡組成了十字形的四臂。這組宏大的建築群是為了容納眾多的朝聖者而設計的。

拉芬納的加拉·普拉奇迪亞陵墓十字形平面圖（約425）

十字形平面是殉道堂（見上圖）和陵墓常用的一種形制。加拉·普拉奇迪亞陵墓是早期的範例之一，十字形的一臂稍微拉長，從而形成拉丁式十字形。

拉芬納加拉·普拉奇迪亞陵墓內部

陵墓內部的十字形四臂有筒形拱頂；中央開間上以方塔罩覆圓頂。

米蘭的聖勞倫佐四葉形禮拜堂（約378）

四葉形常用於殉道堂建築，不過，這裡的聖勞倫佐教堂卻是一座王室禮拜堂。它採用了雙面層設計，內核是帶圓頂的中心區域，半開敞的凹室穿入外層的迴廊和展廊。

早期基督教和拜占庭風格

拉芬納

公元395年羅馬帝國再次分裂。東邊的拜占庭帝國日漸繁榮，但西羅馬卻頻遭入侵。這使得位於義大利東海岸的拉芬納日益顯露其重要性。402年，西羅馬帝國從米蘭遷都到此；5世紀末期，東哥德國王狄奧多里克（495-526）在此地建立了王廷，並一直與君士坦丁堡保持密切往來。當義大利在6世紀被查士丁尼征服後，拉芬納便成為拜占庭總督的駐蹕地。所以無論在政治還是地理位置上，拉芬納都是東西方之間的一座橋梁，統治者們在這裡修建的眾多建築也反映了初期拜占庭風格的影響。

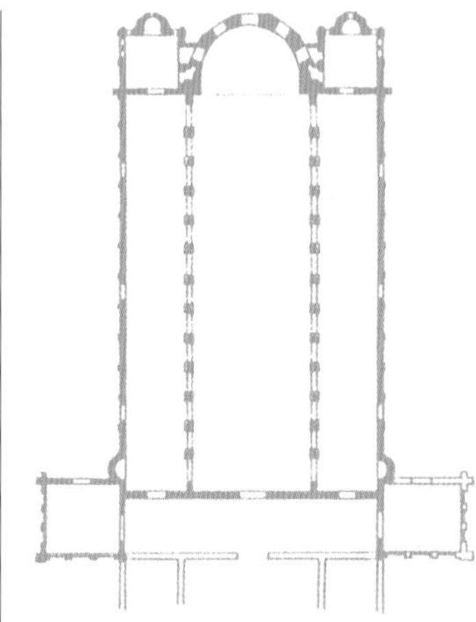

克拉瑟聖阿波利納爾教堂（532-549）

雖然只是簡單的單側廊巴西利卡，克拉瑟聖阿波利納爾教堂還是採用了不少東方建築要素：例如前廳及兩座從側邊突伸出去的低塔樓；外部為多邊形而非半球形的後殿；後殿兩側的廂房及其弧形半圓室。

馬賽克

馬賽克是由小石塊或小片玻璃組拼而成的。透明的玻璃後面通常墊有金葉，以營造出閃爍發光的富麗效果。馬賽克日益取代了線腳和簷口，包覆了整個牆面、拱和圓頂。右圖馬賽克中的人物是查士丁尼皇帝。

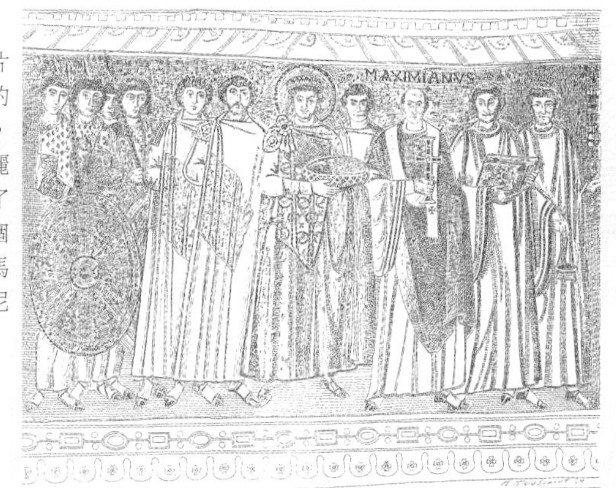

新聖阿波利納爾教堂（約490）

新聖阿波利納爾教堂以其馬賽克最為稱著，它打破了描繪聖經場景的西方傳統，代之以沿著中殿向前行進的一排人物：北牆上是二十二位女聖徒；南牆上為二十六位男性殉道者。

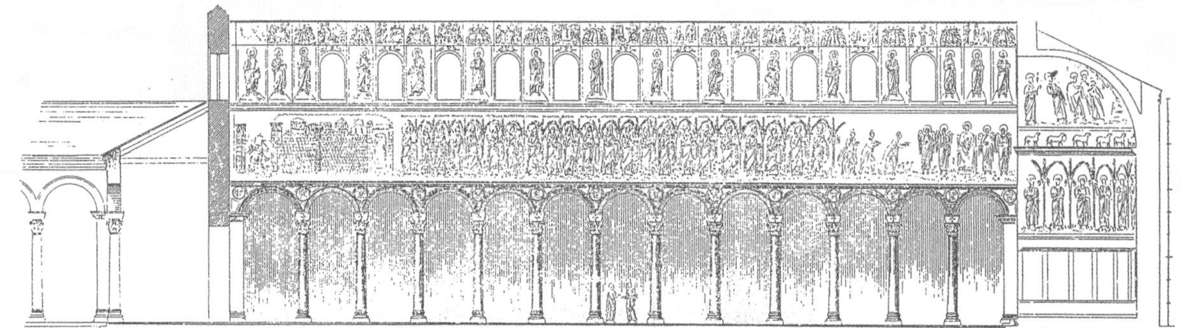

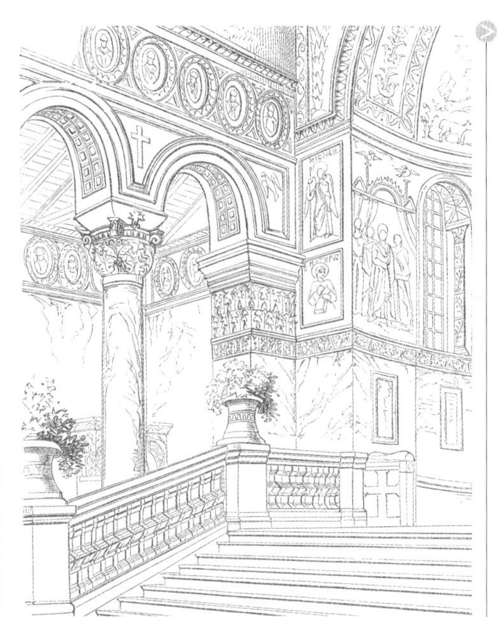

克拉瑟聖阿波利納爾教堂內部

克拉瑟聖阿波利納爾教堂內部也受到東方風格的影響：其大理石鑲面和「凌風式」柱頭，幾乎可以肯定是來自君士坦丁堡附近的皇家工場。

克拉瑟聖阿波利納爾教堂鐘塔

這座教堂外面的鐘塔是最早的圓形鐘塔之一。鐘塔的窗扇數從下往上遞增：從單扇到雙扇到三扇。鐘塔沒有採用拉芬納傳統的高尺寸磚，而是由又薄又長的特製磚塊構成，這種磚塊的主要使用地區是君士坦丁堡。

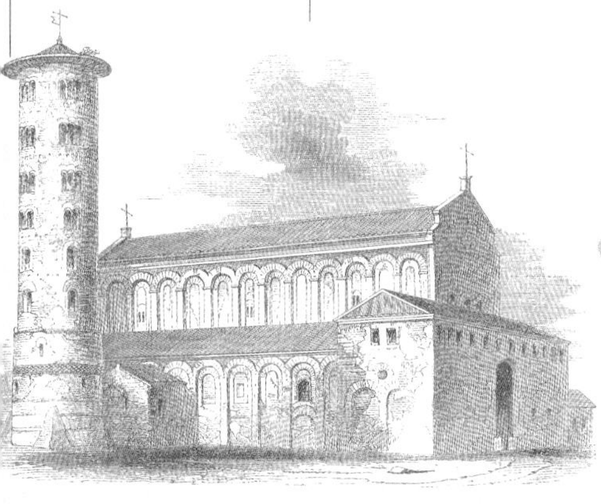

聖維達萊教堂（526-547）

兩個同心的八邊形組成了雙面層的聖維達萊教堂。其核心區是由八根支柱和之間的七個半開敞式凹室所構成，凹室突伸到周圍的迴廊（迴廊庭院或教堂後殿四周的有頂走道）。教堂核心區域的第八邊直接通向禮拜堂和突伸的後殿，後殿兩側是圓形禮拜堂。

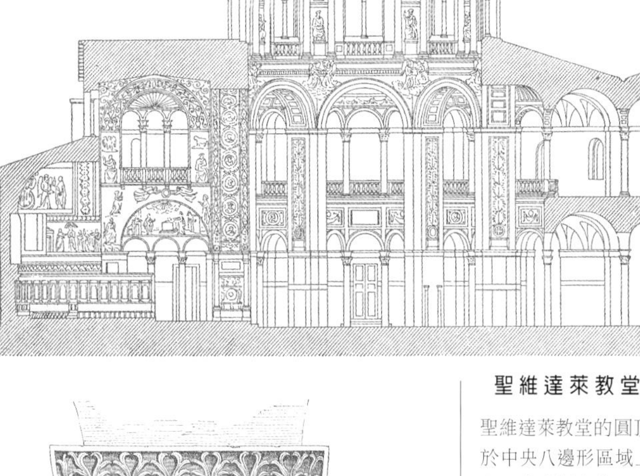

聖維達萊教堂圓頂

聖維達萊教堂的圓頂覆蓋於中央八邊形區域上方，它既非磚製也非石砌，而是由一個個陶瓶彼此套接而成。這種用西羅馬技術建造出來的圓頂非常輕巧，不需要扶壁或拱來支撐。圓頂上面覆有木屋頂。

花邊和花籃形飾

拉芬納很多5、6世紀的教堂都採用了拜占庭風格的柱頭。自然風格的科林斯式爵床葉裝飾沒落消失，取而代之的是比較不具自然風的「花邊」和「花籃形飾」，風格化的葉飾和交錯的細條是用很深的刻紋雕琢而成的。拜占庭風格的柱頭還採用了一些新形式，比如接近半球形的「墊枕」和「花籃」柱頭。

早期基督教和拜占庭風格

早期拜占庭建築

6世紀是拜占庭帝國的顛峰時期。在查士丁尼（527-562）的統治下，拜占庭帝國達到了前所未有的廣懋昌盛。當西羅馬帝國岌岌可危之際，君士坦丁堡卻處於政治和文化的中心──即使不是宗教中心的話。一項巨大且帶有炫耀性質的營造計畫開啟了一段建築革新時期，在這個時期裡，可以看到早期基督教形制開始轉向拜占庭風格。當巴西利卡在西羅馬仍然處於建築的主導地位時，在東方，一種更為複雜且更為集中式的建築新趨勢已日益增長，長方形的巴西利卡平面上加入了方形的圓頂開間。這股趨勢部分是受到東方祈禱儀式的影響，特別強調神職人員在執行彌撒時的行進過程。這種新型的集中式平面將焦點集中於中殿，那裡變成神職人員行進的舞台，會眾們則分別在側廊、展廊和前廳處觀看。

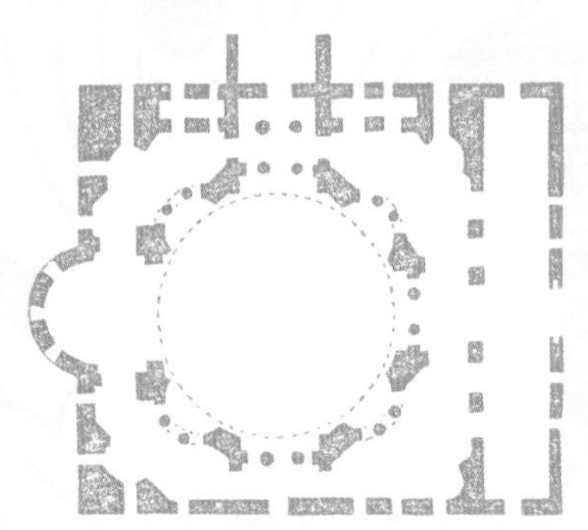

君士坦丁堡的聖塞吉爾斯和巴克斯教堂（527-536）

這座教堂是由查士丁尼下令建造，與聖維達萊教堂相仿，同樣是中間呈八邊形、外部為方形的雙面層結構。不過，這座建築要複雜得多，其核心區域的內牆上交替排列著方形和圓形的壁龕，並與外牆上的壁龕相呼應。

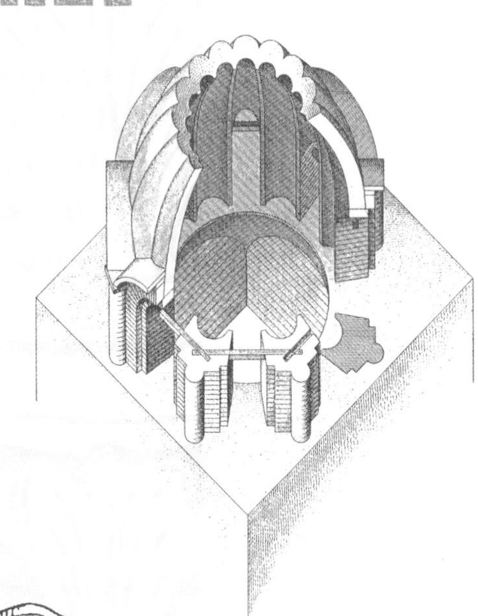

聖塞吉爾斯和巴克斯教堂的南瓜式圓頂

這座直徑長達16公尺的南瓜式圓頂結構共有十六個帶脊凹面。圓頂上方沒有木構屋頂，從外面即可看到。

聖塞吉爾斯和巴克斯教堂的皺褶式柱頭

聖塞吉爾斯和巴克斯教堂底層採用了皺褶式柱頭，上面飾有尖葉藤鬚的深浮雕，藤鬚的輪廓刻得很深，以便從陰暗的背景中凸顯出來。

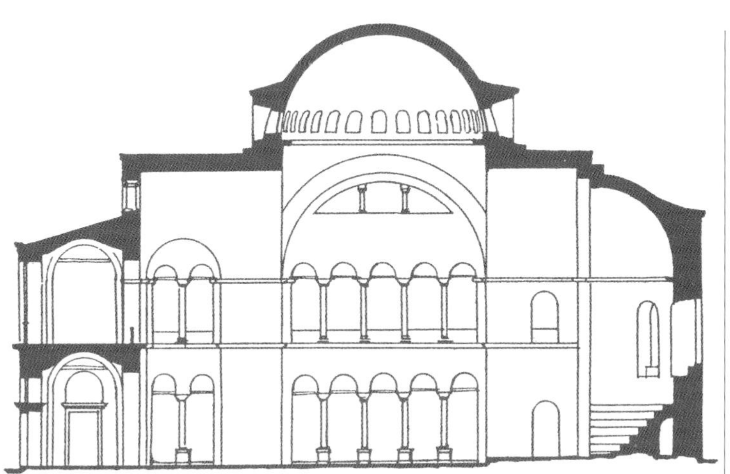

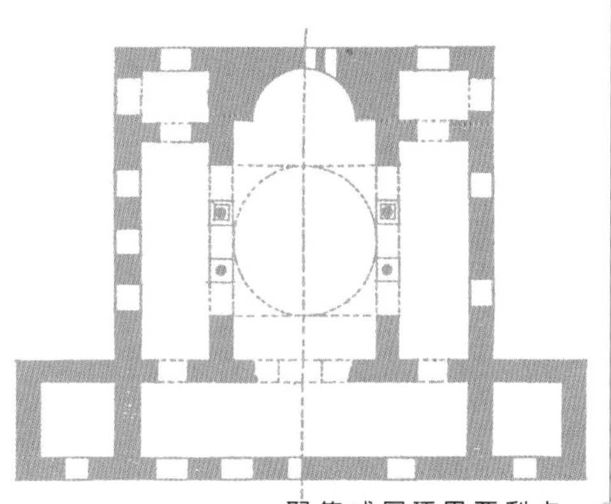

聚集式圓頂巴西利卡：敘利亞的伊本·瓦登教堂（564）

在伊本·瓦登教堂裡，圍繞於圓頂中央開間的中殿被壓縮成很短的筒形拱頂，三面圍以雙層的側廊、展廊和和居間連繫的雙層前廳。這種聚集式圓頂巴西利卡把所有的焦點都放在中殿上。

圓頂式巴西利卡：君士坦丁堡的聖伊蓮娜教堂（532）

查士丁尼於532年在君士坦丁堡修建了聖伊蓮娜教堂，將方形圓頂開間引進巴西利卡平面中，從而形成了圓頂式巴西利卡。這座教堂的圓頂坐落在四個由四根巨柱支撐的拱上面；東西向的中殿由筒形拱頂支撐，兩側的側廊和展廊都帶有拱頂。

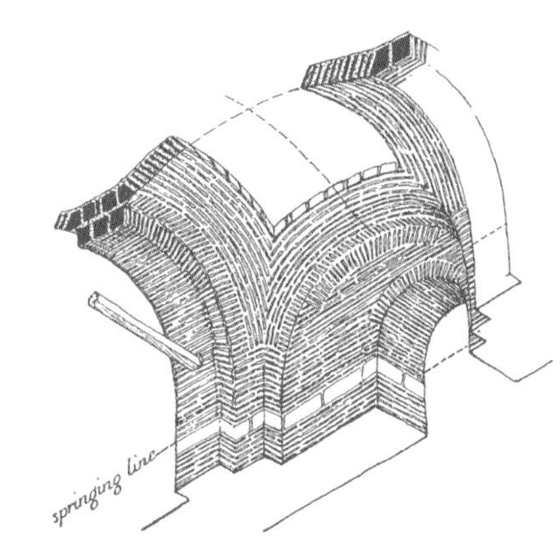

帆拱

覆有圓頂的集中式平面，因為採了用帆拱——拱與拱之間的內凹三角形——而得以實現。羅馬人只能在圓形平面上也能建造圓頂，但帆拱卻使得拜占庭人在方形平面上也能建造圓頂。這種形式可能是源自愛琴海地區和敍利亞的建築。

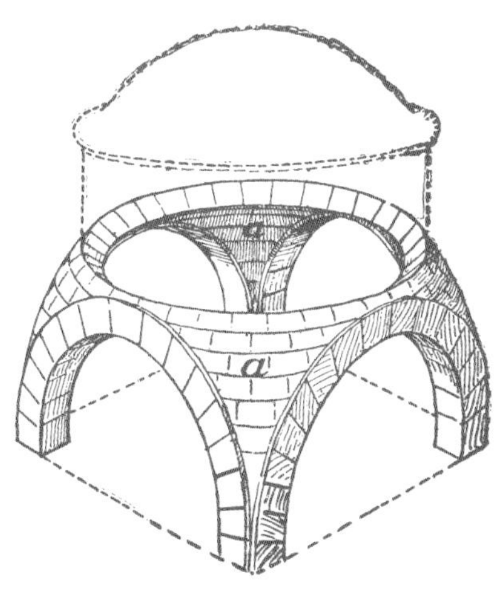

磚塊的使用

引進圓頂空間的另一項關鍵要素是以磚塊為建材：磚塊要薄，砂漿層要厚。以混凝土和石頭建造的拱頂跨距無法過大，但使用磚塊卻能蓋出又輕又薄的拱頂，適用於較大的跨度，且具有更大的靈活性，因為所需的支撐物更少也更薄。

早期基督教和拜占庭風格

君士坦丁堡的聖索菲亞大教堂

聖索菲亞大教堂——「索菲亞」意為「神靈的智慧」——是公認最宏偉的拜占庭建築。它同時也是獨一無二的傑作，因為後來再也沒有建造過類似的建築。查士丁尼在一座同名的巴西利卡式教堂的廢墟上建造了它，而且其建造者並不是傳統的熟練工匠；來自特拉勒斯的安提莫斯和來自米利都的伊索多拉斯精通數學和物理，和建築師相比他們更像是科學家。這座教堂融合了兩種風格——雙面層的圓頂教堂和圓頂巴西利卡——就像是把聖塞吉爾斯和巴克斯教堂一分為二，然後在中間插入一個巨大的圓頂開間一樣。這種創新的形制由於使用輕巧的薄磚作為主要建材而得以實現，整座教堂中只有八根巨型支柱是以琢石而非薄磚砌成。圓頂在完工後的第二十年，即558年倒塌，這表明教堂大膽的設計雖然是工程學上的一次偉績，卻已經達到了當時工藝技術的極限。圓頂於563年重建。

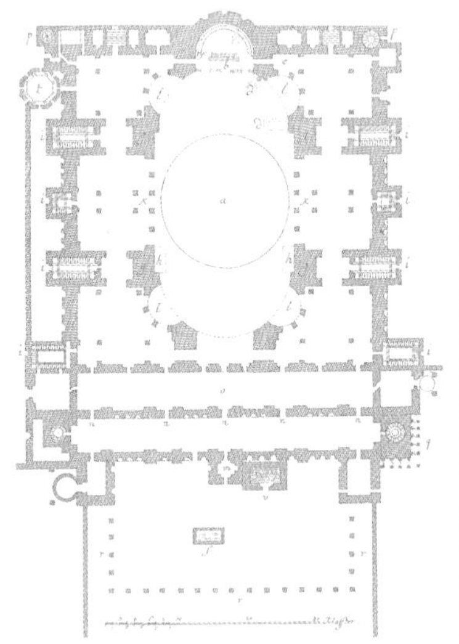

平面圖

聖索菲亞大教堂保留了巴西利卡的中殿和側廊，但室內連拱廊的轉角處為曲線狀，所以整個連拱廊呈橢圓形。直徑長達32.6公尺的圓頂由四個拱凌空托起，再由四根巨型支柱承住拱的重量。圓頂直跨外牆，並有支柱支撐側廊和展廊。

內核

圓頂在東西向上各由一個半圓頂支撐，每個半圓頂兩側還各有一個覆有半圓頂的半開敞式凹室。最後，是分別引向東端後殿和西端前廳的筒形拱頂。圓頂的內核四周繞以雙層的側廊、前廳和展廊，從而形成一個近似方形的平面。

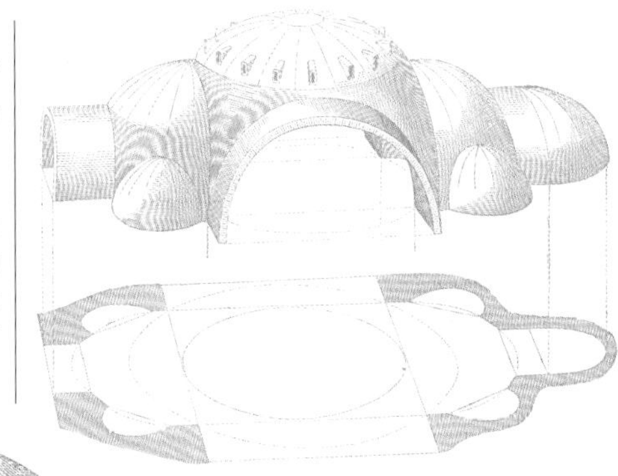

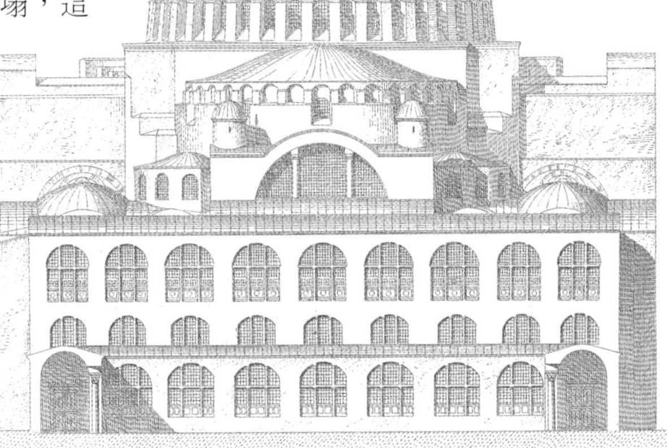

外部

各式各樣的圓頂和半圓頂並未封以木構屋頂，而是覆以鉛層。從外部看去，結構一覽無遺，觀看的視線隨著建築物上移，直到中央圓頂的頂點。巨大的室外部分以用磚塊為建材，因未加裝飾而顯得十分簡樸。

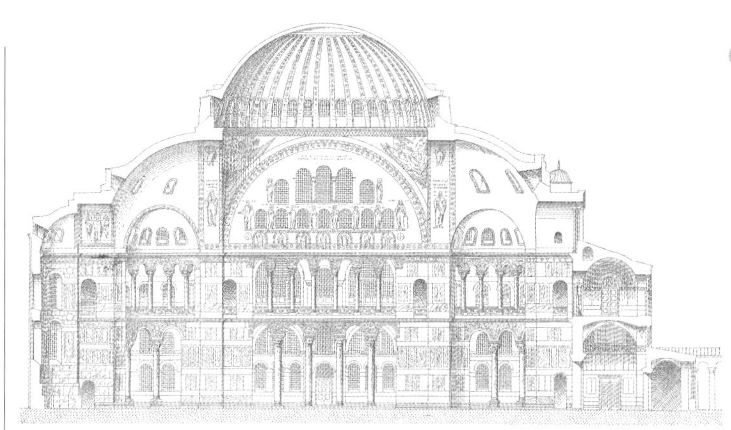

橫剖面圖

大教堂的內部表面鑲滿彩色大理石石板，顏色有綠、紅、白、藍、黑、黃六色。圓頂下層開了四十扇窗戶，光線可從這裡射入，此外在半圓頂、半開敞式凹室、中殿以及側廊的上也開有窗戶。

內部

教堂內部非常寬敞，複雜錯落，凹凸相間。巨大的圓頂凌空高懸，中殿和半開敞式凹室的連拱廊構成四周側廊的屏障。這樣的配置使得中央內核區顯得更寬大更高聳。

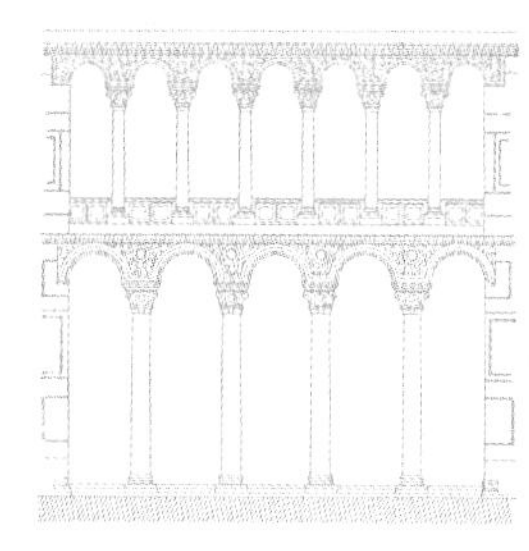

連拱廊

連拱廊構成了一種三、五、七的韻律，底層中殿的連拱廊有五個開間，展廊的連拱廊有七個開間，連同上方的七扇高側窗；在兩端的半開敞式凹室或半圓龕裡，其底層有三個開間，上面的展廊有七個開間。

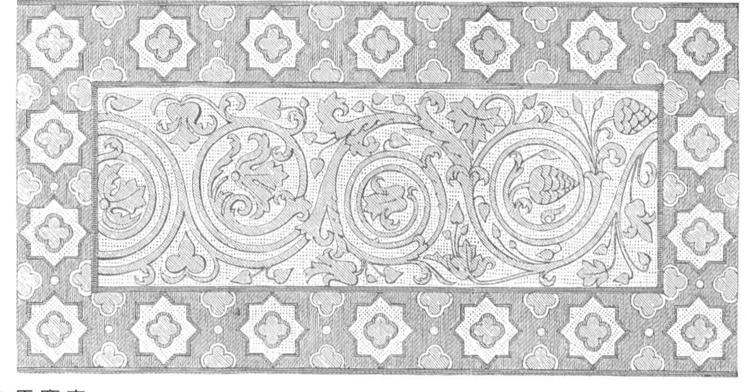

馬賽克

牆壁、圓頂、半圓頂、拱頂以及拱底的表層都飾有馬賽克，圖案為簡單的非人物類主題，包括葉形飾和十字紋。中央圓頂上也只是鑲了一層鍍金馬賽克。

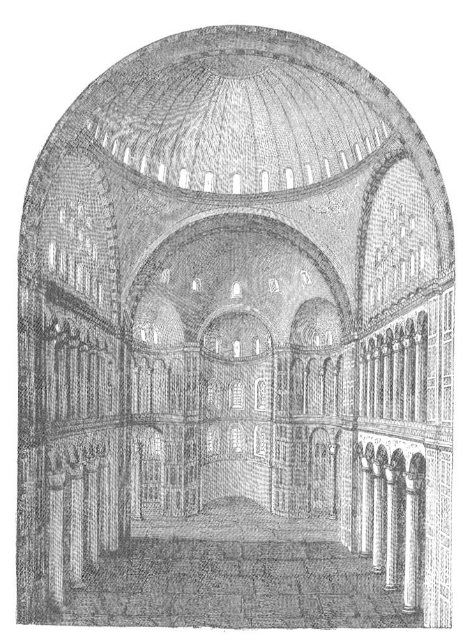

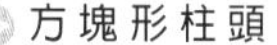

方塊形柱頭

主連拱廊上的柱頭是方塊形的——由一個立方體和一個半球體交截而成。柱頭帶有愛奧尼亞式風格的小渦旋形角飾，以及鑿痕很深的懸挑式葉形飾。

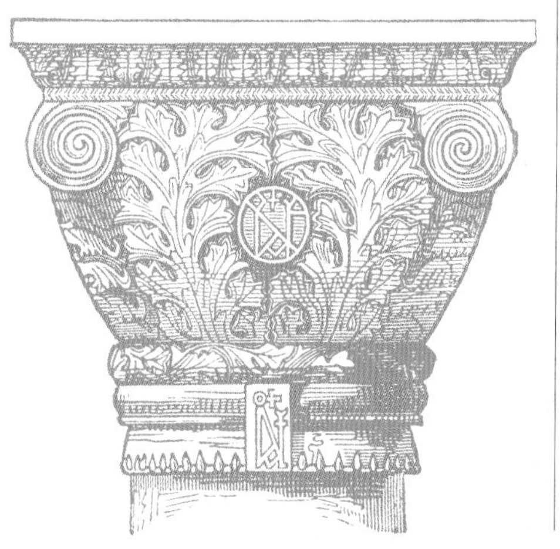

早期基督教和拜占庭風格

後查士丁尼時期的建築

早期拜占庭的建築再也無法企及聖索菲亞大教堂的那種宏偉和複雜性。562年查士丁尼逝世後，帝國失去了大部分疆土，包括希臘、敘利亞、巴勒斯坦和北非部分地區。8世紀時，在西方逐漸強盛起來的法蘭克王國與教皇結成聯盟，800年教皇為法蘭克國王查理曼加冕，授予他「西羅馬帝國皇帝」的稱號。里奧三世認為聖像崇拜引發了上帝的憤怒，從而導致了拜占庭帝國的衰敗，於是他於726年發起了聖像破壞運動；教堂內的馬賽克人物裝飾主題也被十字紋、葉形飾及幾何形圖案所取代。這一時期的建築風格較簡樸，教堂體積縮小了。不過，查士丁尼時期的一些主要建築仍然確立了集中式平面的趨勢，圓頂巴西利卡和十字圓頂教堂依然具有主導地位。

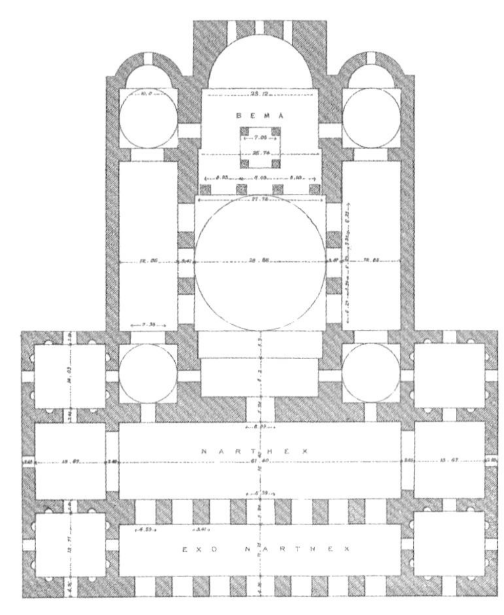

米拉聖尼古拉教堂（8世紀）

和君士坦丁堡的聖伊蓮娜教堂一樣，米拉的聖尼古拉教堂也是圓頂式巴西利卡。羅馬式巴西利卡中對縱向的強調遭到進一步削弱；中殿只剩下中央圓頂開間和東西向的主支撐拱；帶展廊的側廊不僅位於南北兩側，也包住了中殿的西端。

十字圓頂教堂，塞薩洛尼卡聖索菲亞（780）

查士丁尼逝世後的兩百五十年間，十字圓頂教堂十分流行。中央圓頂開間由差不多等縱深的四個筒形拱頂支撐。十字形中央區域三面都圍繞以帶展廊的前廳和側廊，形成了方形外面層。

聖索菲亞教堂平面圖

這是一座典型的十字圓頂教堂，十字形的中殿由帶圓柱和支柱的連拱廊與兩側筒形拱頂的側廊連接起來。側廊、前廳以及展廊相互連接，形成了U形的雙層迴廊。十字形的東臂是一座禮拜堂，終端為一座半圓形後殿，兩側有半圓室輔翼。

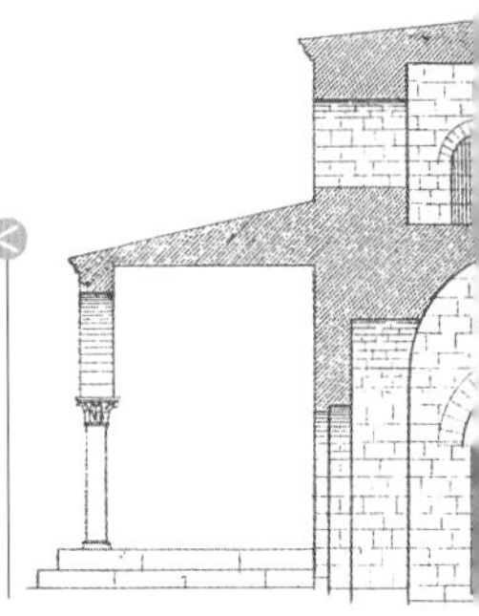

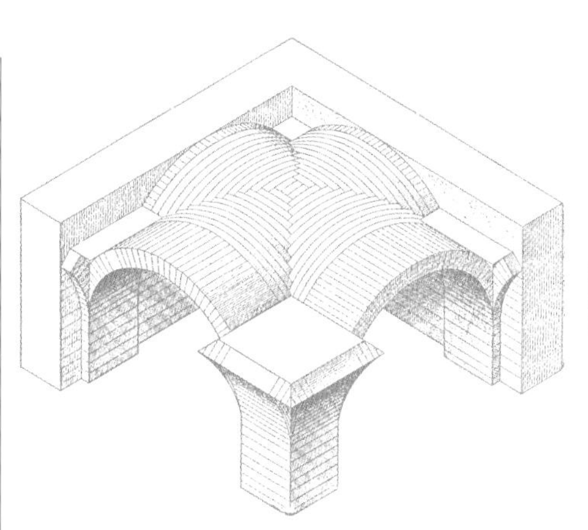

聖索菲亞教堂穹稜拱頂

在塞薩洛尼基的聖索菲亞大教堂裡，支撐圓頂的西端支柱被打通，以便容納一個小型的穹稜拱頂開間。又叫交叉拱頂，並不是拜占庭發明的新形制；穹稜拱頂常覆於方形開間上，由兩個筒形拱頂直角相交而成。

利西亞德雷阿茲教堂的三聖所平面圖（8世紀）

隨著拜占庭禮拜儀式於7、8世紀確定下來，教堂的平面設計也在後殿兩側逐漸添加出兩個廂房，或稱附屬禮拜堂。南側的小房間是聖器室，用來放置《福音書》；北側的小房間是聖餐室，為準備聖餐之處，方便彌撒儀式進出。

磚塊和琢石

磚石建築通常是交替使用磚塊和琢石，層層相隔。這種建築工藝自5世紀開始在君士坦丁堡和愛琴海地區使用。有時候會在多層的磚塊中間夾上單層的琢石以增強砌層的牢固性。

後查士丁尼時期建築內部

左邊這張聖索菲亞教堂的橫剖面圖展示了一種極為簡單且穩固的形制，這雖與6世紀的教堂形成鮮明的對比，卻與當時流行的簡樸風格相一致。牆壁和支柱均十分厚重；窗戶和連拱廊的開口都很小；內部空間劃分明確，不再採用複雜的交疊結構。

後查士丁尼時期建築外部

聖索菲亞教堂的外部和大多數查士丁尼時期的教堂一樣，非常簡樸，不過整體比例矮胖一些。帶有窗戶的低矮鼓座端立在簡單的立方體上，遮住了圓頂的一部分。後殿內部呈半球形，外部為多邊形，是典型的希臘風格。

早期基督教和拜占庭風格

中期拜占庭建築

這一時期始於843年破壞聖像運動結束，直到1204年拉丁人攻佔君士坦丁堡為止。其中在馬其頓王朝統治下的前一百八十年是黃金時期：希臘和義大利的失土重新收回，東部疆域擴大，文化復興促使了教堂建築湧現出更多新形制。馬其頓王朝從1025年開始日趨衰落，科穆寧王朝於1057年取而代之，建立了一個穩固安定的社會，其建築也反映出一種鞏固統一的過程。東正教於這一時期獲得合法地位，並在1054年的「教會大分裂」運動中正式與天主教分庭抗禮。與此同時，其教堂建築也傳播到塞爾維亞、保加利亞和俄羅斯。

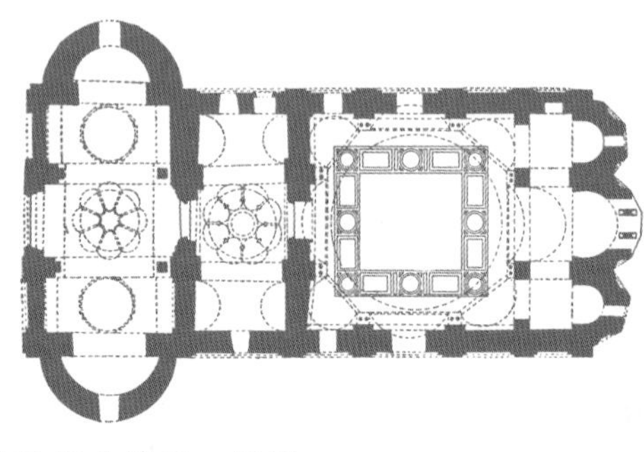

圓頂八邊形，希俄斯島的新莫尼教堂（1042-1056）

這個時期流行的一種新教堂建築形制為圓頂八邊形，在希臘地區尤其盛行，比如希俄斯島的新莫尼教堂。這種樣式有一個方形中殿，無側廊。跨於中殿四角上的突角拱構成一個八邊形以支撐圓頂。

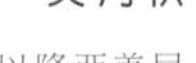

突角栱

突角栱是7世紀以降亞美尼亞教堂建築的重要特徵之一，10世紀後它也廣泛應用於伊斯蘭建築中。突角拱位於方形開間的四角上，呈小拱或壁龕形，作為圓頂的底座。

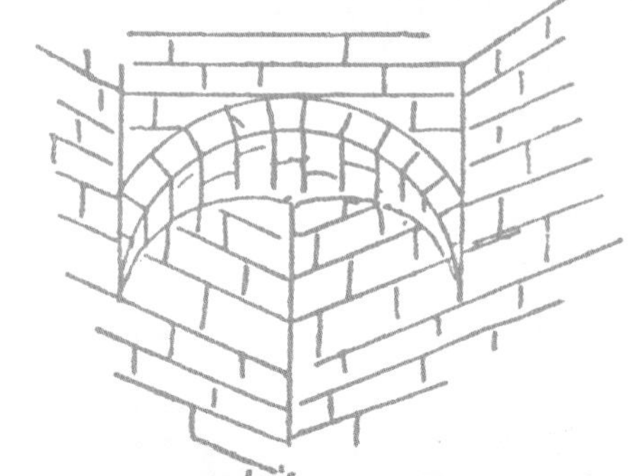

希臘十字八邊形，達夫尼教堂（約1080）

希臘式十字八邊形是另一種採用突角拱的新形制，同樣以希臘為重鎮。四隻筒形拱頂的手臂從圓頂八邊形的中央開間突伸而出，構成十字平面。整個十字形被一個大矩形包住，矩形的四角各有一組拱頂開間。

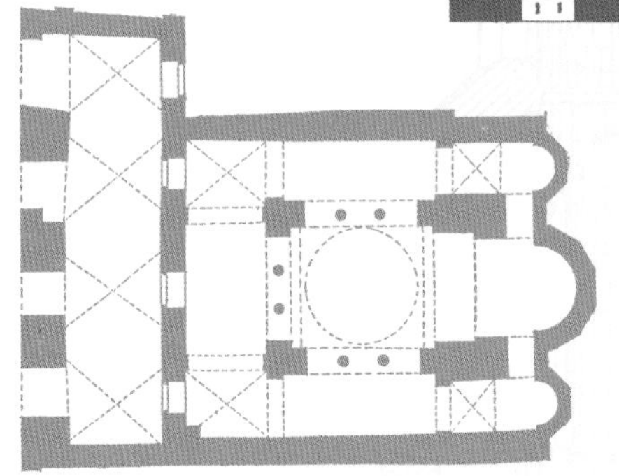

迴廊式教堂，君士坦丁堡的聖瑪利亞教堂（11世紀）

迴廊式教堂與早期的十字圓頂教堂相似，但其中殿更小，十字形的四臂縮短成拱牆。四周的空間更大，且寬度相同；展廊取消，圓頂內核只剩下簡單的迴廊。

正十字形，君士坦丁堡的米雷萊恩教堂（920-921）

正十字形建築又稱梅花形，是中期拜占庭最流行也最長盛不衰的平面形制。方形圓頂開間以及帶拱頂的四臂組成了一個希臘式十字，四角上各有一個圓頂開間。中央圓頂的鼓座部分和四個角落開間上方的十字臂，從外部看去一目了然。

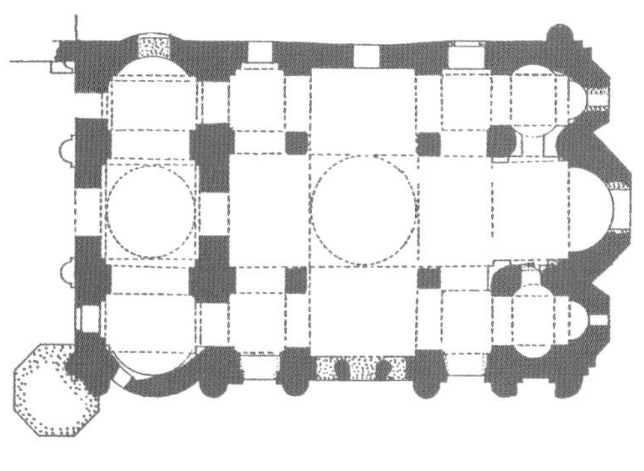

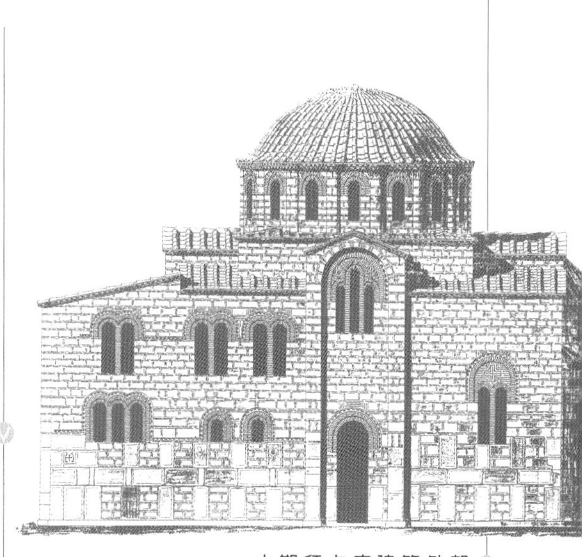

中期拜占庭建築外部

中期拜占庭建築非常注重教堂的外部裝飾。磚塊會砌成各種不同圖案——魚脊形、人字形、迴紋波浪形和犬牙形；希臘地區還流行一種以薄磚為石塊鑲邊的風格。假壁龕、內凹的拱形窗、細長柱和壁柱也都在這一時期引進運用。

威尼斯聖馬可大教堂（1063）

儘管出現了「教會大分裂」，但因為義大利和君士坦丁堡有密切的外交和貿易關係，所以拜占庭風格對義大利建築還是影響巨大。例如，雖然威尼斯的聖馬可大教堂是天主教教堂，但卻吸收了東正教的建築元素，並結合了查理曼時期的仿羅馬式風格。

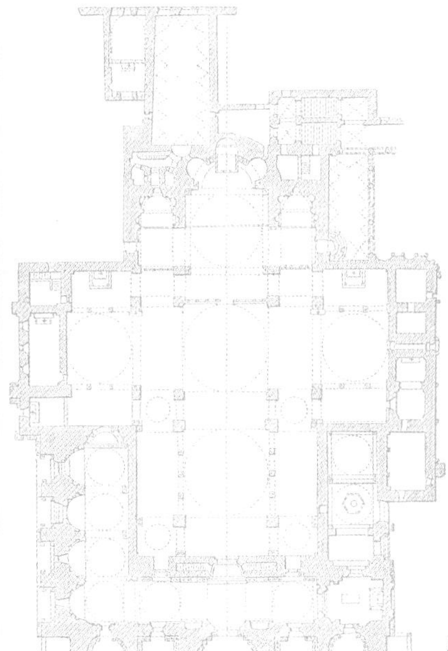

聖馬可大教堂平面圖

聖馬可大教堂起初是一座巴西利卡式教堂，後來增添了耳堂而形成十字形平面，中央開間和十字臂的上方都覆有圓頂。西臂部分並延伸出U形前廳。教堂內裝飾華麗，大理石和馬賽克鋪滿了各建築表面。

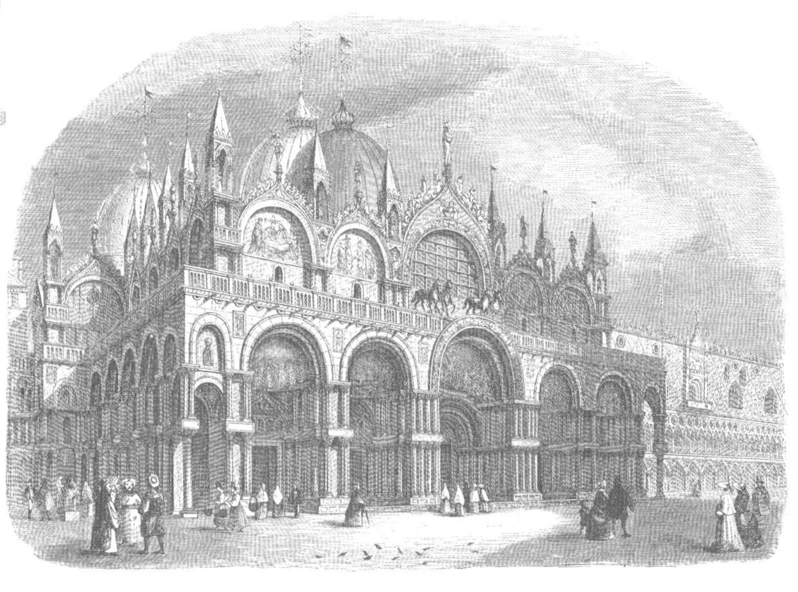

早期基督教和拜占庭風格

晚期拜占庭建築

1204年君士坦丁堡被法蘭克人攻陷，整個帝國開始走向衰亡，國土相繼落入鄰近部落之手，僅尼西亞、特拉比松、阿爾塔和塞薩洛尼基還還握在帝國手中。1261年帕里奧羅古斯家族的麥克八世重新奪回了君士坦丁堡，開啟了所謂的「帕里奧羅古斯時期」（1261-1453）。然而1453年君士坦丁堡再度被鄂圖曼土耳其人攻占，帝國就此瓦解。不過，拜占庭的文化勢力依舊強盛。雖然沒有新的形制出現，但多種傳統形式的組合使建築外部更為精緻，整體建築比例也變得高峻得多。尤其值得注意的是，基於對獨立的墓葬紀念空間的需求，許多既有教堂紛紛增建了附屬空間，從而創造出更大、更不規則的教堂建築群。

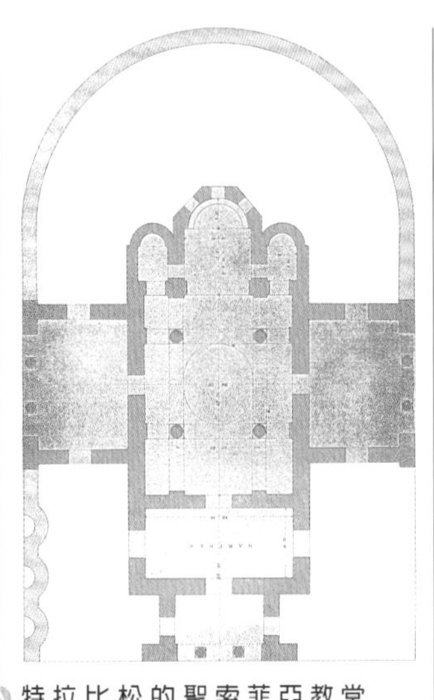

特拉比松的聖索菲亞教堂（1238-1263）

這座梅花式教堂的北側、南側和東側都有出挑的門斗，這種建築形制可能受了喬治亞建築的影響。西邊的角落開間加長了以強調縱深感，顯示出早期拜占庭風格在這一時期得到復興，集中式平面和巴西利卡平面彼此融合。

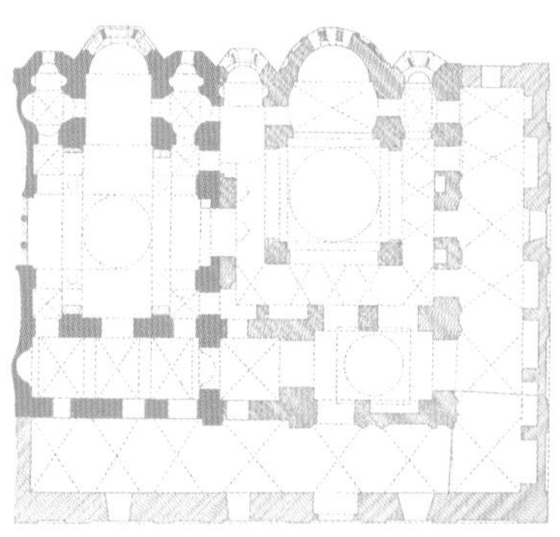

君士坦丁堡的君士坦丁里普斯聖瑪利亞教堂

1282至1304年間這座小型的梅花式教堂（907）在南端擴建了一座小型迴廊式教堂，獻給施洗者聖約翰。兩座教堂由沿著西端延伸的外前廳相連接。外前廳南端還連接了一座葬禮用禮拜堂。

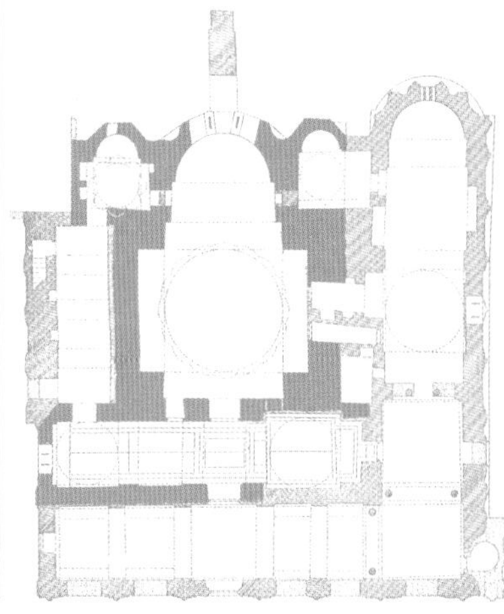

君士坦丁堡的鄉間聖主教堂

這座教堂在1315至1320年間修復，自圓頂核心區向北加蓋了一座附屬建築；向西加蓋了帶圓頂的前廳；並沿著整個西側前方建造了外門廳，連接南端的喪葬禮拜堂。喪葬禮拜堂的樣式逐漸變得複雜起來，比如這一例便採用了圓頂和筒形拱頂，有些甚至採用梅花式平面。

君士坦丁堡的聖狄奧多拉教堂

這座建於11世紀的梅花式教堂，在1320年左右的擴建中增加了一個五開間大的外前廳，並帶有三個圓頂——這是塞薩洛尼基地區的傳統建築樣式。外前廳的立面非常高雅，帶有護牆和高壁龕，立面第二層的五個半圓形假拱，排列得錯落有致。

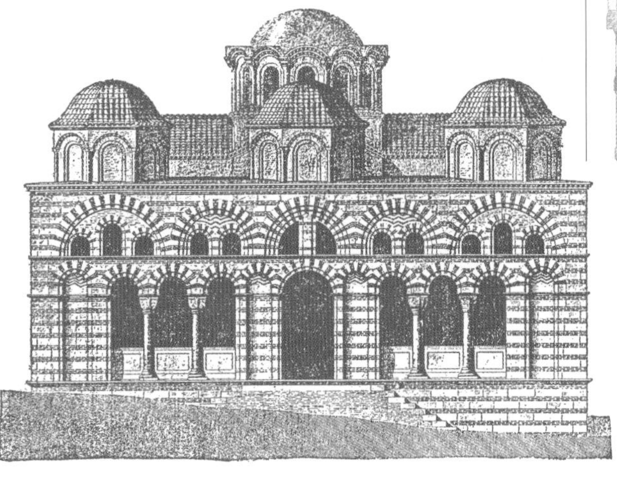

聖狄奧多拉教堂的色彩主義

這座教堂展現出一種對色彩的新強調，即交替使用紅色磚塊和白色琢石。這種技術可能是源於馬其頓地區。從君士坦丁堡開始採用外省技術這一點，便可看出這座城市日益衰敗的地位已江河日下。其他地方的彩色石頭也紛紛傳入。

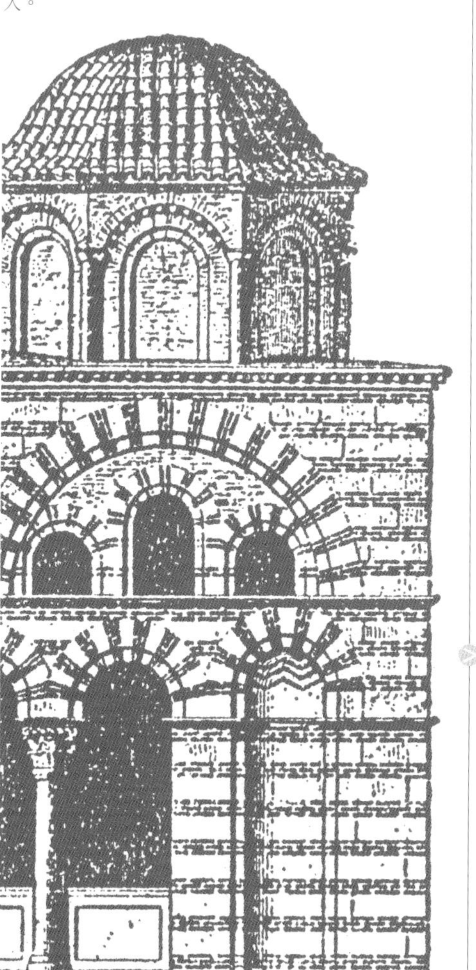

塞薩洛尼基的聖徒教堂（1310-1314）

這座梅花式教堂的四角上各有一個圓頂，外圍有U形外前廳。教堂外部裝飾精美，多邊形後殿設有細高的內凹壁龕，和飾有雙之字形條帶的精緻磚花。

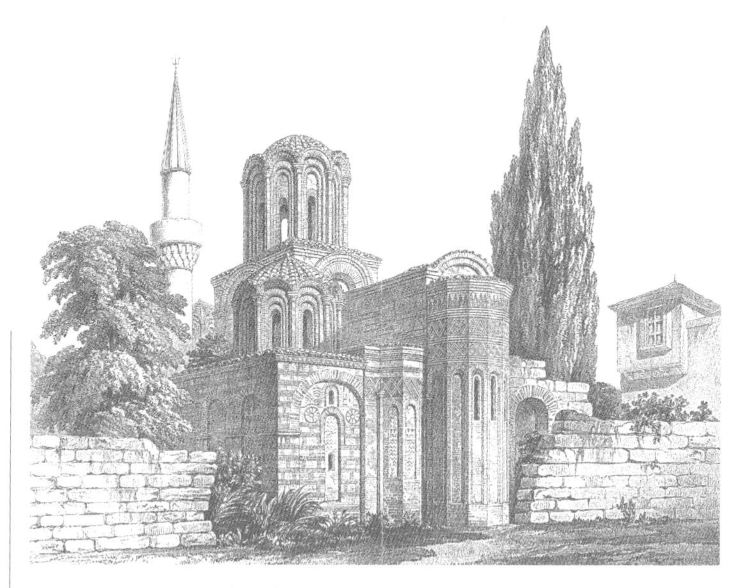

聖徒教堂的外輪廓

聖徒教堂的五圓頂都帶有又高又細的鼓座，使其外部輪廓十分鮮明，教堂的不同部分似乎一層高過一層，圓頂的瓦屋頂高懸於鼓座的拱形窗上，形成漣波起伏的屋簷線條，這種手法在希臘地區非常盛行。

諾夫哥羅德的聖索菲亞教堂洋蔥頂（1052）

諾夫哥羅德的聖索菲亞教堂採用了中晚期拜占庭建築的高峻比例，並融合了更具東方色彩的洋蔥頂形式。在拜占庭帝國沒落之後的很長一段時間，其文化經由東正教會傳播到遙遠的俄羅斯以及巴爾幹地區，並持續影響好幾世紀。

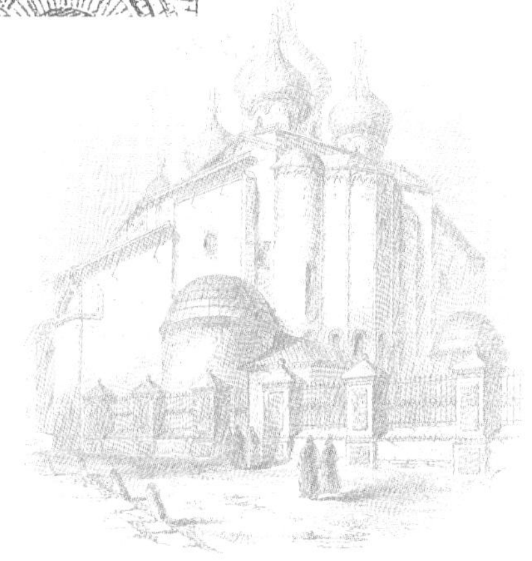

伊斯蘭建築 *632—1800*

中東：早期伊斯蘭建築

作為世界三大宗教之一的伊斯蘭教由先知穆罕默德創立，他在570年左右誕生於麥加（位於今沙烏地阿拉伯），632年去世。伊斯蘭建築於7世紀在中東開始形成，隨著其宗教不斷向外——波斯（今伊朗）、埃及、北非、西班牙及亞洲——擴張，其建築也發展出許多獨具特色的區域風格，儘管如此，彼此之間卻仍保有同文同種的一致性。伊斯蘭建築與眾不同的典型特徵，可以從其主要的建築類型清真寺（穆斯林們朝拜的地方）上清楚窺見：尖拱、圓頂、呼拜塔、門洞、封閉式庭院的表面裝飾，這些都是道地的伊斯蘭風格。

麥加的卡巴天房

先知穆罕默德本人的清真寺在他逝世後重建於麥加，形制為帶平屋頂的帳篷式亭閣建築，屋頂以六根柱子支撐。黑色的卡巴天房是伊斯蘭的首要聖殿，就位在7世紀以圍牆隔開的聖地正中心。

耶路撒冷的阿克薩清真寺（637）

阿克薩清真寺是最早的清真寺之一，由奧馬爾瑪哈里發建於637年，與耶路撒冷的岩頂圓頂寺屬於同一時期的建築。這座清真寺是由一間簡樸的拱頂小室組成。691年瓦利德展開擴建工程，把它變成一座寬大、帶有側廊的方形大廳，廳內設有大理石和石頭圓柱。

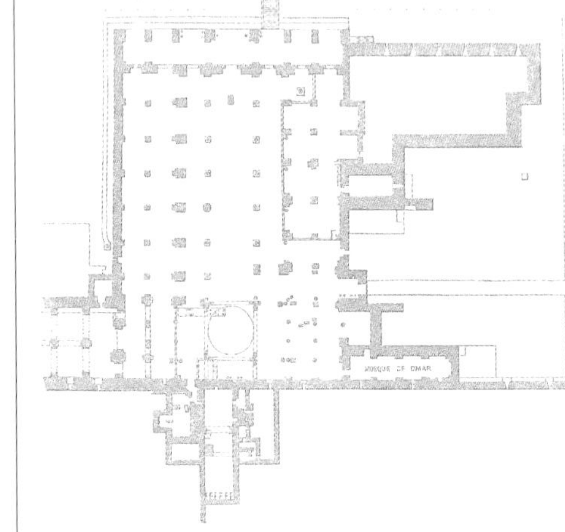

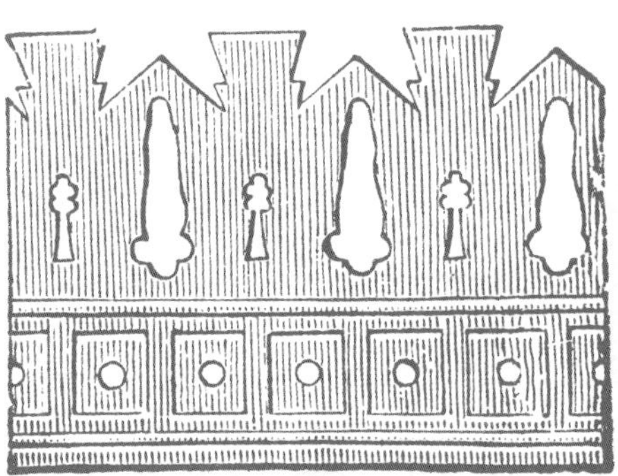

外部雉堞

上圖所示的雉堞細部呈現幾何形的圖案。這應該是鏤空出來的，而不是拼接作品。

阿克薩清真寺尖拱

這座清真寺的柱子由橫梁相互連接。所有的支柱拱都是尖頂的——這是尖拱的早期用途——但尖拱上方的一排拱形開口卻都呈圓頂狀。

「佳利」

「佳利」是一種鑲在外窗上的鏤空屏板，用來遮光和擋灰。大理石製的窗格柵鏤有精美的幾何形圖案，這是早期清真寺的典型特徵。木製的隔屏或格柵在伊斯蘭國家的住宅中也很常見。

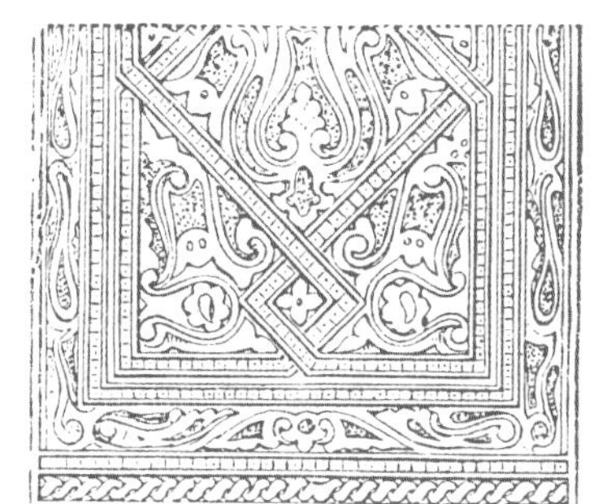
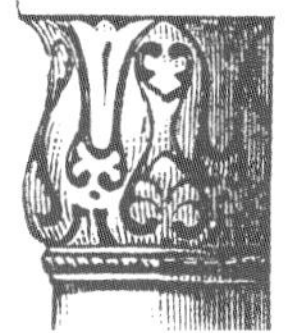
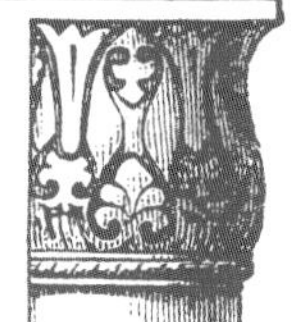
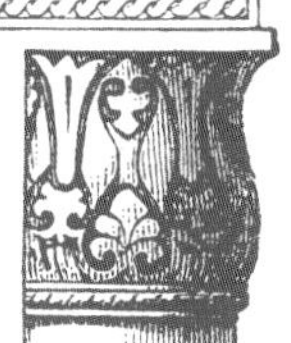

早期伊斯蘭拱：支柱細部

這一時期的拱在基座處（拱墩）呈弧形內凹狀，這是典型的伊斯蘭風格。柱頭經過雕刻，拱上也刻有格式化的植物主題圖案。平坦的牆面上飾有阿拉伯式花飾：一種由直線和曲線交纏組成的有機圖案。

開羅的伊本・突倫清真寺院落一景

所有的伊斯蘭建築都有一個顯著特徵，那就是非常重視室內的封閉空間，而不是外部和立面。伊斯蘭建築與西方建築不一樣，很少能僅從外部就輕易分辨出其功能及內部形制。

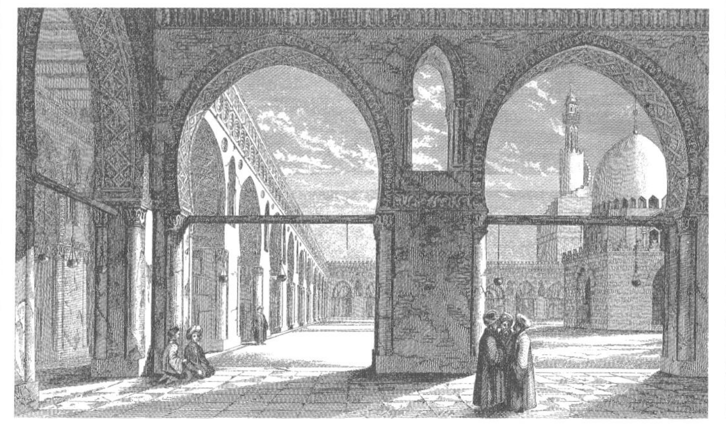

伊本・突倫清真寺平面圖（876-879）

這座開羅早期的清真寺已經具備了此後清真寺的所有特徵：由連拱廊環繞的方形庭院及其附屬走廊，一間覆頂的五側廊式禱告廳，緊貼外牆的聖所和佈道台。一座圓頂式噴泉占據了庭院的中心位置，作為淨身沐浴之用。

連拱廊

從橫剖面圖中可以看出禱告廳位於左端。帶有尖拱的連拱廊由巨大的支柱和附牆柱支撐。這些拱是建築史上最早的尖拱樣式，它的出現表明了初始而簡陋的橫梁式（柱子和過梁）結構已經有所發展進步。

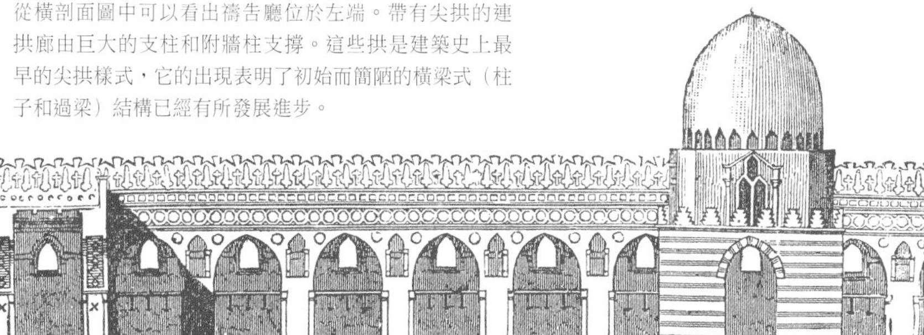

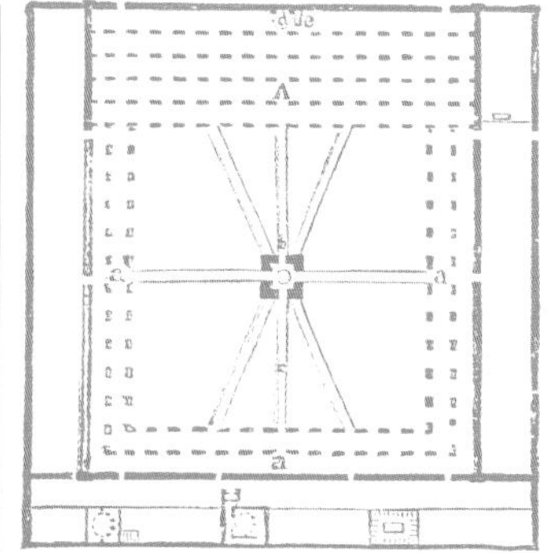

伊斯蘭建築

城市

早期伊斯蘭建築沒有統一的風格，但在埃及的法蒂瑪王朝時期（969-1171），出現了一些通用於宗教和世俗建築的建築術語：圓頂、龍骨拱和磚石建築。兩座建於11世紀的開羅城門展現了當時防禦工事的高超工藝。城牆內有庭院式住宅和王宮；陵墓和公墓則位於城牆之外。與蘇丹尼亞的波斯陵墓不同，開羅城外的馬木路克墓沒有採用複雜的圓頂墓室，而是汲取了伊斯蘭建築的精髓，有極其精緻的外部輪廓。馬木路克王朝自1250年統治埃及，直到1516年被鄂圖曼帝國征服為止，期間建造了眾多風格優美的清真寺、經學院和陵墓。

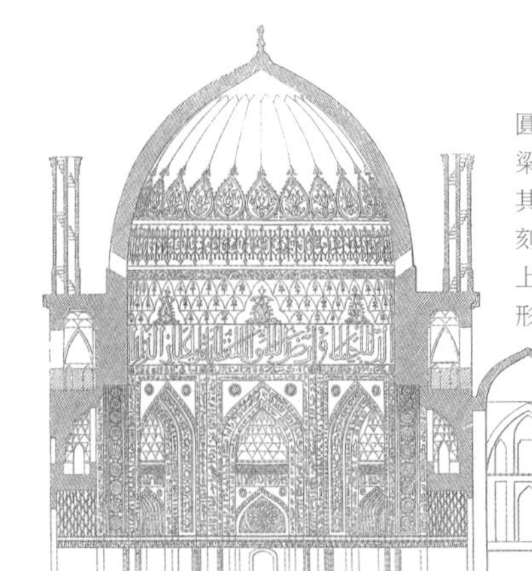

伊朗蘇丹尼亞完者都陵墓橫剖面圖（約1310）

圓頂的圓形基座由八邊形鼓座借一層層梁托上抬形成。簷部由八個巨拱支撐：其簷口是由八邊形和圓形的鐘乳石狀雕刻帶逐層交錯累疊而成的。室內的牆面上飾以彩色上釉磚，與建築的藍色基調形成對比。尖形圓頂從低低的八邊形鼓座上凌架而起，八根由展廊頂端升起的呼拜塔環繞四周；圓頂從外到裡都貼覆了上釉的磁磚。

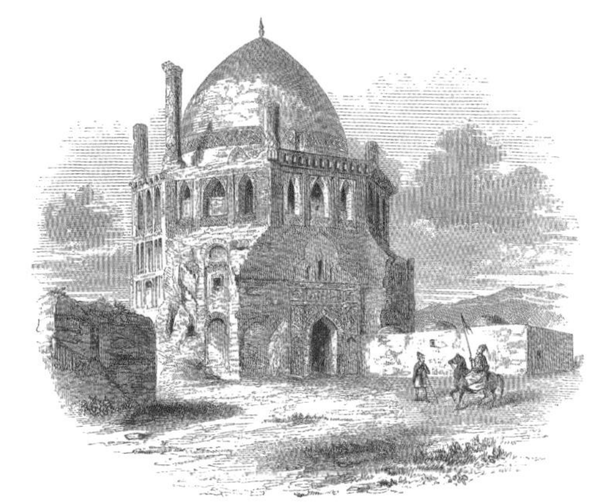

完者都陵墓入口

從右圖中可以看到樓梯間的遺跡及其優雅的拱形入口。這種門洞特色自14世紀初開始日益顯現其建築上的重要影響力。

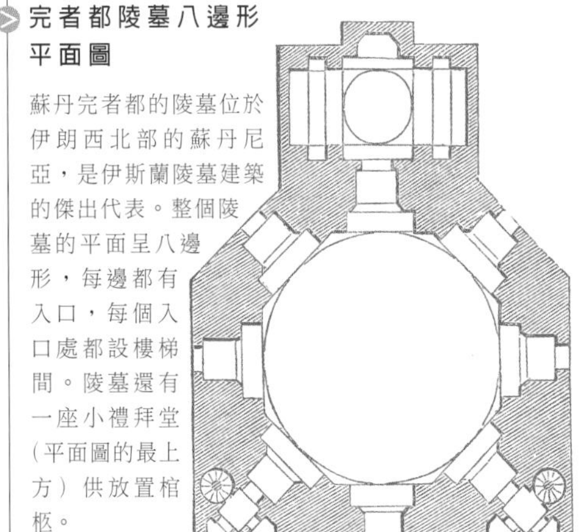

完者都陵墓八邊形平面圖

蘇丹完者都的陵墓位於伊朗西北部的蘇丹尼亞，是伊斯蘭陵墓建築的傑出代表。整個陵墓的平面呈八邊形，每邊都有入口，每個入口處都設樓梯間。陵墓還有一座小禮拜堂（平面圖的最上方）供放置棺柩。

開羅納斯爾城門（1087-1092）

法蒂瑪王朝的大臣在其開羅的宮殿旁修建了宏偉的納斯爾城門（意為勝利之門），城門帶有方塔，非常牢固。城門原先是泥磚結構，現在代之以石材。那些巨大的方形石塊，以及城牆內架於寬敞走道之上的高聳拱頂天花板做工都十分精細成熟。

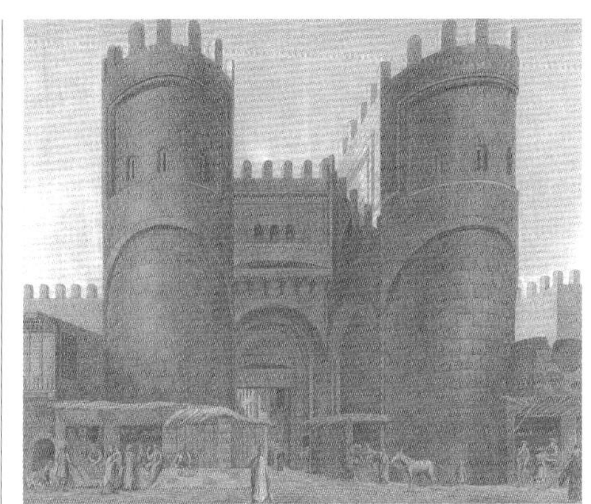

開羅富突哈城門（1087）

富突哈城門（意為征服之門）是開羅城的北城門，將王宮和城市的其他地方區隔開來。這些圓塔的形制較方塔更富防禦優勢。士兵可從塔身上的斜孔向敵人潑沸油，或透過狹長隙口放箭。

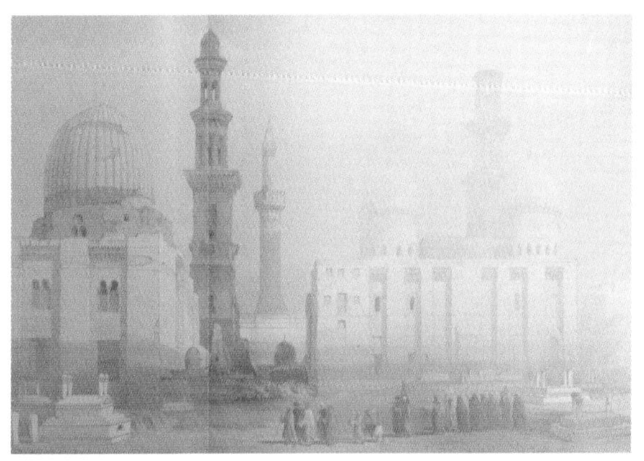

開羅伊納爾蘇丹墓葬群（1451-1456）

埃及人異常崇拜亡靈，這在馬木路克時期以一種新的形式再次得以印證。這一墓葬建築群包括清真寺、陵墓、經學院以及修道院，是馬木路克菁英為確保其統治權而建造的。馬木路克建築在細節上以強烈的色彩感以及善用明暗交錯的大理石條帶著稱。

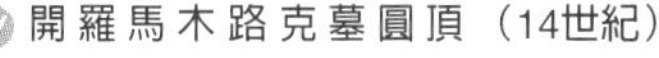

開羅馬木路克墓圓頂（14世紀）

這些小型馬木路克墓的墓石頂上展示了一系列的圓頂形狀（卵形、半球形、金字塔形）和裝飾形式（之字形飾、幾何星形、花卉植物圖案）。

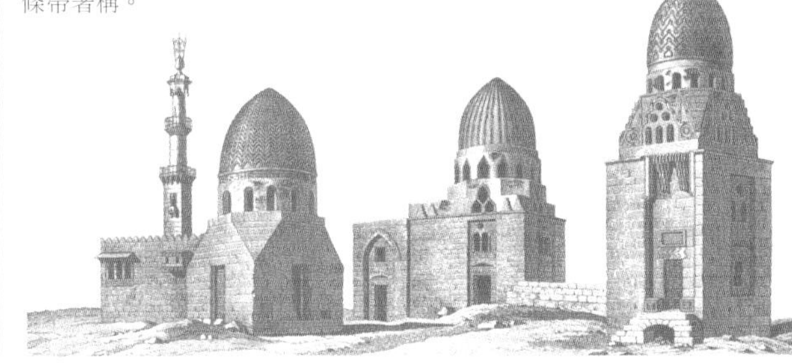

開羅的早期馬木路克墓（14世紀）

典型的馬木路克早期建築圓頂是這樣的：帶肋圓頂聳立在高立面上方的高鼓座上。多層結構的呼拜塔每層形狀都不盡相同，上面分別帶有敞廊和觀景樓。與此形成對比的是，陵墓的低牆則刻意保持一種簡樸和有如崖壁的陡峭感。

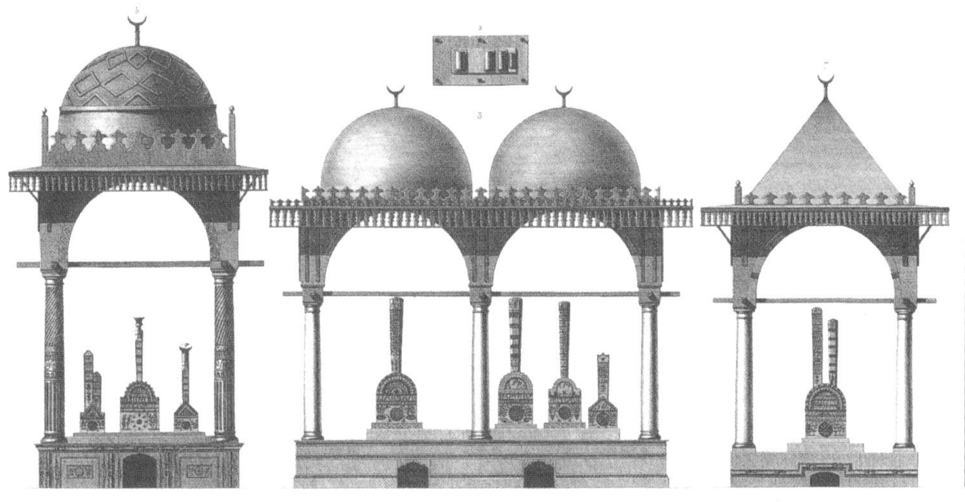

伊斯蘭建築

中東地區的伊斯蘭清真寺、陵墓和經學院

穆罕默德於624年在麥地那（位於今沙烏地阿拉伯）的家中明定聖徒朝拜時必須面對麥加方向。於是在後來的清真寺中都有一個稱為「米哈拉布」的小壁龕指引麥加的方向；至今這仍是所有清真寺的一大共同點。「米哈拉布」旁有一個稱為「敏巴」的講經台，上有樓梯通向帶華蓋的寶座，寶座是空置的，象徵缺席的權威穆罕默德；帶領祈禱的領袖「伊瑪目」坐在樓梯的最上層。上述種種特徵皆始自7世紀，後來又增添了巨大的院子和呼拜塔；伊瑪目在呼拜塔上帶領穆斯林們開始禱告：「萬物非主唯有阿拉，穆罕默德為其使者……」清真寺還必須提供一處庭院供信徒聚集；一處地方供祈禱前沐浴淨身；以及一個大空間以放置禱告毯。穆斯林會在星期五中午前往清真寺聚禱，所以清真寺又稱「星期五清真寺」。清真寺是伊斯蘭生活中的宗教、社會以及政治中心。

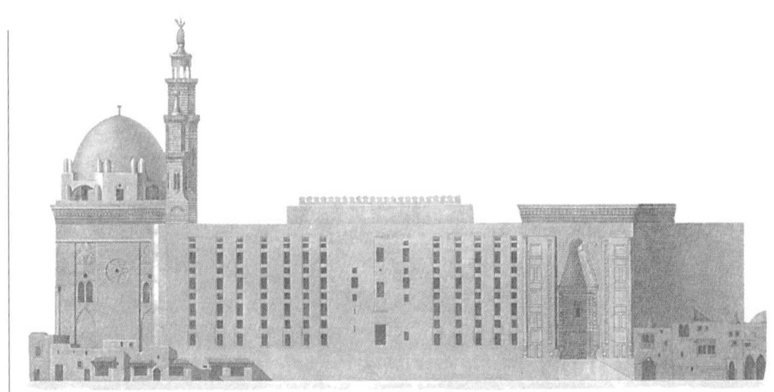

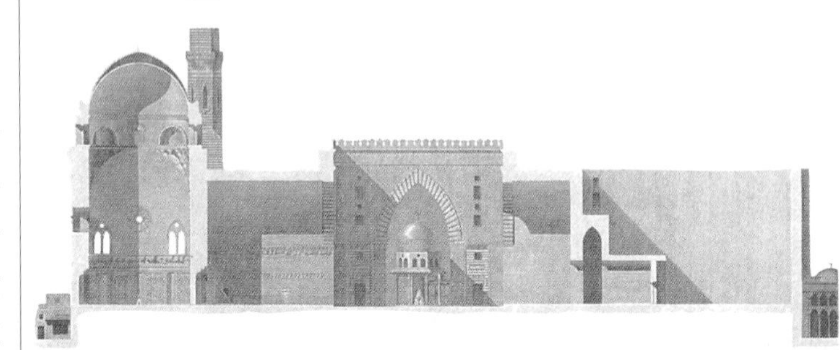

哈桑蘇丹經學院－清真寺立面和橫剖面圖

蘇丹的陵墓是一個圓頂式的方形房間，兩側各有一座高聳的呼拜塔。經學院的建築共九層，側翼是開放式的庭院，門洞式的入口在其右方。從橫剖面圖中我們可以看見位於左邊的高挑房間和中央設有圓頂噴泉的開放式庭院。

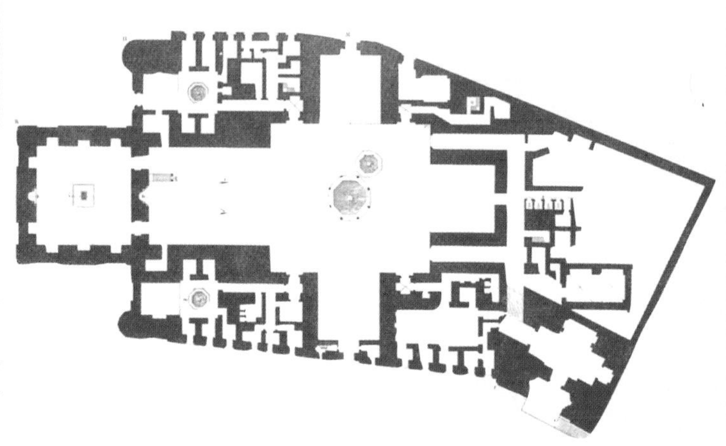

開羅哈桑蘇丹經學院－清真寺「依旺」(1356-1363)

從這幅平面圖可以看出清真寺是如何與陵墓以及經學院結合成一個由「依旺」構成的建築群，「依旺」是一邊面向院子敞開的帶拱大廳，取代了之前清真寺中常見的多柱廳形式。這一特殊建築群是伊斯蘭「四依旺式」格局的典型例子。

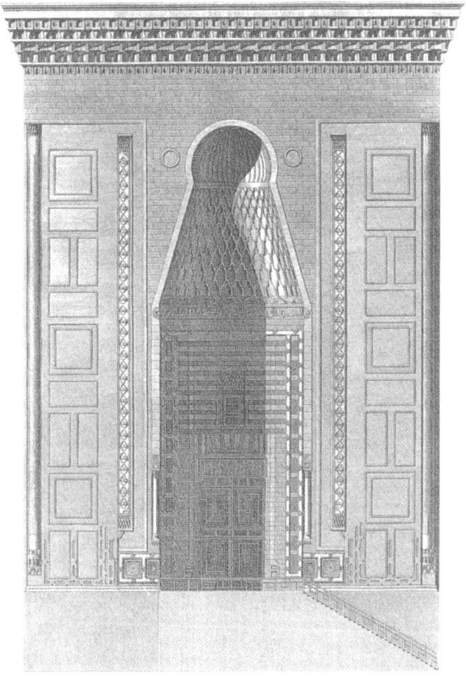

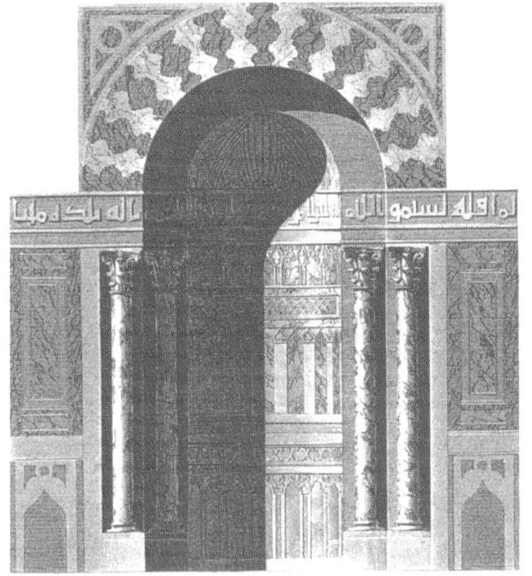

鐘乳石簷口

鋪張華麗的裝飾是這座皇家陵墓與經學院建築的特徵。門洞上精緻的鐘乳石簷口（或者蜂窩狀拱頂）只是其中的一部分，其餘的裝飾形式還包括色彩對比強烈的大理石條板，其上方為飾有庫法字體的橫飾帶（見右圖）。

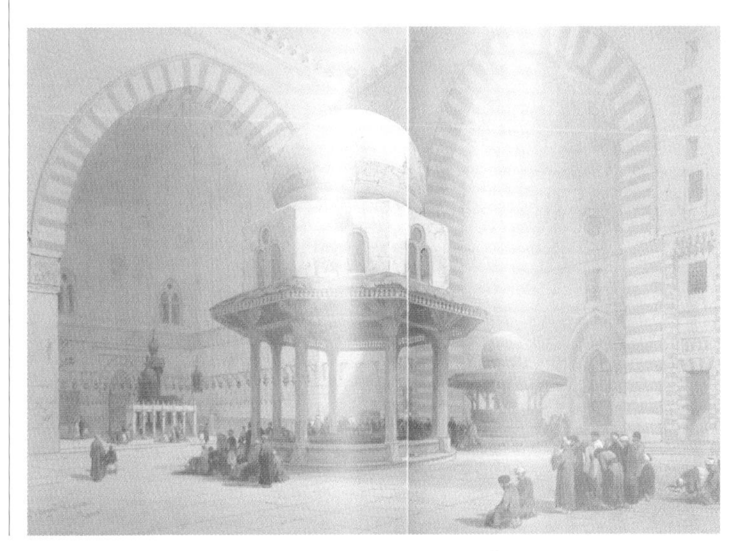

哈桑蘇丹經學院—清真寺橫剖面圖

中央庭院是開放式的，每座圍牆上都有一座大壁龕——其中以面向麥加的壁龕最大。庭院後方的蘇丹陵墓，上覆圓頂，以帆拱支撐。

淨身噴泉

巨大的淨身噴泉位於庭院中心，是穆斯林在進入禱告廳之前淨身的地方。噴泉主要是一種功能性結構物，也是清真寺建築的要素之一。

伊斯蘭建築

埃及和波斯清真寺建築群

埃及於12世紀晚期開始興起依旺式建築。這種形制尤其適合18世紀以前的開羅「經學院－清真寺」建築群。另一方面，波斯的伊斯蘭建築受到11世紀入侵的塞爾柱人的影響，引進了圓柱形呼拜塔，「四依旺式」平面的清真寺－經學院複合建築，以及大型圓頂式空間和複雜的磚砌圖案。17世紀薩非王朝晚期，主要在伊斯法罕（薩非王朝的首都）地區發展出一種釉磚－馬賽克的裝飾技術，建築也以其藍色圓頂和彩色立面著稱。

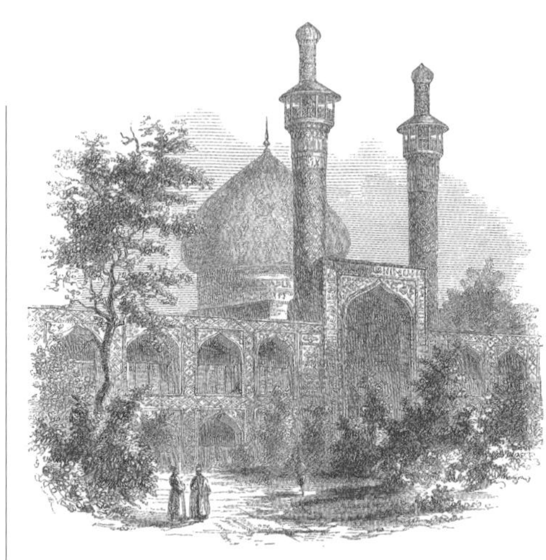

伊斯法罕的蘇丹胡辛經學院（1706-1715）

蘇丹胡辛經學院位於伊斯法罕，有一個鱗莖狀圓頂，門洞兩側各有一座雙層連拱廊，與沙王廣場上的早期經學院庭院類似。它們都屬於波斯最好的公共建築之一。

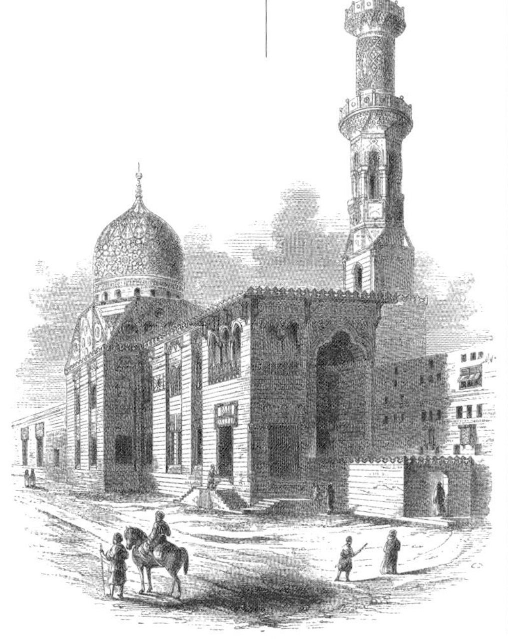

開羅卡特貝清真寺（1472-1474）

這座宏偉壯觀的墓葬建築群要歸功其卓越高超的裝飾和阿拉伯大理石條板的運用；陵墓上的石圓頂上雕刻有交錯的阿拉伯式花飾和星形圖案；以及門洞和呼拜塔上的精美裝飾。這座陵墓具體象徵了卡特貝蘇丹財富與地位的代言和象徵。

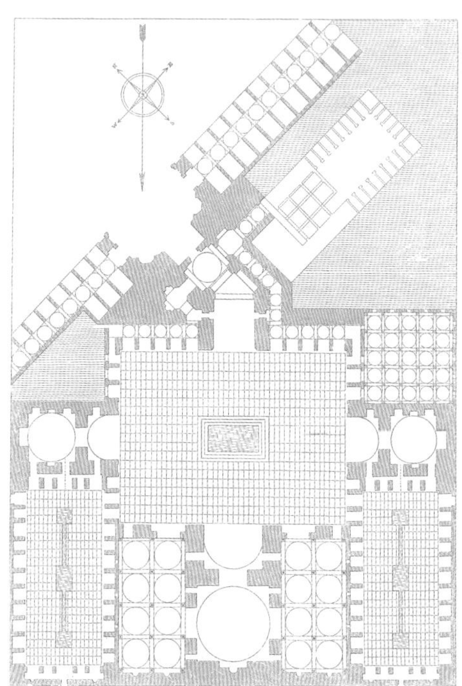

波斯的伊斯法罕清真寺開放式庭院（1612-1637）

這座清真寺的入口建在了一個角落上，目的是為了讓清真寺正確對準麥加的方向。開放式的庭院中安有噴泉和水池。禱告廳中被覆有圓頂的中央隔間區分開來；外側的兩個隔間裡都有經學院。

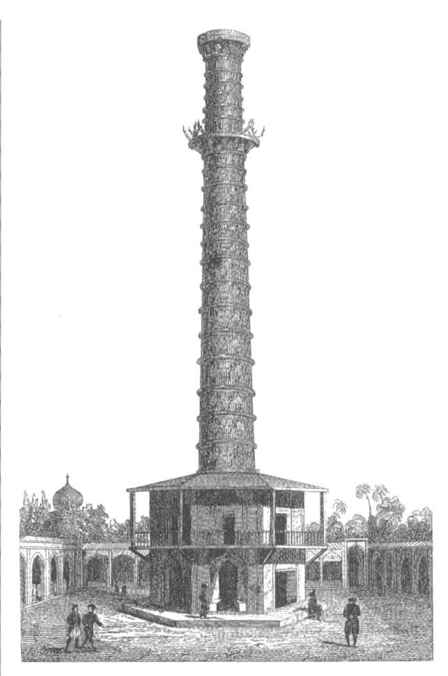

伊斯法罕的犄角塔（17世紀早期）

狩獵在波斯是一項重要運動，像這樣的狩獵塔是為慶祝成功狩獵而立的。狩獵者會在塔的基座處舉行祝典和盛宴。塔上常常飾有獵獲動物的犄角。

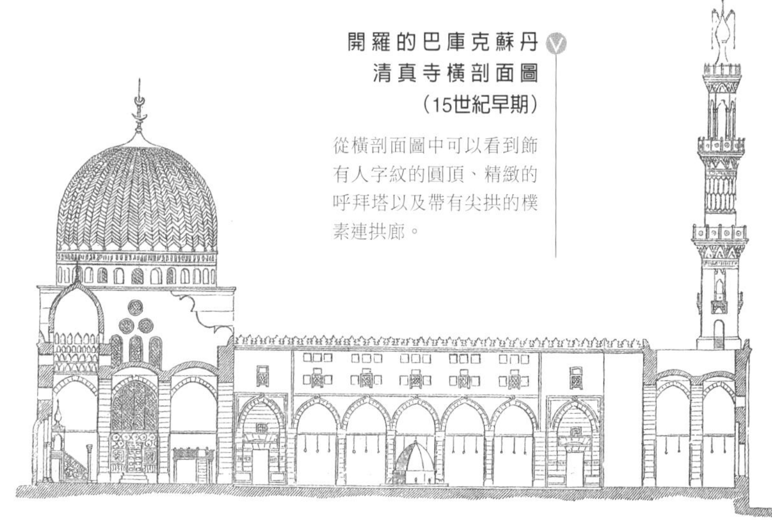

開羅的巴庫克蘇丹清真寺橫剖面圖（15世紀早期）

從橫剖面圖中可以看到飾有人字紋的圓頂、精緻的呼拜塔以及帶有尖拱的樸素連拱廊。

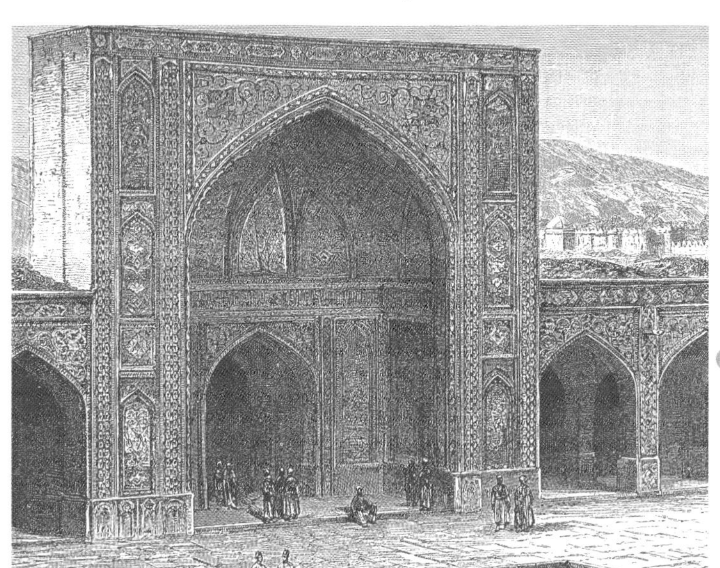

波斯的瓦基爾清真寺（1750-1779）

這座清真寺是雙依旺式的，禱告廳以五排絞繩形石柱支撐。清真寺外部以其紀念性門、釉磚馬賽克鑲板和粉紅色牆面最為著名。

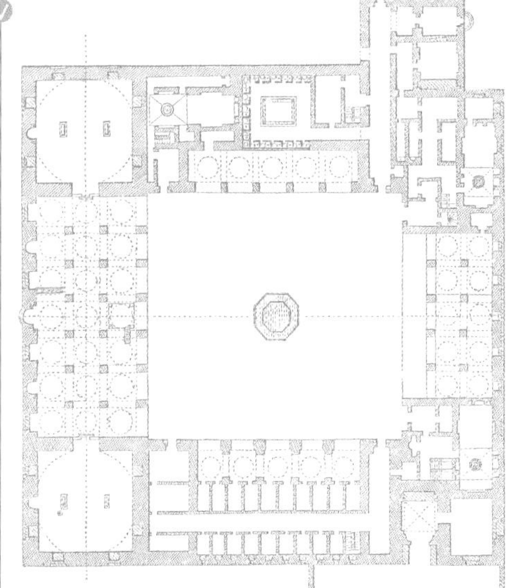

巴庫克蘇丹清真寺平面圖

巴庫克蘇丹的清真寺、墓室和修道院在開羅城外形成了一個大型墓葬建築群，其歷史可追溯至15世紀早期。這個建築群包括兩座陵墓、一座修道院、一座清真寺以及中央庭院上的噴泉。由三個中殿組成的禱告廳一側是陵墓，另一側則是僧房。

伊斯蘭建築

西班牙伊斯蘭建築：摩爾式清真寺

伊比利半島於711年被阿拉伯人占領。755年阿布杜勒拉曼在西班牙建立了獨立的阿拉伯帝國，定都哥多華，並在那裡修建了一座大清真寺——西班牙的第一座伊斯蘭建築。清真寺於786年動工，796年完工，後來又在965年進行了擴建，增添了一處庭院，最終在987-990年間曼薩爾統治時期完全竣工。這座清真寺反映了哥多華日益強盛的重要地位，它不僅是歐洲10世紀時最大最繁榮的城市，也是穆斯林心中最神聖的地方。伊斯蘭教在伊比利半島的統治一直持續到1492年，其建築風格受到北非的伊斯蘭建築（馬格里布式）以及更早的西哥德和羅馬傳統的影響。

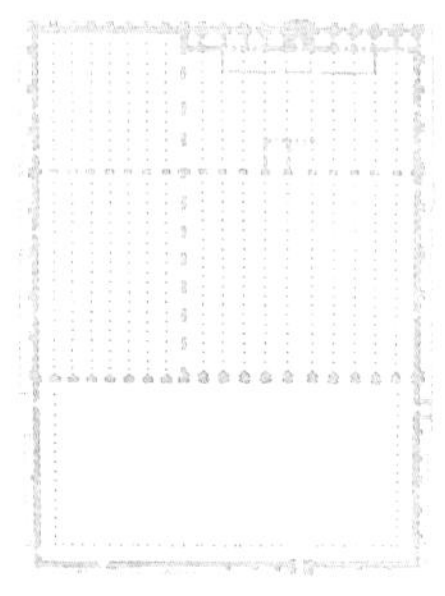

哥多華清真寺平面圖

這座清真寺最早是一個帶有十一個側廊的矩形空間。965年哈康二世在此基礎上增添了十四行柱列以及一座新的米哈拉布。10世紀晚期時又在東側增加了七根立柱。

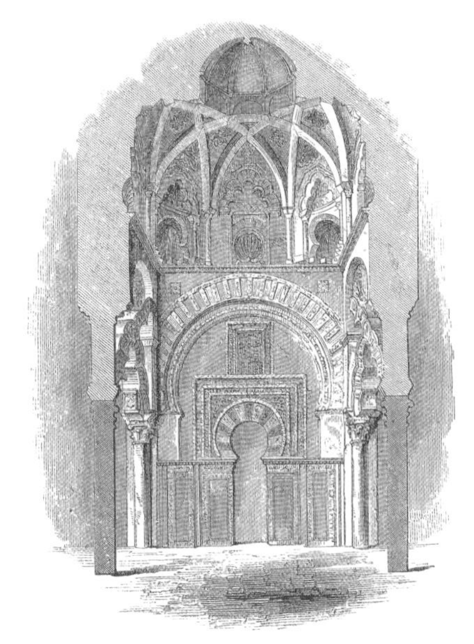

哥多華清真寺木製肋圓頂支撐

聖殿入口為馬蹄形拱。拱上方的三個圓頂由複雜的肋結構支撐，木製的肋上有豐富的雕刻及圖繪。

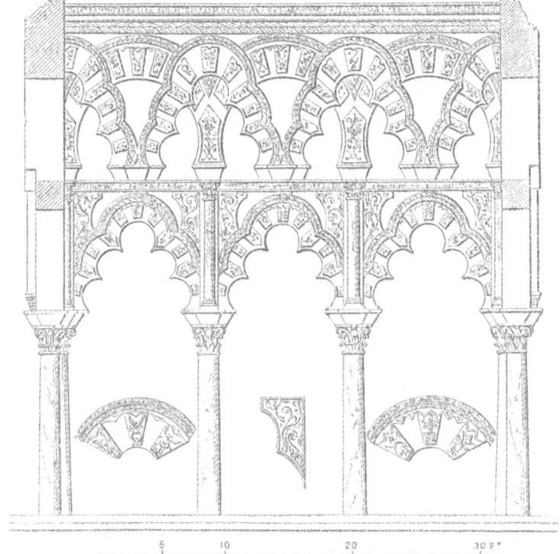

哥多華的維拉維西奧薩禮拜堂隔屏（約1200）

這座隔屏以眾多相互交錯的拱組合而成，並由羅馬式圓柱支撐。受羅馬和拜占庭風格的影響，這裡的拱為圓形而不是尖頂的。

哥多華清真寺

從橫剖面圖中可以看出這座清真寺的連拱廊是磚石結構，以大理石圓柱支撐雙拱。10世紀擴建時增加了支撐圓頂聖殿的交錯瓣形拱，聖殿後面是一個多邊形房間，裡面安置著「米哈拉布」。

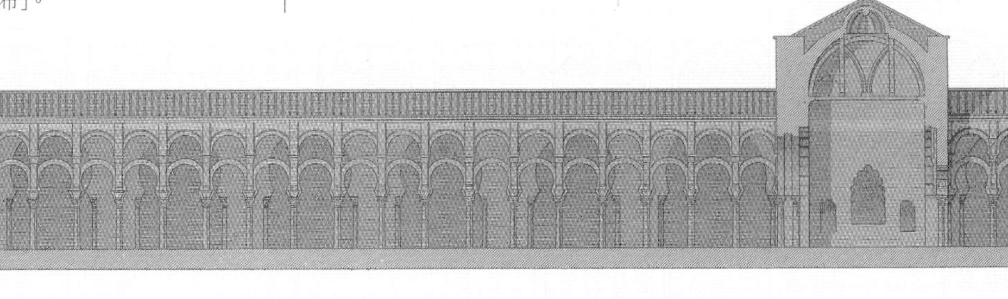

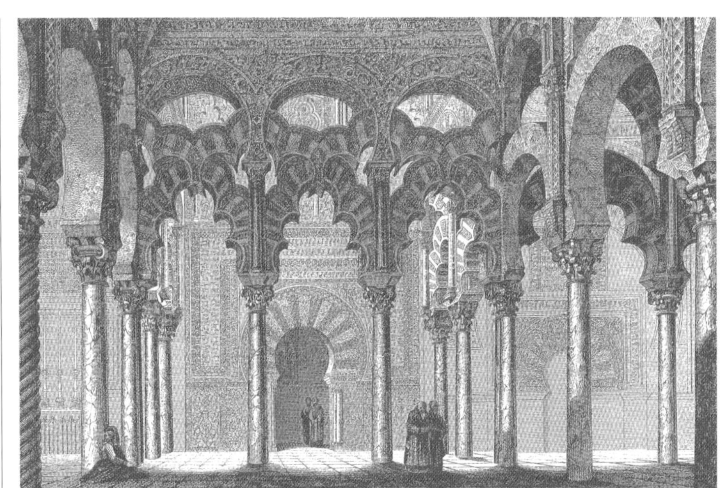

哥多華清真寺內部

這幅圖展示了「朝向」牆前那些交錯的瓣形拱。中央的米哈拉布是一間進深很深的多邊形房間，上面飾有植物主題圖案，在大理石上還鐫刻有《古蘭經》經文，長方形米哈拉布以黃金和玻璃馬賽克鑲飾四邊。

突角拱

突角拱是位於兩個直角之間的類似小拱的結構。突角拱逐層向上疊加，可以構成不同的形狀：比如將方形轉變成圓形或八邊形。

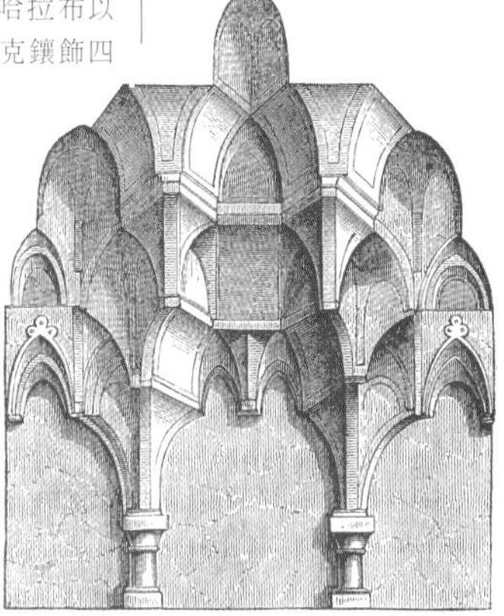

托雷多聖克里斯托德拉魯茲教堂剖面圖（11世紀）

這是西班牙最古老的摩爾式建築之一：體積不大，呈方形；底層有四根粗壯的柱子，將整個空間劃分為九個大小相同的隔間。中間的房間稍高，上面覆有圓頂。

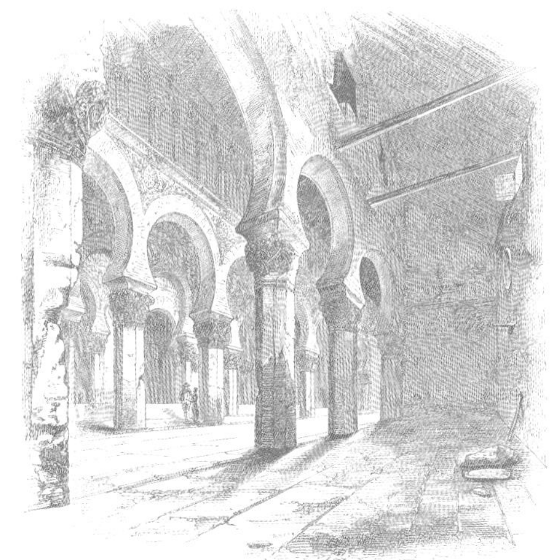

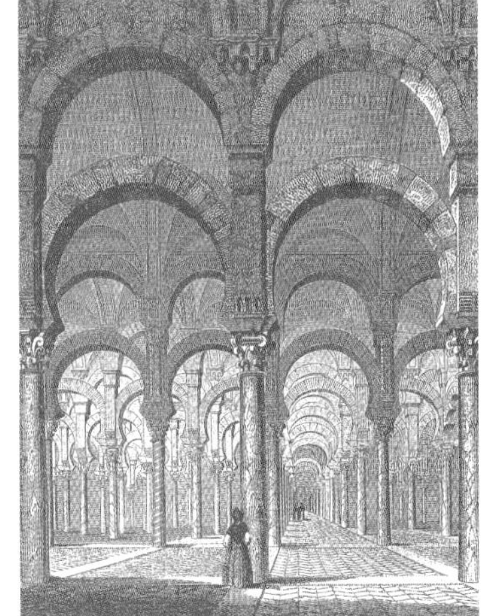

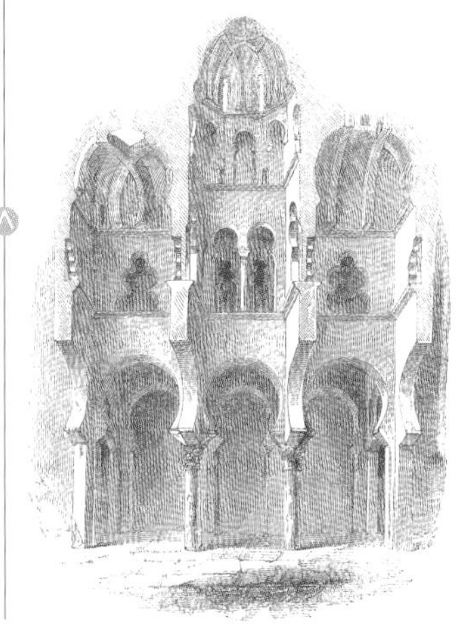

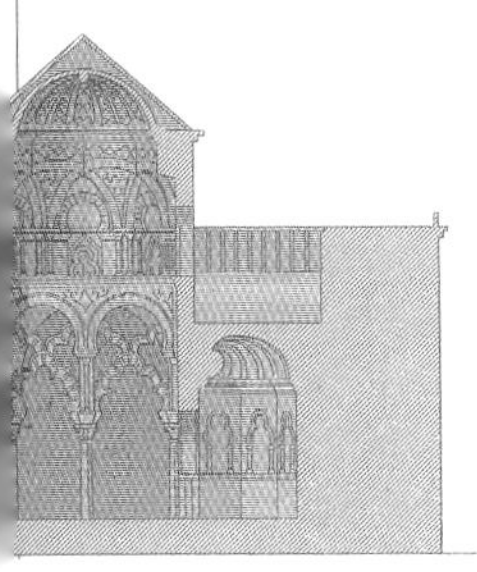

托雷多猶太會堂馬蹄形拱（13世紀）

這座托雷多猶太會堂的內部更像是一座清真寺。其連拱廊是磚塊灰泥結構，支撐馬蹄形拱的支柱成八邊形，馬蹄形拱帶有灰泥線腳，拱肩上則帶阿拉伯式花飾。

哥多華清真寺馬蹄形拱

這座處聖所也於965年重建，是西班牙伊斯蘭建築的傑出代表。柱子借鑑了羅馬風格，非常牢固但也很短，所以上面又加了一段方柱。為了加強其力道，在短柱之上加了馬蹄形拱。拱材中交替使用磚塊和石頭，形成了紅白相間的鮮明帶飾。

伊斯蘭建築

西班牙伊斯蘭建築：阿罕布拉宮

格拉納達城堡於1248年開始動工，1300年完工。在其堅固的城牆內有兩座紅色宮殿（阿罕布拉的意思為「紅」），是奈斯爾王朝統治者的宮殿，於14世紀分兩階段修建。王宮內包括了許多供蘇丹專用的豪華大廳，也有許多私人套間，緊靠著帶有噴泉、水池和花園的庭院。其整體效果來自於對光線與空間的巧妙運用，但其主要建築手段還是連拱廊和頂棚上的複雜灰泥裝飾。光線以及高度裝飾性的結構是西班牙伊斯蘭建築的重要特徵。灰墁和磁磚的雕飾圖案包括了精緻的幾何形圖案、植物圖案以及《古蘭經》經文。鮮明的色彩對比營造出不同平面的錯覺，由此可證並非所有的伊斯蘭藝術都僅限於二度空間。

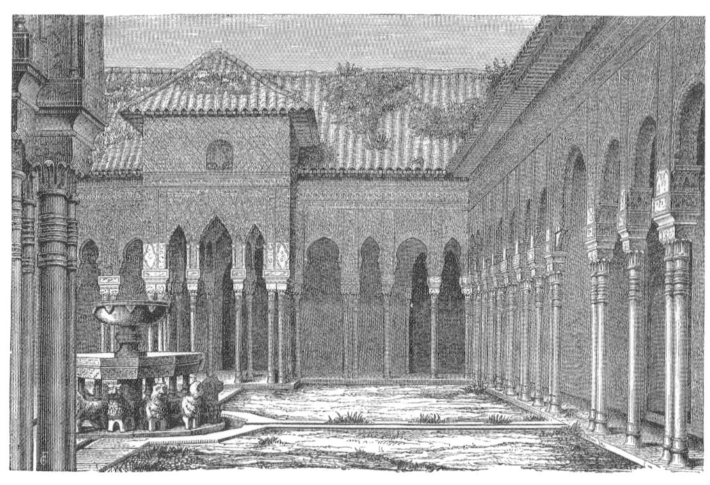

獅子庭院

這座開放式庭院是十字形格局，象徵天堂；十字形的每一端都有突伸而出的亭閣式宮室。這個庭院是一座內花園，裡面種植著灌木和香草植物；中央是大理石砌建的噴泉，周圍有12尊圍成一圈的石獅像。

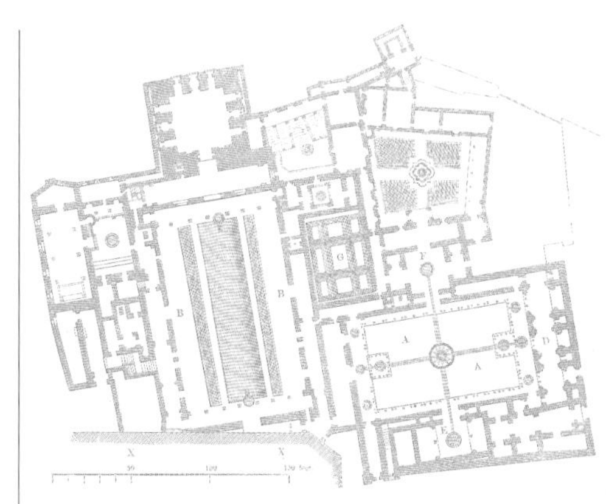

平面圖

阿罕布拉宮包括兩座王宮，各有一個長方形庭院。桃金孃庭院（B）修建於14世紀早期，早於獅院，北端有一座覲見廳（大使廳）和宴會廳。另一個庭院是獅子庭院（A），建於14世紀中晚期，有環繞式大廳。

獅子庭院連拱廊

從這張細部圖可以看出這座連拱廊的優美之處：細長的單柱和對柱交替排列。柱頭是立方體的，四角切成了弧形，上面飾有交錯的植物圖案。拱以支柱墊高，拱底以金銀絲細工灰泥精雕細刻，裝飾富麗，上面刻有曲線形銘文，銘文的字母被拉長了，從而形成複雜的圖案。

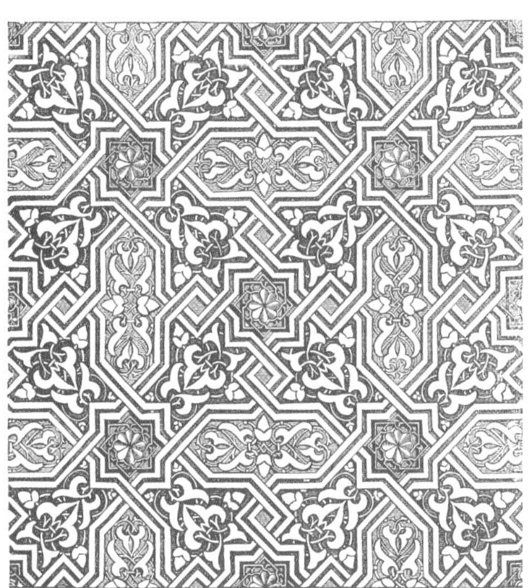

摩爾式牆面裝飾

伊斯蘭建築裝飾為平面裝飾，因為在《古蘭經》中立體裝飾和具象性裝飾都是禁止的。灰泥牆面上或刻或畫以阿拉伯式花飾，這類花飾全都是些精緻的幾何形圖案或風格化的植物圖案。

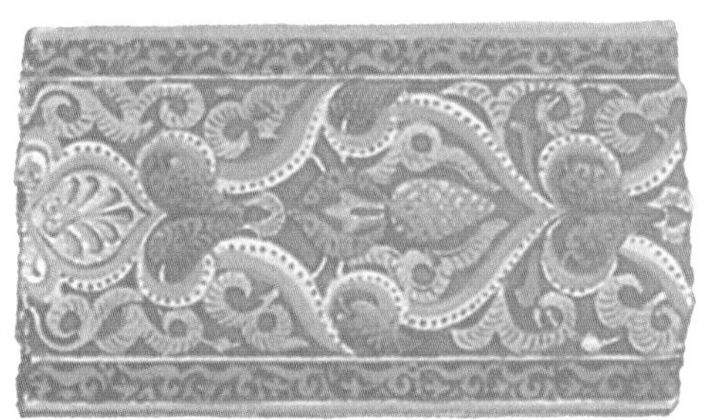

裝飾

這一裝飾性灰泥細工的局部圖是由爵床葉演變而成的植物主題圖案格式，但裝飾性灰泥中也不乏一些希臘式的棕葉飾、鳳梨飾以及甲殼飾。庫法字體（方形字體）和草書體（比較流動彎曲）也是裝飾主題。銘文的主要內容來自《古蘭經》或者警句。阿罕布拉宮中常見的銘文是Wala ghaliba illa-Lla（萬物非主，唯有阿拉）。

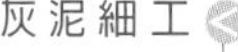

灰泥細工

所有的牆面、拱、鐘乳石簷口、柱頭以及蜂巢狀拱頂都帶有灰泥裝飾。這類裝飾或是使用鑿子雕刻而成，或是利用模子塑形。

桃金孃庭院

這座庭院供大使和貴客使用，是王宮建築群最早的組成部分。房間全部面向庭院，庭院四周圍以大理石柱的連拱廊，中央是水池，兩側沿邊種植了桃金孃灌木叢。庭院北端是巨大的方形王座廳：大使廳。大使廳的頂棚是蜂窩狀拱頂；在西班牙，蜂窩狀拱頂上面會鍍以金層或飾以五彩顏色。

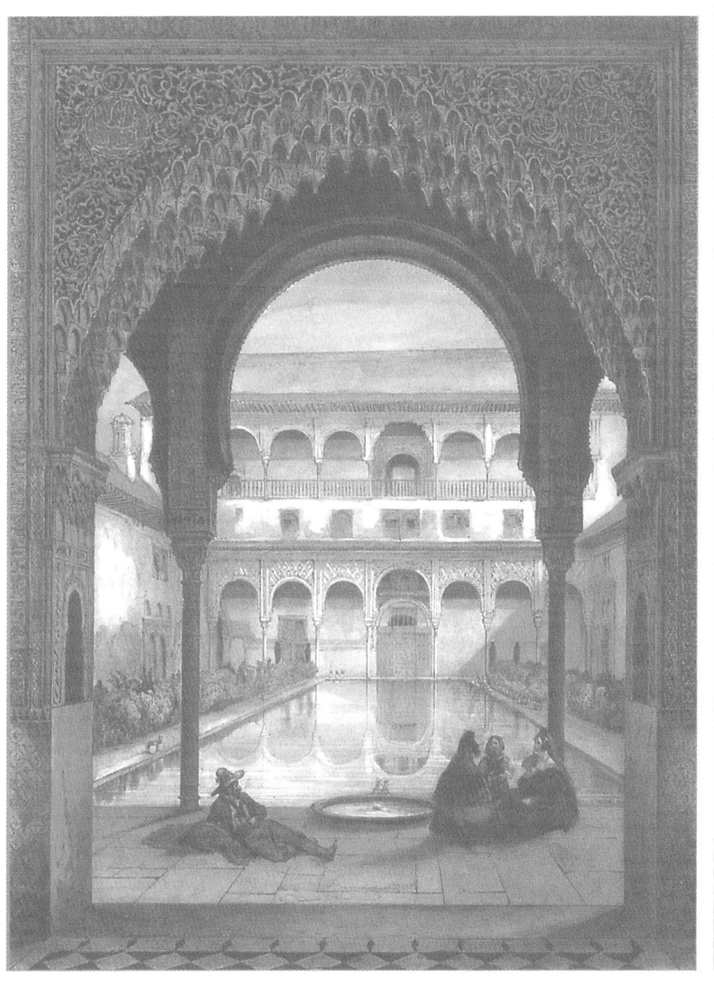

伊斯蘭建築

印度伊斯蘭建築：印度教與伊斯蘭風格的混合

伊斯蘭教自公元7世紀發源於阿拉伯後，隨即遠傳至伊朗、中亞和阿富汗，更於8世紀播及印度次大陸，但要到12世紀才擴展到印度北部。穆斯林入侵者為印度帶來了成熟的建築理論，以及尖拱、拱頂、突角拱、圓頂，還有以書法和幾何形圖案為基礎的裝飾主題。印度本土的印度教建築主要為柱梁結構的石廟宇，並帶複雜的木雕。印度教建築和伊斯蘭建築相互影響，其融合的結果展現在16-18世紀建造的德里蘇丹國建築，以及蒙兀兒王朝的清真寺和陵墓上。

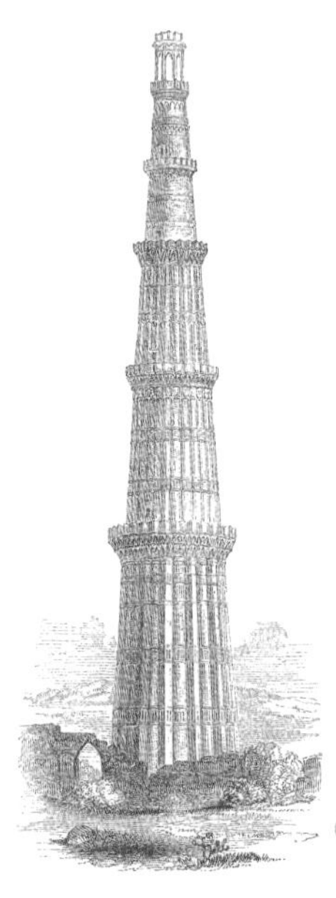

庫特布高塔（12世紀晚期）

這座高聳的呼拜塔是一座勝利之塔。四層高，上面兩層為圓形，白色大理石製，冠頂上是帶支柱的土耳其式小亭。以下幾層為紅色砂岩製，有凹槽，側帶上刻有阿拉伯銘文。

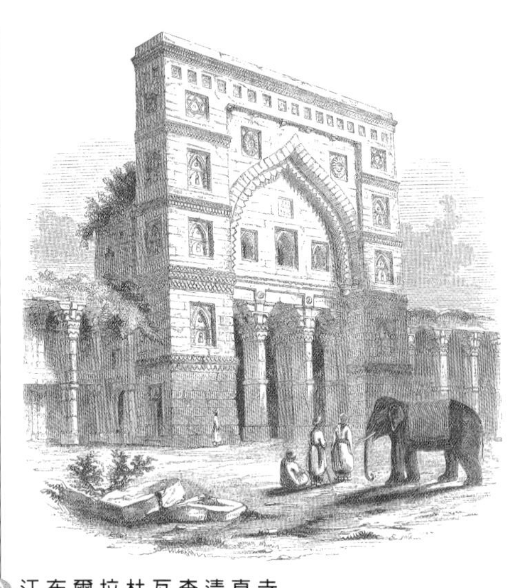

江布爾拉杜瓦查清真寺（1400-1450）

這座清真寺有一個巨大氣派的門道，以致無須以呼拜塔輔翼。這棟建築展現了伊斯蘭與印度風格的混合，比如尖拱和矮柱的結合。

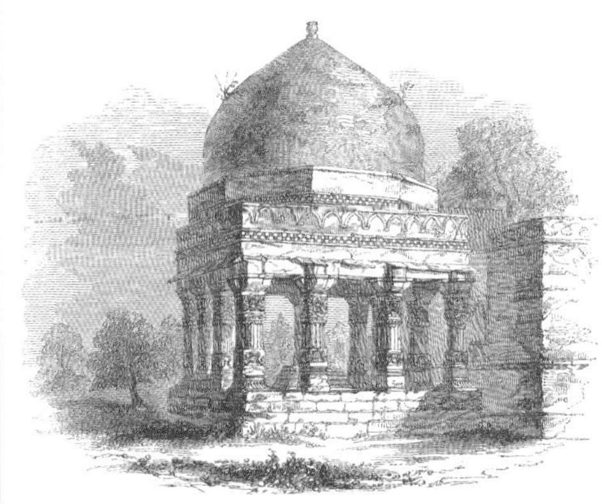

舍普里的帕坦陵墓（16世紀中期）

又矮又粗的耆那教式柱子與其支撐的長方形牆垣，這一混合建築組成了八邊形鼓座的基礎，以此支撐著陵墓上方的圓頂。

德里的吉罕・蒂蘭蓋尼汗一世陵墓（1368-1369）

這座帕坦時期的陵墓顯露出伊斯蘭的特徵。八邊形墓室外圍了一圈開放式外廊，八邊形的每一邊都開了三個尖拱，尖拱坐落於方形支柱之上。這種混合了八邊形平面、連拱式外廊、屋簷石以及小圓頂的設計，成為此後陵墓建築的典範。

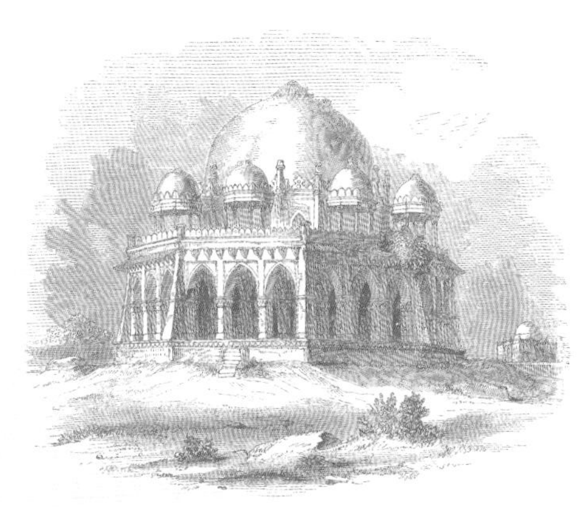

曼杜的帕坦清真寺（1305-1432）

這幅平面圖展示了一座方形庭院，其中兩側各有三道側廊，一側有兩道側廊，頂邊還有五道面向麥加的側廊。庭院由十一拱式的連拱廊連接。三個圓頂分別由十二根等距的柱子支撐。

曼杜的帕坦清真寺外部

圖中這個視角正好朝向麥加方向。這座清真寺以三個大圓頂和側廊上的眾多小圓頂為顯著特徵。

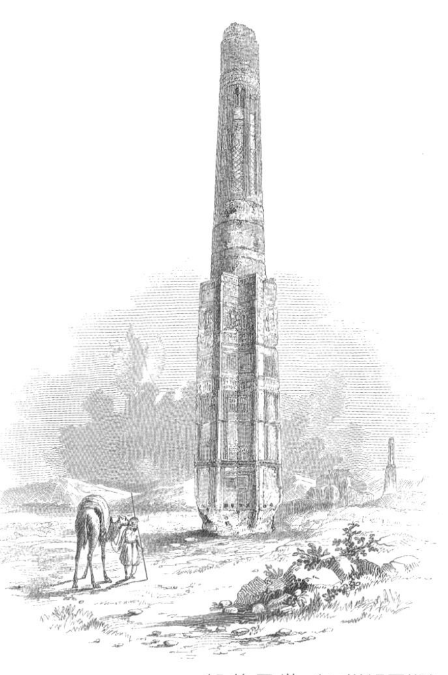

加茲尼塔（11世紀早期）

這座塔是穆斯林征服者在戰場上豎立的眾多表示勝利的標塔之一，象徵著伊斯蘭新宗教的至高無上。磚結構的塔面上覆有陶瓦裝飾，塔下部的橫剖面是星形的，上部則是圓形。

德里的伊斯蘭之力清真寺（1199）

這是印度的第一座清真寺，建於遭穆斯林攻占的一座印度教城堡內。庭院四周是連拱廊，其支柱是經重新整合過的印度教和耆那教風格的混合式，但牆體則完全屬伊斯蘭風格，上面帶有尖拱和阿拉伯式裝飾。圖中這一排有三個大拱和八個小拱。

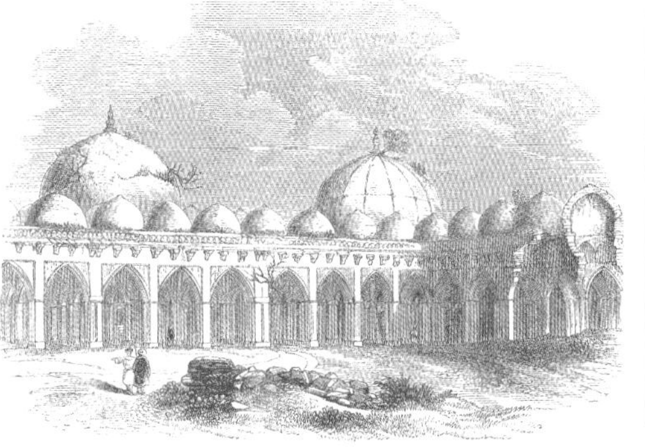

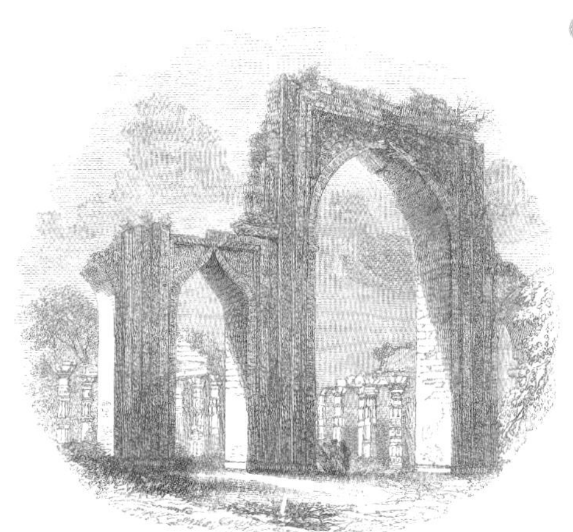

老德里清真寺帆拱

這個舊德里清真寺的帆拱，展示了印度風格的蜂窩狀拱頂。這是印度教傳統的帆拱建造方法。

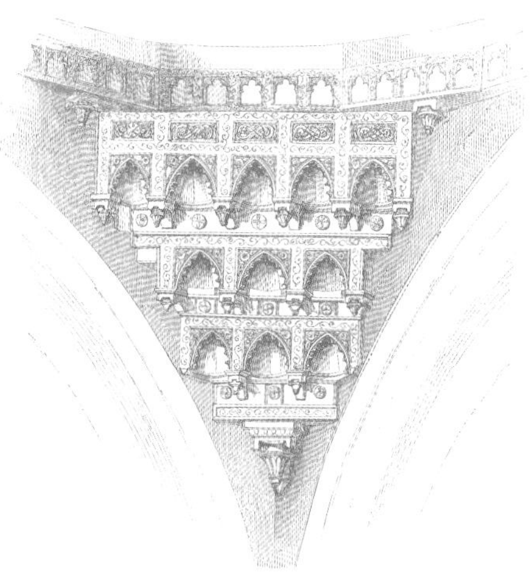

伊斯蘭建築

印度伊斯蘭建築：蒙兀兒清真寺、陵墓和王宮

16-19世紀的蒙兀兒王朝是印度伊斯蘭建築最輝煌的時代。位於阿格拉的泰姬馬哈陵可能是蒙兀兒王朝的終極傑作，集合了伊斯蘭世界所有能工巧匠的智慧，無論是陵墓的建造、大理石的雕刻和寶石的鑲嵌，無一不體現其高超的建築工藝。比賈布爾位於印度中南部，曾是印度伊斯蘭王朝的首都之一。穆罕默德阿迭爾王在這裡建造了17世紀中期最傑出的建築：一座比羅馬萬神殿還要大的巨型圓頂陵墓。伊斯蘭的建築風格同樣也運用於印度王宮（阿格拉、 曼杜、比賈布爾、德里和阿拉哈巴）的建造中，如亭閣、大廳、外廊、庭院和花園等等。

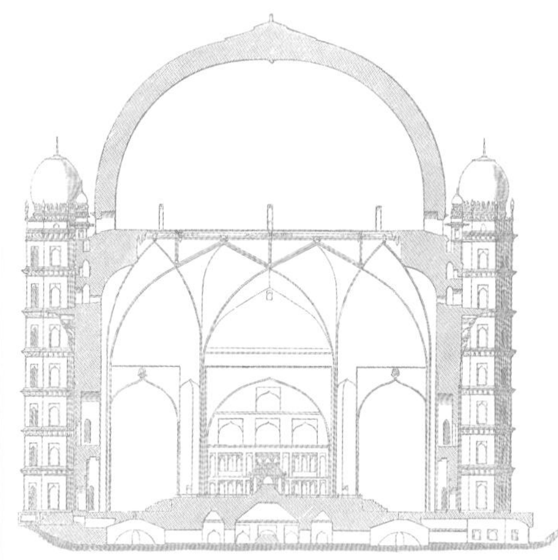

比賈布爾的穆罕默德阿迭爾陵墓（1626-1656）

這座陵墓利用交叉拱系統將方形房間轉化成圓頂的圓形鼓座。圓形平台遮蔽了圓頂的起拱點，營造出一種錯覺，以為穹窿是懸空在房間上方。塔共有八層高，帶有小圓頂；牆面上有非常突出的簷口。

穆罕默德阿迭爾王陵墓平面圖

整座陵墓是一個巨大無比的立方體，四角各有一座八邊形角塔，上覆巨型半球形圓頂。圓頂的重量是由石塊構成的一系列星形交叉帆拱以及拱形支撐，這是工程學上的一項偉績。

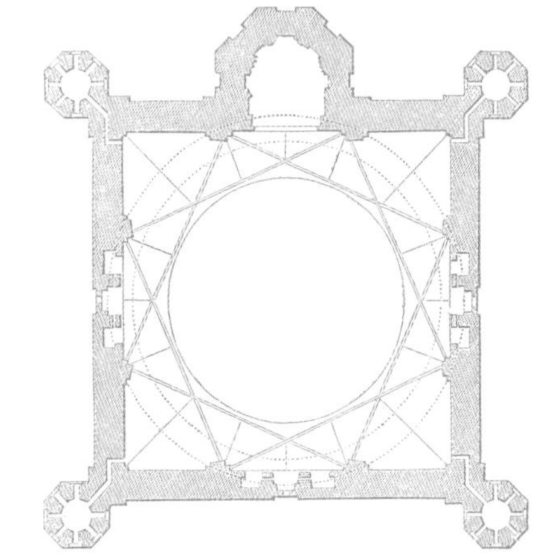

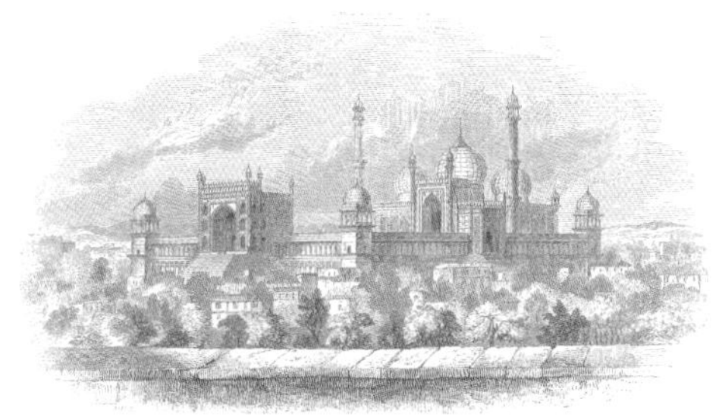

新德里的星期五清真寺（1644-1658）

巨大的中央門道帶有很寬的龍骨拱、三個洋蔥形圓頂以及對稱排列的連拱廊。抬高的禱告廳兩側有一對呼拜塔。庭院有開放式柱廊，柱廊交接處有土耳其式小亭。建築材料使用的是上等紅色砂岩和白色大理石條板。

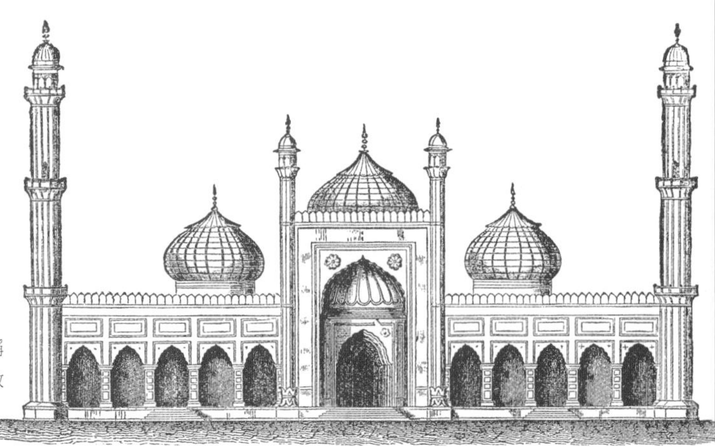

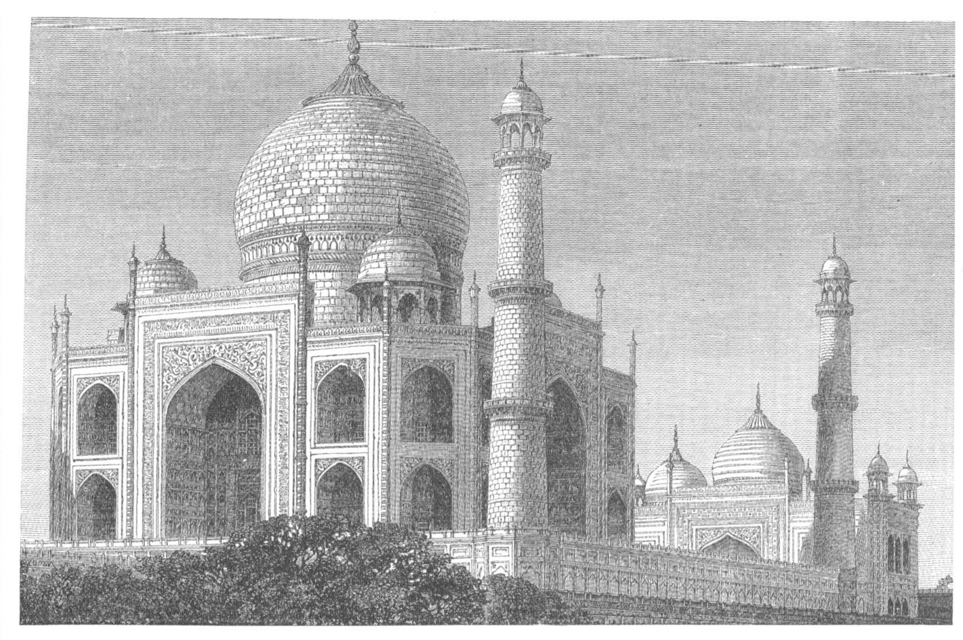

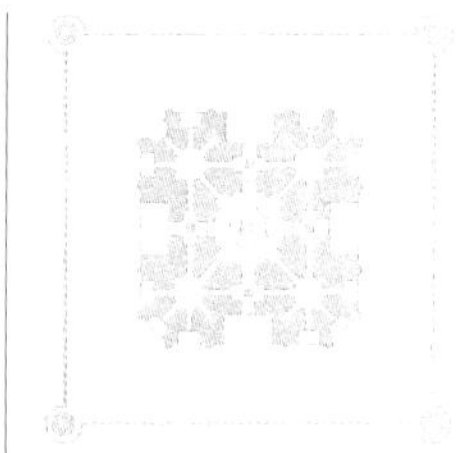

泰姬瑪哈陵平面圖

這是一個帶有圓形中心的方形平面，國王和他妻子的陵墓上帶有圓頂。四個角落呈斜角，每個角上都有一個小圓頂。小圓頂之間以及小圓頂和中心之間有通道相連。

阿格拉泰姬瑪哈陵（1632-1654）

這座宏偉的陵墓是國王沙賈罕為他的妻子慕塔瑪哈建造的，坐落於一巨型圍牆的中心。白色大理石建築飾滿阿拉伯式雕刻圖案，聳立在平台上；每個角上都有一座高挺的呼拜塔以作警戒之用。外庭院有四個門道，中間的一個通向花園，周圍環繞以連拱廊。

阿拉哈巴王宮大廳

方形大廳由八列柱子支撐，每列各有八根圓柱。大廳環繞了一圈進深很深的雙柱式外廊，柱頭托座上飾有豐富的雕刻。

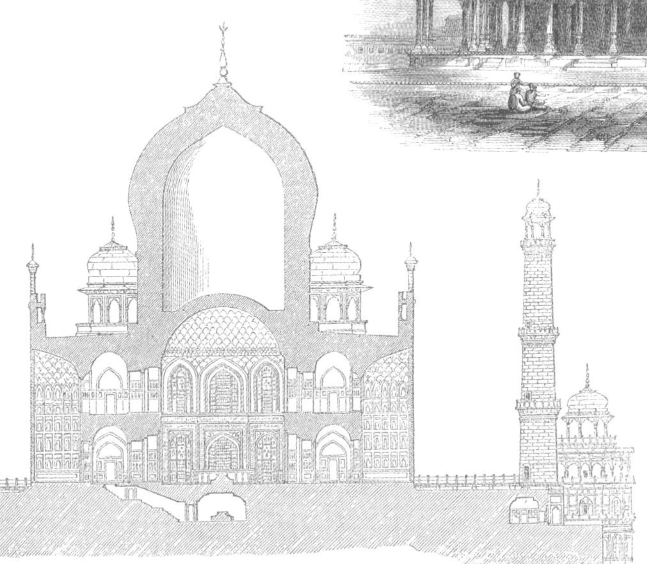

泰姬瑪哈陵橫剖面圖

左圖展示了主隔間下方的拱頂。那裡是埋葬國王夫婦的地方。坐落在高鼓座上的圓頂有內外兩個面層。內圓頂以白色大理石的花格屏與墓室隔開，光線可以穿過隔屏空隙射入。牆面也鋪覆了白色大理石，上面鑲嵌以寶石。

伊斯蘭建築

土耳其和北非的伊斯蘭建築

11世紀，來自波斯的塞爾柱穆斯林在小亞細亞建立了一個強大的國家，他們在建築中採用磚構呼拜塔和彩色瓷磚。但1453年鄂圖曼土耳其人佔領君士坦丁堡（今伊斯坦堡）後，塞爾柱人也臣服於鄂圖曼帝國，直到20世紀初，鄂圖曼帝國一直統治著中亞地區，他們的建築代表了最後階段的伊斯蘭風格。在鄂圖曼帝國早期，他們將一些基督教建築改建成了伊斯蘭建築，比如把聖索菲亞大教堂改成了清真寺。在拜占庭風格的基礎上，鄂圖曼帝國的建築師發展出了一種集中式圍合結構的清真寺，特色包括立方體上的半球形拱頂，小圓頂，顯著的門廊兩側聳立高而纖細的呼拜塔。牆面覆有色彩繽紛、圖紋繁複的伊茲尼克瓷磚。至於在北非，則形成一種稱為馬格里布式的建築風格。

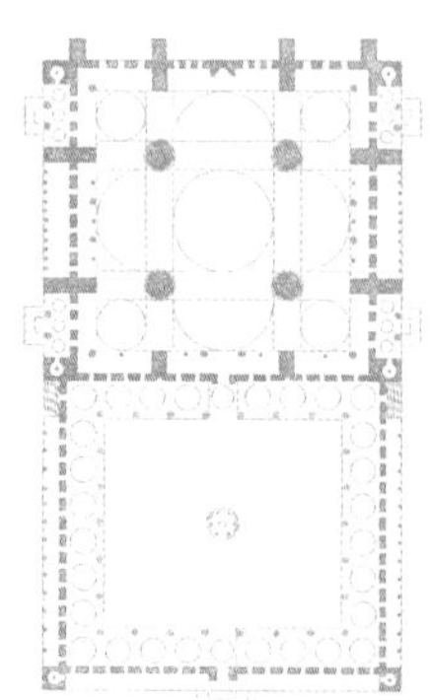

伊斯坦堡的阿赫美德蘇丹（藍色）清真寺（1609-1617）

整個建築群包括一座陵墓、一所經學院和一家湯店。平面呈方形，巨型中央圓頂由巨柱和牆壁支撐。四周有四個半圓頂，四角上還有四個小圓頂。

阿赫美德蘇丹清真寺立面圖

清真寺位於噴泉庭院和花園之間的中央區域。以主入口為中軸，兩邊呈完美對稱。視線從噴泉庭院的小圓頂逐漸向上提升到最大最高的中央圓頂。圓頂四周圍有呼拜塔。

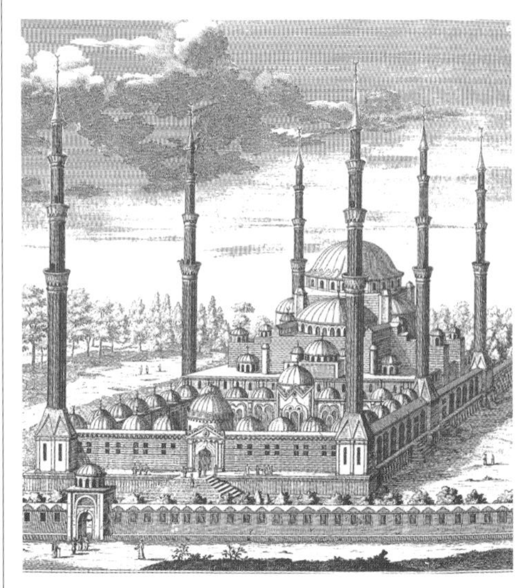

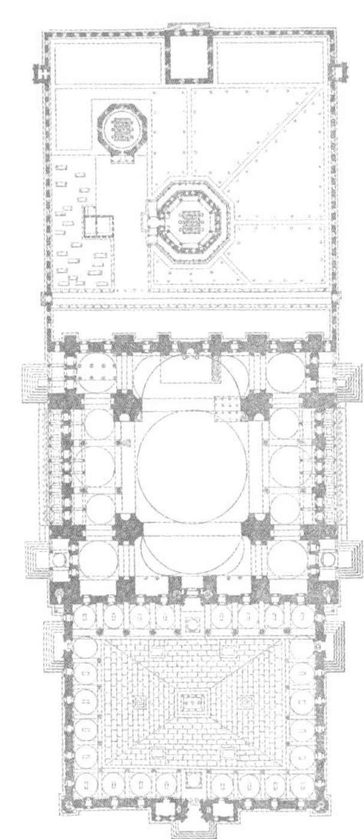

伊斯坦堡的蘇萊曼清真寺建築群(1550-1557)

這座由建築家錫南建造的清真寺為方形平面。帶有噴泉的前院四周都建有連拱廊。花園墓地內葬著國王蘇萊曼及其愛妃。

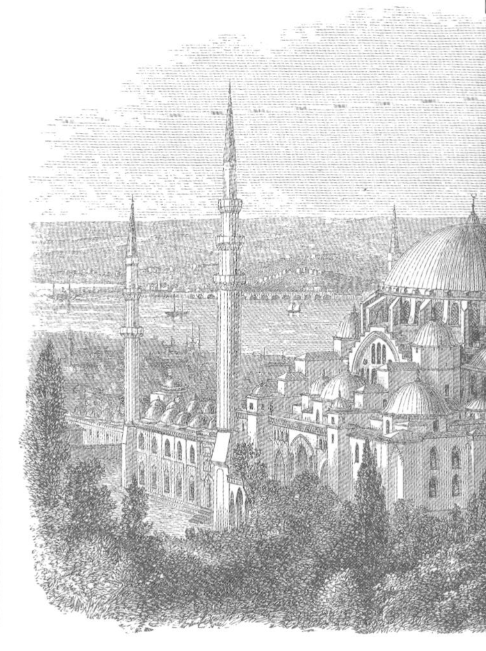

阿爾及耳的賈瑪清真寺（1660）

這座十字形建築展示了鄂圖曼帝國時期阿爾及利亞清真寺的典型特徵。聖所是筒形拱頂；中央是卵形圓頂，由鄂圖曼式的帆拱和半圓形拱支撐。鼓座上飾有一圈灰墁橫飾帶，是由阿爾及利亞工匠雕刻而成。方形呼拜塔更像是典型的馬格里布式建築而非鄂圖曼風格。

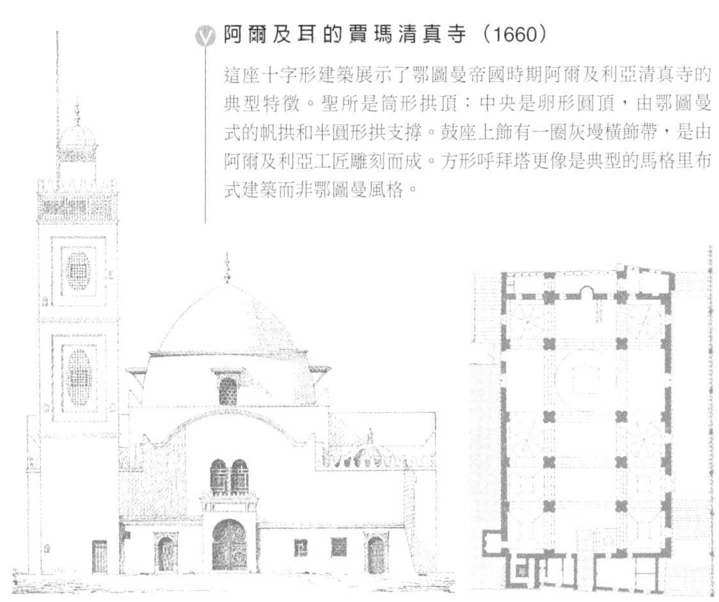

蘇萊曼清真寺透視圖

這座鄂圖曼古典風格的清真寺包括七所經學院、一座醫院、澡堂、噴泉、一個帶有四根呼拜塔的清真寺以及一座陵墓。噴泉庭院有帶柱門廊，柱材為斑岩、大理石以及紅色花崗岩。半圓頂支撐著巨大的中央圓頂，中央圓頂前面還有三個一組式的圓頂。清真寺的木門鑲飾有烏木、珍珠母和象牙。

蘇萊曼清真寺橫剖面圖

這座建築室內結構的主體是四根巨柱。每邊的窗戶屏板都由四根斑岩柱支撐。五百多個小圓頂（可與聖索菲亞大教堂相媲美）中，以中央圓頂最大。左方是講經台和米哈拉布。米哈拉布的牆壁上飾有彩色玻璃和伊茲尼克瓷磚。

突尼斯呼拜塔

這座呼拜塔是典型的馬格里布式伊斯蘭建築：多邊形的塔身由磚塊砌成，塔身上面沒什麼裝飾，只有一座陽台，展現出一種樸素的宏偉。

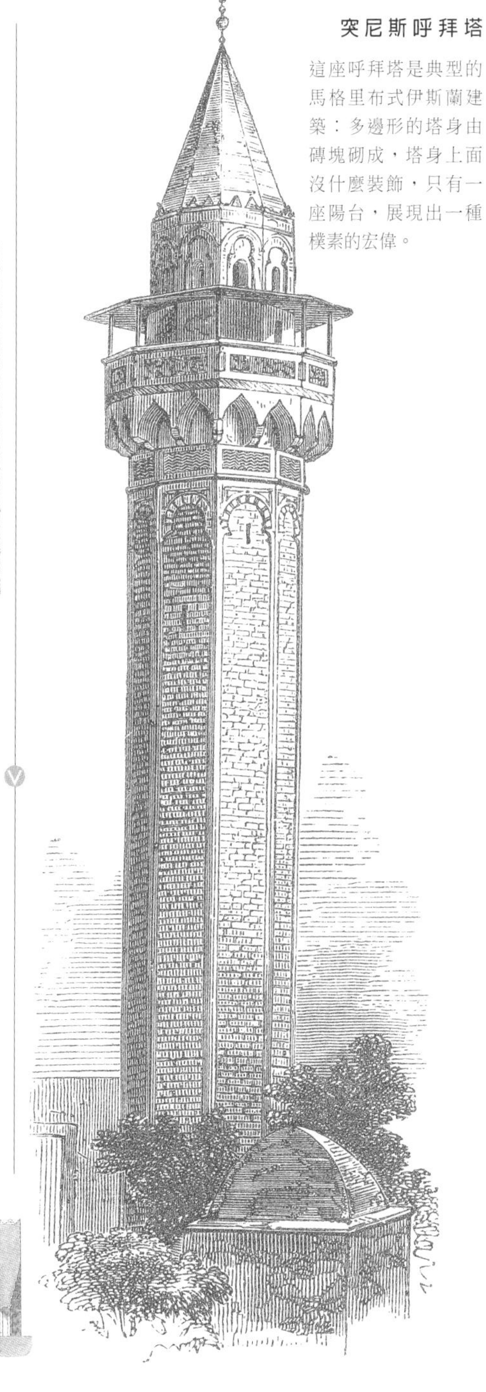

仿羅馬式 *約11—13世紀初*

法國仿羅馬式：起源

「仿羅馬式」一詞起源於19世紀早期，意指11和12世紀的建築，因為它們復興了古羅馬人創造的古典先例。其中最重要的是採用羅馬式筒形拱頂以及試圖以石頭拱頂覆蓋更大的空間——這種技術已經隨古羅馬滅亡而失傳了。「仿羅馬式」還在12世紀初於英國催生出肋拱頂，諾曼第及整個歐洲大陸也相繼採用。由於法國當時還不是一個統一的國家，而是由一系列分散的領土組成。因此，這種建築風格並沒有公認的「法語」詞彙，但有很多地方性流派已經使用了仿羅馬式的主要構成樣式——圓拱、拱頂、豐富的表面裝飾以及塔樓，藉此獲得不同的效果。經由法國通往西班牙聖地牙哥德孔波斯特拉的四條主要朝聖之路，造成一連串朝聖教堂興起，如土魯斯的聖塞南教堂。

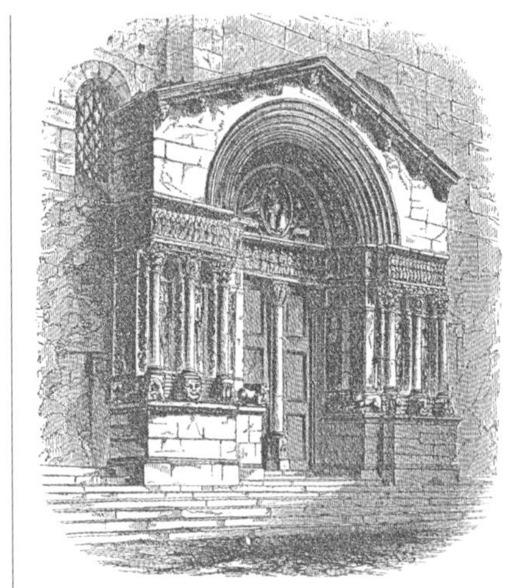

亞耳的聖托菲姆教堂門斗裝飾

11世紀晚期許多外省教堂添加了門斗。上面這個風格華麗的實例展示了精湛的雕刻技藝和豐富的雕刻主題：怪獸面具、充滿奇幻風格的動物和人像。

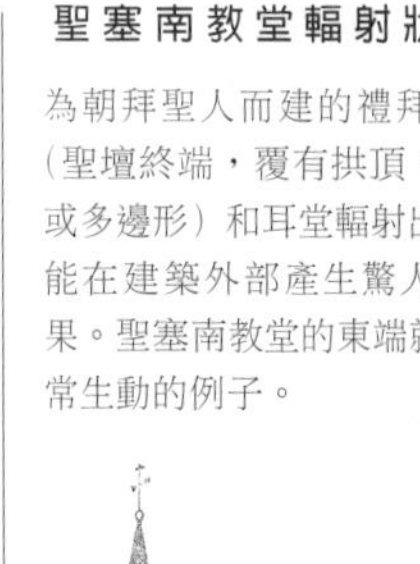

聖塞南教堂輻射狀禮拜堂

為朝拜聖人而建的禮拜堂從後殿（聖壇終端，覆有拱頂，呈半圓形或多邊形）和耳堂輻射出去，往往能在建築外部產生驚人的視覺效果。聖塞南教堂的東端就是一個非常生動的例子。

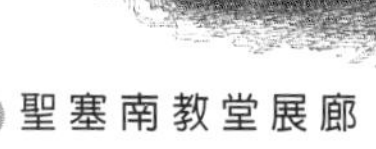

聖塞南教堂展廊

從中殿側廊上方的展廊上，參觀者能夠清楚看到中殿和唱詩班的各種情況。這是朝聖地區主要教堂的共同特徵。

土魯斯聖塞南教堂平面圖（1080-1096）

從這座11世紀晚期教堂的延伸平面可看出它位於主要朝聖路線上。巨大的祭壇區有五道側廊、帶四間東向小禮拜堂的寬敞耳堂，以及帶有迴廊和五個多角形小禮拜堂的後殿。

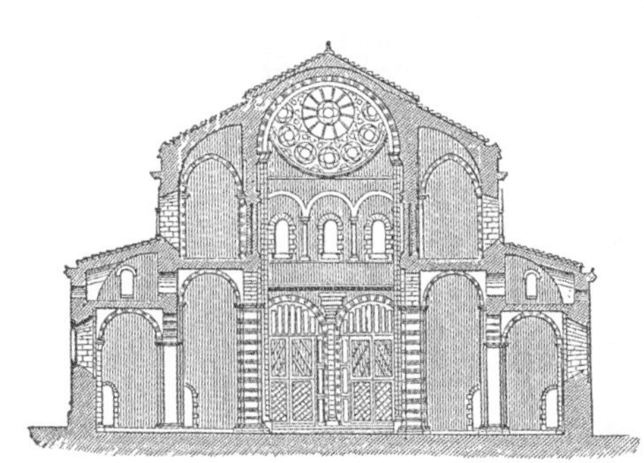

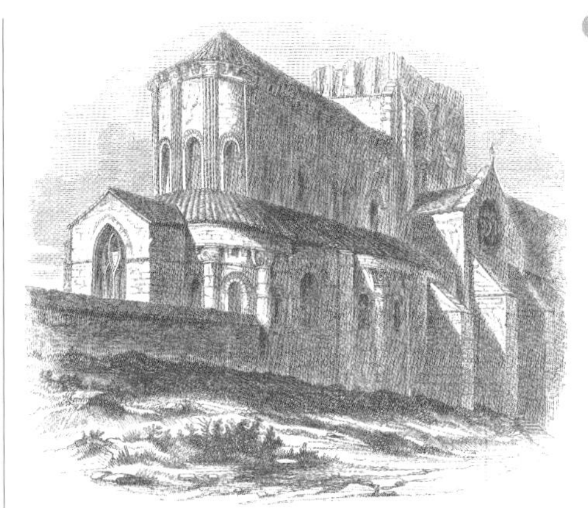

聖梅努教堂壁柱

品質粗陋的仿古典裝飾是法國外省建築的特點之一。在11世紀的勃艮第，當地泥石匠用本土方式重建古典建築，並形成當地自成一派的風格特色。環繞教堂東端的壁柱上含義不明的古典柱頭就是這種過渡時期風格的最好例證。

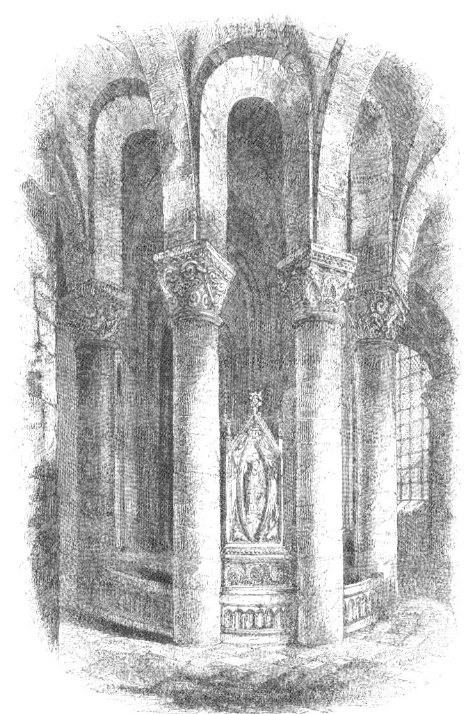

普伊聖母院馬賽克裝飾

馬賽克裝飾通常與義大利有關，但在法國一些出產特色裝飾石材的地區，也有自成一格的馬賽克裝飾實例。馬賽克裝飾圖案通常呈幾何式，在這座教堂中，馬賽克裝飾在其水平屋簷下形成了醒目條帶，還出現在禮拜堂壁柱與窗拱之間的牆面上。

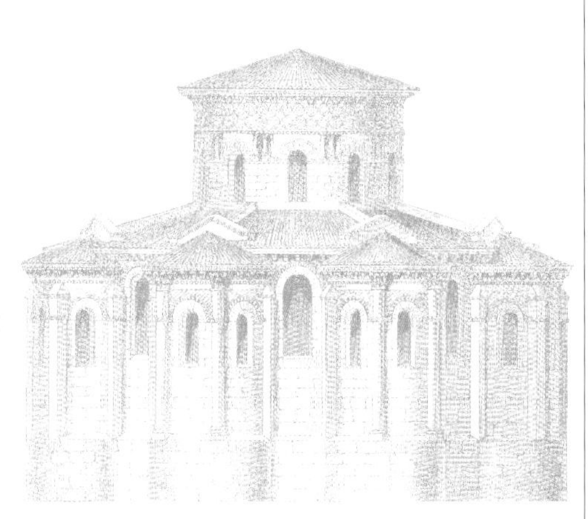

佩希格聖弗朗教堂希臘十字平面圖

各式各樣的希臘十字平面在1125-1150年興盛一時。每個部分——中殿、唱詩班以及耳堂——都是由圓頂和四個等長支臂組成。為朝拜聖徒而建的半圓形禮拜堂從東端延伸出去，改變了完全對等的平面。

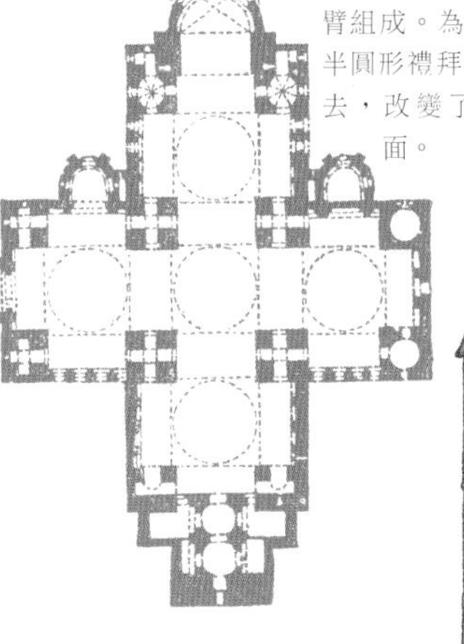

聖梅努教堂的圓室

「圓室」是個法語詞彙，指的是教堂東端圓形或多邊形的後殿，由帶有輻射狀禮拜堂的迴廊環繞。左圖顯示的是位於中央的聖祠和周圍的迴廊式通道。

岡城的聖三一教堂西立面圖

一般來說，12世紀的諾曼第教堂其西立面都是對稱的。從教堂主量體中拔地而起的方塔成為象徵性的視覺焦點。

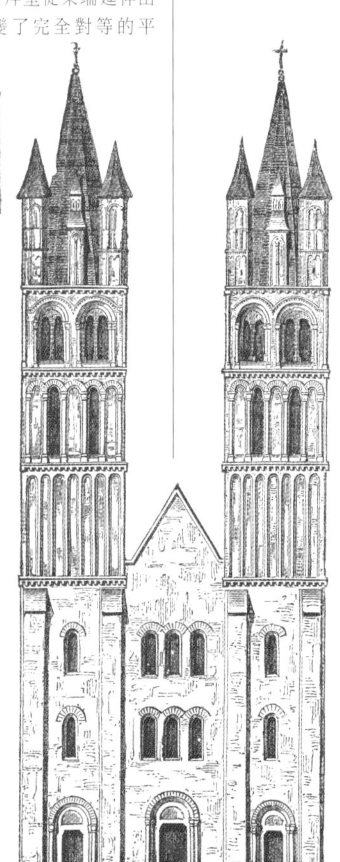

仿羅馬式

法國仿羅馬式：朝聖者的影響

朝聖者的足跡遍布整個歐洲大陸，使各種突現的建築形式得以廣泛傳播。他們同樣也影響了教堂的設計，使教堂既能容納聖職人員又能接待蜂擁而至的大批朝聖者。大多數法國教堂的東端平面若不是呈放射狀就是呈階梯錯列式。在呈放射狀的平面中，後殿周圍被添加了一條迴廊，以通向那些從教堂主體突伸出去的附屬禮拜堂。而在呈階梯錯列式的平面中，禮拜堂則添加在耳堂的東端。這些空間組織上的發展讓信徒與聖職人員之間的區隔，以及聖徒祭壇與主祭壇之間的分界得以維持下去。

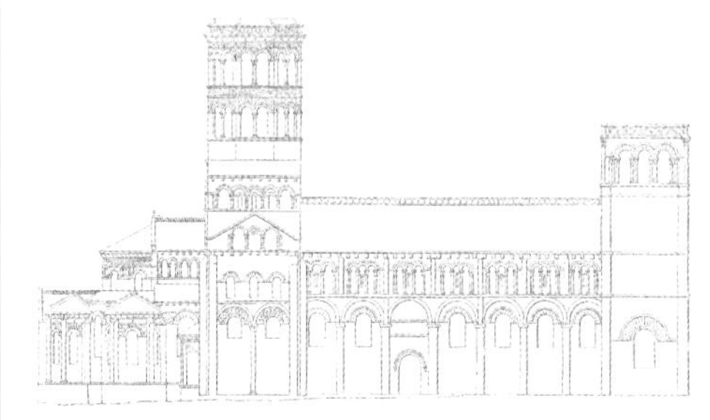

伊蘇瓦爾塔樓

塔樓除了越來越常出現在教堂的西立面外，也常聳立於耳堂的十字交叉點上及其南北兩端。在這座12世紀的教堂實例中，除了西端有一座方頂矮塔樓，教堂的十字交叉點上也有一座形式類似但更為高聳的塔樓。

伊蘇瓦爾筒形拱頂

筒形是最簡單的拱頂形式，由連續的半圓形組成。正像這一剖面所示，中殿上的拱頂由覆蓋於側廊上的半拱頂支撐，用以抵銷中央筒形拱頂的側推力。

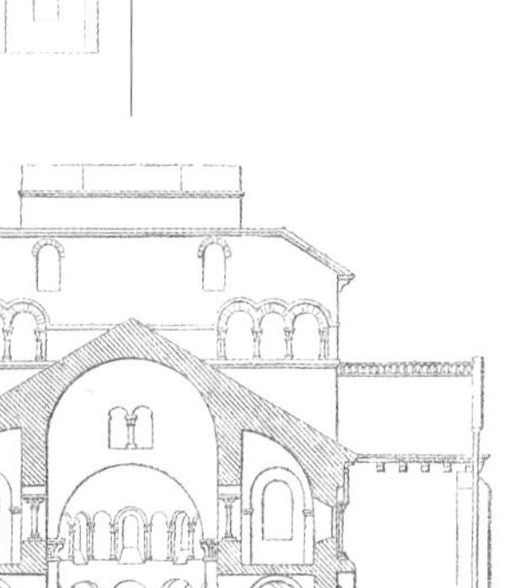

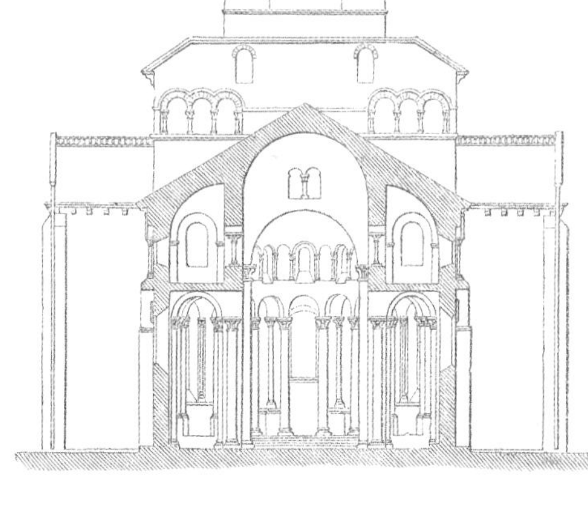

豐特夫羅的單廊中殿（11世紀）

單廊中殿是日益普及的雙側廊中殿的變體，常見於11、12世紀的小教堂。單廊中殿的內牆體是由一系列突出於牆面的集柱接連而成。無廊中殿則是亞奎丹人建築的一大特色。

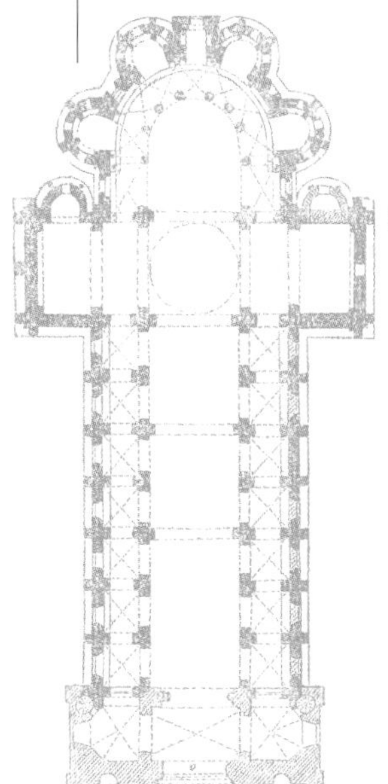

伊蘇瓦爾階梯錯列式平面（11世紀）

這種由後殿和耳堂輻射出禮拜堂的階梯錯列式平面，很快就遍及全法國。這種平面始終是為法國的特有現象，在歐洲其他地方很少見。

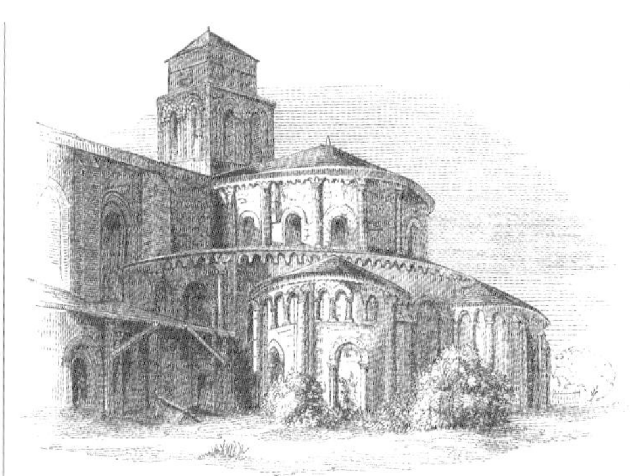

豐特夫羅無窗拱廊

外部裝飾的形式不一而足。最普遍的處理手法是重複使用成列的圓拱、帶拱窗洞或無窗拱廊以豐富原本光禿的牆體。

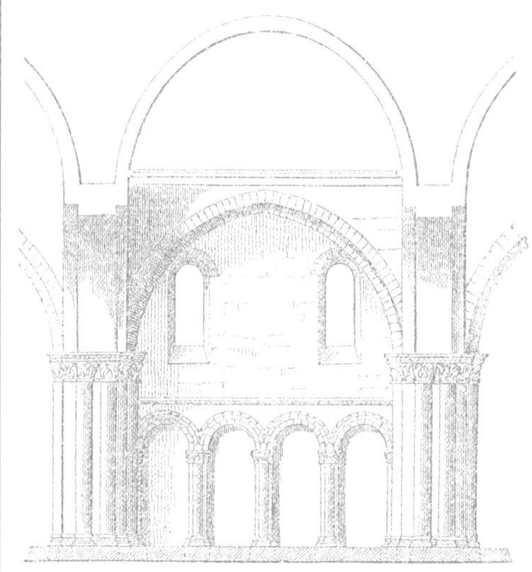

豐特夫羅尖拱

雖然尖拱是稍後的哥德式建築風格，並成為哥德式和仿羅馬式的重要區別之一，但尖拱確實偶爾會出現在仿羅馬式時期。通常只有些微的尖形輪廓，而且總是會和傳統的圓拱同時出現。

洛皮亞克教堂外部裝飾

大膽而充滿造型的雕刻裝飾成為12世紀仿羅馬式教堂普遍運用的一大特徵。與這種風格同樣活躍的是一種更寧靜、更內斂的幾何裝飾，藉由不同比例的重複圖案營造整體美感。

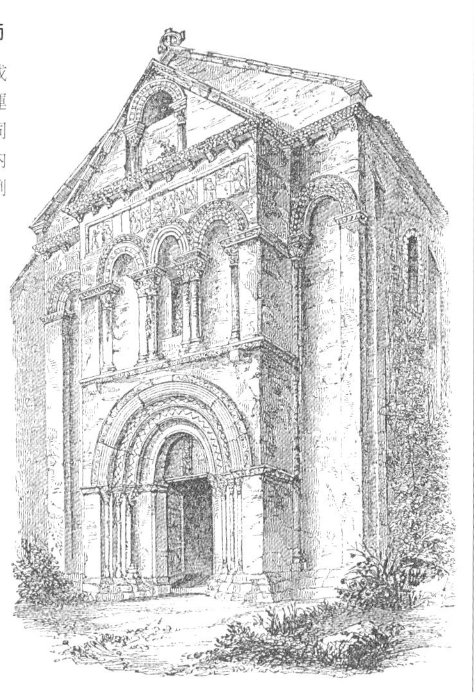

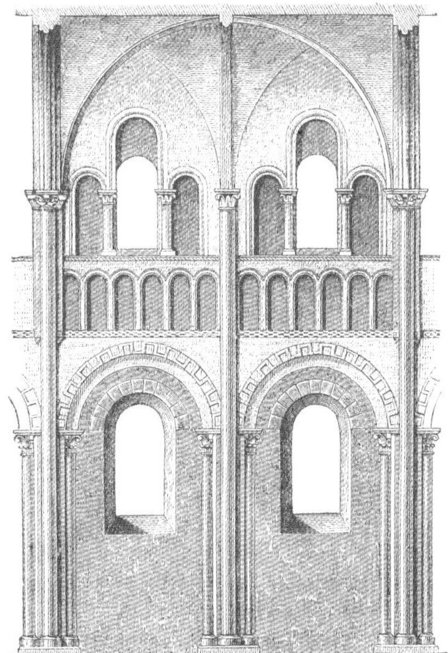

岡城聖三一教堂開間

中殿的主體部分傳統上是由一系列開間區隔開來，為了強調內部空間的線性特徵，開間樣式由西到東、從地面到拱頂不斷重複。通高的柱身貫穿立面支撐拱頂，由許多柱身組成的集柱則劃分出開間開口。開間拱上方有一道側廊樓水平延伸，連拱式高側窗是中殿的光線來源。

仿羅馬式

德國仿羅馬式

11、12世紀的德國建築形式是在查理曼大帝和鄂圖王朝的統治下建立起來的，並為了迎合他們的喜好創造出最早的一批具有道地仿羅馬式語彙的建築。施派爾大教堂（約1030-1106）是歐洲建築史上的一個轉折點。該教堂是作為祭祀德國君主的萬神殿，它從以往的古典建築中汲取得靈感，並回頭參考4世紀早期基督教巴西利卡的形制，使得其他北方教堂相形見絀。工程結束時，它成為西歐規模最大也是第一個在中殿內牆面加以刻畫的教堂。它的影響擴展到萊茵地區和科隆，甚至遠及法國。此外，德國也開風氣之先，在施派爾、緬因茲、沃姆斯和拉赫等地的教堂西立面上引進雙塔。

雕刻裝飾

高度風格化的漩渦形葉飾是仿羅馬式建築通用語彙的一部分，並不局限在德國——或者任何地區和國家。隨著時間演進，自然化的形式越來越受到推崇，而栩栩如生的石雕也備受讚譽。

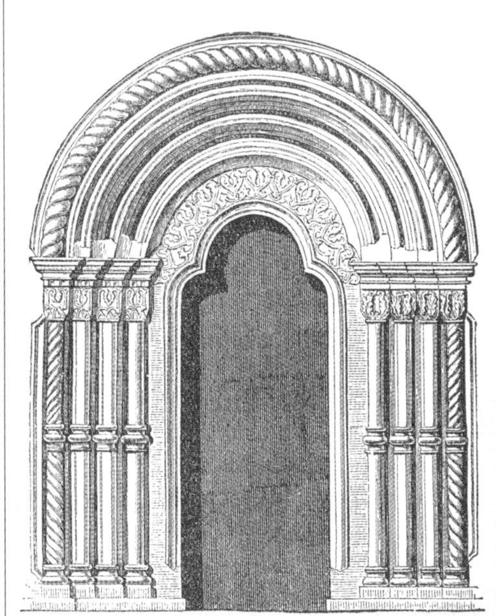

捲纜狀線腳

模仿扭曲繩索的捲纜狀線腳或繩索紋是這個時期的裝飾特色。早期建築中不曾出現過這種樣式，是仿羅馬式建築雕刻師所創，最常用於強調門洞和窗洞。

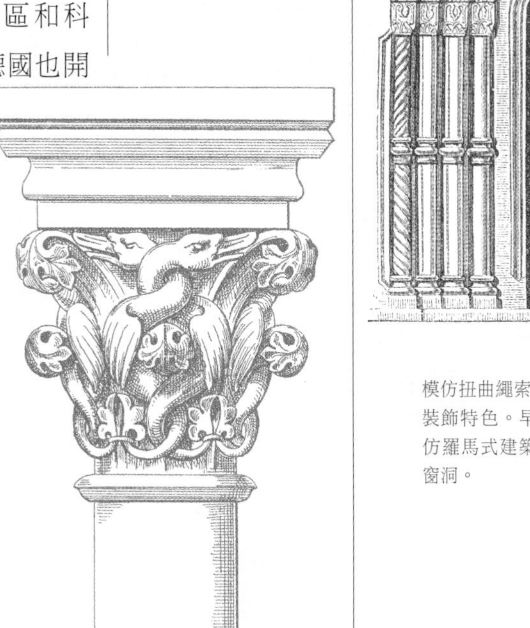

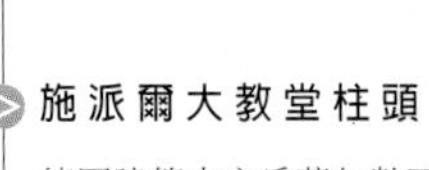

施派爾大教堂柱頭

德國建築中充斥著無數不同風格的柱頭。樸素粗碩的柱頭不斷被更加新穎、更加華麗的樣式所取代。在這個12世紀早期的柱頭中，風格化的葉紋從兩條糾纏的天鵝頸側伸展而出，表達出雕刻師的藝術自信，並成為裝飾藝術日益豐富的象徵。

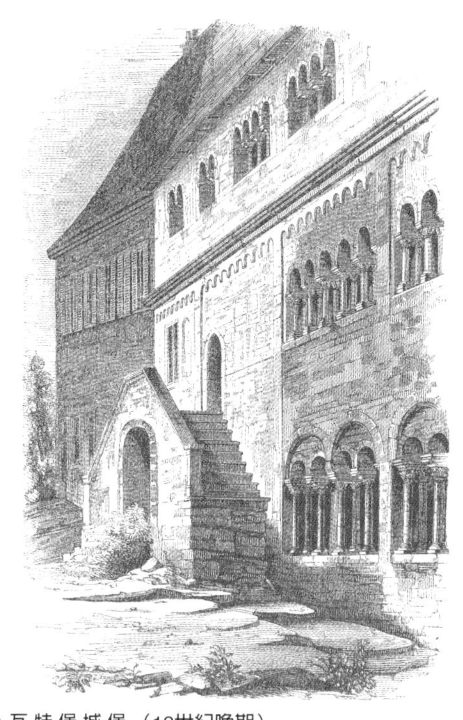

瓦特堡城堡（12世紀晚期）

瓦特堡城堡是歐洲碩果僅存的幾座仿羅馬式宮殿之一（雖然已經過嚴重變更）。和當時的宗教建築一樣，主導性的裝飾語彙是不斷重複使用圓拱的連拱廊、窗戶、門道和梁托簷板。

波昂洗禮堂（11世紀）

樣式獨特的洗禮堂在德國並不常見。波昂洗禮堂的外立面由附牆式條狀壁柱和源自義大利倫巴底區的水平簷口裝飾接連而成。

沃姆斯大教堂塔樓（始建於1171）

教堂東端和西端的樓梯塔樓是其立面的顯著特徵。沃姆斯大教堂有六座不同高度的塔樓，採用共同的裝飾手法，例如開敞的無窗拱廊。

蓋恩豪森敘事性裝飾

為了在眾會中強化《聖經》的教誨意義，很多教堂牆面都雕刻有一系列訓示圖像。門、西立面以及佈道台都是喜歡應用這類處理手法的位置。圖例展示了蓋恩豪森連拱廊上的一處敘述性裝飾，通過完美的計算，圖像內容和拱肩密合得天衣無縫。

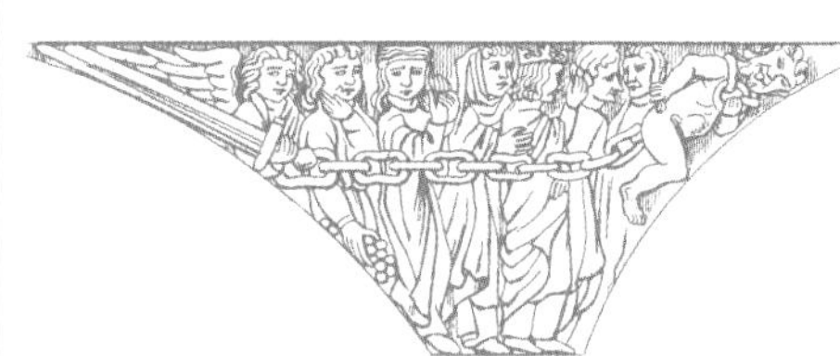

沃姆斯大教堂平面圖

中殿縱深極長，帶有覆蓋以肋拱頂的側廊和巨大支柱，平面安排十分傳統。在兩個後殿中，東端的唱詩班席位外部呈平面狀，但內部是圓形的。

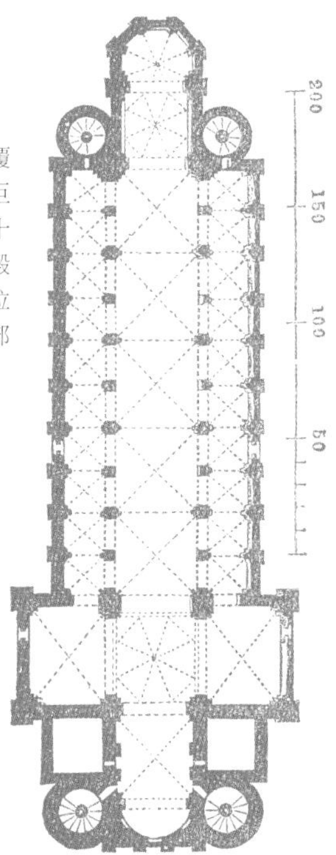

仿羅馬式

西班牙仿羅馬式

西班牙的仿羅馬式建築是幾種不同傳統相互糅合的產物。西班牙被摩爾人征服的漫長歷史造就了極度個性化的基督教—伊斯蘭風格，即人們所知的莫扎拉布或穆迪哈爾風格，到了11、12世紀，這些元素開始與從法國傳來的歐洲建築語言相互融合。其結果通常是產生一種混血風格：以法國的建築模式為基礎，但仍延續早期使用伊斯蘭裝飾的傳統。西班牙仿羅馬式與通往聖地牙哥德孔波斯特拉沿途的朝聖教堂關聯最為密切，而德孔波斯特拉大教堂更是達到了這一風格的建築頂峰。精美的雕飾，高度寫實主義的雕塑在西班牙教堂中同樣十分顯眼。

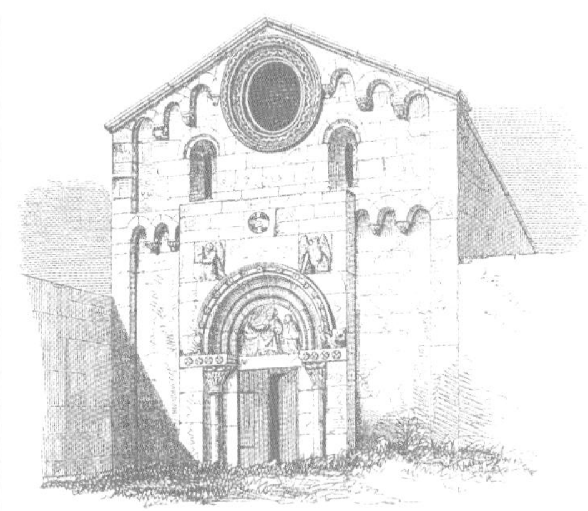

巴塞隆納聖巴勃羅教堂西立面圖（11世紀）

在地藝術家時常創造出風格特異的建築組合。在這個早期建築的立面上出現了一種沿牆體上部展開的無窗拱廊，這種形式通常與義大利的倫巴底風格相關。而且入口門洞嵌在一塊突出於牆面的石砌體塊中，石砌牆面上有具象徵性雕刻的方形飾板。

塔拉戈納的四分拱頂

這是一種每個開間都被兩條對角肋劃分成四個均等部分的肋拱頂。迴廊庭院外牆面上的小圓窗，其交錯的窗花格帶有鮮明的摩爾式特徵。

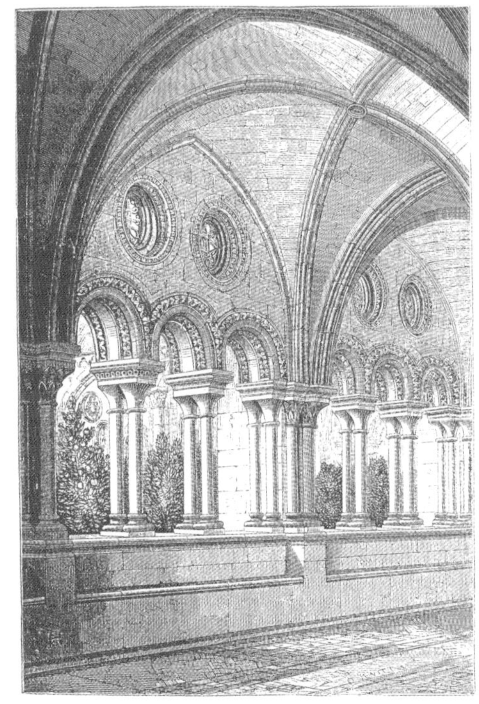

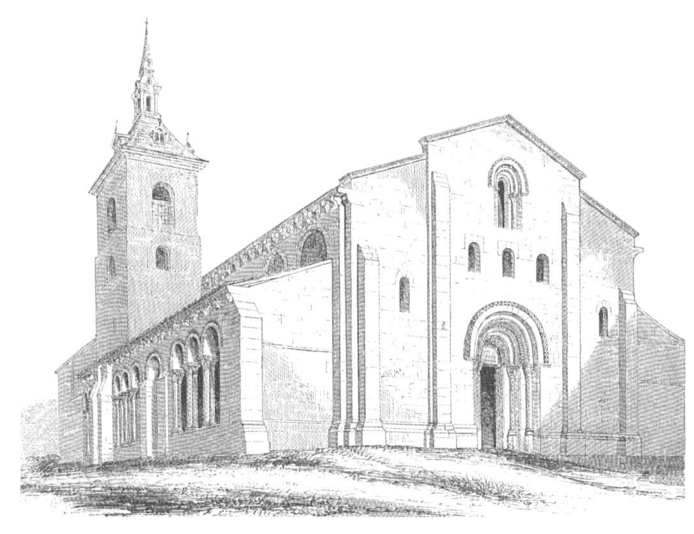

塞哥維亞聖米蘭教堂的覆頂連拱廊

在諸如塞哥維亞這類城市所發現的地方性仿羅馬式建築的特徵之一，是建有覆頂連拱廊，這是一種緊靠教堂主體建立的外走廊形式。這座塞哥維亞教堂的西立面圖上有一道抬高的連拱廊，顯示出該地的地方傳統。

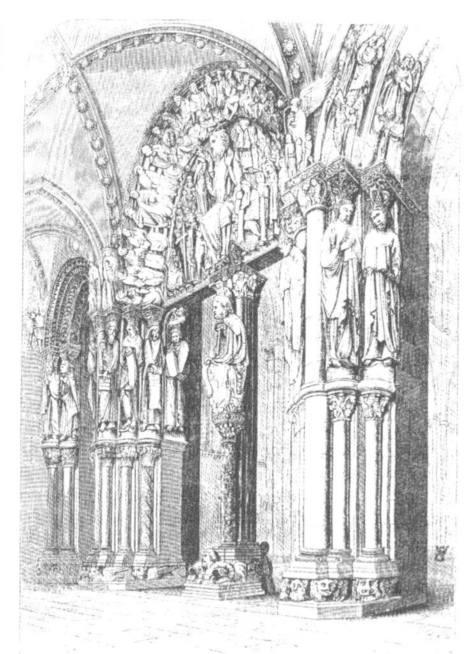

聖地牙哥德孔波斯特拉大教堂人物雕刻

上圖是教堂最初的西立面——榮耀門廊，以栩栩如生的人物雕刻備受讚譽，具體展現了雕刻家將雕刻裝飾與建築形式完美結合的傑出才能。

拉科魯尼亞的聖地牙哥教堂立面圖

樸素的立面通常與粗獷的量體相結合，創造出具有強烈雕塑感的教堂建築效果。牆體表面被扶壁和附牆柱所造成的強有力的垂直線條打破，外部裝飾減到了最低程度。

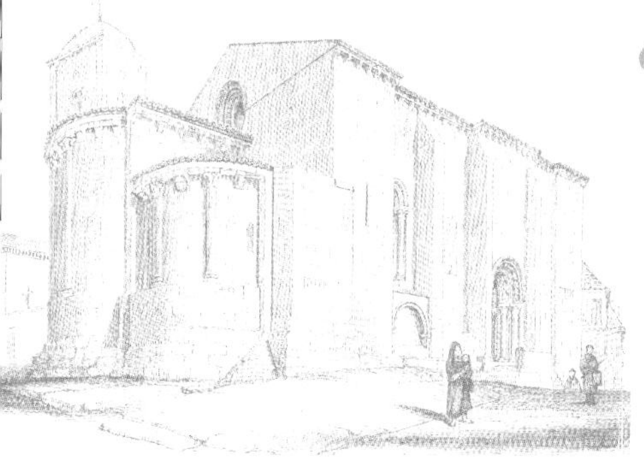

聖地牙哥德孔波斯特拉大教堂柱身裝飾

這座大教堂的柱身上排列著櫛比鱗次的抽象化和敍事性裝飾，刻工極度複雜。最右邊的柱身雕刻樣式為扭曲狀的繩索中夾雜著一條盤旋上升的葉形飾。另一根柱身上的宗教人物安置在縮小型的建築框架下，該框架是由圓柱和圓拱組成的小壁龕，與整個教堂的建築構成交相呼應。

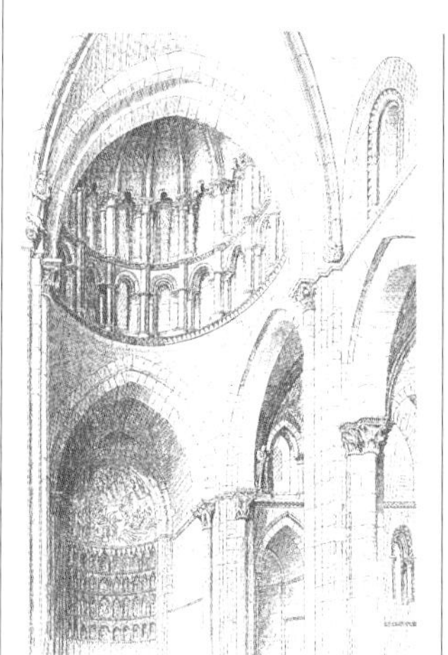

老薩拉曼卡大教堂燈籠式天窗

燈籠式天窗覆蓋於老薩拉曼卡大教堂的十字交叉部位。這個圓形的燈籠式天窗由兩列交替排列的實心拱和窗戶採光，上層拱窗的式樣稱為三心花瓣拱。

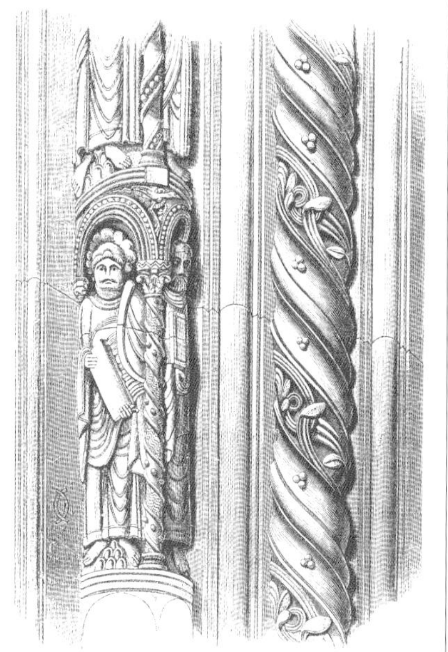

老薩拉曼卡大教堂的採光塔樓

老薩拉曼卡大教堂採光塔樓的外部造型可以強烈感受到摩爾式建築的風格。引人注目的八邊形帶肋圓頂覆滿魚鱗狀的石板，並且以兩條多重拱帶支撐。風格與附近扎莫拉大教堂極其相近。扎莫拉大教堂的圓頂上有十六根肋條，圓頂表面並覆滿這種特殊的地方建材。

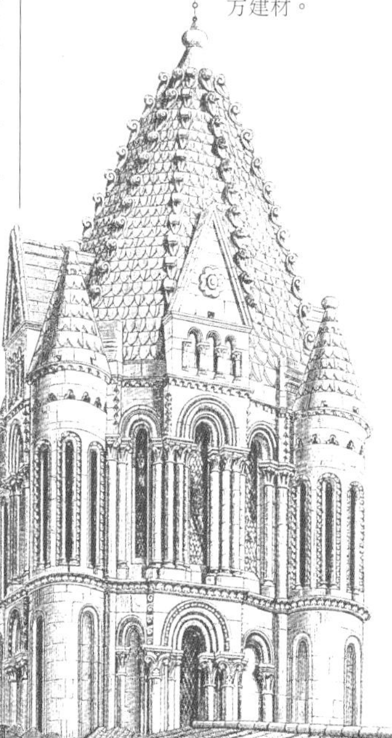

仿羅馬式

英國諾曼風格：教堂

所謂諾曼風格即眾所周知的英國仿羅馬式，於11、12世紀昌盛一時。1066年，隨著征服者威廉贏得哈斯丁斯一役，英國迎來了一種嶄新的藝術和建築形式。由於諾曼人試圖在英國展現其軍事實力和宗教狂熱，以下兩種主要的建築形制遂占據了統治地位：城堡和教堂。教會建築以洪水泛濫之勢席捲而來，幾乎每一座大教堂和修道院都經過重建。坎特伯里、林肯、羅徹斯特和溫徹斯特的主教堂以及聖埃德蒙墓地修道院、坎特伯里修道院、聖奧爾本修道院均被捲入了1070年代的建築風潮。這些教堂皆以英國前所未見的堪與歐洲仿羅馬式建築相媲美的巨大規模稱著於世。

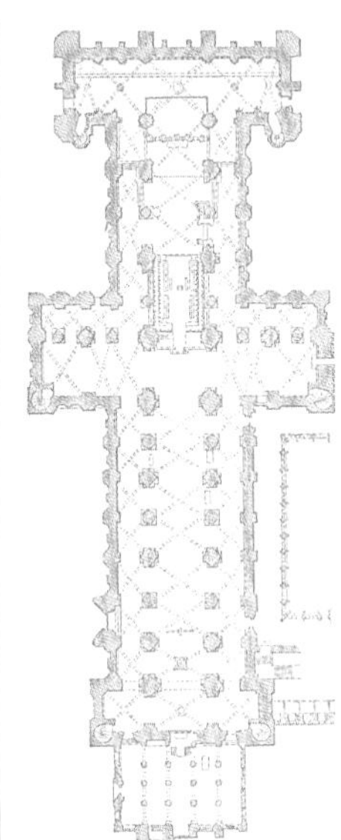

德倫大教堂聖母禮拜堂

這個平面圖展示出非同尋常的加利利聖母堂特徵，它是在1170-1175年增建於教堂西端。獻給聖母瑪利亞的聖母禮拜堂傳統上是位於教堂的最東端。

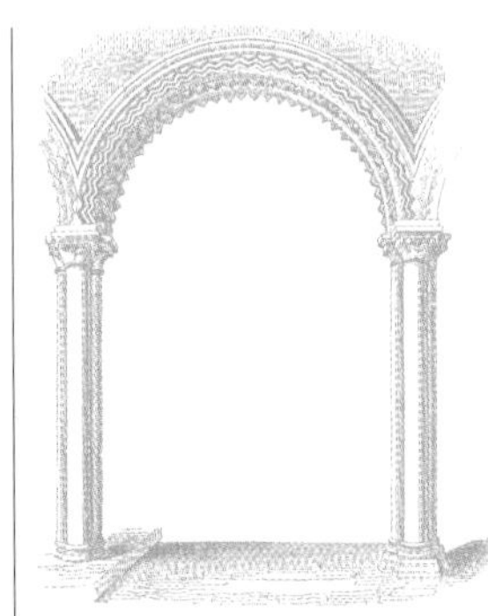

北安普敦聖彼得教堂開間裝飾

鋸齒形和其他幾何形裝飾是諾曼風格建築內部的顯著特徵。左圖中的束柱以毫無裝飾的柱身和雕成葉形的柱頭支撐起裝飾華麗的拱形。

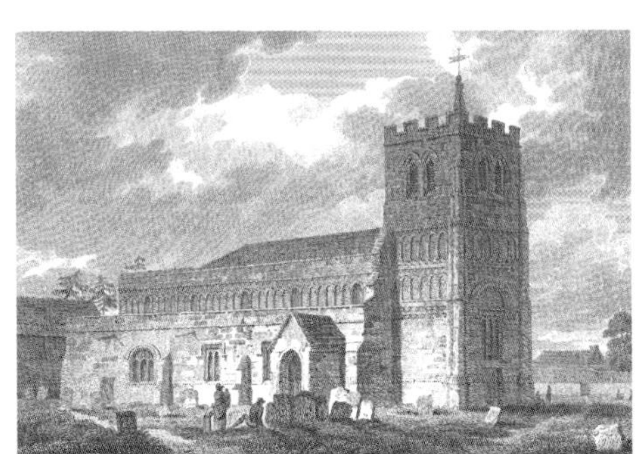

北安普敦聖彼得教堂方塔（12世紀中葉）

大多數的諾曼式教堂包括中殿、唱詩班、側廊和最西端一個鐘塔。這些鐘塔絕大多數是方形平面，但也有諸如圓塔這樣的地方變體。

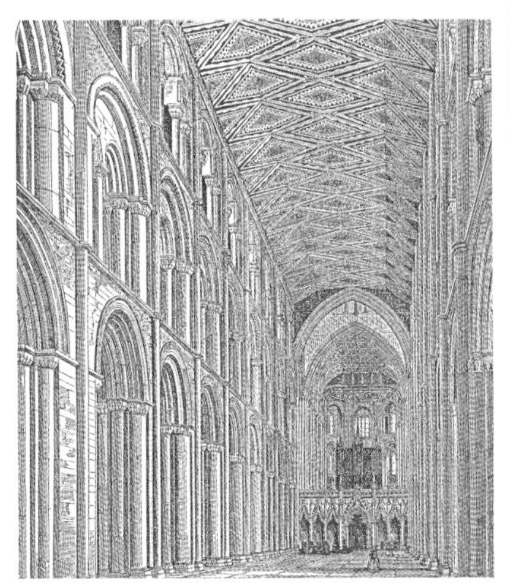

彼得堡大教堂中殿

從西端一進入中殿，可以見到規整排列的圓拱開間，以及從側廊樓到高側窗一路向上延伸的重複細部，一種節奏感和秩序感油然而生。最初，中殿的頂棚是木結構平屋頂，現存的斜石構拱頂約建於1220年。

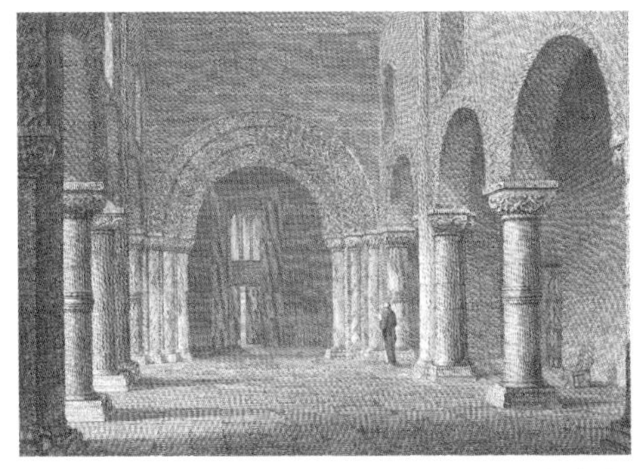

聖彼得教堂支柱

該教堂內部（約1150）的支撐體系十分特別而顯目，帶寬束腰的四葉飾支柱和圓柱交替出現。這種十分華麗的連接方式在教區教堂中相當罕見。

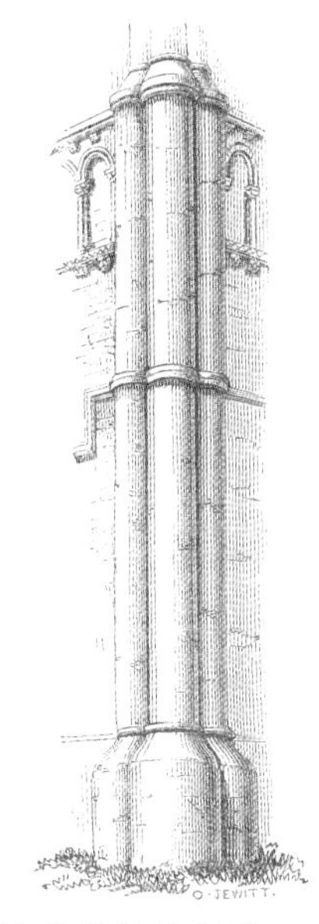

聖彼得教堂扶壁

扶壁是一種從牆壁上突伸出來或者說倚牆而建的石製構件，是用來加固並緩和建築體尖銳的外牆角。這個牆角扶壁由三個截面都是半圓形的柱身構成。

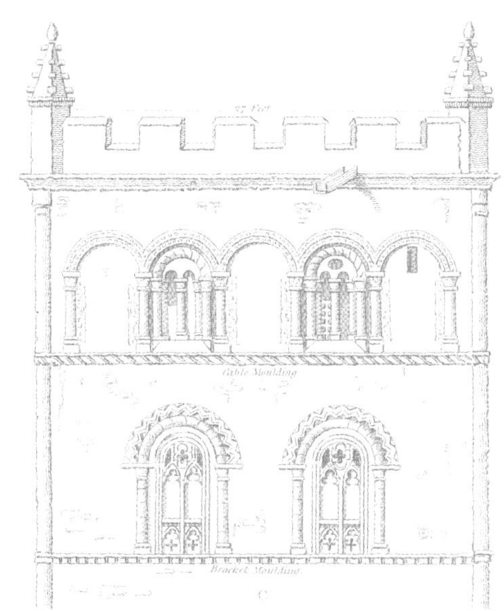

德弗澤斯聖約翰教堂外部裝飾（12世紀）

這個立面由諾曼式建築的特徵要素構成，包括扶壁支撐、一對帶裝飾拱的假窗，以及一個帶有精緻裝飾拱的小頂窗。

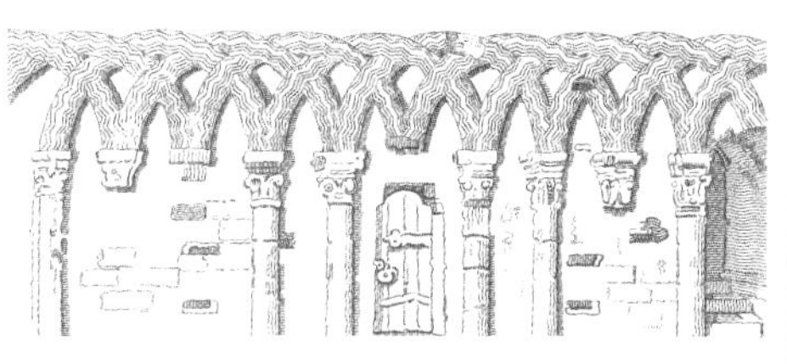

聖約翰教堂十字交叉點塔樓

這座塔樓從中殿、聖壇和耳堂的交叉處拔地而起。教區教堂的塔樓通常為城堡式（飾以雉堞），上建有小尖塔，尖塔上飾有捲葉飾雕刻。

聖約翰教堂交叉拱

教堂通常會利用重複式裝飾來使內部牆面的處理手法更加活潑。典型做法是以跨距固定的圓柱支撐著交叉拱，這些交叉拱只有裝飾作用，不具功能性。

聖約翰教堂的窗戶

帶有貝殼飾柱頭的圓柱，支撐著圓窗拱，拱上有一層層向內深陷的鋸齒形雕刻裝飾，稱為人字形線腳。最上一圈的線腳以一連串的球形花飾為主題。

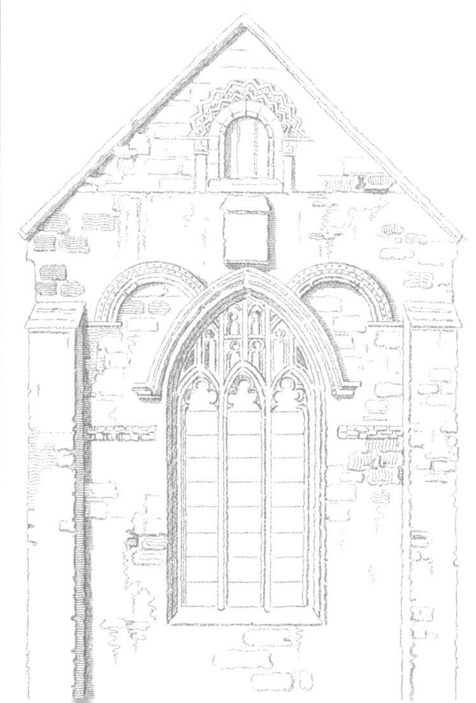

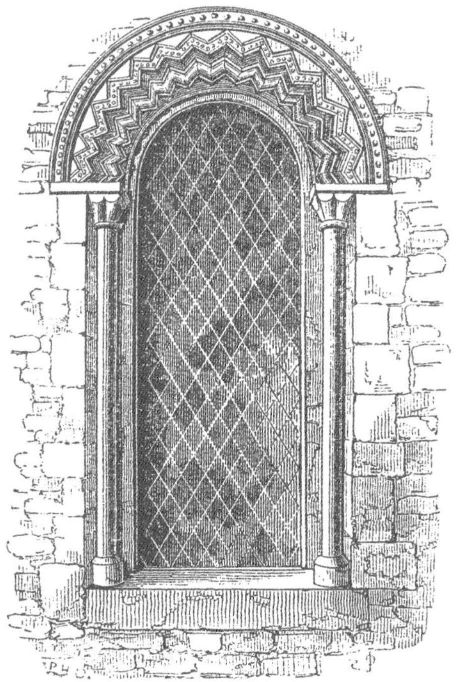

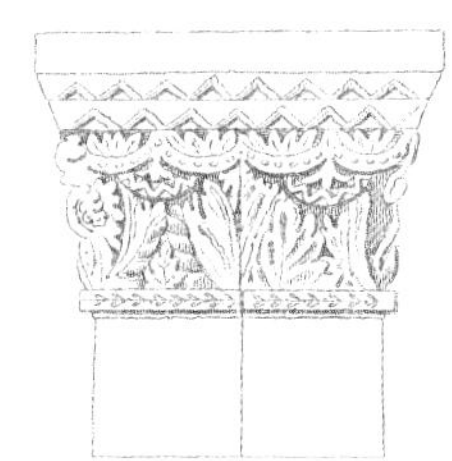

聖約翰教堂柱頭

該教堂使用的柱頭形式花樣繁多，包括墊塊和柱帽。這些柱頭裝飾常取材於自然界的象徵性主題，並成為教堂的裝飾焦點。植物、鳥獸、幾何圖案和敍事性場景，都是柱頭描繪的內容。

仿羅馬式

英國諾曼風格：裝飾與革新

英國建築深受歐洲大陸的影響，但同時也從它的歷史中汲取素材——盎格魯・撒克遜人和維京人——其中尤以裝飾細部最為著名，例如德倫大教堂（始建於1093）中殿的人字形或稱鋸齒形裝飾。建築內部和外部同樣豐富的圖案裝飾是這個時期的顯著特點。12世紀初葉，英國也經歷了一場技術革新的關鍵時刻。當時教堂的牆壁雖然是石頭砌築的，但屋頂始終是採用木結構，因為工匠們對於自己的技術沒有信心，不敢建造橫跨整個中殿的巨型拱頂。然而，到了1130年，德倫大教堂中殿的石製肋拱頂終於完成。教堂內部的石砌牆面和石砌拱頂第一次形成視覺上的統一，並製造出一種高聳入雲的空間感。德倫大教堂被公認為歐洲第一個達到此一技術成就的教堂。

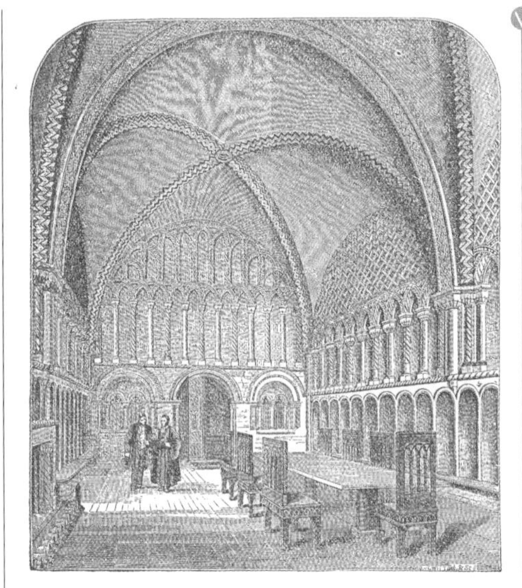

布里斯托的教士會堂

教士會堂是專供神職人員使用的，通常附屬於教堂的主體建築，並以迴廊庭院銜接。這座位於布里斯托的拱頂教士會堂裝飾奢華，有著層層疊置的無窗拱廊以及菱形花飾（一種不斷重複菱形紋樣的表面裝飾）。菱形花飾也可以用方形、風格化葉飾或格紋替代。

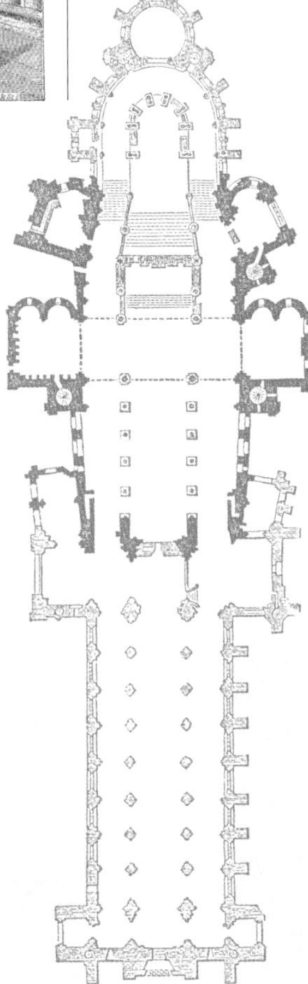

坎特伯里大教堂平面圖

這座教堂的平面是按照教會嚴格規範的使用方式發展而成。主體是典型的教堂平面式樣，從西到東分別是中殿、側廊、唱詩班和唱詩班走廊，以及朝南、北延伸的耳堂，還有獻給聖母瑪利亞或其他聖徒的小禮拜堂。

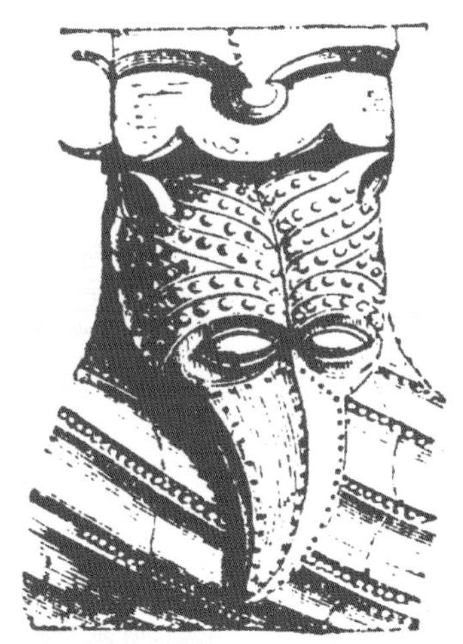

鳥嘴頭飾

以鳥頭、動物頭或人頭嗬住捲緣線腳的風格化裝飾構件，是12世紀常見的裝飾主題，源自斯堪的納維亞建築。

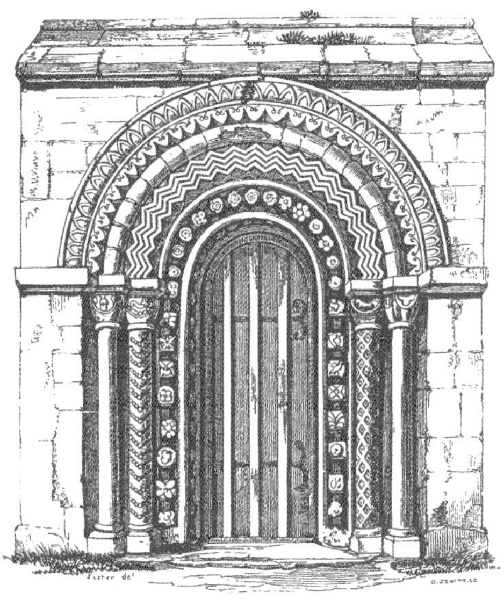

伊伏雷教堂的門道（約1140）

在豐富的陪襯裝飾主題建立之後，繁複的雕刻裝飾便成為12世紀晚期建築的一大特色。這種陪襯裝飾包括圓拱上的人字形和鋸齒形裝飾、菱形花飾點綴的柱身、圓形花飾和四葉飾，以及描繪世俗和宗教場景的柱頭：戰鬥中的騎兵、參孫及獅子。

格洛斯特大教堂穹稜拱頂

位於教堂主樓面之下的房間叫作地窖。這座格洛斯特大教堂的地窖是由兩個筒形拱頂直角相交而成，稱為穹稜拱頂。拱形底邊有雙層的人字形裝飾。地窖絕大多數都建在教堂東端下方。

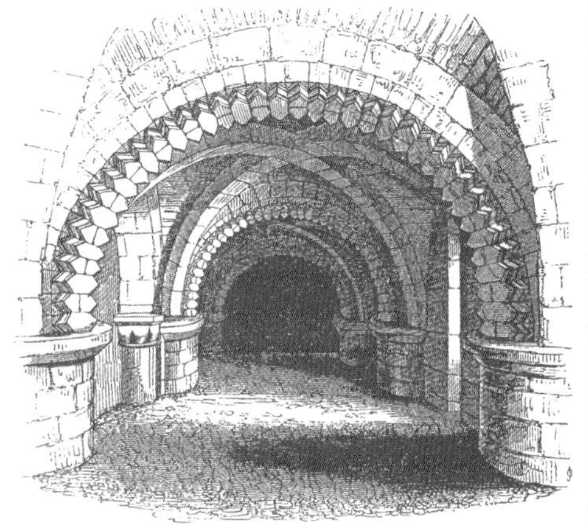

拉姆西教堂梁托簷板（12世紀）

梁托簷板是指位於屋簷下、由石塊支撐並突出牆面的石砌物。建築內部和外部都有，其梁托大多是教堂的裝飾重點，很少有樸素無飾的。奇異的動物和鬼臉都是特別常見的裝飾素材。

牛津布魯斯罕硬葉式雕刻柱頭

葉形雕刻柱頭是仿羅馬式和哥德式建築裝飾的共同特點。柱子頂端的圓環叫作捲緣線腳。這種硬葉式裝飾源自爵床葉——一種曾經極度流行的古典裝飾主題。

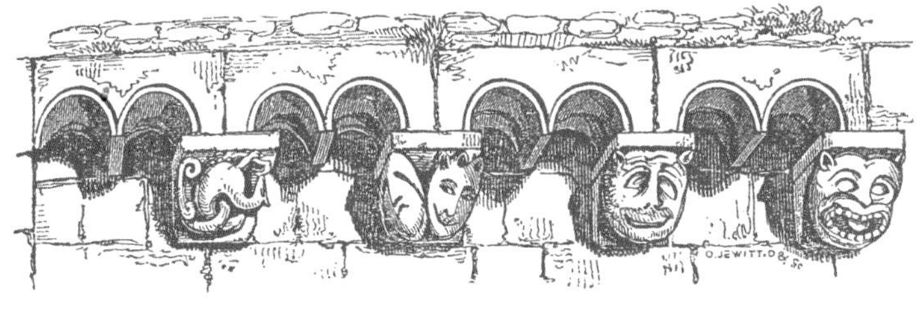

錯齒式線腳

錯齒式線腳是由等距排列、微微隆起的方形或圓柱形構成的裝飾。

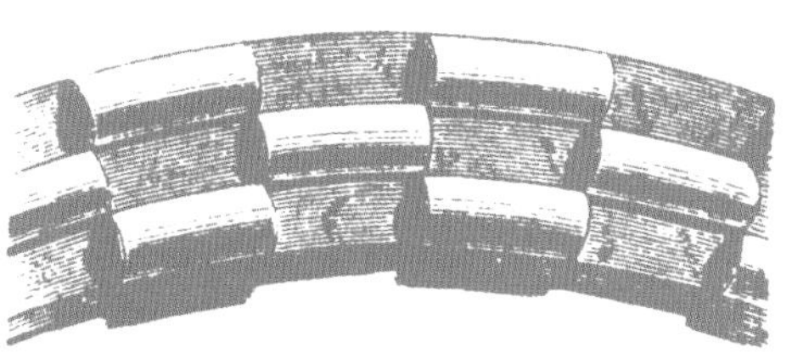

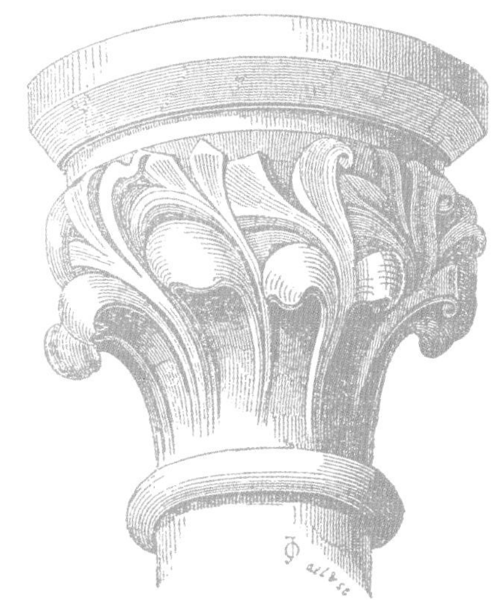

仿羅馬式

義大利仿羅馬式：多樣性

此時的義大利正處於教皇與神聖羅馬帝國爭奪霸權的連綿戰火之中。和法國一樣，它吸收了西歐的建築風格，並發展出充滿地方個性的多樣化建築趨勢。雖然在北部的倫巴底可以看到新式教堂如雨後春筍般冒現，但義大利整體上仍然相對保守，並沒有步法國、英國以及西班牙大興土木的後塵。義大利豐富的古典式、拜占庭式和伊斯蘭式遺產，在仿羅馬式建築身上發揮到極致。義大利的仿羅馬式建築繼續沿用各種古老特色，諸如圓頂上的採光塔、巴西利卡的平面、不同的鐘塔和洗禮堂以及外立面上的大理石飾面。在歐洲的其他地區很少能見到類似的風格特點。

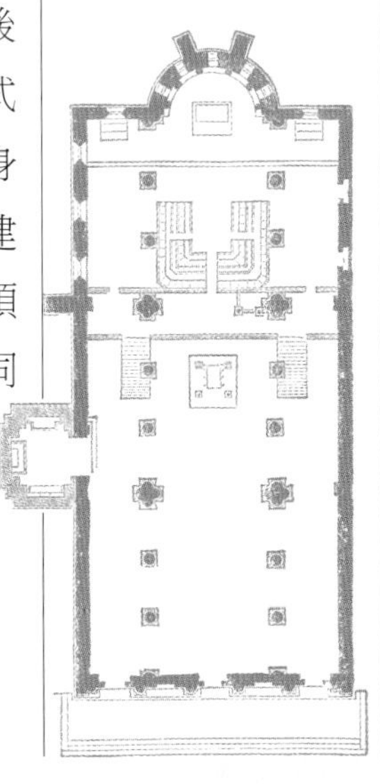

佛羅倫斯聖米尼亞托教堂平面圖

大多數教堂喜愛採用自羅馬時期以來幾乎沒有多少變化的巴西利卡式平面。聖米尼亞托教堂的平面相當傳統，寬敞的中殿兩側設置狹窄的側廊，但大地窖上的平台上有一個非比尋常的大唱詩班席。

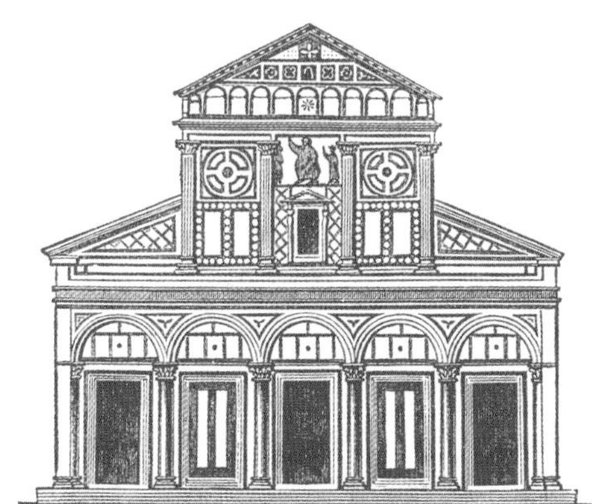

聖米尼亞托教堂西立面圖

佛羅倫斯的仿羅馬式建築有一個重要特點，就是使用彩色大理石，製造出令人目眩的視覺效果。石材按連貫的幾何形式排布，以加強材質光滑表面的閃光性，這種處理手法所產生的豐富細膩效果，與北歐盛行的雕刻立面形成了極其鮮明的對比。

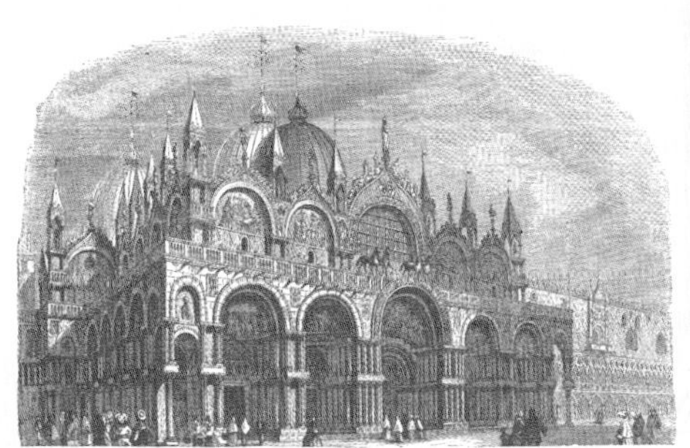

威尼斯聖馬可大教堂西立面

這個巨大的帶拱西立面建於11世紀，但是直到19世紀早期才完成所有的裝飾。這是同一基址上的第三座教堂，其仿羅馬式的十字形平面從這座城市的拜占庭歷史中汲取豐富的靈感。

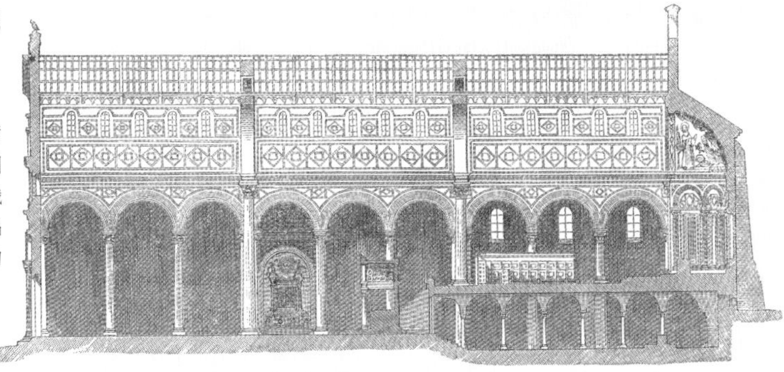

佛羅倫斯聖米尼亞托教堂橫剖面圖（約1018）

聖米尼亞托教堂主唱詩班席下方的地下唱詩班席是個相對罕見的特例，只有當神職人員要求另設一個專用唱詩班席以與傳統彌撒中的俗人唱詩班有所區隔時，才會設立。

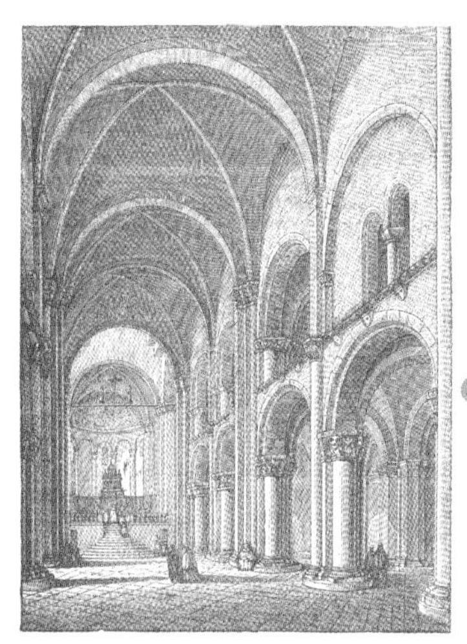

帕維亞聖米歇萊教堂肋拱頂

肋拱頂是由拱形肋構成的一種框架，拱形肋橫跨拱頂區域的兩側及對角線，作為屋頂質材的支撐——是倫巴底教堂的典型特徵。

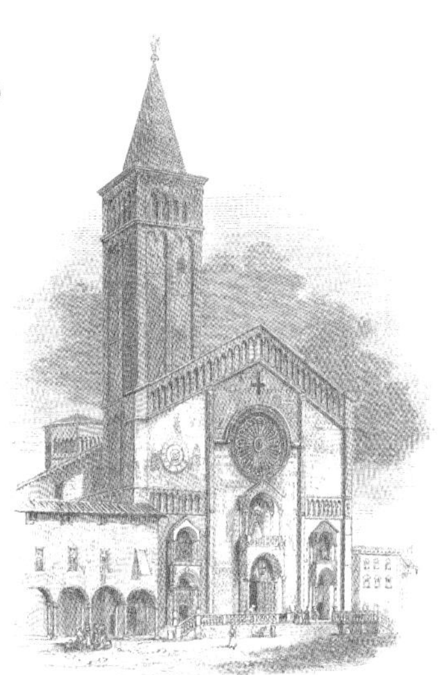

皮亞琴察大教堂倫巴底條帶

沿著屏隔式立面的屋簷線排列的無窗拱廊，是倫巴底—萊茵河風格教堂的顯著特色。

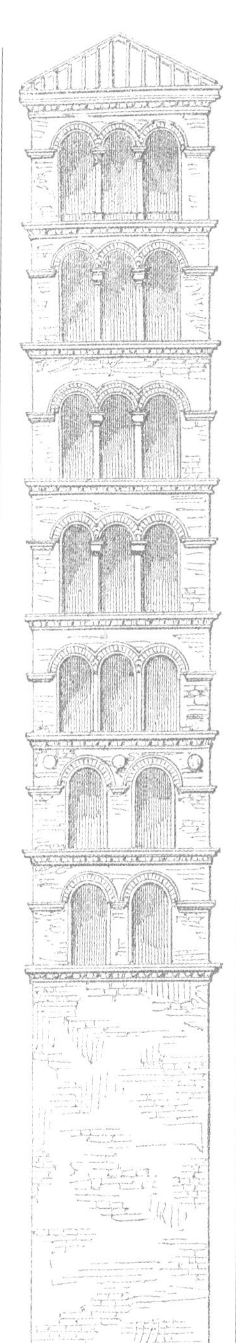

科斯瑪丁的聖瑪利亞教堂鐘樓

緊貼教堂的優美正方形鐘樓是倫巴底地區的一個普遍特徵。圖例（位於羅馬南郊）中的鐘樓高度不似倫巴底式塔樓那樣聳入雲霄，正方形平面的面積略超4.5平方公尺，高度只有34公尺，但是將鐘樓分成幾段的拱形壁龕樣以及無收分的形制極具典型性。

帕維亞的聖米歇萊教堂東端

大多數的義大利教堂是以後殿盡頭的唱詩班席作為建築的終點，後殿的外立面有清晰的半圓形曲線。西立面是教堂的公眾入口，同時也是讚頌上帝的最佳展示處，因此外部裝飾十分隆重，相較之下東立面的裝飾就顯得非常謹慎保守。

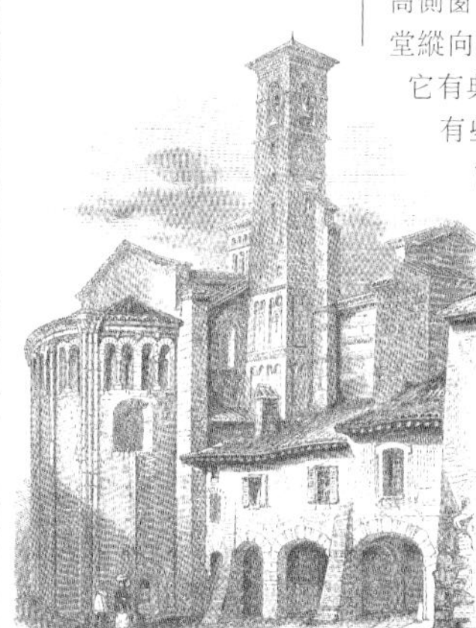

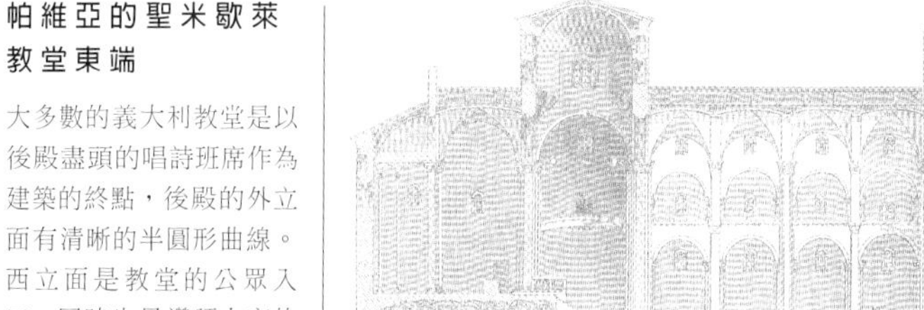

帕維亞聖米歇萊教堂橫剖面圖（約1100-1160）

高達三層的開間、講壇和高側窗，清晰地表達出教堂縱向結構的力度。雖然它有典型的石拱頂，但有些微的沉重感，未能達到同一時期法國優秀教堂那種高聳入雲的感覺。這座教堂也有抬高的唱詩班席和地下唱詩班席。與聖米尼亞托教堂運用了相同的處理手法。

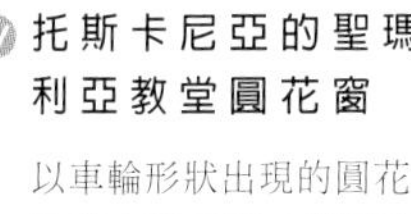

托斯卡尼亞的聖瑪利亞教堂圓花窗

以車輪形狀出現的圓花窗是義大利12和13世紀早期教堂西立面上的一大特色。圓花窗十分精緻並裝飾華麗，可讓光線透入中殿。圓花窗也可作為成排布置的高側窗的補充或替代。

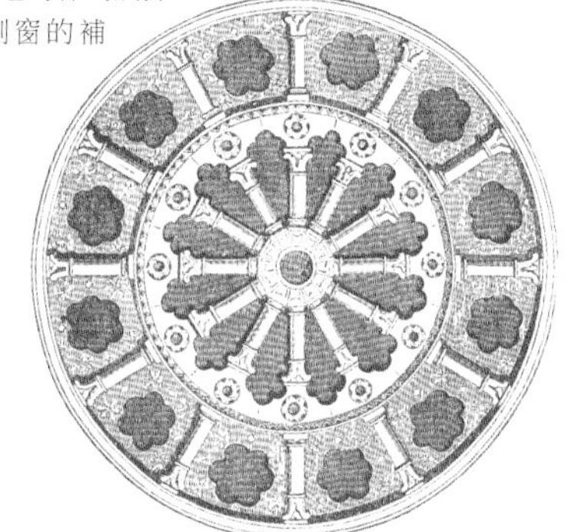

仿羅馬式

義大利仿羅馬式：在地特色

倫巴底風格顯現出對法國和德國建築模式的深刻理解。那裡的教堂有寬敞的中殿、石製拱頂和通常從教堂主體中聳立而出的高塔樓。這個時期的營建熱潮在羅馬進展有限，因此其轄區內仍保有大量的古典建築。佛羅倫斯、路加以及比薩等托斯卡納地區的城市發展出極具特色的地方風格，他們在既有的羅馬建築平面中融入了拜占庭建築的馬賽克和大理石。這種欣欣向榮的在地仿羅馬式建築具體展現在比薩眾多的大理石貼面建築組群中。比薩的大教堂坐落於青草蔥翠的基址上，鐘塔和洗禮堂各自獨立但彼此相鄰，周邊的是當時的墓地區。

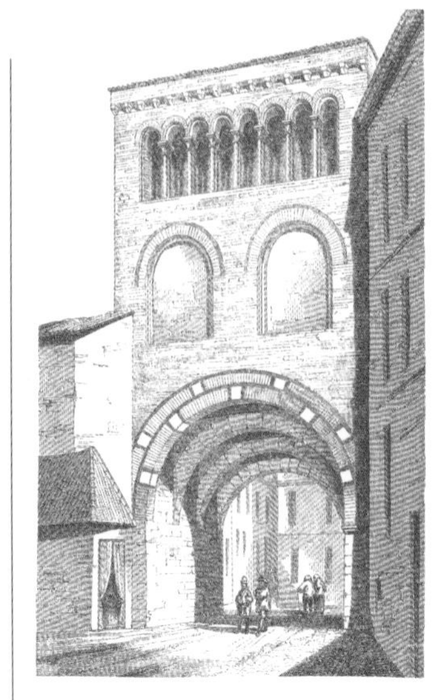

曼都亞市政府大樓門道

同樣以圓形拱做裝飾，世俗建築與宗教建築使用著相同的風格語言。至於什麼適合教堂，什麼適合門道之類的公共建築，則沒有明確的界定。

屏隔式立面圖

屏隔式立面位於教堂的西端，由支托起一面寬闊山牆的巨大立面構成，是12世紀和13世紀早期義大利北方教堂的特色之一。這是這個地區兩種主要立面處理手法之一——另一種是倫巴底式教堂帶有雙塔的西立面。

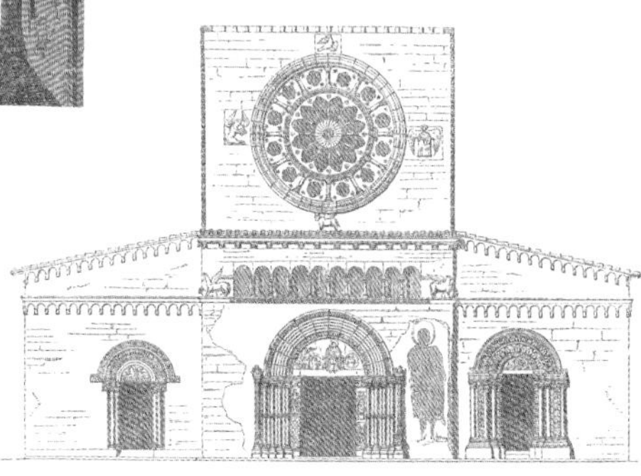

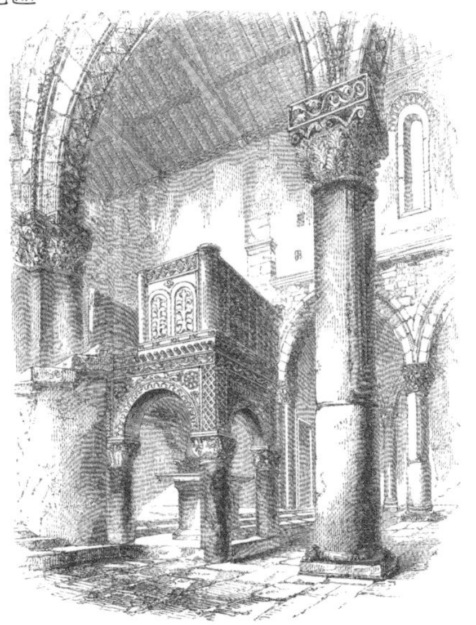

托斯卡尼亞的聖瑪利亞教堂柱頭

仿羅馬式建築中的重要裝飾主題通常都是從更早期的建築模式中複製或改造而來的。例如13世紀早期次科林斯式柱頭上所描繪的忍冬花葉飾，就是源於希臘，同時是所有葉形飾中最歷久不衰的一種。

托斯卡尼亞的聖瑪利亞教堂平面圖（13世紀早期）

從這個巴西利卡平面中可以看出有一座獨立式鐘塔坐落在教堂最西端的正前方。鐘塔的形式種類繁多。羅馬城中最古老的鐘塔是一座8世紀的正方形鐘樓，但諸如比薩斜塔（1173）那樣的圓形鐘塔在羅馬也看得到。

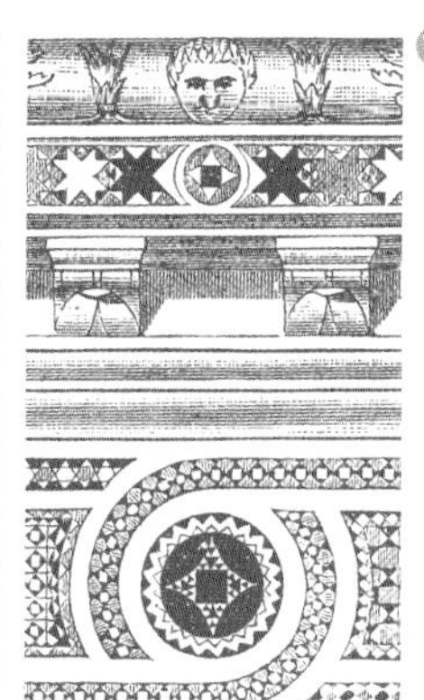

羅馬聖保羅教堂馬賽克裝飾

用馬賽克鑲嵌的線腳裝飾帶是羅馬、威尼斯以及義大利南方地區的一大特色。雖然抽象和具象的圖案主題都有，但幾何圖案是最常用形式。上圖是13世紀早期的實例，可看出工匠的高超技術和馬賽克獨具的豐富璀璨效果。

羅馬聖保羅教堂立柱

受拜占庭風格影響的扭曲帶凹槽及幾何圖案的柱子直到13世紀初才出現。這道圓拱迴廊屏融合了拜占庭和仿羅馬式元素，展現出一種極其精緻並具視覺衝擊力的風格。雙柱柱身外包馬賽克，直追古羅馬傳統的極盛風華。這種做法在13世紀晚期稱為「化妝」。

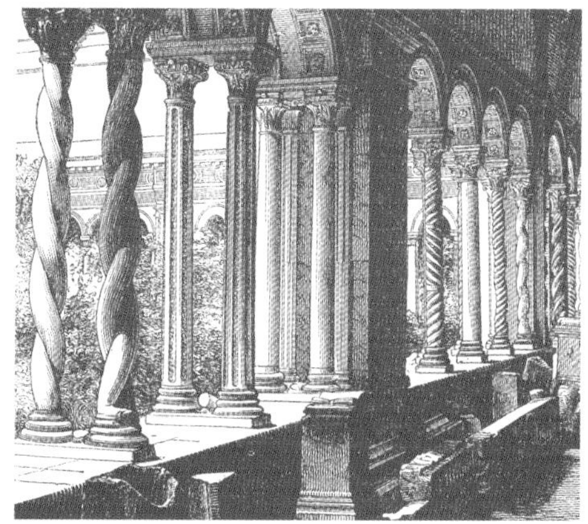

比薩大教堂十字形平面圖（1063）

義大利教堂偶爾會利用傳統的十字形平面創造出具有原創性的平面形式。比薩大教堂明顯向外突伸的耳堂各以一個後殿為終點，中殿和唱詩班席都有雙側廊。十字交叉點上覆蓋的橢圓形圓頂，是受到伊斯蘭建築的影響。

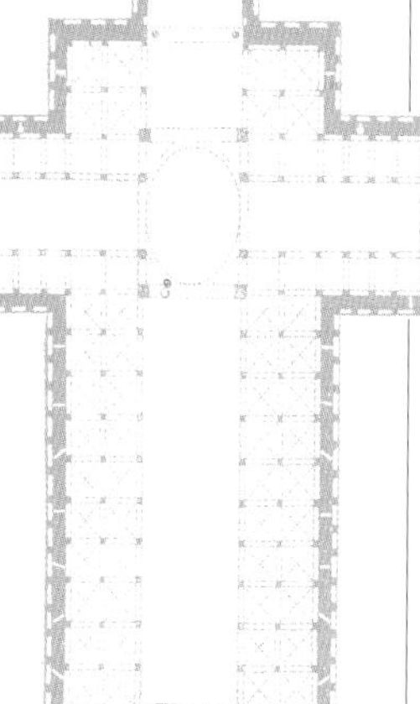

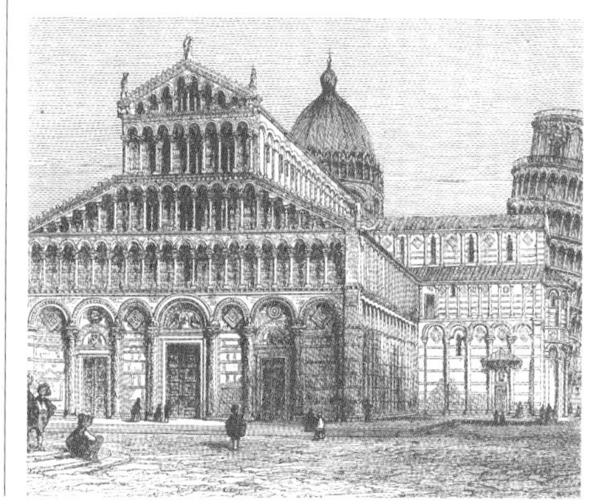

比薩大教堂接連手法

比薩大教堂的西立面有四層變化多樣的柱廊和精緻的黑白相間大理石飾面，這種裝飾手法是典型的比薩仿羅馬式風格。這種光影與節奏感高度分明的處理手法，成為義大利南部乃至歐洲各國爭相效仿的典範。

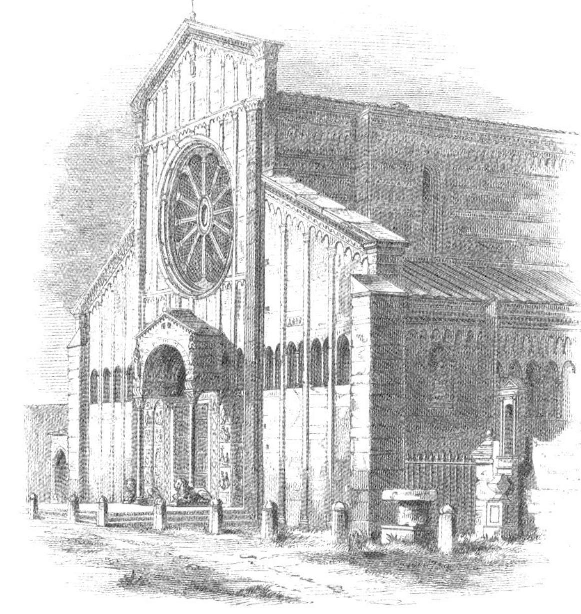

維羅納聖澤諾教堂門斗（約1123年後）

由獨立柱支撐的圓拱門斗12世紀義大利北部教堂的一大特徵，獨立柱底端通常有一頭俯臥的動物。最出色的實例之一就是左圖這個精美的門斗，雕刻繁複，一對守衛入口的俯臥獅子相當引人注目，過梁上還有指示月份的浮雕。在聖澤諾教堂的楣心（門上由三角楣線腳所圍成的三角形或弓形空間——通常滿飾雕塑浮雕）上可看到鞭打惡魔的教誨性雕刻。

哥德式 *12世紀中期—約1530*

法國：早期哥德式

尖拱、肋拱頂和飛扶壁都是哥德式建築的基本元素，它們在仿羅馬式建築中已有所運用，只是沒有同時出現。12世紀中期，法國建築率先將這些元素結合起來，開啟了一種新的建築風格，主宰歐洲將近三百五十年的時間。垂直性增強，牆體減縮，光線透過嵌滿彩色玻璃的大窗射入，這些特點隨著哥德式建築的不斷進展而發揮到淋漓盡致。最初，哥德式的雕刻裝飾是跟隨仿羅馬式晚期的形式，但很快就展現出獨特的面貌，到了13世紀，哥德式風格在形制和裝飾上都已掙脫限制，完全自由。

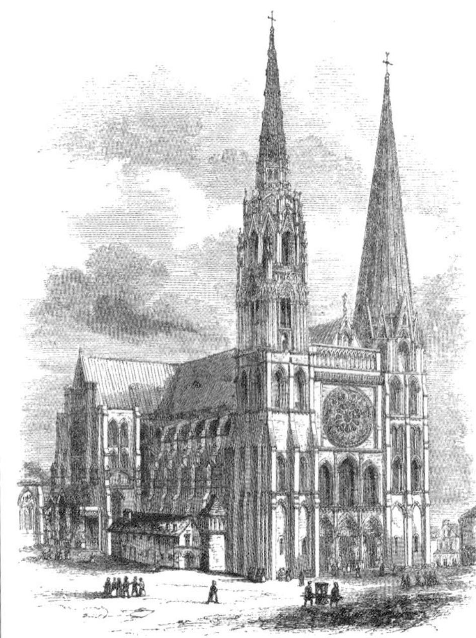

沙特爾大教堂西立面

建於12世紀中晚期的沙特爾大教堂，其西立面有兩座側翼塔和中央的圓形窗（或稱玫瑰窗），這一組合首次出現在1140年代的聖德尼教堂。此後，法國教堂的西立面或入口便經常沿用此樣式。

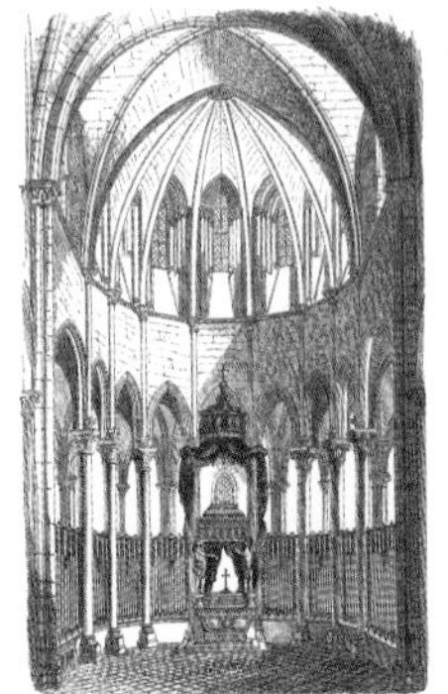

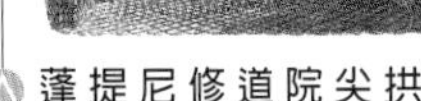

蓬提尼修道院尖拱

蓬提尼修道院的東端採用了大量的尖拱。與半圓拱相比，尖拱更能增加建築的高度，並且能運用於正方形和長方形的開間，具有高度的平面靈活性。

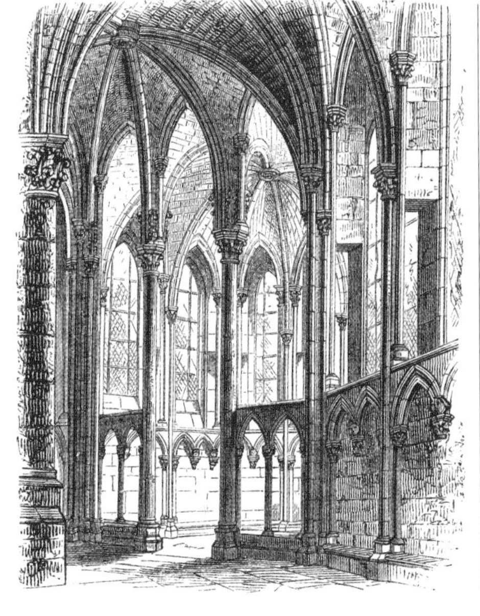

歐塞爾大教堂肋拱頂

在如圖所示的肋拱頂中（13世紀早期），每個木製模板只須支撐每根肋拱，而非整個拱頂，因此可加速建造時間並提供額外的承載力。

巴黎聖母院平面圖

巴黎聖母院的平面圖展現出肋拱頂的樣式，開間形狀的多變性，以及整個空間的和諧統一。

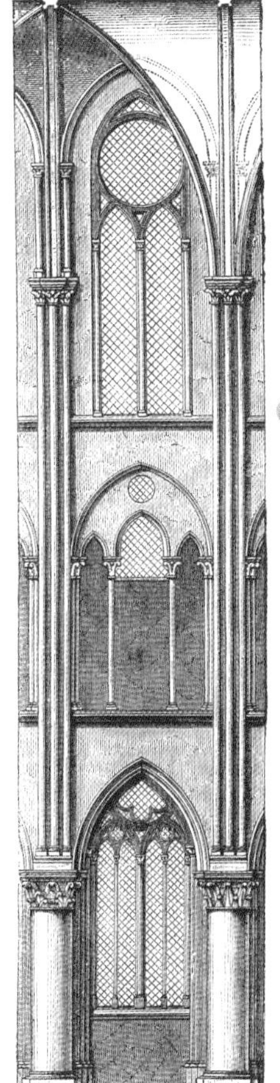

巴黎聖母院開間立視圖

巴黎聖母院中殿的基柱仍然巨大厚重，但處理手法一致。基柱上方的一切，包括細長的柱身在內，都顯得輕巧而富垂直感。

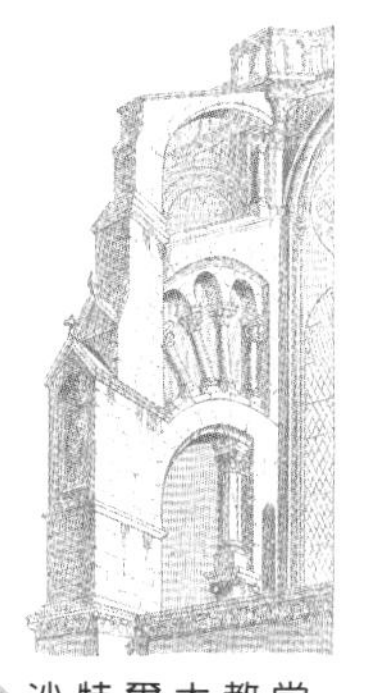

沙特爾大教堂飛扶壁

飛扶壁可以將拱頂的側推力傳到地面，從而減輕牆體的壓力。其結果是使建築的結構更顯輕盈，同時增加了窗戶的比重。

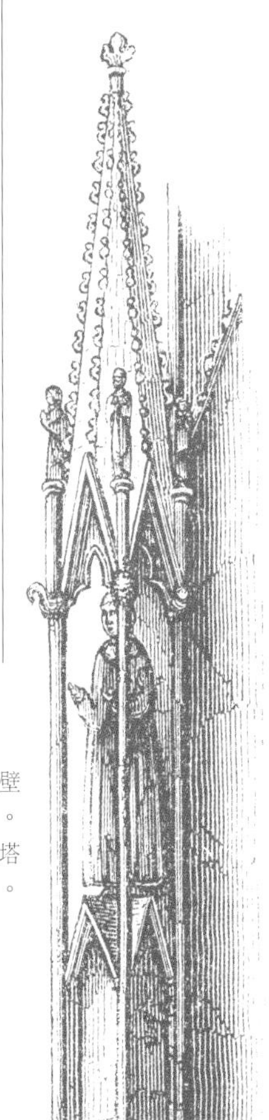

盧昂大教堂扶壁壁龕

隨著哥德式建築的發展，扶壁裝飾逐漸變得放逸而無節制。這道扶壁的頂部有一個小尖塔式的壁龕，內置一尊雕像。

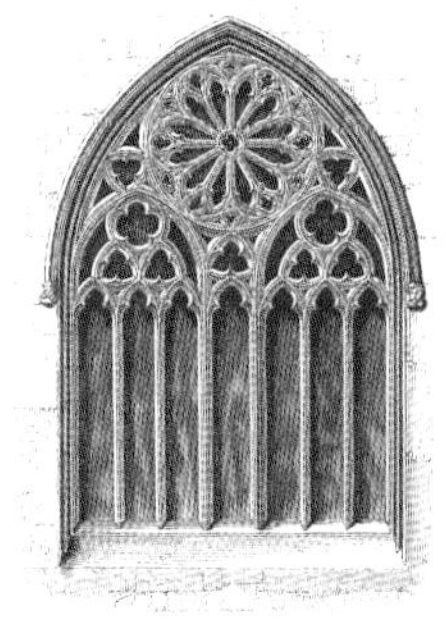

巴約大教堂石楞窗花格

這扇窗戶是以纖細的石條拼合、支撐，不似從前是用堅實的磚石分隔。窗上運用了極其豐富的尖角裝飾（見211頁）。

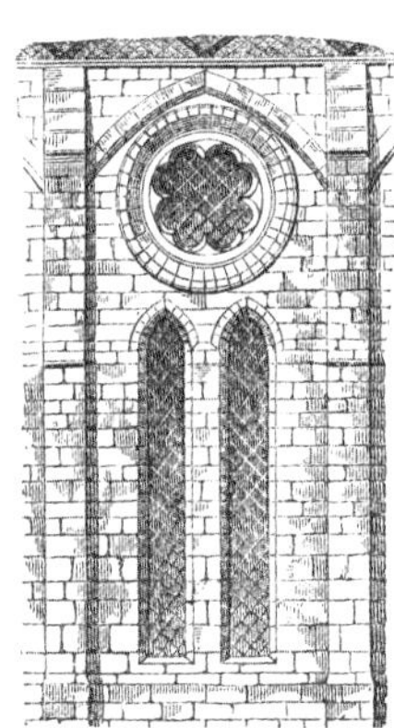

巴黎聖馬丁教堂平板窗花格

早期的哥德式窗戶少有裝飾，只在窗戶的磚石上開口，而沒做更細部的分割，稱之為平板窗花格。圖中個別的玻璃構件組合起來，便發展出後來的石楞窗花格。

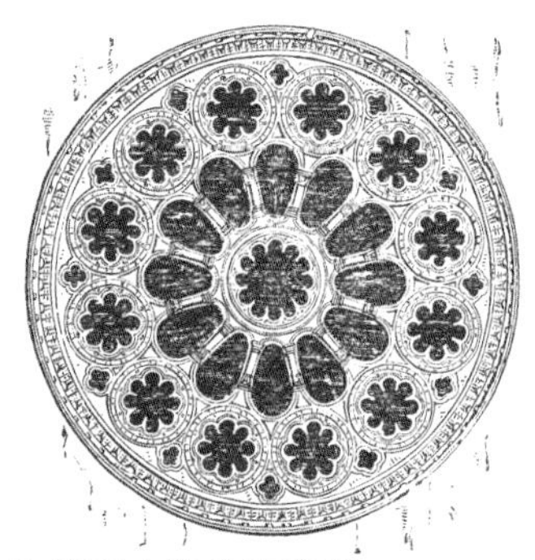

沙特爾大教堂玫瑰窗

玫瑰窗是法國大教堂西立面和耳堂的標準元素，因其花狀外觀及圓形樣式得名。

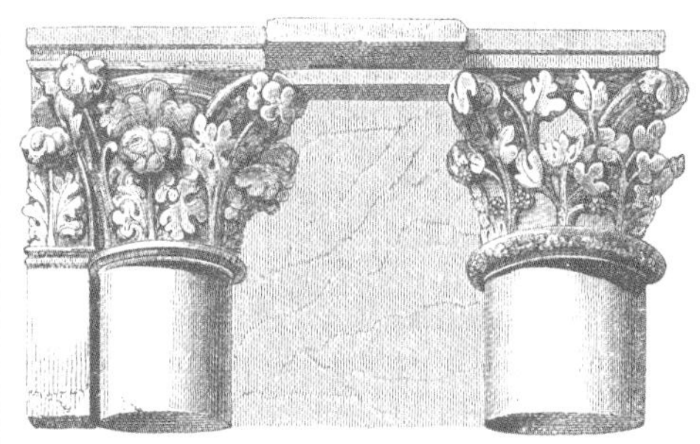

理姆斯大教堂柱頭裝飾

理姆斯大教堂的柱頭裝飾並未遠離先前的古典風格，然而不同的是，其每個柱頭都進行了不同的處理，葉形飾的演繹更為自由，更具個性表達的空間。

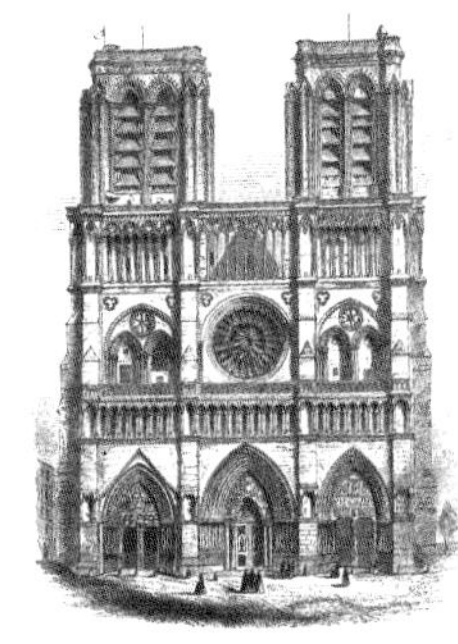

巴黎聖母院西立面

巴黎聖母院的西立面建於13世紀初，相同的元素組合出更為和諧統一的效果（參照左頁的沙特爾大教堂）。這座立面的裝飾更為富麗，石楞窗花格也得到了發展。

哥德式

法國：輻射式風格和火焰式風格

在法國，早期哥德式之後緊隨著兩個特別時期，即輻射式風格時期（始於13世紀中期）和火焰式風格時期（至16世紀）。兩者分別因其獨特的輻射狀和火焰狀的窗花格圖案而得名，顯示出其變化基本來自裝飾方面而非結構上的。不過在輻射式風格時期，建築的高度確實有極大提升，如博韋大教堂便高達48公尺，牆面上的玻璃比例也發展到極致。到了火焰式風格時期（發展於14世紀末，持續到16世紀初），這些特點中又增加了一項，即富麗繁重的裝飾。然而其影響大多局限於外部裝飾，儘管該時期的內部裝飾有些已脫離了輻射式風格時期相對簡樸的特性。

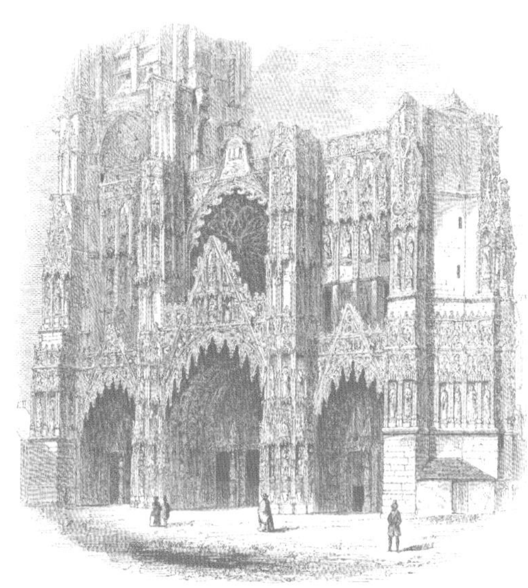

特魯瓦大教堂火焰式風格裝飾

這是16世紀特魯瓦大教堂的西立面。從效果上講，它那稍嫌過分的火焰式風格裝飾，不如法國建築前例和英國同期建築（垂直式風格）那般輕盈靈動。

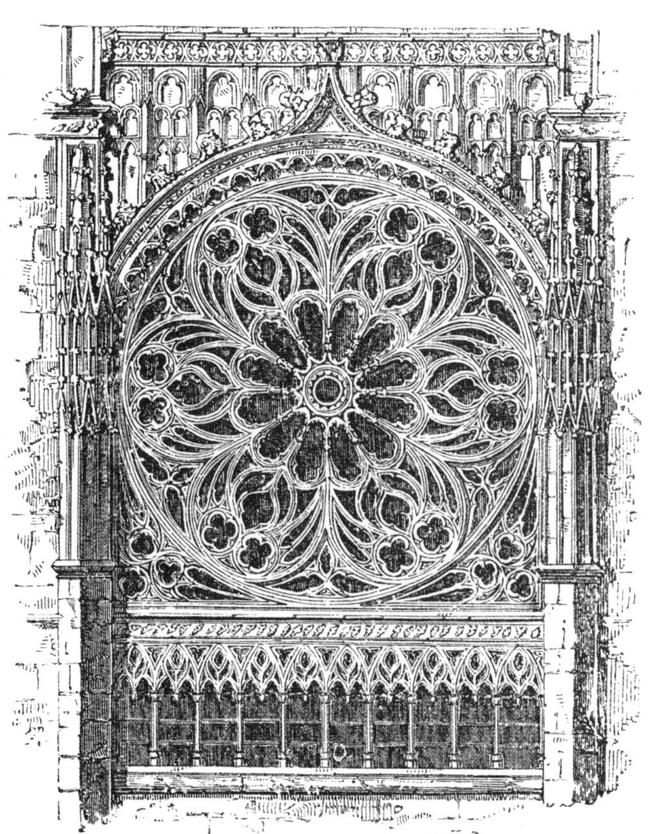

盧昂聖圖恩教堂過渡時期窗花格

聖圖恩教堂的這扇西窗，具有輻射狀的內窗花格和火焰狀的外窗花格，具現了從輻射式風格轉向火焰式風格的過渡變遷。

博韋大教堂實心窗花格

博韋大教堂的火焰式耳堂門道，每一部分都有繁複的裝飾，並大量使用實心窗花格。這種窗花格是以石塊填堵，而不是以玻璃鑲嵌。

聖圖恩教堂燈籠式天窗塔樓

右圖是位於聖圖恩教堂十字交叉點上的燈籠式天窗塔樓。其窗花格不是實心的，而是鏤空裝飾，沒有任何鑲嵌物，陽光可透過窗格射入內部。

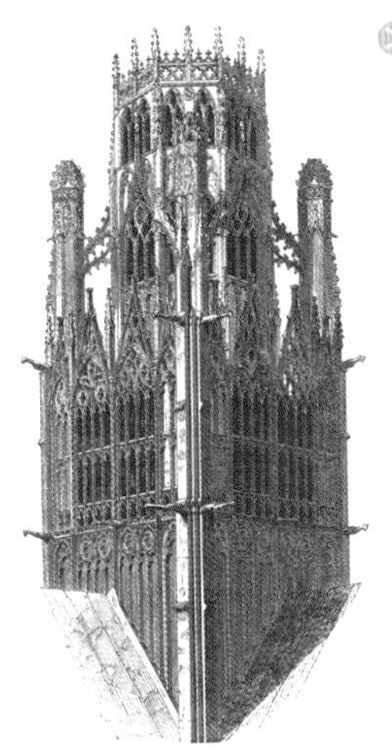

奧德馬橋聖傑曼教堂火焰式窗

右圖火焰式窗花格清楚展現了流動線條和火焰形狀的尖葉。富有自由靈動的效果，但卻缺少輻射式和曲線式窗花格的內聚力。曲線式窗花格當時已在英國發展成形，並影響了法國的火焰式風格。

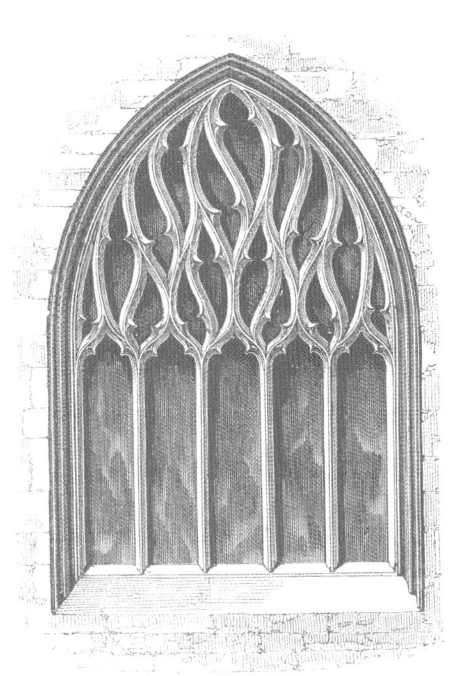

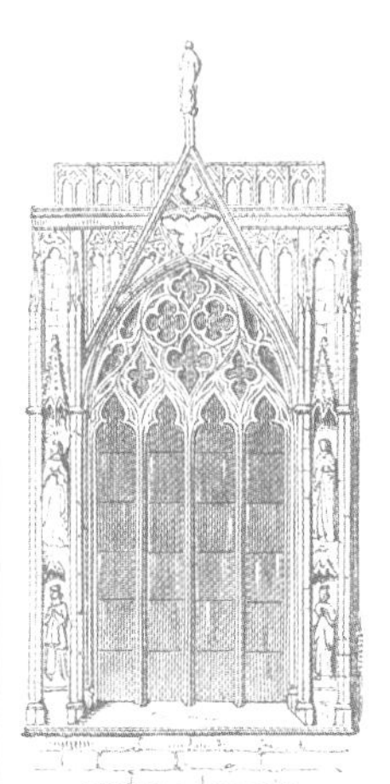

沙特爾大教堂輻射式窗

這扇流線形窗花格（較晚建造）呈幾何圖形，頗有節制。儘管其中運用了更多的尖角裝飾，但手法仍與過去如出一轍。輻射式窗及其周圍的磚石，在處理效果上顯得較為纖細，並富有垂直感。

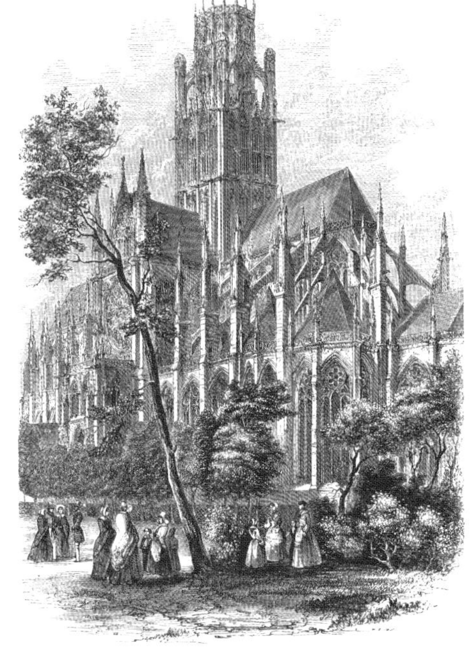

聖圖恩教堂輻射式窗花格

高聳的盧昂聖圖恩教堂（始建於1318年）是輻射式風格建築的典範之一。東向盡頭的小禮拜堂，其獨特的錐形屋頂為製造出大量可鑲嵌玻璃窗的牆面，窗戶頂端展現了典型的輻射式窗花格。

特魯瓦聖瑪德蓮教堂十字架樓座

這是法國少數留存至今的十字架樓座（可追溯到火焰式風格時期），它把中殿與聖壇分隔開來，為樂手們提供了一條走廊。

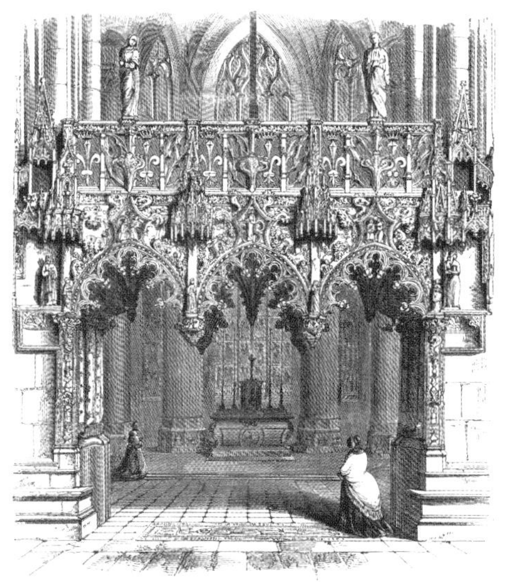

哥德式

法國：民宅與世俗建築

在法國哥德式時期，建造了許多防衛性城鎮、城堡、住宅和市政廳，並有一些好的典範建築留存至今。建築的形式通常取決於它的功能，外部裝飾（與教堂一樣）一般集中在諸如入口、窗戶和扶壁等處。然而，與教堂不同的是，樓梯是法國民用建築中最為突出的重點，通常從建築物的立面伸延而出，形成該建築的主要入口，並通往不同用途的房間。法國中世紀的民宅格局並不像英國那樣集中於大廳設計。

開窗的手法

左邊這些出現在博韋民宅上的13世紀窗戶，其處理手法與教堂如出一轍，但由於它們成組地排列在房間背面，因而加強了水平效果。

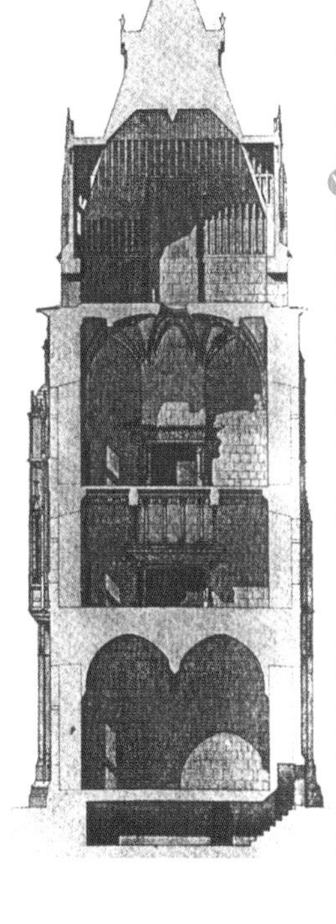

德侯市政廳階層式拱頂構築（始建於1516）

右圖是晚期法國哥德實例之一，並且是結構特別複雜的一種。頂樓的拱頂比底層的拱頂在建造設計上要更勝一籌，反映出該空間的相對重要性。

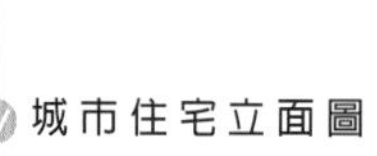

城市住宅立面圖

兩層窗戶和一條開放式連拱廊，勾勒出這座城市住宅的三個樓層。立面上的水平雕刻帶飾，則進一步強化了水平感。

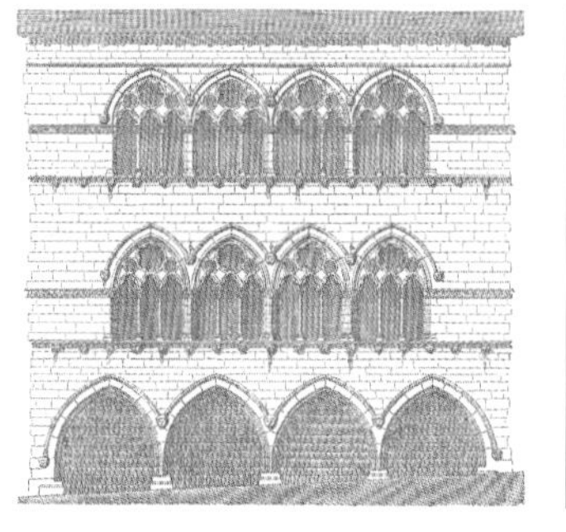

南錫公爵宮入口（1502-1544）

這是洛林地區南錫公爵宮的臨街入口，大量運用了後期火焰式風格裝飾，但其尖角和自然主義的葉飾也透露出文藝復興的風格。入口上方的貝殼飾、壁柱和人物鑲板尤其明顯。

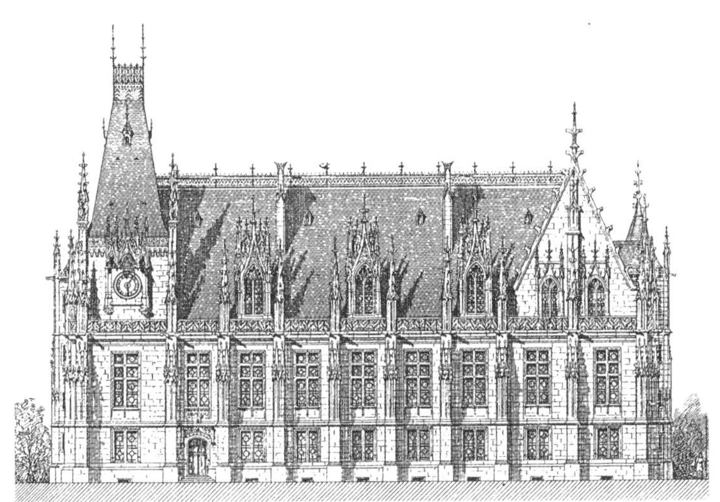

市政建築：
盧昂司法宮
（始建於1499）

與該時期的其他建築一樣，這座火焰式風格的市政建築，並沒有把不同部位的功能清楚顯現在建築外部，而是以標準的裝飾單元不斷重複以增強效果。

民宅樓梯間：布爾日
雅克．克爾之家
（15世紀）

這座主樓梯間的重要性在這棟住宅中顯而易見：它就位在大門正對面，並八角形塔樓的形式突伸進庭院中，每一層都有裝飾。

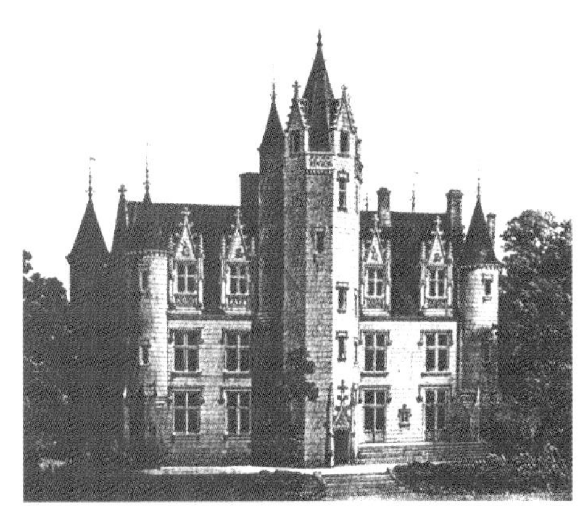

莊園大宅：寇萊恩
堡（15世紀）

與雅克．克爾之家一樣，這個位於芝儂附近的莊園大宅也有一座主導全局的樓梯塔樓：邊角上的小塔樓（或圓形角塔）沿用了防禦性建築的形制，儘管實際上已沒有必要。

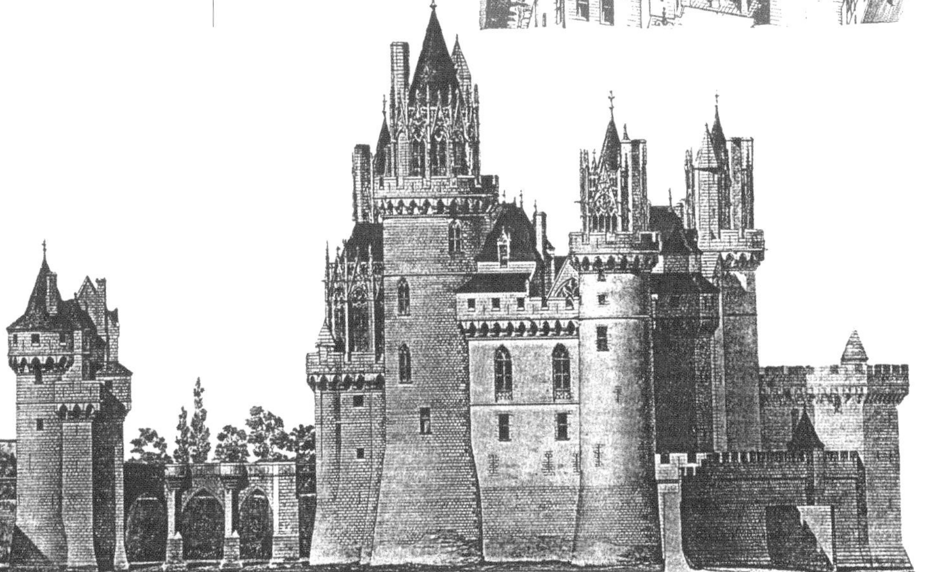

城堡：梅恩堡
（14 世紀晚期）

這座城堡位於布爾日附近，是根據《貝利公爵的極盛歲月》中的一幅插圖重建的，展現了法國晚期城堡的風貌，即由多個圓塔組合在一起，不具備獨立堡壘。裝飾主要集中在防禦牆體的上方，如尖尖的圓錐形屋頂和帶有多扇窗的瞭望台。

哥德式

英國：早期哥德式外部

19世紀初期，建築師里克曼把英國哥德式時期劃分為三個不同階段：即英國早期、盛飾時期和垂直式時期。哥德式風格是由一名來自松斯的法國石匠威廉帶入英國的，此人在1174年參與了坎特伯里大教堂東端的重建工作，時間大概在法國哥德式出現後三十年。哥德式建築很快就在英國變成主流，但英國早期哥德式建築（1170-1280）在平面和細節上都迥異於同時期的法國建築。其垂直線運用得更多，造成建築體上的嚴重分割，結果是缺乏空間上的統一性。

奧德勒教堂尖頂拱窄窗

這是北安普敦郡奧德勒教堂的窗戶，由五個頂端不帶任何尖角的尖頂拱窄窗（英國早期哥德式的典型窗戶）組合而成。窄窗之間的磚石條壓縮得極為窄細，在哥德盛飾時期以前，其效果有如窗花格上的中櫺。窗戶上方有一道凸起的帶狀石條（或稱拱簷線腳），用以導流積水。

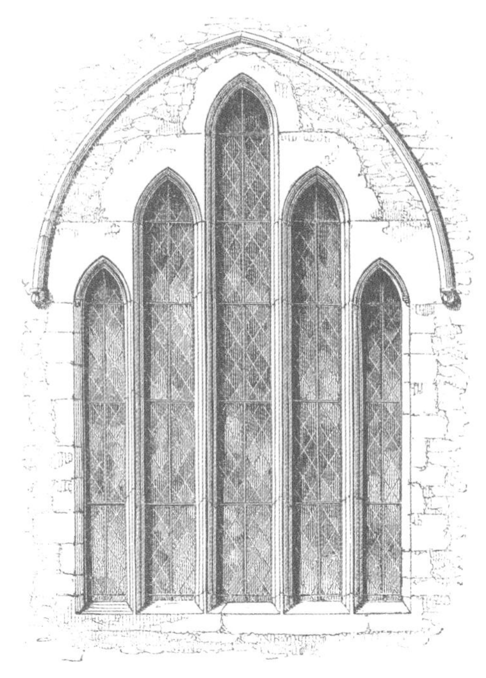

貝弗利大教堂外部組成元素（13世紀早期）

窗戶細窄而高聳（即尖頂拱窄窗）；門道由集柱分隔，上方空間飾有四葉飾；陡峭的扶壁以及圓窗，這些都是英國早期哥德式建築立面常用的組成元素，在此一併出現。

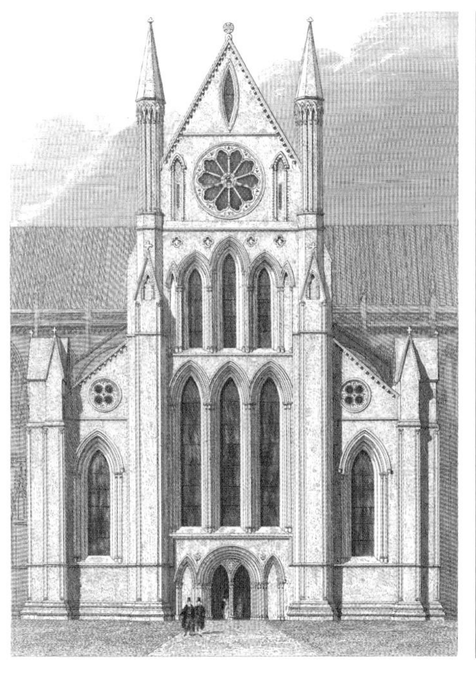

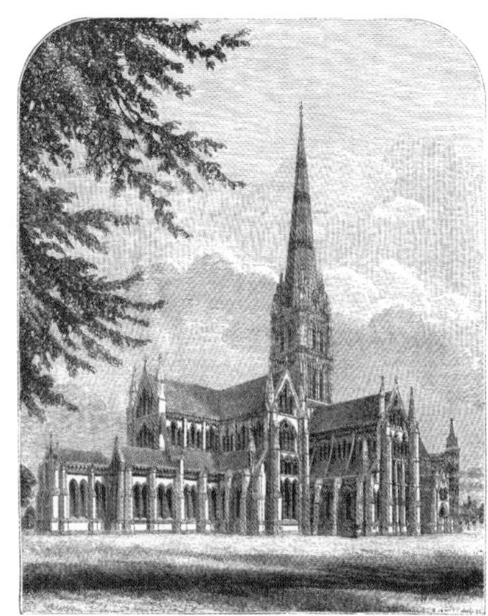

沙茲伯里大教堂雙耳堂（始建於1220）

除了建於14世紀的塔樓之外，威爾特郡的沙茲伯里大教堂完全屬於英國早期哥德式風格。不同於歐洲其他地方的哥德式教堂，在英國，耳堂基本是從建築體上明顯突伸出來，有時還有雙耳堂（如圖所示）。

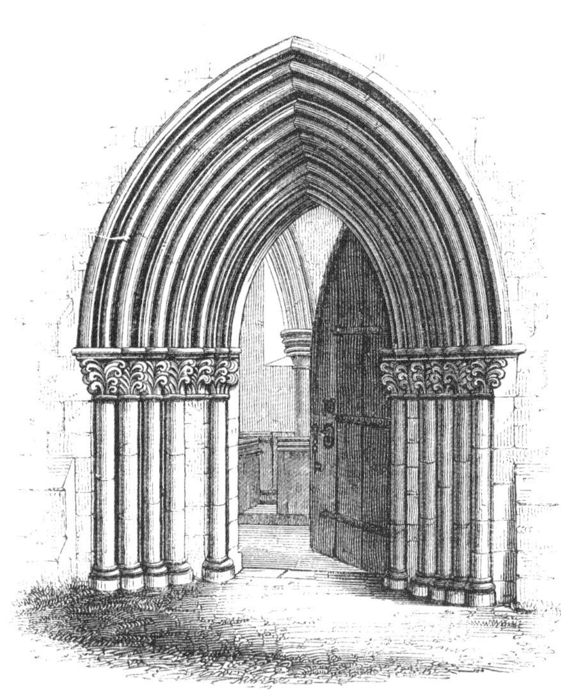

米爾頓大教堂門道

大多數英國早期哥德式門道都是尖拱式，就像這個位於牛津郡的門道一樣。它們往往還極具縱深感，可供好些柱身排列成行，形成集柱。上方的拱形有圓柱線和深凹槽線交替形成的裝飾線腳。

倫敦西敏寺飛扶壁

與大多數英國早期哥德式扶壁一樣，倫敦西敏寺的這道飛扶壁也只有零星的裝飾。它從低矮的護牆上凌空躍起，尾端成金字塔形，構成一個簡單的小尖塔。

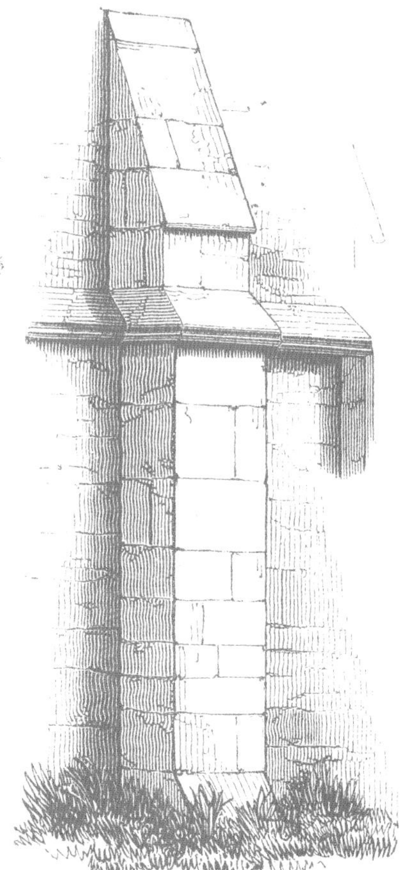

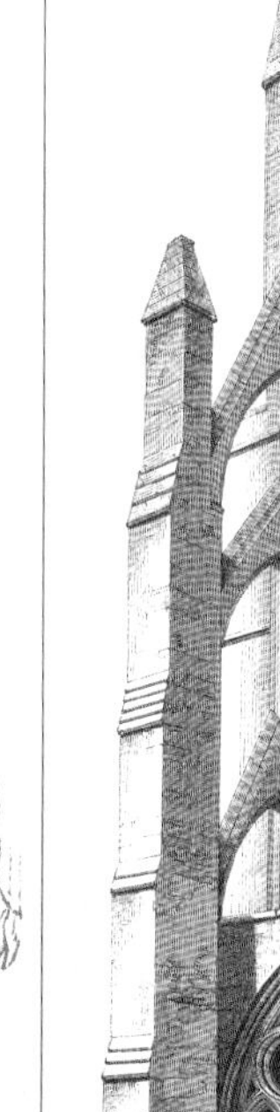

沃明頓的英國早期哥德式裝飾

這是北安普敦郡沃明頓的一個扶壁，裝飾手法相當節制，頂端削角，有一道簡單的凹形線腳，末端雕有葉形飾。

恩珊的貼牆扶壁

這個位處牛津郡恩珊的扶壁，直接倚牆而設，寬度與厚度相當，其末端峭陡形成斜傾。這是英國早期哥德式的典型風格。

哥德式

英國：早期哥德式內部

與同時期的法國建築不同的是，英國早期哥德式建築內部通常有更寬的側廊開間和更多的水平線條。因此這一時期的教堂和大教堂更具視覺上的流動感，也比法國教堂更富延伸性，往教堂的東端望去彷佛就像眺望天際。因為內部縱深極長，所以無論在平面上還是各部分的裝飾上，有以整體的角度進行處理。內部的裝飾很大膽，利用大量的柱身和深凹狀的線腳形成繁複的效果。柱身常常是用珀貝克石或其他上好的石頭製成的。這個階段晚期開始出現拱頂肋的裝飾並開始關注表面的紋理，凡此種種皆體現了盛飾時期哥德式的某些特徵。

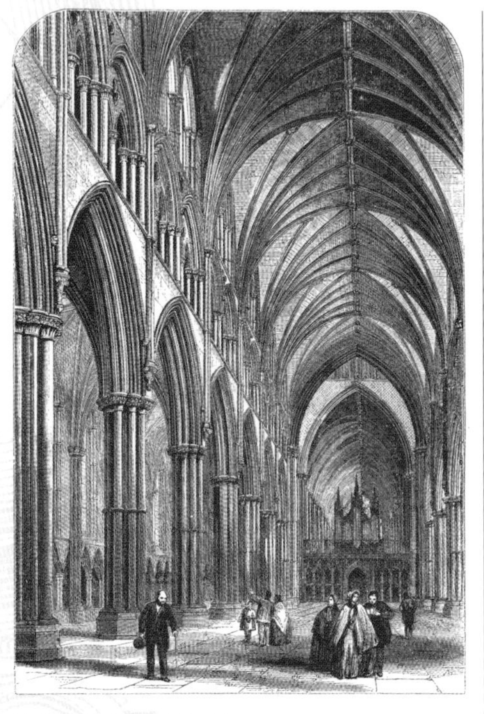

林肯大教堂的水平性

英國早期哥德式風格的代表作之一便是林肯大教堂（始建於1192）。如上圖所示，因為開間寬大，缺乏直通到頂的柱子，也沒有東西向的拱頂脊肋，所以它的中殿有一種水平性。

林肯大教堂開間

林肯大教堂中殿開間的各個部分都很寬大。底部是連拱式側廊，中間部分是側廊樓道，最上面是高側窗。

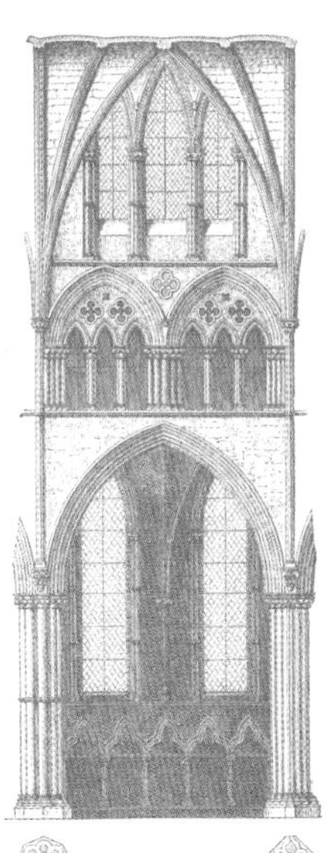

犬牙飾

英國早期哥德式所謂的「犬牙飾」，其實是四瓣花飾，中央凸起形成尖角。

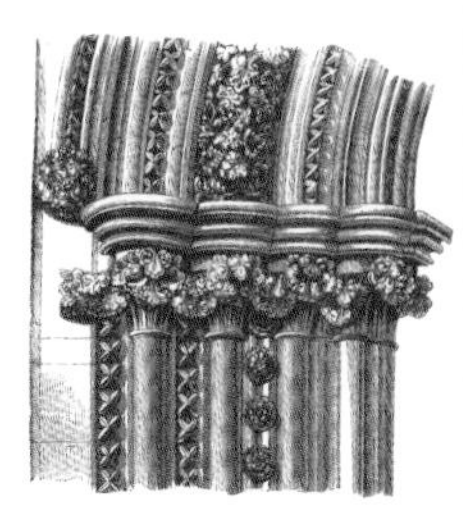

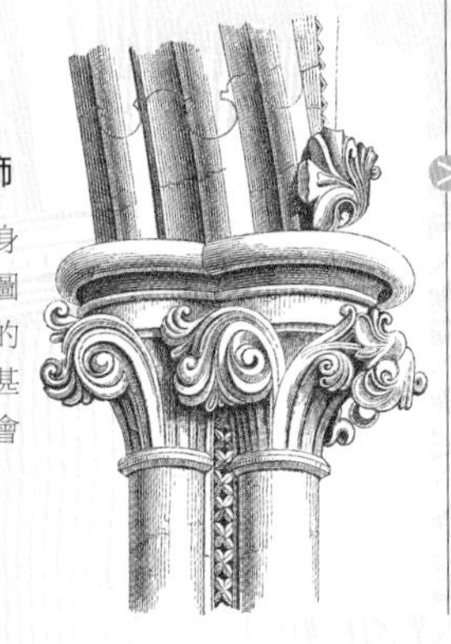

林肯大教堂柱頭裝飾

林肯大教堂北耳堂的柱身頂端有刻紋粗深的葉形圖案，只有鐘形座或柱頭的主體部分有裝飾，有時甚至連這些部位的裝飾也會省略，只保存線腳。

林肯大教堂支柱柱身

如右圖林肯大教堂的支柱所示，英國早期哥德式支柱通常是以珀貝克大理石建造，上面飾有細長的圓形柱身。這些裝飾與上方刻紋深凹的線腳形成一種平衡與協調感。

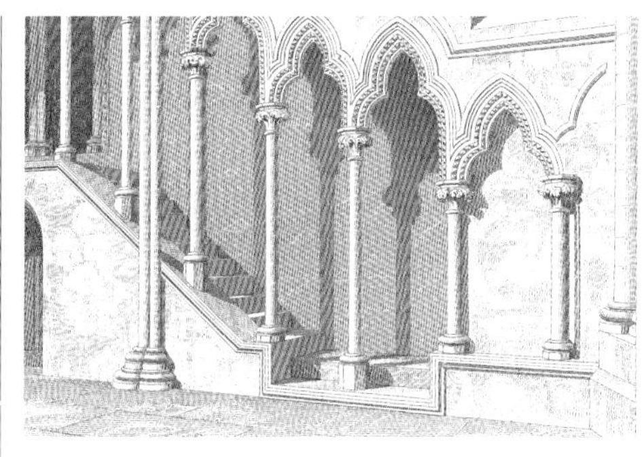

貝弗利大教堂無窗拱廊

這一時期的牆壁通常飾有無窗拱廊（以石頭填實），如左圖貝弗利大教堂所示，三葉式連拱廊沿著樓梯一路延伸。柱身採用珀貝克大理石，拱則以犬牙飾裝飾。

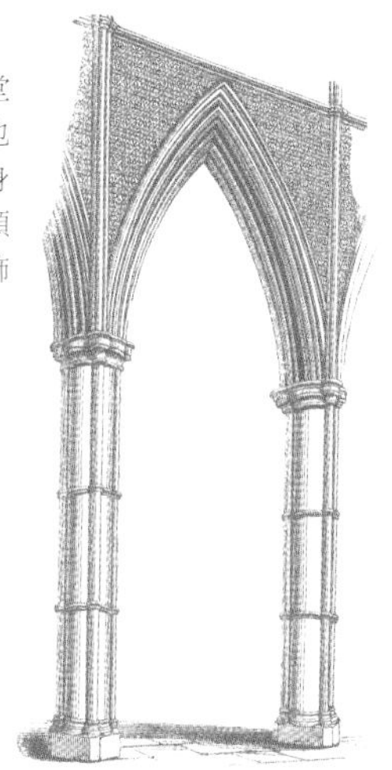

西敏寺中殿拱

受到法國影響，這座教堂的開間較為狹窄，中殿也因此顯得又高又窄。柱身是用珀貝克大理石，柱頭上沒有裝飾，牆面上則飾有菱形花飾（見下圖）。

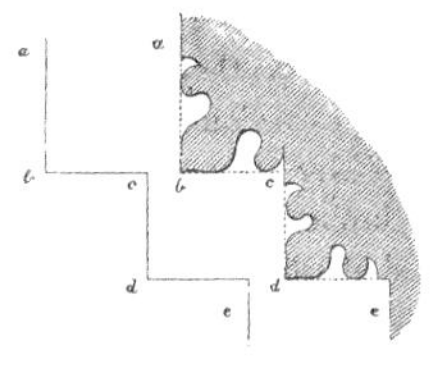

英國早期哥德式線腳

這種線腳通常刻紋很深，由一排排凹凸相間的圓線構成。圖例取自薩里郡的舍爾，其中大一些的圓線腳因形似船的龍骨形狀而稱為龍骨線腳；小一些的則呈彎曲狀或S形。都是由長方形剖面鑿刻而成。

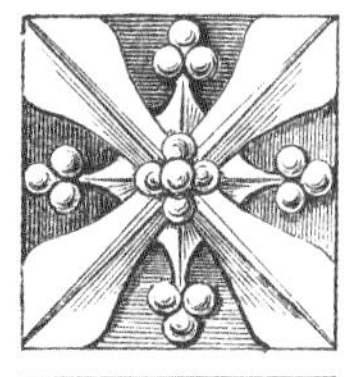

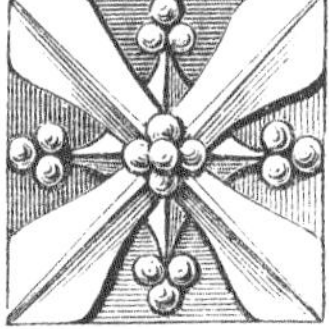

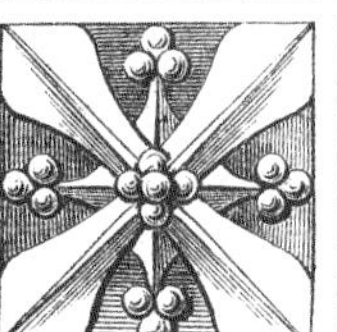

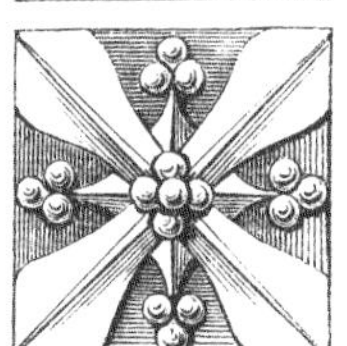

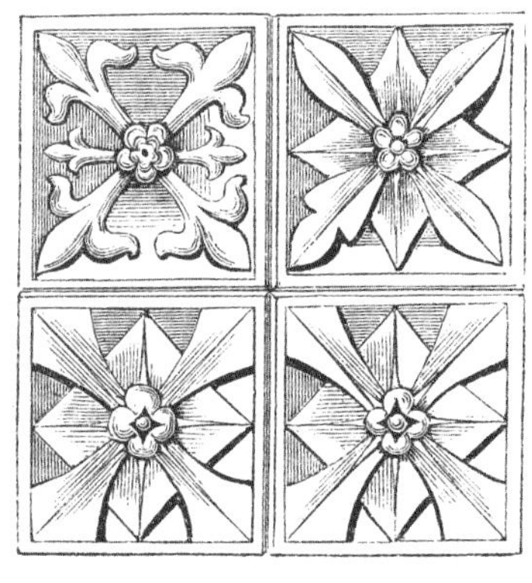

菱形花飾

這一時期以及隨後的所謂菱形花飾，是以一系列的方形格子花雕刻緊密排列而成，形成一種循環圖案。

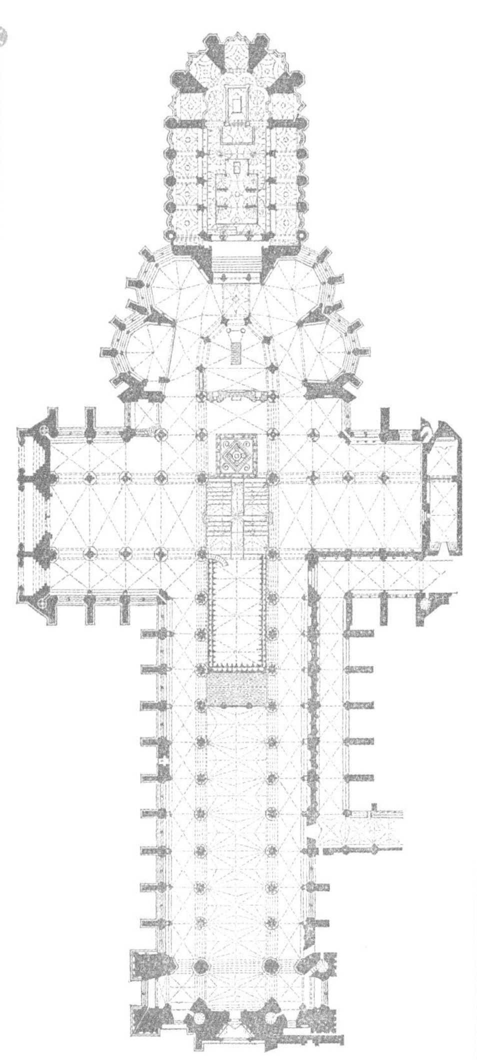

西敏寺平面圖

西敏寺受到法國哥德式風格的影響，其高度與法國教堂相當，東端還帶有英國少見的輻射狀禮拜堂。但它同時也具有典型的英國特徵，比如突伸出來的耳堂，以及利用拱頂脊肋來強調東西向。教堂最東端的突出部分原來是聖母禮拜堂，後來改為亨利七世禮拜堂（建於1503-1512）。與教堂相連的是迴廊庭院，平面圖以外的部分則是教士會堂和住宅。

哥德式

英國：盛飾時期哥德式外部

大約1290至1350年之間，盛飾時期哥德式在英國建築中占據統治地位。如同其名，盛飾風格以其豐富的裝飾和裝飾性結構形制著稱。然而，個別建築使用的裝飾量多寡不一；某些建築修建得很高，並大面積使用玻璃；有些則更接近於早期哥德式建築，比例上顯得寬矮且拘謹，所以，盛飾時期哥德式的建築之間也存在巨大的差異。此時窗花格也發展出更多的形制，有複雜的幾何形、網狀形以及流線圖案；窗戶也切割出更多的組成元素。

布魯斯罕盛飾風格塔樓

位於牛津郡的布魯斯罕教堂的塔樓是典型的哥德盛飾風格，具有這一風格的諸多特徵，比如說異常尖峭的尖塔、牆角或角扶壁呈對角線排布，以及大量採用繁複的雕刻裝飾。

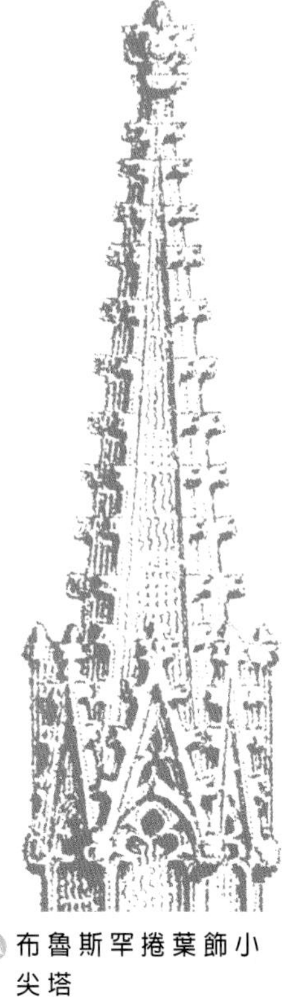

布魯斯罕捲葉飾小尖塔

上圖所示的扶壁是這一時期常見的形制，它們比大多數英國早期哥德式扶壁都要高，末端的尖塔式塔尖飾以突起的雕刻物，稱作捲葉飾。

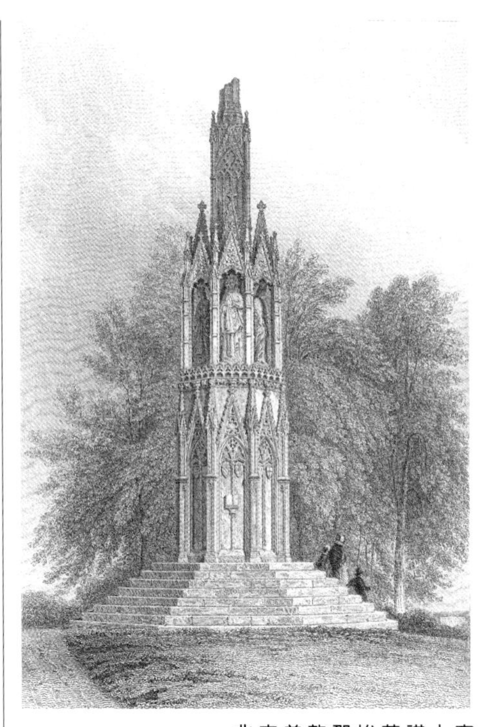

北安普敦郡埃莉諾十字

盛飾時期哥德式最早的成熟之作是一系列十字建築，比如北安普敦郡的這一座，它建於1290年代，是為了紀念愛德華一世的皇后埃莉諾的殯葬隊伍路經此地。

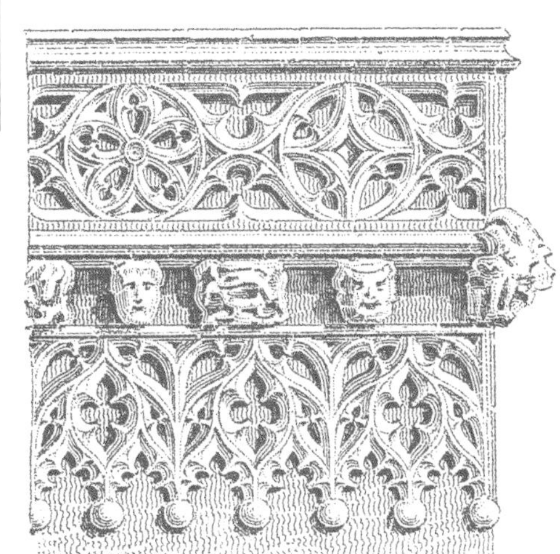

布魯斯罕梁托簷板

梁托簷板是指支撐上方磚石砌層的一排排出挑的石塊體或者支托。右圖中的梁托簷板嵌於華美精緻的立體雕刻之中，強調從塔身到塔尖的轉變。

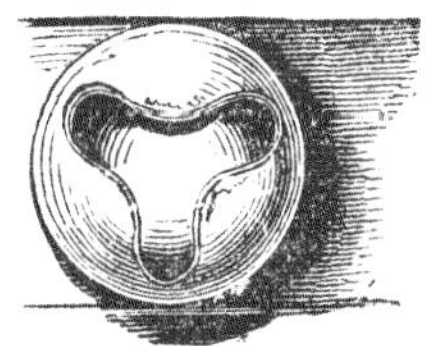

班普敦球形花飾

球形花飾（見上圖）是盛飾時期哥德式的典型特徵，通常以一長串的形式出現，例如班普敦教堂西門上見到的樣子（見右圖）。一般而言，門道的裝飾處理相對簡樸，不像早期哥德式時期的門道那麼深長。

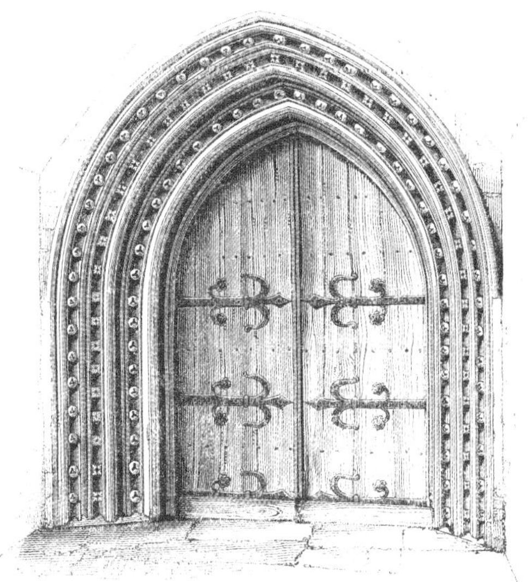

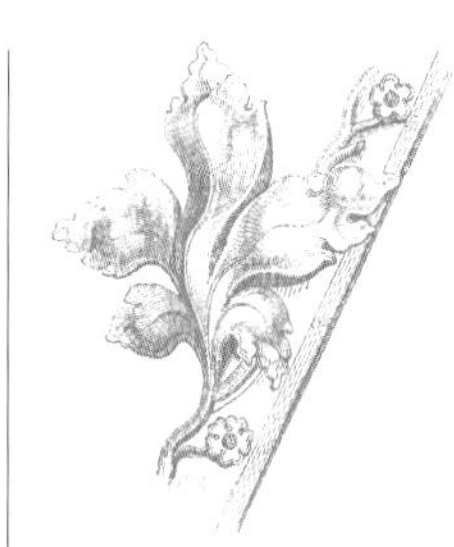

林肯大教堂尖角

這些尖角突起是盛飾時期哥德式常見的圖案。經常以不同形狀出現在窗花格和其他一些裝飾中，圖示為林肯大教堂屏風上的尖角。

捲葉飾

突起的雕刻葉飾或者花飾，通常是用裝飾在小尖塔、尖塔或其他帶有斜度的部位。這類裝飾較少用於垂直線腳。

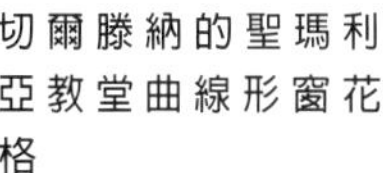

切爾滕納的聖瑪利亞教堂曲線形窗花格

流線形（又稱曲線形）窗花格以其為數眾多的多重尖角曲線得名，比如下圖這扇漂亮的玫瑰窗。

伊斯林堡流線形窗花格

在盛飾時期哥德式窗花格晚期，窗上的石楞上層不再那麼顯眼，常常呈現為網格狀。窗花格也可能包括一些流線形圖案，像是帶有彎曲尖拱的劍形窗花格，如這扇來自北安普敦郡的花格窗。

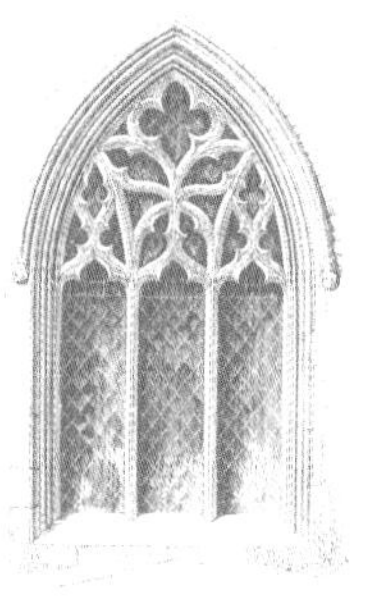

朗茲的幾何形石楞窗花格

到13世紀晚期，中欞逐漸變成了細長的石楞，並向上延伸，或在上部形成網狀，或圍成幾何圖案形，比如北安普敦郡的這扇窗。

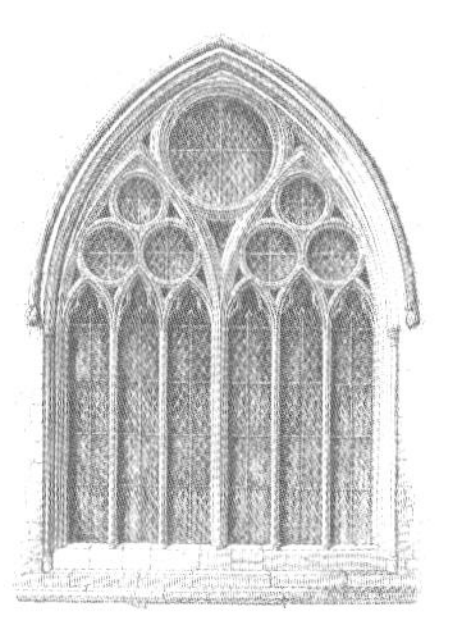

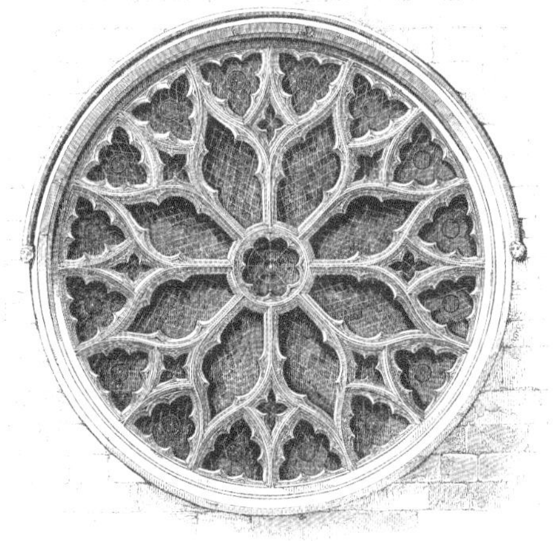

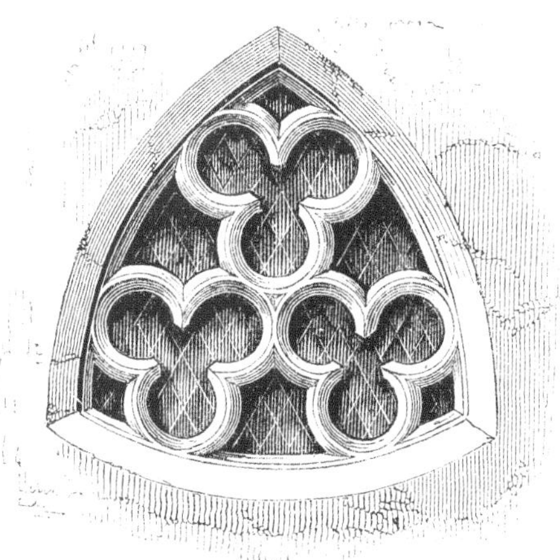

多佛的葉形飾

當尖角設計成近似於圓形時，稱為葉形飾。這扇三角窗取自肯特郡的多佛市，其中三個相連的近似圓組成了三葉飾。和以往不同的是，到了14世紀，石環內部不再飾以尖角。

哥德式

英國：盛飾時期哥德式內部

盛飾時期哥德式最顯著的特徵之一是S形蔥形拱。雖然在室外和室內都可以見到，但使用最多的還是在室內。有些蔥形拱與牆面成一直線，而在一些裝飾豪華的案例中（包括伊利大教堂的聖母禮拜堂），則是以立體的頂蓋（類似屋頂的遮蓋物）狀出現。拱頂的發展不再局限於結構功用，並採用了助肋或枝肋做裝飾，肋的形制也日趨複雜。柱頭的葉形狀出現雕刻愈加繁複，沒有先前那麼格式化，其裝飾也更為豐富。

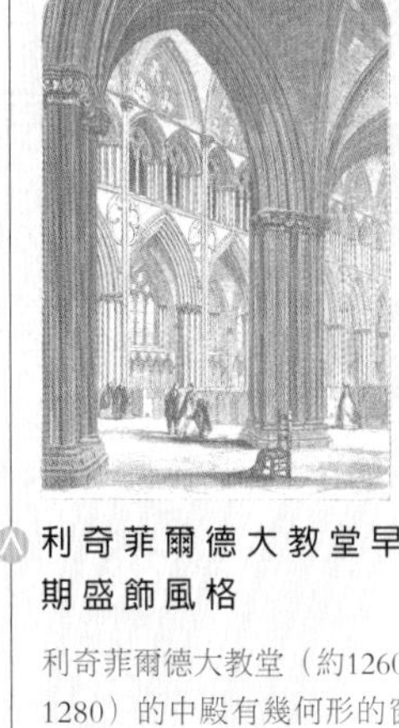

利奇菲爾德大教堂早期盛飾風格

利奇菲爾德大教堂（約1260-1280）的中殿有幾何形的窗花格和菱形柱身的支柱。硬葉飾雕刻和自由運用的犬牙飾線腳風格保守。

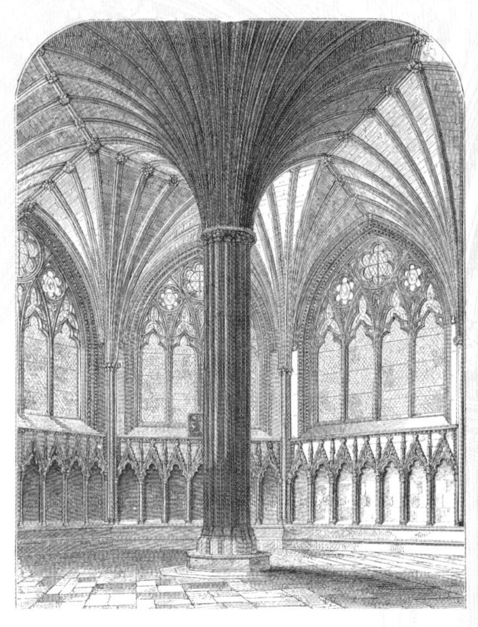

韋爾斯大教堂教士會堂

特別富麗堂皇的多邊形教士會堂（副主教和教團會員集會的地方）是英國獨有的特色。韋爾斯大教堂的教士會堂（14世紀早期），其拱頂是由中央支柱分枝出來的三十六根拱肋支撐形成。

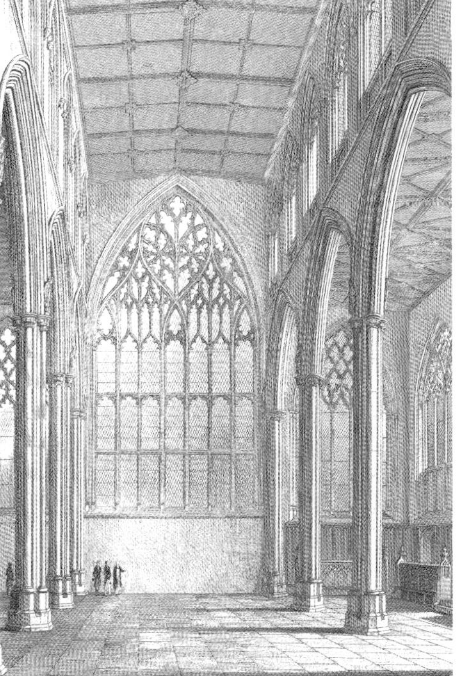

赫爾港聖三一教堂的平扁東端

英國教堂和大教堂的東端與其他歐洲國家不同，通常是平扁的，上面開有巨大的東窗。左圖清楚展現出曲線形窗花格的彎曲石楞和多重尖角。

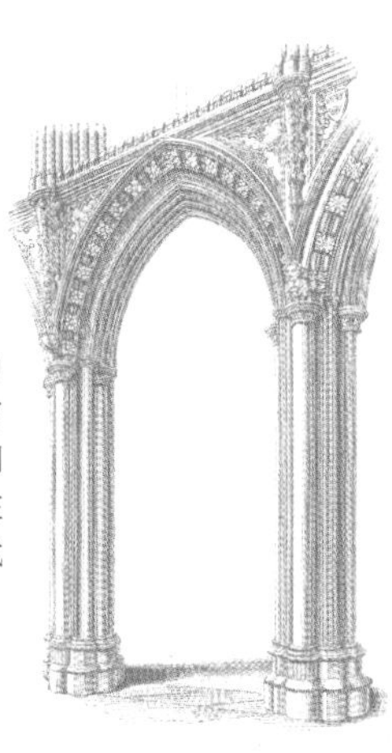

伊利大教堂四瓣花飾

伊利大教堂（14世紀早期）的拱及其上方都帶有豐富的裝飾，包括一直蔓延到外線腳的四瓣花飾。這在盛飾時期哥德式和垂直式時期都十分流行。

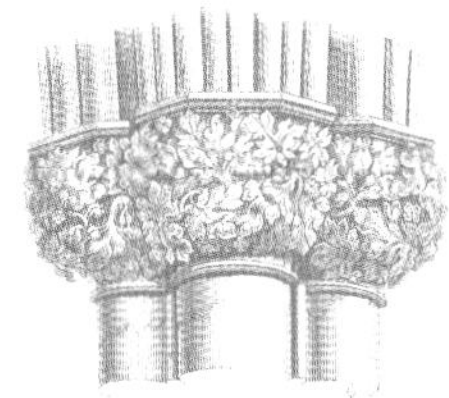

約克大教堂葉飾

這一時期的葉飾通常是模仿真實的植物雕刻而成，如上圖所示。但與此同時，早期哥德式那種程式化的硬葉飾也仍在使用。

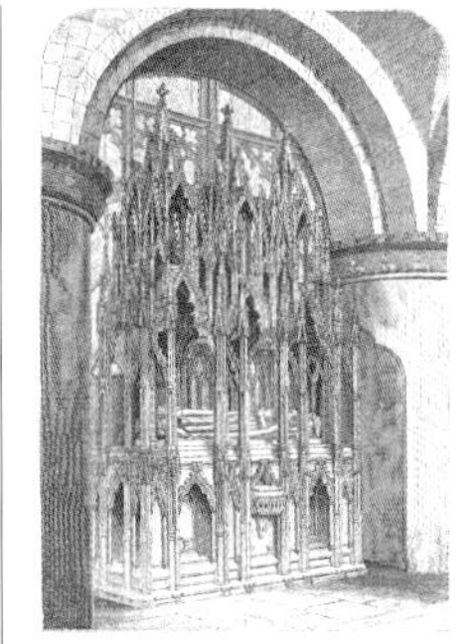

格洛斯特大教堂墓飾

盛飾時期哥德式的祭壇或桌式墓上通常都刻有斜躺的人像，例如愛德華二世的這座陵墓。這座陵墓和中世紀的所有重要陵墓一樣，也依循當時流行的風格，不厭其煩地採用蔥形拱、尖角、壁龕和小尖塔等諸多元素做為裝飾。

格拉夫頓祭司席

聖壇牆內設有三個一組的坐席，稱為祭司席——祭司、祭司長和副祭司長的坐席。祭司席通常成組出現，壁龕內有石砌聖器洗盤，用來清洗聖餐和彌撒用的器皿。

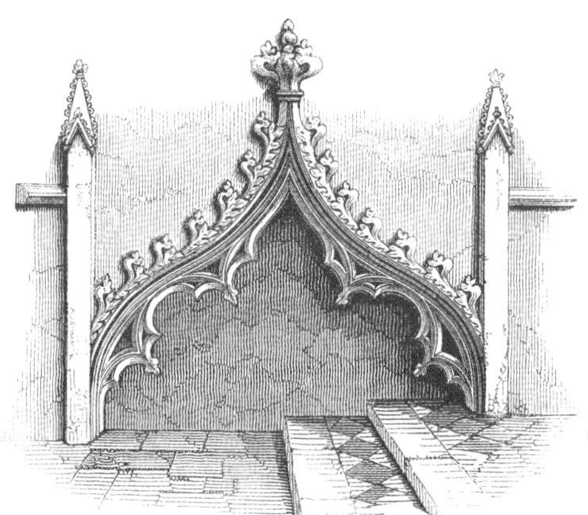

斯坦登聖約翰教堂復活節葬墓

這個位於牛津教堂裡的壁龕，是由線條粗獷的蔥形拱加上精緻的尖角飾和捲葉飾構成，做為復活節時基督的葬墓。

西敏寺聖史蒂芬禮拜堂平面

這座小禮拜堂（1298-1348）是為了與巴黎的聖沙佩勒禮拜堂相比美而興建的，這個無側廊的玻璃方盒子具有強烈的直線性，成為某些垂直式哥德風格重要建築的先驅。

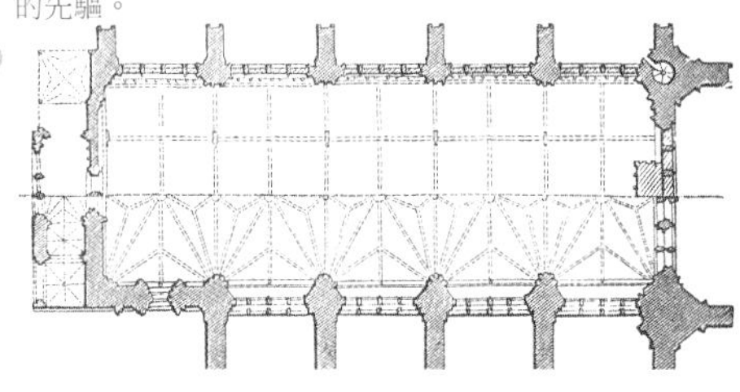

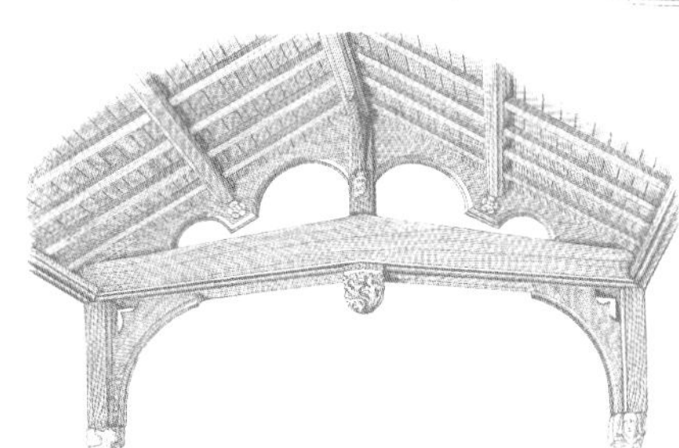

珀爾布魯克木屋構架頂

教堂在沒有使用拱頂的地方，會採用笨重的木構架頂棚，例如北安普敦郡的這一例。這座頂棚相對而言比較樸素，同時期的其他木構架屋頂常會使用鏤空窗花格。

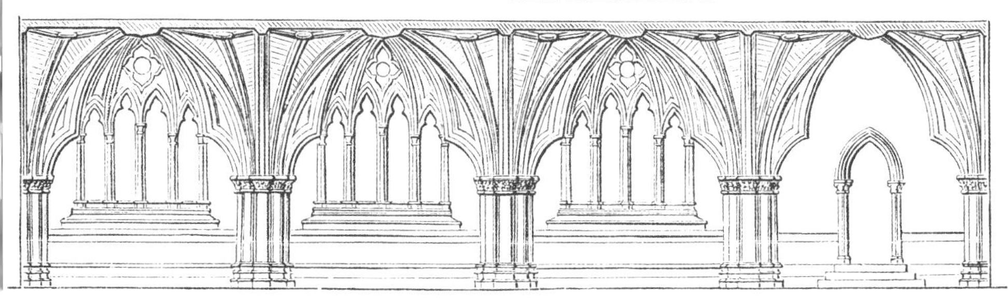

聖史蒂芬禮拜堂枝肋拱頂

保存至今的聖史蒂芬禮拜堂地窖，帶有早期的枝肋拱頂，這種拱頂是在盛飾時期發展成形，其交叉肋組合在一起，不是從拱頂的最低處伸展開來。

哥德式

英國：垂直式哥德風格外部

垂直式哥德風格（大約1340-1540）的典型特徵是強調水平和垂直直線。窗戶和牆面常常以窗花格分隔成一條條的長方形鑲板，窗肋垂直伸向拱頂，沒有任何彎曲。當哥德式風格在其他地方逐漸陳腐或正為文藝復興風格取代之時，垂直式哥德風格卻在英國得到強有力的發展，這在歐洲其他國家是絕無僅有的。

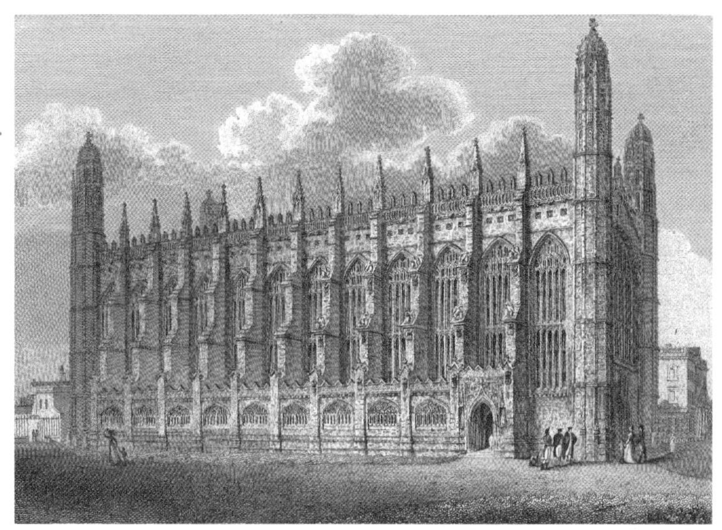

劍橋國王學院禮拜堂（1446-1515）

垂直式哥德風格時期最重要的建築之一是劍橋的國王學院禮拜堂。它於1446年開始動工，但因薔薇戰爭的關係，直至1515年才全面竣工。與西敏寺的聖史蒂芬禮拜堂一樣，它採用了巴黎聖沙佩勒禮拜堂的建築風格，大量使用玻璃窗和剛硬的垂直線條。

垂直式哥德風格的尖頂飾

尖頂飾位於建築物的尖狀或銳角狀構件的頂部，與捲葉飾同時發展。

拱肩

拱頂部或其左右翼的三角形空間稱作拱肩。拱肩上常常雕有豐富的圖案，尤其是在垂直式哥德風格時期。

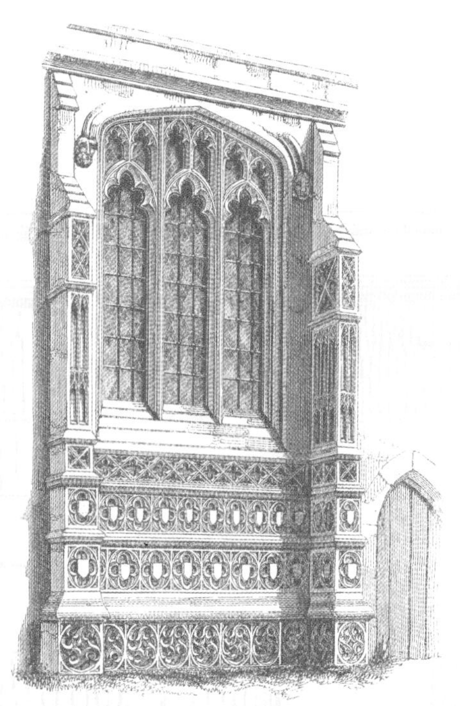

耶弗托夫特教堂四心拱

除了牆面上的長方形鑲板和窗上的垂直式窗花格石楞（中欞）以外，北安普敦郡的耶弗托夫特教堂的聖壇北窗還展示了另一種垂直式哥德風格的重要特徵——四心拱。這一稱謂源於這個圖形需要四個不同的圓心，才能畫得出來。

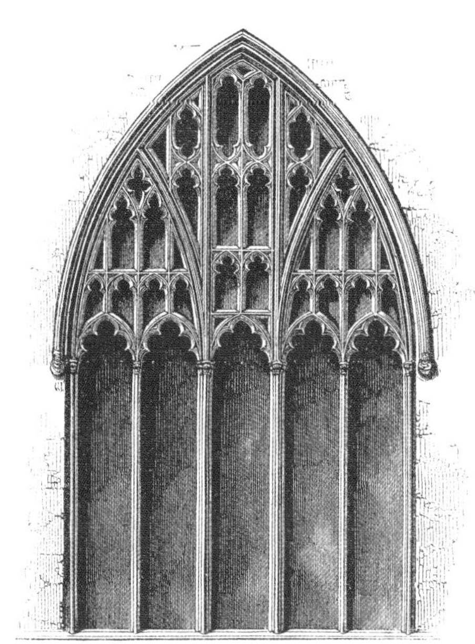

鏤空女兒牆

垂直式哥德時期的低矮屋頂，通常帶有鏤空的女兒牆，以遮住緩坡屋頂的屋簷線，例如左圖中的克羅姆教堂。這種女兒牆也經常運用在塔樓上。

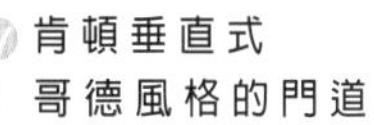

肯頓垂直式
哥德風格的門道

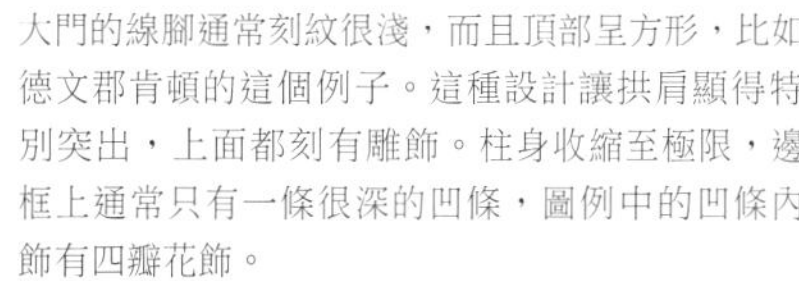

大門的線腳通常刻紋很淺，而且頂部呈方形，比如德文郡肯頓的這個例子。這種設計讓拱肩顯得特別突出，上面都刻有雕飾。柱身收縮至極限，邊框上通常只有一條很深的凹條，圖例中的凹條內飾有四瓣花飾。

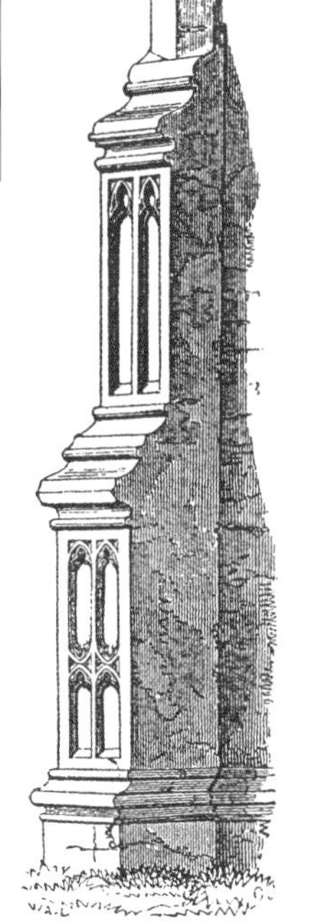

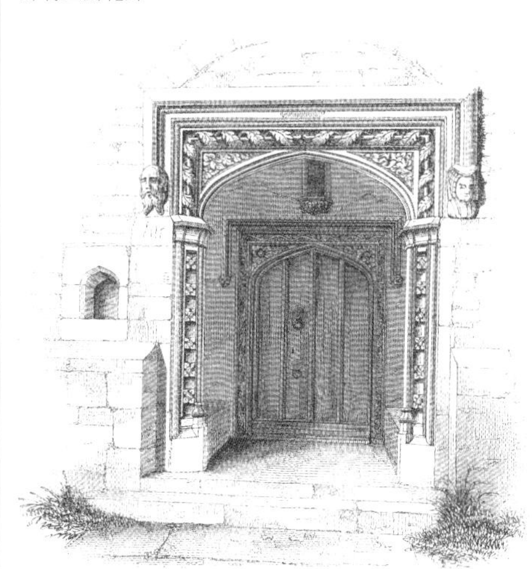

約克大教堂
垂直式窗花格

約克大教堂唱詩班席（1380-1440）高側窗的窗花格有垂直的中櫺和水平的窗楣。中間的五個窗洞帶有長方形的尖角頂，而在晚期的一些建築（比如西敏寺的亨利七世禮拜堂和劍橋國王學院禮拜堂）中，這種裝飾運用得更為連貫，從而強調了水平感與垂直感。

垂直式
哥德風格的扶壁

在垂直式哥德時期，扶壁的基本樣式沒有太多改變，但自15世紀開始，扶壁也和其他平滑牆面的處理方法一樣，通常飾有鑲板。

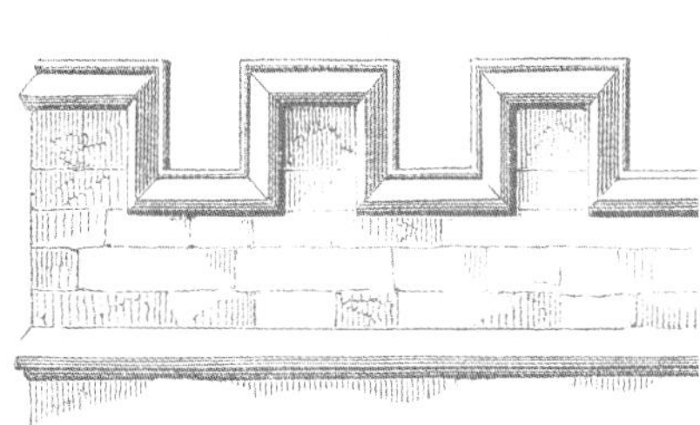

雉堞

雉堞是牆頂上帶有凹口的護牆，有不同的裝飾風格——左圖的兩例即帶有不同的牆簷。雉堞上抬高的部分叫做牆齒，凹陷的部分叫做牆洞。利用雉堞作為窗楣和窗戶底部的裝飾，是英國垂直式哥德風格的獨創之處。

哥德式

英國：垂直式哥德風格內部

最早完整體現垂直式哥德風格內部特色的建築，是格洛斯特大教堂的聖壇。聖壇建於1337年，窗戶和牆面上飾滿窗花格長形門窗，粗壯筆直的主柱不受攔阻，直抵結構複雜的拱頂。以上種種便是垂直式哥德建築內部的主要特徵。這些特徵在15世紀和16世紀早期的皇家建築中得到最完美地展現，當然也反映在許多教區教堂中。垂直式哥德風格自始至終一直有所創新，尤其是在屋頂結構的處理上。

劍橋國王學院禮拜堂扇形拱頂

扇形拱頂是從14世紀複雜的扇形肋拱頂發展而來。拱頂呈圓錐形，並帶有尖角式鑲板。交叉處通常有浮凸雕飾，扇形之間以強壯的十字肋分隔。

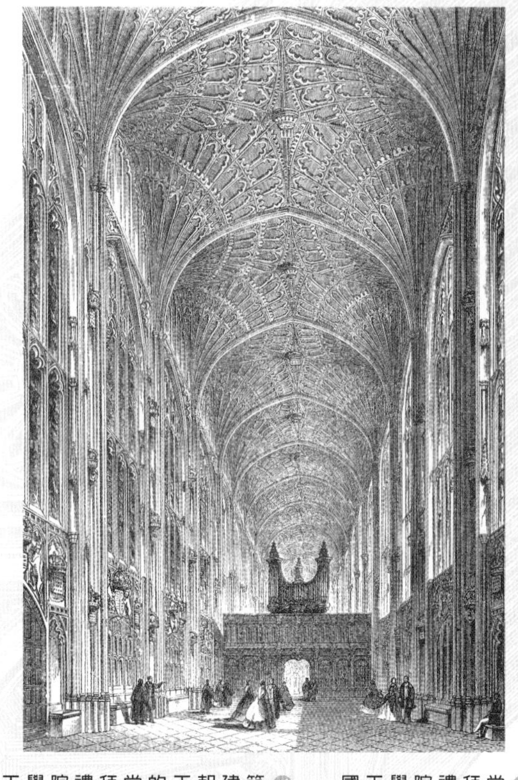

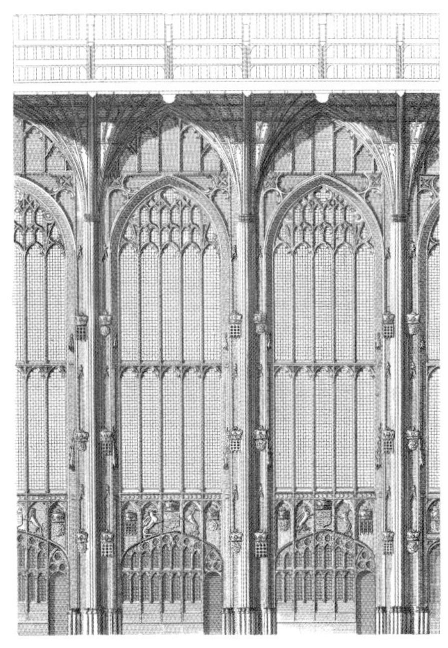

國王學院禮拜堂的王朝建築

參與薔薇戰爭（1455-1485）的敵對王朝各自建立了眾多巨大的垂直式哥德風格紀念物，在某種程度上來說，這是戰爭年代過後權力與統一的象徵。國王學院禮拜堂由戰爭的最後勝利者都鐸王室所建。教堂的西端刻有繁複的王朝紋章以紀念都鐸王室的豐功偉績，與其餘部分的簡單線條和扁平裝飾形成了鮮明對照。柱身上飾以都鐸玫瑰和城堡閘門圖案，巨大的窗戶下方為國王的紋徽。

國王學院禮拜堂垂直式風格平面

垂直式哥德建築的平面設計很簡單，空間上注重統一。國王學院禮拜堂沒有耳堂和側廊，中殿、唱詩班席和聖壇之間也沒什麼建築上的差異。

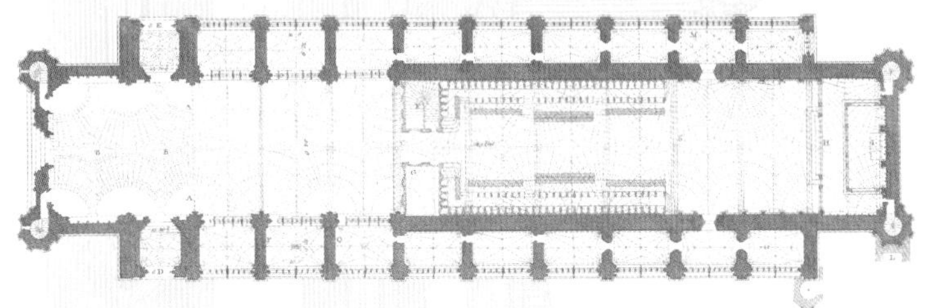

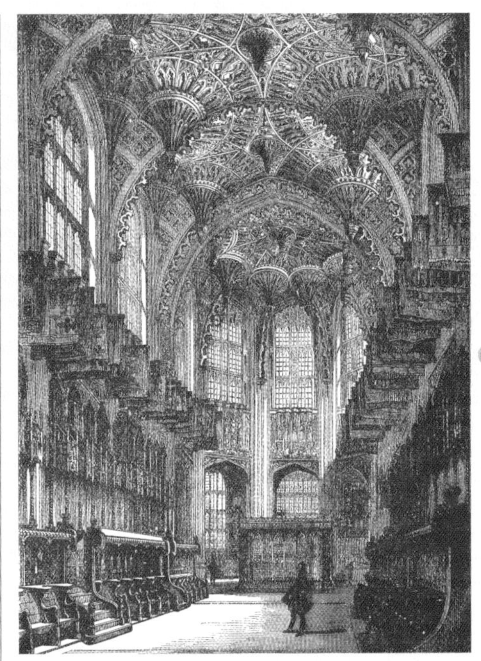

亨利七世禮拜堂懸垂式扇形拱頂

西敏寺的亨利七世禮拜堂（1503-1519）代表了英國哥德式最後鼎盛時期的風格，它採用了晚期發展出來的建築元素：懸垂式帆拱。當時的扇形拱頂已演變成圓錐形，如同精緻的懸飾垂懸而下。

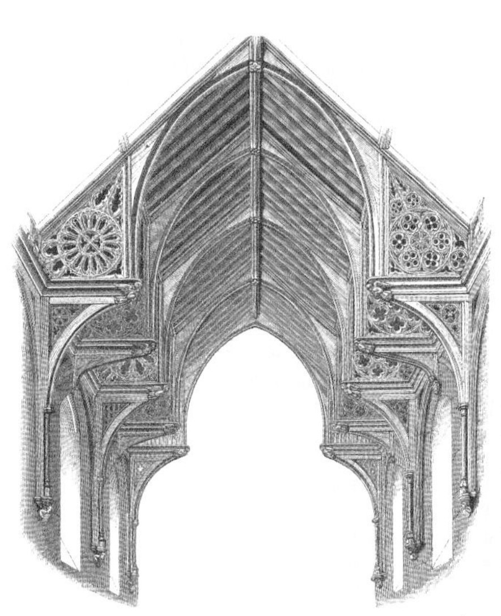

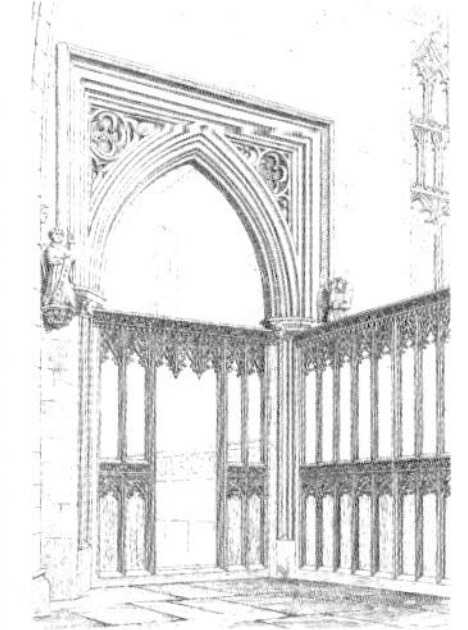

盧斯登教堂的方形滴水罩飾

用來導引水流的拱簷線腳或稱滴水罩飾通常屬於外部裝飾，但在垂直式哥德時期也用於室內，用以強調建築物的方形感，比如北安普敦郡的這座教堂。

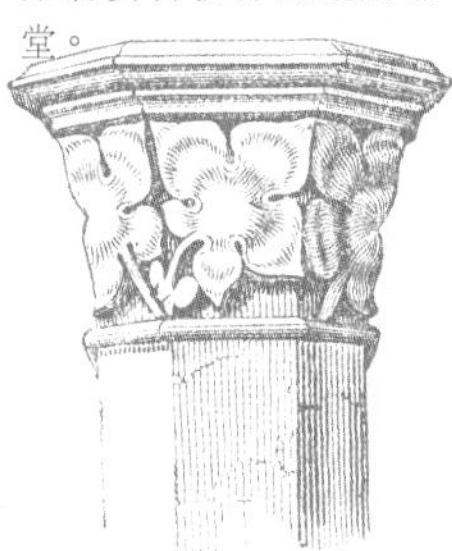

牛津郡基督教堂柱頭裝飾

垂直式哥德時期的柱頭通常比較簡單，如果有葉飾雕刻的話，也是格式化的主題，如同上圖所示的牛津郡基督教堂柱頭。

懸臂梁屋頂

水平的懸臂梁支撐拱形屋頂結構，它們本身則由拱形桁架承重。屋架空間雕滿窗花格，懸臂梁的末端刻有天使像，比如位於諾福克郡特魯希的這一例。

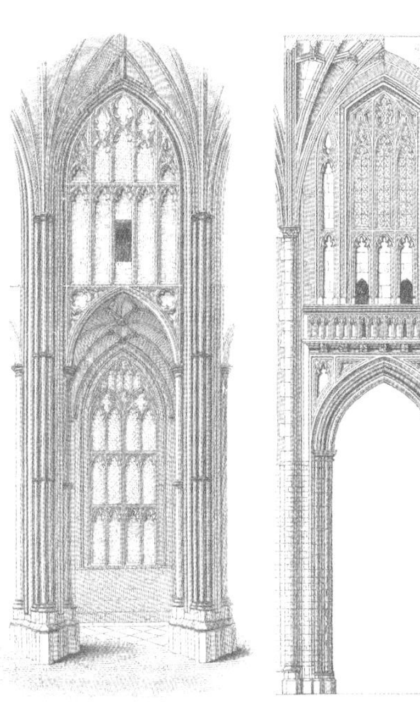

垂直式大教堂，溫徹斯特和坎特伯里

垂直式哥德風格對大教堂的影響並沒有像同時期的王室建築那麼明顯，比如溫徹斯特大教堂（左上）和坎特伯里大教堂（右上）。雖然它們使用的是相同的建築語言，但由於受到既有建築結構的限制，也為了滿足複雜的禮拜儀式的需求，所以顯得含蓄而保守。

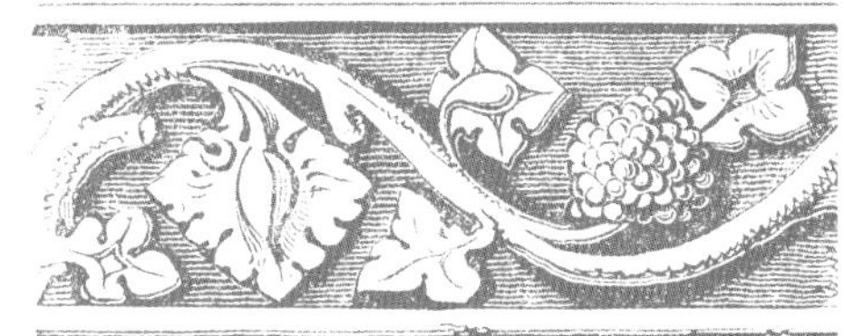

葡萄飾

和哥德盛飾時期風格一樣，垂直式哥德建築的凹槽線腳內通常刻有蔓伸的植物莖葉，形成連續的橫飾帶或葡萄飾。垂直式哥德建築的雕刻通常呈格式化，呆板而無生氣，更接近哥德式早期風格而非盛飾時期風格。

哥德式

英國：早期哥德式住宅和世俗建築

英國住宅和世俗建築採用哥德式風格的時期幾乎和宗教建築同步，但由於生活需求和行政需求不斷改變，建築也隨著時間不斷翻修，因此只有少數哥德式風格的住宅和世俗建築得以保存至今。在早期的大多數案例中，功能主導形式，宗教建築中的一些哥德式元素作了調整，以滿足世俗需求。出於防禦功能的考慮，大面積的門窗不符所需；底樓也不適合採用玻璃裝飾。防禦和家居的特殊需求產生了一些附加的建築語言，例如壁爐、煙囪、廚房和起居區。

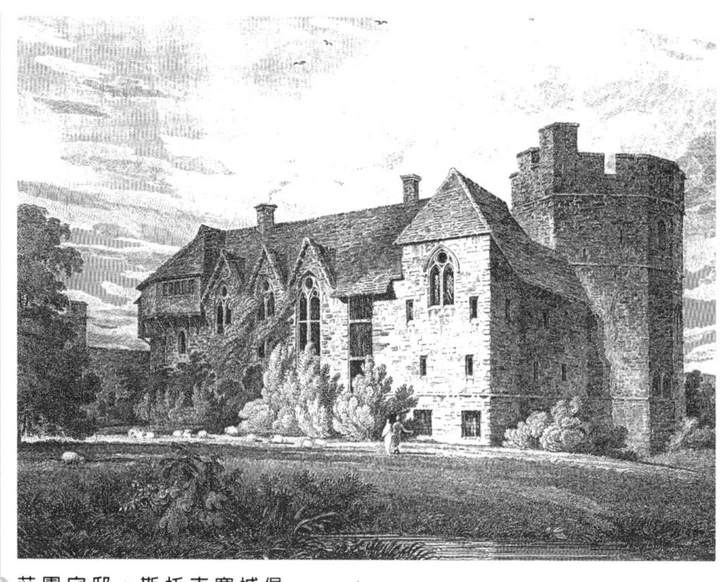

莊園宅邸：斯托克塞城堡（始建於1285）

中世紀英國莊園宅邸的基本樣式幾無二致，而且這種樣式在歐洲其他地方難以見到：一個中央大廳（如上圖，帶有高窗的房間），兩側分別是主人房和傭人房。徐羅普郡的斯托克塞城堡裡還有一座防禦性塔樓，庭院一側還有一條壕溝和一座幕牆。

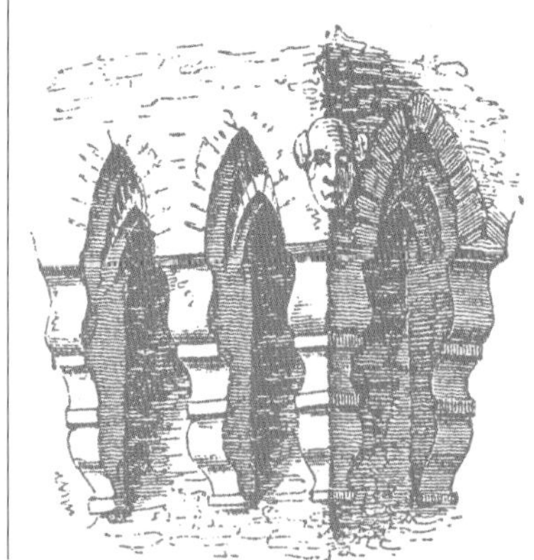

堞眼

防禦性建築的護牆通常突懸於牆面外，形成蜂窩狀空間，並可由這個開口向下面的進攻者丟擲彈石。這種結構稱為堞眼。

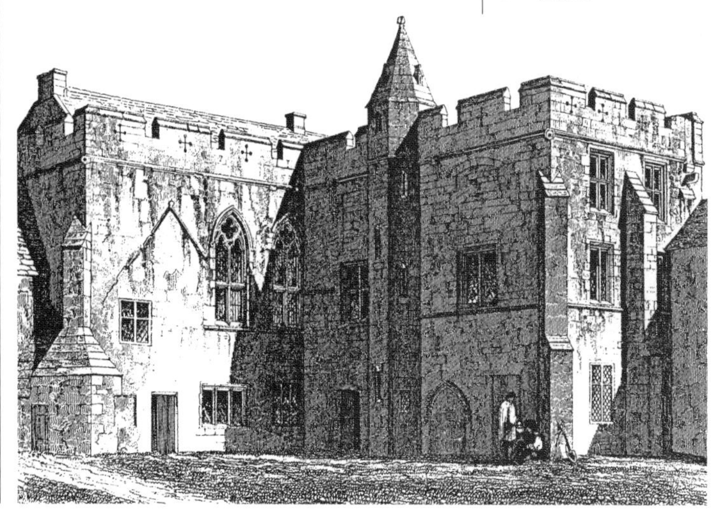

防禦性宅邸：馬肯菲爾德大宅（14世紀早期）

約克郡的馬肯菲爾德大宅的大廳位於二樓，窗戶遠離地面。除了兩扇幾何形的大拱窗外，其他窗戶都很小。

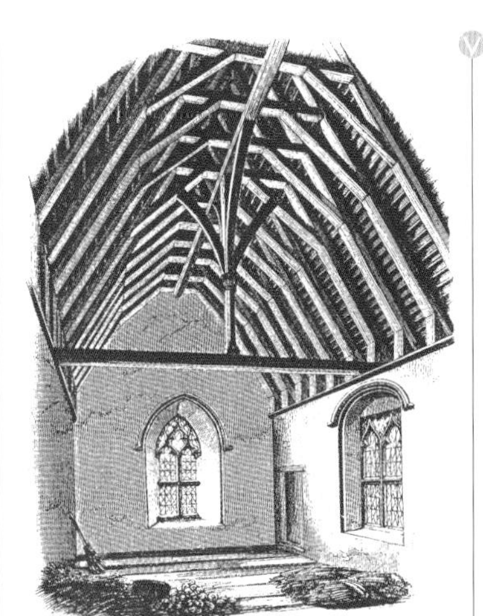

沙頓柯特內莊園起居室（約1330）

位於二樓大廳的主側端點，是領主及其家人退席休憩的地方。通常有裝飾得很漂亮的窗戶和壁爐。

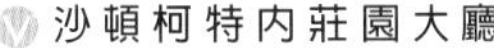

沙頓柯特內莊園大廳

大廳既是入口處，也是聚會和用餐區。大廳較遠的一端通常設有隔板，底下則是廚房。

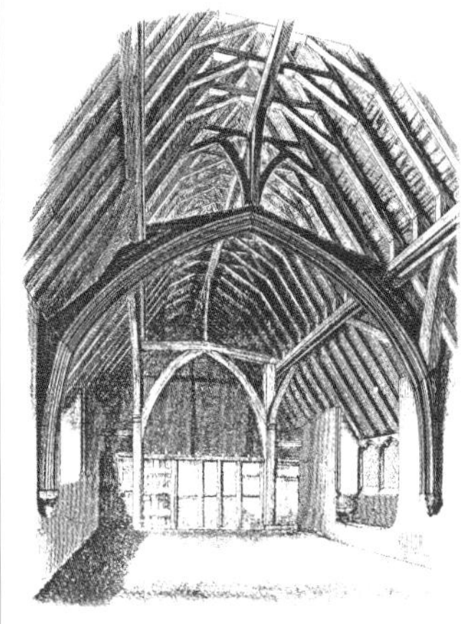

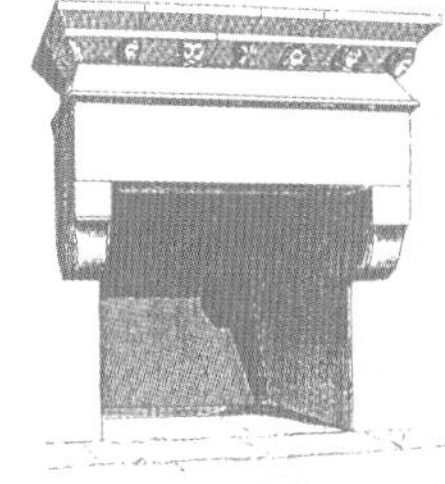

埃登城堡壁爐

早期大多數住宅的大廳都有開放式爐床，其他房間則設有壁爐，例如上圖中的諾森伯蘭郡埃登城堡的壁爐。

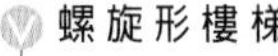

螺旋形樓梯

大多數室內的樓梯都是螺旋形的，角坐落在角塔裡或者嵌入牆內。樓梯很狹窄，有利於防禦。旋轉方向呈順時針狀，有利於慣用右手的防禦者使用。

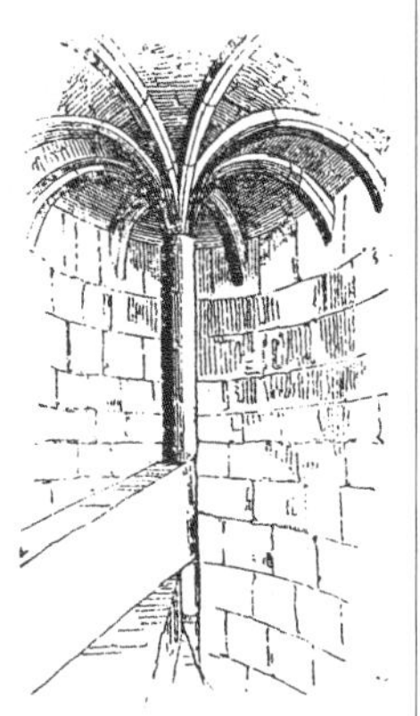

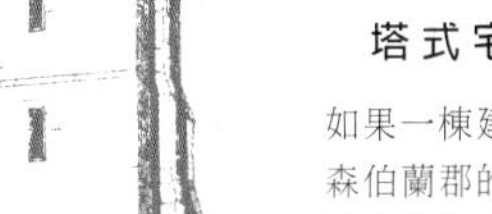

塔式宅邸：朗雷城堡（14世紀）

如果一棟建物既需要隨時防禦——比如諾森伯蘭郡的朗雷城堡——但又沒有足夠的地方修建戶外防禦工事，那麼就會砌造這種帶有最少開口的筆直牆面。

煙囪和天窗

由於取暖和做飯都會產生許多濃煙，所以需要煙囪及屋頂天窗，後者適用於開放式火爐：煙囪的各邊會有燈籠狀開口，用以疏散煙霧。煙囪的裝飾都採用當時流行的樣式，下圖的幾個例子可追溯至13、14世紀。

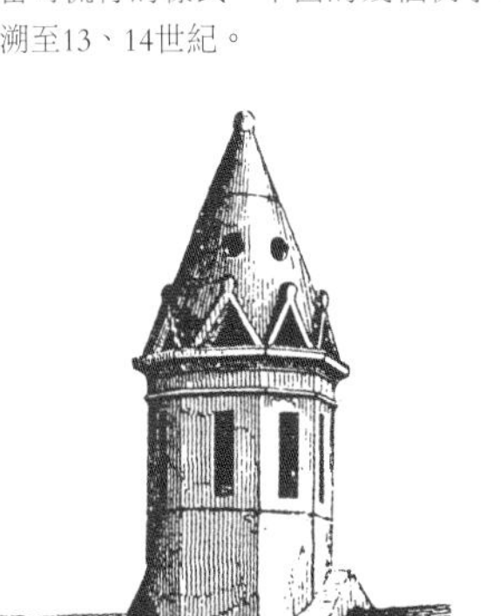

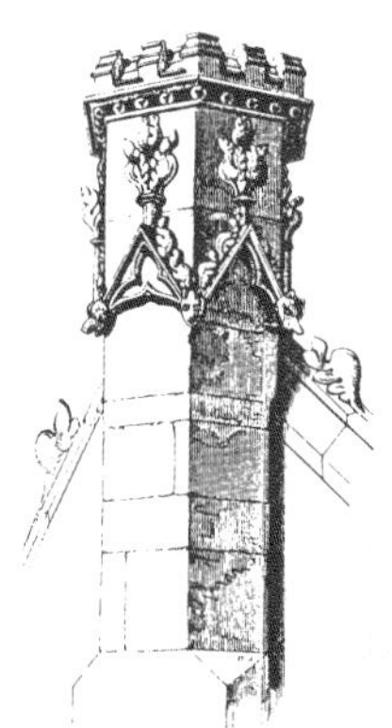

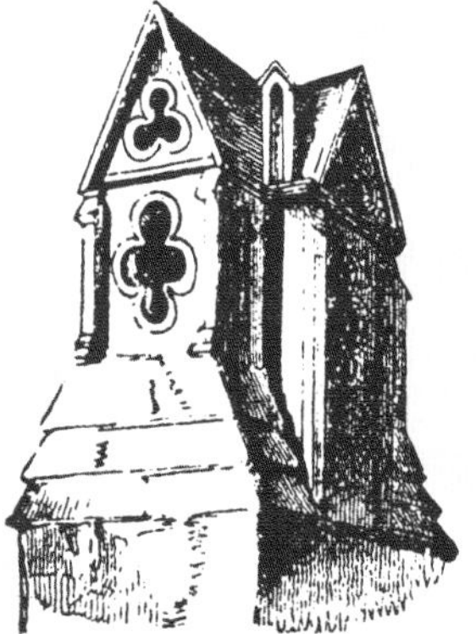

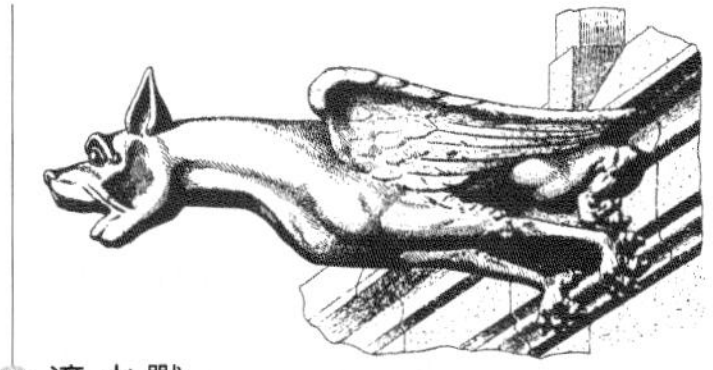

滴水獸

伸出於屋頂的滴水獸是所有哥德式建築的普遍特徵。通常雕刻成奇怪的人形或獸形，屋頂的排水可從人形或獸形的開口流出。

哥德式

英國：晚期哥德式住宅和世俗建築

英國從14世紀中期開始大規模修建住宅和世俗建築，劍橋和牛津大學的大部分建築也是在這一時期完成的，除此以外，還修建了許多重要的府邸和民用城堡。雖然這段期間爆發了薔薇戰爭，但由於戰事零星且局限於某些地方，所以防禦功能不再是最重要的考量。生活安定富足促使人們開始修建更大規模的房屋，不再避免開設大型的門窗，連帶使得可以展示和裝飾的空間大為增加。不過在室外部分功能因素仍占主導地位，只有那些宏偉的大學建築才會特別注重對稱及平衡感。

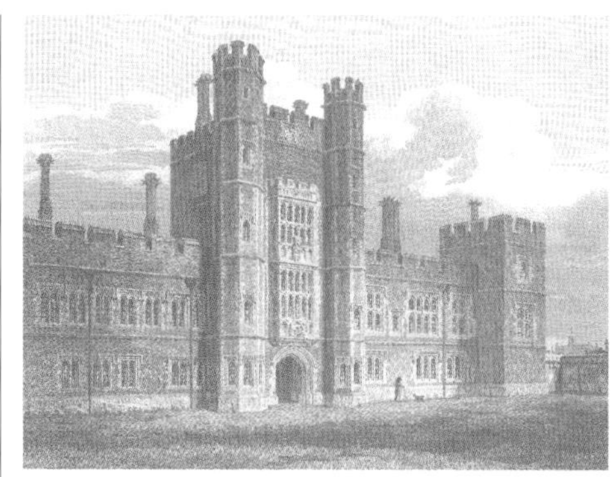

學院建築：伊頓公學（始建於1451）

學院建築的平面多半圍繞著庭院或者四合院設計，並具有府邸建築的精髓元素——如城樓（主要用於展示）、大廳、禮拜堂和宿舍區。伯克郡伊頓公學的入口處有一座門樓。

溫莎城堡多邊形窗戶

英王亨利七世曾對伯克郡的溫莎城堡進行改建，包括那些出挑於塔樓的複雜多邊形窗戶。這類窗戶是英國哥德式風格的獨創之處，它們與同時代的亨利七世禮拜堂的窗戶如出一轍，亨利七世禮拜堂位於西敏寺。

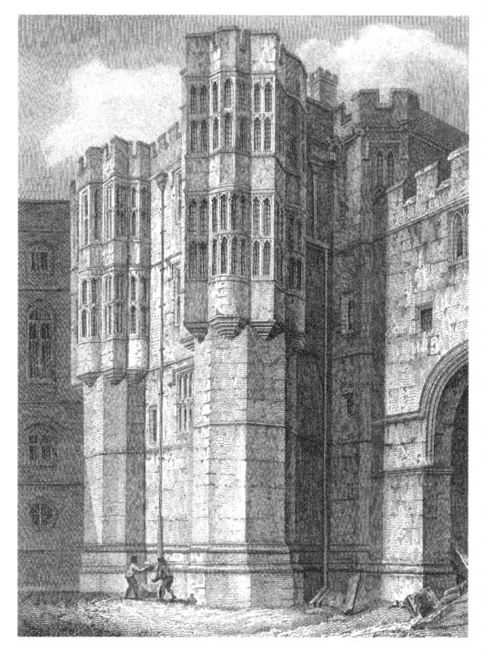

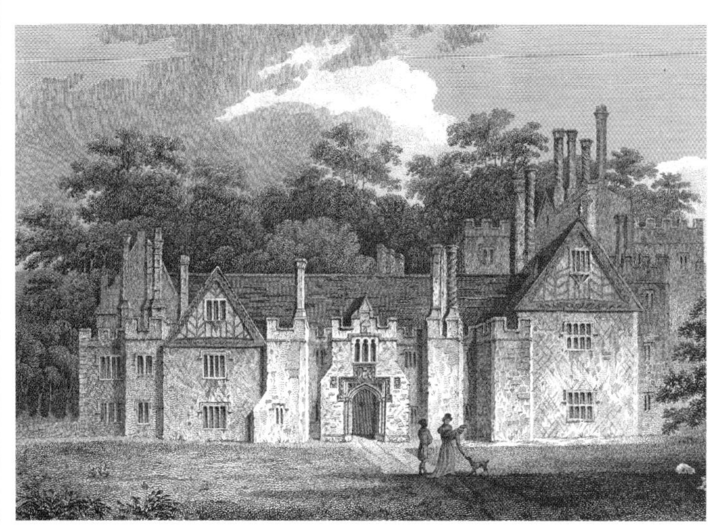

府邸：康普頓・維內迪斯府邸（16世紀早期）

晚期府邸的核心平面仍沿用中世紀大宅的格局，建築體圍繞庭院而建，帶有門樓，只是這時期的府邸更加向外敞開，防禦工事也已剔除。雉堞、塔樓和角塔已成為尋常的裝飾性元素。渥利克郡的康普頓・維內迪斯府邸是這個時期的傑出代表，有華麗的多邊形雙扭索式煙囪以及時髦的砌磚，幾何形排列的暗色牆面上鑲有鑽石形（或稱菱形）圖案。

康普頓．維內迪斯府邸灣窗

垂直式時期的建築中，以窗戶形成的開間或凹室通常位於大廳的主端，有時也會作為大房間或客廳的採光。和許多宗教建築一樣，康普頓．維內迪斯府邸的灣窗帶有典型的垂直式哥德風格牆面和垂直式窗花格，以及帶雉堞的女兒牆。

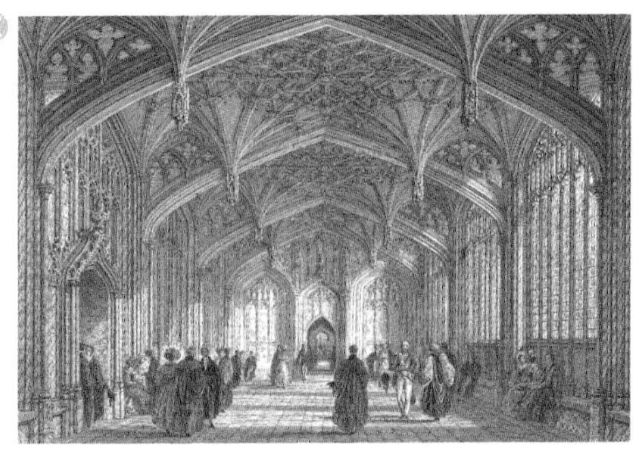

牛津神學院大學教室（始建於1427）

大型的學院教室通常呈現與教堂一樣的建築風格，比如上圖。雖然教室的高度不及教堂，但是拱頂（建於1480年）、窗戶和實心窗花格都是教堂中常見的元素。

韋爾斯唱詩班巷凸肚窗

韋爾斯的唱詩班巷有一幢14世紀的建築，帶有向外突伸的凸肚窗。凸肚窗一詞原文的含義是禱告用的小房間。

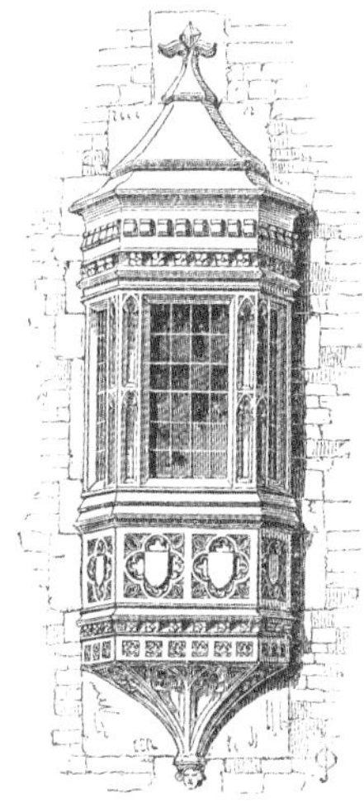

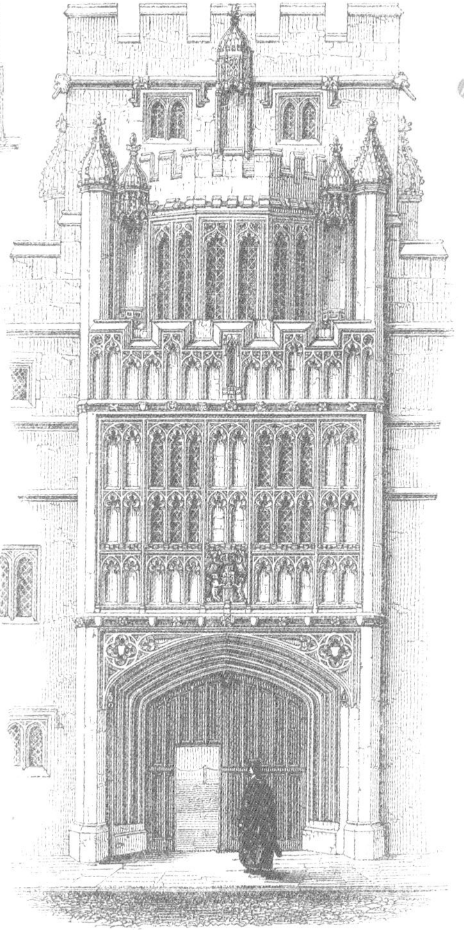

牛津布萊斯諾斯學院門樓（1512）

當時重要的住宅和世俗建築中通常都設有門樓供人進出，往往裝飾得很漂亮。在城鎮建築中，門樓通常呈塔樓狀（如上圖），並高於兩側建物，極易辨認。

齊切斯特市場集會所（始建於1501）

在一些大市集裡常建有帶開放式拱洞的多邊形拱頂建築，作為遮蔽處和集會地。齊切斯特的市場集會所裝修得尤其豪華。

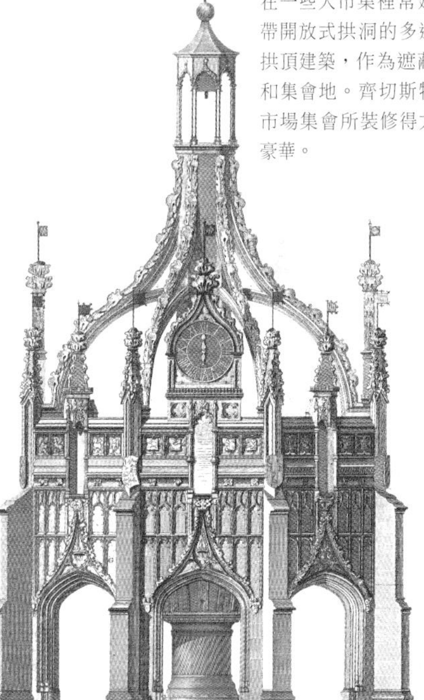

哥德式

西班牙和葡萄牙

12世紀晚期哥德式建築開始在西班牙興起。由於此時摩爾人差不多都已被趕出伊比利半島，那些強盛的基督教王國才能把注精力投注於建築之上。西班牙早期的哥德式大教堂受到法國的影響很深，但隨後西班牙式的哥德風格也逐漸形成，帶有鮮明的民族特色，室外部分顯得龐大而莊重，室內則寬闊而輕靈。西班牙式哥德建築由於吸收了一些伊斯蘭建築元素，並愈來愈注重外部裝飾——這是西班牙和葡萄牙晚期哥德式（曼紐爾式）的共同特徵——因此，直到16世紀仍然十分興盛。

布爾戈斯大教堂西立面（始建於1221）

布爾戈斯大教堂的西立面受到法國哥德式風格的強烈影響，包括它的三個門道、玫瑰窗和側塔。不過側塔的上部，包括鏤空的尖塔，完成於15世紀，更接近典型的西班牙風格。成群結組地建造教堂是西班牙哥德式風格的特色。

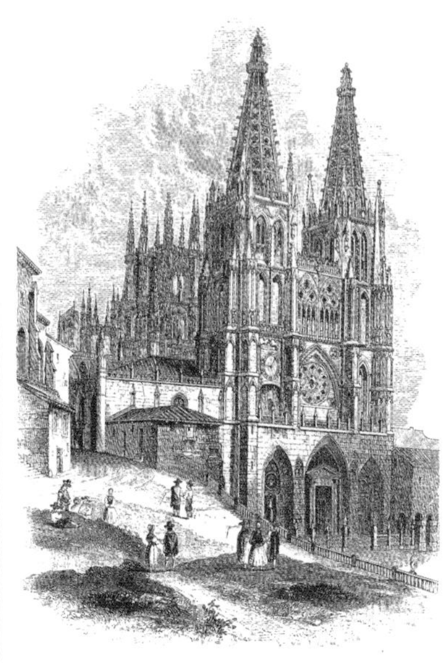

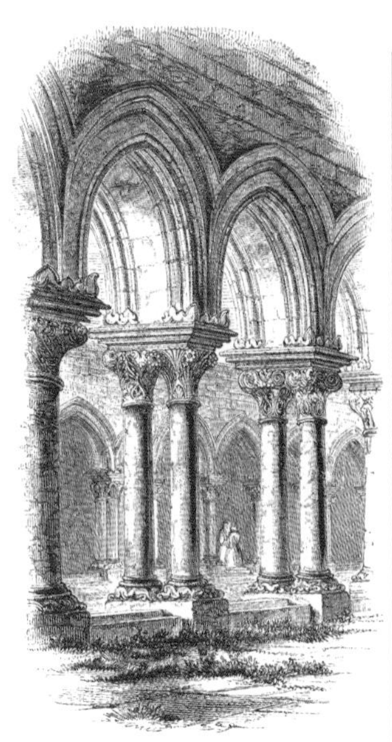

布爾戈斯的拉斯休加斯修道院迴廊庭院

連拱廊和花園四周的覆頂步廊組成了迴廊庭院，迴廊庭院是修道院建築的重要組成部分。

貝倫修道院曼紐爾風格（始建於1502）

葡萄牙哥德式風格的發展與西班牙的情況基本一致，但15世紀晚期到16世紀早期，在葡萄牙國王曼紐爾一世的支持下，發展出比伊莎貝拉風格（見下頁）更為奢侈的裝飾形式，其代表可見於貝倫修道院。這種奢華的裝飾反映出當時有很多財富從海外湧入伊比利半島。

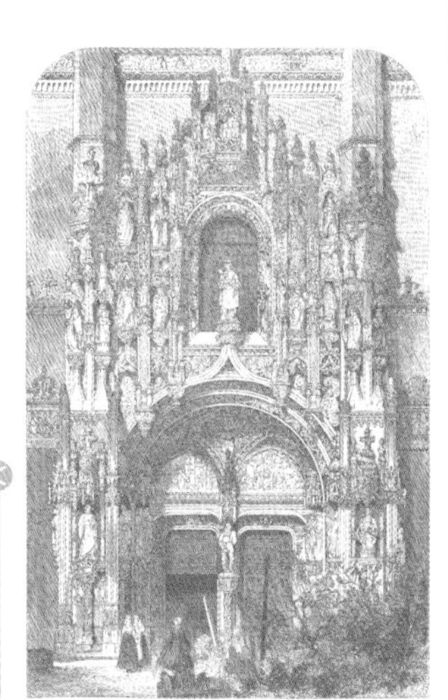

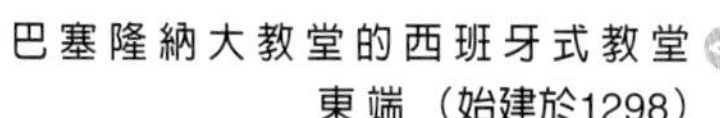

巴塞隆納大教堂的西班牙式教堂東端（始建於1298）

法國教堂的放射狀東端在西班牙發展成更加莊重的建築形制。如左圖，禮拜堂乃建在用以支撐拱頂的厚重扶壁之間。

梅迪納坎坡城堡斜幕牆（15世紀）

15世紀時，西班牙修建了一系列純屬防禦之用的城堡。梅迪納坎坡城堡的斜幕牆具備更大的承載力，同時又難以攀登。

吉羅納大教堂無側廊中殿

寬大無阻隔的教堂空間產生於14、15 世紀，在加泰隆尼亞地區尤其流行。吉羅納大教堂（始建於1416年）中殿的拱頂跨度堪稱當時歐洲第一。

伊莎貝拉風格

純粹的早期哥德式內部相當罕見，因為大多在15世紀覆上了伊莎貝拉式（以皇后伊莎貝拉命名）的裝飾。下圖是托雷多大教堂的東端。

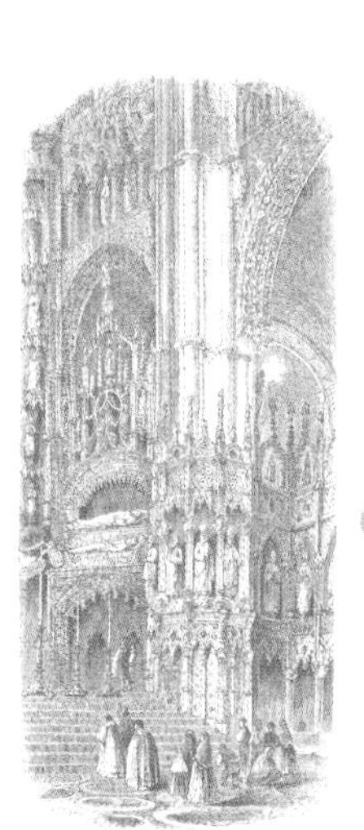

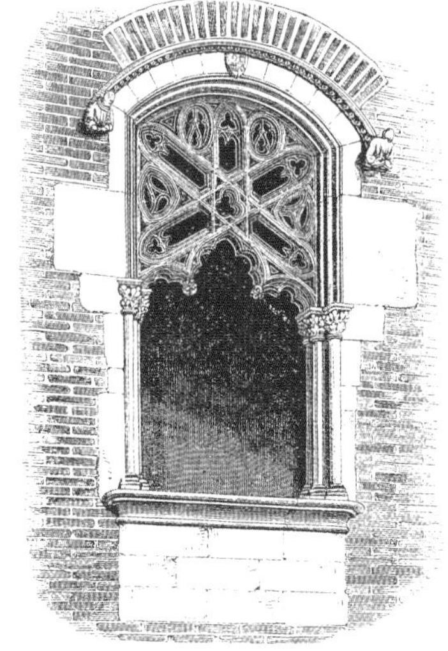

阿爾卡拉主教宮西班牙式窗花格

歐洲風格和伊斯蘭風格糅合，產生了一些極富想像力的形制，比如阿爾卡拉主教宮的窗花格。拆開來看，其個別構件與歐洲其他地方的主流哥德式風格差距不大；然而組合起來卻是典型的東方風格。

瓜達拉哈拉宮穆迪哈爾風格

這座15世紀晚期的宮殿展示了以伊斯蘭風格為基礎的穆迪哈爾風格，穆迪哈爾風格是伊莎貝拉風格豪華裝飾的成分之一。拱上有很多尖角，建築表面均經過裝飾，欄杆上雕刻了繁複的圖案。

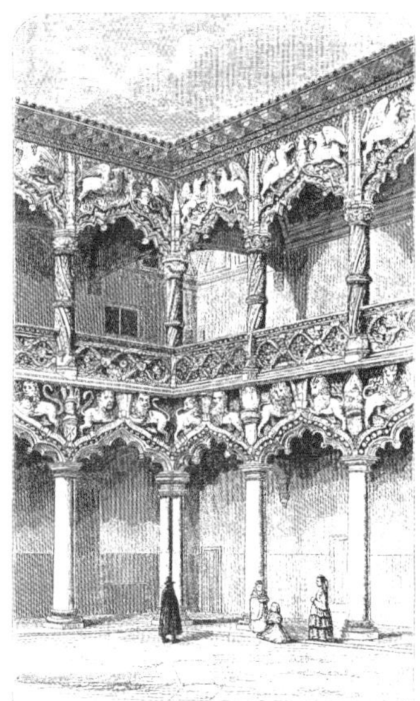

法國哥德式影響萊昂大教堂（始建於13世紀）

西班牙早期的哥德式建築與同期的法國建築相比簡直毫無差別——這座大教堂的開間在細節上與法國理姆斯或亞眠的大教堂十分相似。萊昂大教堂的窗戶使用了大量的彩色玻璃。

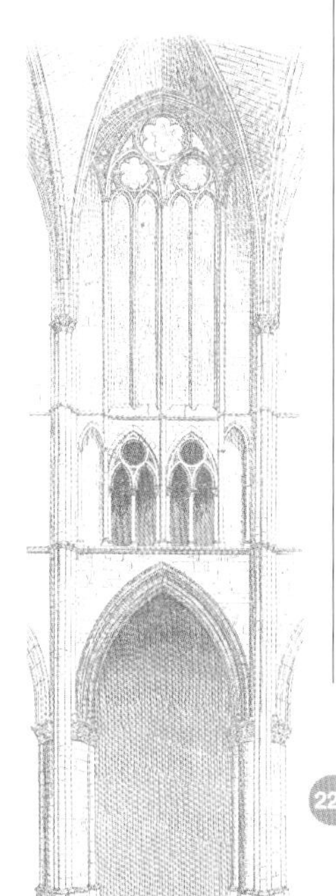

哥德式

北歐和中歐哥德式建築

中世紀時，歐洲北部和中部的大部分地區皆處於神聖羅馬帝國的轄治之下，或為德國科隆大主教所管轄（比如說低地國家）。一開始，這些地區反對以哥德式風格取代仿羅馬風格，所以直到13世紀中期才出現第一座真正的哥德式建築，而那時，哥德式風格在法國、英國和西班牙早風靡許久。不過自此之後，哥德式風格迅速占據了主導地位，逐漸發展出生動而鮮明的個性，並誕生了歐洲晚期哥德式建築的一些最佳作品。

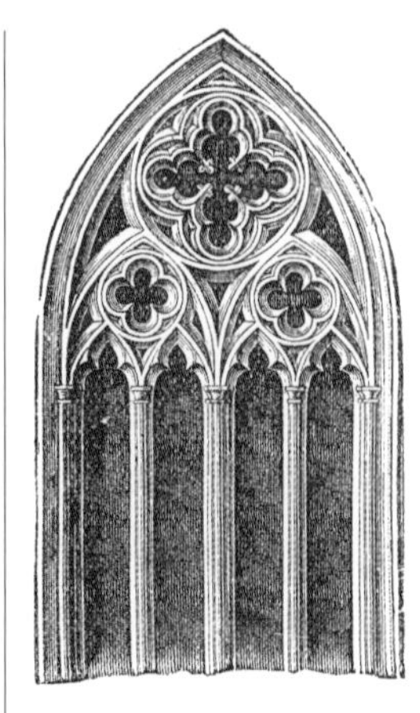

科隆大教堂雙四葉飾

雖然科隆大教堂的窗花格明顯是輻射式風格，但已具備了一些不同之處，比如左圖上部小圓窗中的複雜尖角與下面兩個小圓窗中的普通尖角形成了對比。這種形制比同時期的法國窗花格更為生動。

科隆大教堂西立面

科隆大教堂的西立面雖然落成於19世紀，卻是採用13世紀的設計，和大教堂的其他部分以及大多數早期德國哥德式教堂一樣，主要採用了法國哥德式的輻射式風格。

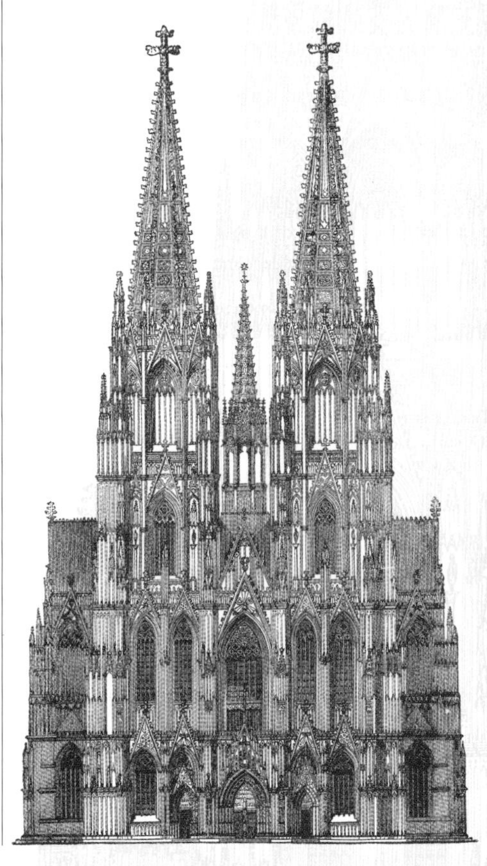

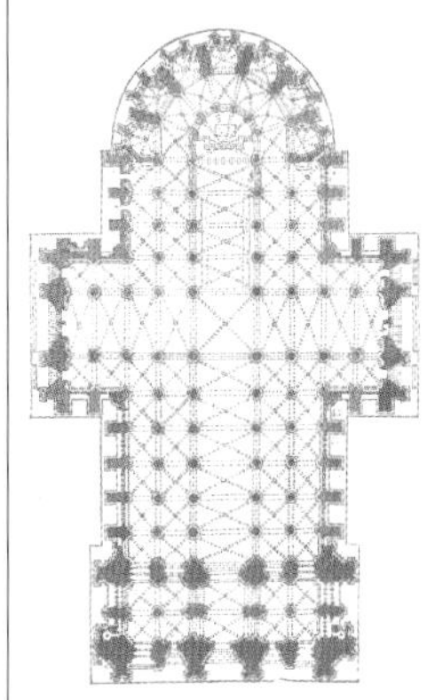

科隆大教堂早期哥德式平面

科隆大教堂的平面——和它的立面一樣——與同時代的法國作品並無二致：東端帶有放射狀的禮拜堂，耳堂略微突出，拱頂的樣式非常簡樸。

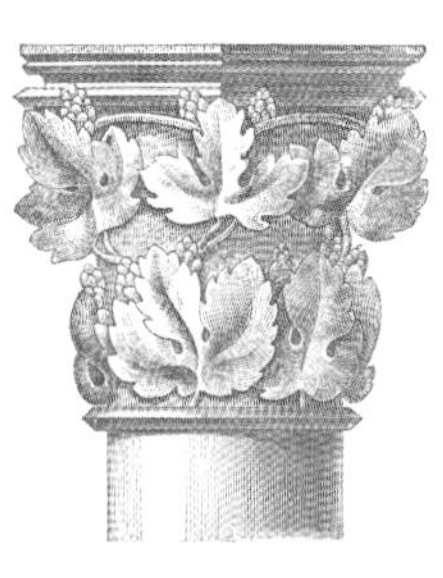

科隆大教堂葡萄葉式柱頭

早期歐洲北部和中部的哥德式風格發展出許多具有自然主義風格的精緻雕刻，比如科隆大教堂的這個例子。

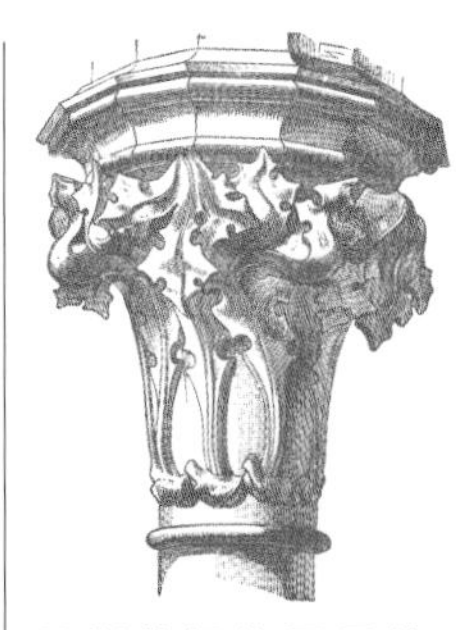

埃斯林根的聖母教堂晚期哥德式柱頭

上面這個柱頭具有晚期哥德式風格典型的流動感，這一特徵無論從其葉形飾雕刻，還是15 世紀晚期那些極度纏繞的星形飾拱頂上都可明顯看出。

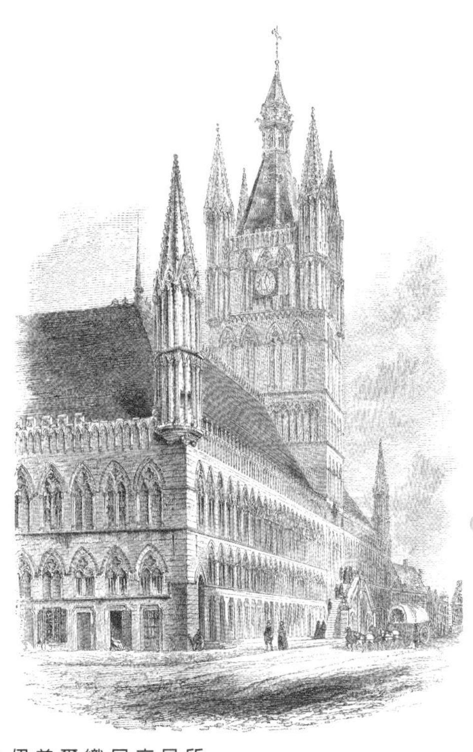

伊普爾織品交易所（14世紀）

當時低地國家的貿易非常繁榮，建有許多貿易場所，伊普爾的織品交易所就是其中之一。角樓以及中央的鐘塔是這些建築體的常見組成部分。

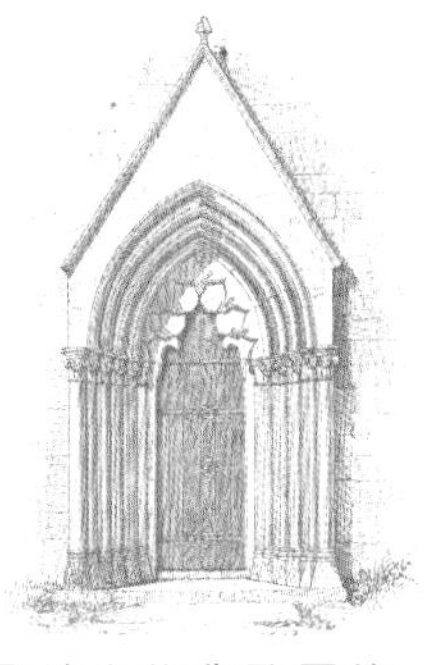

聖迪奧的北歐哥德式

雖然受到來自德、法、英的諸多影響，北歐哥德式仍然具有一些鮮明特徵，比如上圖那些富有想像力的蔥形和圓形尖角。這座門道位於瑞典的聖迪奧。

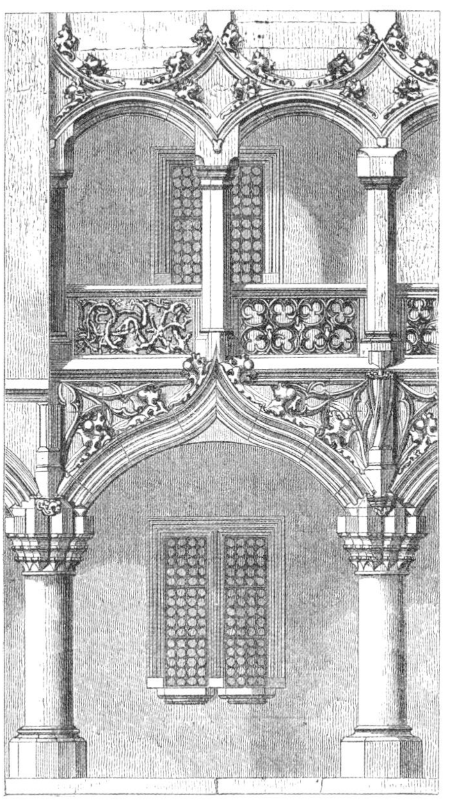

布魯克安穆爾的住宅

南德晚期哥德式的獨創性與流動感在這幢位於奧地利布魯克安穆爾的16世紀住宅中得以體現。部分扶欄藉助雕刻產生了宛如木質般的效果。

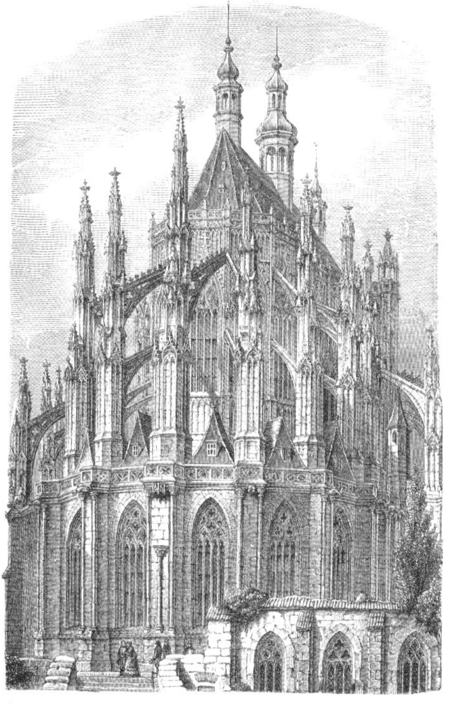

庫特那霍拉聖芭芭拉教堂晚期哥德風格（始建於1388）

德國南部和波希米亞的晚期哥德式風格稱為Sondergotik，該風格的形成要歸功於帕勒這個石匠建築家族。他們前後參與了許多14至16世紀主要建築的修建，包括帶有小尖塔飛扶壁組的聖芭芭拉教堂。

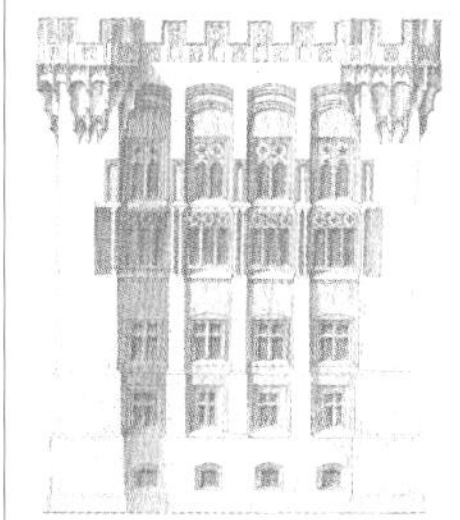

馬林堡世俗建築

馬林堡騎士廳的立面由以下要素組成：扶壁、方頭窗、鰭狀堞眼（見218頁）以及飾有鑲板的雉堞。這座大廳是中世紀德國最出色的世俗建築之一。

哥德式

義大利哥德式建築

義大利的哥德式風格不僅是所有歐洲哥德式風格中歷時最短的（從13世紀中期開始僅流行了兩百年），而且也是最不純粹的。即使是折衷過的法式垂直式或其他垂直式風格，義大利人都極少採用，而且也不太熱中。該地的哥德式建築多少都糅合了仿羅馬式的元素。飛扶壁普遍未獲採用，整個立面和內部效果，是由磚石匠和藝術家共同負責。義大利人只有在世俗建築中比較樂於採用哥德式語言，尤其是適合地中海地區溫和氣候的陽台和連拱廊。

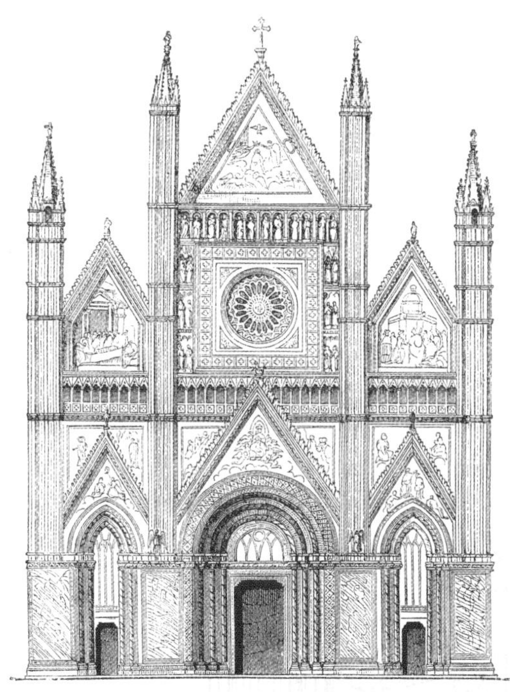

奧維耶托大教堂西立面（14世紀）

雖然義大利大部分哥德式大教堂的西立面都有經過精美雕刻與砌建的磚石砌層，但這些小尖塔、尖拱和線腳裝飾只不過是作為畫家的畫框罷了。奧維耶托大教堂的眾多三角楣和拱肩上鑲滿了五彩的馬賽克，整體效果更像是一幅繪製的巨型祭壇畫而不是一件雕刻品。

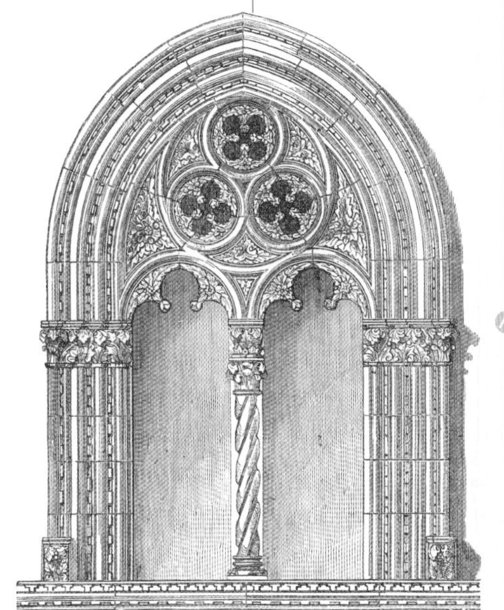

義大利式窗花格

義大利教堂因為氣候關係，也為了留出更多的內牆空間以描繪壁畫，所以並不那麼強調玻璃窗。這座13世紀的窗花格中，其上部使用玻璃窗的部分相對較少。

克雷莫納大教堂殘留的仿羅馬式形制

圓頂在哥德式時期的義大利仍然很流行，圓拱則從未被尖拱完全取代，比如上圖克雷默大教堂的這扇窗。由於義大利和伊斯蘭國家有許多貿易接觸，所以這裡也可以看出來自東方的影響。

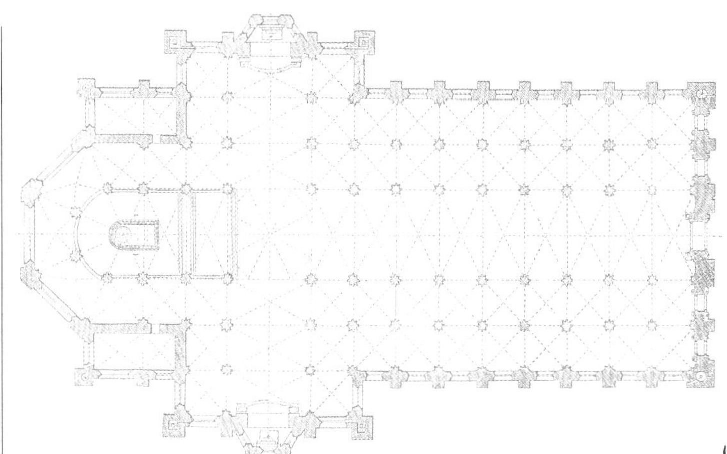

米蘭大教堂義大利哥德式平面（始建於1386）

如圖所示，義大利教堂即使有邊側廊，其主體通常仍被視為一個整體加以處理，連拱廊和中央側廊均十分寬大。米蘭大教堂規模極大，是義大利教堂中最能充分體現哥德式風格的一例。

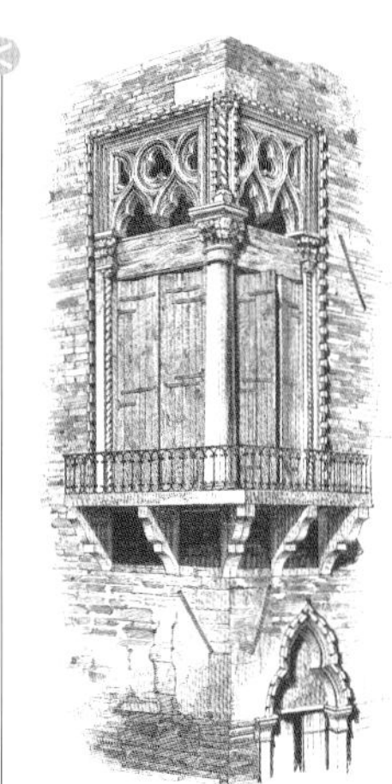

齒飾線腳

威尼斯哥德式風格的獨特發展之一便是創造出一種奇特的交錯形齒飾線腳，通常用來圍繞開口。圖中，齒飾線腳不太協調地將哥德式窗花格與接近古典風格的柱子接連起來。

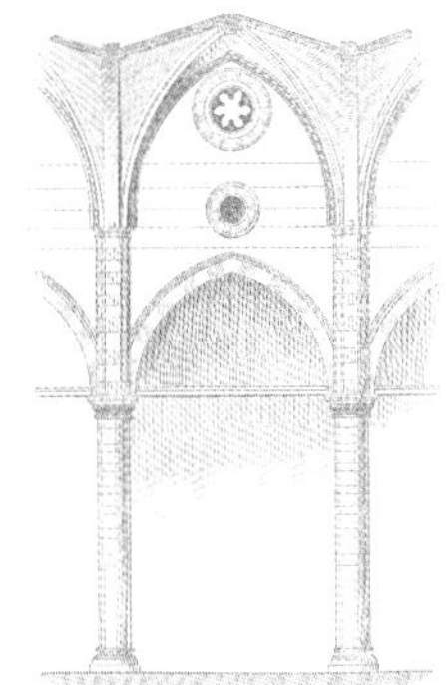

維羅納的聖阿納斯塔西亞教堂條紋飾

彩色石條或者大理石條交替排列形成了條紋飾，這在哥德式時期的義大利很流行，比如維羅納的聖阿納斯塔西亞教堂。條紋飾是令義大利建築比同時期歐洲其他地方的建築更具水平感的諸多因素之一。

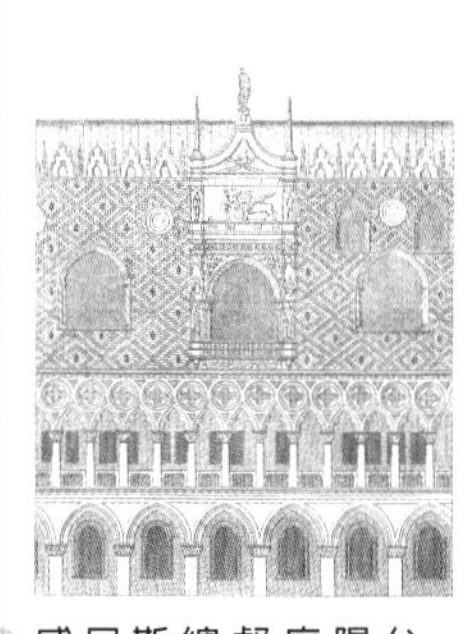

威尼斯總督府陽台

窗花格大量應用於世俗建築中的陽台和連拱廊上，其中最有名的是威尼斯總督府的陽台。

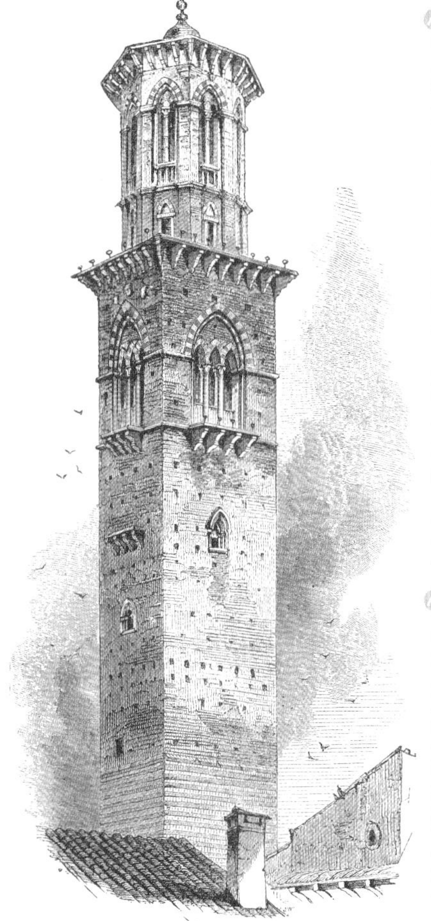

維羅納鐘塔

獨立式鐘塔是義大利建築的特色。它們和先前的塔樓一樣，差不多都呈方形，塔身上下一般粗細。只有在一些細部上與哥德式塔樓有所區分，比如維羅納的這個例子。

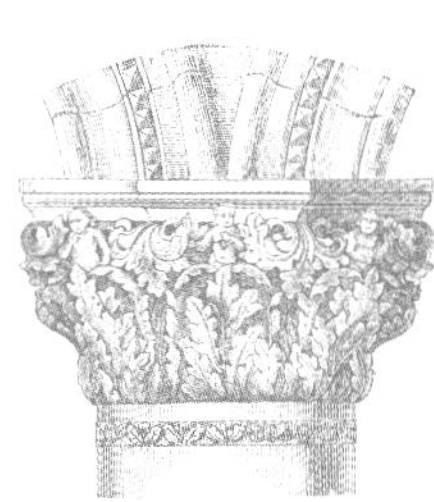

柱頭

義大利哥德式風格的柱頭通常帶有雕刻的葉飾，很少是素面的，而且是附屬於單一柱身而非集柱頂端。因此其柱頭更接近於古典葉飾形制，而缺少歐洲其他地方所具有的那種多樣性風格。

文藝復興 *15世紀早期—約1630*

佛羅倫斯早期文藝復興建築

義大利文藝復興時期的建築以和諧、明朗、充滿力量為其典型特徵，大多採用古典時期的主題或柱式。古典主義的復興激發了15世紀義大利建築師的設計靈感，並在佛羅倫斯散發出絢爛的光華，但是哥德式、甚至更早的仿羅馬式風格並未戛然中止。有些新建築仍然會從當地的代表性建築汲取設計元素，秉持承先啟後的市民榮耀感不斷推陳出新。新建築風格的形成與文藝復興時期人們對古典文學、哲學、數學諸方面的興趣密切相關。此時的統治者和贊助人已經意識到建築設計與城市規劃的重要性：它們是促進社會秩序形成的有效手段。

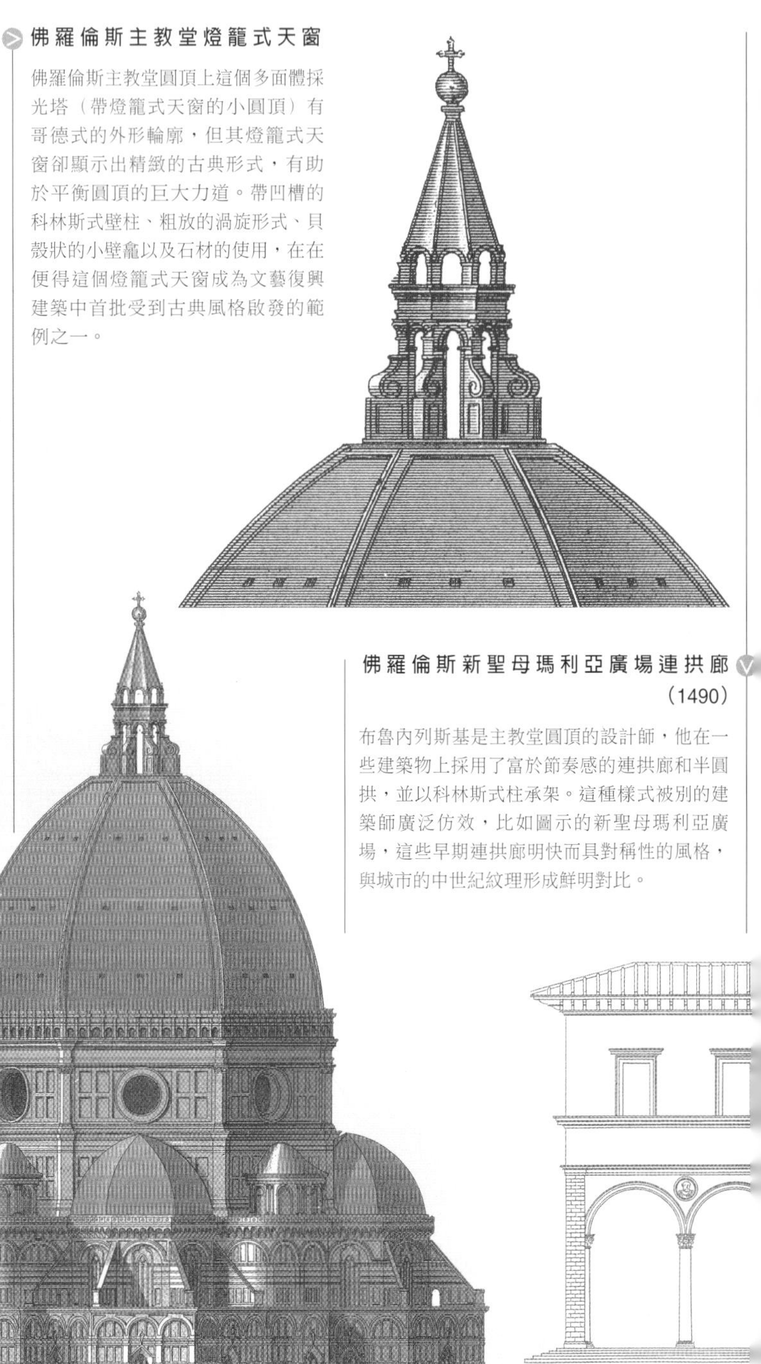

佛羅倫斯主教堂燈籠式天窗

佛羅倫斯主教堂圓頂上這個多面體採光塔（帶燈籠式天窗的小圓頂）有哥德式的外形輪廓，但其燈籠式天窗卻顯示出精緻的古典形式，有助於平衡圓頂的巨大力道。帶凹槽的科林斯式壁柱、粗放的渦旋形式、貝殼狀的小壁龕以及石材的使用，在在便得這個燈籠式天窗成為文藝復興建築中首批受到古典風格啟發的範例之一。

佛羅倫斯新聖母瑪利亞廣場連拱廊（1490）

布魯內列斯基是主教堂圓頂的設計師，他在一些建築物上採用了富於節奏感的連拱廊和半圓拱，並以科林斯式柱承架。這種樣式被別的建築師廣泛仿效，比如圖示的新聖母瑪利亞廣場，這些早期連拱廊明快而具對稱性的風格，與城市的中世紀紋理形成鮮明對比。

佛羅倫斯主教堂圓頂（15世紀）

這個巨大的圓頂不僅是文藝復興時期佛羅倫斯的象徵，而且廣義而言，它也象徵了結構和工程技術的復興，一些當代學者常拿它和古代的傑出成就相媲美。在15世紀初葉完工之際，它是自古以來的最大尺度的圓頂。

復興和引用

形式上的復興和引用早期的裝飾主題是義大利文藝復興時期建築的重要理念。這種理念也體現在阿爾伯蒂為一個富有的佛羅倫斯家族設計的盧塞萊禮拜堂中。其外部以大理石鑲嵌作為裝飾，這是托斯卡納地區的專門技術。

銘文橫飾帶

佛羅倫斯的盧塞萊禮拜堂是仿效古羅馬建築先例：其紀念性橫飾帶上刻有古羅馬文字，這是以早期基督教的陵墓形式為根據。通過這樣的直接引用，贊助人和建築師便可融入當時的文藝復興觀念和博學思潮。

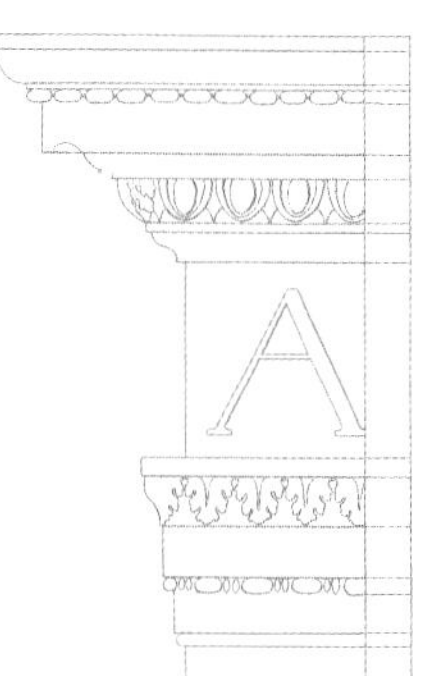

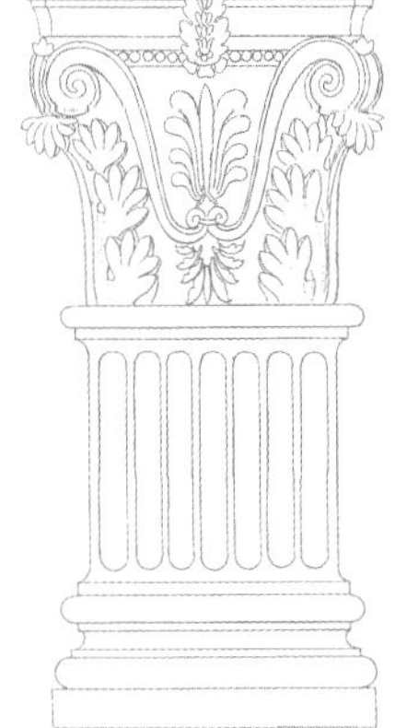

形式的變異

早期文藝復興採用的建築柱式並不是對古代樣式的盲從和複製。當時建築師們對於古希臘科林斯柱式的認識主要是根據該柱式在羅馬建築中發展出來的形式。文藝復興時期的建築師對科林斯柱式的爵床葉和轉角的渦旋形式有許多創新用法，於是產生了許多種變體。

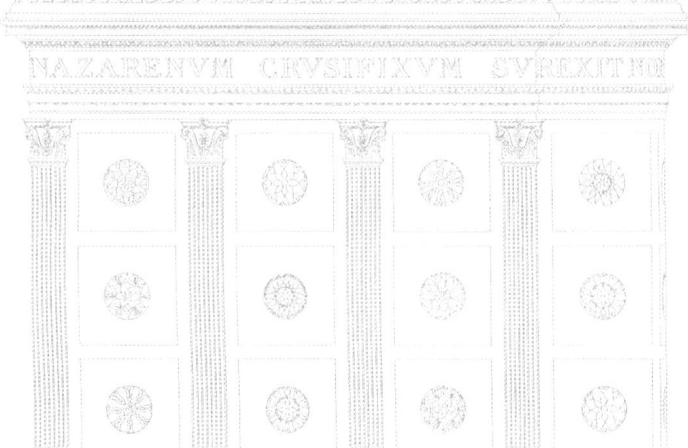

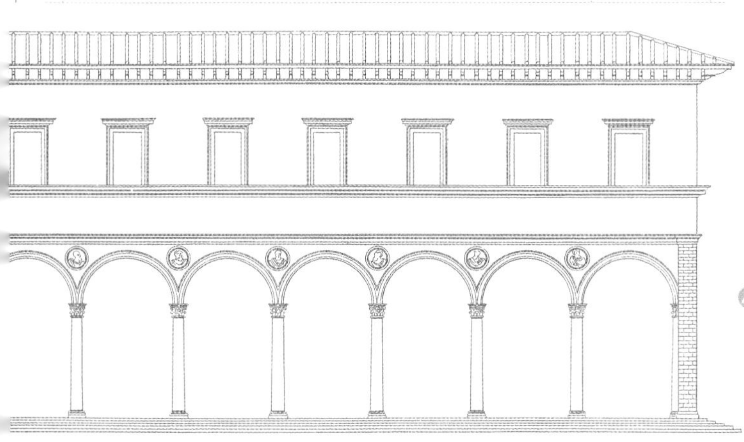

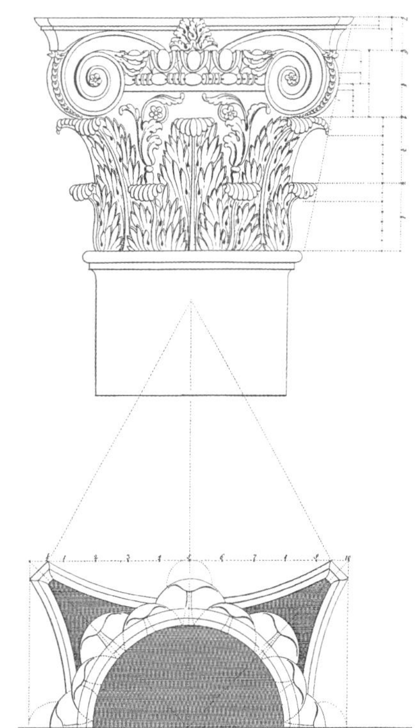

混合式柱頭

阿爾伯蒂在他的建築理論著作中，首次以文獻形式提到一種自成一格的義大利建築柱式，他稱其為義大利式，後來又稱為混合式，因其同時包括了科林斯式的爵床葉和愛奧尼亞式的渦旋。

文藝復興

義大利文藝復興初期的教堂建築

文藝復興初期發展出來的教堂建築主要有兩種類型，兩者皆起源於上古時期的建築形制，並沿襲了早期基督教建築的模式。這兩種類型是巴西利卡形制以及集中式教堂和禮拜堂的變體。集中式平面較常運於在小型空間，而且自上古時期以來，尤其是陵墓與殉道堂最喜採用的形制。巴西利卡平面源於君士坦丁時期的長縱向教堂，而這種教堂本身則是根據古羅馬集會廳的形制發展而成。文藝復興初期的兩大主要建築師曾分別受命建造了這兩種類型的教堂，兩人的作品都運用了剛剛復興的古典語言，形成一種非正式的較勁。

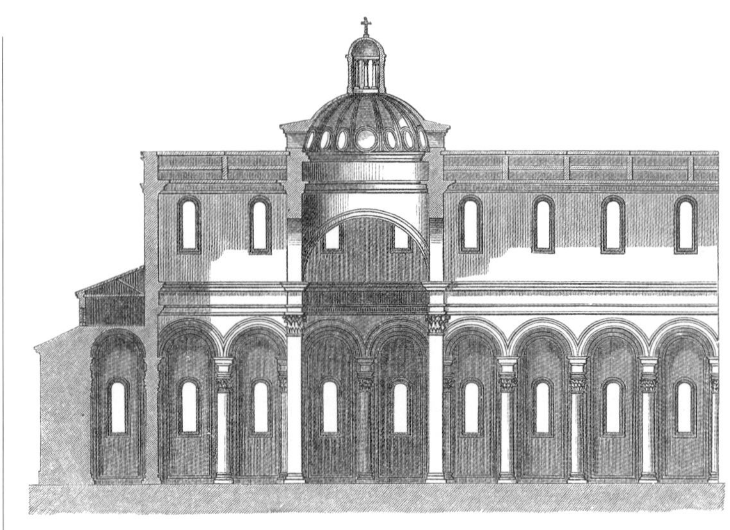

內部

典型的巴西利卡式教堂裡，其中殿兩側都設有一或兩道側廊，且高度一般都比中殿低矮。布魯內列斯基以高大的科林斯式圓拱連拱廊區分中殿和側廊，並以高側窗為中殿採光。

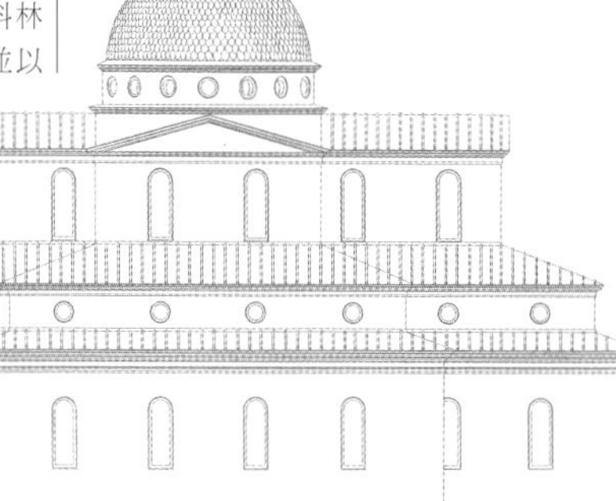

理性設計

在建築設計方面，布魯內列斯基的創新在於他重現了建築的古典主題，簡化了建築形制，使建築體現出高度的理性色彩。由於他對平面、立面等處的度量比例非常重視，因此其作品的外部形態與內部構造總是可以緊密相連。

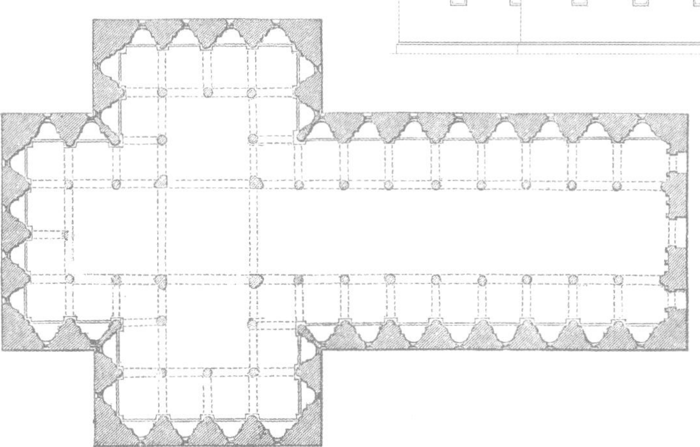

模矩式巴西利卡平面

布魯內列斯基發展出一種強調模矩平面的巴西利卡設計法，平面中的十字交叉區域是由重複的模矩組成一個拉丁十字。以十字交叉點為中心，四個模矩構成了中殿，禮拜堂占一個模矩，南北兩邊各有一個模矩作為耳堂。側廊開間則由四分之一個模矩組成。這種嚴格又合理的模數式設計，是建築史上的創新之舉。

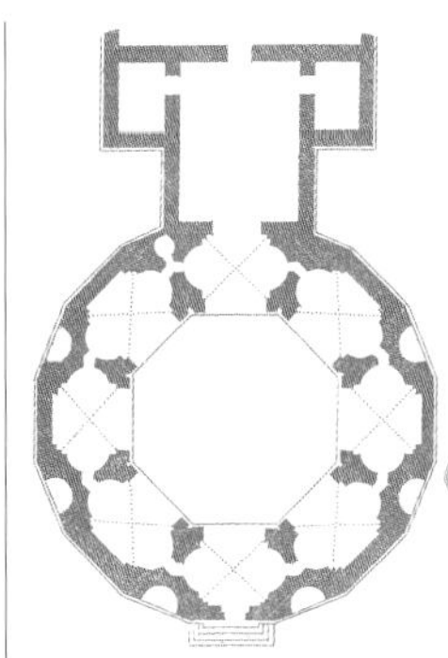

多邊形平面

布魯內列斯基在集中式平面設計上做了一些新嘗試。例如他將這間祈禱室組合成兩個複合式多邊形。

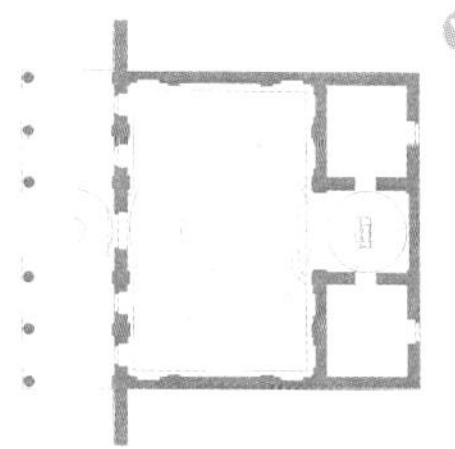

集中式平面小禮拜堂

集中式平面建築通常以等邊多邊形、圓形及方形為主。這類帶有完美意含的幾何形制，被阿爾伯蒂視為理想的神廟形制。

曼圖亞的聖安德烈教堂（始建於1470）

建築師既理論家阿爾伯蒂設計了這座巴西利卡式教堂，雖然大部分工程是在他死後才動工興建。他以大型禮拜堂取代邊側廊護翼中殿，並在巨大的中殿支柱內部設立小禮拜堂。

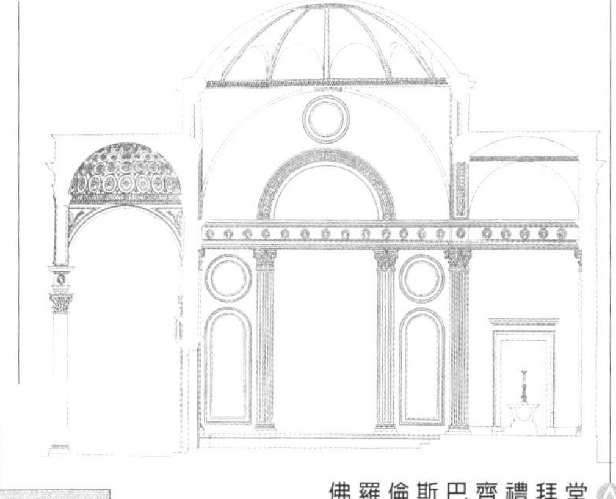

佛羅倫斯巴齊禮拜堂

謹慎使用裝飾是布魯內列斯基的作品特色之一，並得到許多佛羅倫斯和托斯卡納建築師的仿效。在此以佛羅倫斯的巴齊禮拜堂為例。他偏好白色灰墁，以及以當地出產的灰色石頭雕刻出來的古典建築細節（圓柱、壁柱、小圓窗、托座）。

羅馬形制

布魯內列斯基善於以優雅的方式詮釋古典建築主題，但阿爾伯蒂不同，他更傾向於以紀念性形制展現他對古羅馬的第一手認知。以巨柱支撐並飾有嵌板的聖安德烈教堂筒形大拱頂，便充分體現了他對古羅馬浴場建築的追思。

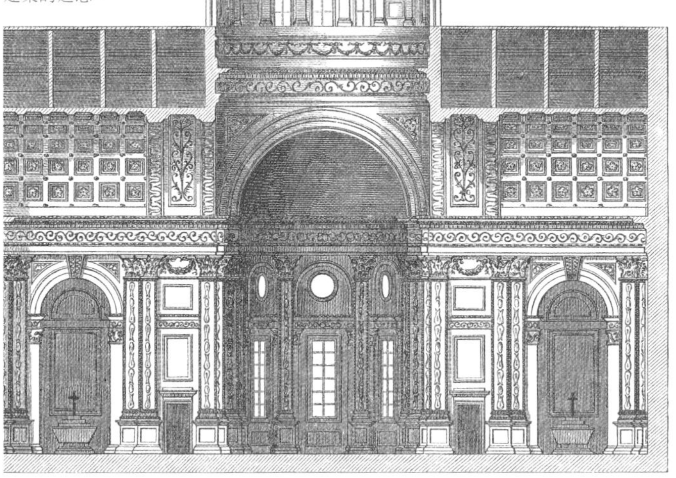

曼圖亞的神廟式立面

阿爾伯蒂在設計聖安德烈教堂時，找到了最適當的文藝復興教堂立面。他以四根巨型壁柱支撐三角楣，營造出門廊的效果，並以深邃的筒形拱頂入口展現凱旋門的氣勢。在阿爾伯蒂對理想城鎮的描述中，他認為神殿應該是城鎮最漂亮的建築，就像他為曼圖亞所設計的這座精采立面。

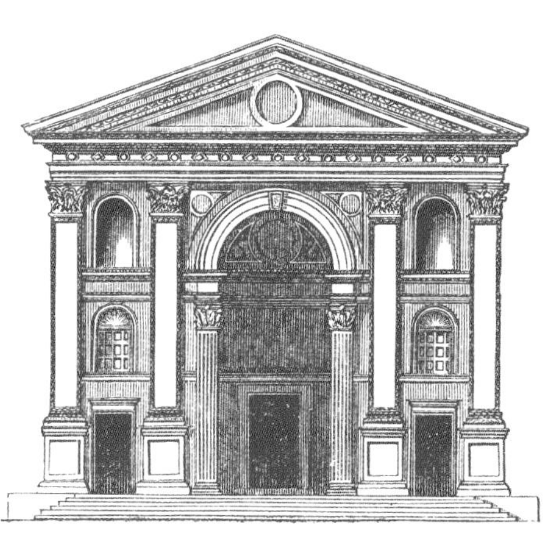

文藝復興

文藝復興時期的佛羅倫斯宮殿

義大利中世紀的宮殿大多外表粗糙，具有一定的防禦功能。但在15世紀佛羅倫斯的政治、文化氛圍中，需要新的住宅形式以配合文藝復興時期的高雅生活。文藝復興的宮殿大多是從早期比較有影響力的宮殿建築中發展而來，特別是建築師米開洛佐為麥第奇家族設計的佛羅倫斯宮殿。這些宮殿外部呈現明顯的三層構造，內部建有方院，是一些重要王朝的權力基地，這些家庭藉由象徵權力與財富的建築來實踐他們的野心。

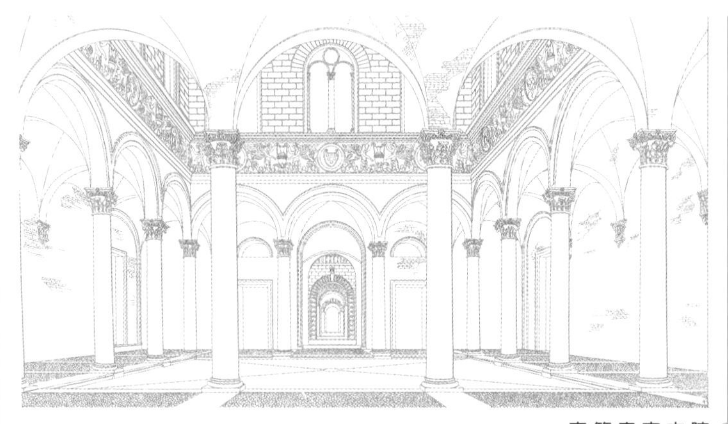

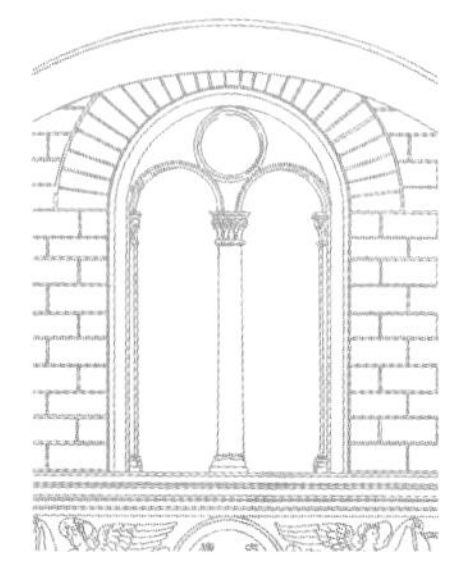

麥第奇宮方院

封閉的方院優雅且具功能性，可為向內開設的窗戶提供採光。典型的方院四周有拱頂開間的連拱廊環繞，拱頂以圓柱和托座支撐。方院常用來陳列雕像，而陰涼的走道也是散步的好場所。方院外的一樓房間主要是作為日常工作的場所，或是僕人房與儲藏室。許多早期的佛羅倫斯宮殿常設有雙葉窗（如左圖），此一設計乃源自當地的中世紀建築。

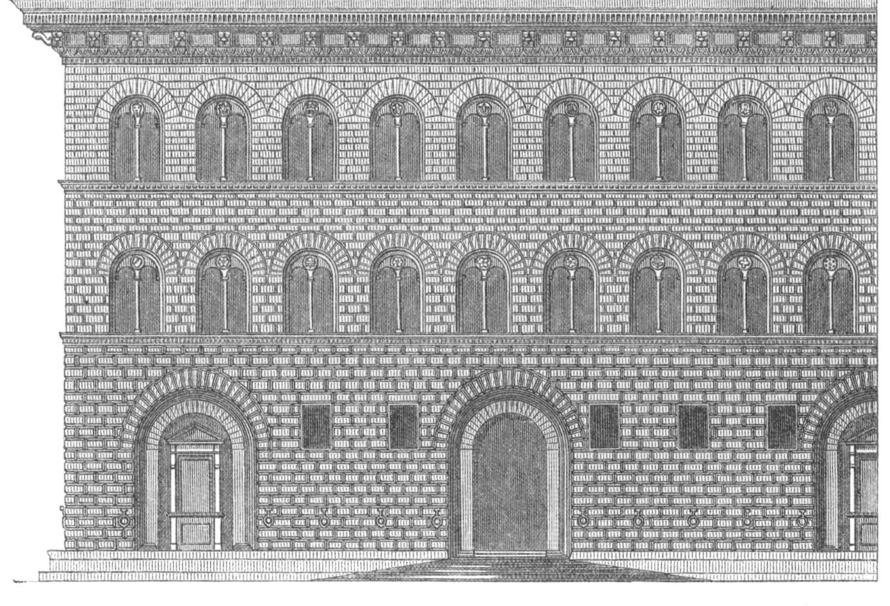

佛羅倫斯麥第奇宮立面（始建於1444）

富商權貴們一直在尋找重要顯赫的基地建立他們的宮殿。以麥第奇宮為例，宮殿一般矗立在多面向街的地段或是主要街角，典型立面包括三層樓，外部飾有大量修琢石。與中世紀宮殿相比，義大利文藝復興時期的特點是窗戶更多，因此房間較為明亮，尤其上面兩層。儘管宮殿外觀追求和諧與規整，但除了出挑的大簷口外，這座宮殿的立面上幾乎沒有任何古典風格的主題元素。

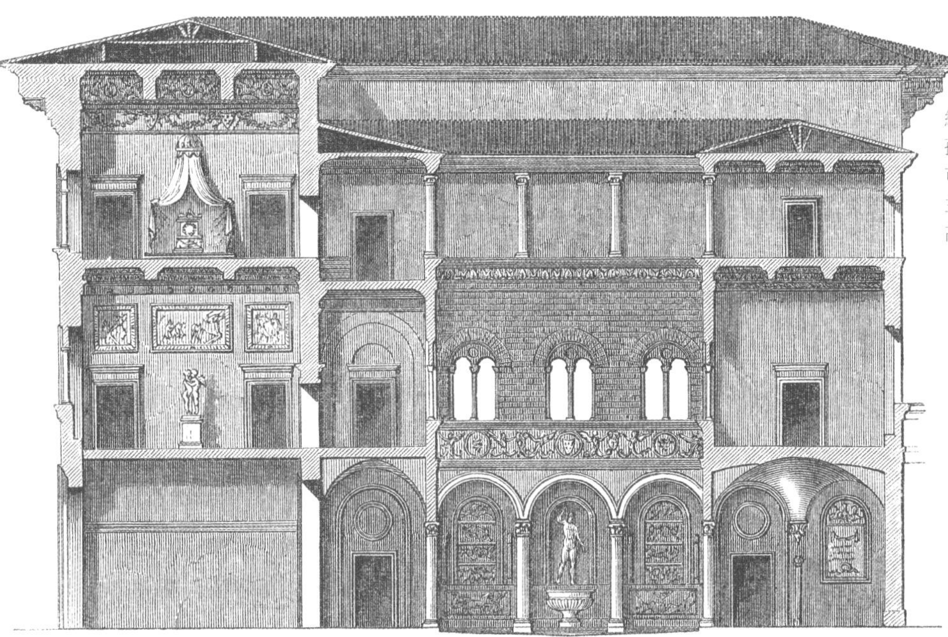

內部格局

宮殿的主要居住區位於二樓，也稱客廳樓層，頂樓則經常供家庭裡的次要成員或小孩使用。每層樓的用途和等級可從其外表顯露出來——底層主要採用大塊磚石的毛石砌，高層則使用光滑的修琢石。

佛羅倫斯盧塞萊宮的柱式

以壁柱柱式來加強宮殿立面的表現性，這一手法最早由阿爾伯蒂運用在盧塞萊宮的設計上。多立克柱式用於底樓，上面兩層採用科林斯式，每一層壁柱各自支撐了一塊分隔樓層的簷部。

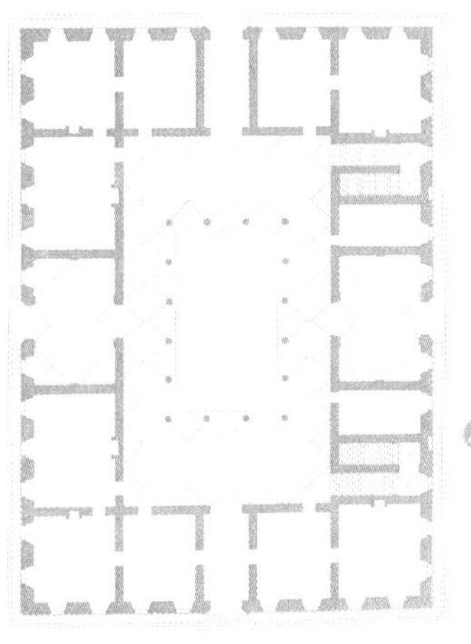

斯特洛茲宮平面（1489-1490設計）

斯特洛茲宮是矩形合院式建築，建於多面向街的巨大基地上。如其底層平面圖所示，樓梯間通常都很寬大而實用，但這並非文藝復早期宮殿的主要特色。

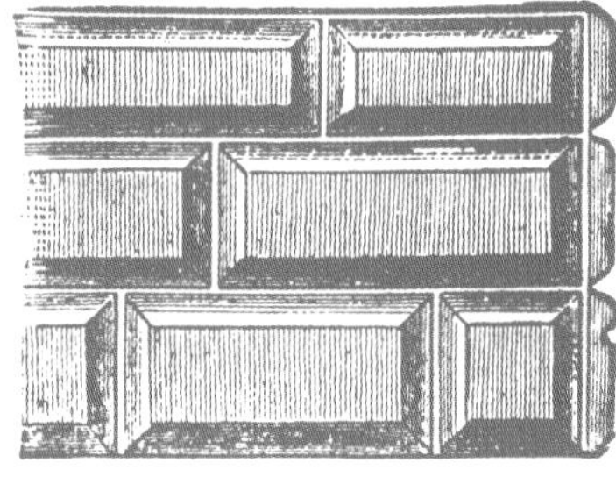

毛石砌

在宮殿底層使用大塊磚石可讓整棟建築物看起來較為穩固，給人一種堅定可靠的印象。這類磚石可接合起來以加強紋理，有時構成墊塊，有時粗略鑿刻。毛石砌是一種非常貴重的象徵，可彰顯主人的財力和地位。

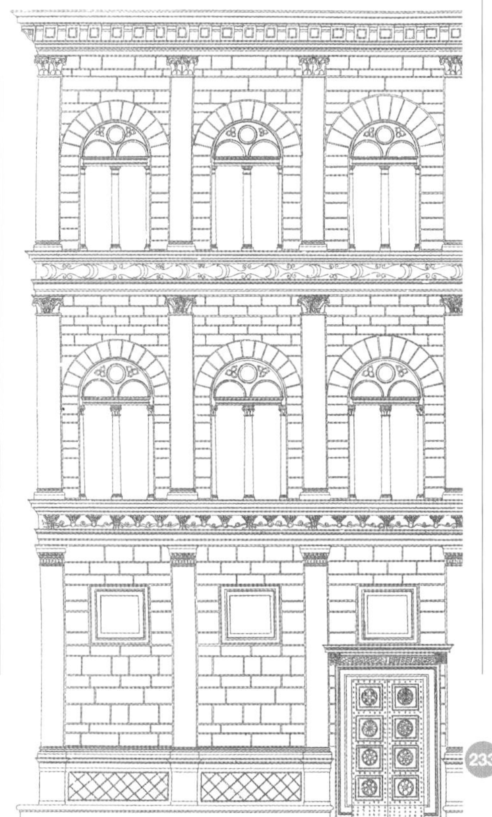

文藝復興

古典語彙的各種變體

任何語言都存在地區性的變體，義大利文藝復興時期的建築語言也不例外。建築風格是界定一個地區自主性的主要因素，因此像威尼斯這樣的城市，儘管也引進了古典建築語彙，但是新建築依然會反映出強烈的地方傳統色彩。在北義大利地區，磚塊是廣泛應用的建築材料，而且有許多建築表面依然覆有瓷磚、大理石或雕刻鑲板，使得含蓄的古典形式不太容易辨認。不過到了16世紀，深受古典風格啟發的盛期文藝復興建築，已在義大利各地紛紛湧現。

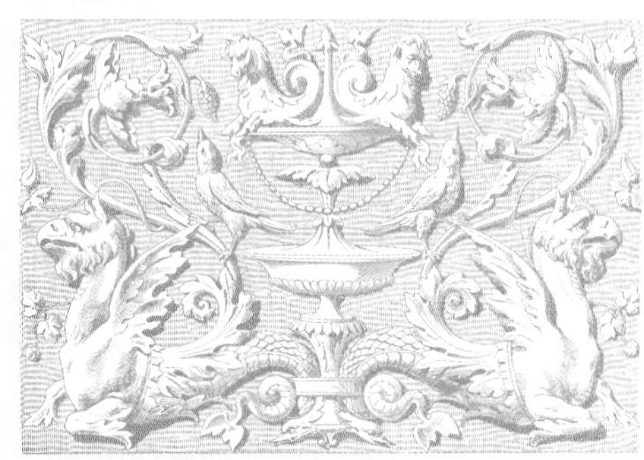

浮雕裝飾

華麗精美的浮雕是一種擁有悠久歷史的裝飾形式，尤其是在倫巴底和托斯卡納地區。這類裝飾作品多用於室內，典型的圖案包括各種模仿自古羅馬浮雕的古典主題，例如各種奇禽異獸、渦捲狀葉飾和甕瓶。

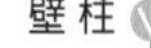

壁柱

壁柱是一種矩形剖面的淺支柱，不具結構功能。往往飾有大理石、灰墁或者繪畫裝飾。

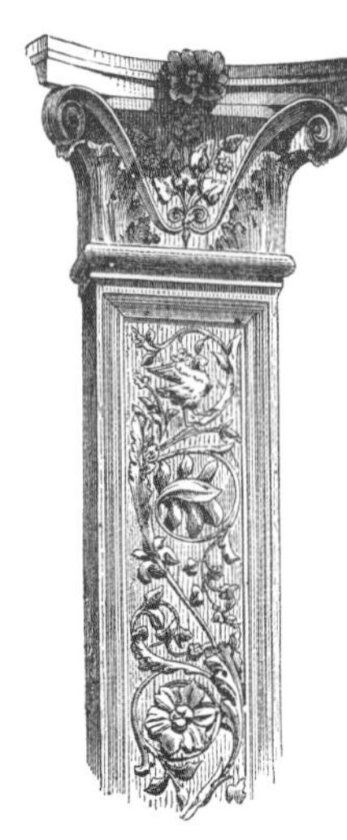

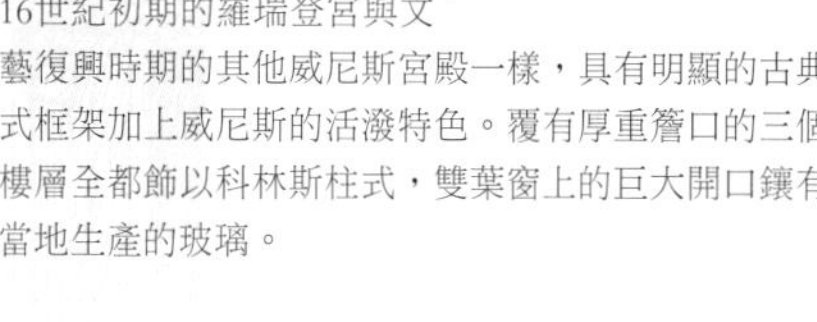

威尼斯式宮殿

威尼斯的宮殿通常成L形平面，立面很窄，縱深很長。16世紀初期的羅瑞登宮與文藝復興時期的其他威尼斯宮殿一樣，具有明顯的古典式框架加上威尼斯的活潑特色。覆有厚重簷口的三個樓層全都飾以科林斯柱式，雙葉窗上的巨大開口鑲有當地生產的玻璃。

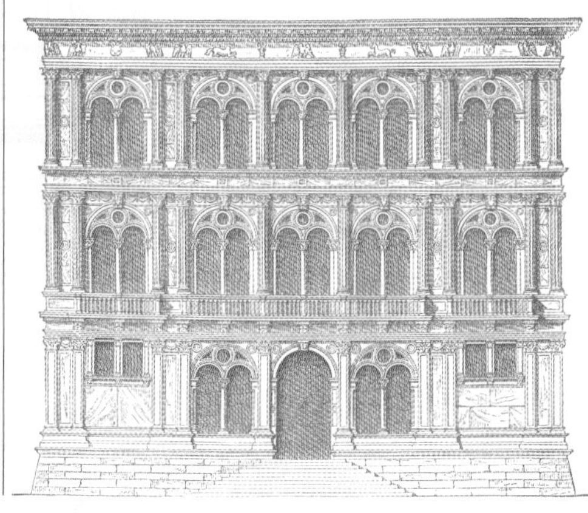

鑲嵌大理石

威尼斯波光粼粼的水面讓當地傳統建築的奢侈多彩立面看起來更為動人。15世紀末期的奇蹟聖母教堂，可說是古典風格與地方特色的完美融合。科林斯式與愛奧尼亞式的壁柱將上下兩個樓層完美地連接在一起，教堂外牆則飾有昂貴多彩的大理石裝飾。

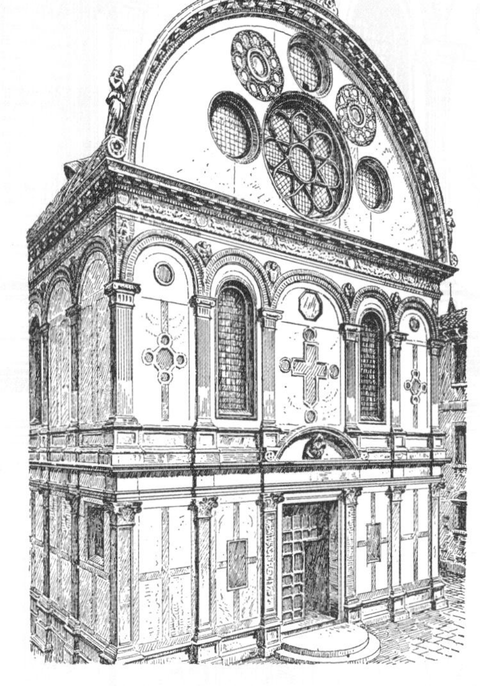

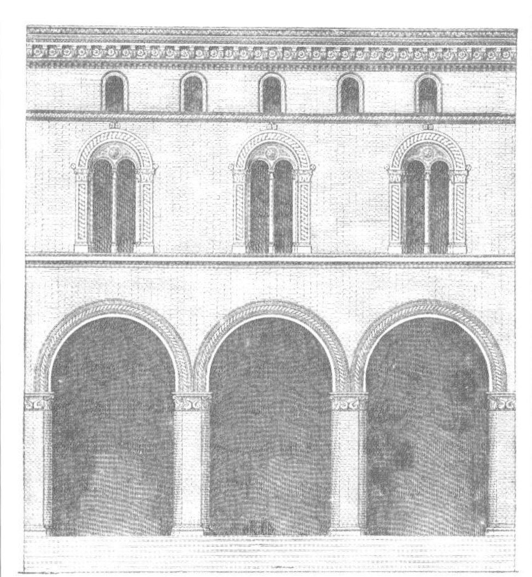

磚與陶瓦

義大利北部幾個省份擁有悠久的製磚歷史，並利用這種建材來展現古典形式。文藝復興時期的宮殿，例如波隆納的法瓦宮（1480年代），還會融入當地的一些建築特色，例如拱廊街，狹窄的頂樓層，粗壯的圓頭支柱、束帶層（連續的水平飾帶，帶有線腳）以及大簷口。窗戶和簷口周圍的精緻陶瓦裝飾也是當地的特色之一。

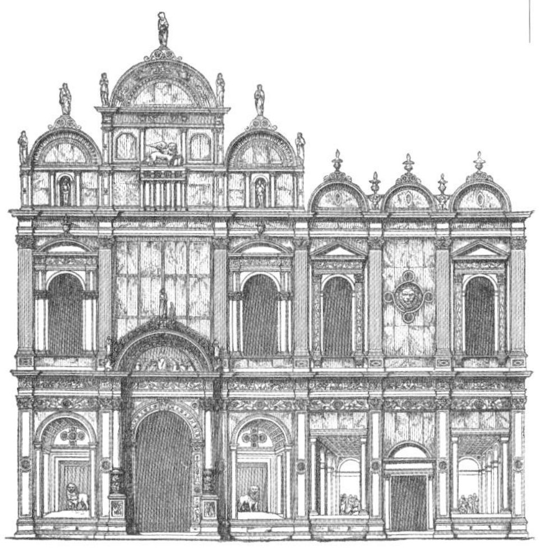

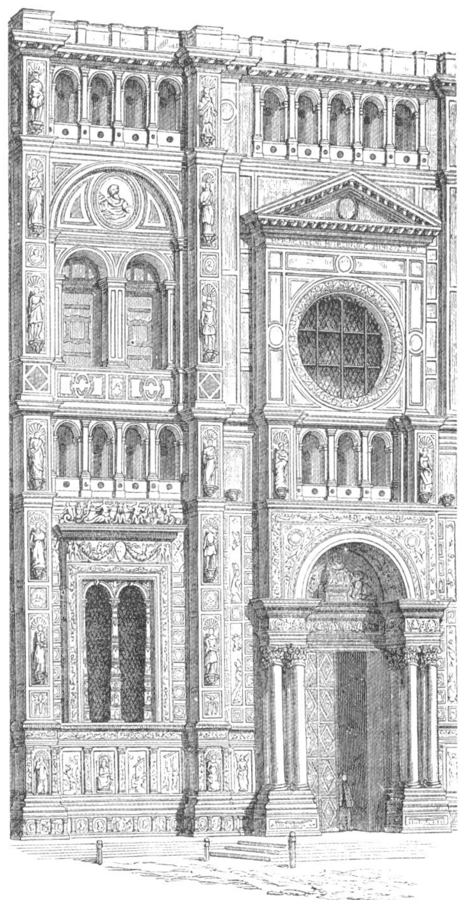

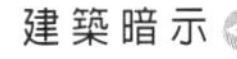

建築暗示

文藝復興時期的很多建築都參考了早期的一些重要建築。例如某座文藝復興時期的宮殿就複製了威尼斯總督府的哥德式窗花格；而左圖聖馬可學校（1480/1490年代）的拱形半月楣天際線，則暗示了聖馬可大教堂的圓頂。

色彩運用

義大利北部地區的建築特點不只表現在紛繁複雜的裝飾上，利用不同建材營造而成的色彩效果，也是其一大特色。比如帕維亞的西都會修道院（1429-1473）外部，就覆有由黑、白、綠三色大理石，以及紅色斑岩組成的精緻飾面——紅色斑岩尤其有一種獨特的古風。

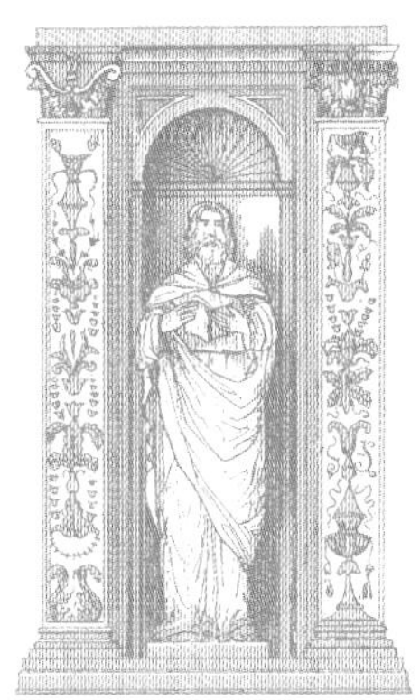

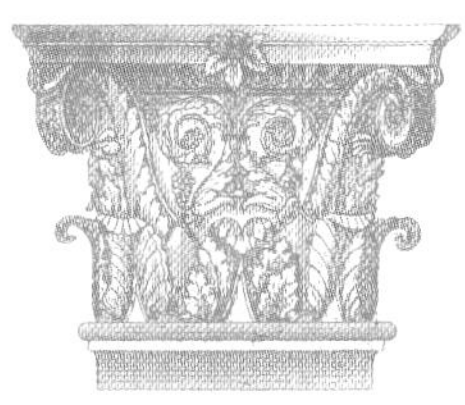

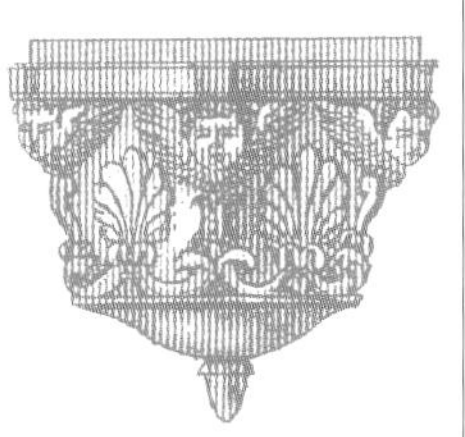

整體裝飾

儘管某些個別的古典元素很容易辨別出來，但是義大利北部地區的建築師在設計壁龕、柱頭以及托座這類建築細節時，還是會就整體的裝飾效果進行考量。

文藝復興

16世紀義大利教會建築

16世紀初開始，義大利建築革新的主要重鎮移到了羅馬。當時的羅馬一方面需要重新確立教廷的地位，同時也得重建破敗不堪的老舊城市，在這兩項迫切需求的刺激下，教皇、紅衣主教和新興修會不斷發出各種建築委託令。建築成了天主教教會的強力武器，可用來彰顯天主教的改革決心，主要幾種教堂類型——包括縱深式和集中式平面——的重要範例都出現於16世紀。這些設計響應了人們要求改變教堂禮拜儀式及其功能的呼聲。由於建築師們可以一方面就近研究羅馬古蹟，並能參考諸如布拉曼特等人的建築新作，因此盛期文藝復興的建築語言變得更具紀念性也更為成熟周密。

羅馬小教堂（16世紀初）

依照慣例，在具有特殊宗教意義的基地上，通常會採取集中式平面，布拉曼特在羅馬設計的小教堂就是一很好的範例。小教堂建在傳說中的聖彼得殉難處。這座小教堂公認是布拉曼特一生最完美的作品，也是收錄在帕拉底歐那本談論羅馬神廟的書中，唯一一座具有現代結構的作品。

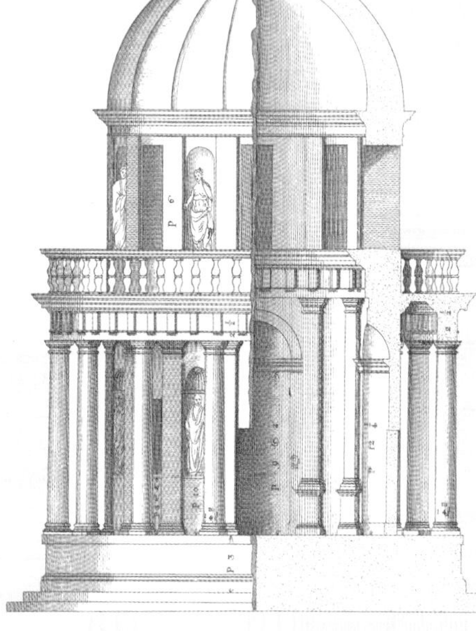

神廟形制

在設計小教堂時，布拉曼特重新詮釋了圓形神廟的形制，他在正殿周圍修建了一圈圍廊。布拉曼特還效仿羅馬萬神殿設計了一座半球形圓頂覆蓋內部，不同的是，這座圓頂是建在高鼓座上。布拉曼特為這座獻給聖彼得的教堂選擇了富有男性特徵的多立克柱式，除此之外，他還在橫飾帶的板間壁和方形鑲板上以教廷的紋徽作為裝飾。

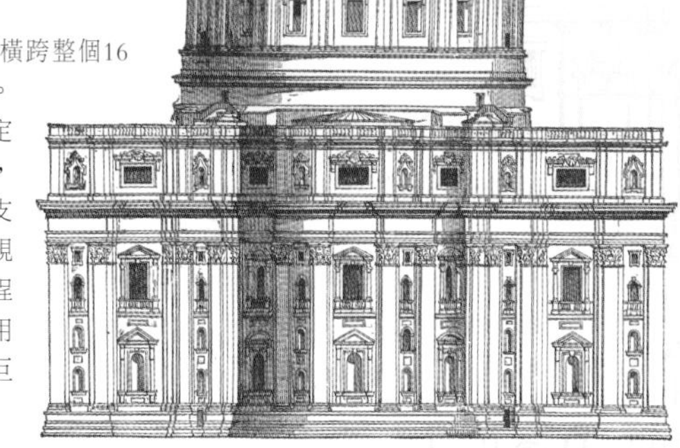

羅馬聖彼得大教堂

聖彼得大教堂的重建工作橫跨整個16世紀和17世紀的部分年代。雖然直到1605年才拍板定案，決定採用縱深式設計，但布拉曼特設計的十字型支柱一開始就確定了教堂的規模。禮拜堂東端的接合工程是由米開朗基羅負責，他用巨柱式的科林斯壁柱支撐巨大的頂樓層。

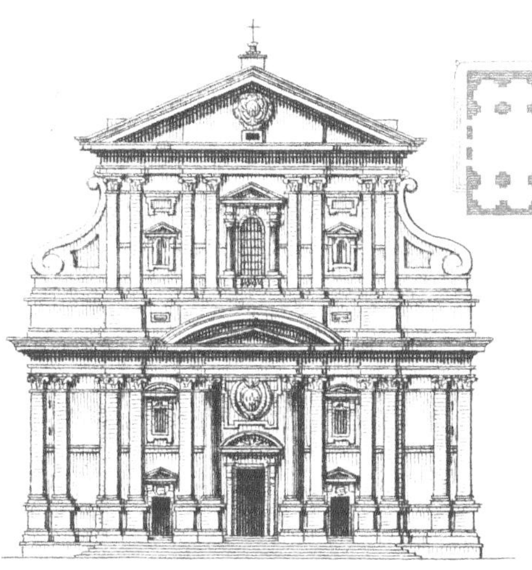

羅馬耶穌堂（始建於1568）

當時新成立的修會是建築的主要贊助者，因為他們需要新形態的教堂來配合改革後的宗教儀式。耶穌堂就是一座影響深遠的典範，因為它具體展現了特倫特會議後所立下的建築規範（包括一個寬敞的中殿和數個側邊禮拜堂）。耶穌堂的兩層樓式三角楣立面，成為日後許多教堂的仿效對象。

羅馬弗拉米尼亞大道的聖安德烈教堂（1550-1553）

很多文藝復興時期的建築都是受到著名先例的啟發，但又具有高度的創新性。例如弗拉米尼亞大道的聖安德烈教堂，這座紀念性的小教堂看起來像是模仿羅馬萬神殿，但建築師巴洛奇還做了各種設計實驗，例如以帆拱支撐卵型圓頂，並把內部空間設計成矩形。

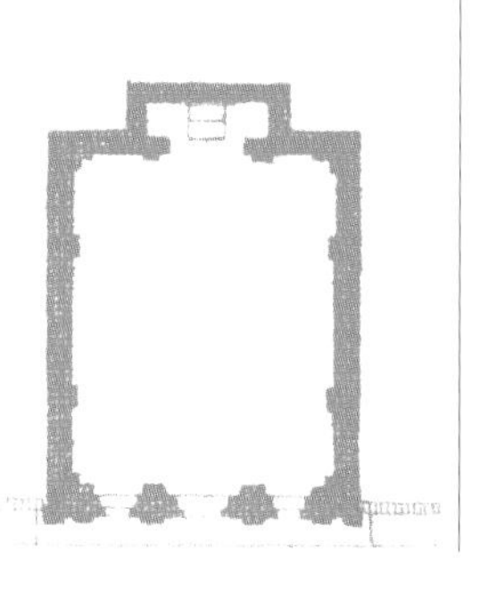

威尼斯救世主教堂（始建於1577）

帕拉底歐對教堂建築的貢獻令人印象深刻。他一直在努力尋找最適當的教堂立面，其結果就展現在威尼斯的救世主教堂上——連鎖式的三角楣神廟式正面加上附牆柱與壁柱。這座威尼斯教堂的內部由大型的「浴場式」（戴克里先式）窗戶採光，高祭壇後面有圓柱構成的屏障，將修士唱詩班席與教堂主體區隔開來。

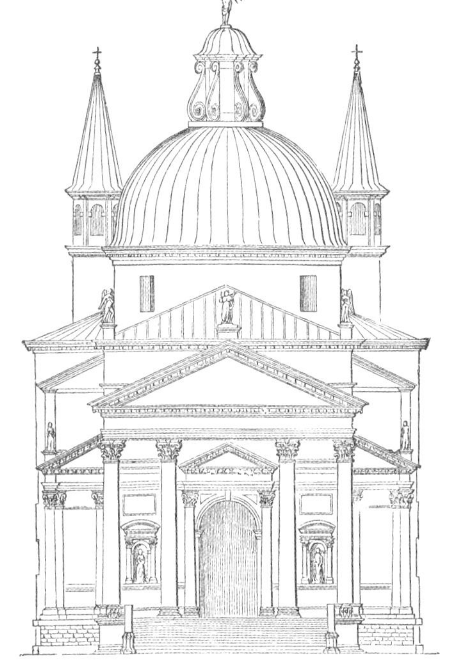

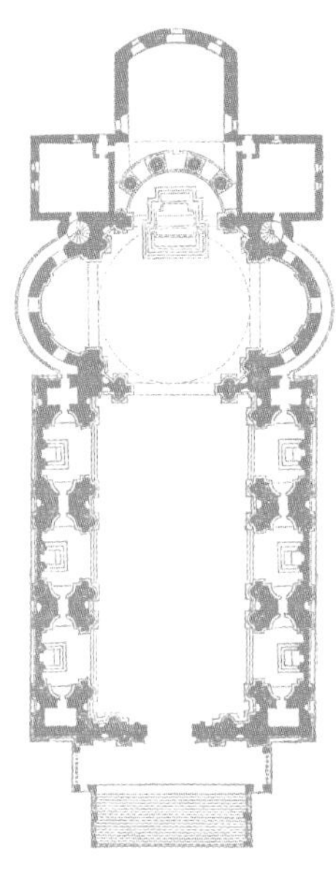

托迪的憂苦之慰聖母堂（始建於1508）

文藝復興時期的建築家一直在尋找理想的集中式平面。位於托迪的這座朝聖教堂體現了阿爾伯蒂理論中的幾個理想特點。這座教堂矗立在一塊開闊的基地之上，在標準的集中式形制內結合了一個圓形、一個方形和四個半圓形。

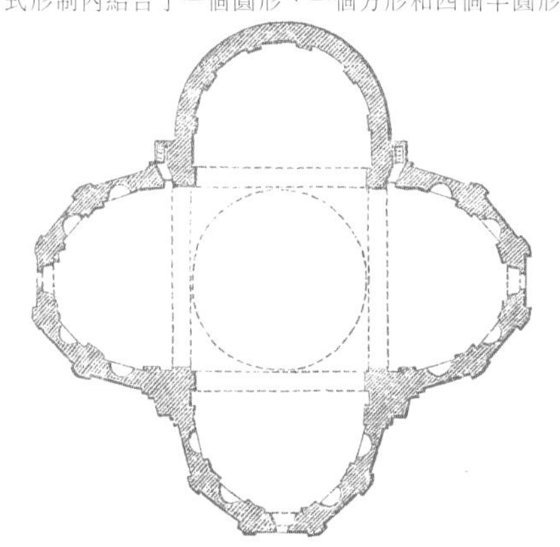

文藝復興

力量與威望的建築展現

16世紀的建築師以更加肯定而明確的態度使用古典建築語彙。建築理論家將各種柱式的用法整理成冊，並根據建築理論詳細闡釋。有越來越多人把注意力轉向都市規劃，城市也因各式宏偉的公共與私人建築而得以美化。城市與個人紛紛利用新建築來展現他們的權力，而他們所採用的古典語言也在其形式中帶有文明、秩序與威望的言外之意。

羅馬法爾尼斯宮（16世紀）

許多城市的雄偉宮殿依然常常採用佛羅倫斯模型，也就是以方院為中心的三層樓建築。法爾尼斯宮就是其中之一，示範了這種建築類型在16世紀的發展。在這座宮殿的立面，帶有山牆的壁龕式窗戶取代了中世紀風格的雙葉窗，外牆也以統一的手法進行處理，在大型楔石的烘托下，主入口顯得更加突出。

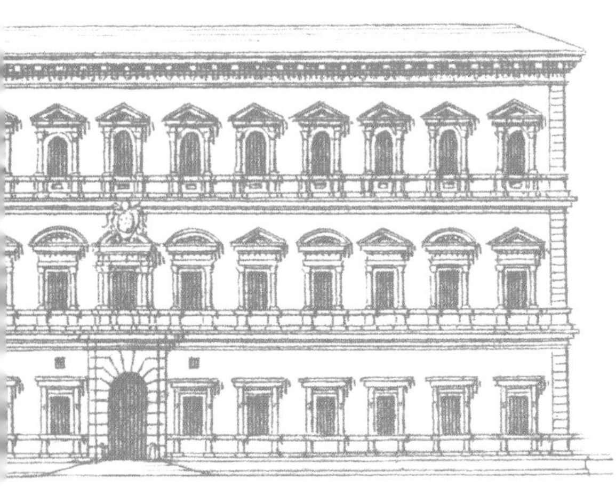

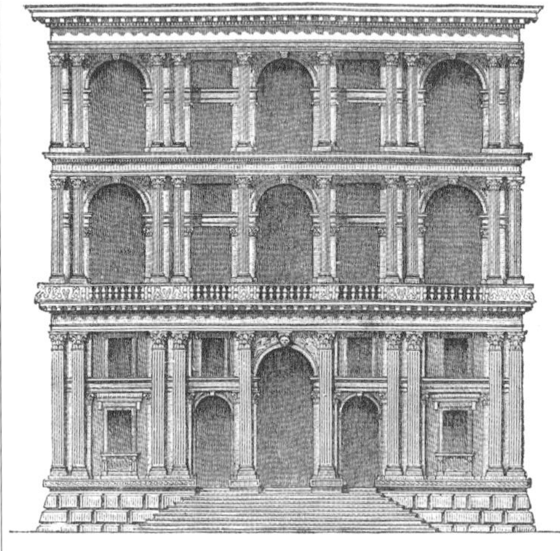

威尼斯式宮殿

威尼斯式宮殿的基本設計在16世紀幾乎沒什麼變化，不過建築師在立面上傾向採用大膽的古典語法，以便反映威尼斯人對繁複裝飾以及紋理的熱愛。極具裝飾性的科林斯柱式、帶凹槽的柱身，以及成對的柱子都可達到這種效果。

威尼斯圖書館（始建於1537）

由桑索維諾負責的威尼斯聖馬可廣場的改造工程，是文藝復興時期最重要的城市規劃案之一。這座圖書館堪稱是以老練有節的手法運用古典語彙的典範佳作。

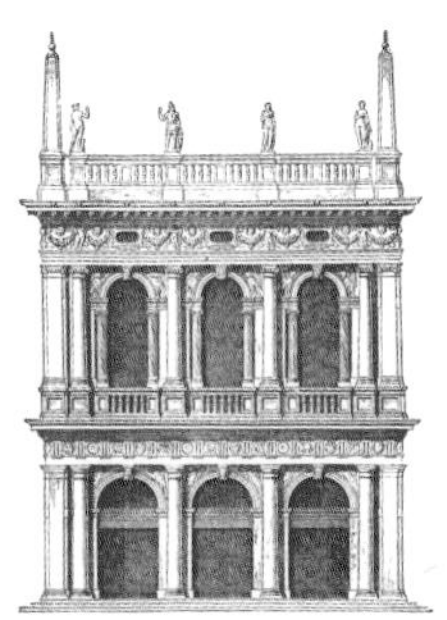

法爾尼斯宮簷部

個人不僅想藉由建築裝飾城市，也想藉由建築來表現自己的地位。屋主與贊助人會利用紋章和家徽來展示身分。在這個巨大的簷部上，建築師利用法爾尼斯家族的徽飾來妝點齒形飾下方的橫飾帶。

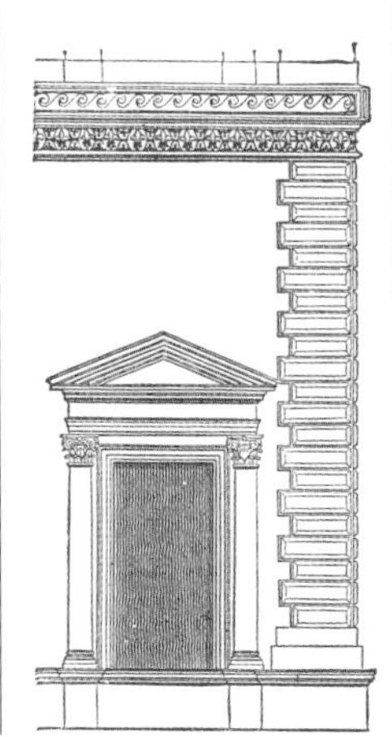

法爾尼斯宮屋角

屋角石是建築角落的框架與裝飾。它們也可作為顯著的設計特徵，例如法爾尼斯宮的屋角石設計與其平坦的牆面恰好形成對比，並為巨大的獨立塊面劃出明顯的界限。

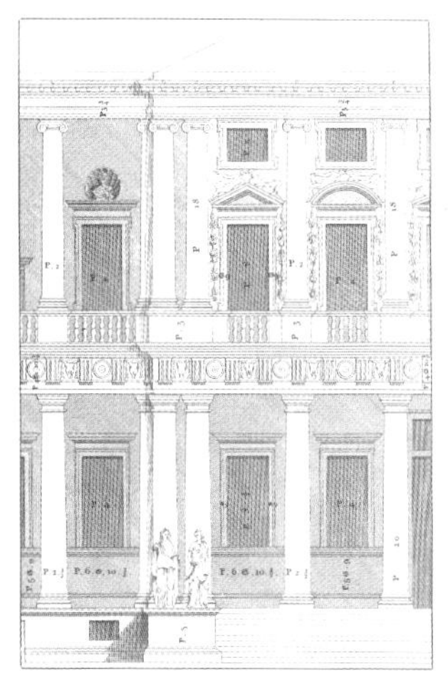

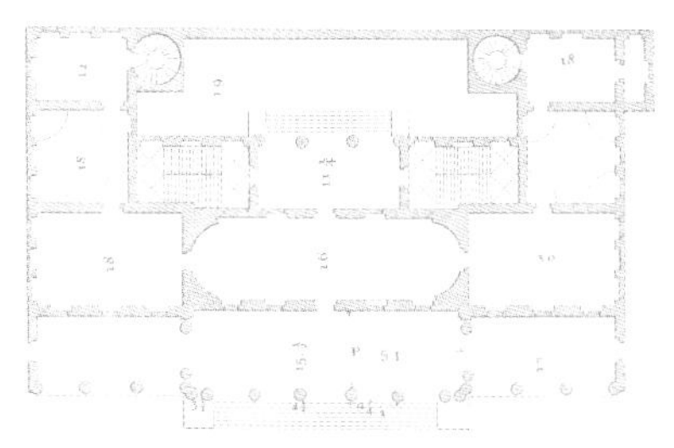

維琴察奇立卡蒂宮（始建於1554）

建築物的莊嚴氣質有時會給觀者一種超過其實際尺寸的宏偉感受。奇立卡蒂宮這種緊湊對稱的設計，使得有限的空間得到最大的發揮。其醒目的橫梁式結構加上明顯的古典元素，創造出非常優雅的立面。

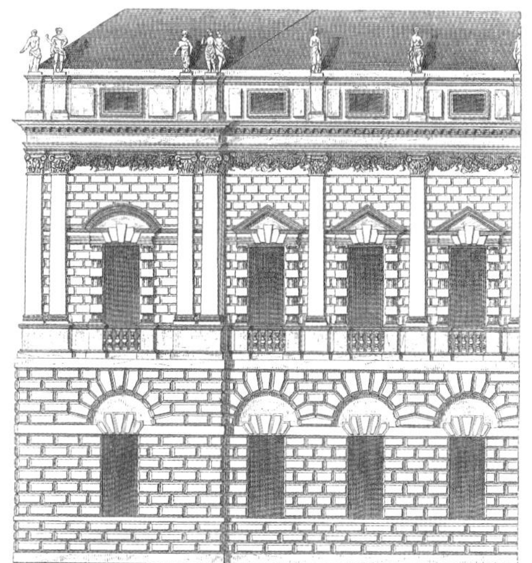

帕拉底歐式住宅建築

帕拉底歐在設計別墅時會採用深長的遠景和空間，但是在設計城鎮建築時，因為受限於視角和狹窄的街道，因此需要粗線條的勾勒。大面積的毛石砌、突出的簷部、成對的立柱加上天際線上的雕塑，都有助於吸引觀者的注意力。

維琴察巴西利卡（始建於1549）

維琴察城雖然處於威尼斯共和國的統治之下，卻因為令人印象深刻的城市建築而營造出自治城鎮的驕傲感。帕拉底歐用雙層敞廊將中世紀時期的市政廳謹慎地「包」了起來，並在上層設計了陽台。他刻意將此建築命名為「巴西利卡」，以便和上古時期的公共建築產生關聯。

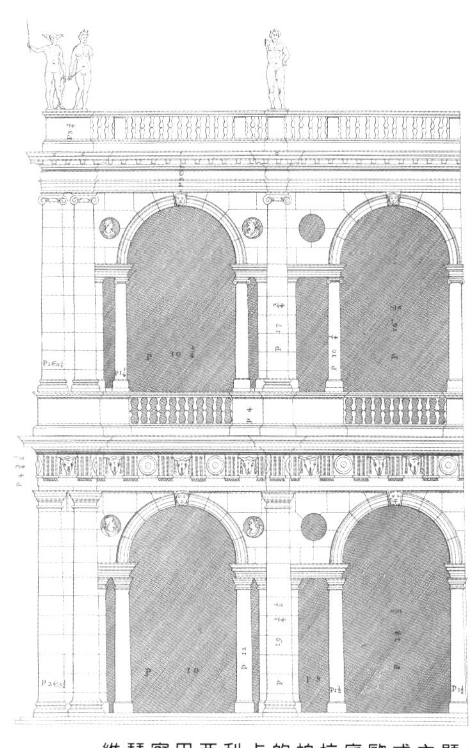

維琴察巴西利卡的帕拉底歐式主題

帕拉底歐式主題樣式指的是利用拱和柱營造出開口，讓簷部在此形成過梁，進而創造出側邊的開口。雖然這座巴西利卡上的拱距看起來非常規整，但是帕拉底歐可藉由改變側開口的寬度來配合後面的中世紀舊建築。

文藝復興

別墅與花園

別墅、花園和觀景閣都帶有喜樂閒適的意涵，在文藝復興時期這些都是相當重要的概念，當時的人們在應付繁華熱鬧的都市生活之餘，也熱中在鄉間追尋寧靜與冥想，好讓生活得以平衡。很多權傾一時的王公貴族和紅衣主教，紛紛開始打造他們的田園隱修之所。他們的落腳點或者是坐落於富饒莊園中的大型別墅，或是隱藏在城郊葡萄園或者是花園裡的郊區小別墅。文藝復興時期的學者以及建築贊助人對於古代別墅的知識，大多取自古代的文本或文學資料。在16世紀的羅馬，人們對古代房舍的設計方式及其功能運作具有極大的興趣。

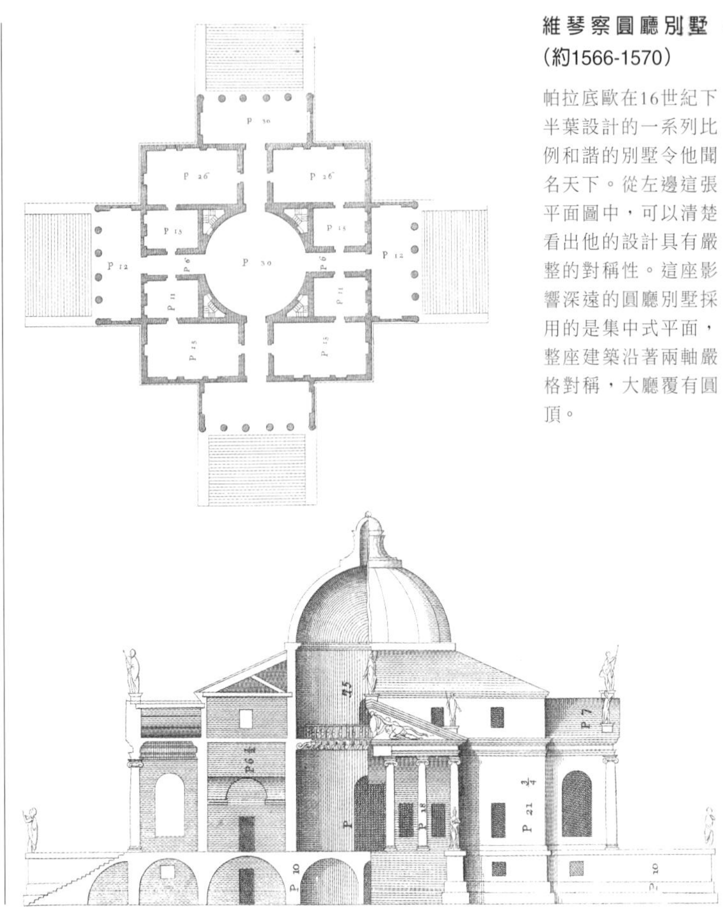

維琴察圓廳別墅（約1566-1570）

帕拉底歐在16世紀下半葉設計的一系列比例和諧的別墅令他聞名天下。從左邊這張平面圖中，可以清楚看出他的設計具有嚴整的對稱性。這座影響深遠的圓廳別墅採用的是集中式平面，整座建築沿著兩軸嚴格對稱，大廳覆有圓頂。

郊區別墅

和圓廳別墅一樣，郊區別墅通常也不是用來長期避暑，而是作為宴客和娛樂之用。別墅裡的大多數房間都是多功能的，其用途可根據天氣和季節而改變。僕人房按照慣例都是設在底樓，這樣的安排可使主樓的高度提升，方便欣賞美景。圓廳別墅的主樓有四個一模一樣的三角楣門廊作為入口。

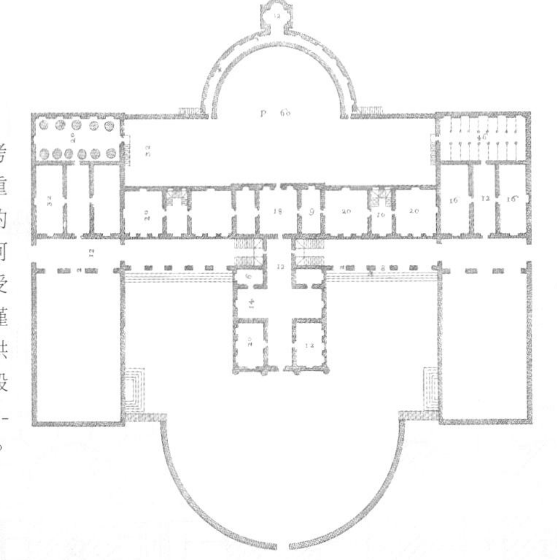

別墅的基地

不管是基於實用或美學的考量，別墅的選址都非常重要。位於山腰或者高地上的基地頗受青睞，能夠看到河景或者湖景的基地尤其深受歡迎。自然噴湧的泉水不僅可以增添花園景致，也可供日常家居使用，帕拉底歐設計的巴爾巴洛別墅（1577-1578）就是其中一例。

羅馬朱利亞別墅（16世紀中期）

水在文藝復興時期的花園裡具有非常重要的地位，因為流水可以帶給遊客聽覺與視覺的雙重享受。水流可以噴湧，可以滴流，也可以飛濺，這些設計在在增添了歡樂驚奇的效果。在朱利亞別墅裡，飾有河神的水泉園或者水洞，就像秘密花園一樣，必須穿過一段彎曲的樓梯才能找到。

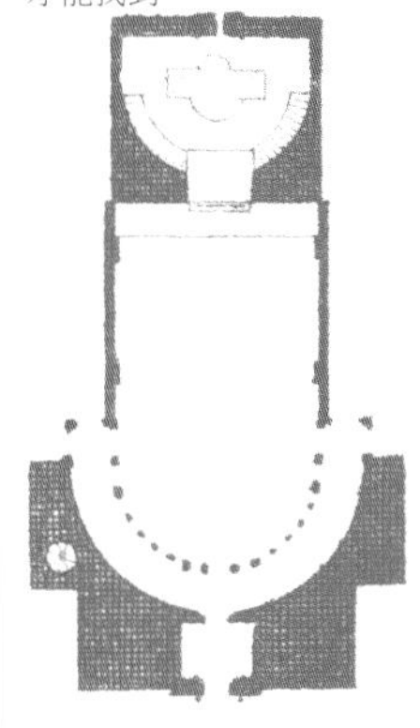

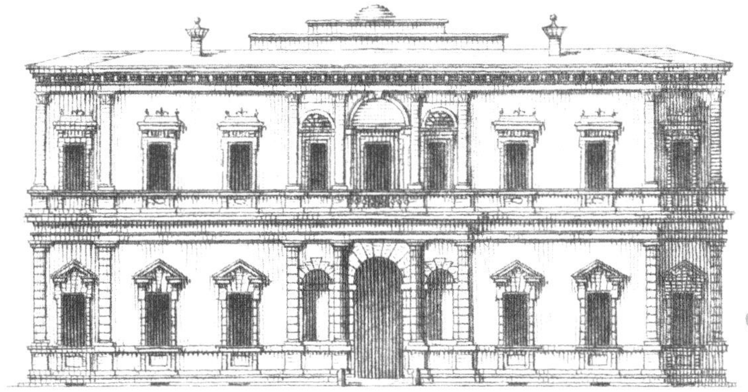

朱利亞別墅立面

好幾位教皇都把自己的別墅建在羅馬城外的陰涼山坡上。教皇朱利亞三世的朱利亞別墅有著類似宮殿般的立面。這棟別墅共兩層樓，採用了托斯坎和複合柱式，這種較為正式的建築語言與繪有壁畫的門廊及花園一側的精緻灰墁恰好形成對比。

通道口與入口

重要的花園與莊園常以醒目的通道口標出界限。精緻的石砌工程、毛石砌以及各種稀奇古怪的形態，全都可以在花園建築中找到棲身之地。

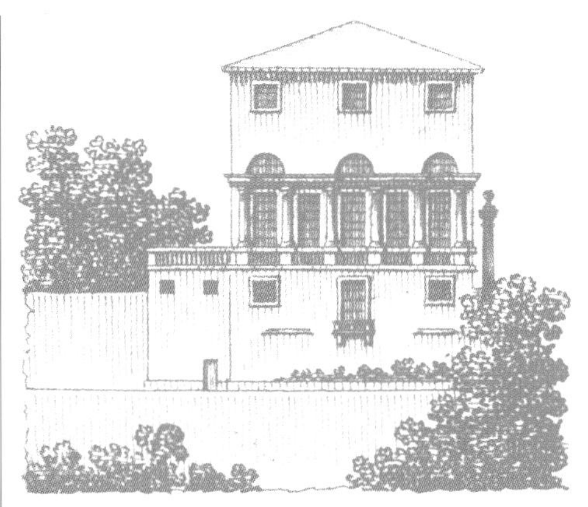

娛樂設施

別墅與宮殿的露台和花園是舉行盛大娛樂活動的最佳舞台。灌木叢散發的香氣、流水的淙淙聲，以及遠方美景和眼前雕塑交織而成的視覺效果，在在增添了它們的魅力。

露台、陽台與觀景樓

架高的陽台和露台是為了便於眺望美麗的景致。可以極目四方的塔樓和觀景樓也是許多別墅的典型特徵。

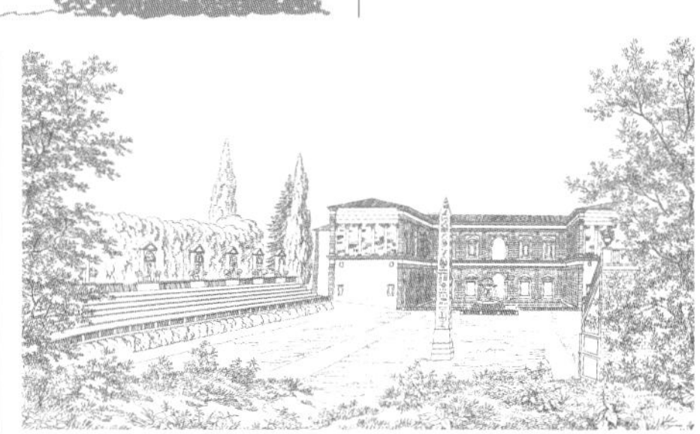

威尼托地區別墅：馬塞爾的巴爾巴洛別墅

帕拉底歐在威尼托地區設計了好幾座別墅，因為該區有許多面積遼闊的農莊。這幾座別墅大致都具有以下幾個特色：中央主樓以圓柱支撐的三角楣門廊作為入口，兩側以農莊建築作為輔翼。設計師利用醒目的古典建築元素（例如巨柱式以及酷似神廟的立面）來界定家庭活動的領域，連拱廊式的側翼則採用簡單的支柱。

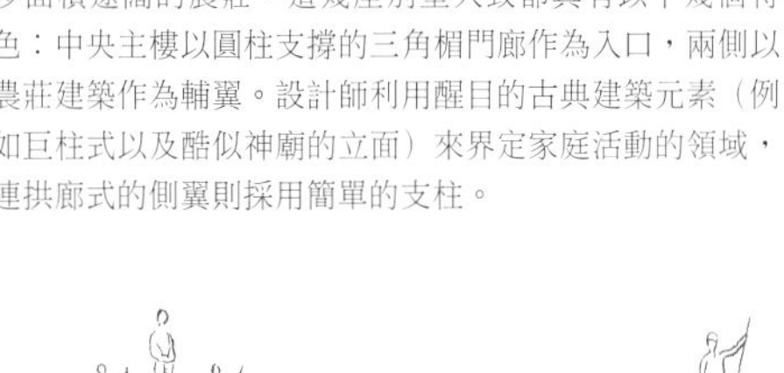

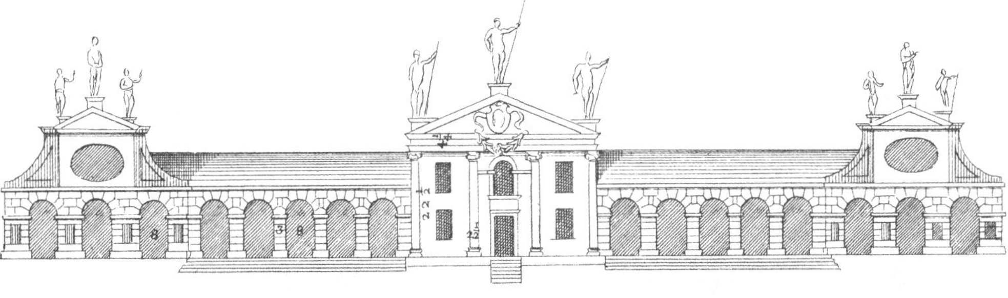

文藝復興

16世紀法國皇家城堡

義大利文藝復興時期的建築語言和風格傳到義大利城邦之外的過程進行得相當緩慢。在整個15世紀，哥德式建築依然在法國、西班牙和北歐地區普遍流行。這些地區對深受古典風格啟發的義大利建築開始有所了解並感到興趣，主要是受到從義大利旅遊歸國的遊客以及來自義大利的建築師和工匠的影響。法國國王法蘭西斯一世及其兒子亨利二世深知文化的內在力量並不下於政治，因此積極投入各項宏大的建築工程。

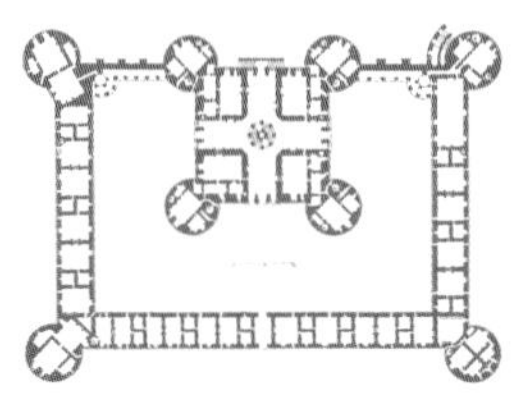

香波堡平面圖

香波堡的平面圖體現了文藝復興的嚴格對稱性，但其角樓則會令人想起中世紀的防禦城堡。

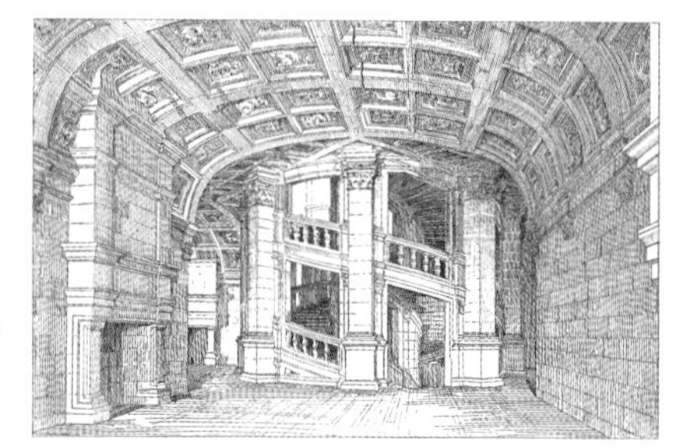

香波堡寓房

成套的房間或所謂的寓房，是法國宮殿建築中日益重要的特徵，這種特徵最早可能就出現在香波堡。寓房可經由中央樓梯延伸出去的走廊進入。

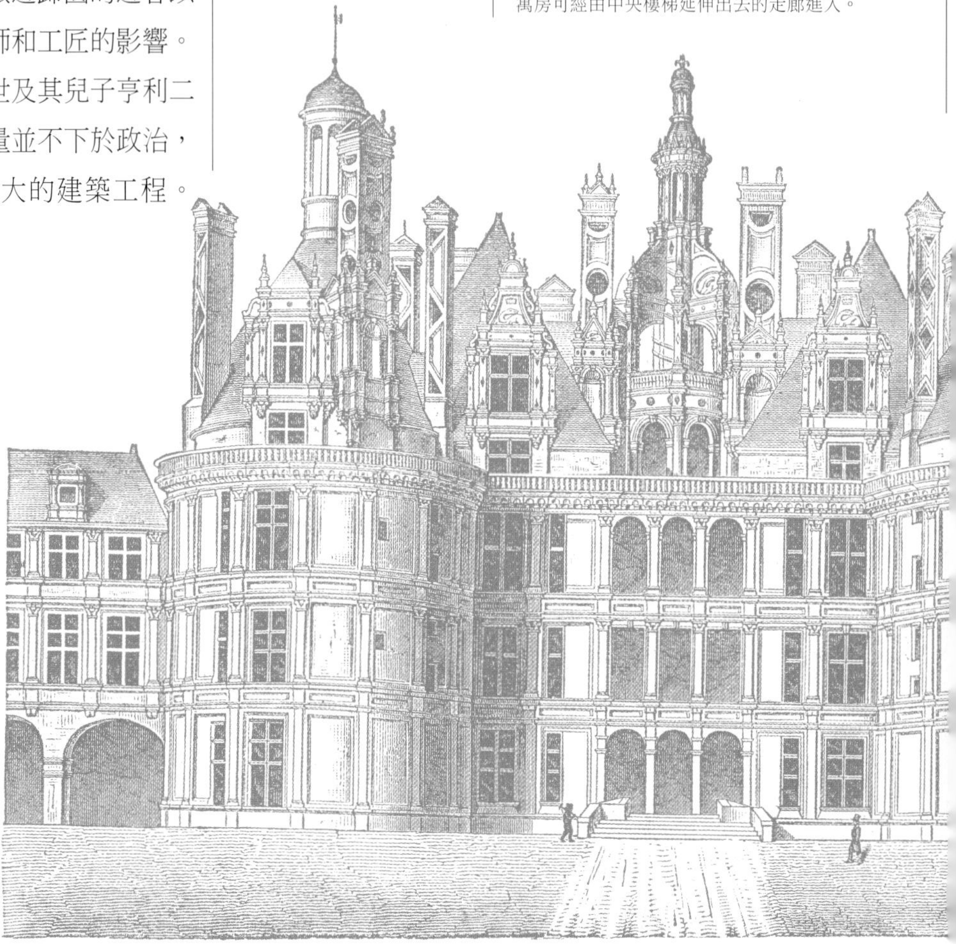

羅亞爾河香波堡
(始建於1519)

雖然法國文藝復興時期的建築經常採用義大利的古典語言，但並非義大利建築的直接複製，而具有獨樹一幟的法國風格。其中很多建築都融合了多種形式。香波堡的較低樓層是由壁柱和層疊的連拱涼廊接連而成。高聳的角塔和陡坡屋頂在大簷口和欄杆上方形成鮮明的天際線，與早期法國的建築傳統遙相呼應。

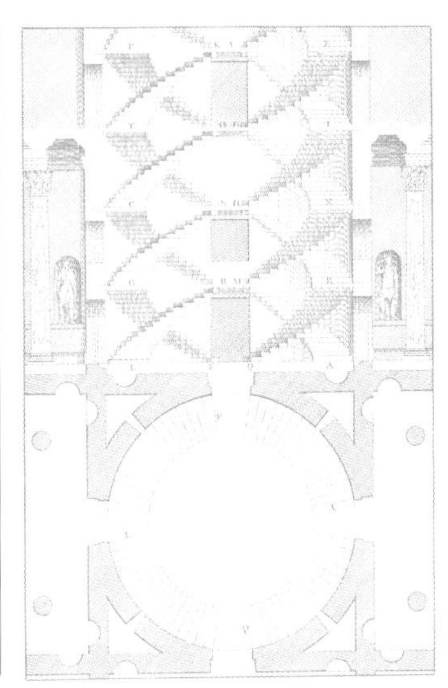

香波堡中央樓梯

香波堡最著名的雙螺旋梯可能是受到了達文西畫作的啟發。這座樓梯的新奇、美麗以及實用令帕拉底歐深深著迷，並將其收錄在《建築四書》中談論樓梯的章節。

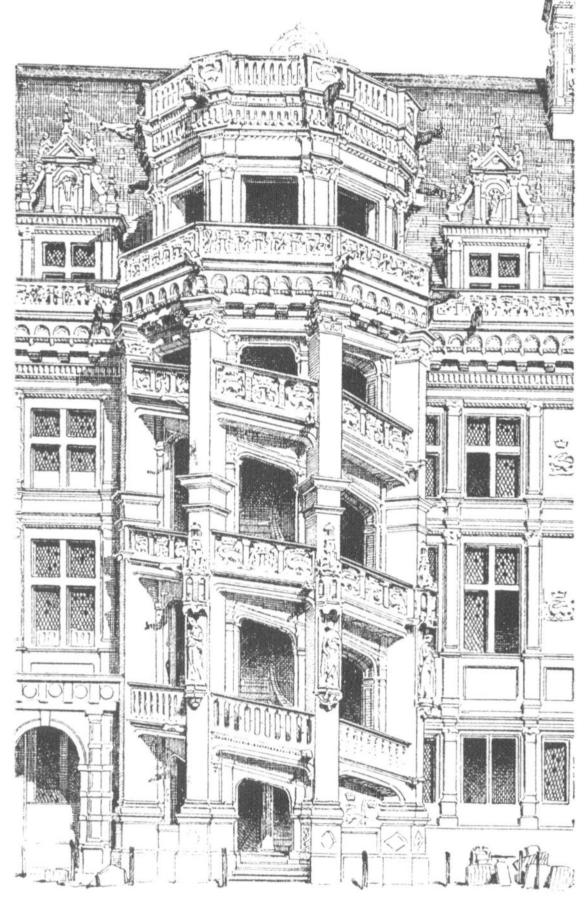

羅亞爾河布洛瓦古堡的樓梯間

16世紀的法國建築比義大利更注重樓梯間的設計。打從15世紀開始，法國就有使用螺旋梯的傳統。在為法蘭西斯一世修建的布洛瓦古堡內，有一座開敞式的大型石砌樓梯間，雖然上面的裝飾語言是古典式的，但依然承襲了螺旋梯的傳統。

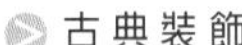

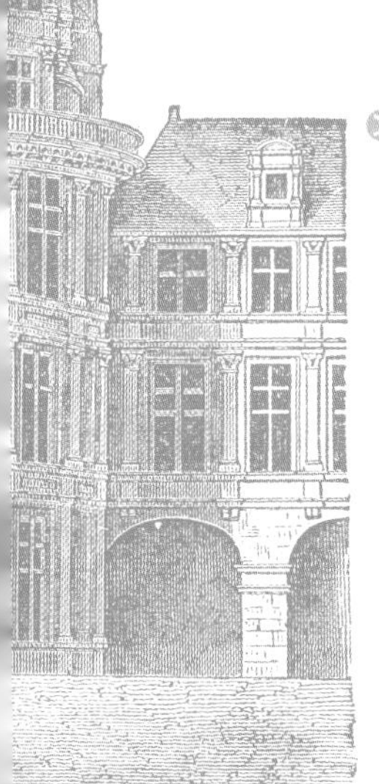

古典裝飾

許多法國建築都建有高煙囪，而且上面的裝飾和圖案往往很少出現在建築的高處或屋頂上。這兩座煙囪的頂端有石棺狀的雕刻，以及渦旋形飾、壁柱以及卵箭形線腳。

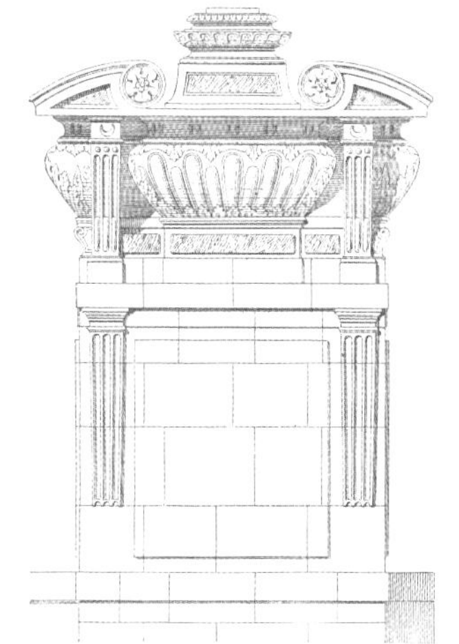

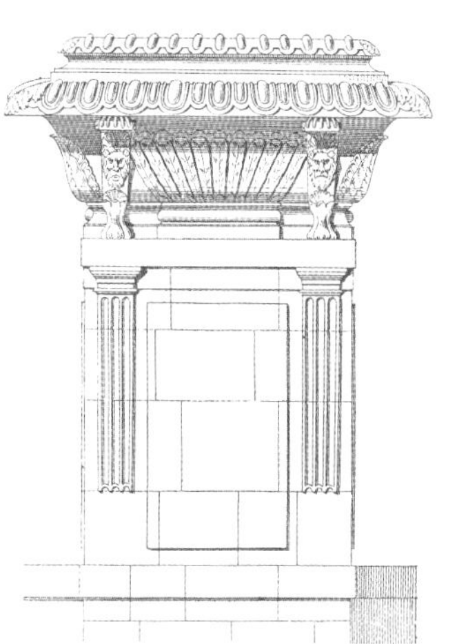

文藝復興

法國的建築語言

法國對義大利古典建築風格的接受程度比其他歐洲國家都更直接而徹底，雖然古典形式在法國有時只作為裝飾元素出現。法國不僅利用地利之便快速吸收義大利新建築的相關知識，還透過各種建築版畫、圖片和專書汲取資訊。法蘭西斯一世從義大利聘請了好幾位藝術家及人文主義者前來他的宮廷，建築師瑟利奧也是其中之一，他曾親自在羅馬考察過布拉曼特和拉斐爾的作品。瑟利奧的《建築》是第一部附有插圖的現代論著，對於義大利盛期文藝復興建築形制的傳播居功厥偉。

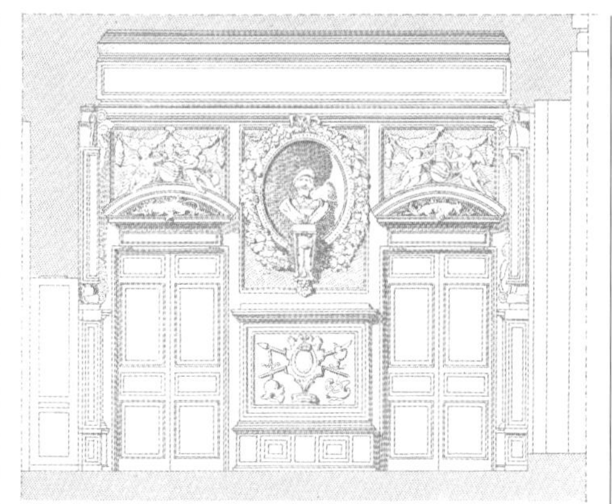

楓丹白露宮內部裝飾

法蘭西斯一世聘請了眾多義大利藝術家前往法國，其中幾位將楓丹白露宮內部設計得十分富麗堂皇。藝術家們在柱式、半圓壁以及橫飾帶等建築框架上大量運用繪畫、灰墁和雕刻，營造出這種獨特的風格。

陵墓雕塑

文藝復興時期許多大型陵墓都採用古典式建築結構，但有時人像的擺設和雕刻卻反映出中世紀的傳統。有好幾位法國國王的陵墓是出自義大利雕刻家之手，例如下圖這座路易十二的陵墓。連拱式的頂蓋是其最大特色，上面有裝飾華麗的科林斯式壁柱、寬闊的橫飾帶和突出的簷口。

楓丹白露宮的設計要素

色彩、紋理與華麗感是楓丹白露宮內部設計的重要元素。精細鑲嵌的天花板、木質鑲板牆、鍍金框架以及鏡子，在在強化了這種富麗堂皇的裝飾風格，這種風格不僅盛行於法國，歐洲其他國家也紛紛仿效。

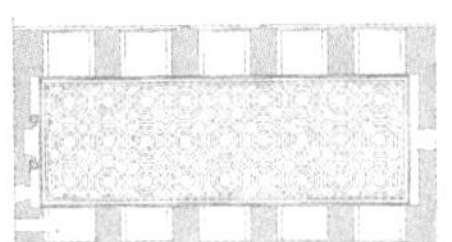

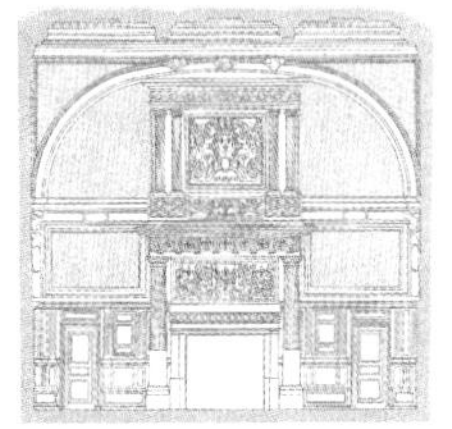

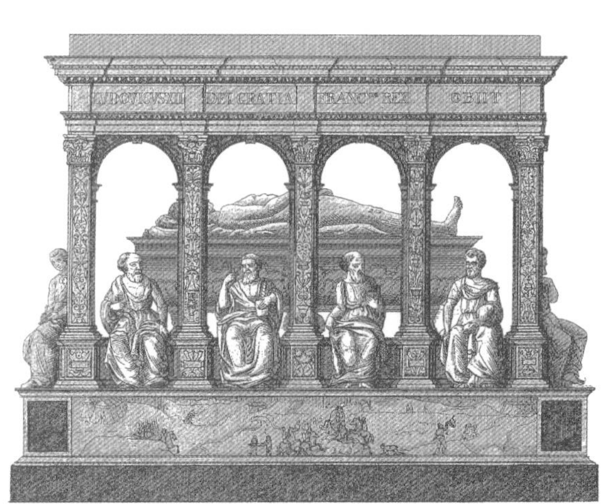

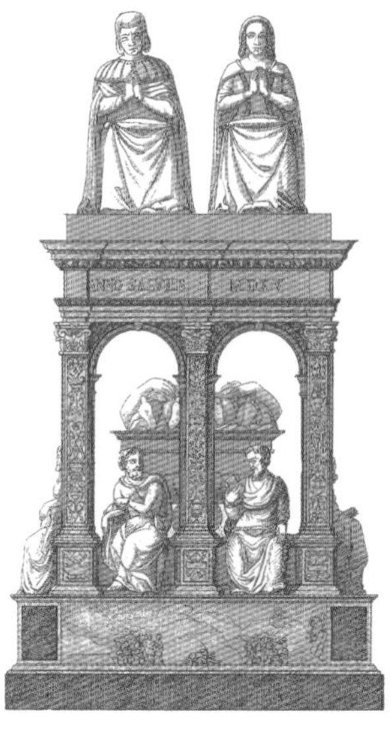

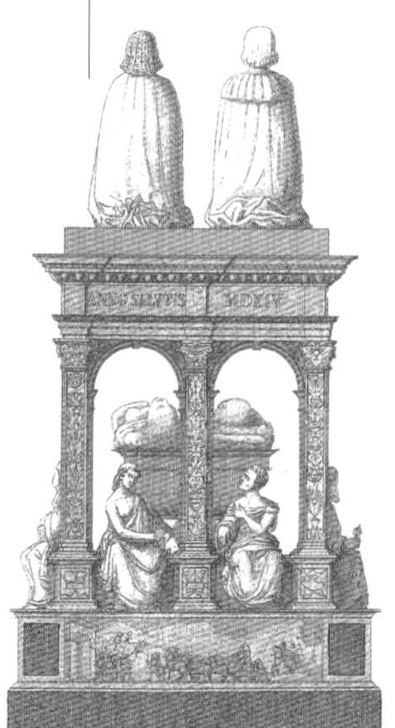

楓丹白露宮的柱式

瑟利奧在他的《建築》第四卷中，討論了各種建築柱式及其裝飾手法，並指出從簡樸的托斯坎式演變到華麗的複合式的一連串過程。楓丹白露宮的底樓樓基是以精緻的毛石砌築成，不但優雅而且絕對堅固。

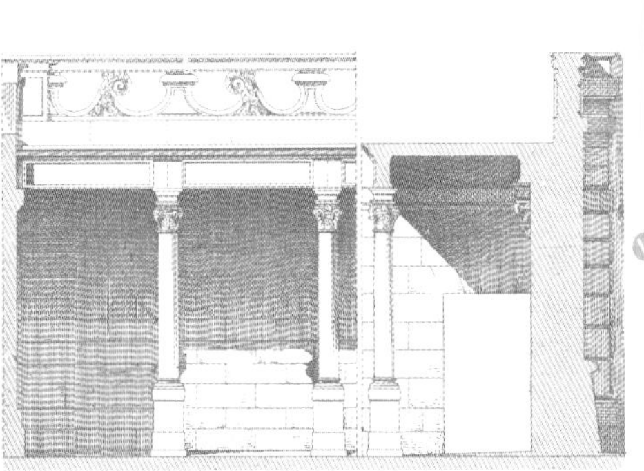

楓丹白露宮門廊

楓丹白露宮的這座門廊採用了橫梁式的過梁柱結構。每根科林斯圓柱及其高台座支撐著上方的直梁。

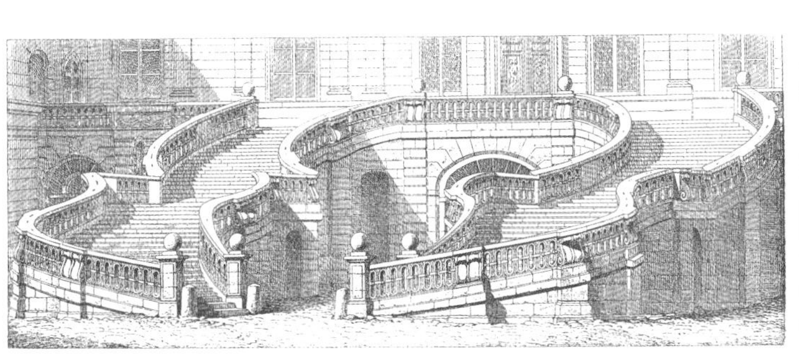

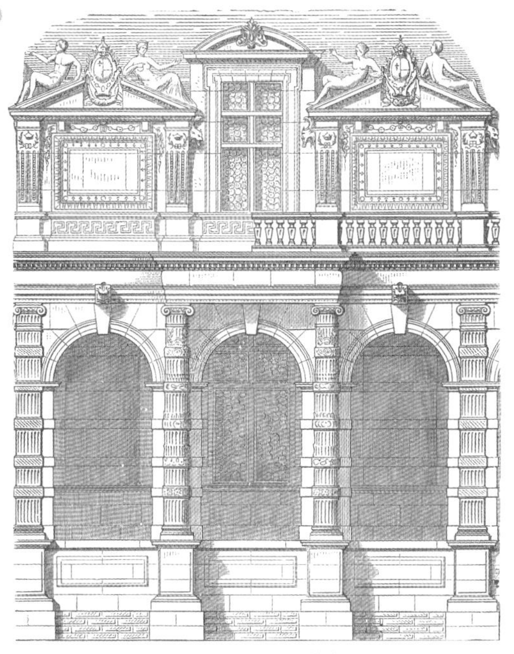

楓丹白露宮露天台階

露天台階通常指的是位於二樓高度、有樓梯連接的平台，平台上有建築物的主門口。如今這個術語也指位於屋外的階梯段或樓梯本身。楓丹白露宮的這座露天台階讓人印象深刻：有兩條彎曲的扶臂，台階分成兩段，緩步爬升。

法式革新

雖然各種建築論著對於柱式的使用及其裝飾手法已有明確規範，但許多建築師並未嚴格遵行慣例，而會做些改變以創造自己的風格。以下圖為例，設計者雖然選擇了傳統的爵床葉飾，卻用奇幻的帶翼人像取代渦旋形飾。

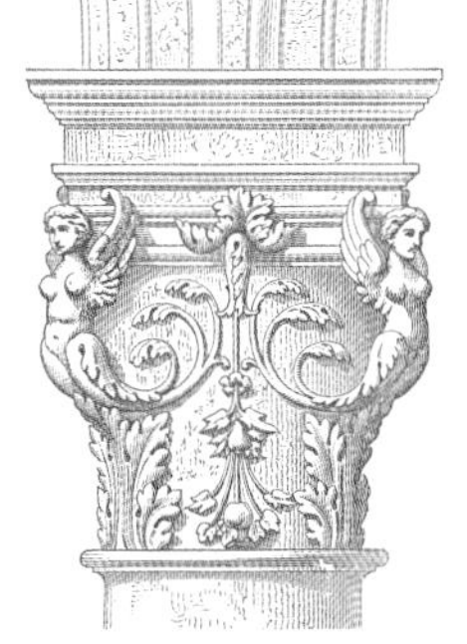

「法蘭西」柱式

某些法國建築師造訪義大利時不只會研究16世紀的現代建築，還會去考察古典時期的遺蹟，比方說德洛姆就是其中之一。德洛姆提議設計一種獨特的「法蘭西」柱式：包括以厚薄石材交替組成的分塊式柱身，柱身上帶有凹槽和裝飾環。

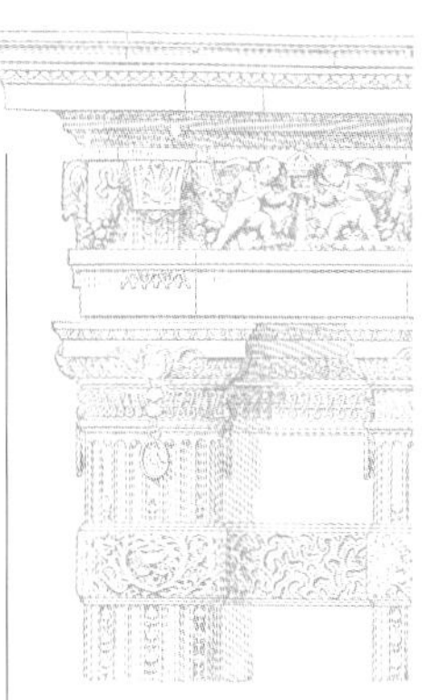

原創性

德洛姆之所以倡導「法蘭西」柱式，有部分原因純粹是出於實際考量。因為法國建築大多是石製的，分塊式結構既可以隱藏接口處，又可以增加承載力。這種柱式也為設計師提供了很大的裝飾空間，上圖取自羅浮宮的插圖。

文藝復興

歐洲北部的城市建築

一般都認為文藝復興的建築語言是以古希臘和古羅馬建築前例為基礎的古典形式。但這並非16世紀唯一的建築語言，而且因為它跟天主教的關係太過密切，因此也不適合歐洲北部的大部分地區。歐洲北部地區逐漸發展出一種與義大利無關的重要特徵，亦即裝飾性山牆。這種特色廣泛運用於城市和住宅建築之上。歐洲北部的城市常利用大型公共建築的力量來展現其城市驕傲和民族認同。16世紀的某些市政廳或行會會館便融合了當地的建築特點以及典雅的古典主題，展現出強而有力的紀念性風格。

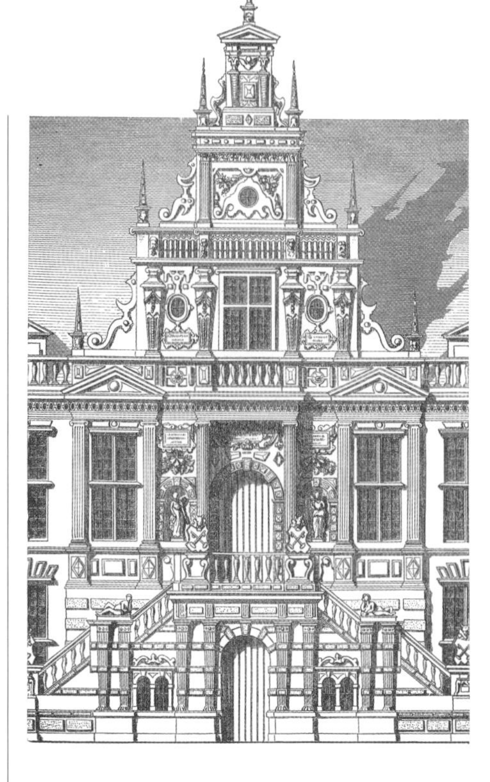

萊登市政廳立面（1595）

很多城市在特別繁榮的時期都會試圖藉由更新或擴建讓公共建築更為現代化。荷蘭的萊登城就是很好的例子，該城在16世紀末以興盛的紡織業著稱，建築師德凱為已經存在的市政廳重新設計了一個充滿生氣的立面。在這座立面上可以看到各種古典主題（帶有凹槽的圓柱和壁柱、三角楣、分塊式柱身，以及毛石砌）與華麗的山牆天際線交互輝映，令人目不暇給。

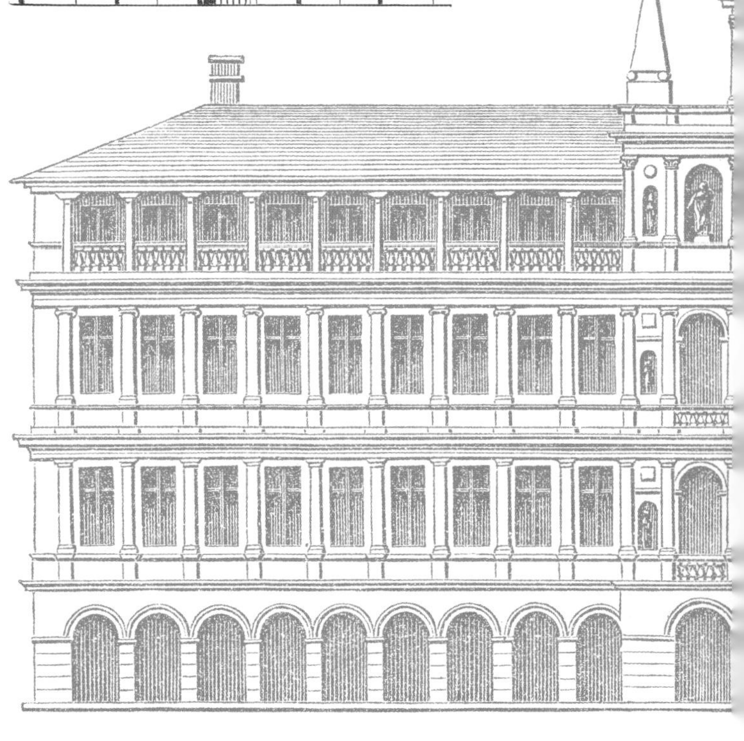

安特衛普市政廳（1561-1565）

義大利建築逐漸傳入歐洲北部主要是透過通過翻譯成荷蘭文和其他語言的建築論著，以及曾在義大利工作的當地建築師。在義大利工作多年的弗洛里斯為安特衛普設計了這座宏偉的大市政廳，展現出他從布拉曼特和瑟利奧身上學到的知識。在這座莊嚴的紀念性古典主義建築上，設計師出於裝飾目的（而非實用考量）加上了一座山牆。這是該地區最早的義式建築之一，對低地國家的市政廳設計影響非常深遠。

布倫斯維克織品交易所

在這段商業與貿易持續發展的時期，歐洲北部的許多城市都在主廣場上建造大批非常壯觀的建築。以德國下薩克森州的布倫斯維克為例，該城有一氣勢非凡的多層樓織品交易所，下面四個樓層依序展現了四種古典柱式飾有帶狀飾和漩渦飾的山牆立面則反映了北方的傳統特色。

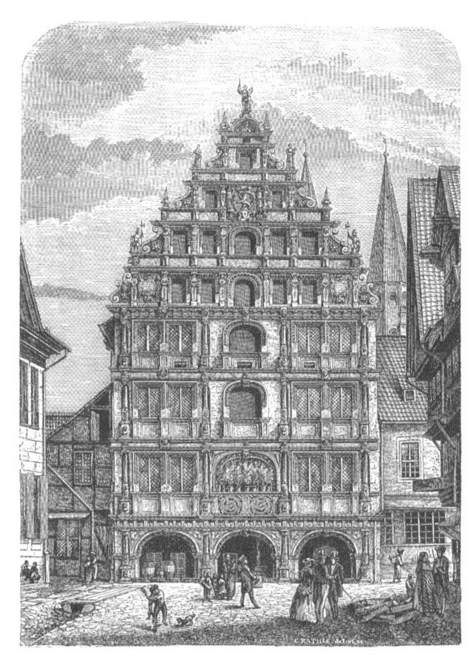

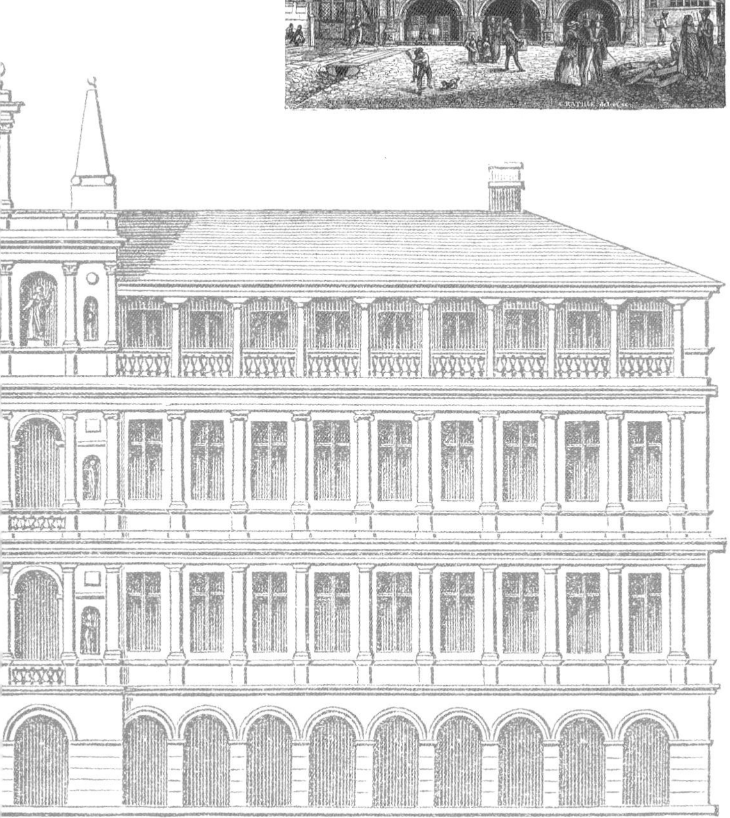

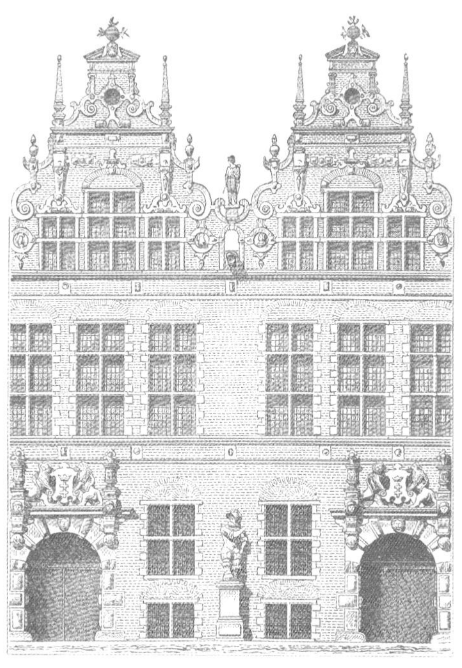

格但斯克軍械庫

歐洲北部有很多國家擁有結構精細的磚造建築，這個傳統在文藝復興時期得到了延續。波蘭格但斯克的軍械庫就是一例，其立面還有石製的中櫺、窗楣以及大門周圍渾厚的砌石。在頂樓的捲曲式華麗山牆上飾有方尖碑狀的小尖塔。

文藝復興

西班牙的盛飾與去裝飾風格

從16世紀初開始，西班牙的世俗建築就融合了文藝復興的裝飾主題，但是華麗而富於裝飾感的哥德式風格在許多領域，尤其是宗教建築中，始終占據主導地位。雖然有些建築採用了比較義大利化的語彙，但通常只是作為應用裝飾，其基本結構依然是哥德式的。不過隨著義大利的建築知識與建築理論廣泛流傳，西班牙的建築構造也更加注重比例與和諧等原則。到了在16世紀下半葉，腓力二世的建築師埃雷拉設計出一種非常嚴峻簡約的古典建築風格，稱為「去裝飾」風格。

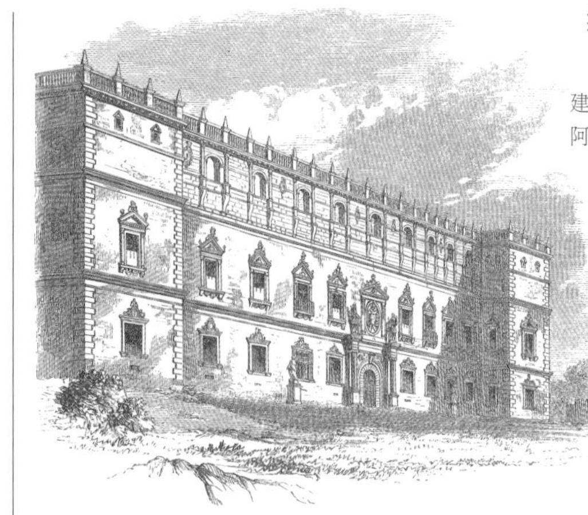

托雷多的阿卡莎宮立面（1537）

建築師科瓦魯比亞斯在設計阿卡莎宮的主立面時，結合了宮殿和城堡建築的元素，以比較非傳統的手法運用古典主題，結果相當成功。依照慣例，毛石砌和突出的托座通常都用在建築物底層，但在這個立面中卻出現在頂樓，幾乎成為介於兩個突角之間的裝飾。

皇家醫院噴泉

庭院與天井是西班牙建築的重要特徵。位於聖地牙哥的皇家醫院就設有矩形庭院，四周圍繞著由方形壁柱支撐的半圓拱券。庭院中央的噴泉飾有奇幻動物和爵床葉等古典主題。

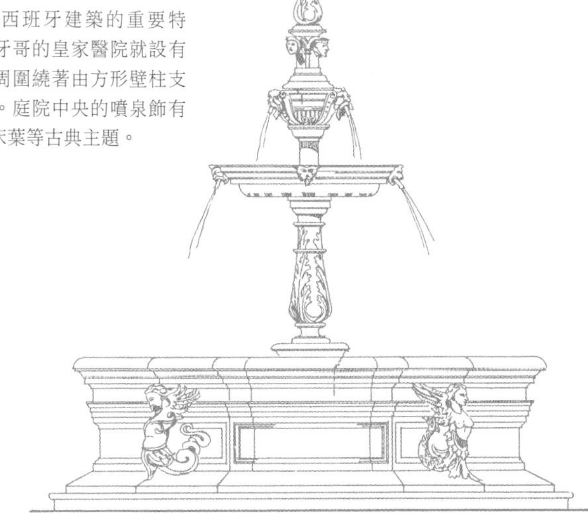

聖地牙哥德孔波斯特拉皇家醫院（1501-1511）

「銀匠風格」這個詞是指西班牙建築中那種華麗但通常與結構無關的裝飾手法。這棟皇家醫院的大門非常華麗，有四層疊加式的壁柱和一個寬大的拱型半月楣。門上覆有飾滿深浮雕的壁龕，壁柱和其他建築表面則飾有淺浮雕。

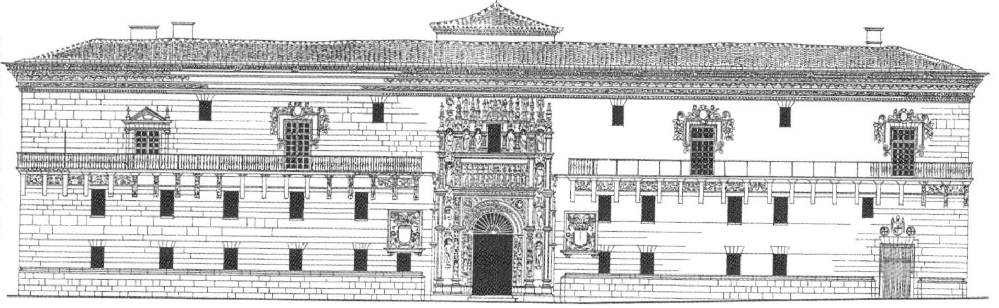

布爾戈斯大教堂黃金樓梯（1524）

這座帶有台座和簷部的黃金樓梯具有古典風格的特徵 ，但是這些形制全被表層的裝飾掩蓋掉了。繁複的雕刻是典型的西班牙裝飾，建築師經常使用如貝殼飾、葉形飾、圓雕飾以及甕飾這些仿古典風格的主題。

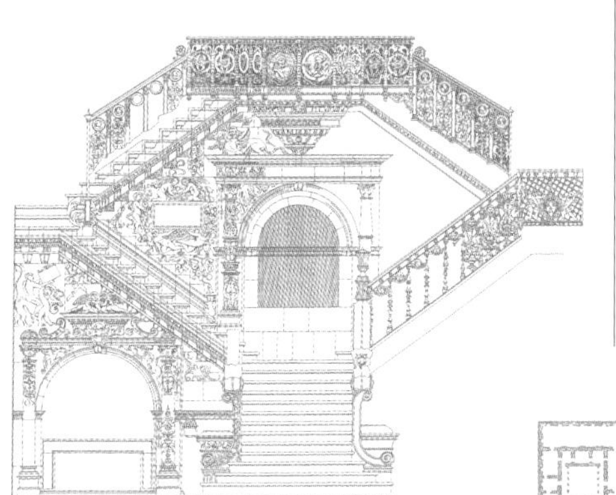

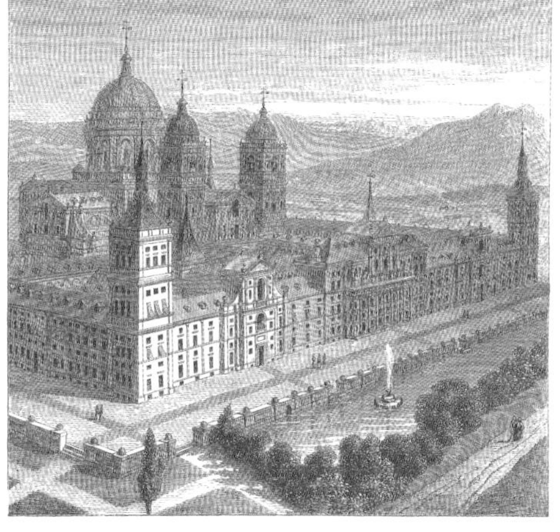

埃斯科利亞爾建築群的去裝飾風格

由於埃斯科利亞爾建築群的去裝飾古典主義與早期的西班牙建築風格形成鮮明對比，因此從16世紀晚期開始，對西班牙影響甚巨。埃斯科利亞爾建築群以花崗岩作為建材，幾乎不帶任何裝飾。這座紀念性建築給人的肅穆感幾乎可以和天主教改革運動的意識形態劃上等號。

柱式的使用

古典柱式常見於庭院當中，雖然那些複雜的柱頭裝飾並不符合古典的形制與比例。建於16世紀初的瓜達拉哈拉門多薩王宮，其天井建拱廊的柱身、柱礎和上下層柱頭都是採用石材，但是過梁和托座卻是使用木頭。

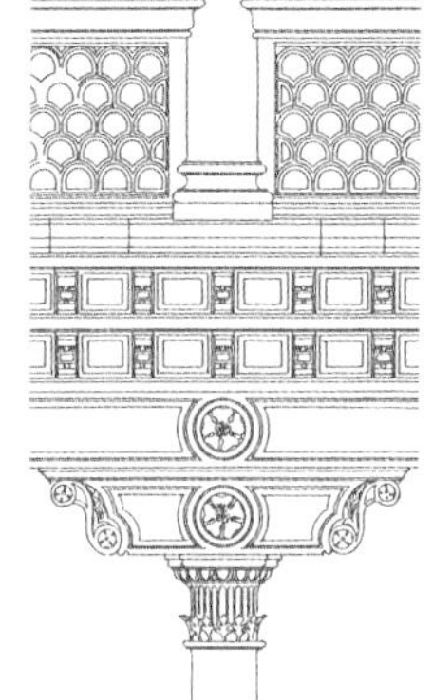

馬德里的埃斯科利亞爾建築群（1563-1584）

這張平面圖透露出埃斯科利亞爾建築群的對稱性以及複雜性，這是腓力二世為其父王查理五世修建的陵寢。覆有圓頂的十字型教堂可能是以義大利風格的集中式平面作為範本，是這個占地廣大的皇家建築群的有形焦點和象徵核心。埃斯科利亞爾建築群還包括一座修道院、迴廊庭院、皇家寓所以及一座圖書館。

伸臂柱頭

伸臂柱頭指的是柱頭上方設有一個寬托座，在西班牙建築中相當常見。左圖的木製托座上雕有漩渦形飾和圓形飾（小圓鑲板），與橫飾帶上的裝飾彼此呼應。

文藝復興

伊莉莎白式華廈

同歐洲北部的大部分國家一樣，16世紀的英國建築大多也都屬於哥德式風格。古典風格是後來慢慢從其他歐洲國家傳入（並非直接來自義大利），並深受法國和法蘭德斯建築特點的影響。當時英國正處於宗教改革時期，來自宗教界和王室的建築委託案相當少。反倒是伊莉莎白一世宮廷中的一些高官貴胄，建造了一批宏偉的府邸。建築歷史學家薩默森爵士將這些府邸稱為華廈，其中有幾座還經過特別的修葺或改建，以便在一年一度的皇家巡行中取悅伊莉莎白女王及其扈從。這類華廈的重要特徵幾乎都可在朗格里特府邸和沃拉騰大宅中找到。

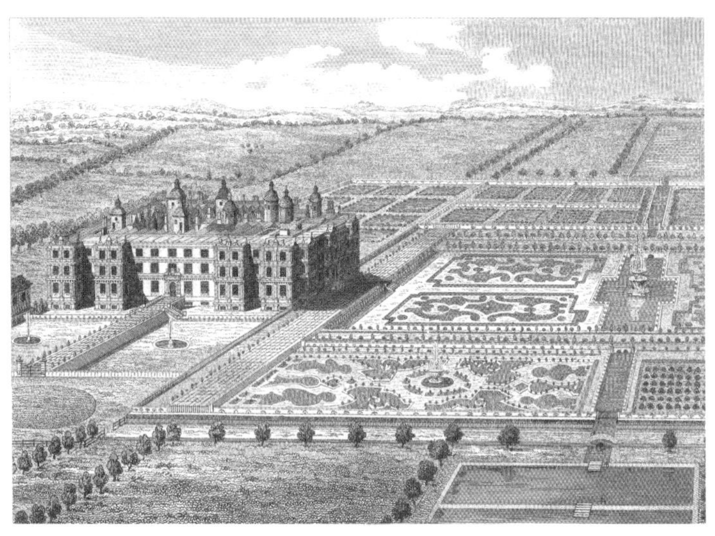

威爾特郡的朗格里特府邸（1570年代）

朗格里特府邸是在1570年代由早期的舊宅重建而成。其創意部分展現在對稱和諧的建築立面之上，其立面是由豎框窗以及大面積的玻璃組成。

朗格里特府邸立面圖

朗格里特府邸的立面結合了古典風格的含蓄、文藝復興的柱式，以及灣窗這種英國式主題。這種輕微突出的開間結構讓整個立面顯得活潑輕快，又不會破壞其莊嚴的紀念性與和諧感。

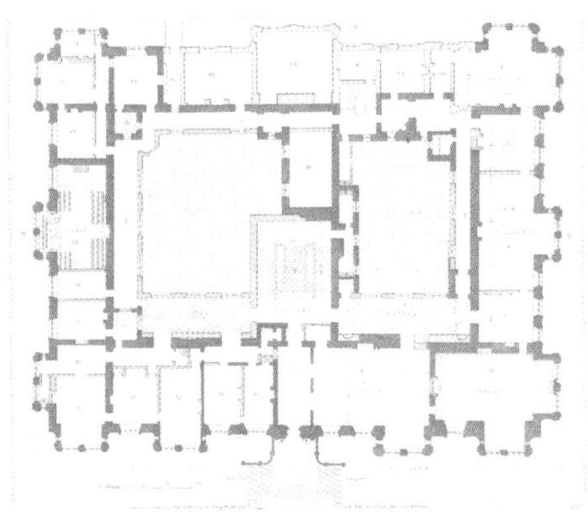

朗格里特府邸平面圖

適合宮廷人士居住的華廈不僅需要一條長走廊以及供娛樂之用的大廳，還需要設計完善的廚房、佣人房，以確保日常生活順利運行。套房也是必備的。這些重點在朗格里特府邸的平面圖中都可看到，其平面格局是沿著兩條軸線稱分布。

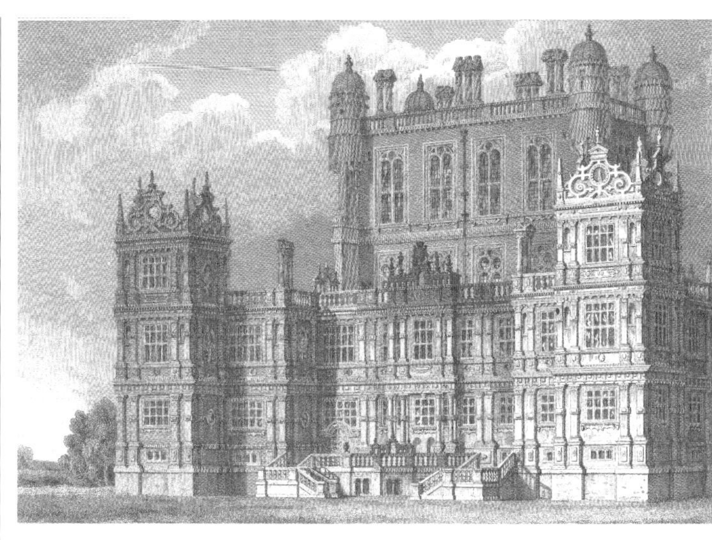

諾丁漢郡的沃拉騰大宅（1580年代）

義大利和其他歐洲國家的建築藉由各種方式傳入英國，包括建築論著。從史密森1580年代設計的沃拉騰大宅中，可以清楚看出其裝飾和平面曾受到瑟利奧和弗里斯的影響。

沃拉騰大宅塔樓

建築師在生動的建築天際線上加上了四座塔樓，塔樓上的條帶飾（帶狀交錯的浮雕裝飾）山牆顯然是汲取自弗里斯的設計。和正立面一樣，分塊式壁柱構成了大型豎框窗的框架。

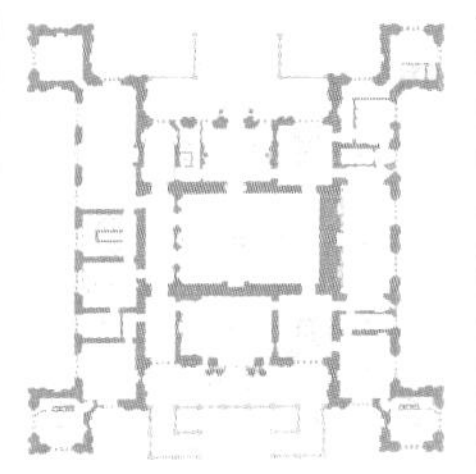

沃拉騰大宅平面圖

這張對稱式的平面圖上有四個塔樓，構成矩形建築體的四角。內部沒有庭院，取而代之的是一座中央大廳。這個平面很可能參考了瑟利奧的某個設計。

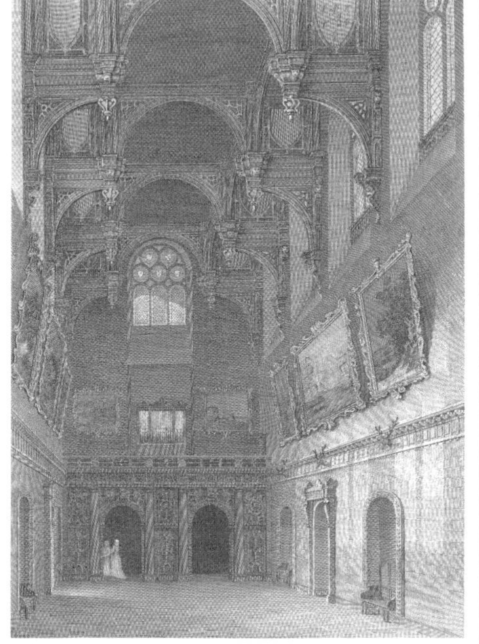

沃拉騰大宅大廳

都鐸王朝時期建築依舊設有大廳。這個大廳的底層沒有開窗，屋內照明全來自哥德式風格的高側窗。條帶飾屏板上的細節設計是受到16世紀荷蘭建築的啟發。

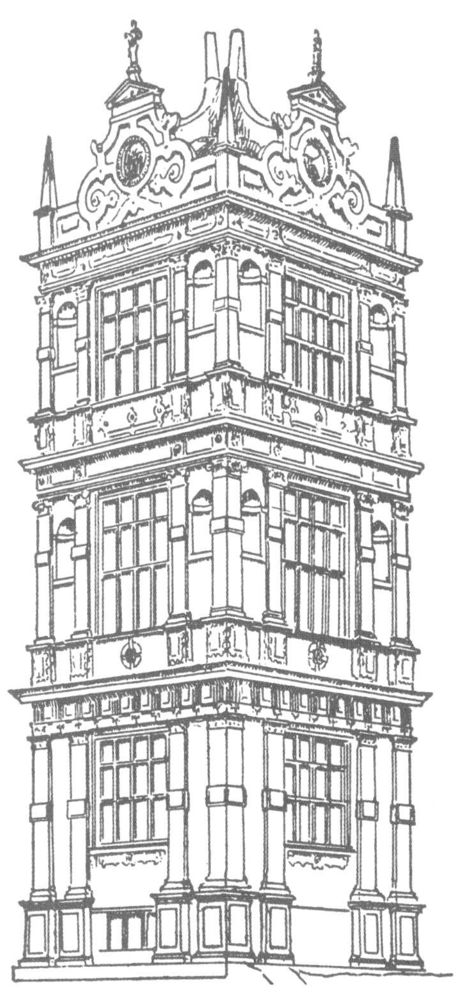

文藝復興

詹姆士一世時期的建築

雖然在詹姆士一世（英國斯圖亞特王朝首位君主）統治時期，建築風格沒有明顯變化，但在17世紀初期，還是出現了一種所謂的詹姆士一世風格，起用大批來自海外——尤其是低地國家——的工匠和雕刻匠，是造成這種改變的部分原因。詹姆士一世風格的內部裝飾包括大量的灰墁、木雕，以及華麗的壁爐和門道。很多新式建築都採用了華麗的「荷蘭式」山牆，尤其是與低地國家聯繫非常密切的英格蘭東部地區的住宅建築。和都鐸王朝時期一樣，詹姆士一世時期幾乎也沒興建任何教堂，而是出現許多詹姆士一世風格的華廈。這些華廈與早期的同類建築差距不大，主要的變化在於平面格局，此時以H型或U型較為常見。令人印象深刻的輪廓和懾人心魄的遠景，是當時關注的重點所在。

艾塞克斯郡奧德雷大廈

奧德雷大廈是典型的詹姆士一世風格華廈。1603年動工，展現了和諧雄偉的建築特徵。這棟大廈藉由提高建築側翼的高度，使之與較為低矮的中央主體形成對比，從而營造出更強烈的視覺效果。

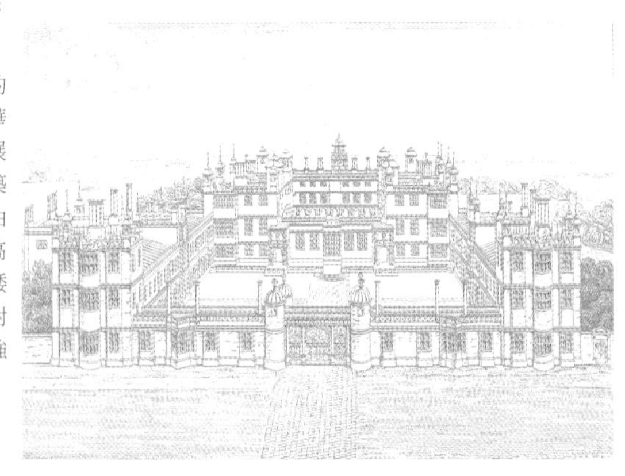

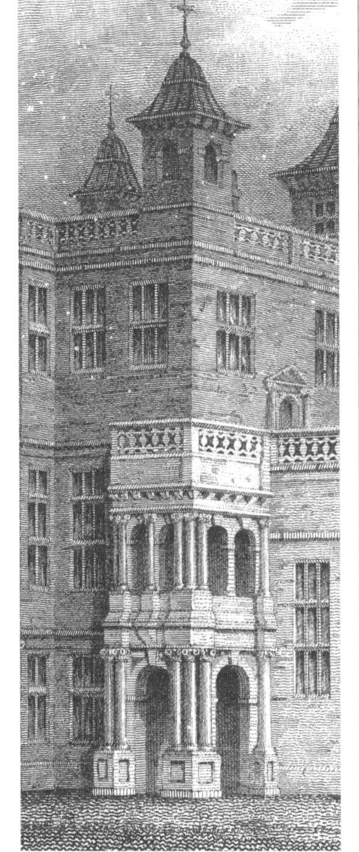

奧德雷大廈門斗

突出的入口門斗通常採用古典的建築柱式。奧德雷大廈雙層門斗的拱形開口是由集柱支撐，門斗上方則有刻飾浮雕細工的深扶手。

門窗排列

伊莉莎白一世與詹姆士一世時期的很多華廈都用了大量玻璃，有時也使用假窗。典型的窗戶是長高型的豎框窗戶，以粗窗楣分割光線入口。

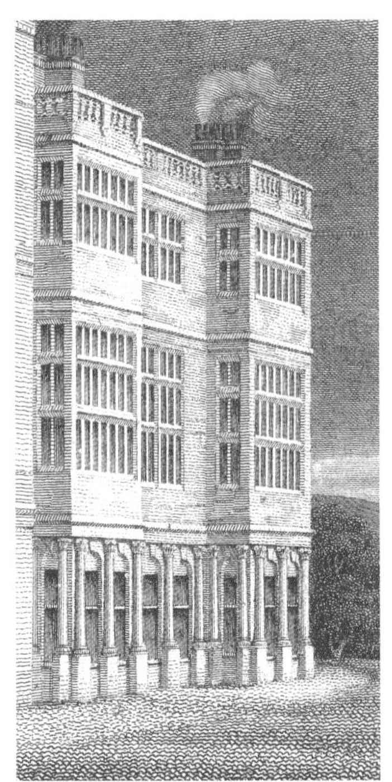

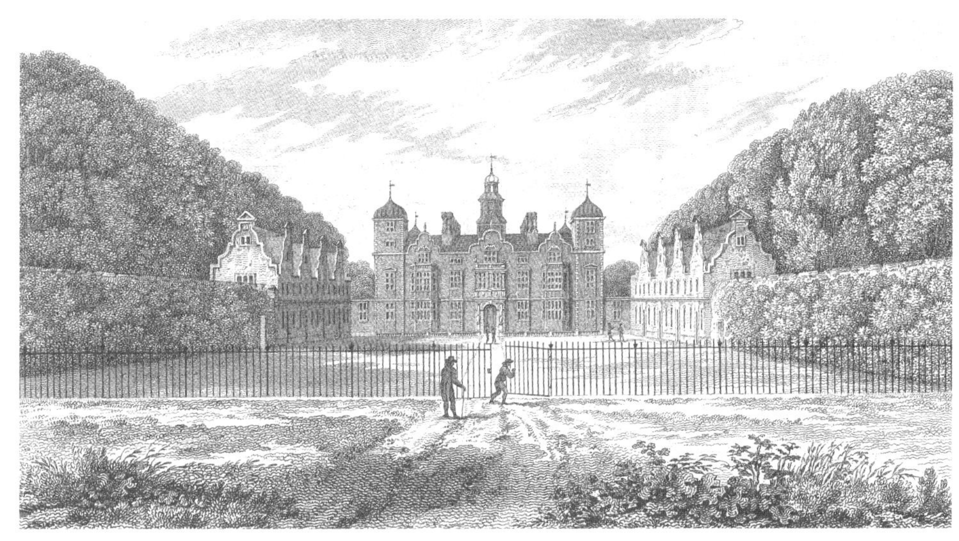

諾福克的布里克林大宅（1616-1627）

建築材料不僅具有重要的結構功能，同時還擔負了意義重大的美學使命。磚是英格蘭東海岸地區最普遍的建材，可與曲形山牆等主題相互搭配，這個地區的詹姆士一世建築在風格上與低地國家緊密相連。布里克林大宅就是極典型的例子，鮮豔的紅磚與石砌突角以及厚重的中欞窗楣正好產生互補效果。

蘭開郡的布朗斯侯姆宅入口（1603）

入口的特色在於三層樓面的層疊柱式。底層選擇了能夠展現力度的多利克柱式，上面兩層則採用了雅緻的愛奧尼亞風格。

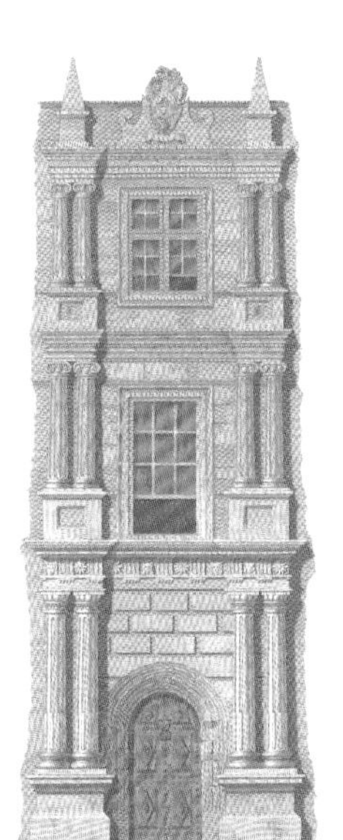

山牆

山牆裝飾是詹姆士一世建築的重要元素，並由過去的梯狀設計發展成彎曲的渦式線條。在這棟建築中，曲形山牆、角塔與塔樓組成了優美生動的天際線。

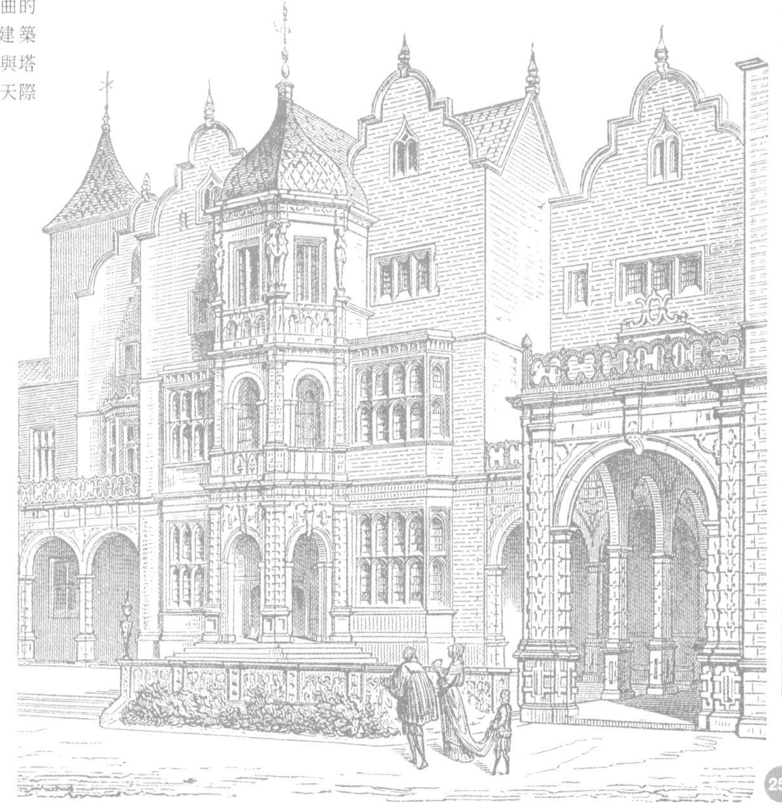

文藝復興

伊尼戈．瓊斯的建築

瓊斯的古典建築所體現的和諧性與16世紀英國建築那種過濾式的文藝復興風格（主要只作為裝飾）大相徑庭。瓊斯在義大利仔細考察了古代紀念性建築以及文藝復興時期的作品，特別是帕拉底歐的建築。他那本註有眉批的帕拉底歐《建築四書》依然留存至今。在設計建築時，瓊斯關心的建築基本要素包括整體的功能、和諧和比例，而不只是把古典主題當作應用裝飾。瓊斯模仿的是盛期文藝復興的風格，但在同一時期的義大利，這種風格已經為巴洛克所取代。

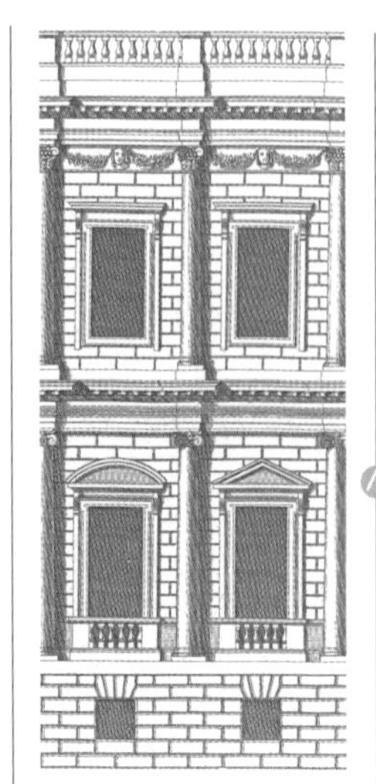

倫敦國宴廳（1619-1622）

從這座嚴謹和諧的建築中，我們可以看出瓊斯對義大利文藝復興風格的熱愛，其古典風格的雙排立面完全掌握了盛期文藝復興的神髓。

國宴廳平面圖

完美的形式可以讓人產生視覺上和心理上的雙重滿足，國宴廳單體雙立方的內部設計便體現了這種文藝復興的建築觀念。國宴廳原本是王室用來舉行宴會、慶典和娛樂的地方。

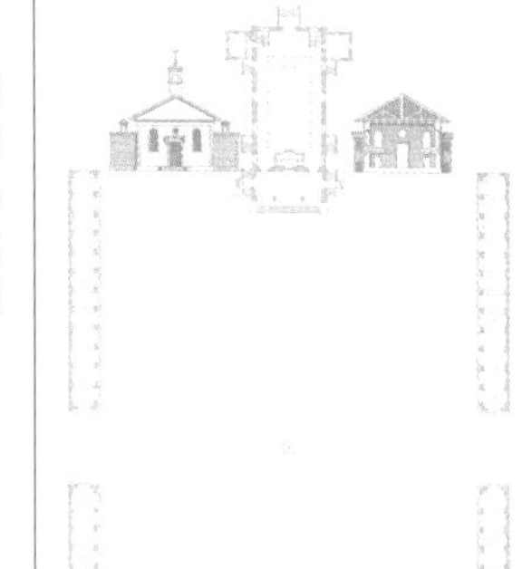

倫敦科芬園歌劇院

在科芬園計畫中，瓊斯模仿他在義大利見過的城市空間，為倫敦設計了第一座規整對稱的廣場。高貴樸素的排屋以及底樓的開放式廊道，構成了風格統一的都市平面。

倫敦聖保羅教堂（1631）

這座教堂屬於科芬園重建計畫的一部分，是英國宗教改革之後所興建的第一座教堂。教堂採簡單的矩形平面，東端有一座醒目的托斯坎式門廊。雖然這座門廊不是教堂的主入口，卻是整個城市規劃中令人矚目的焦點之一。

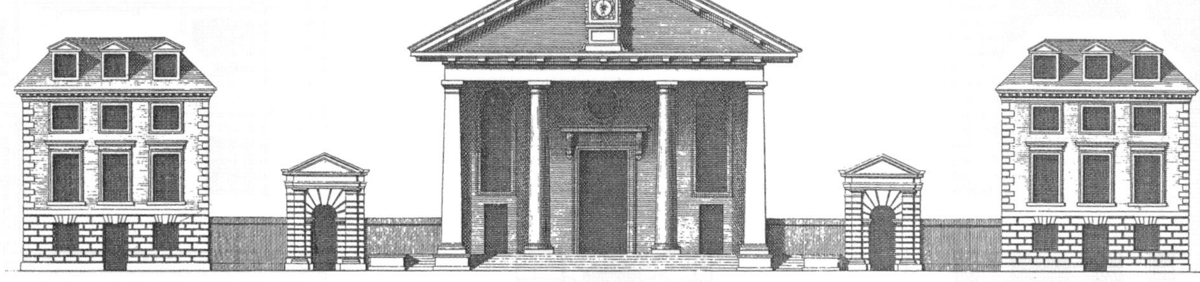

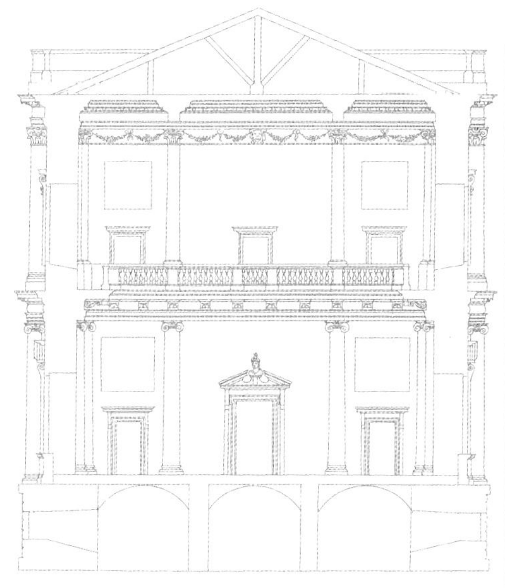

國宴廳內部設計

瓊斯非常注重建築的完整性，國宴廳正是其典範之作。瓊斯在建築內部使用與立面相似的層疊式柱式，讓內外取得一致和諧的感覺。內部的立柱由走廊分隔。

紋理與形式

從瓊斯所畫的壁爐、門洞以及大門的建築圖中，可以看出他對紋理及形式十分迷戀。這扇毛石砌的大門結合了各種不同的面層，包括粗鑿的分塊式立柱、厚實的拱楔石，以及多利克式橫飾帶。

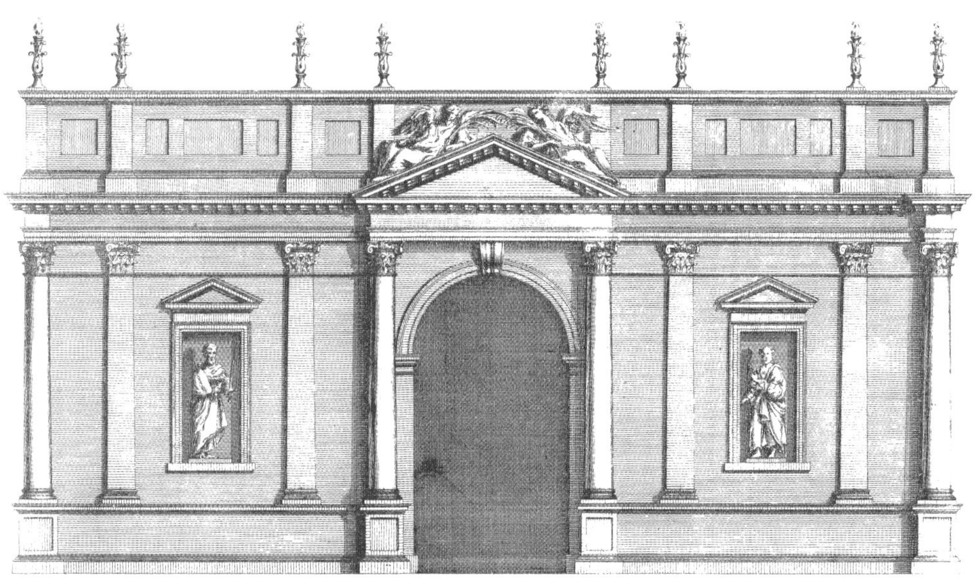

溫徹斯特大教堂隔屏（約1638）

瓊斯為溫徹斯特大教堂設計的唱詩班隔屏，展現了其建築形式的清晰風格。他謹遵文藝復興時期立下的建築規則與做法，並在這些典律的限制範圍內，進行創造與革新。

巴洛克和洛可可 *17世紀—18世紀晚期*

羅馬巴洛克建築

巴洛克建築起源於17世紀的羅馬，是剛剛贏得宗教改革的天主教會用來展現自我的語彙，教廷相信，在它們將羅馬改造成真正的天主教城市的過程中，建築、繪畫和雕刻都將扮演重要的角色。從聖彼得大教堂輻射出去的各條街道上，很快就布滿了標示信仰勝利的紀念建築。巴洛克建築首先是一種展現信念的藝術，打破了文藝復興時期那種不太活潑、稍顯理性的模式。打從步入教堂那刻，你就能體驗到種種富有象徵和幻覺效果的設計，同時讓你的信仰情感與信仰知識得到滿足。在文藝復興古典主題的基礎上，建築師透過重複、分解和扭曲等手法，創造出富有動感的新語彙。巴洛克建築師在使用破縫式三角楣、巨柱式以及彎曲牆面時擁有相當大的自由空間，有利於塑造出非常個人化的風格。

教堂裝飾：羅馬的耶穌堂（1568-1584）

羅馬的耶穌堂是耶穌會的首座教堂，其重新裝飾的工程遵循了反宗教改革時期強調戲劇性的原則，以便營造出一種立即而直觀的信仰強化力量。彩繪灰墁、立體雕刻，以及碎裂的建築構件共同組成了大型壁畫鑲板的框架，壁畫中描繪著聖徒們的生活及其神蹟。

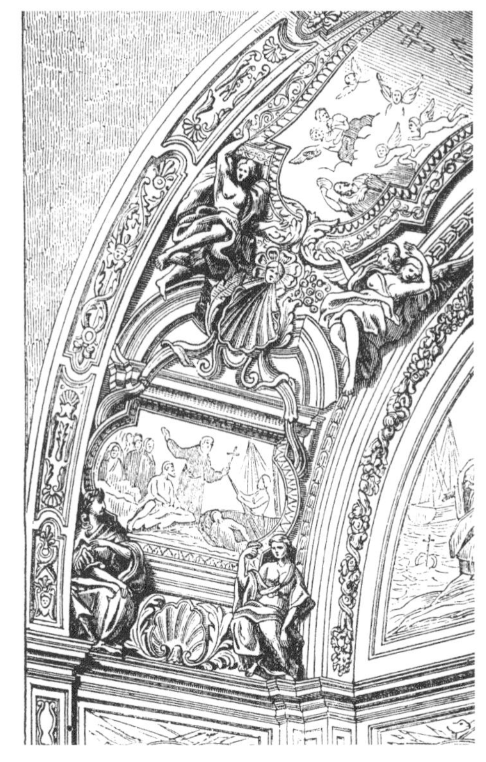

破縫式三角楣

破縫式三角楣指的是在其頂端或基部中間裂有破縫的圓形或三角形山牆，是巴洛克建築的主要主題之一。裂隙部分有時會以某種脊飾填充。破縫式三角楣可以增加立面的動感，讓不同的建築元素產生垂直性的互動。

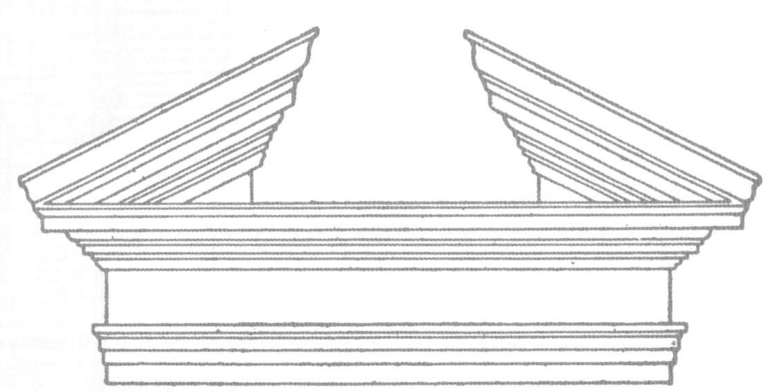

羅馬聖彼得廣場平面圖（始建於1656）

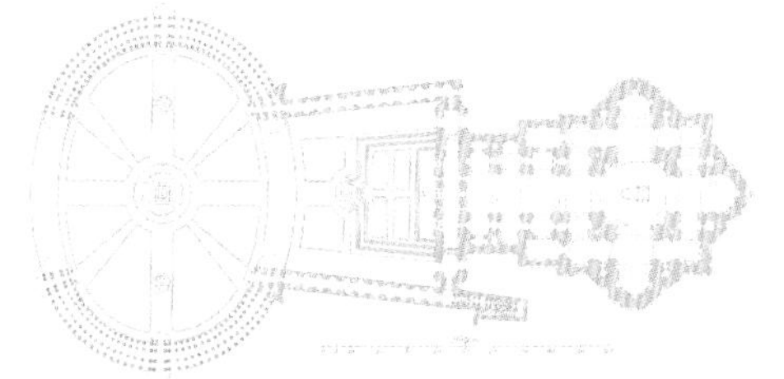

在為聖彼得廣場做設計時，貝尼尼運用了兩種透視手法。教堂前方的梯形廣場，為馬代爾諾那座未完成的長形教堂立面賦予嶄新的巴洛克動感，並讓入口立面看起來有縮窄的效果。第二座廣場貝尼尼採用橫橢圓平面，創造出另一種空間變形效果。

聖彼得廣場柱廊

貝尼尼用柱廊（1656）圍住聖彼得大教堂的橢圓形廣場，為行人提供了實用的覆頂式通道。柱廊的深度共四個柱距，兩列成對的圓柱看起來宛如一道巨大的圍牆，但可與牆外的城市形成互動。貝尼尼自己形容這道柱廊是「母親的手」，它向外伸展，接納並凝聚忠誠的信徒們。

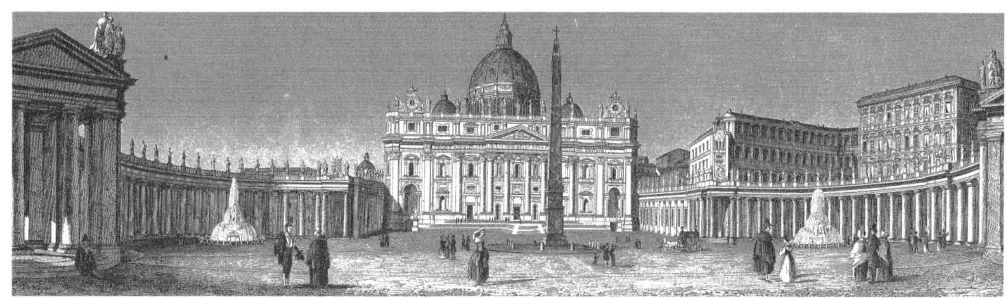

羅馬的四噴泉聖卡洛教堂（1665-1667）

由博洛米尼設計的羅馬四噴泉聖卡洛教堂，其立面完全由凹凸形平面接合而成。四個凸形開間將兩個疊置的中央開間框住，凸顯出頂層上的陽台和挑龕，還有突出的簷部與下方的台階。

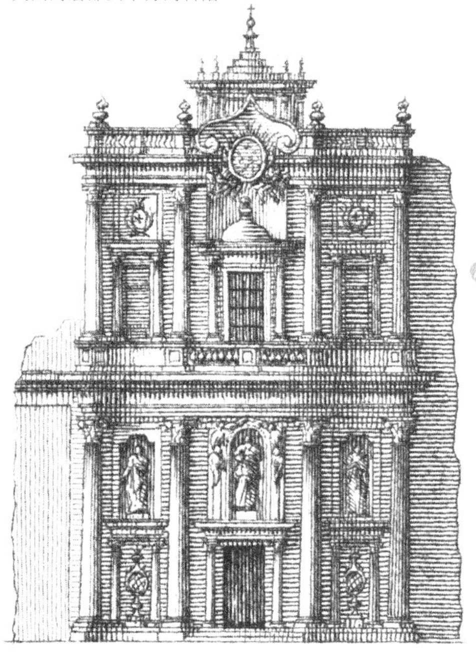

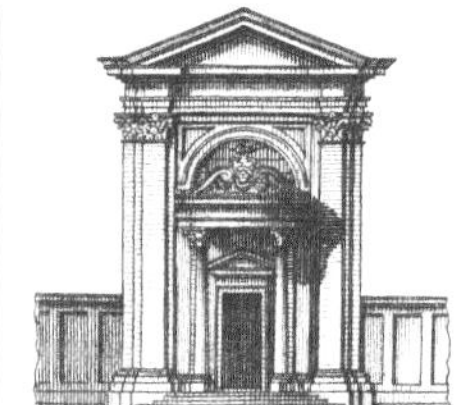

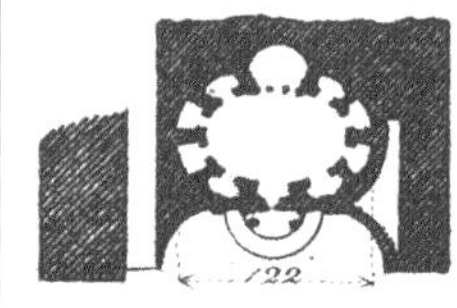

羅馬聖安德烈教堂入口（1658-1670）

貝尼尼設計的聖安德烈小教堂的立面有一座紀念龕（由圓柱和三角楣作為框架構件）式的入口。入口處的半圓形門斗和台階向外延伸，以平衡兩側內凹的短臂。建築內部，橢圓形的平面讓信徒的視線直接落在頂點的祭壇上。

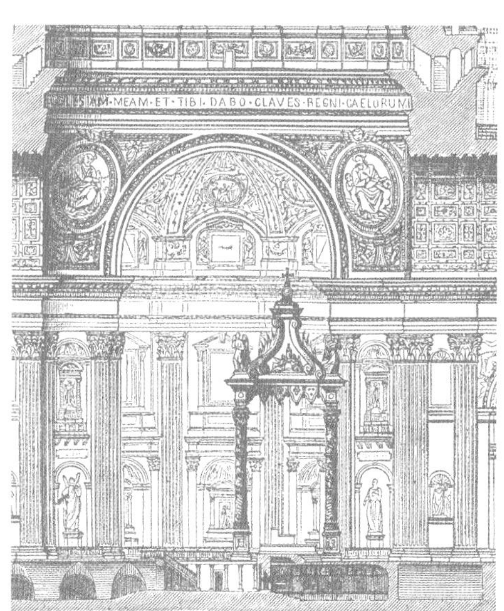

聖彼得大教堂華蓋（1624-1633）

這座「華蓋」位於可通往聖彼得墓室的地下室上方，是天主教教廷的象徵基石。它是一座巨大的青銅祭壇，由蔥形的頂蓋構成，頂蓋則由四根絞繩形柱支撐，是參照早期基督遺址中的祭壇建造而成。其頂端有一個球狀物，象徵天主教信仰的廣泛傳播。

巴洛克和洛可可

羅馬巴洛克建築

教皇西斯篤五世及其繼任者們成功地將羅馬打造成一座系統完整的宗教首府。緊接著，羅馬上流社會各家族便紛紛要求把他們的私人住宅轉換成具有說服力的巴洛克風格。貝尼尼、博洛米尼和其他建築師接受了這些委任，運用一致的手法為這些舊式宮殿改頭換面，這些手法包括敞廊、華麗的樓梯，以及對入口的強調。畫家與雕刻家接著以宏偉的象徵性壁畫為這些建築增添裝飾。到了17世紀中期，巴洛克風格已趨於成熟，形成所謂的「盛期巴洛克」，其影響也開始傳播到羅馬以北的地區。盛期巴洛克的教堂特徵包括集中式平面、如真似幻的宏偉祭壇和頂棚，以及高度裝飾的剛健式立面。都靈的瓜里尼也是這種風格的大師之一，對於巴洛克風格得以在18世紀早期傳遍歐洲居功厥偉。

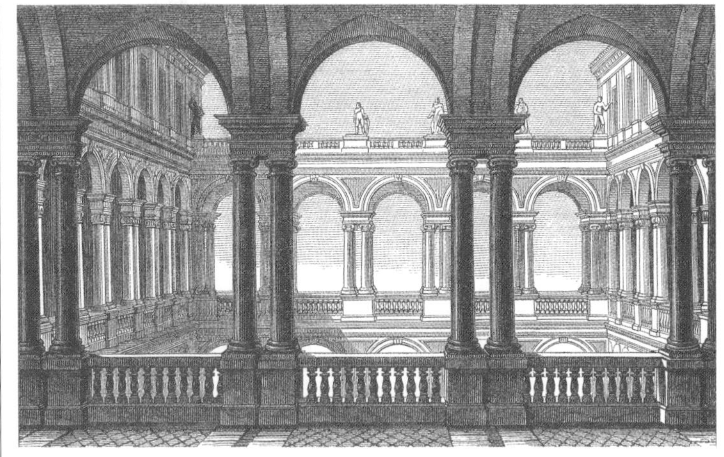

羅馬波各賽宮敞廊（1607）

敞廊（兩邊敞開的覆頂走廊）在17世紀越來越普遍。波各賽宮是其早期範例，這座宮殿的三層式廂房便是由一座雙層敞廊串接在一起。文藝復興式的方院形制得以保留，但在方院和花園之間形成一道巴洛克風格的縱軸線。

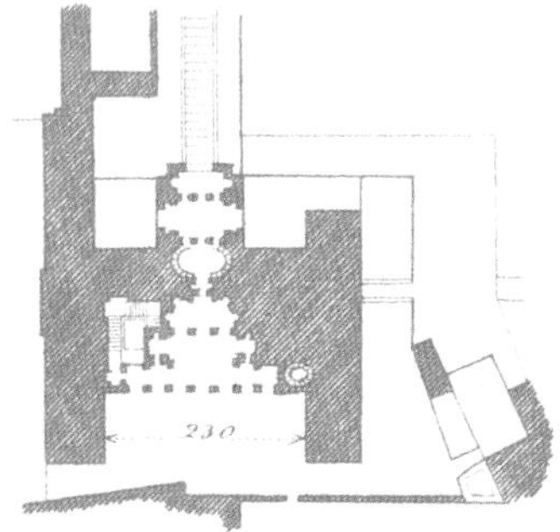

波各賽宮縱軸線

這條從宮殿伸進花園的通道成了整棟建築的中心焦點，可將宮殿的其他部分盡收眼底。這座深達三個開間的連拱式門廊可通往華麗的四段式露天樓梯和橢圓形「客廳」，然後連接下方的花園。

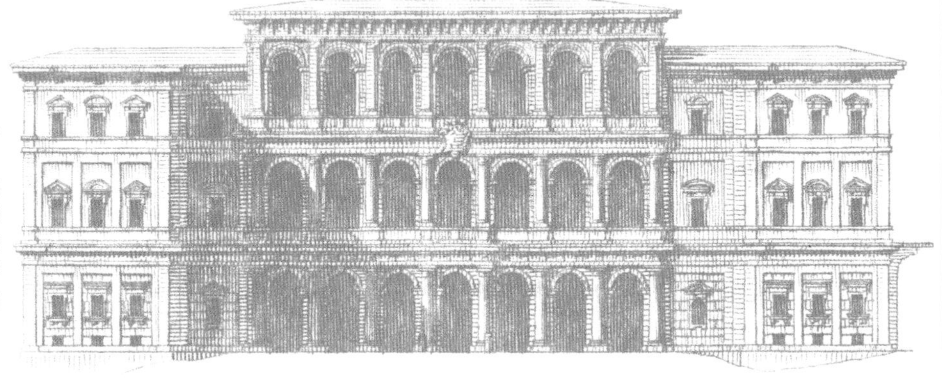

羅馬巴貝里尼宮（1628-1633）

由馬代爾諾、博洛米尼和貝尼尼負責建造的這座巴貝里尼新宮，以其H形的平面有別於其他傳統的庭院式都會宮殿。其入口立面位於敞開式庭院的尾端，是一座由三道層疊式連拱廊構成的長形門廊，令人聯想起巴洛克風格的敞廊。

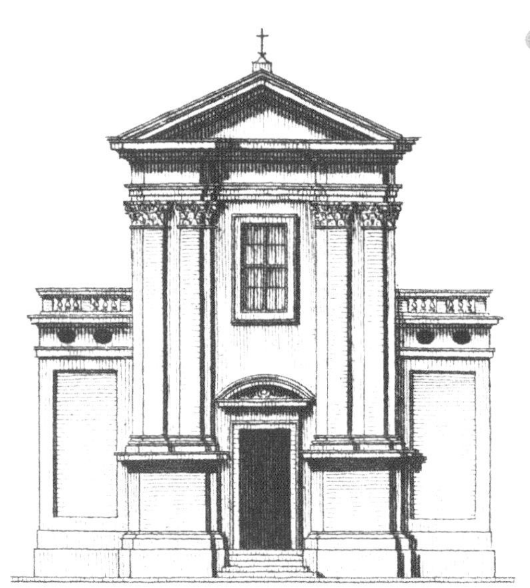

捲邊形鑲板

捲邊形鑲板是一種橢圓狀鑲板，飾有紋徽或漩渦式邊框，是巴洛克風格的標準裝飾，常用於宮殿和教堂的立面作為家徽紋章的邊框，也可當作純粹的裝飾性鑲嵌主題。常常出現在破縫式三角楣內側、入口上方，或者兩個入口之間的軸線上。

空間的整體性

義大利巴洛克風格所追求的空間整體性，在瓜里尼設計的北方教堂裡發揮到極致。瓜里尼的教堂以哥德式的肋狀骨架，並置的圓頂、半圓頂和對角線的空間排列，成功地以更為嚴格的空間性和建築性體現反宗教改革的「經驗」。

巨柱式

巨柱式是一根獨立的圓柱或壁柱，直立於建築的立面，至少有兩層樓高，賦予立面垂直的律動感。其寬與長的比例會令人聯想起古代神廟的圓柱，為17世紀的建築立面增添了戲劇性的張力和威嚴。

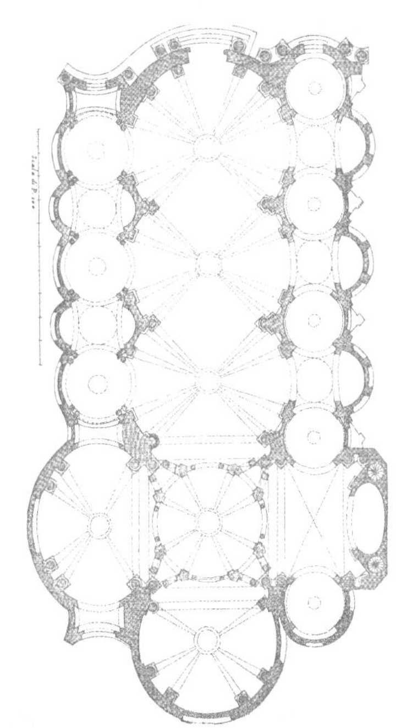

波浪形牆體

在瓜里尼設計的教堂中，其內部和外部的輪廓都呈現連續的波浪形牆體。根據該設計，這種由凸形、直線形和凹形牆壁並置所產生的平面，成功地將橢圓形和圓形合併成一組富有動感的組合。

巴洛克和洛可可

法國巴洛克建築

比起作為反宗教改革之產物的羅馬建築，17世紀的法國建築可說是文藝復興運動的自然結果。然而，當亨利四世在內戰結束重返巴黎之後，他打算建造一系列雕有君主人像並供貴族居住的宮殿和廣場，以便重申王權的真實性。影響所及，除城市的住宅和宮殿之外，貴族們的鄉村城堡不久也都採用了這種莊重統一的風格。孟莎、阿杜安—孟莎和勒沃等建築師相繼接下這些委託案，建造這種具有重複主題的長立面，使巴洛克風格產生持久的影響力。

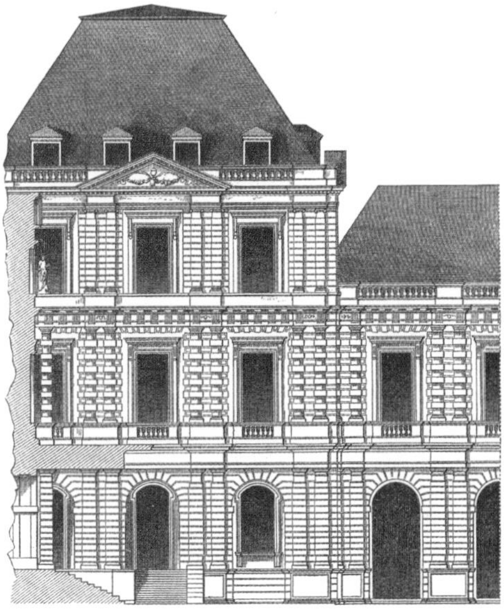

巴黎盧森堡宮

這座為瑪莉亞．麥迪奇興建的宮殿於1615年動工，由建築師布侯斯設計，採取傳統的合院式平面。宮殿的立面以毛石砌的成對壁柱和立柱構成連續的整體。傳統的法式老虎窗隱藏在欄杆後方。

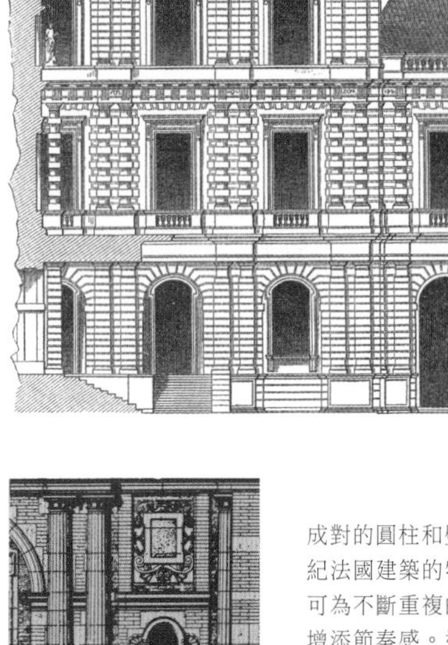

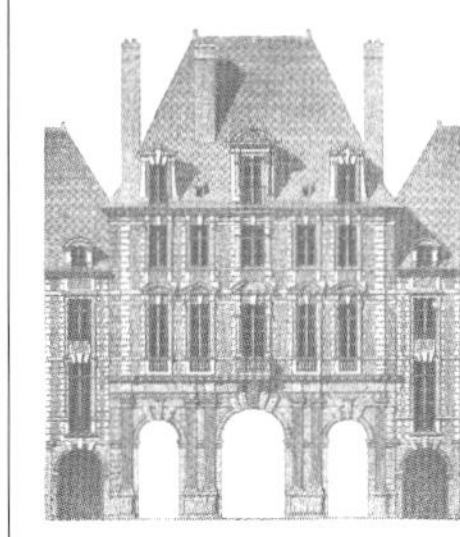

巴黎皇家廣場 (1605-1612)

亨利四世在巴黎推行的最主要城鎮規劃方案，是建造第一座供貴族居住的皇家廣場。孚日廣場由連拱廊上的兩層樓建築組成，陡峭的孟莎式屋頂標示出不同的附屬單元。磚造立面飾有垂直條帶，或由修琢石構成的「鏈飾」。

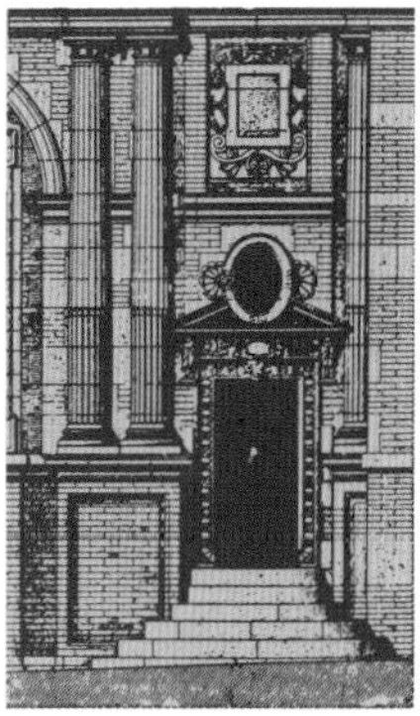

對柱

成對的圓柱和壁柱是17世紀法國建築的特徵之一，可為不斷重複的長形立面增添節奏感。通常刻有凹槽或粗糙表面，是一種典雅莊重的裝飾形式。寬闊的柱間距可以容納大型的宮殿窗戶和入口。

巴黎麥松堡 (1642-1646)

這是孟莎的作品，他用一座高聳的主立面將三個區隔明顯的體塊連結起來，兩側立面的對柱和三角楣以變體的方式重複主立面的形制。正立面與陡坡屋頂有部分重疊，中間的主體部分向後退縮了幾層。

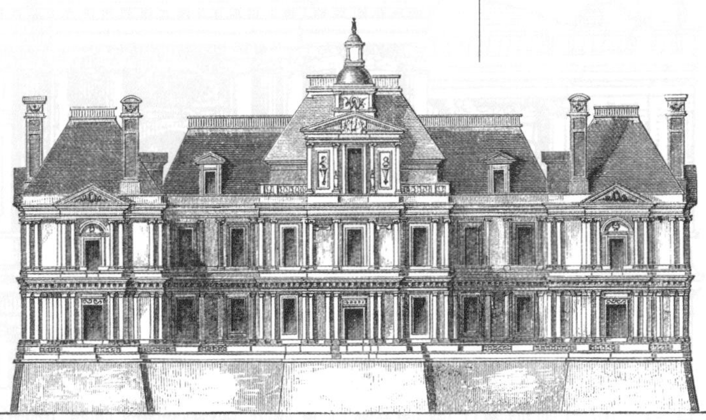

巴黎羅浮宮東立面 (1667-1670)

路易十四原先聘請貝尼尼和其他義大利建築師設計羅浮宮的東立面，後來又推翻他們的設計方案，轉交由法國建築師負責。其結果是一道莊嚴雄偉的柱廊，由端立在高柱基座上的巨型對柱構成。

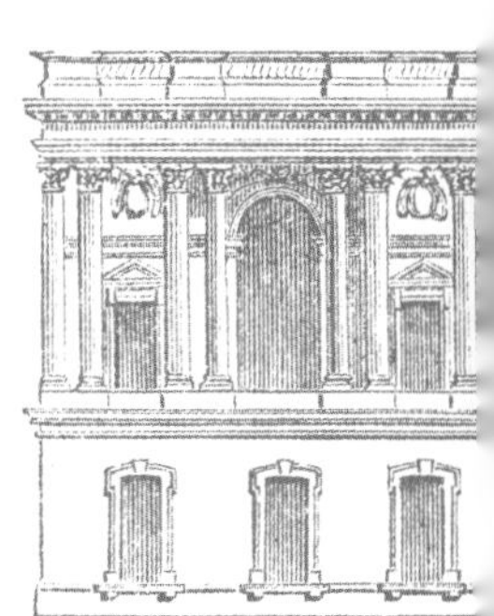

巴黎傷殘戰士教堂（1680-1707）

教堂立面充滿強烈的垂直動向，這種動向自門廊的圓柱開始，一直向上延伸到圓頂的肋骨。鼓座與圓頂之間的閣樓層提升了圓頂的高度。突出傾斜的螺形支托和鍍金的浮雕鑲板環繞在圓頂四周，更增添了這座皇家教堂的巴洛克律動感。

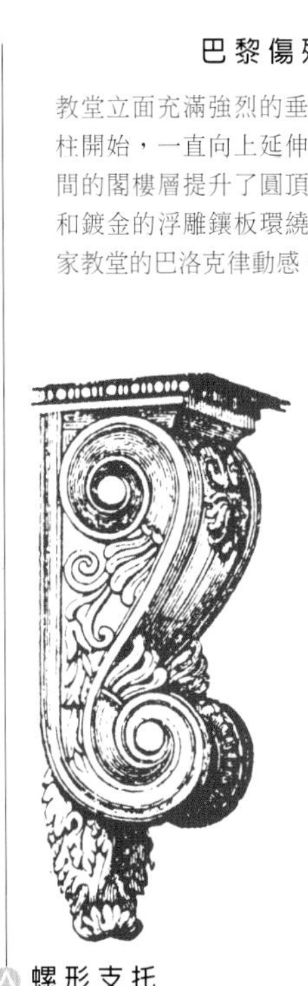

螺形支托

螺形支托是一種大型的裝飾性托座，通常呈渦旋狀或漩渦形，經常出現在17世紀後期法國建築的誇張形式當中。它們的裝飾性質通常高於支撐功能。

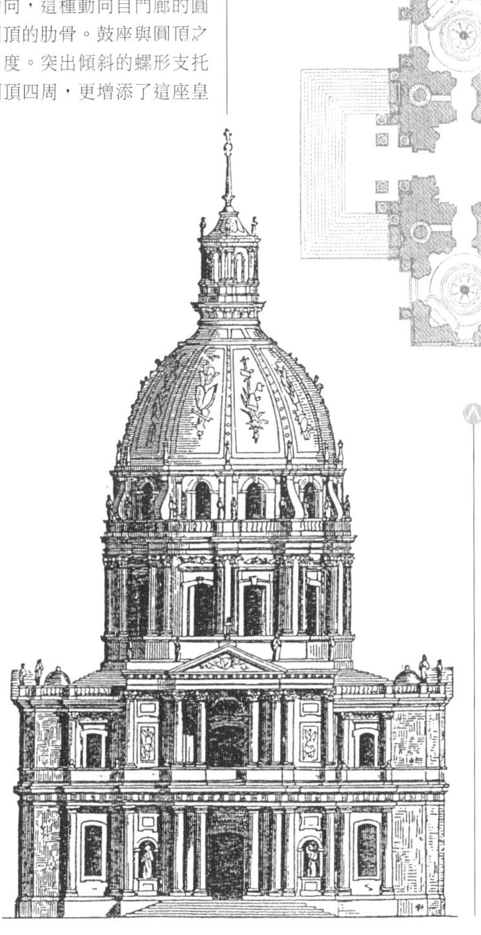

傷殘戰士教堂平面圖

阿杜安—孟莎接受路易十四的任命，在傷殘戰士之家的兩翼之間建造一座圓頂教堂。他採用集中式平面，並用一條縱軸線，穿過一座設有祭壇並具巴洛克風格的橢圓形聖壇，將圓頂教堂與老教堂連接起來。角落上的小禮拜堂採對角線排列，並隱藏於大型支柱之後，以維持中央圓頂區域的和諧性。

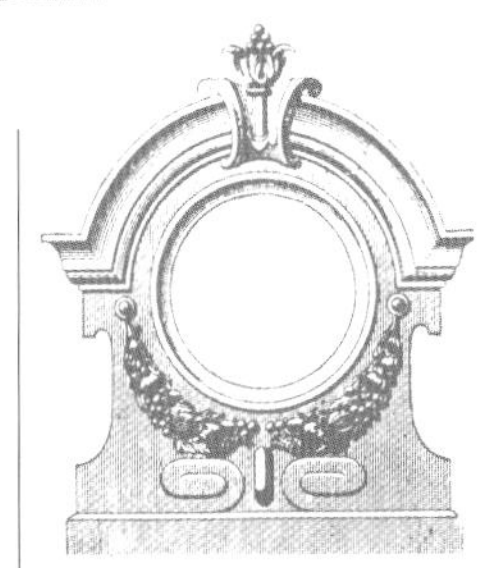

牛眼孔

圓形或者橢圓形的牛眼孔是法國巴洛克風格建築的頂部裝飾，尤其常見於孟莎屋頂和圓頂之上。有時充當老虎窗，但大多作為牆上的裝飾性開口。

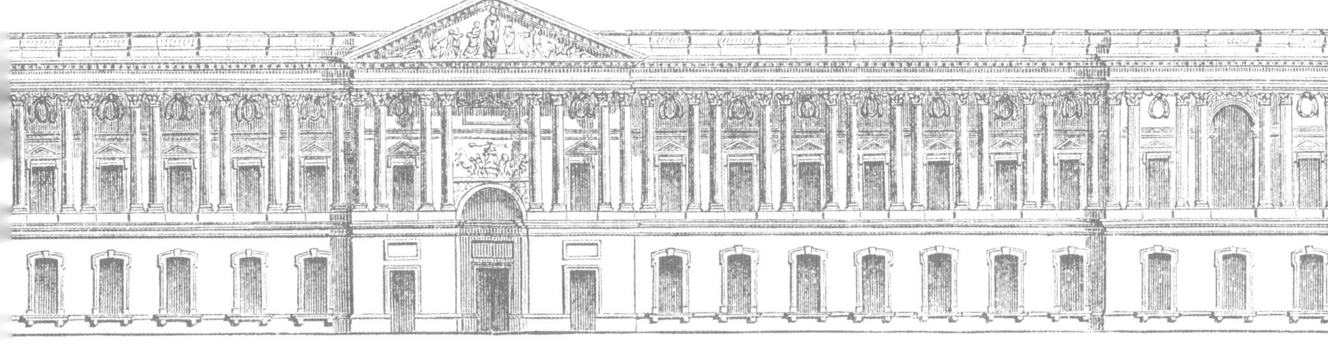

巴洛克和洛可可

法國巴洛克建築：凡爾賽宮及其影響

1664年，路易十四任命建築師勒沃重建凡爾賽宮。這位國王希望擁有一座不論規模和華麗度都能超越所有大臣的宮殿。凡爾賽的宮殿和花園是在17、18世紀分成若干階段逐步建造，是那個時期最主要的建築活動，影響了法國建築的整個進程。在宮殿和花園的整體布局中，路易十四自行創建了一種能夠自給自足的集中式巴洛克體系或宇宙。當時所有的一流雕刻家和畫家都受雇為這個雄心勃勃的裝飾計畫服務，該計畫以頌揚「國王的勝利」作為主旨。影響所及，巴黎的貴族們紛紛擴建自己的府邸或私人的城市別墅，其內部基本上都採用了凡爾賽宮的裝飾風格。

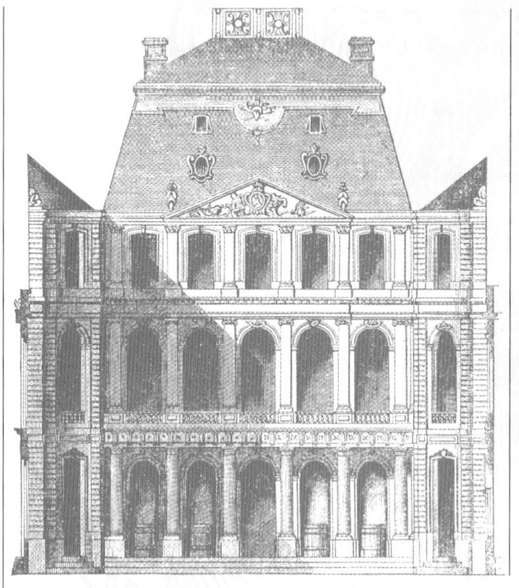

巴黎式府邸

這種新形態的貴族城市府邸的立面，設置在前院後方，有一道面街的入口牆，以及一座後花園。這類府邸的平面通常都很狹窄，經常會出現兩座府邸共用一座庭院的情況，這種古典式的立面具有隔屏的作用。

府邸的窗框上檻

府邸的外部裝飾，尤其是向街的一面，通常只設置窗戶、門和陽台，與光潔寬闊的牆面形成對比。不過在凡爾賽裝飾風格的影響下，這些有限的部分也可以裝飾得極為華麗，常用的裝飾元素包括螺形支托、破縫式山牆、複雜精巧的線腳、浮雕鑲板以及女像柱。

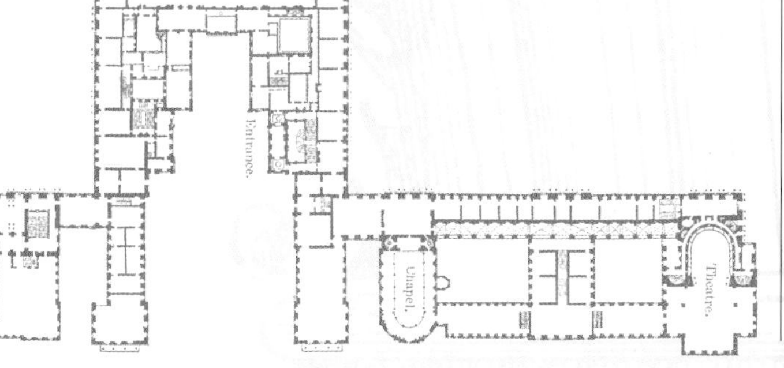

凡爾賽宮平面圖

這座宮殿分成好幾個階段建造，充分反映了路易十四理想中的絕對權力。他的寓所位於巨大的庭院底部，是整個平面的焦點，從他的寓所開始，沿著「門軸線」排列的房間一直延伸至側館和兩翼。國王寢室所在的軸線，一端是勒諾特建造的花園，另一邊有條林蔭大道通往凡爾賽小鎮和巴黎。

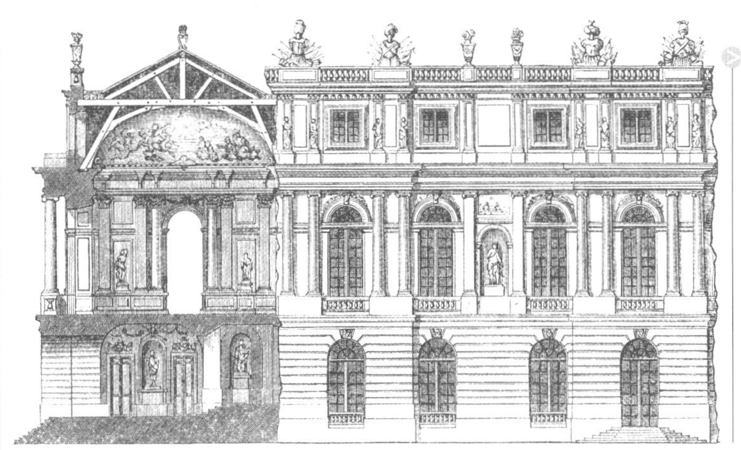

凡爾賽宮鏡廳（1678）

這座鏡廳是由阿杜安—孟莎在1678年增建，由勒布朗負責裝飾。這座長形廳堂的一側設有可以俯瞰花園的大窗，另一側則是大型的威尼斯鏡子，與廳內的光線、黃金、彩色大理石，以及由勒布朗創作的描繪君主生活的系列壁畫交相輝映。這座鏡廳的風格後來成了18世紀歐洲宮殿裝飾的典範。

凡爾賽宮門心板

凡爾賽宮的大多數裝飾都是採用鍍金的阿拉伯式花飾、捲葉飾和垂花飾浮雕。這些裝飾是刻在古典風格、直線性的木頭或彩色大理石鑲板上。

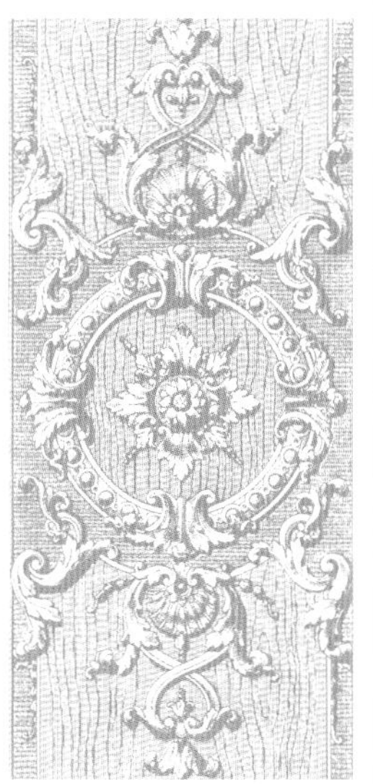

凡爾賽宮沙龍裝飾

凡爾賽宮的「沙龍」（接待室）各有各的裝飾主題。鏡廳兩端的沙龍各以戰爭及和平為主題。國王寓房的七個房間以七顆行星命名，並以相關的寓言作為裝飾主題頌揚君主的美德。每間沙龍都飾有浮雕鑲板，上面的圖案皆與頂棚的壁畫彼此呼應。

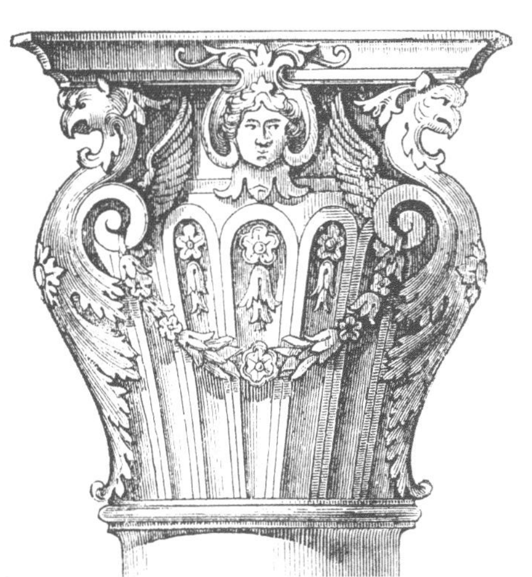

凡爾賽宮裝飾性柱頭

凡爾賽宮在內部設計上發展出一種非正統的裝飾風格，其原因部分是由於這棟建築物的規模太大，視覺衝擊主要是來自整體而非局部。某些內部柱頭是鍍金的，雕有垂花飾、爵床葉、動物和小型的怪異人像（由動物形體虛構拼湊而成）。

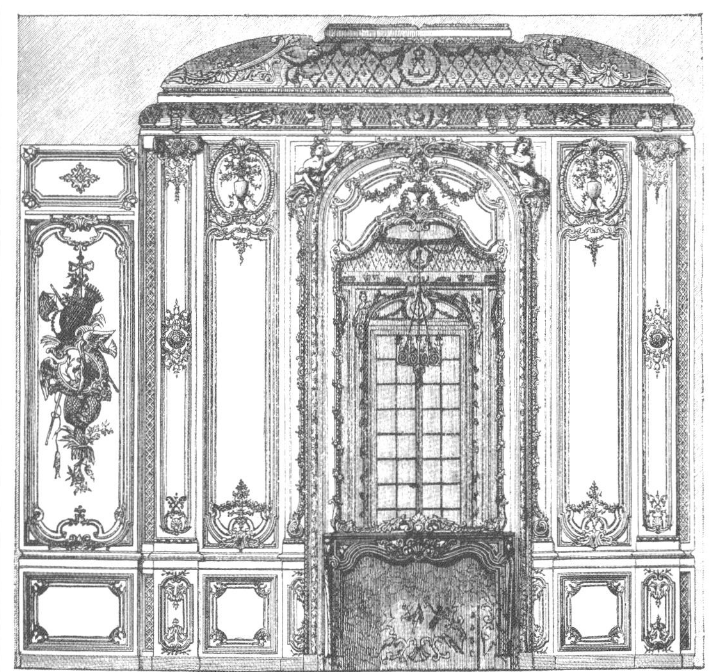

巴洛克和洛可可

英國早期巴洛克建築

1666年倫敦的一場大火災，加速了17世紀英國建築藝術的發展過程。這場大火破壞了這座城市的重要部分，其中包括八十七座教區教堂。不久之後，重建倫敦的系列行動逐步得以實施，尤其值得一提的是其教堂和大教堂。雷恩爵士以總調查人的身分負責新教堂的設計和建造。由於受過科學訓練，雷恩擅長利用富有創意的「巴洛克」方法來解決建築難題，其中包括變形和改造。聖保羅大教堂的重建是他遇到的最大挑戰，他曾為此創作了大量的設計圖。不過在最後定案的過程中，雷恩因為採用歐陸式巴洛克風格而遭到英國人的反對。

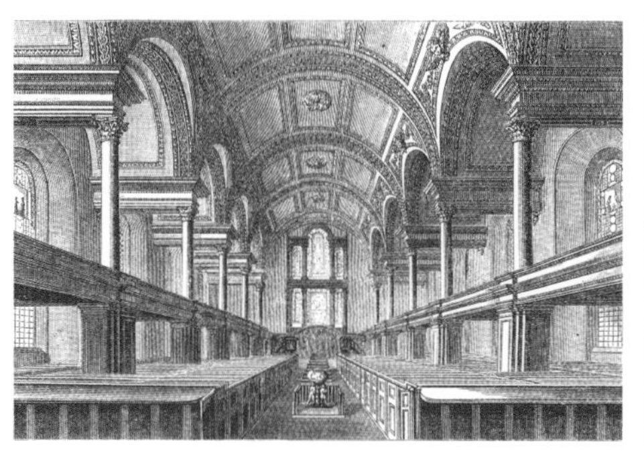

倫敦聖詹姆斯教堂（1683）

正如雷恩在後來的備忘錄（1711）中描述的那樣，他是把城市教堂當作「禮堂」或小劇院來建造，樓座內的長椅擺列於教堂的三面，好讓會眾們都能清楚聽到講道，這是基督新教派特別強調的禮拜儀式。聖詹姆斯教堂位於皮卡迪利大街，其講壇的放置非常具代表性，位於教堂中殿的兩排長椅之間，祭壇則後移至牆的東端。

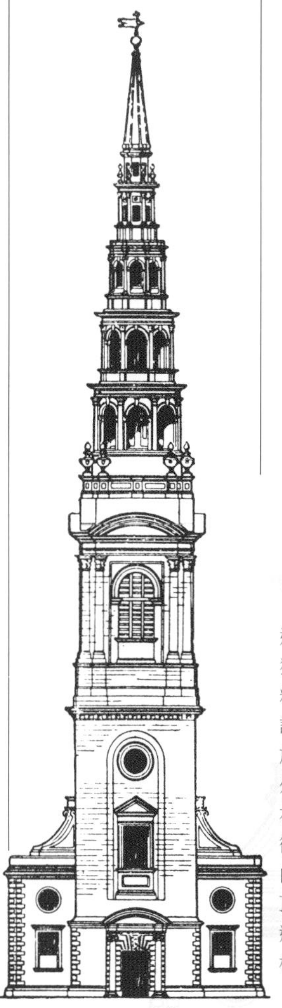

倫敦聖布萊德教堂（1701-1703）

這座城市教堂在一個非常狹小的基地上以便宜的材料建造。這類造型優美、設計精巧的尖塔經常聳立於相鄰的房屋之上，成為外部裝飾的基本樣式。聖布萊德教堂位於艦隊大街，它的尖塔高達四層，內部有石砌樓梯直達其頂。尖塔的每一層都是八邊形，拱形開口和牆角壁柱貫穿其中。

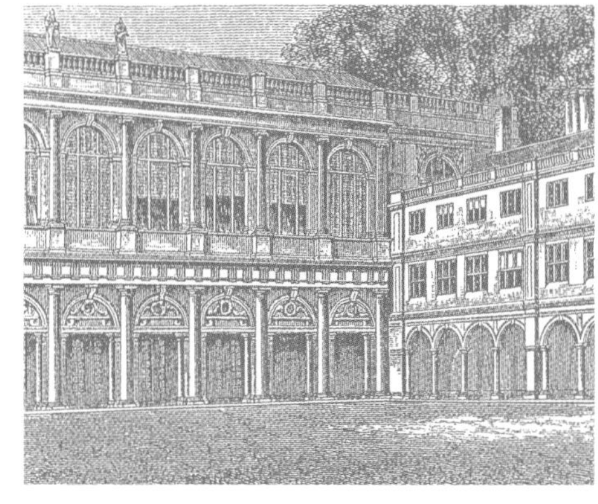

劍橋三一學院圖書館（1676-1684）

雷恩受命為三一學院建造這座圖書館，基地位於納維爾方庭的兩個街區之間。雷恩在立面上採取幻覺式設計，把圖書館低矮的底樓與高聳的多立克柱式之間的矛盾消弭於無形，其做法是在底樓的拱洞上嵌入雕刻的半圓窗。

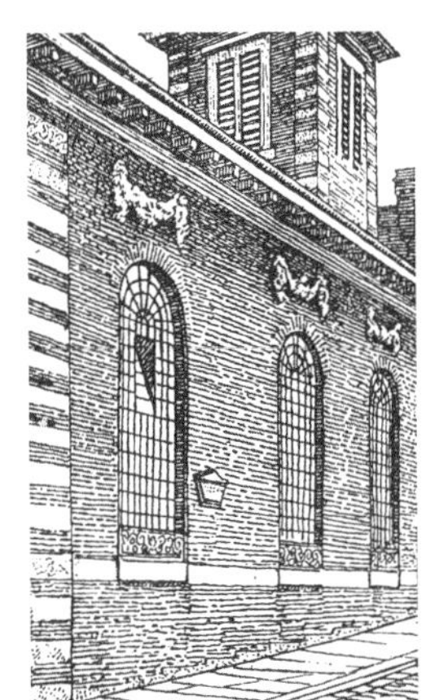

倫敦聖班奈特教堂（1683）

大型圓頂窗在雷恩的建築中經常重複出現，特別是在他設計的城市教堂。在樸素的磚式立面中使用厚沉的垂花飾（裝飾性的花環或垂花雕飾）是雷恩建築的特徵，這正如為達到色彩變化的效果交互使用磚塊和石頭一樣。

倫敦聖保羅大教堂的大模型（1673）

為聖保羅大教堂所作的初步設計展現在這座大模型的設計圖中。模型採取集中式平面，有凹形外牆。中央的大圓頂區四周環繞著由禮拜堂構成的曲廊，入口門廊附近有第二座小圓頂。這個設計令人聯想起歐陸的大型巴洛克教堂，但是並未得到牧師們的認可，因為他們認為這種設計違背了傳統，也不具實用性。

聖保羅大教堂的圓頭窗戶

在聖保羅大教堂的外部，雷恩使用了一種特別的裝飾性窗戶，窗戶的開口頂部環刻有淺淺的線腳，並在起拱點上突然收住，構成窗戶的裝飾性「耳朵」，類似斷裂的額枋。

聖保羅大教堂雙面層圓頂

打從一開始，雷恩就想設計一座高聳於倫敦城上方的巨大圓頂。這個理想最終是藉助一套極為複雜的工程學技巧才得以完成，其中包含一座內部圓頂，上面有一扇小圓窗可以仰望外部圓頂和燈籠式天窗，介於中間的扶壁支撐著一個隱藏的磚造圓錐體。

聖保羅大教堂的西立面（1675-1701）

雷恩最初計畫為聖保羅大教堂的西立面設計一座巨柱式門廊，但是當波特蘭採石工人聲稱他們無法找到足夠大的石塊來做簷部時，雷恩只好被迫妥協。不過雷恩設計的立面還是有著濃郁的巴洛克風格，成對的科林斯式石柱和壁柱加上塔身的華麗裝飾，與中央鼓座的柱廊相互呼應。

巴洛克和洛可可

英國後期巴洛克建築

在新一代建築師的推動下，英國巴洛克風格建築藝術於18世紀進入了第二階段，其中有部分建築師曾經在雷恩的工作室工作過。後期風格的兩位主要創始人是霍克斯摩爾和范布勒。霍克斯摩爾曾協助雷恩設計了大量的皇室建築，其中包括格林威治醫院，該建築在雷恩去世後很久才告竣工。這座皇室醫院是霍克斯摩爾和范布勒致力推動的英國巴洛克宮殿的先驅樣式，其中包含一個雙層庭院以及分階段闢建的廂房，從瓊斯設計建造的皇后行宮一直延伸至河堤。他們兩人還一起合作，共同設計了一些有著漂亮凹凸形廂房的鄉村住宅。就裝飾層面而言，他們對量體以及牆體內在運動的興趣，體現在建築尺寸的處埋和古典風格的巧妙突破上。

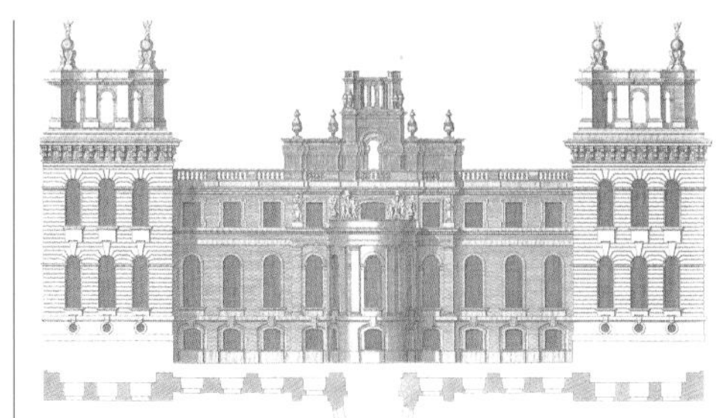

約克郡霍華德城堡（1699-1712）

范布勒為霍華德城堡所作的設計，是以格林威治皇家醫院對兩座相聯前院的處理方法為基礎。僕人房構成了第一座敞開式庭院的兩側，呈曲線狀的低矮柱廊構成了第二座庭院。如此一來，便將僕人房與處於最高點並覆有圓頂的城堡主體聯結起來。

牛津附近的布倫亨宮（1705-1724）

馬堡公爵任命范布勒建造一座宮殿以紀念英國在軍事上的成功。范布勒和霍克斯摩爾充分利用這個可以設計凱旋建築的機會，興建了許多高低不同的堡壘式別館，然後用柱廊將它們串聯起來，並以巧妙的古典主題加以裝飾。

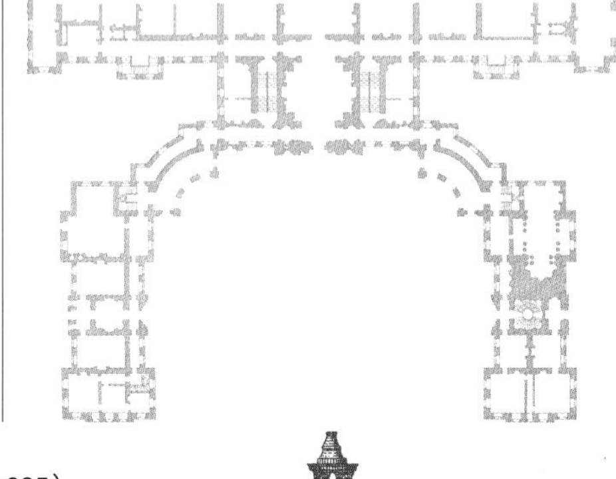

倫敦格林威治醫院（1695）

1695年，皇室下令在格林威治建造一座皇家海軍醫院。雷恩設計了一個雙層敞開式庭院的平面，以便將主軸線上的皇后行宮納入視野。醫院的立面是由雷恩的繼任者完成，包括帶有破縫式山牆的塔式拱門。

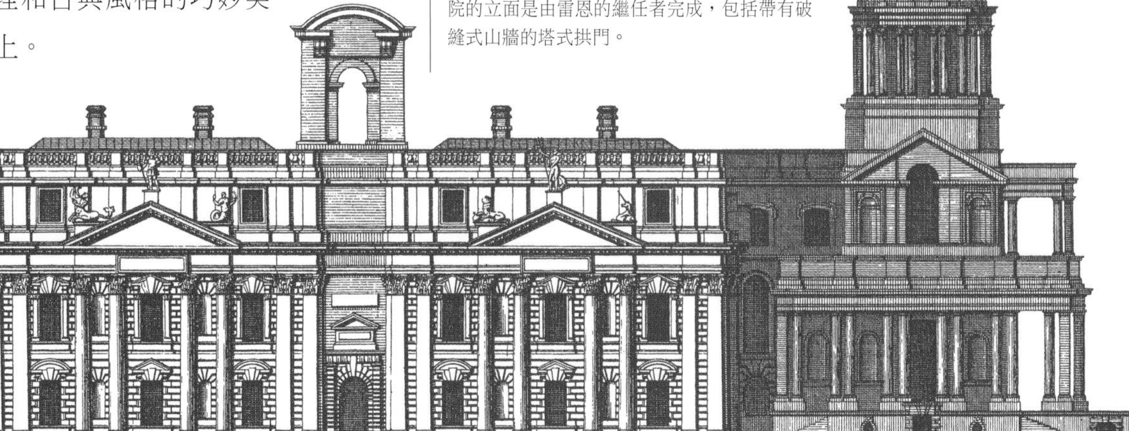

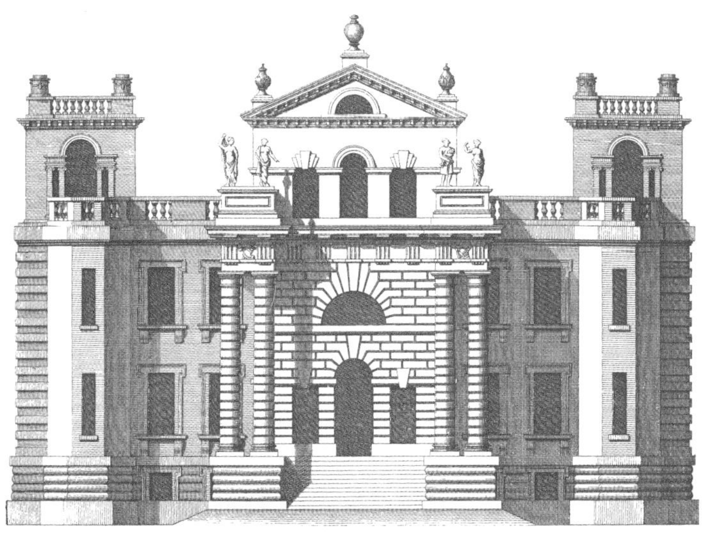

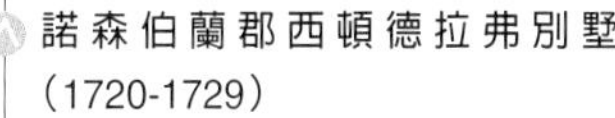

諾森伯蘭郡西頓德拉弗別墅（1720-1729）

范布勒在西頓德拉弗別墅的緊湊布局中採用了堡壘式的主體通道設計，不同形狀的牆面鑲邊與粗大成對的多立克環飾柱，提高了不同組合元素之間的凝聚力。在防禦性的立面上方，矗立著兩座帶有欄杆的塔樓和牆面光滑的中央塊體。

巨大拱頂石

英國巴洛克建築師經常使用拱頂石，作為門窗上方的重點性裝飾。一些建築師喜歡將五塊石頭組合在一起，營造寬闊的感覺，但霍克斯摩爾卻常常將一塊巨大的拱頂石單獨疊放在斷口中間的位置，賦予立面強烈的垂直感。

伯明罕聖菲利普教堂（1709-1715）

阿徹爾是1711年教堂建造法令的起草委員之一，也是伯明罕聖菲利普教堂的建築師。凸形牆面、圓頂塔樓、對角分布的螺形扶壁和牛眼孔，凡此種種都很容易使人聯想起義大利和法國的巴洛克風格教堂。不過這座教堂仍是採用英國的箱式平面，靈感來自雷恩建造的教堂。

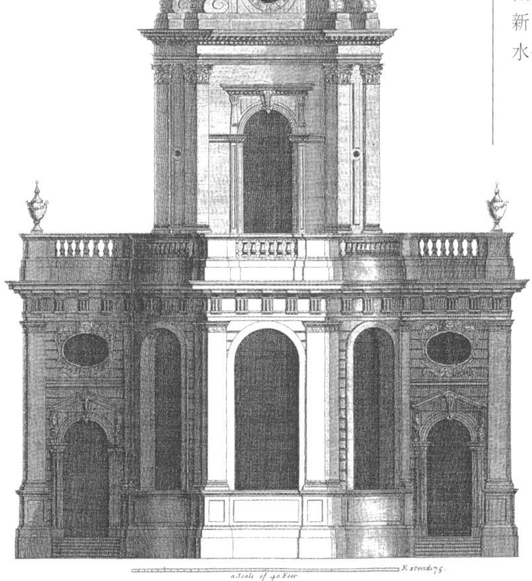

西頓德拉弗別墅的環飾柱

環飾柱是西頓德拉弗別墅和范布勒所設計的其他鄉村住宅的顯著特徵之一，這些柱子通常採取粗大的多立克柱式，柱身刻有簡潔整齊的凹線。環飾柱在當時已經是義大利和法國文藝復興建築的普遍特徵，但是范布勒使它產生新的效果，強化了牆面的水平性。

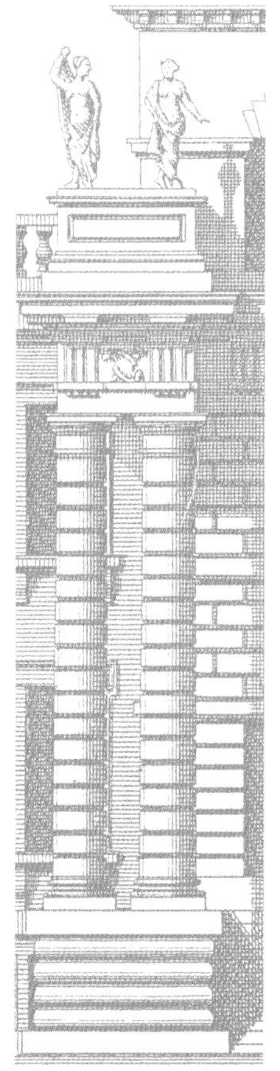

巴洛克和洛可可

北歐與中歐巴洛克建築

巴洛克建築在17世紀後期傳至北歐和中歐，是羅馬天主教巴洛克風格和歷史悠久的法國宮廷式古典風格互相融合的結果。當時，歐洲的天主教城市紛紛仿效羅馬，而偉大的歐洲統治者們則競相設計他們自己的凡爾賽宮。布拉格、維也納和斯德哥爾摩等地的宮殿平面強烈呼應著法國宮殿的設計，但是飾有繁複雕刻的建築立面卻表現出高度的可塑性，不由令人聯想起羅馬的巴洛克建築。在18世紀反宗教改革的德國南部和奧地利，建築師將宏偉的義大利巴洛克教堂奉為建築圭臬。瓜里尼的著作尤其具有深遠的影響。雕刻豐富的立面採用原汁原味的古羅馬樣式，使人重溫羅馬作為天主教首府的權威。到了19世紀，維也納和布拉格已成為所謂的國際巴洛克風格的領導城市。

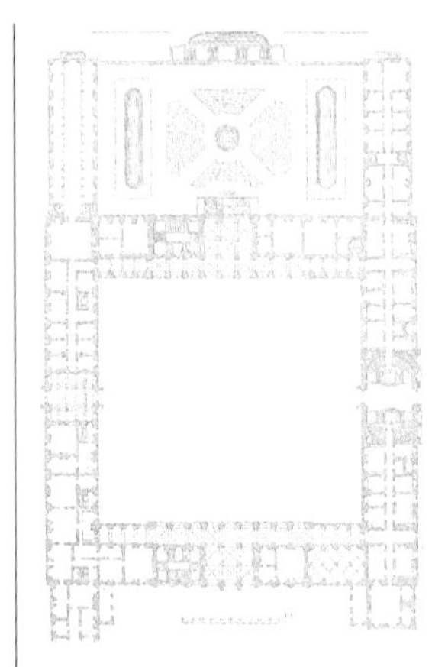

斯德哥爾摩皇宮（1697-1771）

斯德哥爾摩的這座皇宮是由特辛為瑞典國王查爾斯十二建造的，採用18世紀最為流行的歐陸宮殿樣式。四面都有入口的大型庭院、介於兩座突伸側翼間的花園陽台，以及聯成一體的建築外部，在在使人聯想起盧森堡宮、羅浮宮和凡爾賽宮。

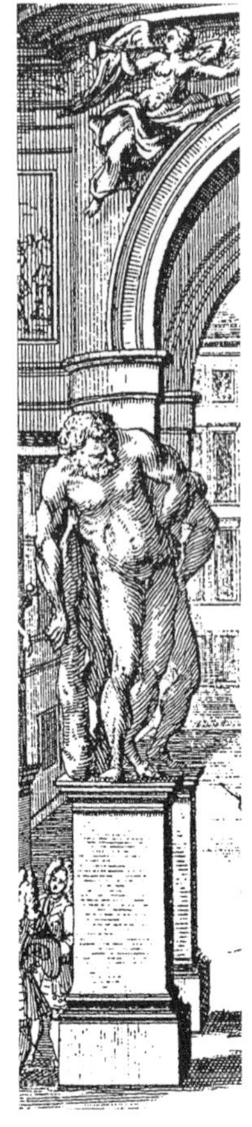

男像柱

男像柱——肌肉強健、身形扭曲的男性雕像——是中歐巴洛克風格建築的主題之一，在埃爾拉赫和他的同代人建造的宮殿中，經常用來支撐宮殿入口的拱門。一般會成對出現。

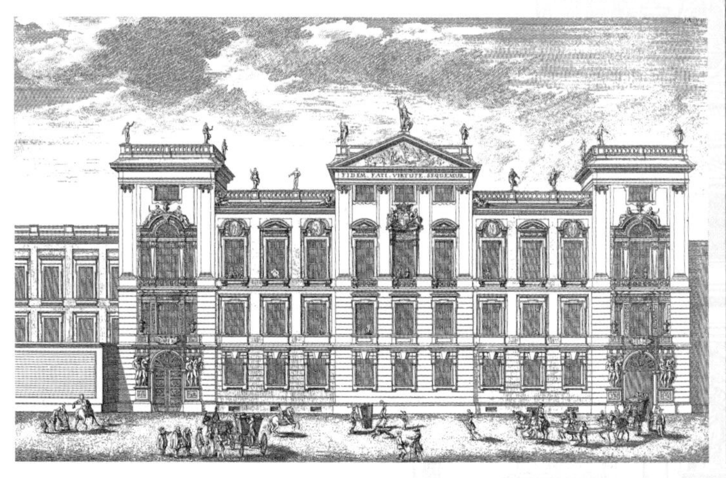

布拉格的克拉姆格拉斯宮（1791）

維也納的宮廷建築師埃爾拉赫接受格拉斯伯爵的任命，按照流行的歐陸風格為他在布拉格設計一座宮殿。建築師在二樓的窗戶頂端採用富有創意的交錯式山牆，其中又以凹形的中央山牆最為精采，上面覆有重疊的捲邊形鑲板。這些裝飾複雜的入口所展現的華美程度，大概介於羅馬巴洛克風格和凡爾賽宮裝飾性風格之間。

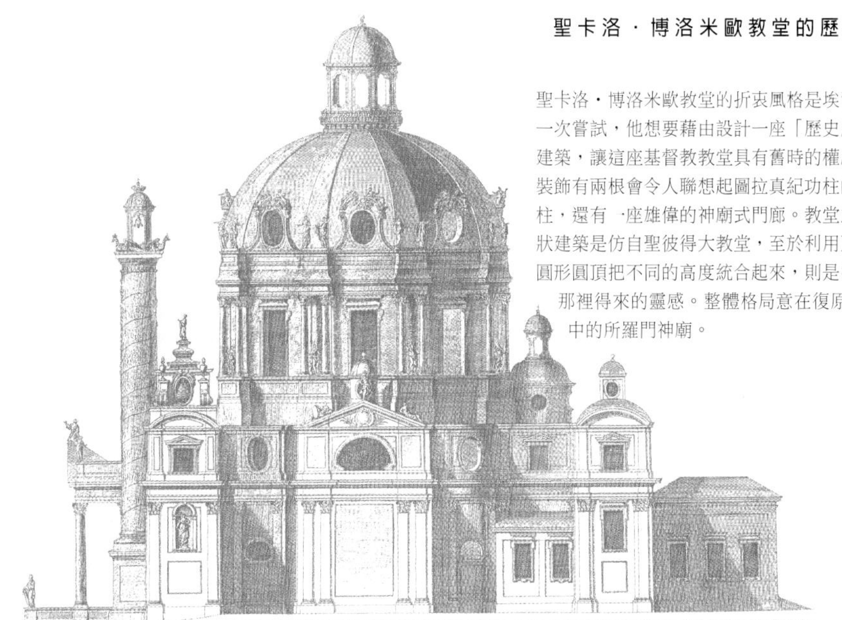

聖卡洛・博洛米歐教堂的歷史風格立面

聖卡洛・博洛米歐教堂的折衷風格是埃爾拉赫的一次嘗試，他想要藉由設計一座「歷史風格」的建築，讓這座基督教教堂具有舊時的權威。立面裝飾有兩根會令人聯想起圖拉真紀功柱的巨大圓柱，還有一座雄偉的神廟式門廊。教堂立面的臂狀建築是仿自聖彼得大教堂，至於利用巨大的橢圓形圓頂把不同的高度統合起來，則是從瓜里尼那裡得來的靈感。整體格局意在復原《聖經》中的所羅門神廟。

維也納的聖卡洛・博洛米歐教堂平面圖

在這座教堂的平面圖中，可以看到一個橢圓狀中央圓頂區域，以及一根清楚的縱軸線。教堂前方是一個帶有門廊的雄偉立面，形狀好像兩隻伸長的手臂或翅膀。掩蓋了教堂後部的實際尺寸。

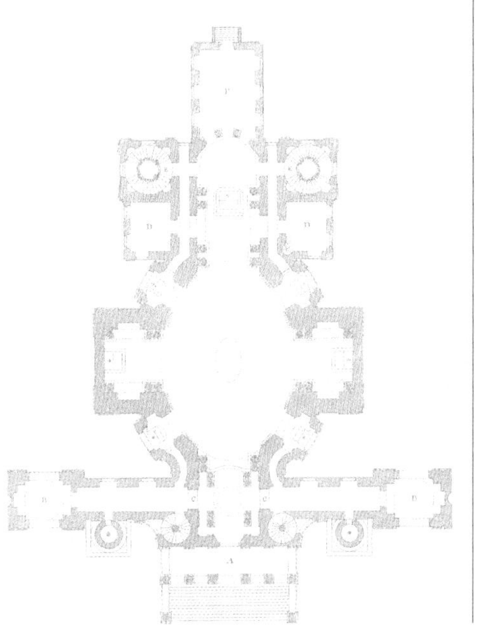

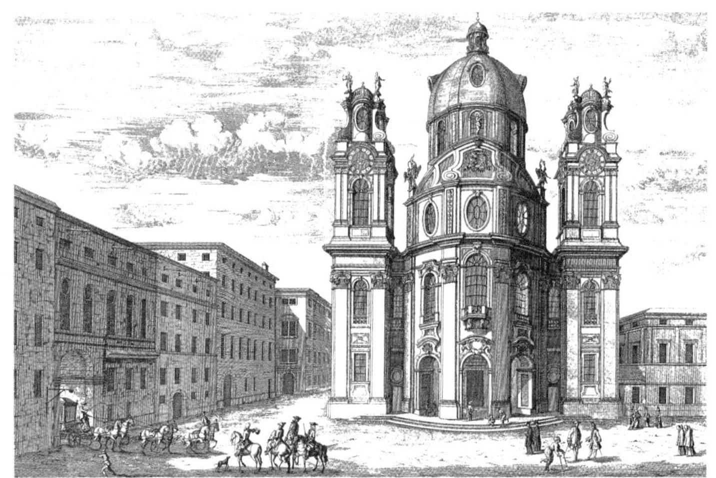

薩爾斯堡的科雷根教堂（1696-1707）

本篤修道會需要一種與德國南部的耶穌會教堂風格迥異的教堂。埃爾拉赫最常採用的曲線形設計，不管在立面還是平面上，都是以巴洛克風格的「橢圓形」為基礎。立面是凸出的橢圓形柱狀建築，兩側建有狹長的博洛米尼式塔樓。巨柱式的壁柱、高聳的圓頂和橢圓形窗戶，更增強了這種垂直效果。

巴洛克和洛可可

洛可可建築

18世紀早期，洛可可風格在巴黎貴族的住宅和府邸中發展成形，其本質是一場裝飾運動。雖然這種風格最初起源於凡爾賽宮的華麗裝飾，但它同時也是對皇宮形式主義風格的反抗。許多建築師開始採用明亮、輕挑和色彩豐富的手法來裝飾房間，把鑲板和門框巧妙地隱藏起來，並讓牆面與天花板融合在一起，從而讓房間的比例顯得更和諧、更舒適。擅於此道的建築師包括梅森尼爾、歐蓬歐德、皮諾和勃夫杭等。變化無窮的裝飾包括石貝飾、阿拉伯式花飾和中國風的組合，種類繁多、不一而足。在法國，外部裝飾採用洛可可風格的建築極為少見，但在德國南部可以發現很多洛可可風格的教堂。

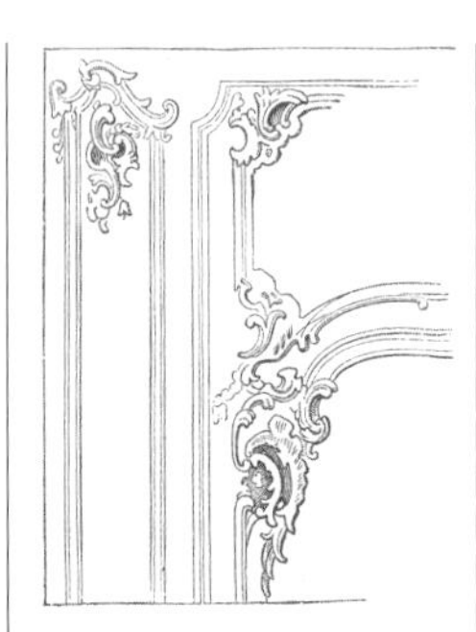

交搭式線腳

與凡爾賽宮那種較為正式的鑲板和邊框相反，洛可可裝飾利用交搭式線腳將鑲板、鏡子、門和天花板融合在一起。在蘇必斯府邸（1738-1739）裡，所有房間的角落都呈現曲線狀，轉角全都消融在天花板中。

石貝裝飾

石貝裝飾主題是洛可可風格的顯著特徵之一，源於貝殼、冰柱和洞穴裡的岩石假山等圖案。阿拉伯風格的石貝飾幾乎都由抽象圖案組成，圍繞或覆蓋在建築的邊框上，呈對稱分布。

扇貝飾

扇貝飾是極受歡迎的主題，頂部的漩渦形是模仿阿拉伯式花飾中最基本的S形和C形構造，其波狀邊緣可以讓房間裝飾的整體曲線性更顯完整。

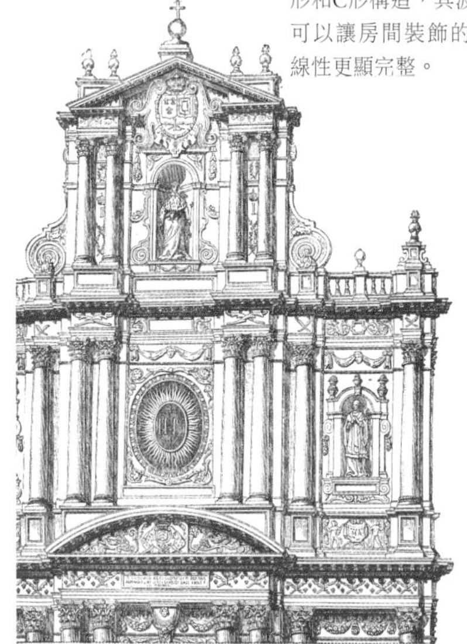

巴黎的聖保羅和聖路易斯教堂

這座教堂是巴洛克風格，但其立面卻是洛可可的早期範例，從大量的捲邊形鑲板、阿拉伯式花飾、字母圖案、渦旋形飾、螺形圖案、帶翼天使，以及放置在壁龕裡的三座雕塑，在在都說明了這一點。

府邸陽台

18世紀法國「府邸」的立面通常顯得莊重而古典，與其內部的洛可可風格形成強烈對比。不過陽台上的裝飾讓洛可可風格有機會在建築物外部得以施展。這種帶有扶手的石砌陽台有時會替換成鍛鐵陽台，上面交織著渦旋形裝飾，並由華麗的螺形托座支撐。

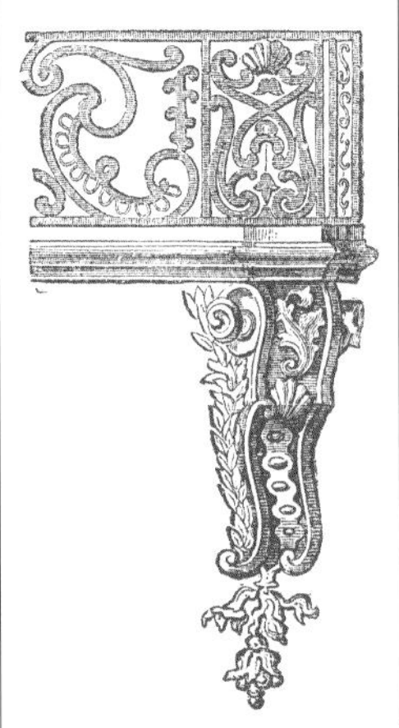

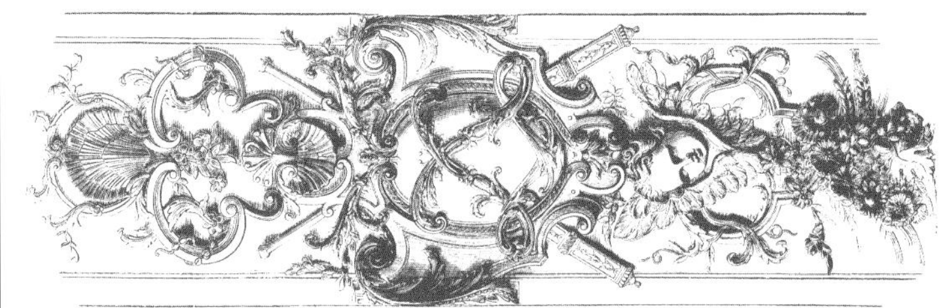

純粹裝飾

洛可可的裝飾主題既與歷史無關，也不具象徵意義。那些石貝裝飾、漩渦形飾和葉形飾往往裝飾在異國人像、面具、方形界碑、斯芬克司像，以及虛構的家徽紋章周圍。最常見的人像是一個頭部周圍覆有襞襟的女性。

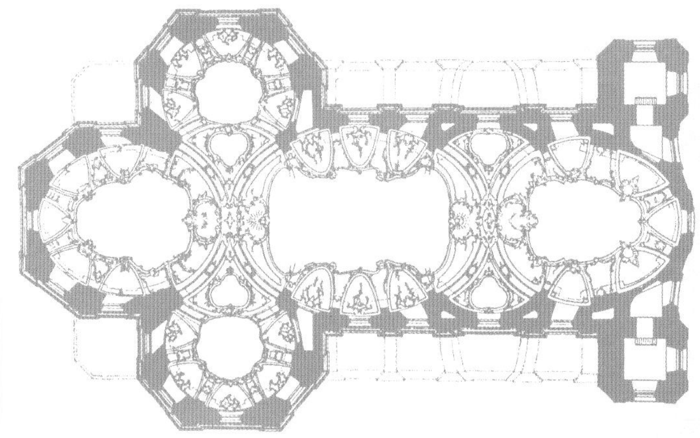

德國南部的十四聖物朝聖教堂（1772年奉為聖地）

諾伊曼在設計該教堂時，使用了大小不一且相互連接的橢圓形，中間那個橢圓形類似一個帶有彎曲轉角的矩形。不規則形狀的基本單位和貝殼形的內部輪廓，在在強化了教堂內部後洛可可風格的裝飾效果。

十四聖物教堂的洛可可裝飾

內部的結構元素全都控制在簷口層，讓拱頂成為洛可可裝飾的專用空間，以便凸顯教堂表面的連續性。貝殼飾鑲板、壁畫、捲邊形鑲板和阿拉伯式花飾，交疊成纖細的拱頂肋網。教堂中殿的中央有一座石貝裝飾風格的獨立式十四聖物神龕（1764）。

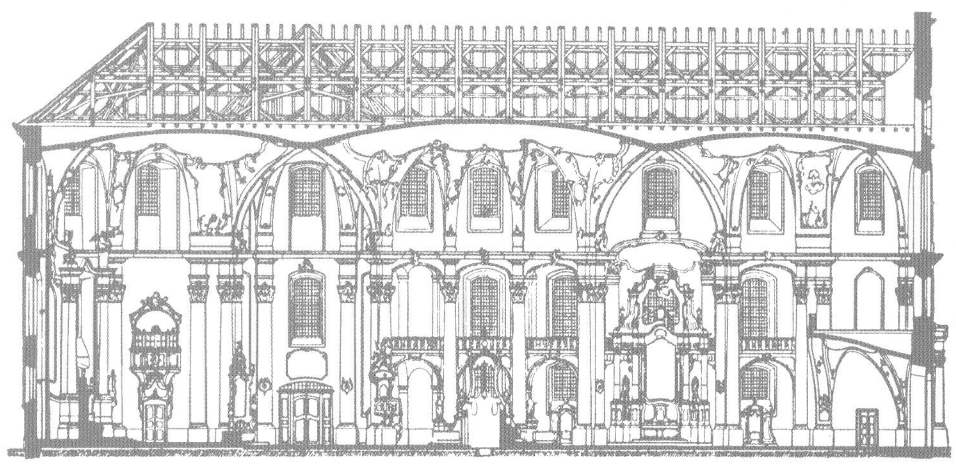

帕拉底歐主義 *18世紀早期—19世紀早期*

伊尼戈．瓊斯的遺產

18世紀早期，英國建築界掀起了一場運動，反對巴洛克派建築師那種個人式和放縱無節制的「瑕疵」，試圖在帕拉底歐和瓊斯（1573-1652）奠下的基礎上，將嚴肅的古典建築確立為「國家品味」的根基，英國的帕拉底歐風格本質上正是這場運動的產物。事實上，早在一個世紀以前，瓊斯就對帕拉底歐在其名著《建築四書》（1570）中所提出的相關理論有了深刻體悟，並因此對英國的建築思想做了一次革命性的改變。他根據自己對古代建築遺址的考察，以及對於其他建築理論的研究，包括瑟里奧和史卡莫齊等前先輩大師的論著，對帕拉底歐提出的課題進行挑戰。他帶回英國的是把一種知識態度而不是流行風格，這種態度使得帕拉底歐的思想得到深刻而非膚淺的運用。

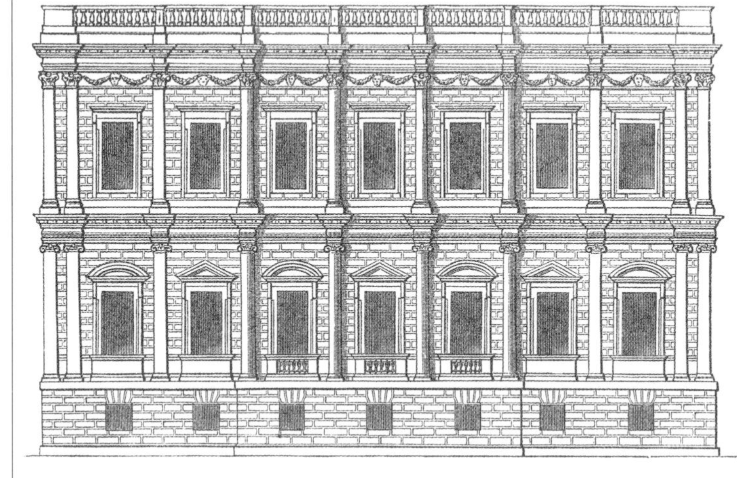

倫敦的國宴廳（1619-1622）

瓊斯設計的國宴廳是一種具有獨創性的精準結合，在平面上採用帕拉底歐根據維特魯威作品重建的羅馬巴西利卡，立面則是參考帕拉底歐在維琴察設計的雙層式宮殿。

《建築四書》（1570）

帕拉底歐這部作品之所以廣受歡迎，有部分是因為他根據對古代遺址的詳細研究，提出了一套有關柱式的比例系統。而那些關於私人住宅、公共建築和古代建築的清晰木刻插圖與簡潔的正文，同樣具有廣大的吸引力。

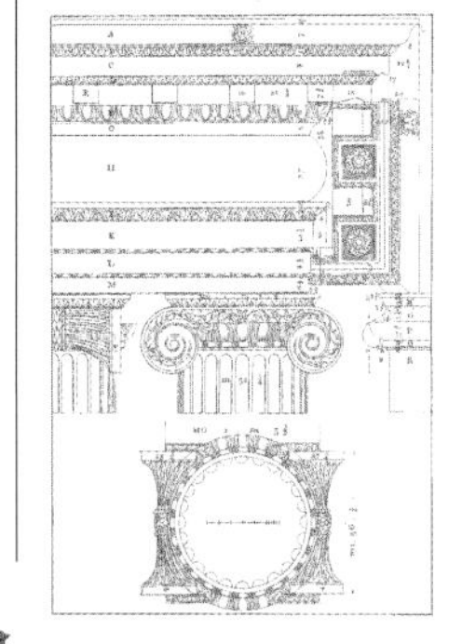

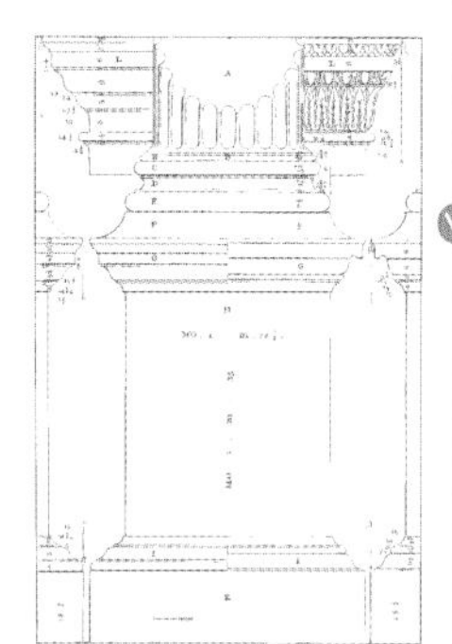

毛石砌

毛石砌是由一排排切割後的石塊組成，石塊的邊緣斜削，通常成45度，突出的表面或平光滑或有粗鑿的紋路，具有牢固堅實之感。

格林威治的皇后行宮（1616-1635）

瓊斯對帕拉底歐派理論的深刻理解，體現在格林威治皇后行宮的設計比例上。建築物立面的裝飾十分節制，其效果主要是透過窗戶與敞廊，以及敞廊與整體建築之間的比例關係展現出來。瓊斯認為外部裝飾「應當根據這些規則做合乎比例的調整，應該充滿陽剛之氣且不裝腔作勢」。

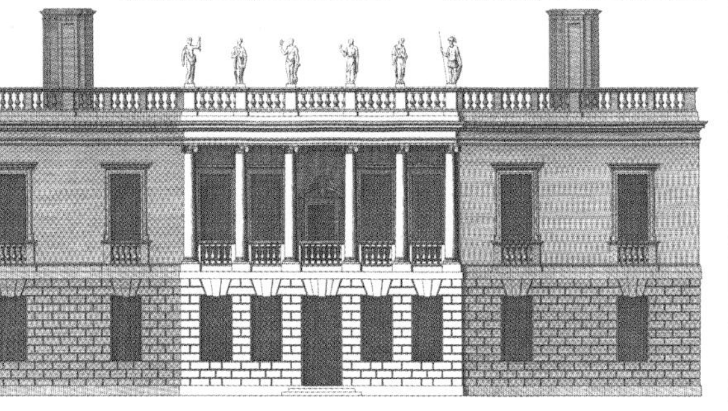

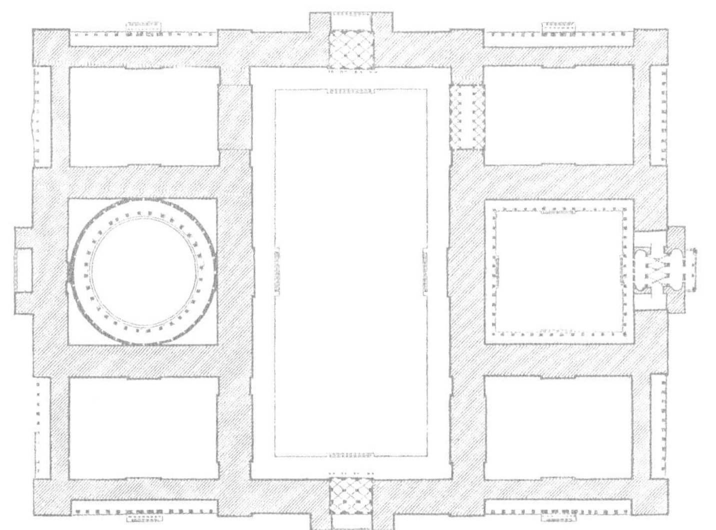

倫敦白廳某宮殿設計案（約1647）

瓊斯和韋布為白廳的一座帕拉底歐式大宮殿所作的大量設計草圖依然保存至今，該宮殿含括現存的國宴廳。從上面這張平面圖中可以看出，一邊是圓形的庭院，另一邊是與之對稱的方形庭院。

威爾特郡埃姆斯伯里府邸（1661）

威爾特郡的埃姆斯伯里府邸是由瓊斯的學生兼助手韋布建造，如今只能從坎貝爾收錄在《英式維特魯威風格》一書中的版畫裡看到。韋布設計的住宅直接受到瓊斯影響，對於帕拉底歐風格的擴展貢獻極大，因為瓊斯設計的鄉村建築數量極少。

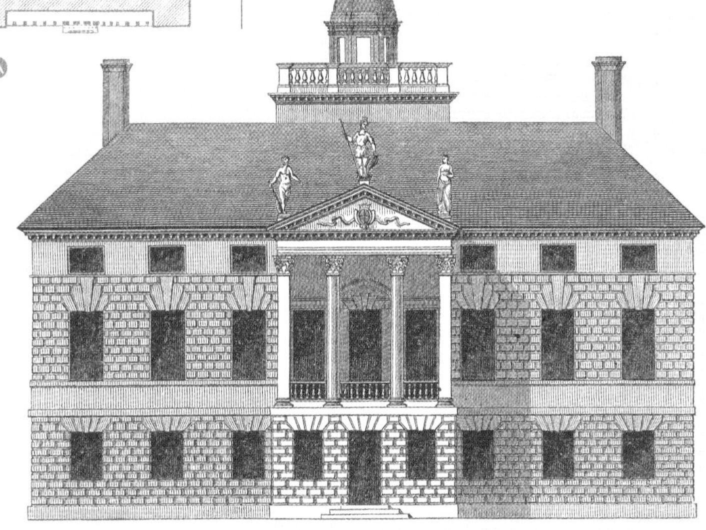

帕拉底歐式窗戶

這扇威尼斯式或稱「帕拉底歐式」窗戶包括一個中央的拱形開口和左右兩側的矩形小開口，高度取決於筆直的門窗邊框，邊框與起拱處等高。

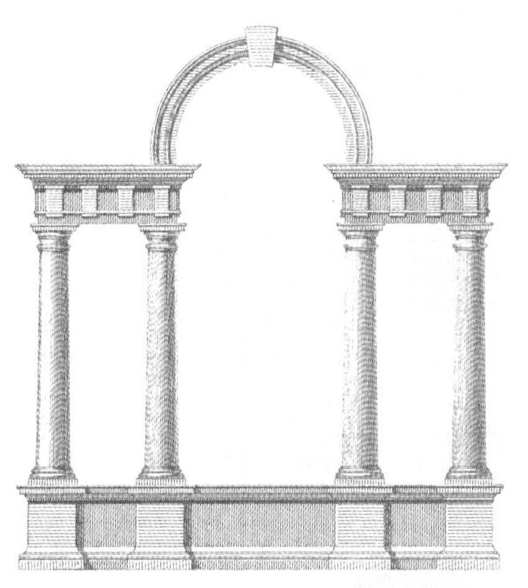

隅石

隅石指的是大小交替的粗鑿石塊，沿著建築轉角呈條狀堆砌，通常用來標示不同的廳室。這是一種深受帕拉底歐派建築師喜愛的文藝復興式主題，因為它們具有無柱式的自然風格。

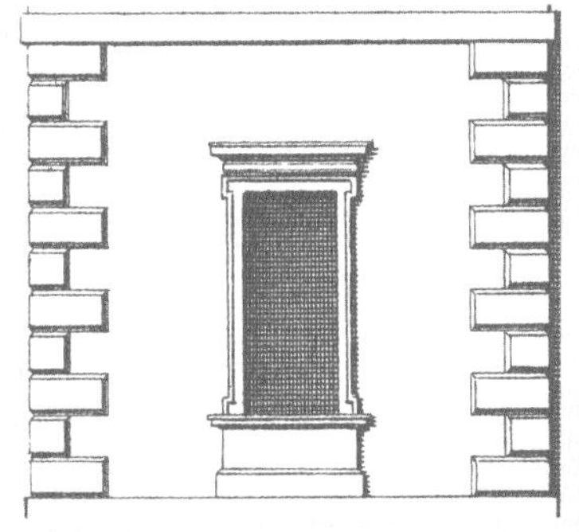

帕拉底歐主義

18世紀英國的帕拉底歐主義

在18世紀的最初數十年，英國輝格黨的貴族成員們有一個強烈的願望，那就是再度採用全國性的建築標準，用古建築的那種真實、純粹的標準來取代個人、虛幻的巴洛克標準。夏夫特斯伯里伯爵曾在1712年寫了一封極其著名的信，其中提出要創立一所學院以確保這種全國性品味的形成。然而，為這種新風格奠定基礎的並非學院，而是建築論著。坎貝爾的《英式維特魯威風格》（1715）和萊奧尼編輯的帕拉底歐《建築四書》（1715-1720）都認為，18世紀的建築師應當從帕拉底歐和瓊斯的作品和思想中尋求創作靈感。

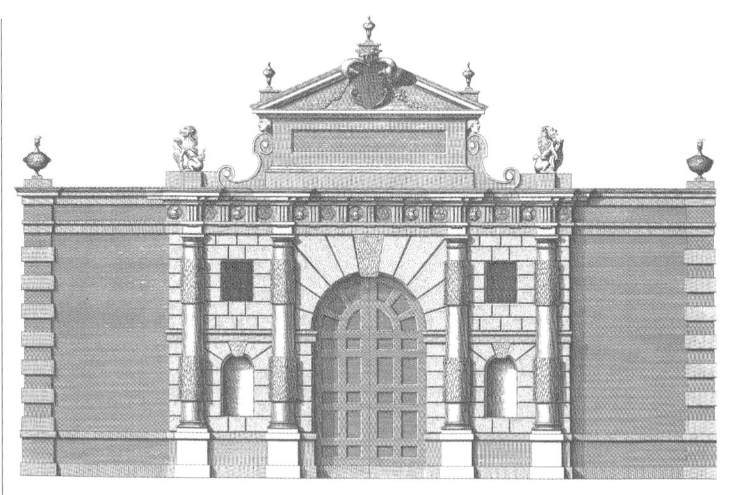

伯林頓府邸大門

瓊斯已經為帕拉底歐式大門提供了許多範例，其中的比例都經過精心設計。坎貝爾為倫敦伯林頓府邸設計的大門是一座特為宏偉的展示品，四根大跨距的分塊柱支撐著純多立克式的簷部。

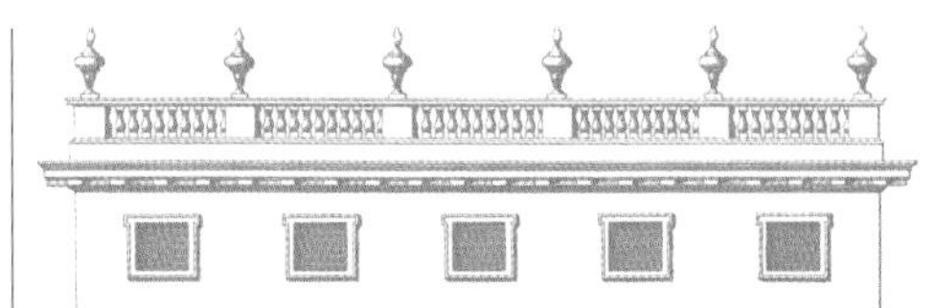

欄杆

古典欄杆是文藝復興的主題之一，當時主要是運用在陽台和樓梯上。然而，帕拉底歐派的建築師卻幾乎是有系統的利用長欄杆來界定屋頂的水平線，有時欄杆上還附有雕像和甕飾。

倫敦伯林頓府邸（1715）

伯林頓勳爵自1715年從義大利回國後，便雇用坎貝爾為他的倫敦寓所進行改建工程，採用坎貝爾在他剛剛出版的《英式維特魯威風格》中大力提倡的帕拉底歐風格。該設計以帕拉底歐在維琴察建造的波托－科里奧尼宮為基礎，包括兩邊側樓上的帕拉底歐式大窗。

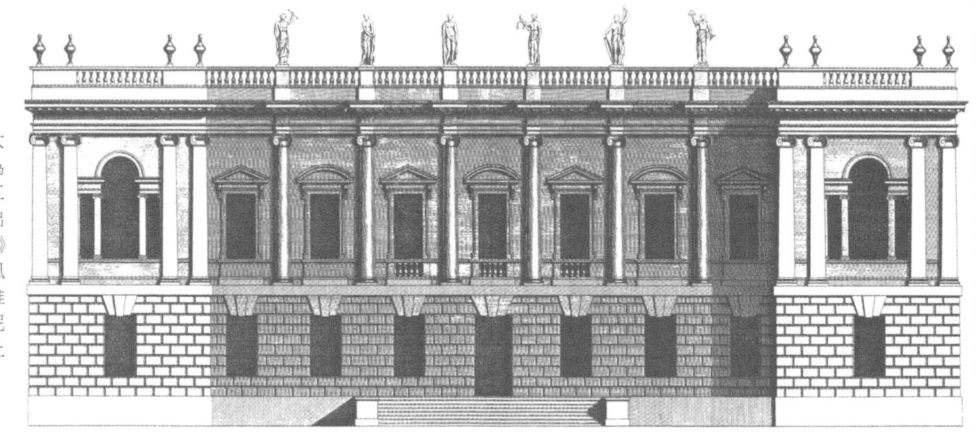

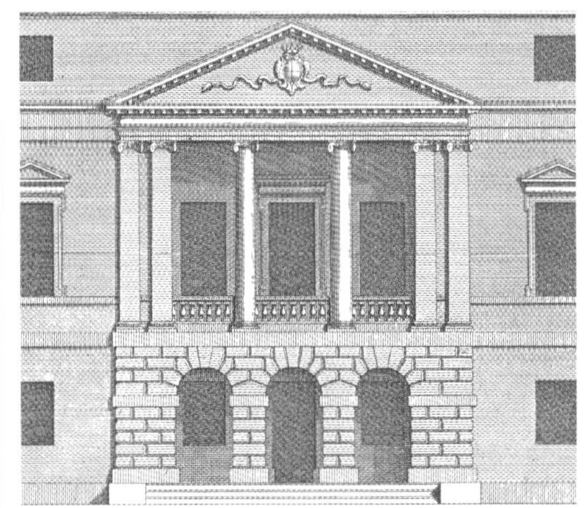

倫敦赫爾伯特勳爵府邸（1723-1724）

端立在瑟利奧式連拱廊上方、有時附有三角楣的門廊或敞廊，已成為帕拉底歐式鄉鎮宅邸的標準立面公式。上圖為坎貝爾為赫爾伯特勳爵在白廳區所設計的府邸，是以瓊斯為薩默塞特宮所設計的展廊為基礎。

倫敦威德將軍府邸（1723）

伯林頓勳爵自身就是極具創作力的建築師，這是他設計建造的第一棟城鎮宅邸。這棟房子幾乎是帕拉底歐某個設計的翻版。立面中央是一扇開在減壓拱（嵌入窗戶、門道或者拱洞上方的牆體之內，以分擔上部牆壁的重量）內的帕拉底歐式大窗，這是伯林頓後期設計的常見手法。

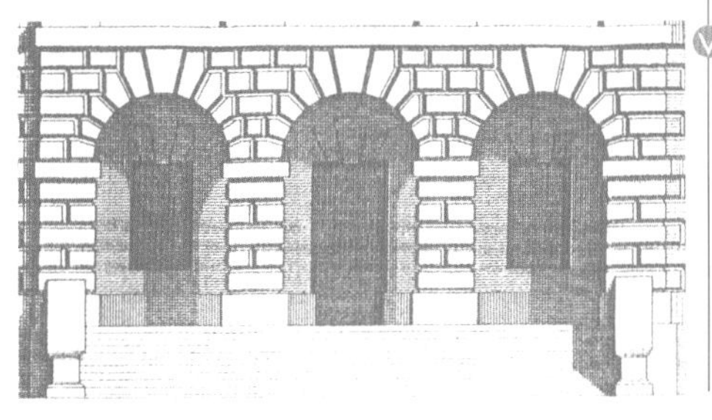

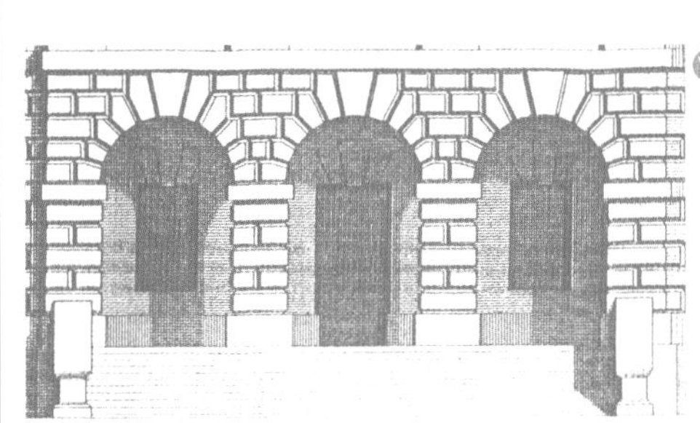

瑟利奧式連拱廊

毛石砌的連拱廊——通常不超過三拱——是帕拉底歐式宅邸的典型特徵。這種設計強調了一樓（即我們習慣中的二樓）和中央區塊的重要性。瑟利奧曾在他的論著中提過毛石砌連拱廊，瓊斯也在科芬園廣場實際採用過這種設計，自此這種形式便成為18世紀帕拉底歐派的標準主題。

倫敦聖馬丁教堂（1726）

雖然吉布斯從未完全擁護帕拉底歐風格，但是他的《建築之書》對於帕拉底歐式重要主題的傳播卻是居功厥偉，這些主題包括威尼斯式窗戶（下圖）和粗面塊緣飾。

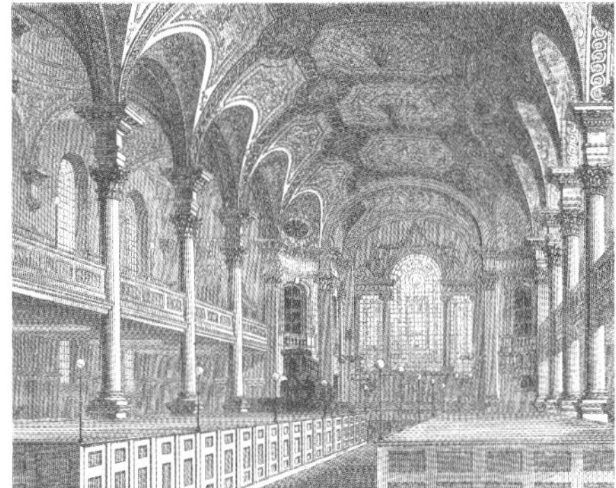

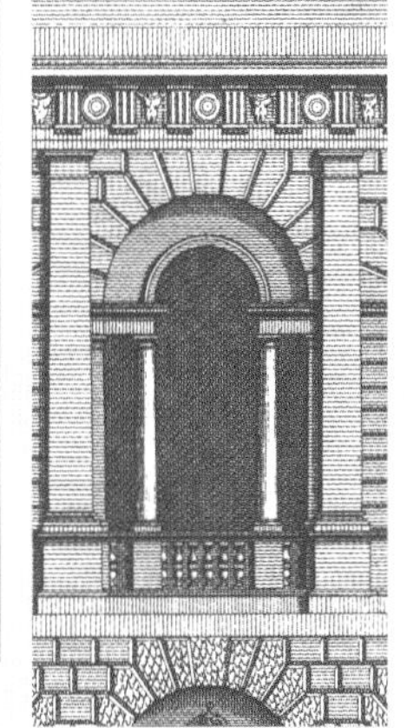

減壓拱內的帕拉底歐式窗戶

設於減壓拱內的帕拉底歐式窗戶可以讓整體結構更顯緊湊，這是它優於純帕拉底歐式窗戶的地方，伯林頓勳爵十分偏愛這種樣式。減壓拱重複入口門道的拱形大小，內部的小窗拱則與立面上其他窗戶的高度一致。

帕拉底歐主義

英式維特魯威風格

坎貝爾撰寫的《英式維特魯威風格》（1715）可能是18世紀英國最著名的建築出版物。絕大多數的鄉村別墅主人家裡都有這本書，也因此參與了一場影響深遠的知識運動。在每一卷的首頁，坎貝爾都會把他可以搜羅到的瓊斯派素材全部納入。瓊斯被尊稱為「英國的維特魯威」，他藉由帕拉底歐將古代羅馬建築引進英國。坎貝爾本人的作品是這本書的主角，他並自詡為帕拉底歐派運動的領導者。他的設計經常只是抄襲他所收集到的資料，這點後來飽受其他批判他的同行抨擊。然而諸如旺斯提德和豪頓這類大型府邸確實具有高度的影響力，對於界定何謂帕拉底歐風格貢獻卓著。

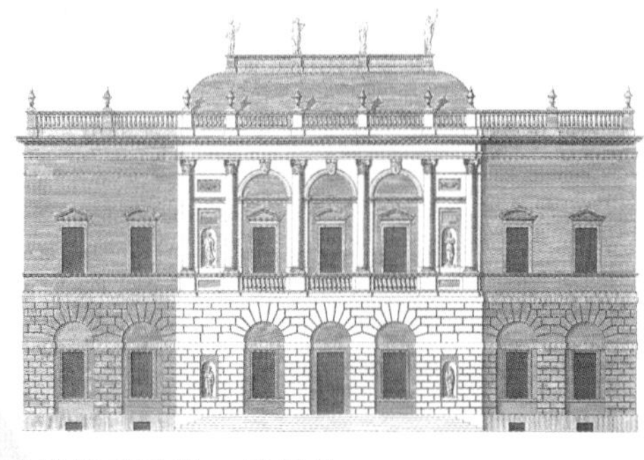

「瓊斯式風格」的設計

在《英式維特魯威風格》中，有幾棟坎貝爾自稱是「獨自發明」的設計，其中有一座鄉村大宅據說是採用「瓊斯式風格」。它確實是以瓊斯在薩默塞特宮的展廊為基礎，其毛石砌建拱廊同樣是採用科林斯柱式。

楔石

在某些帕拉底歐式鄉村大宅毛石砌底樓的減壓拱中，會在方形窗戶上方設有拱頂石，以強化減壓拱周圍那些長度逐漸變短的楔石的裝飾效果。

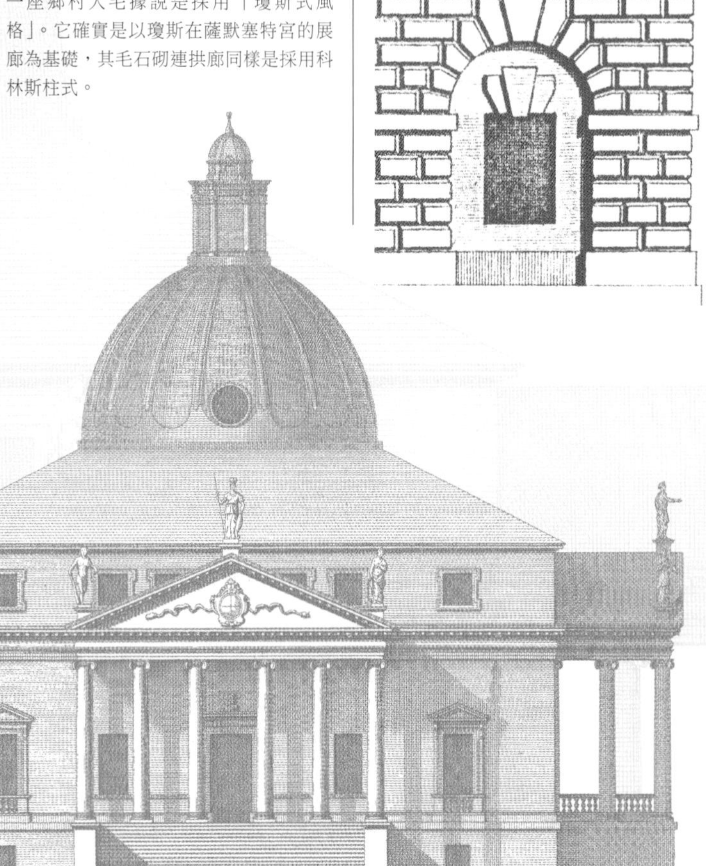

肯特郡的梅爾沃斯城堡（約1723）

坎貝爾的梅爾沃斯城堡可以說是對帕拉底歐作品最盲目的抄襲，其平面和立面都是以帕拉底歐的維琴察圓廳別墅作底本。為基礎的。兩座建築都是緊密的集中式平面，有四個完全相同的門廊立面。華爾波爾將坎貝爾的別墅形容為「帕拉底歐品味的最完美展現」。

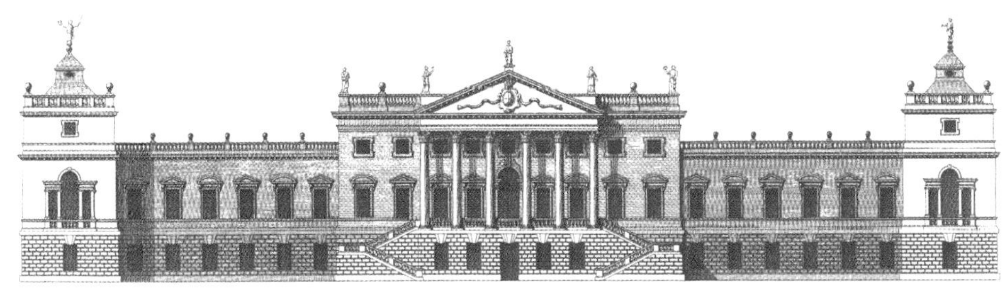

埃塞克斯郡的旺斯提德府邸（1715-1720）

有些鄉村大宅，例如旺斯提德府邸莊園，規模非常宏偉。坎貝爾為該建築設計的三種方案，都包含這座巨大的六柱式門廊，以便配合整棟建築的它的尺寸。

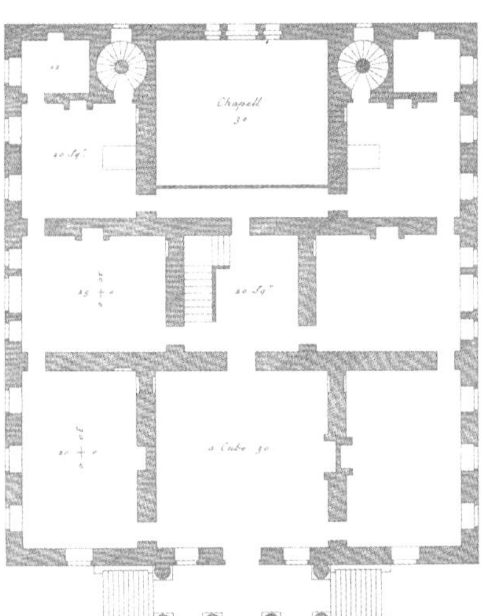

諾福克郡的豪頓大宅（1722）

坎貝爾在豪頓建造大宅具有1720年代標準的帕拉底歐式內部，以及如同考古學和數學般精確的建築元素，例如壁爐台、雕像柱、帶有三角楣的門道和窗戶，以及以托座支撐架的帶有欄杆的陽台。

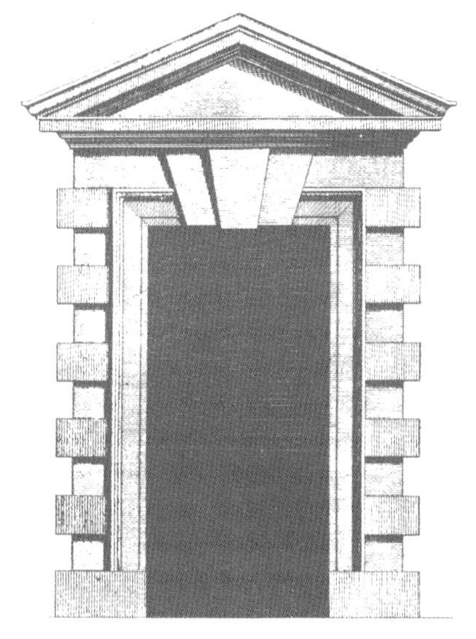

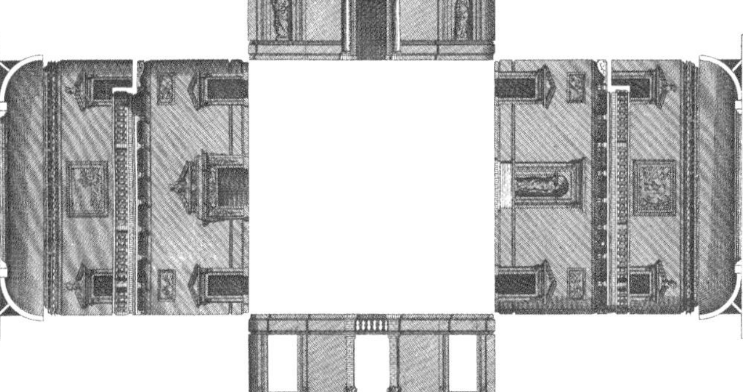

威爾特郡的史陶黑府邸（1721）

坎貝爾為史陶黑府邸設計的第一個平面，其靈感源於帕拉底歐在凡左洛建造的埃莫別墅。但是對於這種比例簡潔的帕拉底歐式標準平面，坎貝爾的贊助人霍爾並不滿意。他認為這個平面的實用性不強，雖然它有兩座具有中柱的螺旋式樓梯對稱排列通往寢室，不過都沒什麼用處，而且也沒有設計輔助樓梯。最後的平面是對稱性與實用性相互妥協的產物。

粗面塊門窗邊框

這種門窗框邊因為經常出現在吉布斯設計的建築中，因此有時也稱為「吉布斯式門窗邊框」。這種設計包括一個簡單的門窗邊框以及間隔插入的方形粗面石塊。這種粗面塊門窗邊框有時會繼續環繞過開口頂部，有時則覆以拱頂石和三角楣。坎貝爾一再使用這種設計主題來強調入口和客廳樓層的窗戶。

帕拉底歐主義

倫敦奇斯維克別墅

奇斯維克別墅（始建於1725年）是伯林頓勳爵的建築代表作，他收藏了許多帕拉底歐和瓊斯的原始設計圖並悉心鑽研，因此獲得了豐富的建築知識，並將之運用於這座建築之上，從而得到實踐的樂趣。這是一棟超乎尋常、風格極為清晰的建築，其中應用了大量的建築前例。整體而言，不論內部或外部的比例關係都是建立在帕拉底歐的基礎之上，至於細節部分則是並置了各家的主題，包括帕拉底歐、瓊斯、維特魯威和其他大師。雖然採用了大量細節，但是並未損及任何一項獨到風格，它們全都得到清晰而準確的呈現，證明伯林頓勳爵對前輩大師的確具有深刻的理解。雖然奇斯維克別墅是以帕拉底歐的圓廳別墅為基礎，但並不是後者的複製品，而是對帕拉底歐的一種全新演繹。

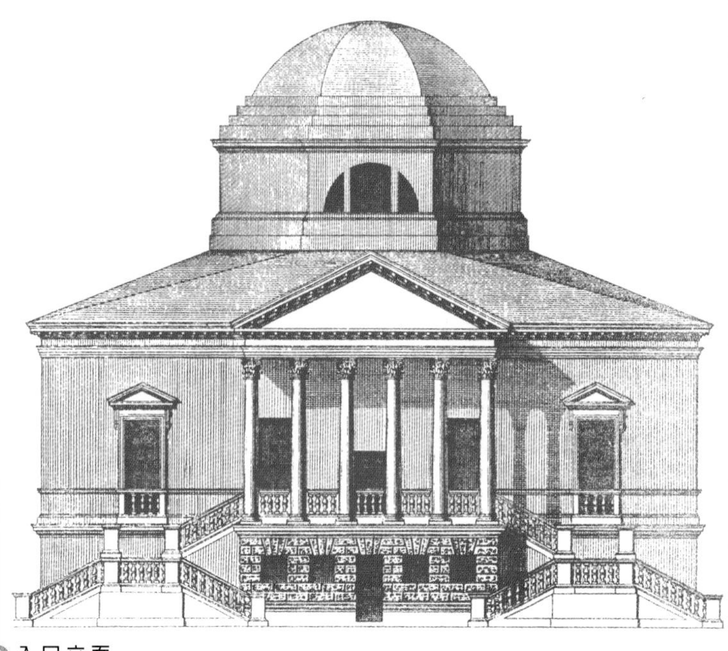

入口立面

墩座由雕有蟲跡飾的毛石砌砌成，支撐著濃郁的科林斯式門廊（其中每個細節都來自於帕拉底歐），以及兩道帶有雙層欄杆的樓梯。與瓊斯設計建造的皇后行宮一樣，欄杆一直延展到門廊的圓柱中間和邊窗下方。

蟲跡飾

蟲跡飾是一種經過特殊強調的粗石砌，每個石塊表面都按曲線結構雕刻，模擬昆蟲留下的圖案。奇斯維克別墅正面的蟲跡飾讓整棟建築的雕飾更為豐富多變。

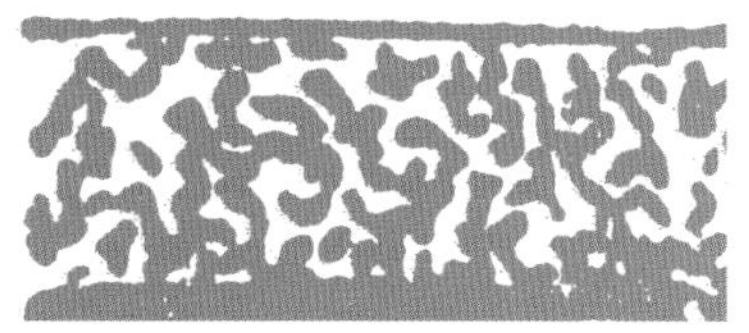

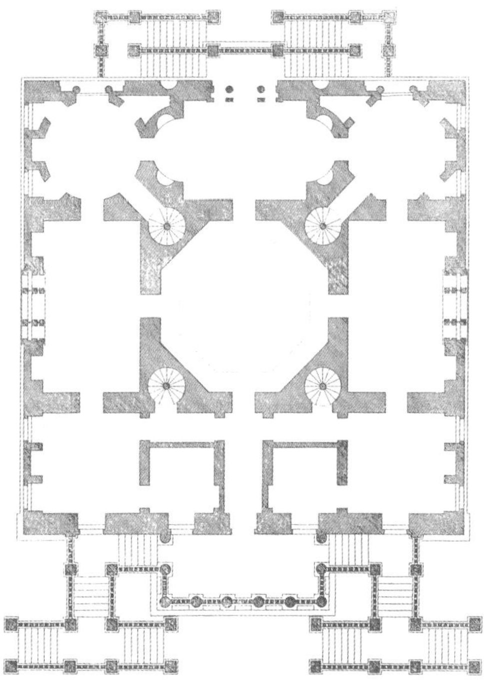

平面圖

在平面圖上，這座別墅是圓廳別墅的縮小版。新館（在既存的地基上增建）由幾座豪華的大廳組成。實用方面的事項（全都歸併到舊館）並未干擾到設計的純粹性，比例相稱的房間之間存在一種對比的次序關係：圓形、八邊形、矩形和半圓形。

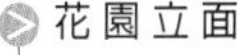

花園立面

朝向花園的立面由三扇嵌在減壓拱內的帕拉底歐式窗戶構成。壁龕、中央窗戶下方的圓拱門道以及戴克里窗，不斷強調拱形這個主題。

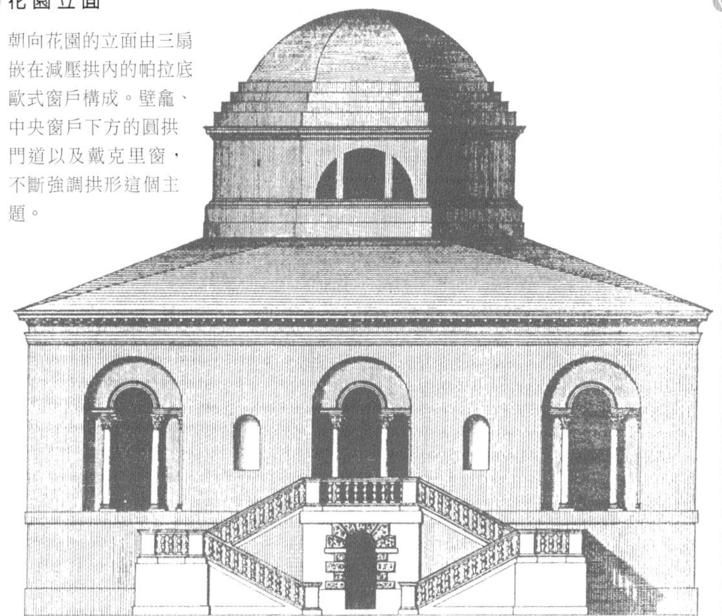

門柱

兩根座帕拉底歐式的門柱構成奇斯維克別墅的前入口，它們延續了門廊下方的蟲跡飾。這兩根裝飾性支柱以刻有蟲跡飾和表面平滑的石頭交錯組成，上方飾有節慶彩帶，頂端些裝飾性的墩覆有一尊古典風格的大型斯芬克司雕像。

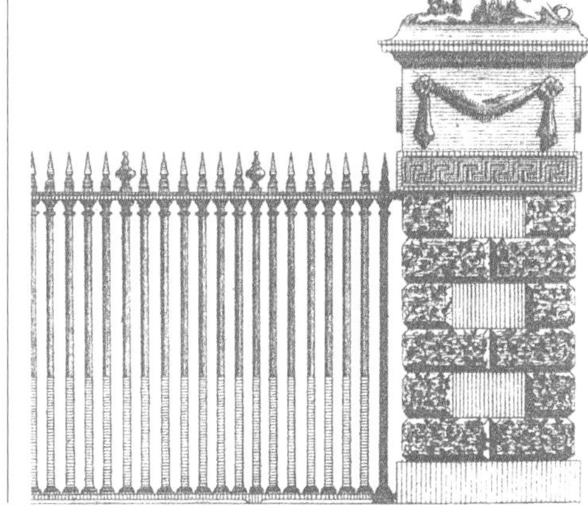

大廳剖面圖

這個中央呈八角形的大廳由頂部的四扇戴克里先窗提供光源。裝飾豪華的三角楣式門道改編自瓊斯的設計，其裝飾物件則遵循了帕拉底歐為科林斯柱式房間立下的指導方針。

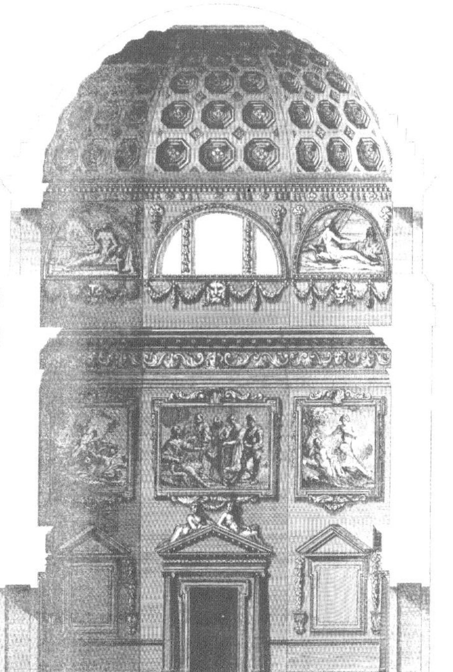

橘樹園神廟（約1725）

伯林頓也在奇斯維克建造了大量的花園建築。和府邸本身的設計一樣，伯林頓以考古般的謹慎態度遵循他所參考的前例。這座花園神廟是一座圓型內殿，正面的門廊乃仿自古羅馬的福爾圖納神廟。

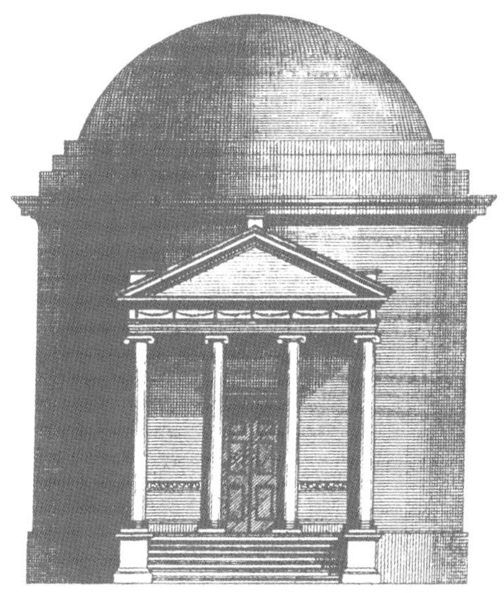

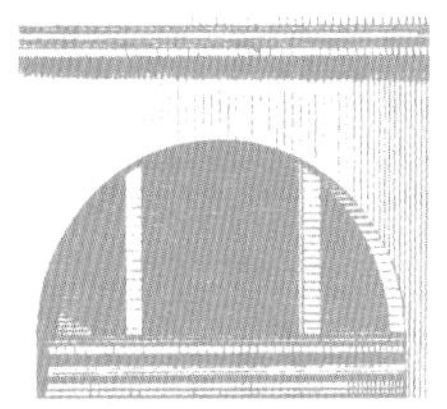

戴克里先窗

戴克里先窗或「浴場式」窗數度出現在帕拉底歐的設計草圖和建築作品中，靈感源自古羅馬的浴場(例如戴克里先浴場)。這種窗戶在伯林頓的設計作品中也常常出現。在奇斯維克別墅的花園立面上，分隔戴克里先窗的兩根中欞與中央那扇帕拉底歐式窗戶的圓柱彼此呼應。

帕拉底歐主義

伯林頓勳爵與威廉·肯特

肯特在奇斯維克別墅和伯林頓一起合作過，由他設計的那座花園，對於說明何謂帕拉底歐式別墅有重大貢獻。繼這次最成功的合作案之後，他繼續與伯林頓攜手，共同為白廳區的一座宮殿從事設計，不過這些設計幾乎沒有一件付諸實施。然而他所出版的瓊斯為白廳所作的設計，對18世紀的公共建築產生了重大影響。除了這些私人宅邸之外，帕拉底歐風格也誕生了一些重要的公共建築。例如伯林頓在約克設計的議會堂便開創出一種追求古羅馬宏偉紀念性的潮流，超越了帕拉底歐和瓊斯。

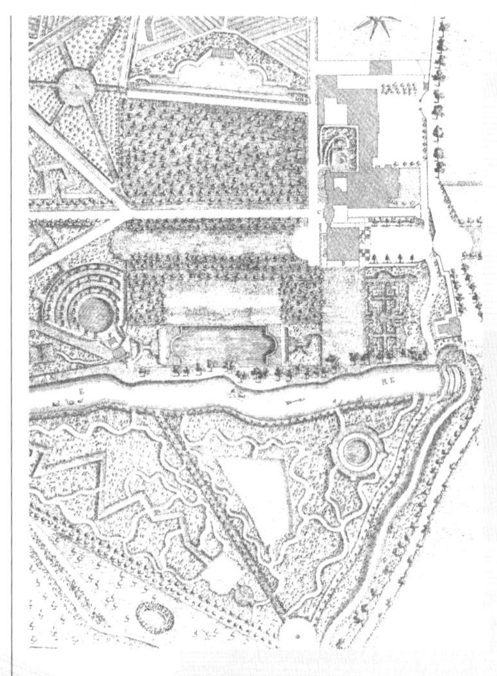

倫敦奇斯維克別墅花園

伯林頓的帕拉底歐式別墅周圍的古典花園，大部分工程是由肯特負責，小型建築是其主要構件。每條小徑的底端都可看到一座門道、瀑布、池塘、方尖碑或其他建築「附件」，以及帕拉底歐派或瓊斯派風格的小型神廟。花園的設計以幾何學原則為基礎，但有刻意營造「自然」的感覺。

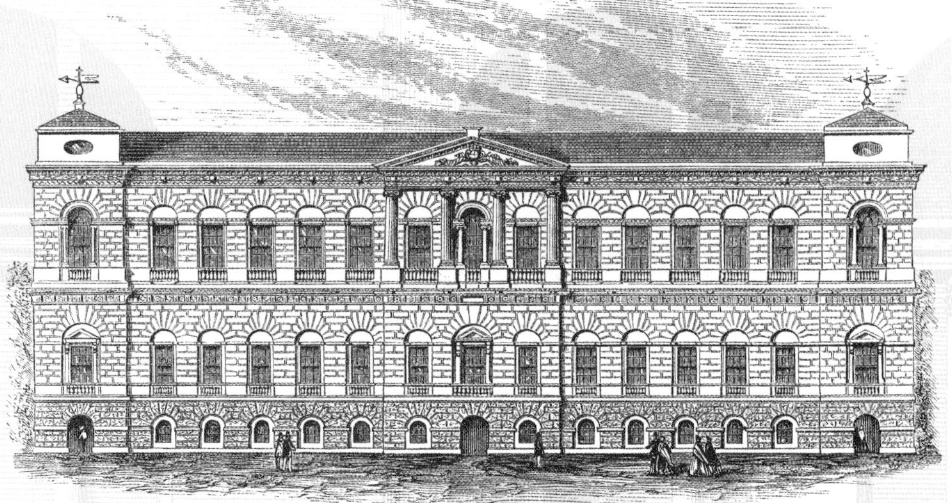

倫敦國庫大樓（1734）

這座國庫大樓是肯特為白廳宮殿所作的設計中唯一付諸實施的。以瓊斯和韋布設計的白廳為基礎，相關設計圖已由肯特出版：其特色是在長形的粗石砌立面上，以一座實用性的山牆式門廊來標示中央位置，門廊的中央開間有一扇威尼斯式窗。帶有單扇威尼斯式窗的正方形角樓，是18世紀帕拉底歐風格鄉村宅邸的典型特徵。

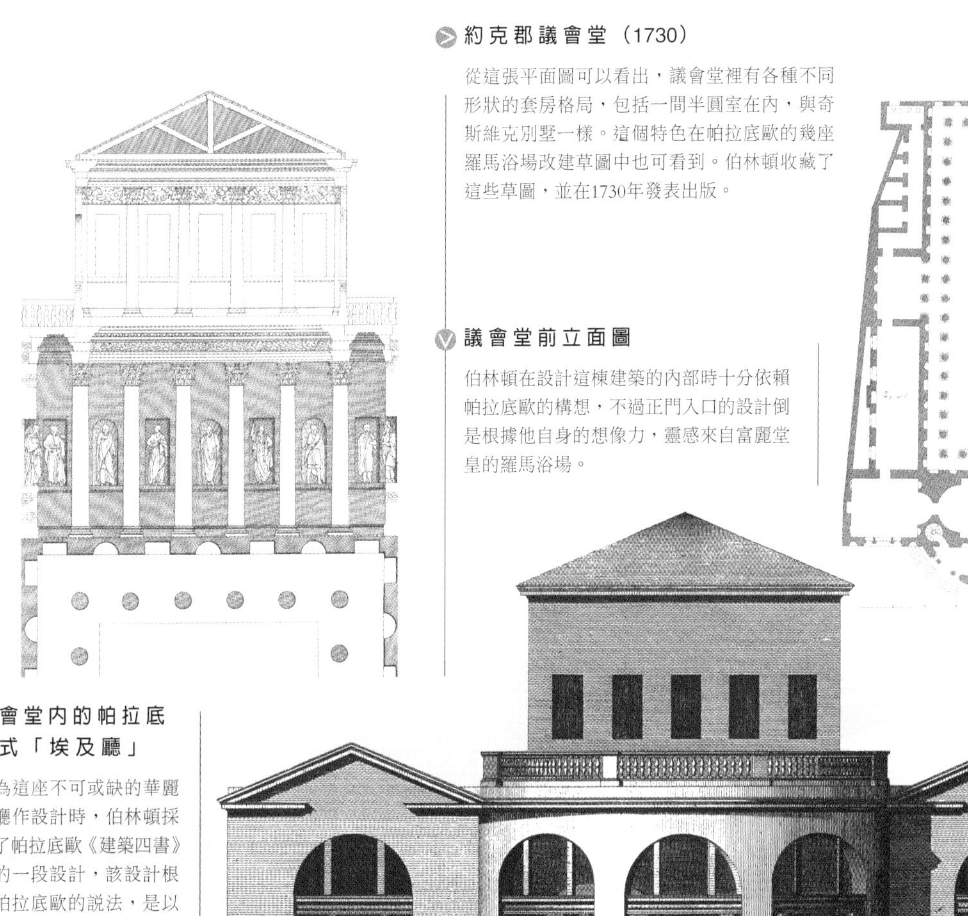

約克郡議會堂（1730）

從這張平面圖可以看出，議會堂裡有各種不同形狀的套房格局，包括一間半圓室在內，與奇斯維克別墅一樣。這個特色在帕拉底歐的幾座羅馬浴場改建草圖中也可看到。伯林頓收藏了這些草圖，並在1730年發表出版。

議會堂前立面圖

伯林頓在設計這棟建築的內部時十分依賴帕拉底歐的構想，不過正門入口的設計倒是根據他自身的想像力，靈感來自富麗堂皇的羅馬浴場。

議會堂內的帕拉底歐式「埃及廳」

在為這座不可或缺的華麗舞廳作設計時，伯林頓採用了帕拉底歐《建築四書》中的一段設計，該設計根據帕拉底歐的說法，是以維特魯威對埃及廳堂的描繪為基礎，「適合節慶和娛樂」。藉由模仿帕拉底歐的設計，伯林頓認為自己也遵循了古羅馬前輩的建議。

議會堂剖面圖

帕拉底歐認為廳堂的長度應與古代巴西利卡的長度相等，伯林頓遵循他的建議採用了18根圓柱的長度。不過這個平面招致了批評，因為其功能不具有實用性，走廊和柱距對舞者而言都太過狹窄。

帕拉底歐主義

美國的帕拉底歐風格

在美國，帕拉底歐主題首次出現可追溯至18世紀中期或喬治王朝時期。這些建築的設計者大多是些業餘士紳和木匠，他們的知識來源主要是18世紀英國的建築論文，其中又以帕拉底歐的相關學說最為重要。這些論文被當作樣本使用，包括立面上的每一個裝飾細節，一直要到18世紀末期，帕拉底歐主義才具備了新的內涵，並出現更多深思熟慮和具有自覺的作品。美國第三任總統傑佛遜，同時也是一名業餘建築師，他擁有一座專門收藏建築論文的圖書館，並在公共建築上採用帕拉底歐風格來表達他的民主共和思想。

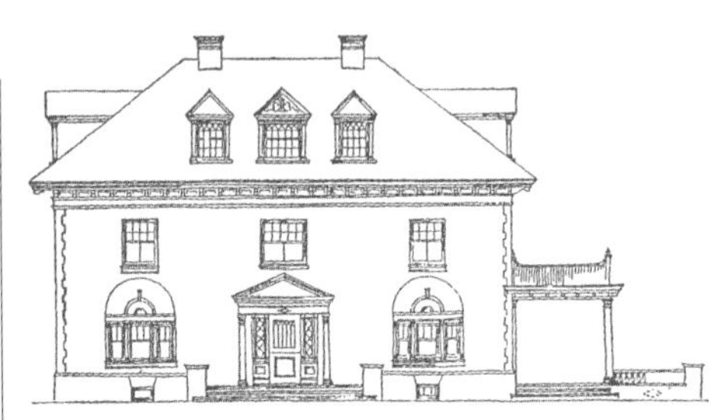

喬治風格的住宅

18世紀中葉有一種住宅在美國流行起來，它有一個矩形盒狀的平面，屋頂是四坡（上斜）頂，老虎窗上有三角楣。門、窗和煙囪對稱排列，設計遵循古典的主題和比例。在蘭利的《設計寶庫》（1740）和吉布斯的《建築之書》中都曾提及這種設計。

帕拉底歐式老虎窗

新型住宅的四坡屋頂不像殖民地時期那樣陡峭，其山牆頂端通常呈古典三角楣狀。老虎窗偶爾也會採用帕拉底歐窗的形制。這類範例在傳入美國的英國論文中大量存在著。

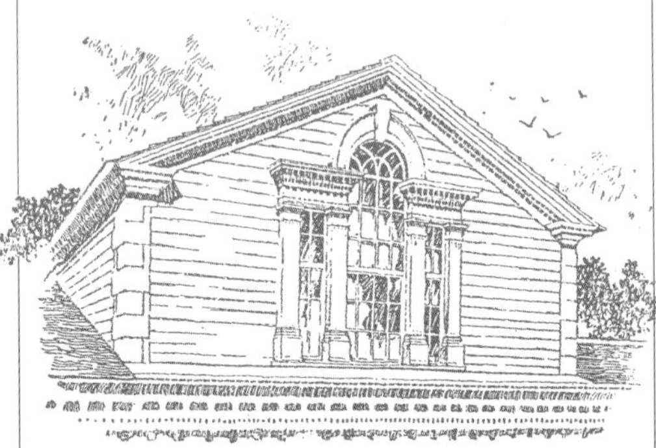

維吉尼亞州費爾法克斯郡的維農山莊（1757-1787）

維農山莊是美國總統華盛頓的故居，他根據一棟帕拉底歐風格別墅的平面進行改建，整個改建工程分幾個階段進行。第一次改建造成窗戶的排列失去對稱性，不過這點並不明顯，因為其他部分皆呈現強烈的對稱感以及帕拉底歐式的特徵，包括構成前院的扇形連拱廊，以及屋脊上的八角形大穹頂，位於寬闊的中央三角楣正上方。

挑出式入口亭

帶有三角楣的挑出式入口亭是當時經常出現的特徵之一。莊重的飛簷托簷口在美國非常流行，往往會延展至三角楣內部，由兩根獨立式圓柱支撐。這種挑出式入口亭是壁龕式入口的實用改良版，與神廟式的立面門廊彼此呼應。

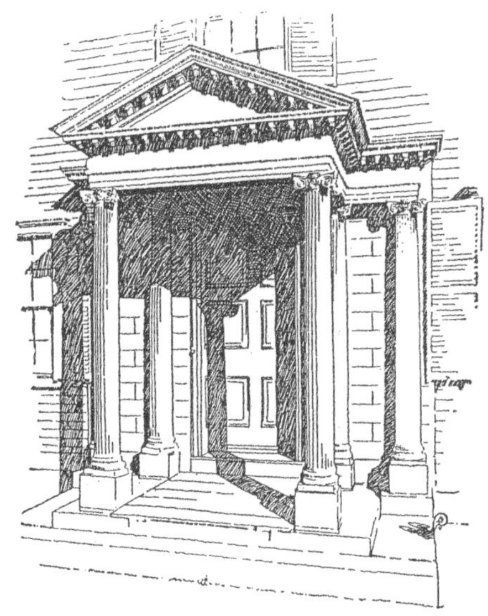

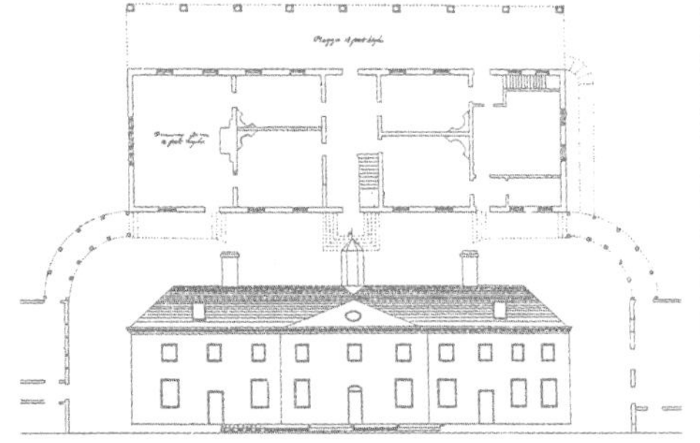

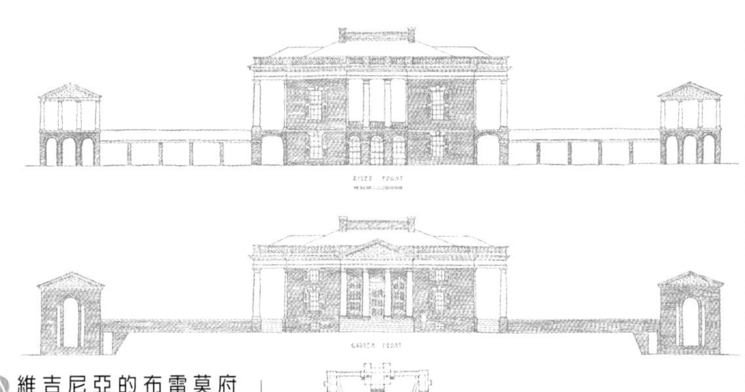

維吉尼亞的布雷莫府邸（1818）

布雷莫府邸是晚期喬治風格的建築實例之一，典型特色是建築體切割成好幾個部分。這種設計會使人聯想起英國的帕拉底歐式宅邸，位於獨立側室上的帕拉底歐窗，在主建築上框出一個神廟立面式的門廊。

維吉尼亞州波普勒府邸（1820）

傑佛遜為波普勒府邸設計的平面是以瓊斯的八角形設計為基礎。在這棟建築內部，傑佛遜還採用了不會破壞對稱感的實用性隔間。

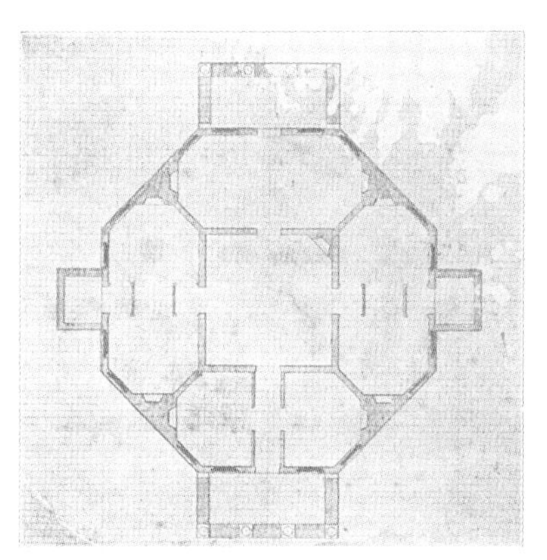

維吉尼亞州的蒙地塞羅府邸

傑佛遜的蒙地塞羅故居最初是採用兩層樓式的中央門廊，細節部分則承襲帕拉底歐的多立克和愛奧尼亞柱式。1796年，傑佛遜從法國回來後，重新設計了整棟建築，以法國的「共和」風格取代了帕拉底歐式的細節。不過由於該建築位於小丘之上，並有圓頂式的採光塔和獨立式門廊，因此依然具有帕拉底歐圓廳別墅的浪漫格調。

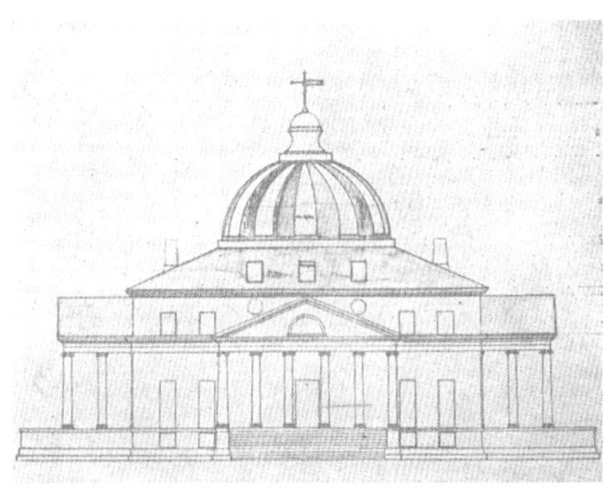

華盛頓特區的總統官邸競圖（1792）

傑佛遜在這張未獲採用的總統官邸（後來的白宮）設計圖中，展現出一種符合伯林頓和坎貝爾定義下的道地帕拉底歐風格。傑佛遜設計的總統官邸是一個集中式別墅，四面都有一模一樣的神廟立面式門廊，與帕拉底歐在維琴察設計的圓廳別墅非常相似。

夏洛特維爾的維吉尼亞大學（1823-1827）

傑佛遜設計的維吉尼亞大學是以帕拉底歐某棟別墅的平面為基礎，他在長形的前院末端設計了一座酷似萬神殿的圓形建築。典型的帕拉底歐式「輔翼」（學生和教授宿舍）位於建築兩側的別館中。

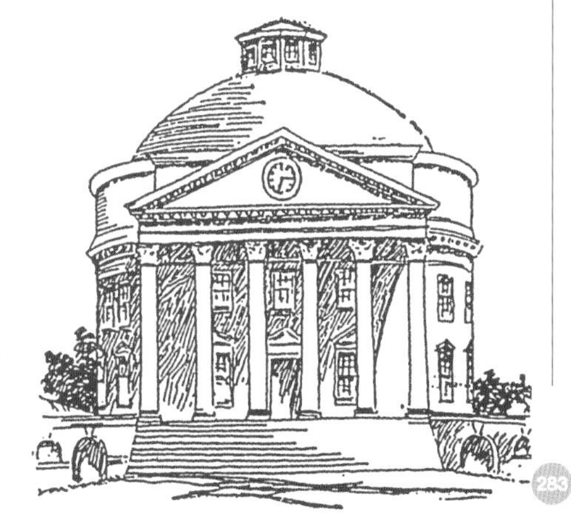

新古典主義 *18世紀中期— 19世紀中期*

新古典主義的起源

新古典主義是一種複雜多變的建築風格。它摒棄了巴洛克和洛可可風格中過度矯飾的特點，試圖回歸幾近失落的純粹高貴的建築風格。雖然「新古典主義」一詞直至19世紀末才正式確立，但從18世紀中期開始，這種建築風格就開始廣為應用。根植於知識探詢的新古典主義，其發展源於四種文化的影響：考古學、印刷圖片資料、浪漫主義和純結構性的概念。建築家以考古學般的精神鑽研古希臘和古羅馬的建築，留存下來成卷的版畫讓這些建築遺蹟散發出浪漫主義的色彩，而在結構簡潔的希臘式建築的影響下，繁瑣的裝飾也從建築表面移除或消減。

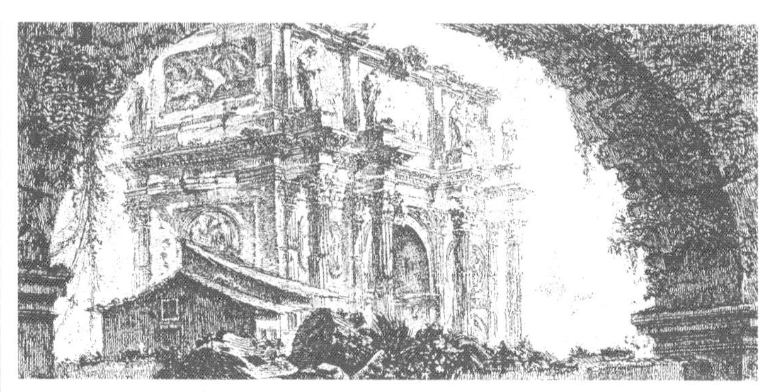

羅馬君士坦丁凱旋門

皮拉內西是18世紀的畫家兼建築家，其版畫作品讓很多羅馬建築引起公眾的廣泛關注。上圖描畫的是君士坦丁凱旋門殘址。

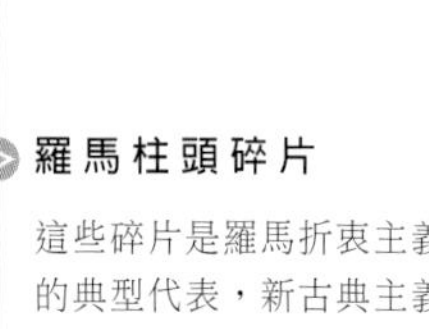

羅馬柱頭碎片

這些碎片是羅馬折衷主義風格的典型代表，新古典主義的某些建築就模仿了這種風格。儘管這些柱頭基本上屬於科林斯式，但建築者卻是以遊戲的方式運用這些語言：左側柱頭以女像和盔甲承重，右側柱頭則表現出馬匹從爵床葉下急馳而過的場景。

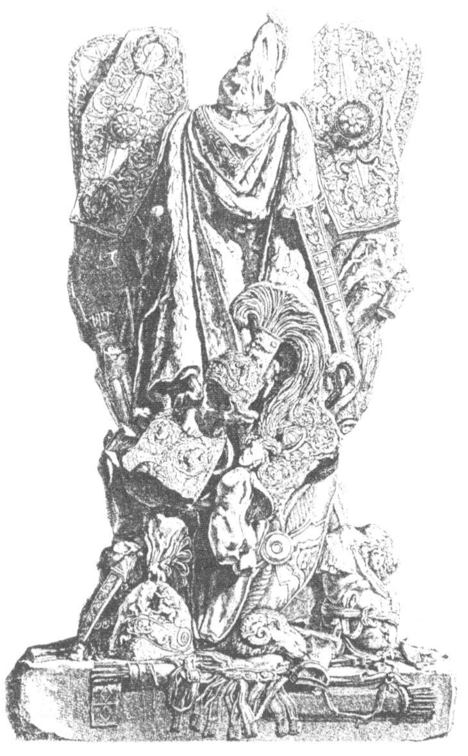

奧古斯都戰利品雕飾

奧古斯都戰利品雕飾是一座由武器和鎧甲構成的雕飾，是羅馬重要的裝飾主題之一。由於中世紀的人們喜歡把武器放在大廳以便防禦敵人，因此18世紀的建築師經常用這種雕塑作為大廳入口處的裝飾。

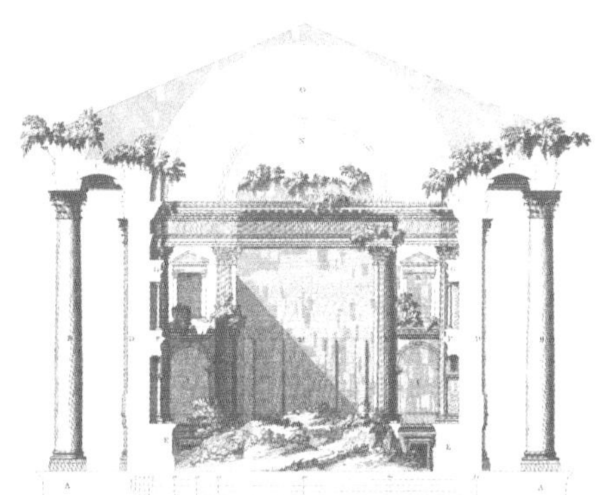

敘利亞的巴貝克神廟

從巴貝克神廟的剖面圖可以看出，這座神廟是浪漫與精確這兩種建築風格相結合的典型產物，該神廟的設計還體現出某些考古的成果。這座神廟的建築細節在這幅圖上得到完整的記錄，但圖上的植物是為了加強浪漫主義的調性。

雅典的伊里蘇斯神廟

18、19世紀的歐洲建築師大多從古希臘建築尋找設計靈感，這座愛奧尼亞風格的伊里蘇斯神廟就是其中之一。後來歐洲各地的很多教堂都模仿該神廟簡樸的四柱式立面。

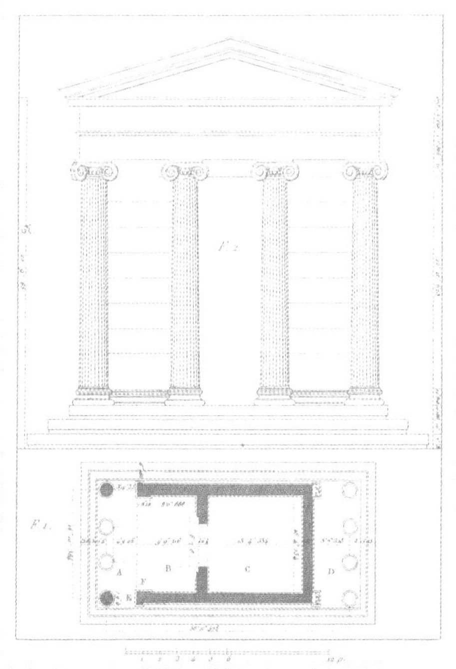

伊里蘇斯神廟的愛奧尼亞柱式

這幅版畫描繪了伊里蘇斯神廟的愛奧尼柱礎、柱頭、橫飾帶以及簷部等構件。出版這類細節圖繪，意味著這些個別的元素可以單獨擷取重新運用在新建築上，為建築師提供了某種建築形制的語彙表和參考資料。

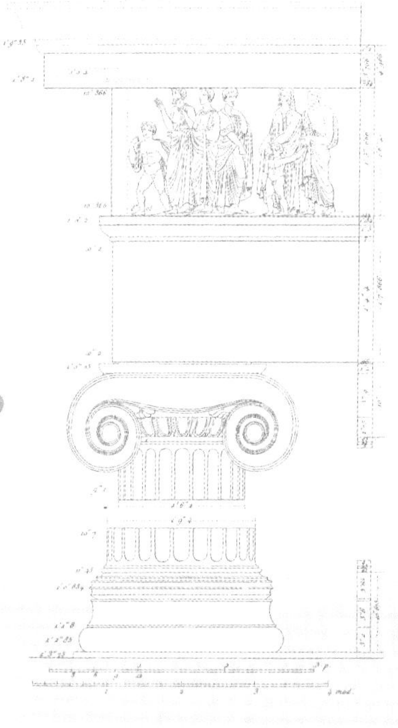

敘利亞巴爾米拉神廟橫飾帶

此處飛馳的奔馬是從花心中竄出，而且這個裝飾主題是出現在橫飾帶而非柱頭之上。考古學家發現同樣的主題在不同的建築中往往會有不同的變化，並非每種風格都只有每一種表現形式。

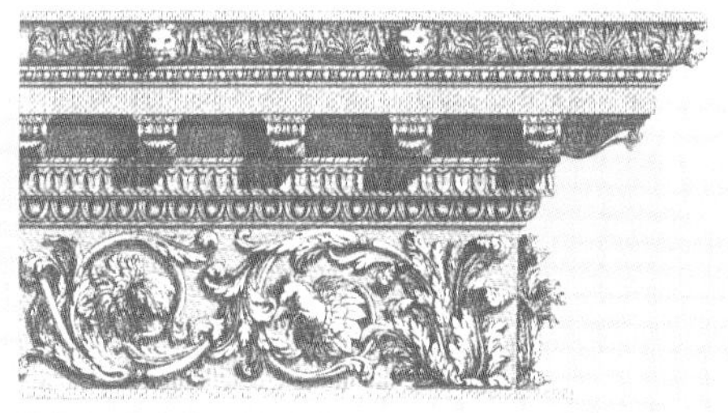

原始小屋的重建

在這座原始小屋的重建過程中，法國建築理論家洛吉耶神甫將純結構性的概念發揮到極致，並體現了柱式形制如何從「首」座小屋的過梁柱構造中衍生出來的過程。

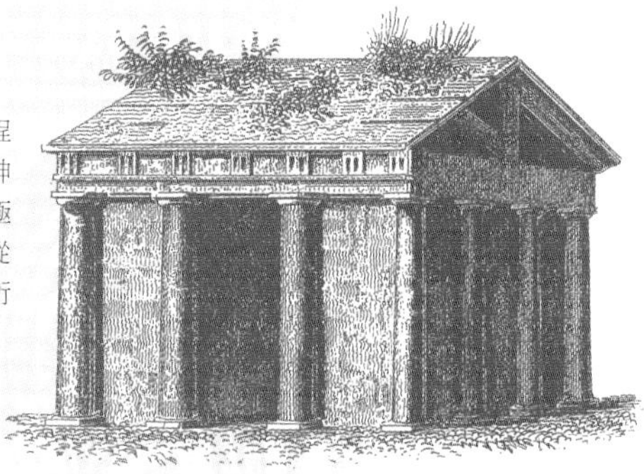

新古典主義

對於柱式的新看法

五種柱式是構成古典建築的主體，那個時代的許多作者都曾記下他們對於柱式的各種詮釋。新發現的考古遺址以及對於已知建築的重新研究，讓人們對於柱式建築的多樣性有了新的認識。如今不論是要選擇一個無柱礎的希臘多立克式柱還是要有柱礎的羅馬版本，都沒有問題。它們都已被當作某種風格的呈現而得到完備的記錄。有些建築學家想把這五種柱式的傳統典律加以延伸，並創造出他們自己的新風格，比如從這種柱式裡取一鱗半爪，再從另一種柱式裡借鑑一招半式；或甚至為了體現某種特定的理念而直接創造一種全新的類型。

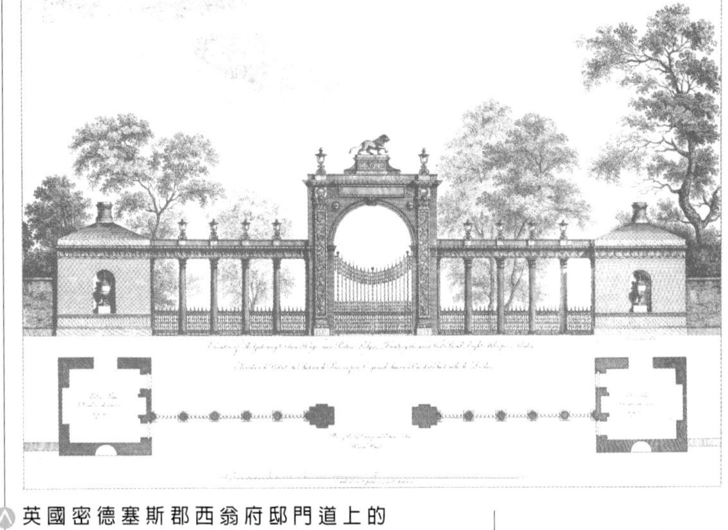

英國密德塞斯郡西翁府邸門道上的多立克柱式

多立克柱式通常代表較陽剛的風格，常應用於建築體的大門或入口處。建築師在此處以較為自由的方式運用多立克柱式的元素，形成一種有趣的詮釋（參見左下圖）。

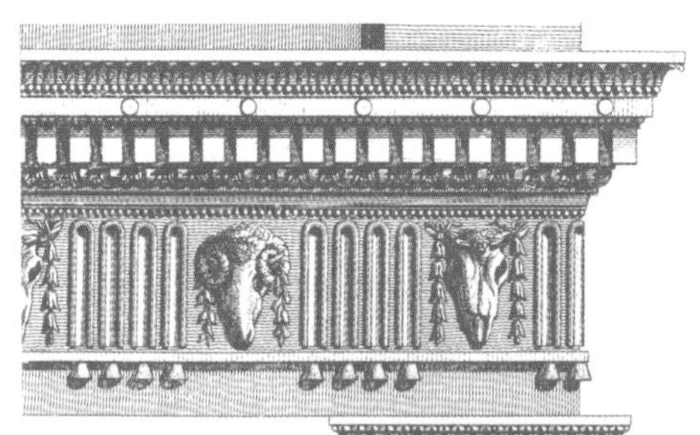

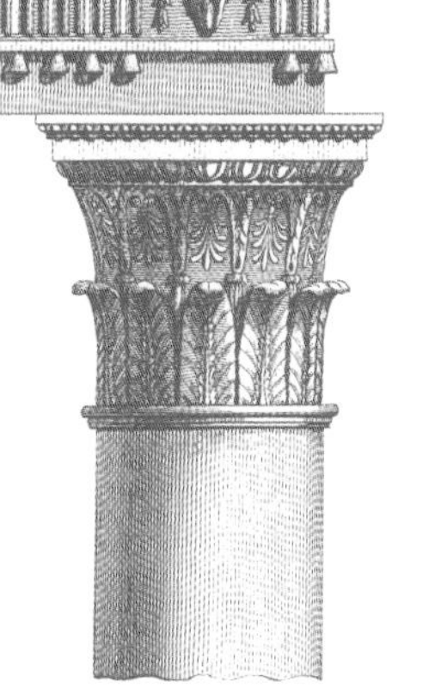

西翁府邸的多立克柱式的變體

與較古典的多立克柱式相比，這個柱頭經過高度裝飾，葉狀圖案與忍冬花飾交織呈現；不過樣飾帶的風格則保守得多，僅有傳統的牛頭裝飾與公羊頭像交替出現。

西翁府邸門道上的壁柱柱礎

這根壁柱柱礎下的四只獅爪會令人產生各種奇幻的聯想。這種設計以前並沒有出現過，可能只是嬉戲之作，意在警告一些不速之客。

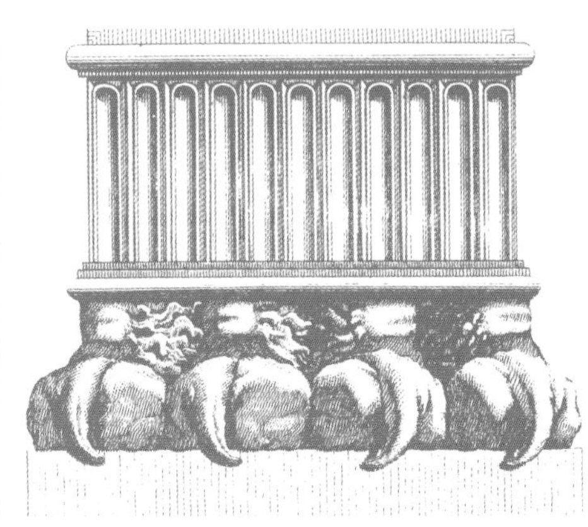

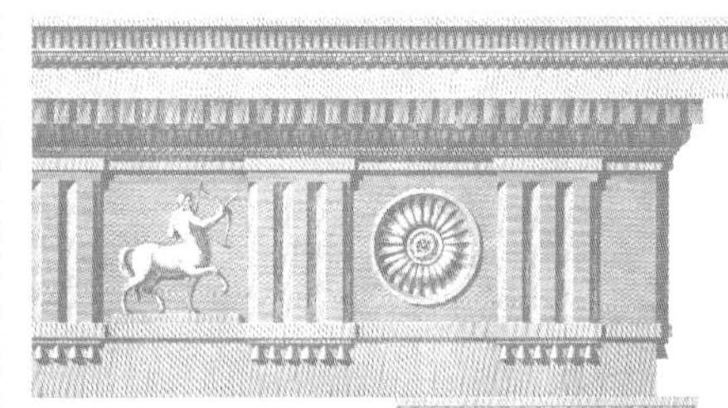

倫敦謝爾伯尼府邸的多立克柱式

西翁府邸對多立克柱式的精雕細琢與謝爾伯尼府邸（1762-1767）正好形成鮮明對比，後者的柱礎、柱頭與柱頂楣構都很簡潔。在這條橫飾帶上，人首馬身的造型取代了比較傳統的牛頭造型，與淺浮雕的圓盤花飾交錯裝飾著板間壁。

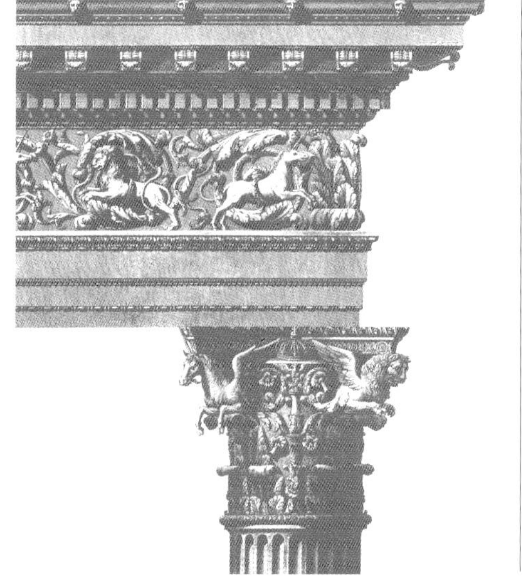

倫敦溫尼府邸的科林斯柱式

這個科林斯柱式的變體以小山羊頭雕飾取代的渦旋形飾，橫飾帶則由圓形花環內的薔薇花飾組成，簷部則維持傳統形制。

西翁府邸接待室的愛奧尼亞柱式

上圖這根愛奧尼亞式圓柱具體展示出這種柱式也可以裝飾得如此華麗。愛奧尼亞式的渦旋上飾有螺旋形的捲葉圖案，柱頂板也以棕櫚葉包繞。

不列顛柱式

這種新型柱式的重點在於柱頭，上面有獅子和獨角獸護翼著英國王冠（造型取自皇家盾徽）。橫飾帶的設計延續了這種愛國主調，採用獅子和獨角獸交互出現的圖案，令人聯想起巴爾米拉神廟上的奔馬橫飾帶。

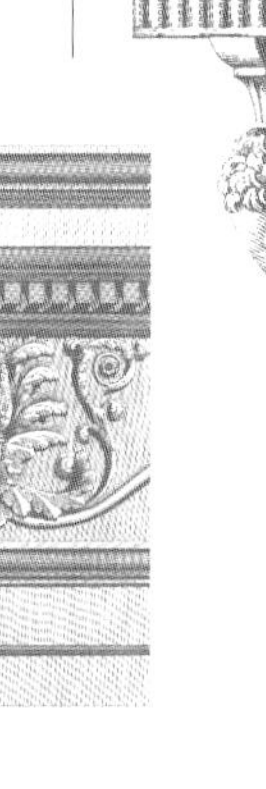

謝爾伯尼府邸的愛奧尼亞柱式

這個版本的愛奧尼亞柱式就簡單許多，柱頭的渦旋形飾和柱頂板一樣風格樸素，橫飾帶上也只有交互呈現的忍冬花主題。

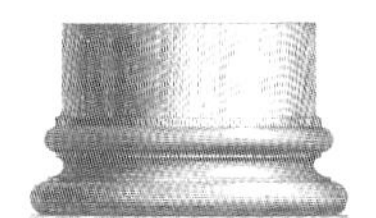

新古典主義

法國的新古典主義

法國是率先反巴洛克和洛可可風格的國家之一。從18世紀中期，法國的建築學家就開始設計具有古典風格的建築語言，不過他們在細節和裝飾上依然相當節制。當時的法國建築理論家秉持理性態度探索古典主義，並提出各種柱式的起源理論。當這些理論付諸實踐，結果是創造出許多有別於古典前輩的獨特風格。法國人同時也是以新的考古方法去探究古建築的開路先鋒。1758年，法國人勒華出版了第一本有關古希臘建築的紀錄，並為該書取了非常浪漫主義的名字：《希臘最美麗建築的廢墟》。

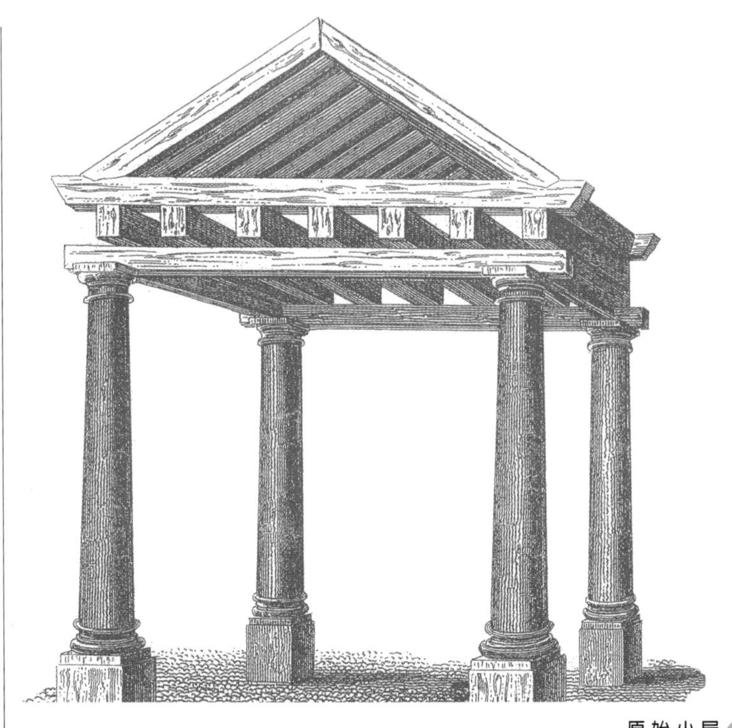

原始小屋

法國的建築理論家是最早建議從原始小屋的建造原則中找出柱式發展的先驅。18世紀中期的出版品指出：原木可等同於圓柱，而橫飾帶的裝飾則是源自木材的接合。

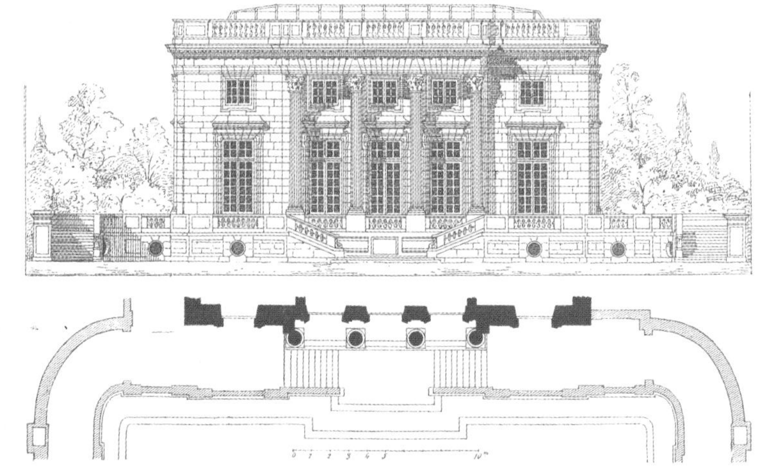

凡爾賽小特里安農宮立面

小特里安農宮的立面完美呈現了洗練與嚴謹這兩種新風格。其中央開間以收斂的手法採用科林斯柱式，窗戶也只飾有最簡單的線腳。整座建築由簡潔的欄杆環繞，沒有任何雕塑。

巴黎法蘭西喜劇院門廊屋頂

這座門廊的屋頂也酷似一座陽台。羅馬和希臘建築中並沒出現過這種先例，這是法國理性主義的範例之一，為無用的常規空間開發出新的功能。

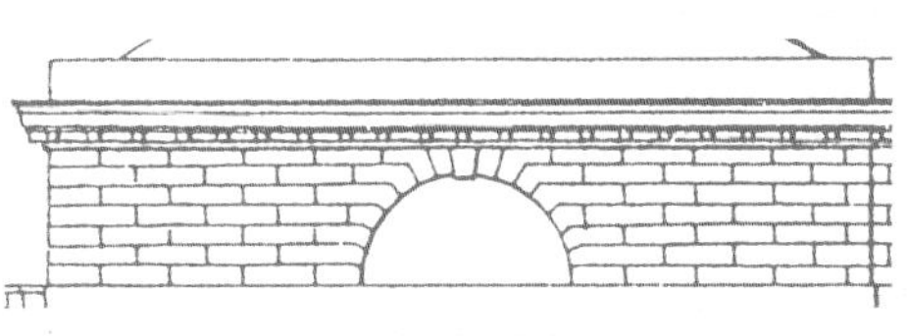

法蘭西喜劇院的浴場式窗細部

浴場式窗本來是英國帕拉底歐運動的特徵之一，後來被法國的新古典主義吸收。在該建築的正面及側面立視圖上，我們都能發現這種設計。

巴黎先賢祠平面圖(始建於1757)

這張平面圖採取希臘十字的形式，有四個等長的支臂。很多18世紀的建築學家都認為希臘十字的對稱性特別完美，改良了傳統哥德式教堂長中殿、短聖壇的結構。

巴黎先賢祠橫剖面圖

從先賢祠的橫剖面圖中可以看到，中殿是由成排的獨立式結構柱構成。支撐十字交叉區域的支柱體積縮減到最小，簷部一路連貫沒有斷裂。這種設計所產生的光線和空間效果非常接近哥德式教堂。

法蘭西喜劇院立視圖

這座劇院的外部牆面採用毛石砌，並由一座八柱式的多立克門廊連接。整體風格簡潔大氣，是法國新古典主義簡約風格的典型代表。

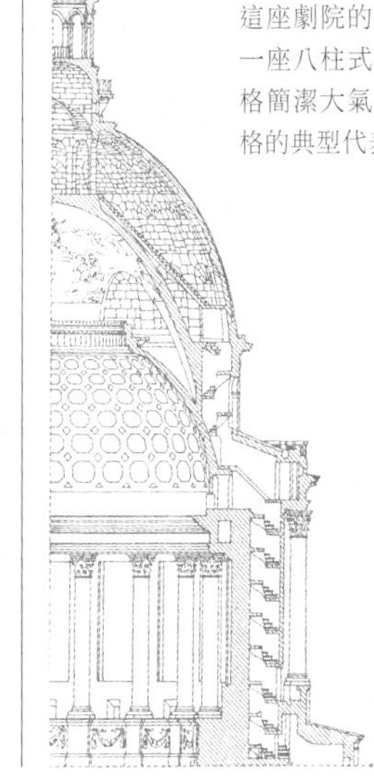

先賢祠圓頂剖面圖

從這張圓頂的剖面圖可看出其獨特的建築結構。這座圓頂由三個面層組成，最外一層形成圓穹頂外部的形狀。中間那層參觀者完全看不到，但在結構上卻非常重要，因為上方的採光塔就是靠它支撐。

新古典主義

英國新古典主義：新古典主義的住宅語彙

新古典主義比較不像是一種原創風格，而像是對舊風格的新詮釋。重點不在形式上的創新，而是以嶄新的方式將不同的元素加以構組、聚合和排序。從現存的古希臘和古羅馬建築中歸納出來的古典建築語彙，經過重新詮釋而創造出新的建築類型。由於希臘羅馬時代的小型住宅很少倖存，建築師們只能神廟、凱旋門、浴場以及一些公共建築中的設計元素，經過分解重組之後，創造出適合英國城鄉生活的住宅建築。雖然規模、比例和對稱是當時建築設計中最關鍵的因素，但由於當時可資參考的出版資料非常豐富，因此每棟住宅都有不同的裝飾細節。

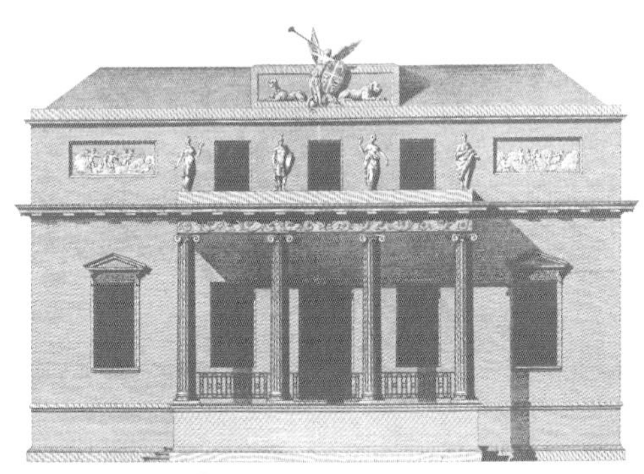

別墅立面的設計原則

從立視圖上我們可以看出該建築遵循了相當嚴格的對稱原則，也運用了很多建築主題，比如愛奧尼亞式門廊、雕像以及淺浮雕。這些靈感皆來自神廟建築。

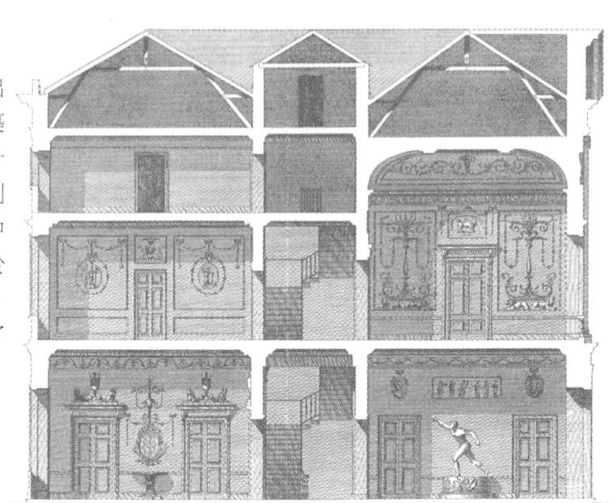

別墅剖面圖

從這張剖面圖中可以看出對稱原則除了應用在建築外部，在內部平面的設計上也盡可能遵循。這棟別墅所有的房間都圍繞著中央大廳和樓梯排列，由於右面的沙龍頂棚被吊高，因此左面也相應地加上了一層夾層地板。

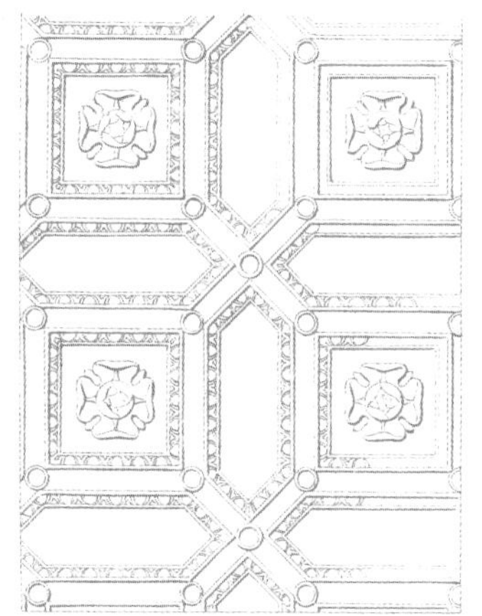

頂棚設計

頂棚的設計通常會受到古建築的啟發和影響，幾何圖形是頂棚設計中非常關鍵的細節。這幅草圖採用分隔頂棚的設計，由四邊形、六邊形以及八邊形構成。

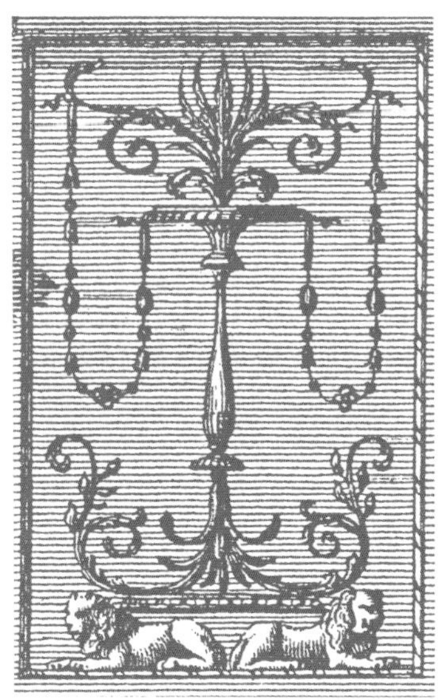

阿拉伯式花飾細節

阿拉伯式花裝飾是以流動的自然形式為基礎，採幾何圖案的排列方式，通常是黏貼或直接畫在牆上。這個主題在英國新古典主義運動時期十分風行。

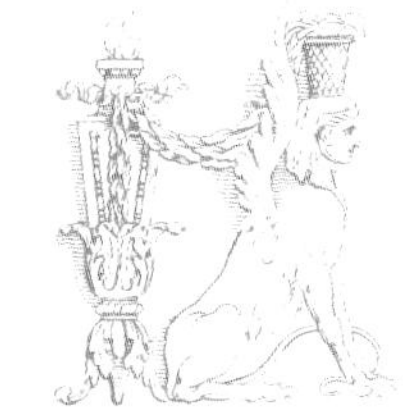

斯芬克司造型設計

斯芬克司是一種神話生物，傳說長著獅子的身軀和女人的頭，是新古典主義的常見主題，多半出現在頂棚、橫飾帶以及壁爐台上。

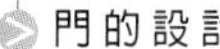

門的設計

大門一般是由中凸形鑲板分成六個部分。雖然很少看到從中間開啟的大門，但是大門中央通常會呈一直線。門上的金屬配件一般是以爵床葉、古甕以及斯芬克司雕刻作為裝飾主題。

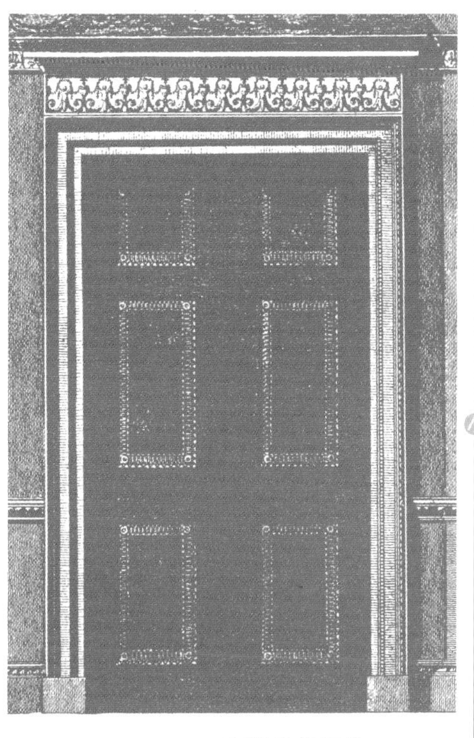

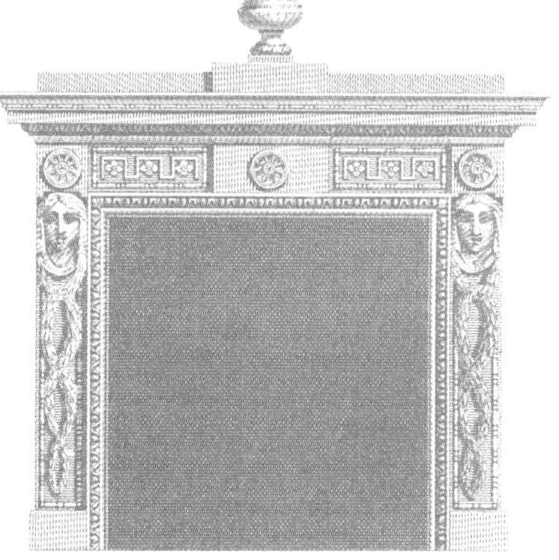

壁爐台的設計

這座含蓄節制的壁爐台是典型的英國新古典主義設計。包含了幾種重複出現的裝飾主題，例如橫飾帶上的希臘式鎖飾圖案以及支撐壁爐架的女像柱頭部。

壁龕的設計

英國很多住宅建築的牆上都設計有壁龕或者凹口，通常都以對稱方式排列。可用來放置家具或雕像。

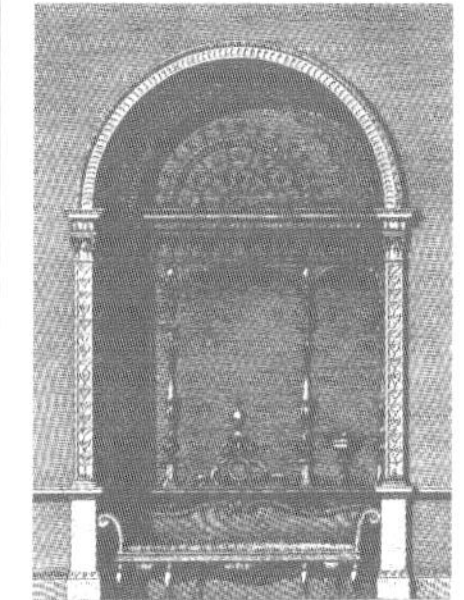

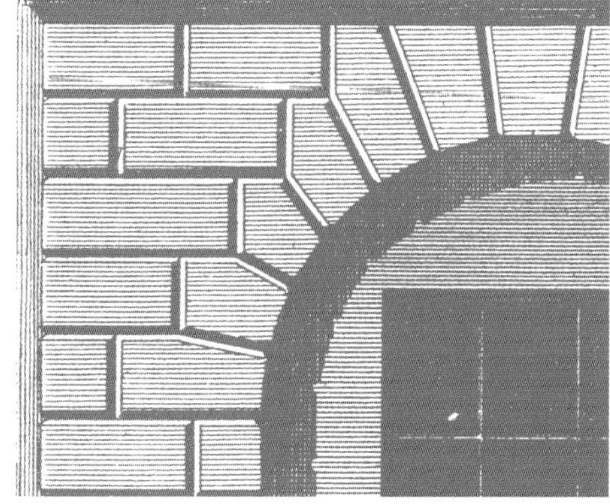

毛石砌

毛石砌是指以大塊的粗刻石頭砌築的牆面，石頭之間的砌縫很寬。設計師通常會用毛石砌來強調較低的樓層，以便在視覺上營造一種與地面緊密相連的感覺。

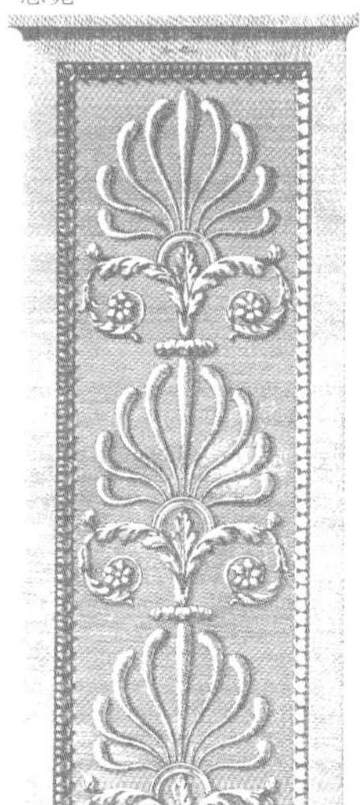

壁柱的設計

壁柱通常是用來接合牆面，可用於內牆與外牆。有的是素面的，有的刻有凹槽，也有些帶有活潑的裝飾，例如上圖的壁柱便嵌有連接的忍冬花飾。

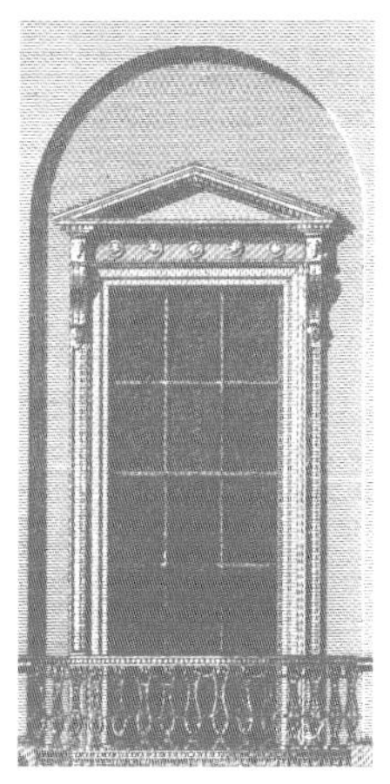

實心拱

實心拱是用來接合牆表的一種建築構件，通常呈淺拱型，多半用在建築外部，尤其是窗戶四周。建築師也會利用實心拱來裝飾大面積的素樸牆面，以增加牆面的活潑性。

新古典主義

羅伯·亞當與設計細節

建築學家羅伯·亞當（1728-1792）是英國新古典運動的健將，有種室內裝飾風格便是以他的名字命名。亞當風格體現了對比例的深刻理解，同時也非常注重一些最微小的細節，比如門把或花瓶。亞當很少設計新建築，主要是承接改建委託案。亞當的天才之處在於，他所設計的那些比例完美、形狀有趣的房間，總是能帶給觀者愉悅的感受，並為之深深吸引。亞當把這種概念稱為「運動」，並將其描述成「利用形式的多樣性，讓建築的不同部分呈現柳暗花明、起伏跌宕的律動，以便增加構圖的美感」。這兩頁所採用的建築細部是取自密德塞斯郡的西翁府邸，亞當在1761-1771年負責該府邸的改建工程，並將自己的風格融入整座建築當中。

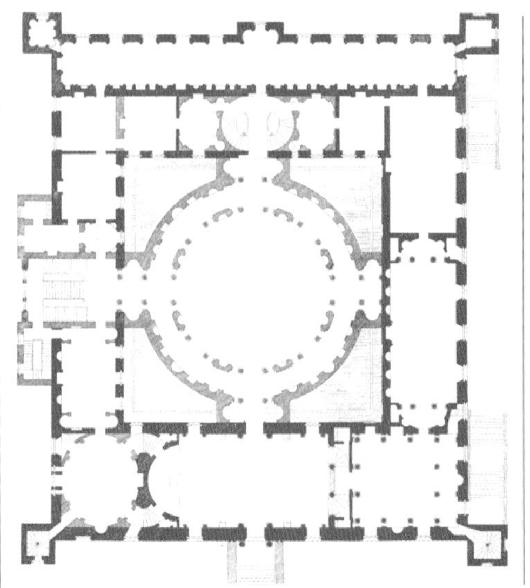

西翁府邸平面圖

亞當修了詹姆斯一世風格的西翁府邸平面圖，重新將房間排列出一種有趣的順序，並讓每間房間的形狀形成對比。在他的設計下，原本的庭院變成了一個位於正中央的巨大圓形空間。根據亞當的構想是要設計成舞廳，可惜並未付諸實踐。

門廳的多立克式隔屏

這座多立克式隔屏隔開了門廳的後端，把原先門廳裡的樓板高差巧妙掩飾掉了。柱子間的這尊「垂死的鬥士」不僅成功地將參觀者的視線從樓板的高差上移開，還增加了整個房間的神廟氛圍。

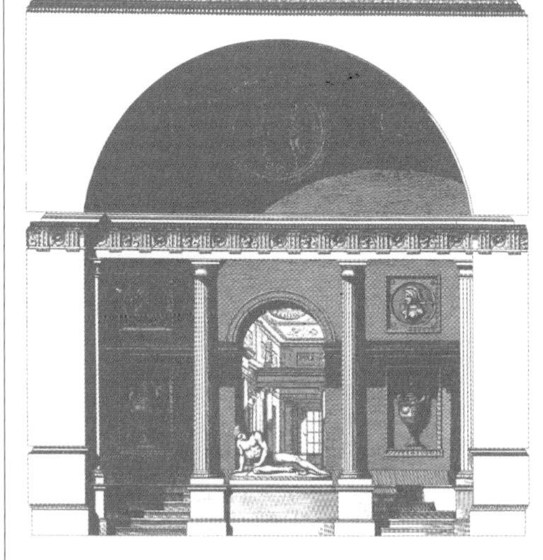

門廳的雕像台座

亞當在設計房間的每個細節時，都經過仔細的思考。這個雕像台座裝飾了幾種不同的主題，包括飾有忍冬花的橫飾帶，以及由彩帶懸起的圓盤花飾，下方還有由獅頭裝飾啣起的花環。這些細節雖然都很著名，但在此之前並沒有人以這種方式加以組合。

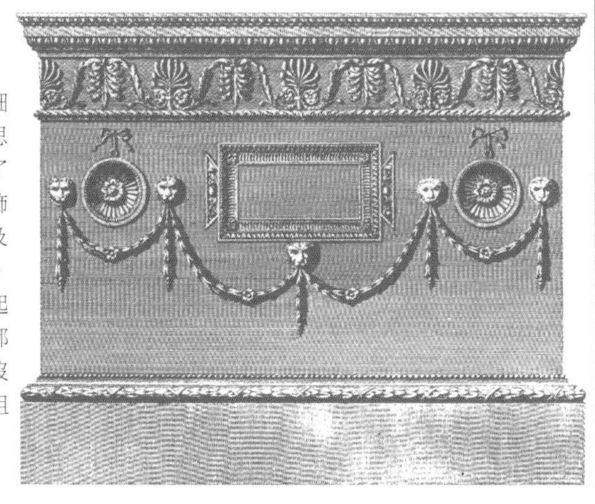

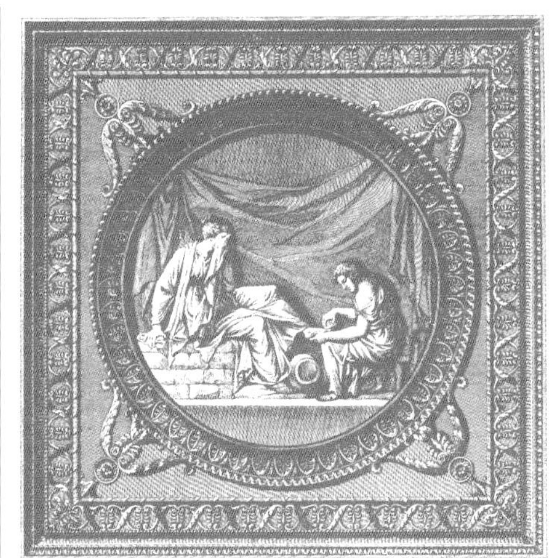

壁爐牆額飾設計

壁爐牆額飾是指壁爐台方的裝飾性鑲板。在這個例子裡，亞當選擇了表現僕婦服侍貴婦洗腳的羅馬淺浮雕作為壁爐上方的壁飾。

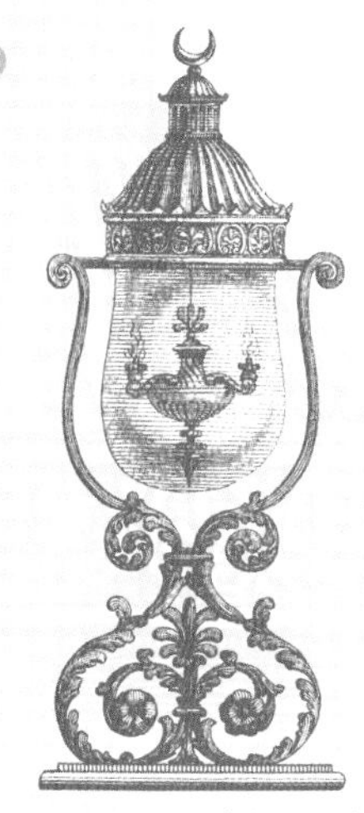

油燈設計

作為飾物台座的這盞油燈本身也是一項裝飾。隔屏兩端各有一對，可為參觀者指引大門的方向。

戰利品雕飾設計

這種裝飾形式過去是用在羅馬的凱旋門上，但在這裡，亞當發現了一種新的用途，以它作為門廳的裝飾鑲板。在這個例子裡，整個鑲板以盔甲為中心作對稱裝飾，不同形狀的盾牌增加了畫面的活潑性。

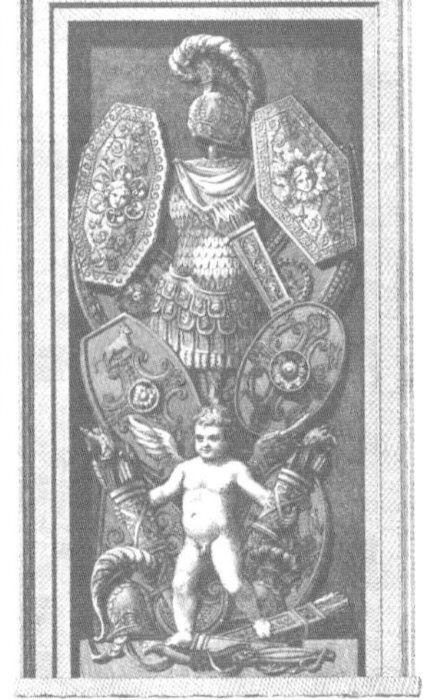

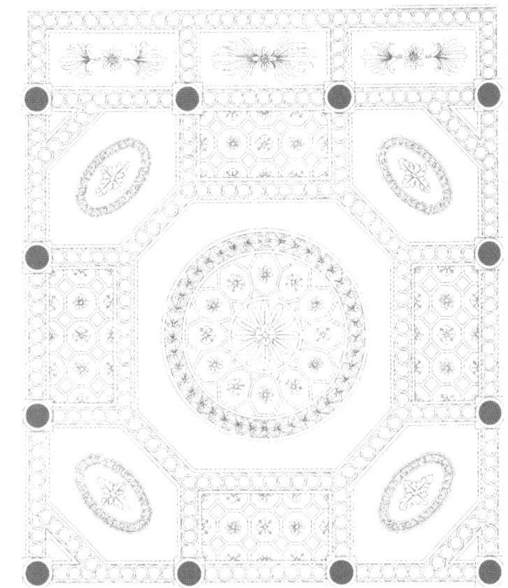

長展廊設計

要將建築內部原先的詹姆斯一世風格轉變為古典風格，對亞當而言確實是一項挑戰，但是他的解決方案相當出色：他利用書櫃連接開間，並用壁爐、鏡子以及房門等構件打破長展廊原本的單調感。

人造大理石樓板設計

在樓板裝飾上亞當通常是採用地毯，但是這個樓板卻一反常例採用人造大理石，這種石材的製作過程如下：先用石膏、色素和一種膠料混合拌成生麵糰似的東西，再將它壓進模子裡，等到陰乾之後，便可將表面刨平、磨光。

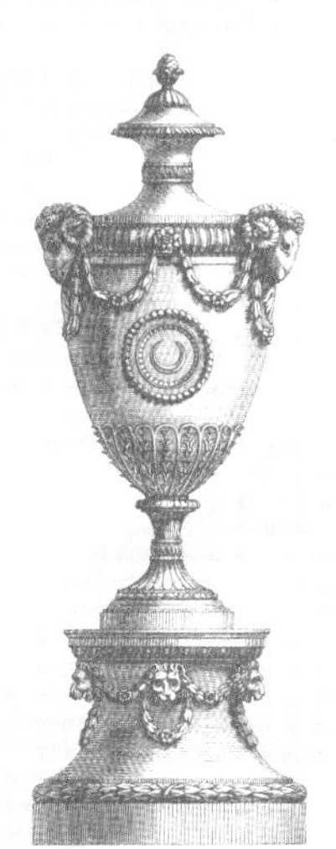

瓶飾設計

壁龕內放有裝飾性瓶飾的外部隔屏顯得非常有生氣。這個瓶飾飾有山羊頭、獅子頭以及桂冠等古典圖案。

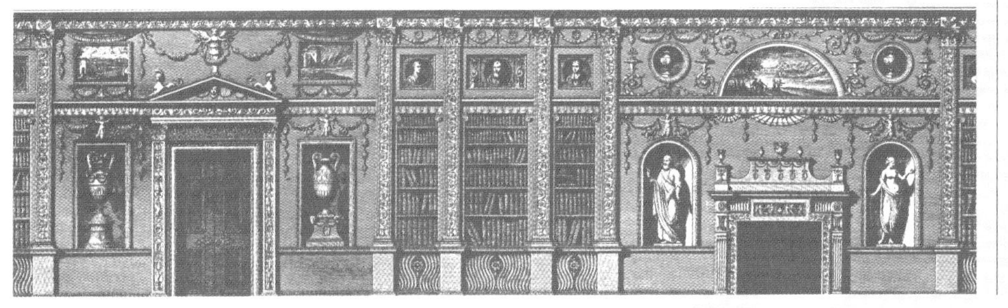

新古典主義

英國的希臘復興風格

所謂的希臘復興風格並非徹底模擬希臘建築，而只是一種表層的仿效：建築師並未全盤引用古希臘的建築模式，而只是借用一些元素以形成新建築類型。18世紀末期，由於考古書籍大量出版，古希臘建築在英國開始廣為人知。當時，英國最著名的相關出版物就是由斯圖亞特和雷維特合著的《雅典的遺蹟》(1762)。到了19世紀早期，人們逐漸把古希臘建築視為一種至高無上的典範，建築師於是開始盲目效法，特別是在設計公眾建築時，想藉此賦予建築物一種紀念性的風格，並在英國政治與古希臘政治之間建立一種含蓄的聯繫。斯默克的科芬花園劇院是倫敦的第一座希臘多立克式建築，而他的大英博物館則是英國最著名的希臘復興風格濃縮代表作之一。

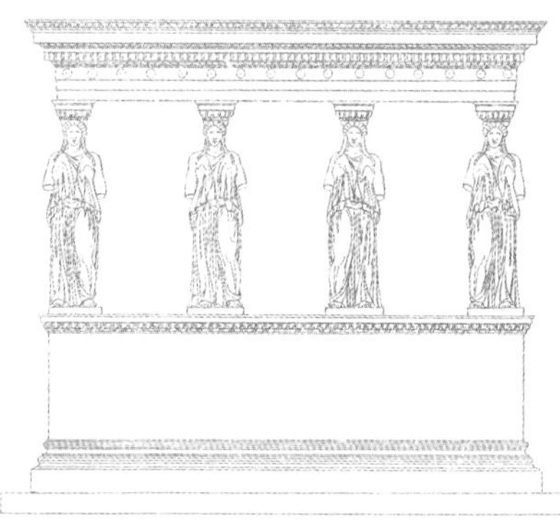

雅典埃雷赫修斯神廟女像柱門廊

聖潘卡拉斯教堂北側和南側的挑出部分完全拷貝了雅典埃雷赫修斯神廟的女像柱（用女性雕像做成的支柱）後殿。該教堂的挑出部分實際上包括兩個一模一樣的祭具室。

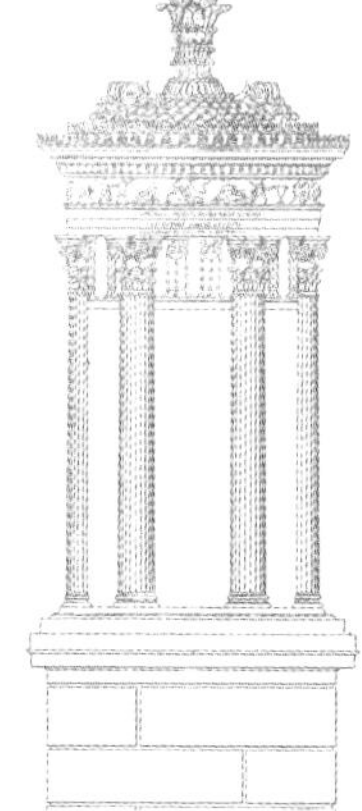

雅典李西克拉特合唱團長紀念亭

聖潘卡拉斯教堂上的尖塔結合了李西克拉特合唱團長紀念亭以及雅典風標塔的基本形態，形成了一座主導屋頂輪廓線的英式尖塔。

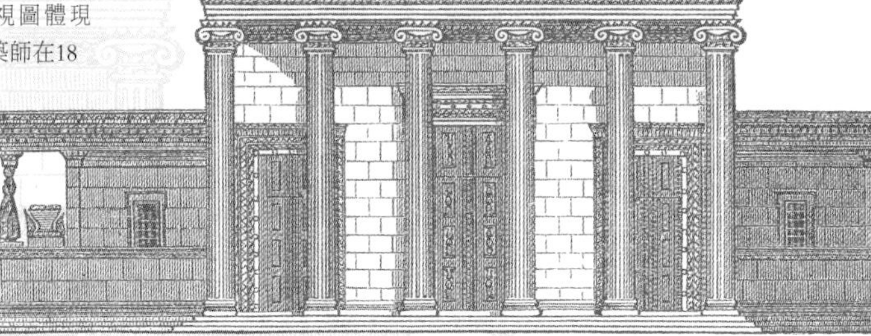

倫敦聖潘卡拉斯教堂西側立視圖（1819-1822）

聖潘卡拉斯教堂的西側立視圖體現了典型的希臘復興風格。建築師在18世紀早期的基本形制上結合了神廟形式和與哥德式尖塔。不過從整個柱式以及部分構件來看，它依舊是古希臘建築的精確「拷貝」。

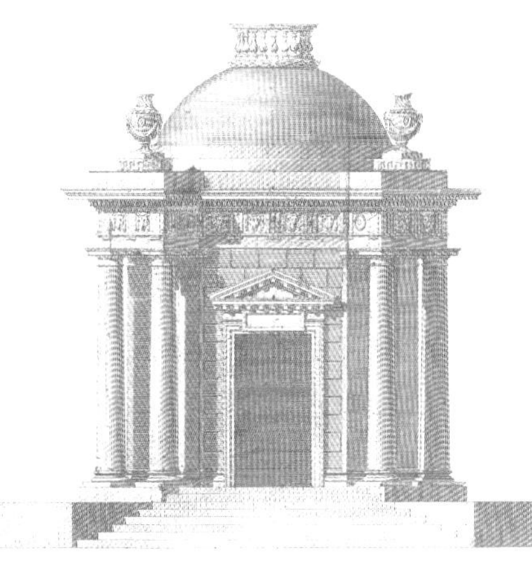

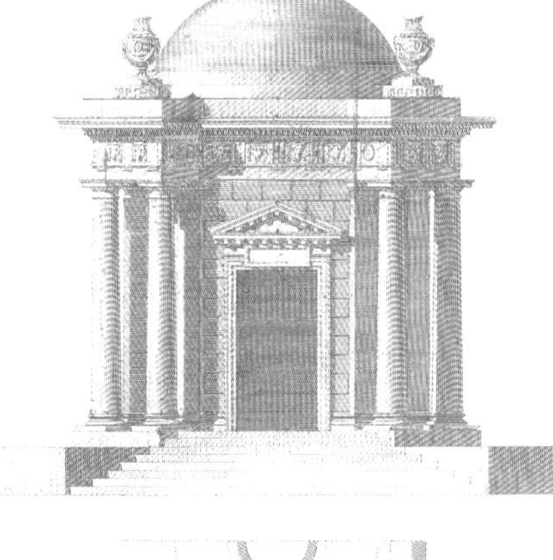

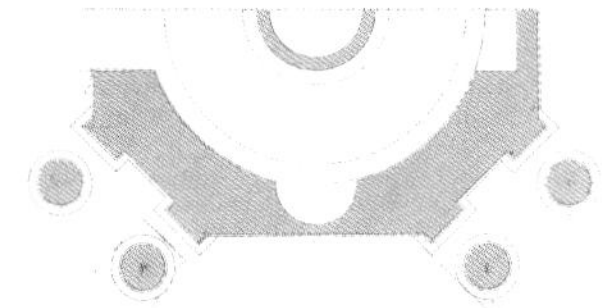

埃塞克斯郡旺斯提德泰尼伯爵神殿（約1765）

這座小型花園神殿的平面深受風標塔的影響，雖然兩者在立面和柱式使用上都有所區別，卻同樣都在轉角的位置上設有對柱。

希臘式鎖飾圖案

鎖飾圖案是著名的古典主題，而且有多種變體。這種由水平與垂直線條直線相交成而形成的連續裝飾帶，經常用來裝飾額枋和橫飾帶。

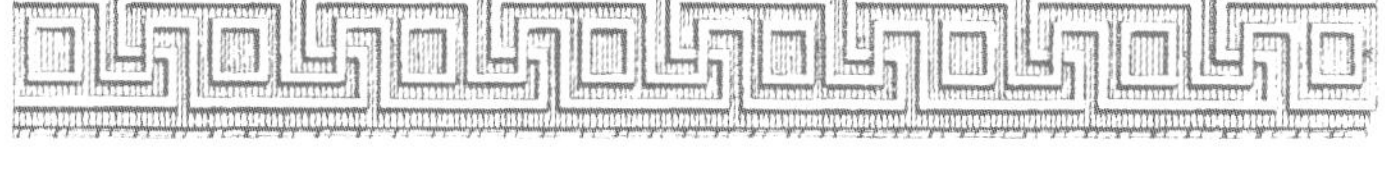

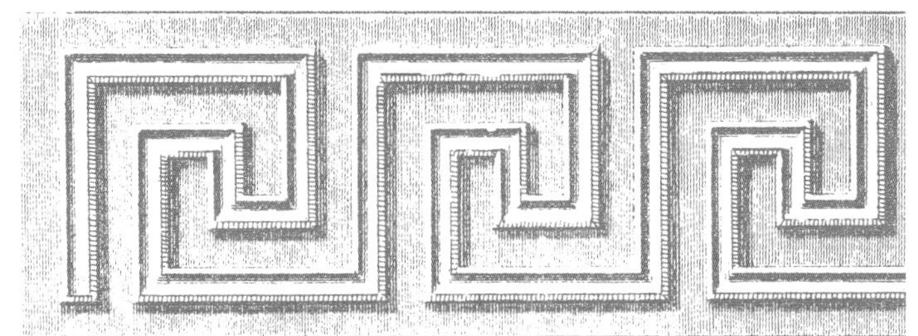

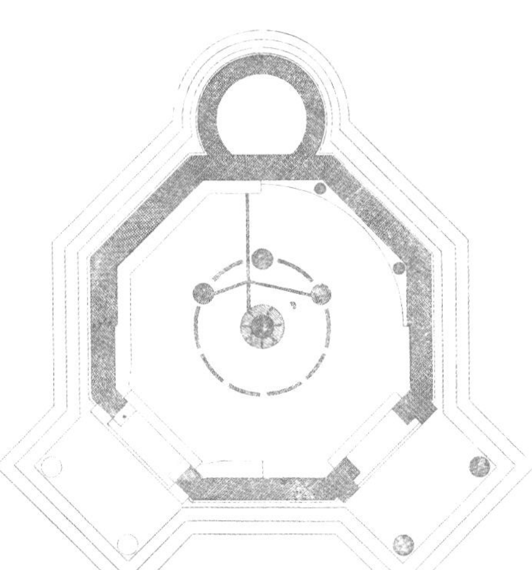

雅典風標塔平面圖

風標塔這座建築激發了兩種截然不同的設計：一是一座小花園建築（上圖）；二是聖潘卡拉斯教堂的尖塔部分的底部（左圖）。

倫敦肯伍德府邸的希臘式鎖飾圖案

肯伍德府邸外圍的束帶層採用比較簡單的希臘式鎖飾圖案，除了能從視覺上分隔建築的不同樓層外，還可避免磚石遭免風雨侵蝕。

漢普郡格蘭奇莊園立面（1804-1809）

這座鄉間宅邸是希臘復興風格的典型作品。為了營造紀念性的神廟氛圍，在既有的建築上直接移植了一座六柱式門廊，不過這種設計與建築本身的田園風格有些衝突。該建築內部仍保持最初的平面格局。

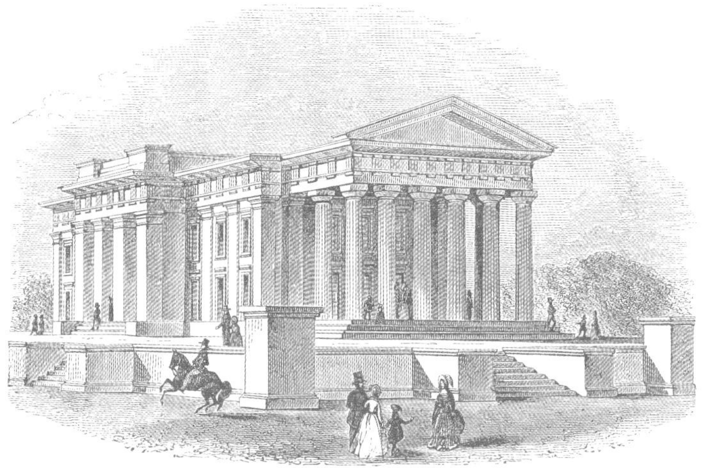

新古典主義

公共建築的新類型

18世紀末至19世紀，隨著英國經濟實力不斷增強，英國國內越來越需要能夠表達民族自豪並象徵國家成就的新興公共建築。同時具備高貴尊嚴的細節元素以及雄偉、莊嚴的古典主義風格，遂成為人們眼中完美的建築模式。當時的建築師以相當自由的方式擷取了古希臘和古羅馬公共建築上的一些獨特元素，將之應用在英國公共建築上，從而使得市政廳、博物館以及大學等建築的外表非常類似古希臘和古羅馬的公共浴場和神廟。這種不加掩飾的模仿其實蘊含著更為深層的含義，暗示了英國當時的成就可與古代帝國的豐功偉業相互比美。圖中這些屬於新古典主義的公共建築大約建於1770至1850年之間，涵括了各種領域和功能。

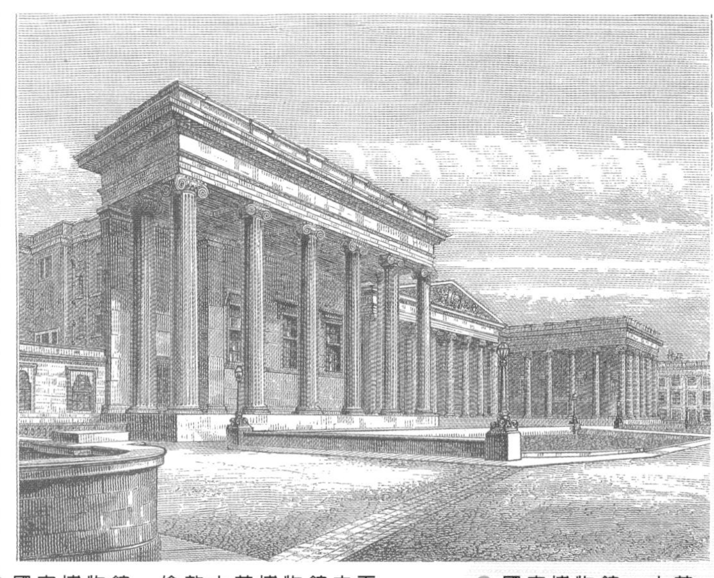

國家博物館：倫敦大英博物館立面（1823-1847）

國家博物館是一個國家的「珍品」寶庫，從延伸意義而言，大英博物館容納了整個18世紀英國的文明發展。大英博物館的立面有一道連續的愛奧尼亞式柱廊，尺度很大，是以希臘普里內的雅典娜神廟為模型。

國家博物館：大英博物館的大門模型

大英博物館的主門與埃雷赫修斯神廟內殿的入口大門，在細節上非常類似。由於氣勢雄偉，這扇大門會讓來訪者心生敬畏並自覺渺小。

學術機構：牛津泰勒學會立面（1841-1845）

醒目的學院頂樓有相連的浴場式窗，頂部形成深簷，內部走廊經過改建，可以容納大型書桌。突出的圓柱柱頭完全仿自巴賽的阿波羅神廟，柱頂楣構上方飾有雕像。

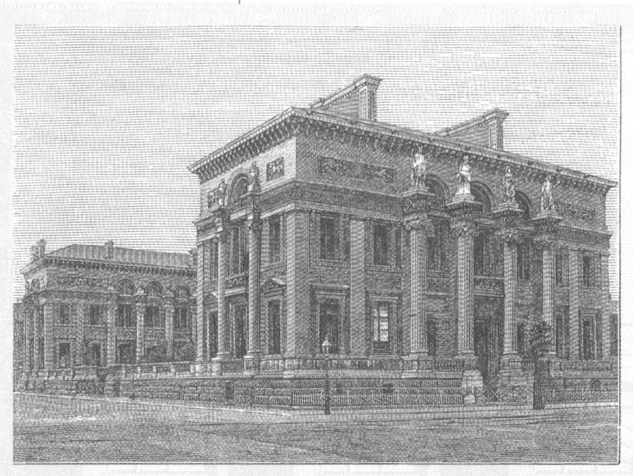

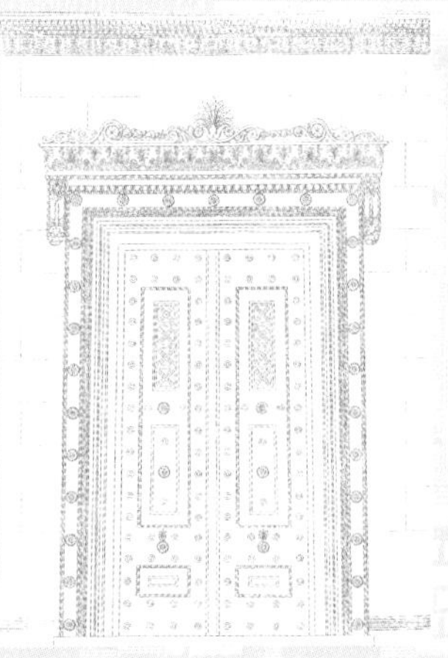

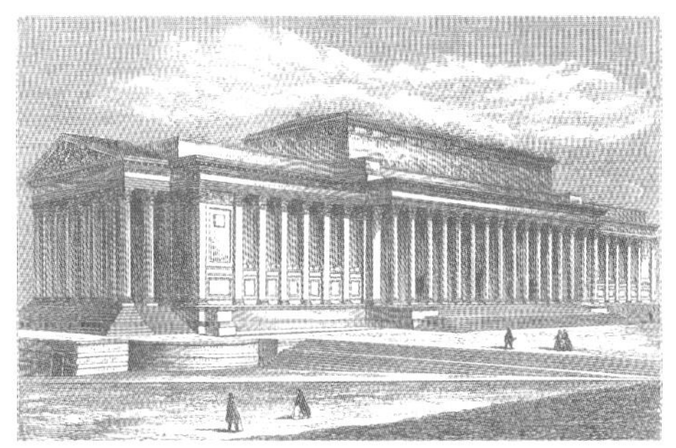

市政廳：利物浦聖喬治大樓立視圖（1841-1856）

聖喬治大樓包括議會廳、音樂廳和法庭，立面風格顯得嚴肅而拘緊，頂樓的設計也相當樸素。這棟大樓反映出利物浦這一英國最富裕城市在整個國家的重要地位。

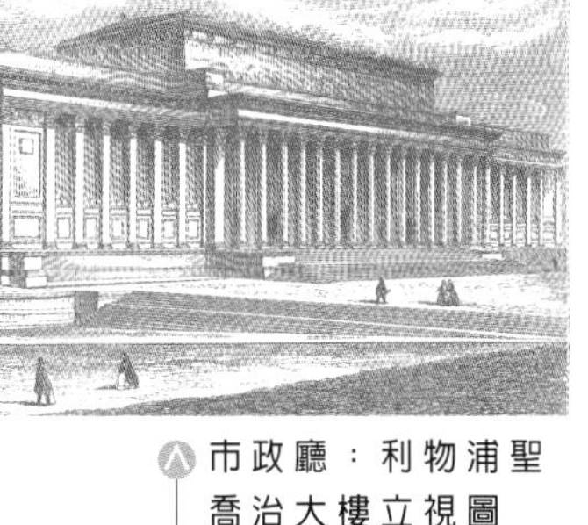

市政廳：聖喬治大樓平面圖

聖喬治大樓內部有一座宏偉的中央聚會所，以紅色花崗岩的巨柱式接連而成，會令人聯想起古羅馬的巴西利卡。聚會所兩端的法庭也是採用同樣的接合方式，只是規模較小。

檔案館：愛丁堡檔案登錄處平面圖

這幅獨特的平面圖上有一個圓形的中央大廳或閱覽室，周圍環繞了一圈楔形房間。一對樓梯間排在中央空間的兩側，使兩個軸端都達到完美的對稱。

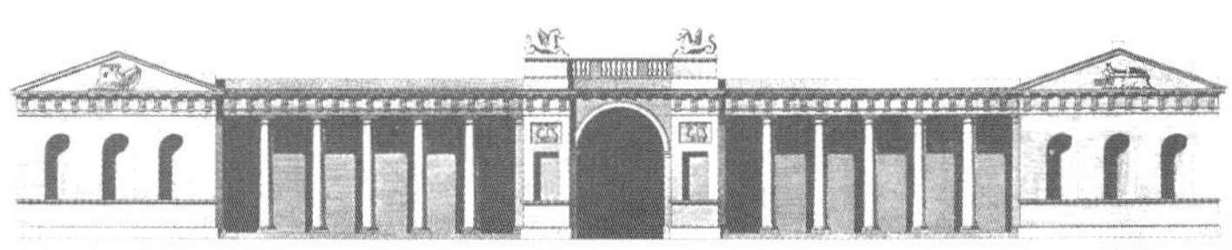

政府建築：白廳區的海軍部大樓屏擋牆（1759-1761）

設計這座屏擋牆是為了襯托氣勢雄偉的入口，並為白廳海軍部的露天庭院提供遮擋。屏擋牆採用非常樸素的多立克柱式，成對的立柱和實心拱讓整棟座建築給人一種莊重、雄偉的印象。

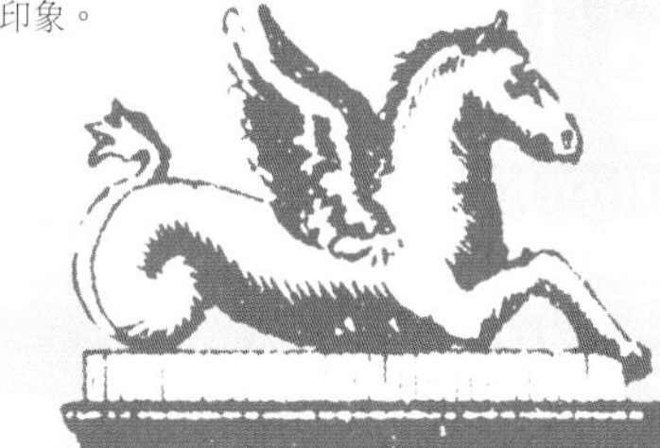

政府建築：海軍部大樓屏擋牆雕刻細節

這座誕生於「海軍至上」年代的屏擋牆採用古典風格，並選擇了幾個與海軍有關的裝飾圖案。比如大門上方飾有虛構的有翼海馬，兩端的三角楣上則有希臘式巨船的船首。

檔案館：愛丁堡檔案登錄處立視圖（1771-1792）

從這幅立視圖中可清楚看出帕拉底歐風格的遺痕，雖然有許多建築細部顯示出這棟大樓是屬於新古典主義風格，包括實心拱、門廊上的凹形鑲板，以及三角楣上的小圓盤。

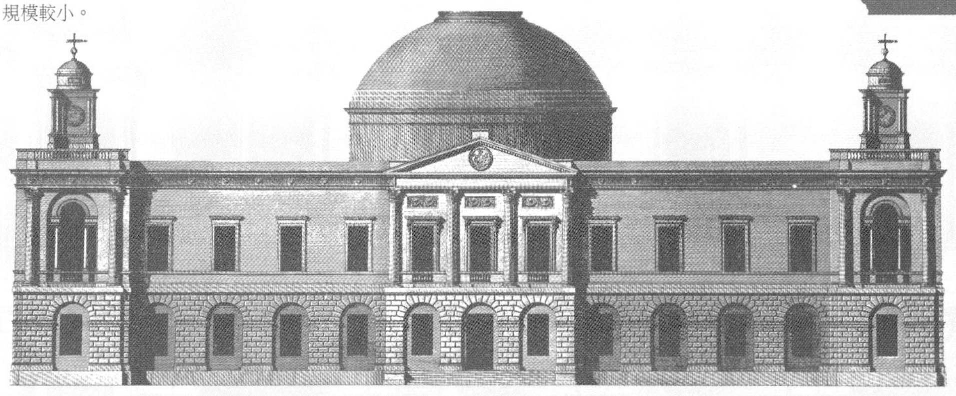

新古典主義

美國的新古典主義

美國的新古典主義運動（1780-1860）與它作為一個新興共和國的政治地位密不可分。新古典主義之所以成為一種聯邦風格，與傑佛遜的大力提倡有關，他是美國歷史上最具影響力的總統之一。作為一位才華洋溢的業餘建築師，傑佛遜在1770年代設計的早期作品是以學院研究為基礎，明顯受到帕拉底歐風格的影響。後來他到歐洲各國遊歷並深受法國理性主義作品的衝擊，該派倡導建築應該回歸結構的純粹性，這項經歷讓傑佛遜體認到，古希臘羅馬建築正是美國州政府和聯邦政府公共建築的完美典範。傑佛遜為維吉尼亞州設計的州議會大廈（位於里奇蒙），就是以法國尼姆的四方神廟為模型，也是美國歷史上首座仿神廟形式的公共建築。

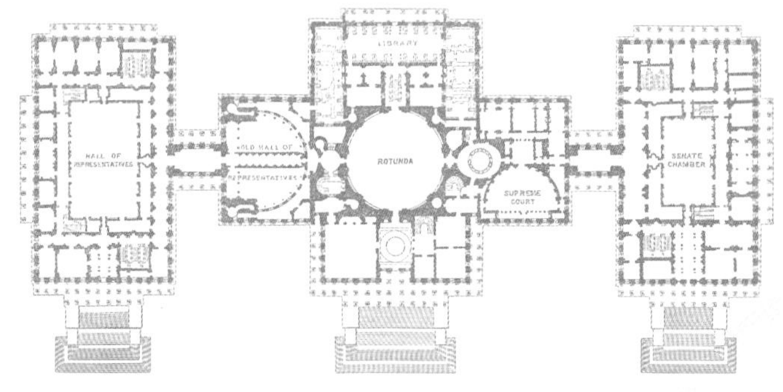

華盛頓國會大廈平面圖

國會大廈的平面圖雖然在施工期間有所修改，但從中還是可以看出大廈的中央樓區分別以等長的支臂展開，並設置了許多形狀各異、構思精巧的房間，包括半圓形的參議院與眾議院議事廳。

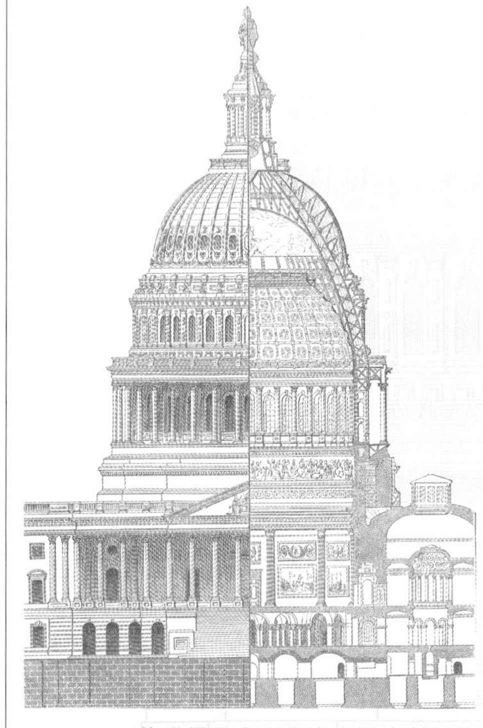

華盛頓國會大廈中央圓廳剖面圖

1814年的大火之後，國會大廈必須重建。主事者藉此機會創造了兩種新「柱式」，以便反應美國財富賴以維繫的兩大的主要物產。參議院入口處的立柱柱頭採用菸葉裝飾，其他地方的柱頭則採用玉米穗及玉米葉的裝飾。

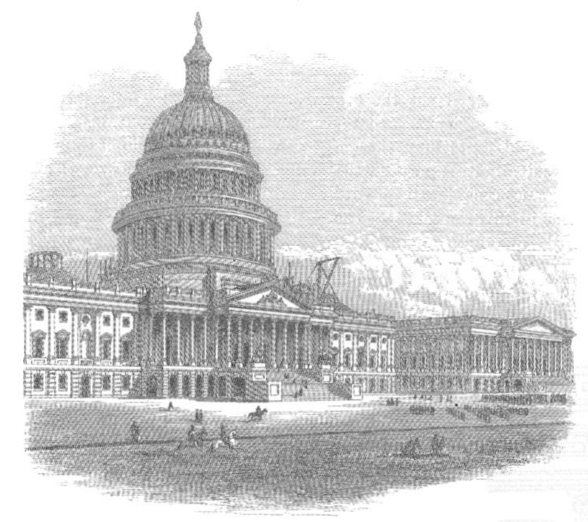

華盛頓國會大廈主立面圖（1792-1817）

建於華盛頓的國會大廈，即政府最高立法機關，是美國當時最重要的建築委託案。其基本形制包括一座中央圓形大廳，稍後又添加了一個堂皇壯觀的圓頂，以及兩道帶有三角楣的側翼，以巨柱式連接各個部分。

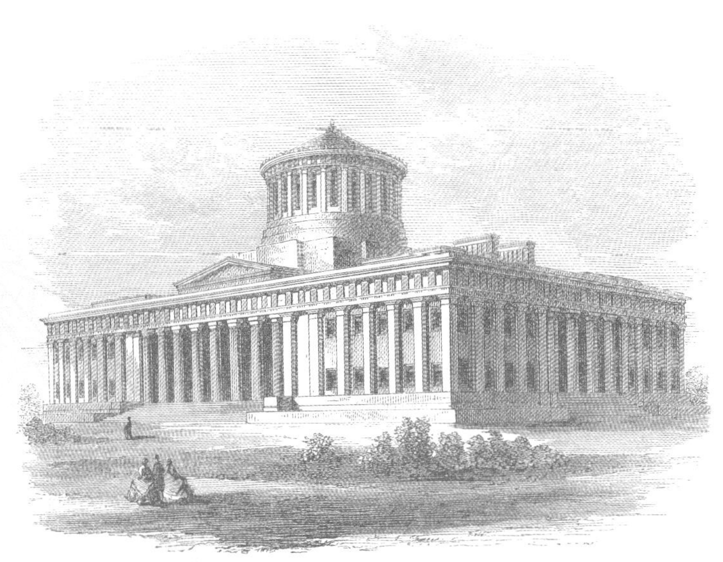

俄亥俄州州議會大廈立視圖（1830-1861）

這座希臘復興式的建築採用無柱礎的多立克柱式，取其嚴謹的風格。平面採用簡單的矩形以及八柱式門廊。建築外部的壁柱也是採用無柱礎的多立克柱式。

麻薩諸塞州塞倫市的德比大宅立視圖（1800）

這幅四開間的立視圖會讓人聯想起三十年前由亞當設計的城鎮住宅。一樓的實心拱以及樓上的壁柱都是拷貝自亞當的作品。

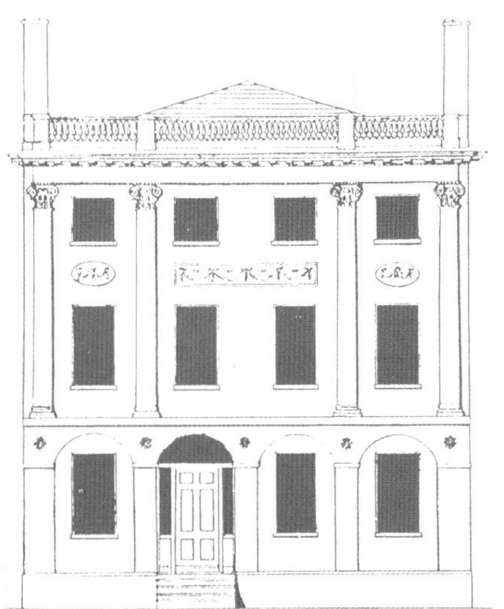

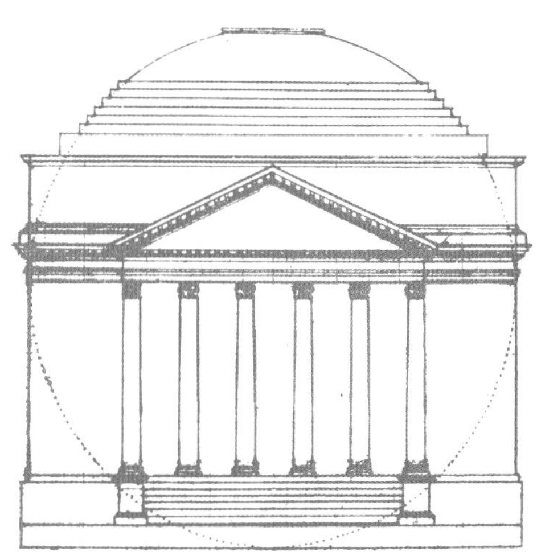

夏洛特維爾的維吉尼亞大學圓廳設計

圓廳是傑佛遜為維吉尼亞大學設計的一系列建築之一（參考283頁），該棟建築是整個校園的核心焦點，也是總圖書館的所在地。其構想來自羅馬的萬神殿，從這張草圖中可看出隱藏在立視圖及平面圖後的圓形概念。

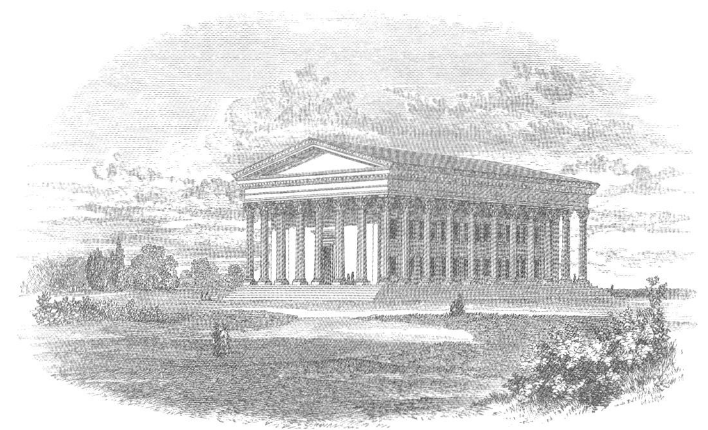

費城吉拉德爾德學院立視圖（1833-1847）

吉拉德學院是以法國尼姆的四方神廟為原型，其壯觀的外部是由高達17公尺的科林斯巨柱連結而成，將式兩層樓的學院建築圍繞其中。但由於它完全拷貝了四方神廟的形制，只好把窗洞開在成排的立柱後面，以致內部的光線非常昏暗。

新古典主義

德國新古典主義

德國直到1871年才正式建國，在此之前，它只是一些以德語為母語的王國以及邦國的聯合體。新古典主義風格在德國的發展（1785-1850）與德國追尋民族認同的歷史息息相關，這場運動是由德語世界裡最強大的普魯士王國所主導。新一代深受法國建築理論影響的德國建築師尤其熱愛希臘復興風格，因為這種風格可以將完美的美學表現與嚴肅的城市意圖融為一體；如同其他國家一樣，當時的德國建築師也認為希臘復興風格特別適用於公共建築。德國最早的希臘復興式建築是為了紀念腓特烈大帝，他是德國國族觀念的播種者。第一座以希臘復興風格建成的勃蘭登堡門，正是通向普魯士首都和王室所在地——柏林——的通道。

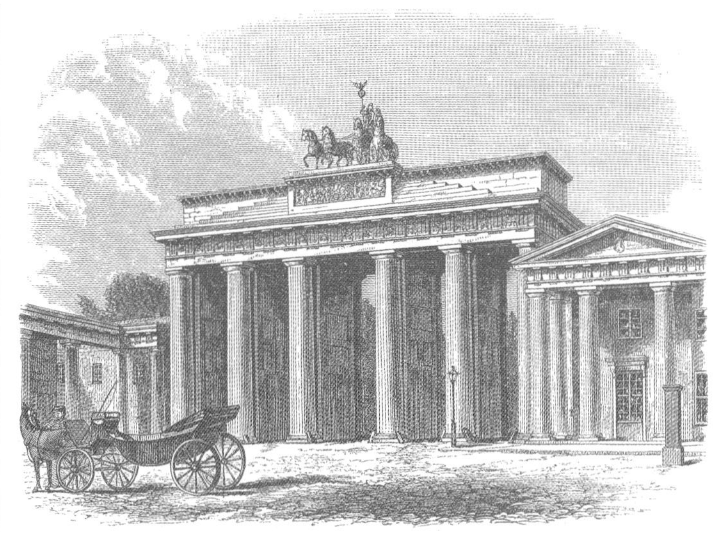

柏林勃蘭登堡門（1789-1794）

勃蘭登堡門是由西邊通往柏林的道路大門，以雅典衛城的衛門為模型，該座衛門是通往聖所的門道。勃蘭登堡門借用了雅典衛門的六柱式門廊和雙排多立克式圓柱以及側亭的設計。

勃蘭登堡門的柱礎細節

這兩棟建築最重要的細部差異在於勃蘭登堡門採用了多立克式柱礎。與其希臘前輩相比，這個設計使整座門道給人更輕靈、更精緻的感覺。

衛門的柱礎細部

沒有柱礎的希臘多立克柱式給人一種嚴肅、亙久的感覺，因此特別適用於神聖建築物的入口。

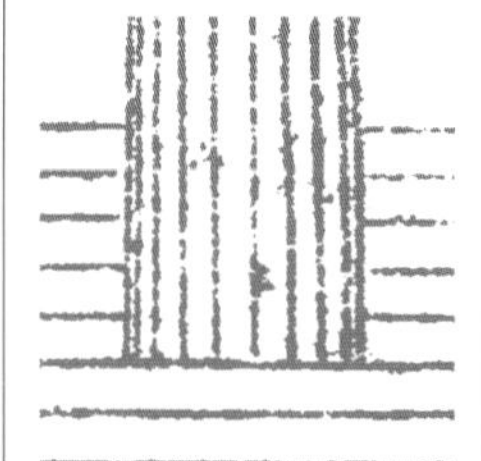

雅典衛門

這座衛門是勃蘭登堡門的模仿對象，它不只是一道簡單的圓柱隔屏：門廊後方有一條寬闊的通道，兩側有廂房輔翼，參觀者必須先穿過這條通道才能進入衛城。

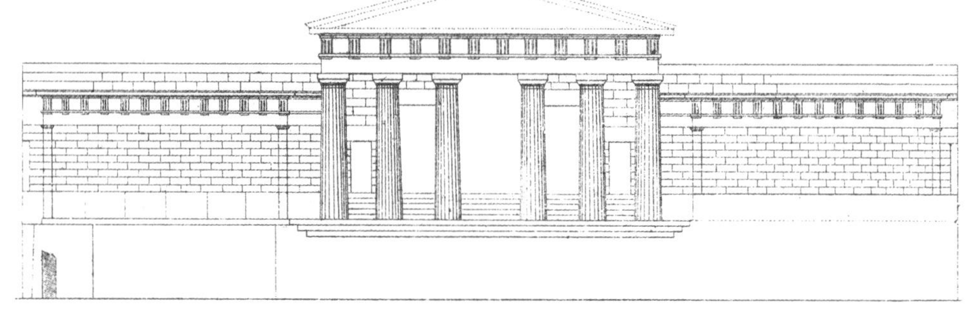

勃蘭登堡門頂樓

衛門與勃蘭登堡門之間有一處最明顯的區別：勃蘭登堡門並未採用雅典衛門的三角楣，改用飾有四馬二輪戰車雕塑的頂樓。四馬二輪戰車是指一組由四匹馬拉著一輛二輪戰車的雕塑，這類雕塑通常用於建築物的立面和凱旋門上。翅膀代表勝利。

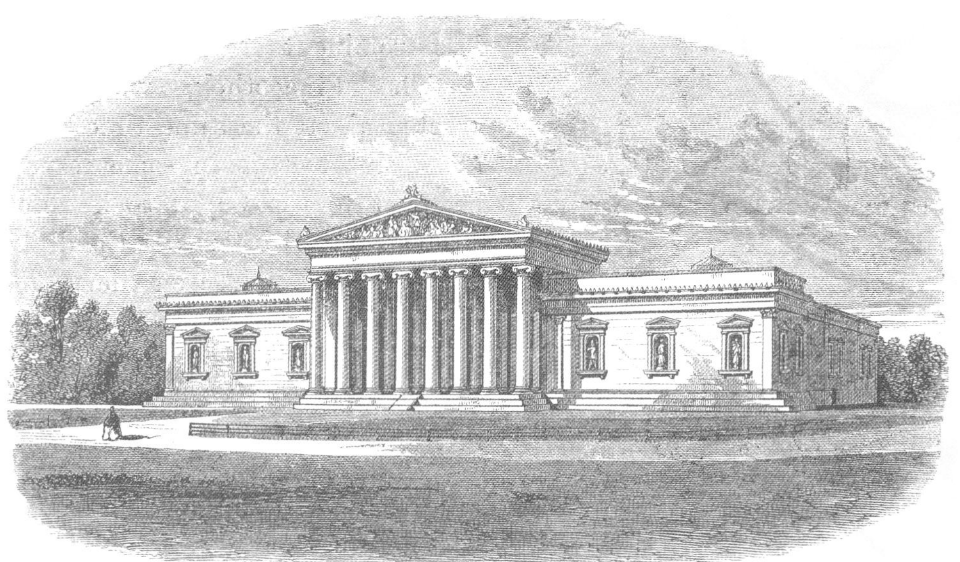

慕尼黑雕塑陳列館立面

(1816-1830)

這張立視圖的中央部分心是一座個八柱式門廊，雖然這些圓柱的柱身沒有凹槽設計，但從其愛奧尼亞式的柱頭可看出該座門廊的靈感是來自雅典的埃雷赫修斯神廟。從門廊突突伸而兩出的翼，會讓人想起義大利文藝復興時期的建築。

慕尼黑名人堂立面

(1843-1854)

這座名人堂是為了紀念巴伐利亞的英雄人物，立面上有四十八根希臘多立克圓柱構成連續的柱廊，柱廊呈U型排列，底下有高台支撐，以便讓「裡面的名人」能俯視台下的參訪者。三角楣中的雕塑描繪了巴伐利亞人的文化與成就。

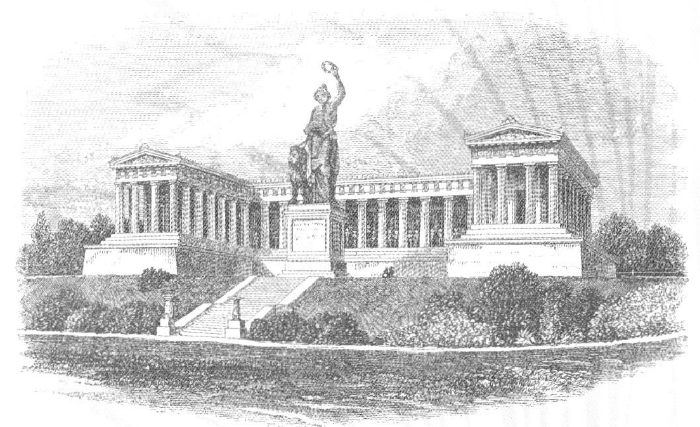

新古典主義

德國新古典主義：卡爾·辛克爾

辛克爾（1781-1841）是德國最著名的建築師之一，也是建立國家認同計畫行動中的領導人物。由於受到浪漫主義運動的影響，辛克爾在義大利的遊歷過程中，喜歡上哥德式風格以及古典風格的建築，他覺得這兩種建築都具有結構上的純粹性，這種特點是文藝復興和巴洛克時期所缺乏的。但是辛克爾堅持建築物還可以發揮更大的作用，可以體現政治信仰，表達民族渴望。辛克爾設計的新劇院和新博物館都位於柏林──當時柏林已開始主宰日耳曼的政治發展──以便深化該地區不斷茁壯的文化意識。

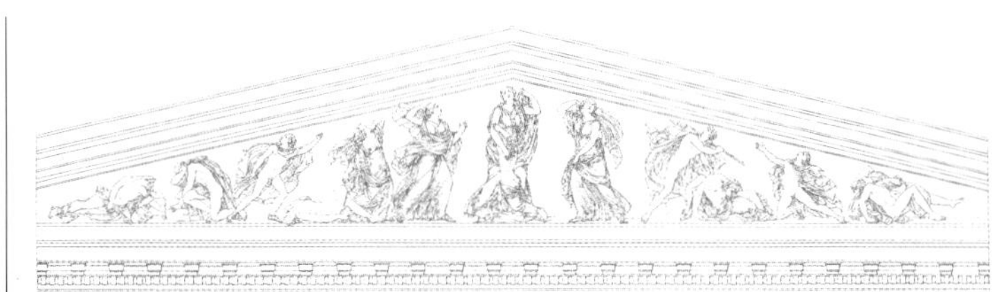

新劇院三角楣

這是立面上位置較低的那座三角楣，上面雕有希臘悲劇的場景。這座位於入口上方三角楣其用途與位於上層的三角楣正好形成對比，後者不具結構上的功能。

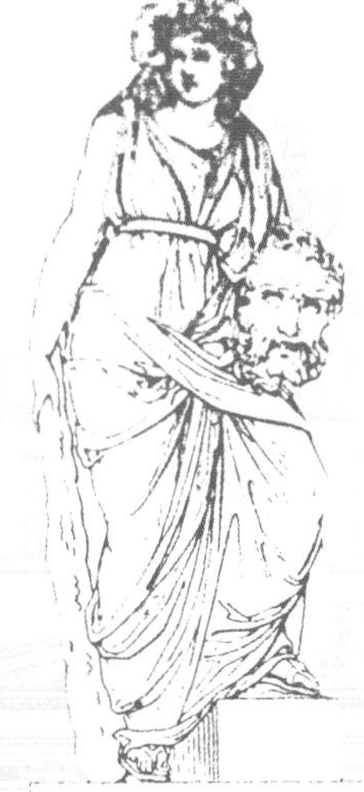

新劇院的雕像細部

位於入口三角楣上的雕像是一名拿著面具的繆斯──暗示此處為希臘劇院。這個一個結合兩個古典主題以產生新效果的建築實例。

柏林新劇院立面（1818-1826）

下圖這張立面圖展現了新劇院的主體建築，其中的格式開窗法是辛克爾風格的特徵。這棟建築的三個主體部分可以從外部區分：中央為觀眾席，兩側分別是音樂廳、排練室以及更衣室。

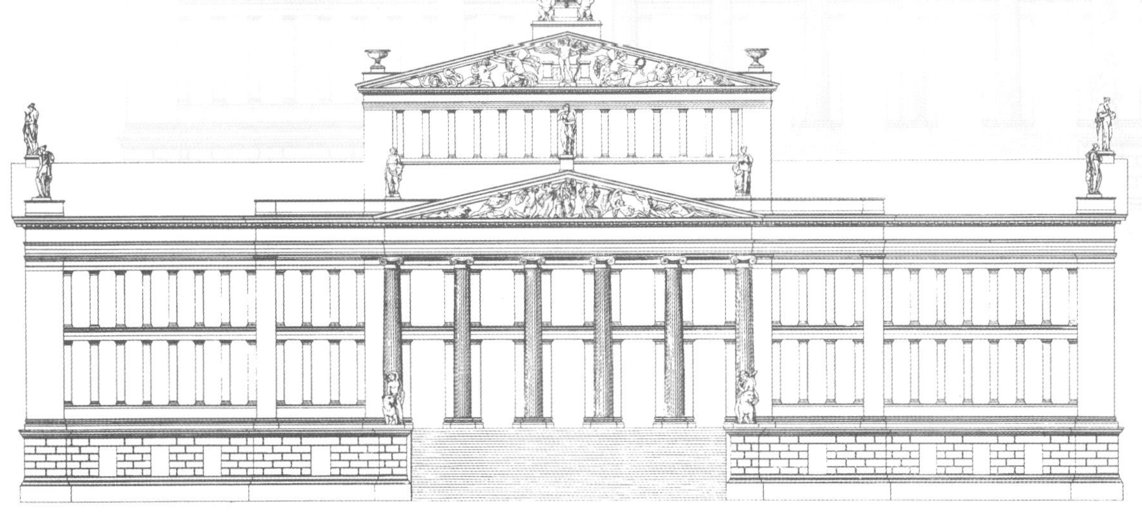

新劇院平面圖

由新劇院的平面圖中可看出該建築的三個部分由立面接合起來。房間的排列方式是根據需要規劃，數量眾多的小更衣室安排在建築物的一側，與建築物另一側的音樂廳保持一種平衡關係。

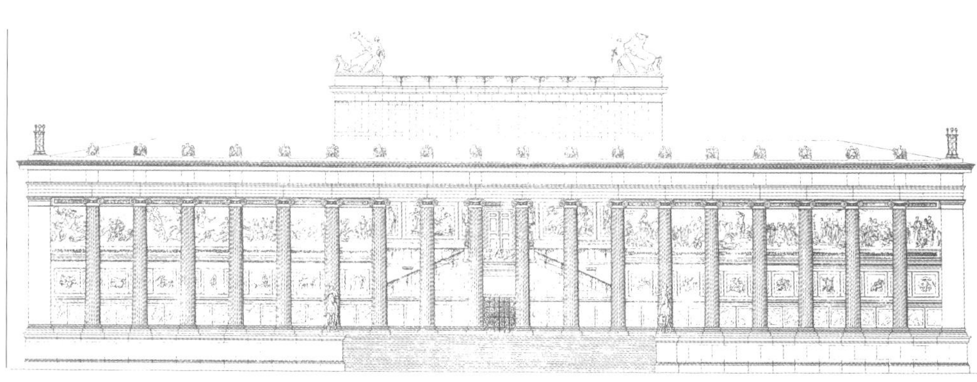

柏林新博物館立視圖

由18根愛奧尼亞式圓式柱構成的建築立面非常雄偉。每根圓柱都有12公尺高，整個正面長達81公尺。為了恢復希臘柱廊的形制，立面上不做任何中心強調，連圓頂也隱藏在頂樓層後方。

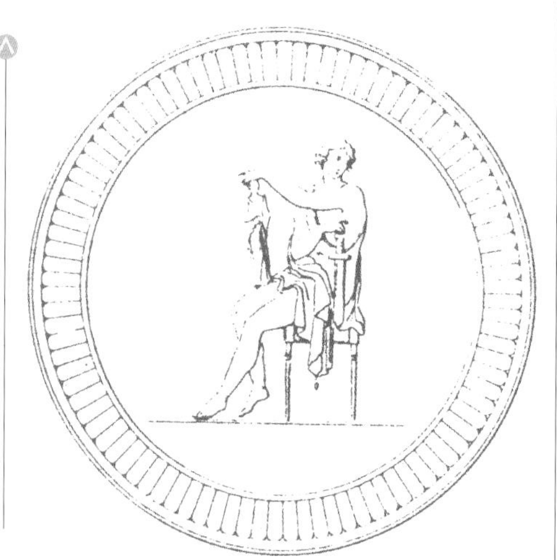

新博物館的小圓盤裝飾

這個飾有希臘人像的裝飾性小圓盤是連接整個牆體的大型設計的一部分。辛克爾在人像周圍裝飾了一圈網格狀。

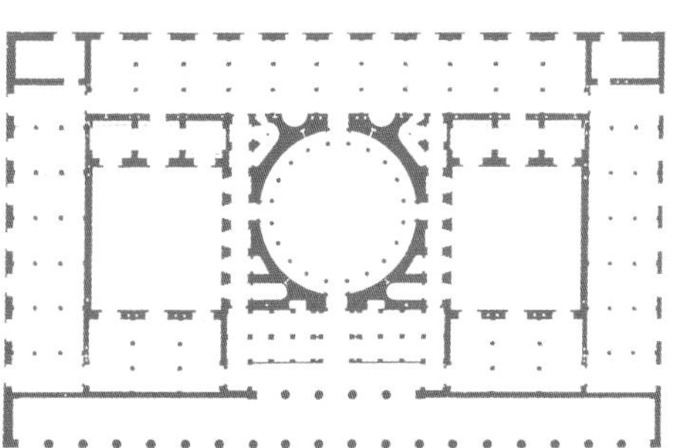

新博物館平面圖

與新劇院相比（上圖），新博物館的平面更加完美地體現了對稱原則。可能是由於每條走廊都被設計成等長等面積的緣故，因此儘管實際的房間位置有所變化，但每層樓的格局都是對稱的。

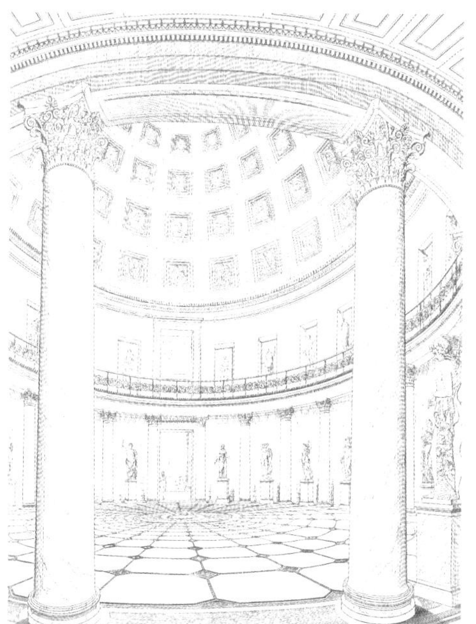

新博物館的圓廳

圓廳是整座博物館的中心部分，由科林斯式的柱廊環繞。此處是作為雕塑作品的展覽廳，其圓形結構並飾有嵌版的頂棚，令人聯想起羅馬的萬神殿。

風景如畫主義 *18世紀末—19世紀初*

基本原理

建築上的風景如畫主義運動滋生於18世紀的浪漫主義，有時也稱為末期的喬治王朝風格和攝政時期風格。最初，這個名詞是用來形容酷肖17世紀畫家（洛瀚、普桑以及羅薩等）作品的建築和景觀。然後，在1795年前後，由園林理論家普萊斯和紳士學者奈特定義為一種美學範疇。赫里福郡的東坦城堡（1772年由奈特設計）以其不規則、多樣、對比和不對稱的格局形式，以及城堡狀的外觀和時興的新古典主義內部風格，宣告了風景如畫主義運動在建築領域正式揭開序幕。為了創造風景如畫的效果，建築師除了採用上述特徵與其他各種想像得到的風格之外，還經常把兩種以上的建築風格以折衷的手段綜合在一起。風景如畫主義包含了許多面向，而這所有的特色都可在建築師納許的作品中看到：無論是坐落在非正式地景中的大型鄉間別墅，還是小型農舍，或是精心設計的城鎮規劃。

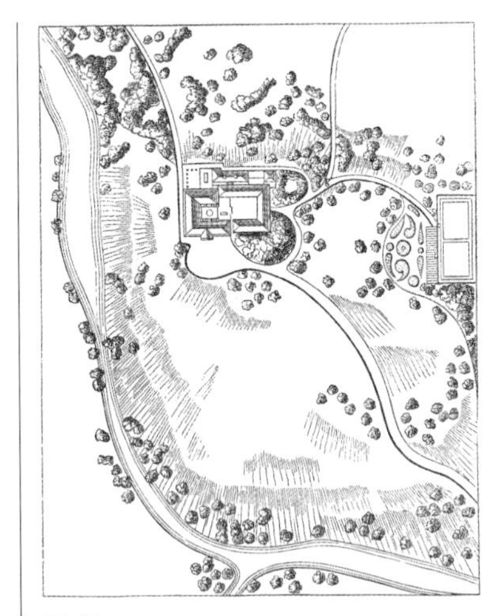

別墅

別墅是一種獨立式房子，通常包括如繪畫般點綴在非正式地景中的附屬建築。圖中這棟別墅刻意和它周圍的環境融為一體，或說刻意構成一種風景如畫的景觀。這類別墅通常都會有一條引人注目的小路相連，房舍周圍的樹木排列也會營造出田園牧歌的效果。

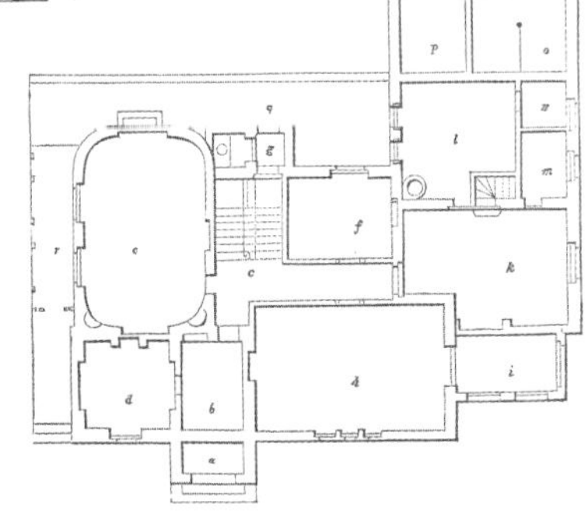

不規則性與多變性

從這張平面圖可以看出，不規則性通常（但絕不完全）是表現在房間的配置上，多變性則反映在房間的面積上，這兩種特質都會顯現在建築外部的輪廓線上。

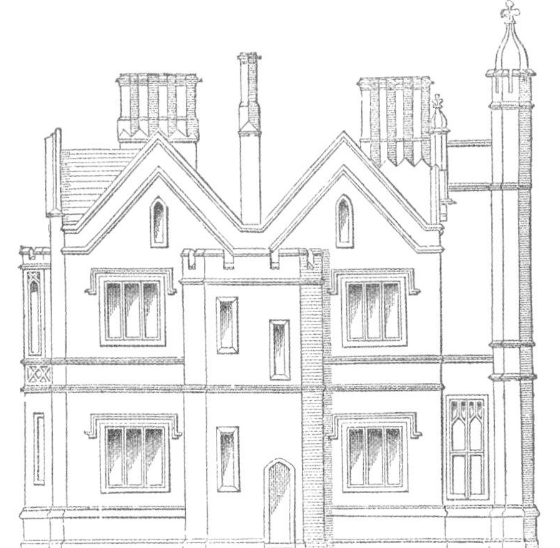

哥德式風格

當時人認為哥德式建築可以強化建築輪廓線的風景如畫效果或浪漫主義氛圍。哥德式的細部包括尖頂拱窄窗以及滴水罩飾窗。

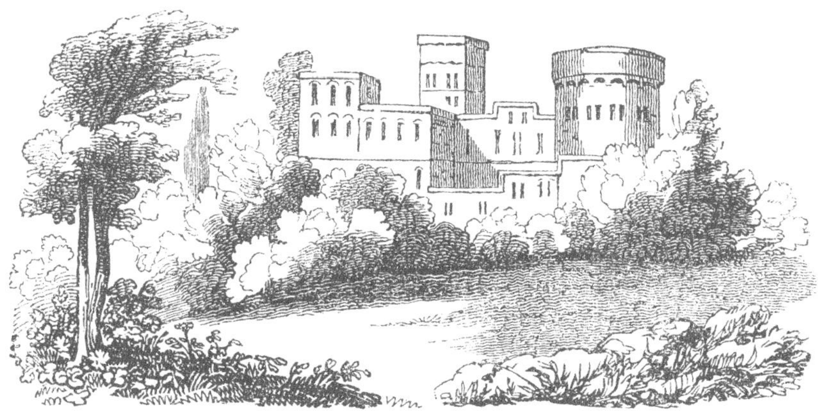

城堡式風格

城堡式風格以雉堞塔樓和不規則的量體形式為特徵，是用來表現風景如畫主義建築運動的最流行風格之一。

義大利風格

許多風景如畫主義建築都採用義大利風格，標準特徵包括一座塔樓（圖例中的塔樓呈四方形，但一般是圓形且帶有圓錐形屋頂）、與塔樓形成直角的側翼、涼廊以及拱窗。

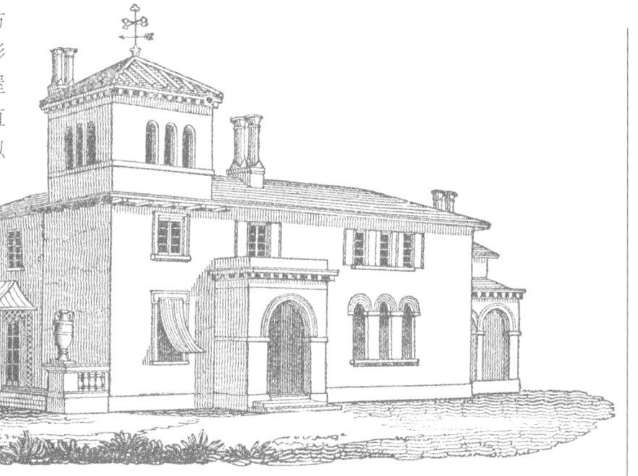

城鎮裡的風景如畫主義

利用配景效果，這座城鎮的設計營造出風景如畫主義的特質。這些建築因為巧妙的放置方式而改變了整條街道的方向；露台上的某些建築往後退，其他維持不動；利用美景拱道連接露台；此外，如圖所示，還用了樹木以及灌木來柔化建築性的配置。

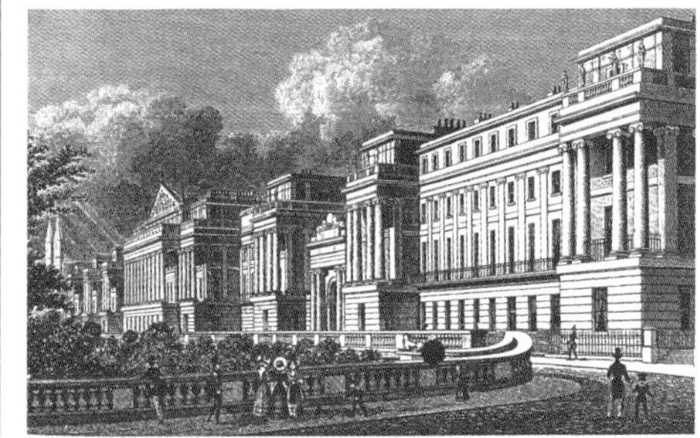

假城堡

位於艾爾郡的庫爾曾城堡（下右圖）以及位於東洛錫安的西頓城堡（下圖）都是亞當在1779年設計的，位於蘇格蘭。這些被稱為假城堡的建築，其特徵是粗壯巨大的幾何形式、戲劇性的基地、運動感，以及含蓄的浪漫主義吸引力。雖然這些特徵並不一定與風景如畫主義有關，但是它們所呈現出來的奇幻感正是風景如畫主義風格的本質。

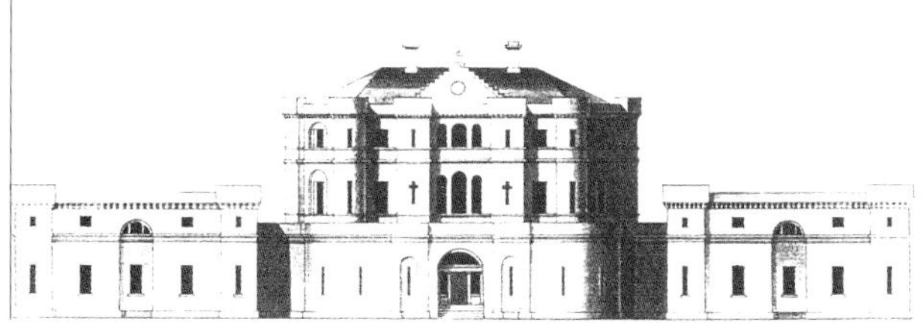

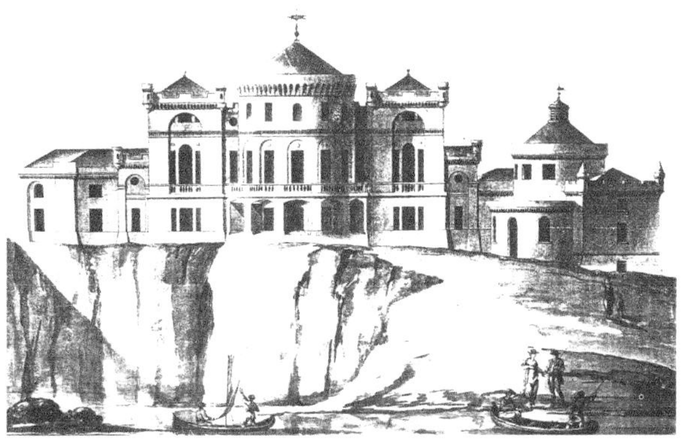

風景如畫主義

農舍建築

刻意的不規則性和折衷使用不同的裝飾圖案，這是18世紀末首批風景如畫主義建築的特色，這些特徵同樣也出現在19世紀初風景如畫風格的農舍建築中。1790到1810年之間，以農舍建築為主題的出版物風行一時。引發這股狂熱的部分原因是受到當時引領風騷的「改善」觀念的影響，當時人相信，如果勞動者能擁有理想的居住條件，最終將使雇主受益。重新改建農舍還可以美化雇主的領地，營造風景如畫的感覺。建築理論家洛吉耶在1753年的《建築論文》中所提倡的「原始小屋」概念，正是風景如畫派的農舍建築最重要的構想來源。洛吉耶認為建築應該回歸到最初以及最自然的狀態，摒棄過多的細節，回歸到一種簡單的結構，以四根不斷茁壯的樹幹作為支柱，以鋸下的原木作為過梁，然後用樹枝搭蓋簡單的屋頂，這樣就能蓋出一間「原始小屋」。

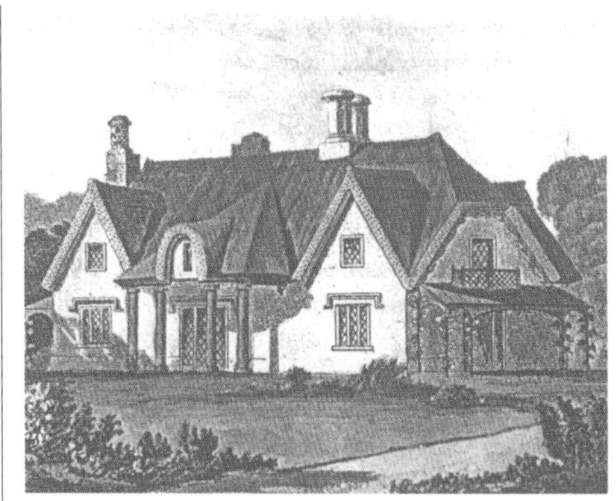

小莊宅

小莊宅是坐落於鄉間或公園內的小型房舍。它們的特徵是鄉土氣息濃郁，並具備許多風景如畫主義的建築細節：茅草屋頂、花飾鉛條窗、擋風板、裝飾性煙囪以及外廊。1811年前後，納許負責在布里斯托附近設計了一整個這樣的小村莊，包括左圖位於聖布萊斯的這棟漂亮小莊宅。

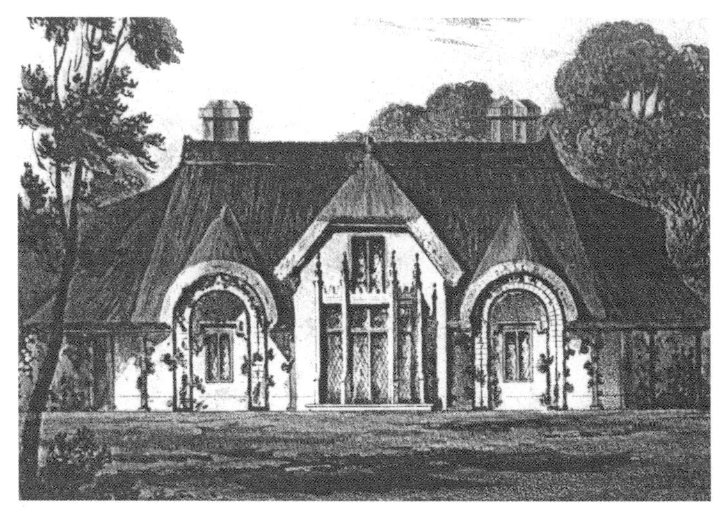

擋風板

擋風板是一塊傾斜突出的木板，位於建築的山牆末端，用以遮擋屋頂的水平椽木，通常帶有裝飾花紋。

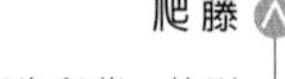

爬藤

人們普遍認為爬藤，特別是常春藤，可以提升鄉村小屋的風景如畫特質。這些爬藤都經過悉心安排，只會順著一定方向生長，通常是繞著外廊攀爬。

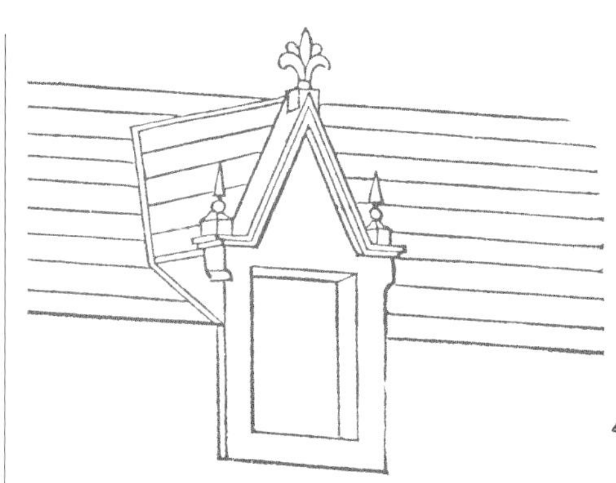

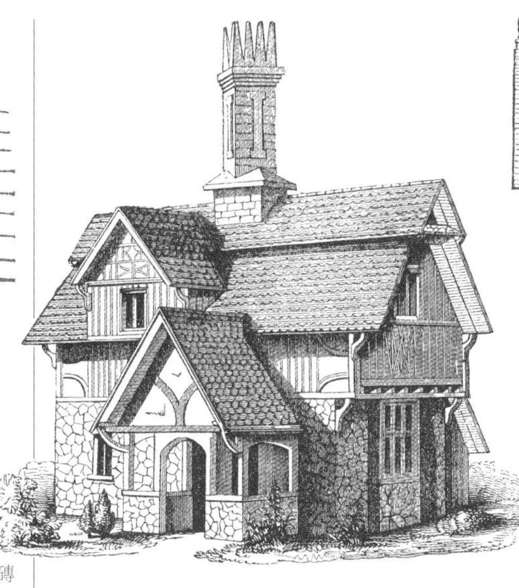

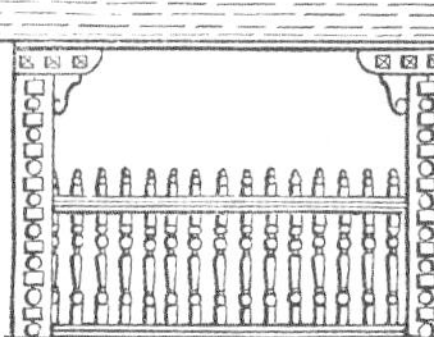

老虎窗

老虎窗是指嵌入斜屋頂的一種結構。通常有自己的屋頂（斜的或平的）和側牆以及嵌在正面的窗戶。如上圖所示，老虎窗的窗葉上方通常還有一個小山牆。

半木造農舍與蠻石工程

木材通常用於建築的上部樓層，或上部樓層的部分地方，至於建築底部則多半選用石頭或磚塊。底部樓層通常飾有蠻石工程，即由不規則、未經裝飾的石頭排列出變化多端的紋理。這種幾乎是以自然形態呈現的石塊，就是參考「原始小屋」的觀念，也是對自然的一種回歸。

門斗

門斗是建築物的有頂入口。在風景如畫主義的農舍建築中，門斗大多是以木頭為質材，而且還飾有精美的雕刻。門斗可為素樸的農舍外觀增添趣味性與多變感。

茅草屋頂

茅草屋頂是由蘆葦、燈芯草或麥稈鋪成的密實屋頂，最常出現在地方性的建築中。茅草屋頂是風景如畫主義建築最基本的特徵之一，也是表現建築鄉村氣息的最重要結構。

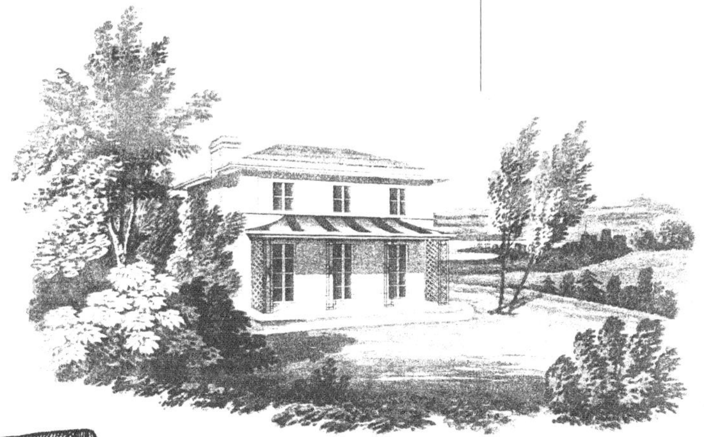

外廊

外廊是指有屋頂的開放走廊或陽台，屋頂通常是由輕金屬柱或者彎曲的木柱支撐，以強調回歸自然的意旨。外廊與風景如畫主義密不可分，最初的靈感應該是源自於印度。

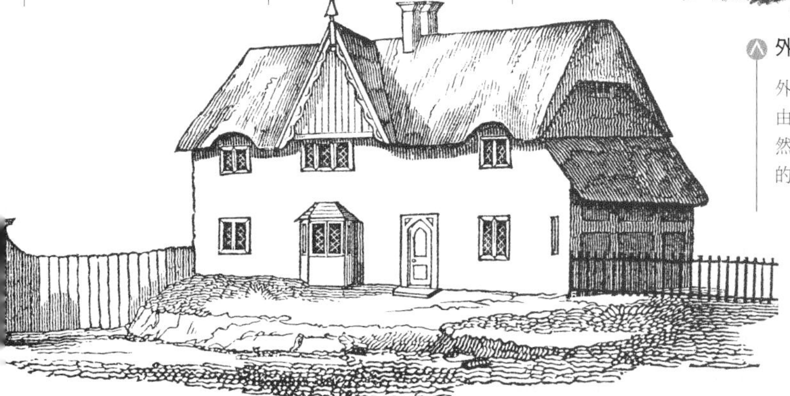

風景如畫主義

花園與莊園房屋

地景園林設計師雷普頓和納許在18世紀末到19世紀初有過一段短暫但極為成功的合作時光，兩人攜手改建了許多大型莊園：雷普頓負責地景美化工作，納許則負責改造並添建莊園房舍。地景園林設計是當時非常新潮的職業，他們的合作關係也迎合了很多富有莊園主人的需求。在更早幾代的園林設計師的作品中——例如肯特在1730年左右設計的魯沙姆庭園（位於牛津郡），或是由肯特和地景園林設計師布朗（1716-1783）共同合作的斯托莊園——經常可以看到坐落於湖畔或林中這類浪漫場景中的裝飾性建築。作為風景如畫主義的擁護者，雷普頓和納許製造了一些地景，在這些地景中，房舍是整個畫面中最重要的元素。在他倆設計的作品裡，自然的荒野險峻取代了布朗那種光滑的人工雕琢，讓整個地景的氛圍更具風景如畫的效果與浪漫主義的吸引力。

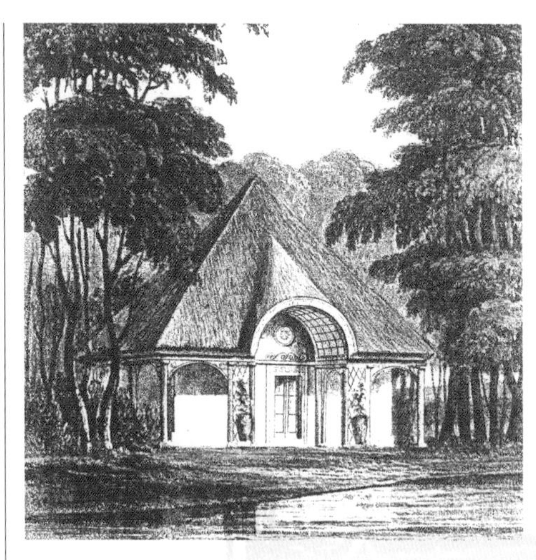

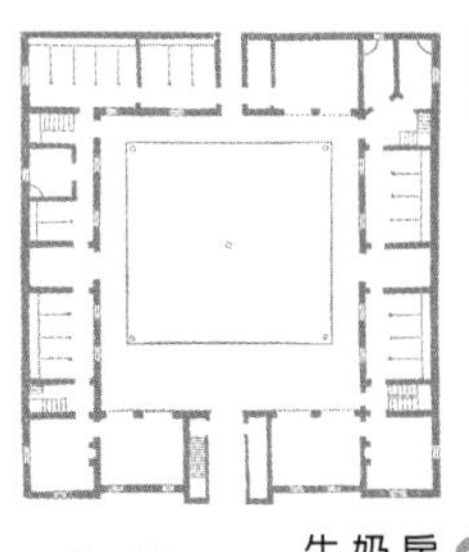

牛奶房

牛奶房實質上是給乳牛擠奶或者儲存擠奶器的功能性建築，很適合採用風景如畫風格的裝飾手法。上方這張平面圖中的四個區塊，包括一條塞滿芬芳植物的通道以及負責清理擠奶器的僕人居住的房間，將這棟房舍的功能性表達得非常清楚。

馬廄

馬廄是用來安頓家用馬匹的地方，在構造、風格和裝飾上，通常都與主建築彼此呼應。

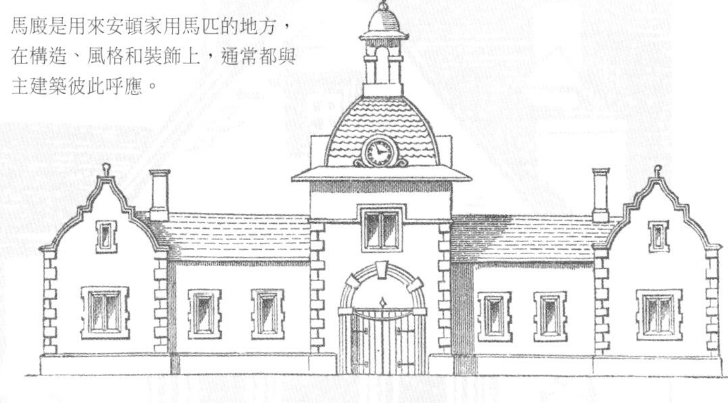

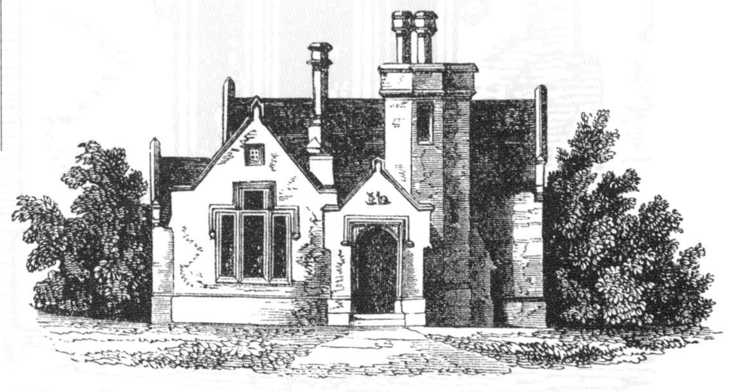

小屋

小屋是指位於莊園內的小型住宅。小屋通常都設計得很好，房間的配置也很便利。這些建築的立面都體現了風景如畫主義的特徵，如圖所示，諸如門斗、煙囪和窗戶這類外部構件都採取不對稱的排列，顯得既富變化又有趣味。

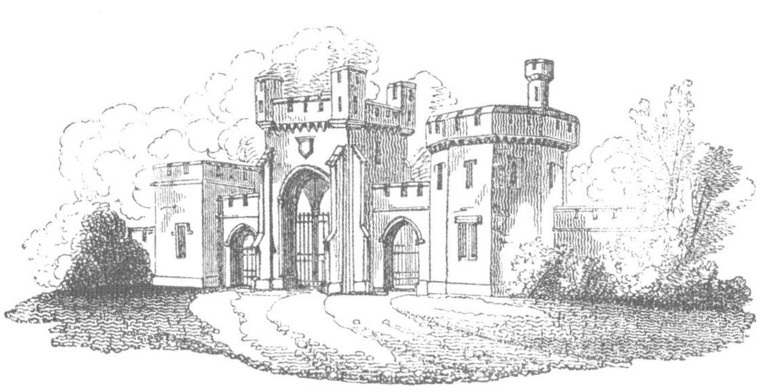

門樓

門樓實際上是一間小屋，有部分作為大門之用。左圖所示即城堡形式的門樓，結合了多變性與對稱性，是一棟相當令人愉悅的建築，並具有風景如畫主義的構圖。

噴泉

在風景如畫主義的地景中，經常使用這種裝飾性的水泉結構來美化景觀。

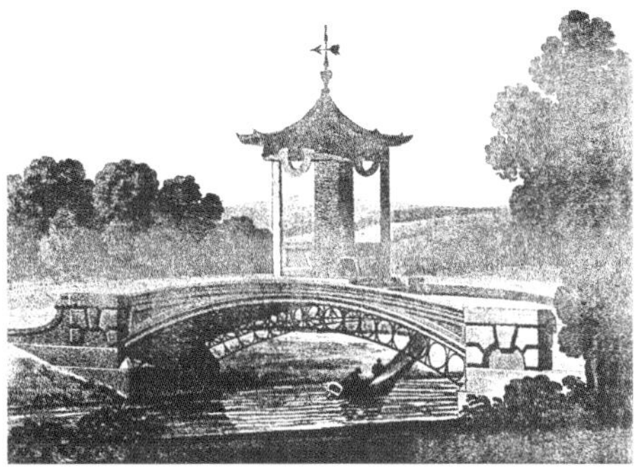

裝飾橋梁

這道橋梁具有強烈的裝飾效果，可用來強化景觀中的風景如畫效果。裝飾橋梁可以讓景觀豐富多變，為廣闊的地景提供焦點，同時成為不同裝飾風格的展示場所。例如，上面這道橋梁中間就設了一座中國式寺廟。

暖房

暖房是由玻璃和鋼鐵構建而成，並設有大面窗戶，是更具裝飾性的溫室。有時是獨棟的，有時則附屬於主建築。

涼亭與鐵格柵

涼亭是一種花園建築（通常是裝飾性的），一般位於視野動人的地景當中，設有窗戶或其他開口可將美景盡收眼簾。涼亭的側邊常採用鐵格柵，這是一種鐵製的裝飾形式，常與外廊相互結合，形成一種輕質鑲板，以取代堅實的隔板。

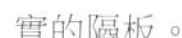

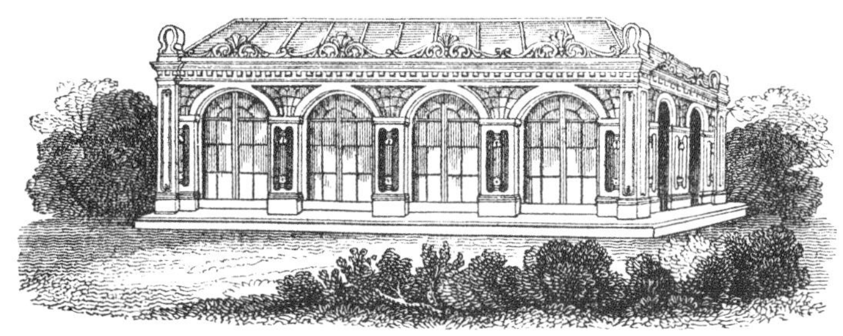

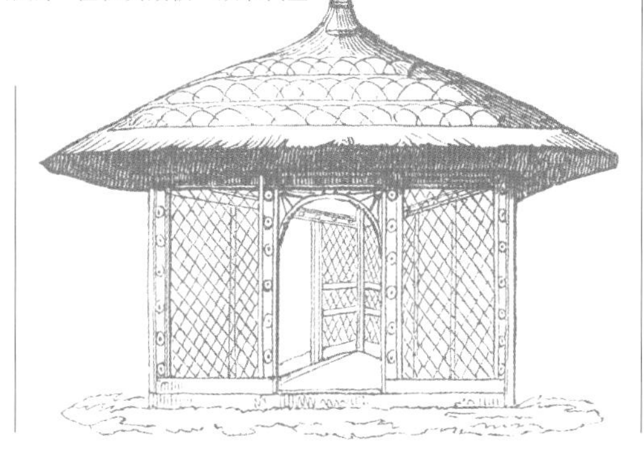

建築十大要素
Elements of Architecture

圓頂

從本質上說，圓頂是拱頂的一種形式，可建於圓形、多邊形或橢圓形的平面上方，有各種不同的剖面。這種形式可能源於圓形茅屋，後者是以彎曲的樹枝交會於中心點上，其上覆以茅草，用以象徵天穹並表示權威。由於羅馬人發展出混凝土，使他們得以蓋出半球形的巨大圓頂，這種圓頂後來成為結合了古典建築與東方影響的拜占庭風格的主要特徵。當羅馬人還只能在圓形或多邊形的空間上建造圓頂的時候，拜占庭的建造者卻已經懂得利用帆拱技術將圓頂建在方形或長方形的空間上方（參見157頁），伊斯蘭建築同樣也發展出這種技術（參見175和179頁）。

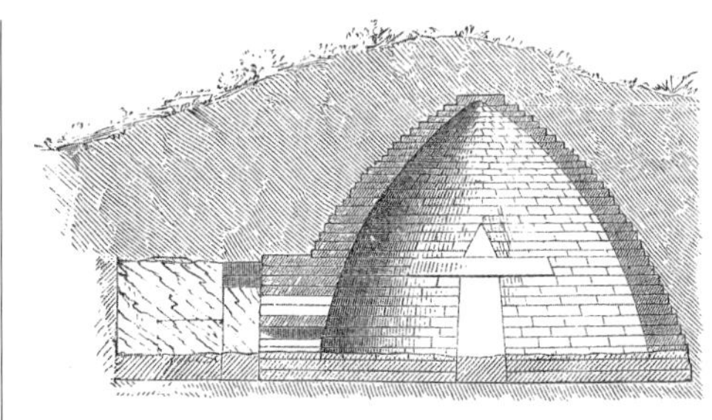

疊澀圓頂

邁錫尼阿加曼農寶庫（約公元前1220）的圓形主墓室直徑將近15公尺，上面覆有蔥頭形的疊澀圓頂，類似於舊時的蜂窩建築。疊澀指的是階梯式的磚石結構，其中每一層都比下面一層突出一點。這種建築不只存在於希臘地區，也可見於印度以及南美洲地區。

古羅馬圓頂

羅馬萬神殿（公元126）的混凝土圓頂直徑長達44公尺，是典型的古羅馬風格。圓頂內部呈半球形，其巨大的重量因為頂棚的嵌板和頂部的開口（小圓窗）而得以減輕。圓頂外部採用了加層和階梯以增強穩固性，形成碟狀圓頂。

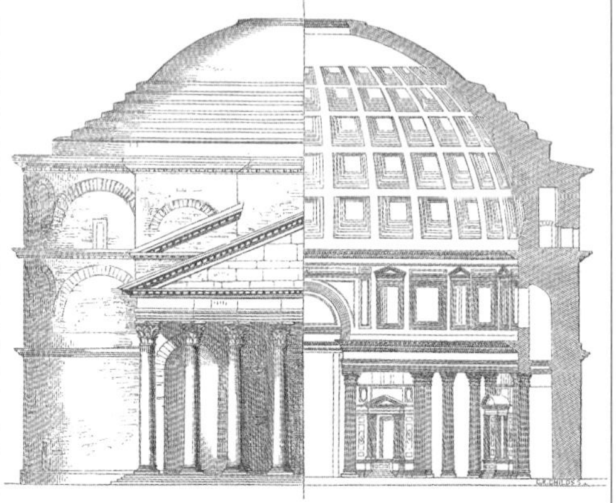

蔥頭形圓頂

圓頂是伊斯蘭建築的重要特徵之一，其中又以蔥頭形圓頂最為普遍，這一樣式帶有明顯突出的尖端。下圖是完者都陵墓（1310），位於伊朗的蘇丹尼亞，由八邊形鼓座托起的圓頂表面飾有瓷磚。

複合式圓頂

複合式圓頂是指疊加在一起的一組圓頂和拱頂，是拜占庭建築的特色之一。君士坦丁堡的聖索菲亞大教堂（532-537），其主圓頂是由四個巨拱支撐，並以半圓頂作為扶壁。帆拱技術讓圓頂得以覆蓋於方形平面之上。

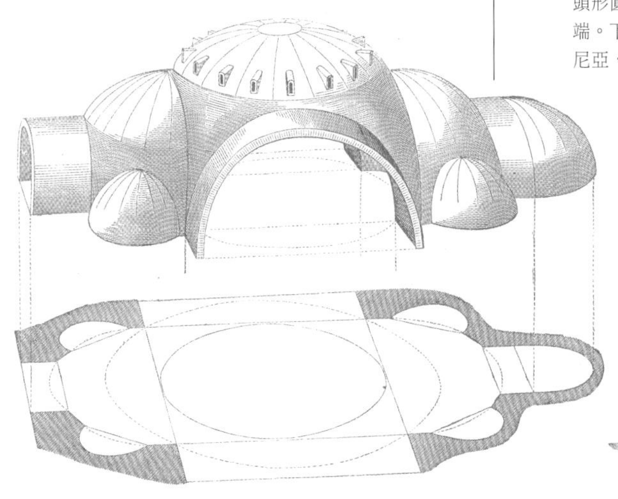

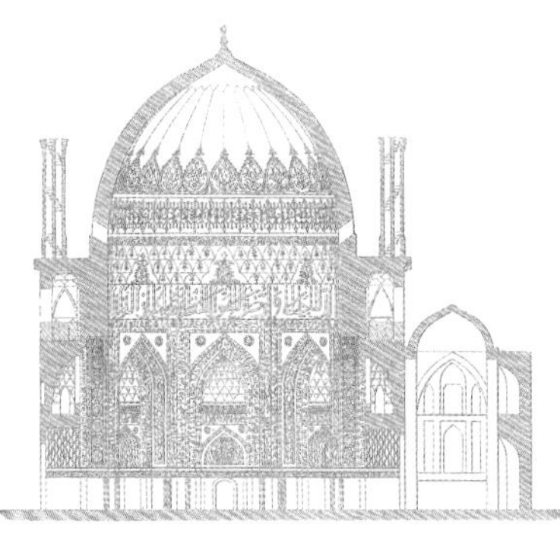

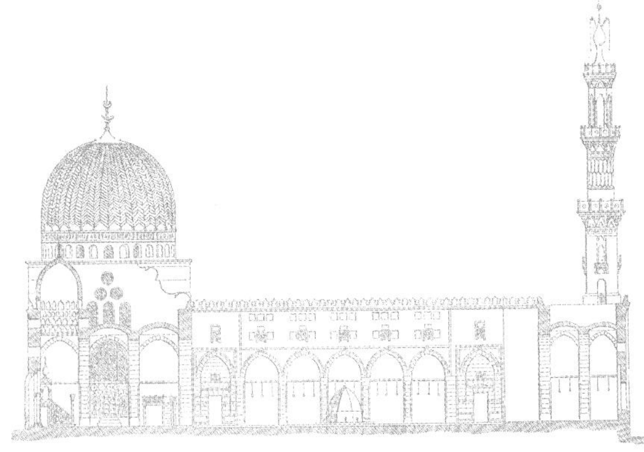

上心圓頂

「上心」這個詞通常用來形容拱，比如上心拱，但也可以用來形容圓頂。上心圓頂指的是起拱點高於拱墩（支撐圓頂的區域，表面上看起來圓頂是由此起拱）的圓頂，在起拱點和拱墩之間其側邊依然維持垂直狀。

雙面層圓頂

下圖是米開朗基羅設計的羅馬聖彼得大教堂圓頂（1585-1590），這座圓頂會令人回想起布魯內列斯基的佛羅倫斯主教堂，它們同樣都是雙面層的磚石結構。這座圓頂的肋條由水平的鐵鍊連接，內部為半球形，外部略呈蔥頭形。笨重的磚石採光塔將肋條收住固定，防止它們向外展開。

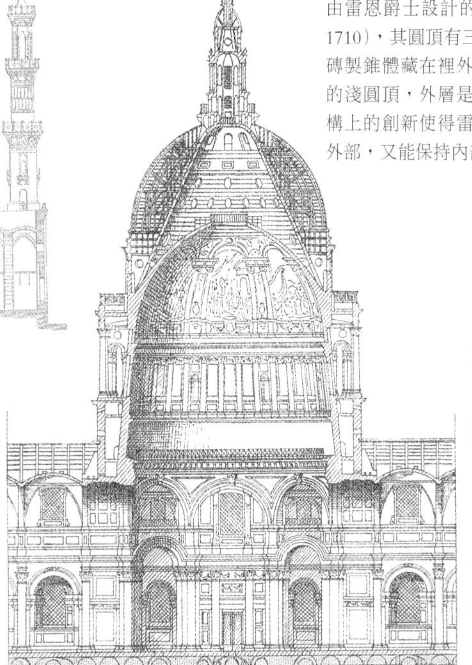

三面層圓頂

由雷恩爵士設計的倫敦聖保羅大教堂（1675-1710），其圓頂有三個面層：支撐燈籠式天窗的磚製錐體藏在裡外兩層中間，裡層是帶小圓窗的淺圓頂，外層是木製鉛框的高圓頂。這種結構上的創新使得雷恩既能創造出地標似的建築外部，又能保持內部的和諧比例。

圓頂的組成元素

巴黎傷殘戰士教堂（1680-1707）的圓頂由三個主要元素組成：鼓座、圓頂和燈籠式天窗。鼓座是托起圓頂的垂直牆面，上面常常設有窗戶或裝飾性立柱。鼓座的作用是增加圓頂的高度，使圓頂更加突出，更具觀賞性。弧形的圓頂本身經常冠有燈籠式天窗，因其外形很像圓頂而此也稱作小穹頂。

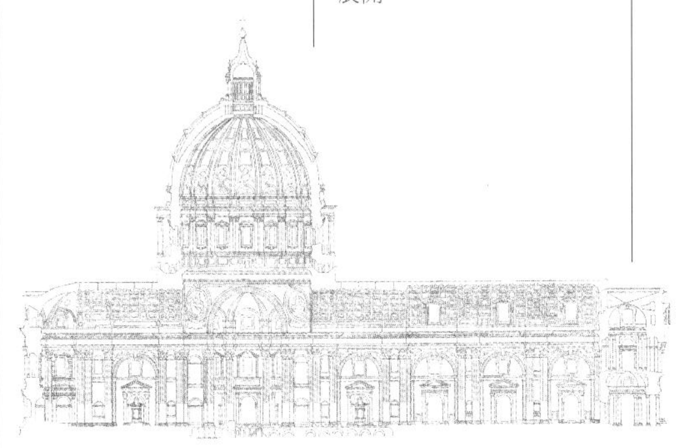

鱗莖形圓頂

右圖是印度阿格拉泰姬馬哈陵（1632-1654）的鱗莖形圓頂，這是伊斯蘭建築中另一種常見的圓頂形式。圓頂的四圍向外彎曲，形成圓形縱剖面。與鱗莖形圓頂相似的是洋蔥形圓頂，主要出現在俄羅斯和東歐地區；但是就結構而言，洋蔥形圓頂並非真正的圓頂（不是拱頂結構）。

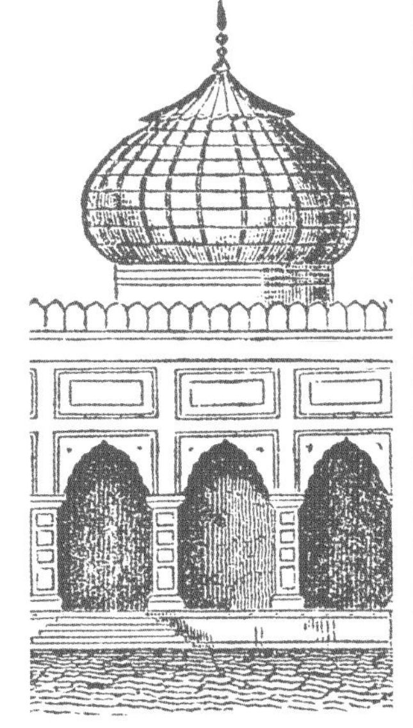

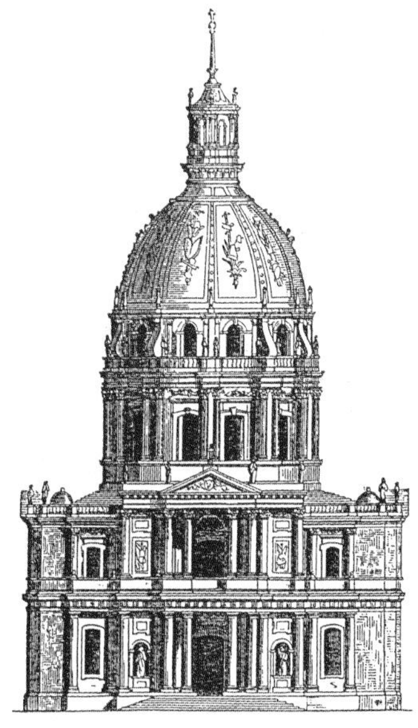

柱

柱是一種垂直支撐物，由柱礎、柱身和柱頭構成。在古典建築詞彙中，希臘人將柱子與柱頂楣構（簷部）結合在一起以支撐建築的屋頂。不過由於羅馬人較常採用拱式結構系統而非希臘人的橫梁式結構，所以柱子對他們而言裝飾功能更勝於結構功能。於是出現了許多新的變體，例如附牆柱、半柱以及壁柱。立柱可以是成對的（例如羅馬式）；成簇的（例如諾曼式）；或是獨立的（例如印度式的獨柱）。柱身可以如托斯坎柱式（見右圖）一樣不帶任何裝飾；或是經過悉心雕琢；柱頭更是變化豐富，從簡樸的中世紀風格到華麗的埃及風格不一而足。

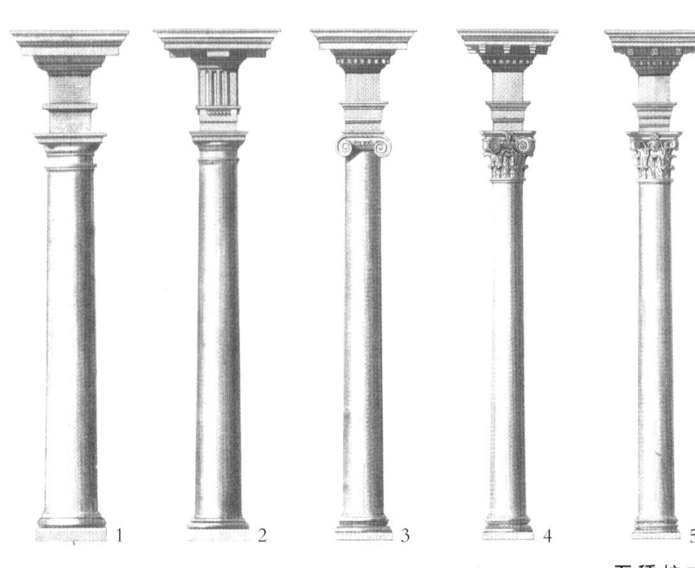

五種柱式

古典時期的五種柱式指的是圓柱（包括柱頭和柱礎）與水平簷部的五種結構系統，各有不同的組織方式、比例模式和裝飾特色。其中多立克柱式（2）、愛奧尼亞柱式（3）和科林斯柱式（5）形成於希臘；托斯坎柱式（1）和複合柱式（4）發明於羅馬。這五種柱式在消失了將近一千年後，於文藝復興時期重新復活，並根據建築家瑟利奧、帕拉底歐和錢伯斯等人的研究而有了標準化的形式。

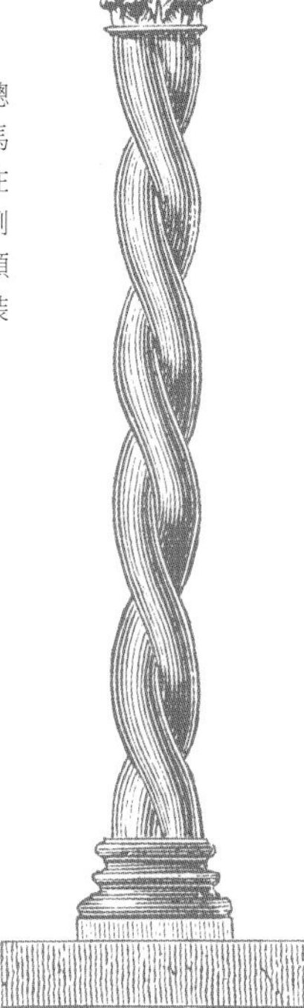

絞繩形柱

仿羅馬風格時期，營建者總是盡可能使用或仿效古羅馬的立柱形制。其創新之處在於特別注重精緻與優美，例如右圖這根絞繩形柱。這類立柱上往往帶有馬賽克裝飾。

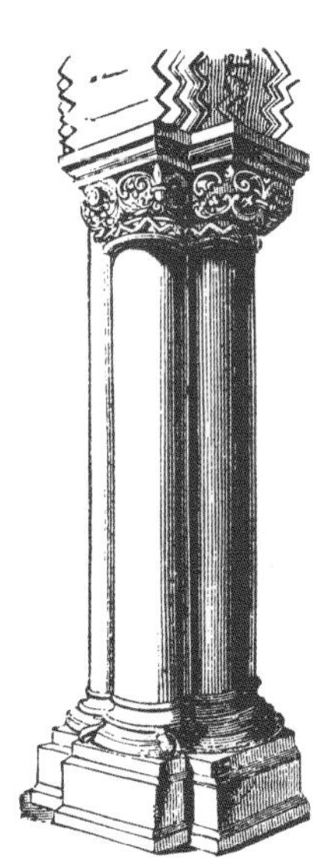

複合柱

支柱的承重力比圓柱要大得多，通常也更為牢固和巨大。在仿羅馬式和哥德式的建築中，支柱表面通常都設有與支柱相連或分離的半柱或柱身，構成一種結為一體的建築元素。這種支柱就稱為複合柱或簇柱。

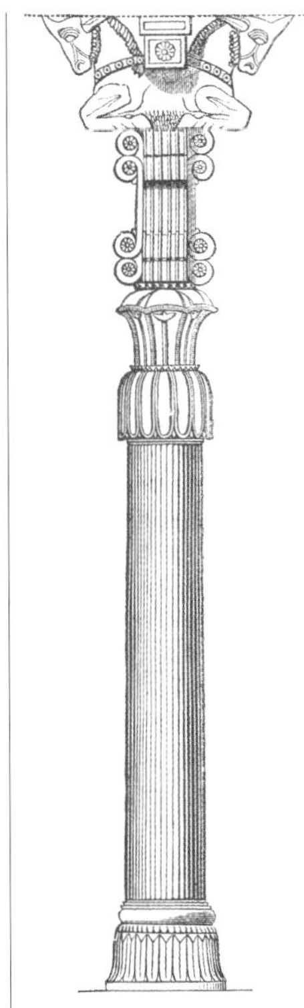

波斯柱

從風格上來說，波斯柱原本為木構形制。不過圖中這根位於波斯波利斯百柱廳（公元前5世紀）的立柱卻是以石頭精心雕琢而成，柱身帶有凹槽，頂上飾有渦旋形飾和雙牛頭柱頭。

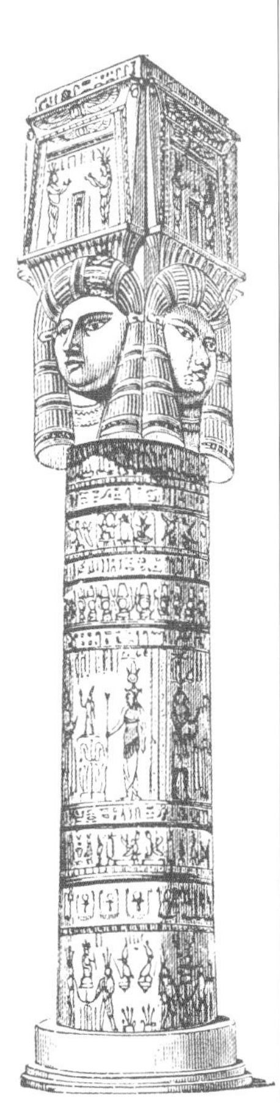

埃及柱

埃及的柱子常常以當地的植物作為裝飾母題，例如紙莎草葉或蓮花（見23頁）。上圖為上埃及哈托爾神廟（公元前110-公元68）的立柱，上面飾有象形文字，頂端為哈托爾女神頭像柱頭，柱頭的每一側都有愛神哈托爾的頭像。

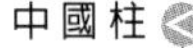

中國柱

中國的柱子以木頭為質材，頂上通常帶有斗拱而非柱頭，斗拱的作用是支撐屋頂。中國人通常會先搭建建築物的屋頂和上部結構的框架，然後才安柱。以紅漆塗繪是其裝飾特徵。

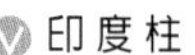

印度柱

這根柱子是來自某棟達羅毘荼風格的廟宇，模仿了早期印度建築中的木製構件。柱子的整個表面都經過高度裝飾。這種稱之為「經幢」的單根獨立式柱子在印度非常普遍，作為典禮儀式之用。

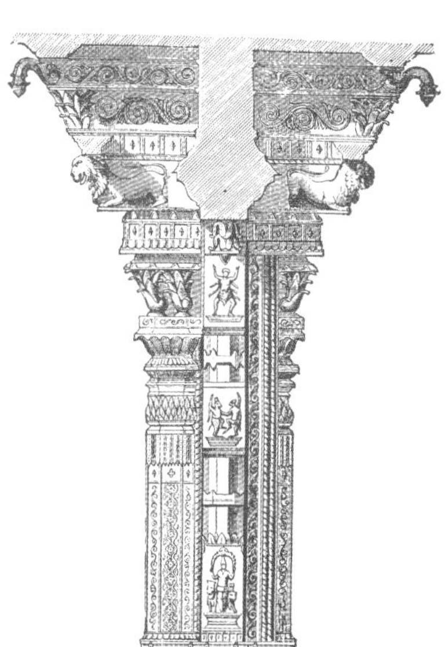

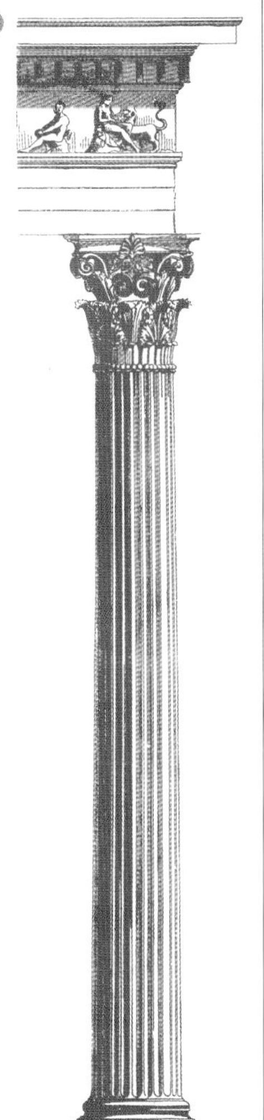

柱的組成

不論何時何地，柱子的組成元素都可以分為三個部分：柱礎、柱身以及柱頭。例如上面這根圓柱其柱身帶有凹槽，柱頭則是科林斯式的。

塔樓

塔樓在許多國家和不同時期都很常見，其特徵在於高度。許多形式——例如義大利的鐘塔、伊斯蘭的呼拜塔和印度的希訶羅——都與宗教性建築有關，雖然形體上未必一定相連。塔樓頂層（鐘塔）的鐘是用來召喚信眾前往禮拜，塔樓本身則是聖地的顯著標誌。哥德式時期的塔樓尤其富麗堂皇，通常置於教堂的中央（十字交叉點）或西端。塔樓頂上常帶有尖塔，尖塔的端部有多種形式。在動盪不安的中世紀，塔樓也是重要的防禦建築，並被納入城堡防禦工事的一環。在蘇格蘭、愛爾蘭和英格蘭北部，有一種複雜的防禦性住宅建築，稱為塔屋。

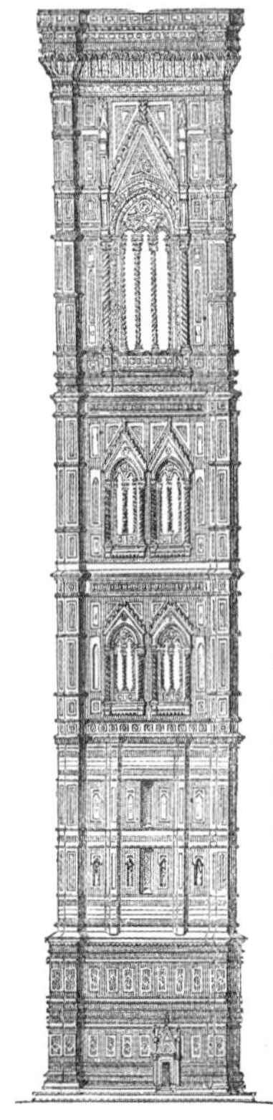

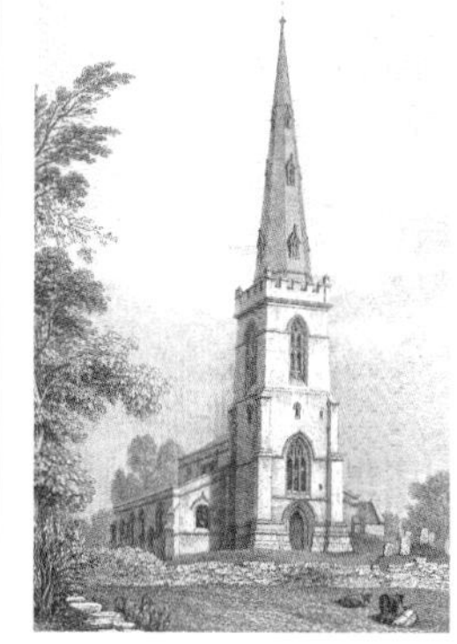

針尖塔

這座靠近英國南安普敦郡的教堂有一座針尖塔，細長的塔身從女兒牆後面凌空拔起。

義式鐘塔

義大利的鐘塔大多為獨立式的。如同左圖這座14世紀的例子，這類鐘塔的設計通常都很簡單，平面不是方形就是圓形。

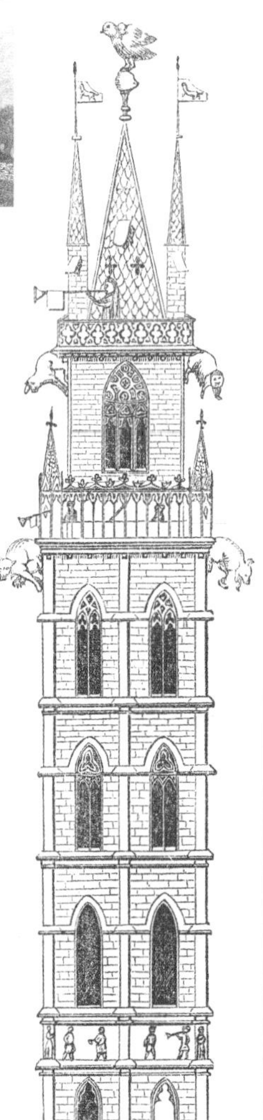

鐘塔

鐘塔是宗教禮儀和城市生活的重心所在，也具有瞭望塔的功能。鐘塔的頂層懸有大鐘，稱為鐘樓。

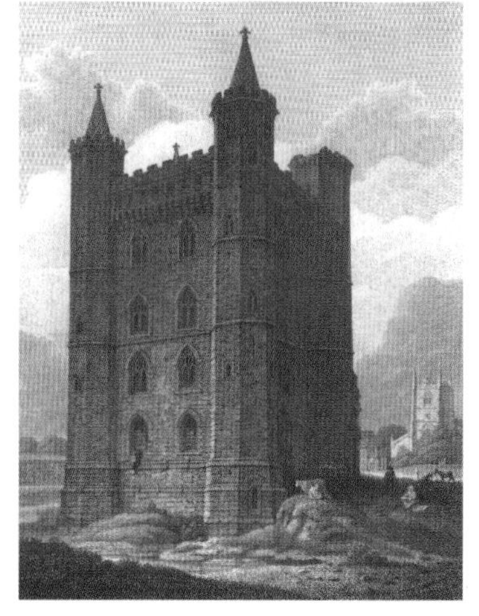

防禦性塔樓

城堡中體積最龐大、最堅不可摧的塔樓稱為要塞或主樓。這類塔樓通常與外層防禦工事分離，是最後一道避難所。這座15世紀中期的要塞位於英國林肯郡的特夏爾城堡，是一座典型的塔樓，帶有雉堞、堞眼和女兒牆走道。

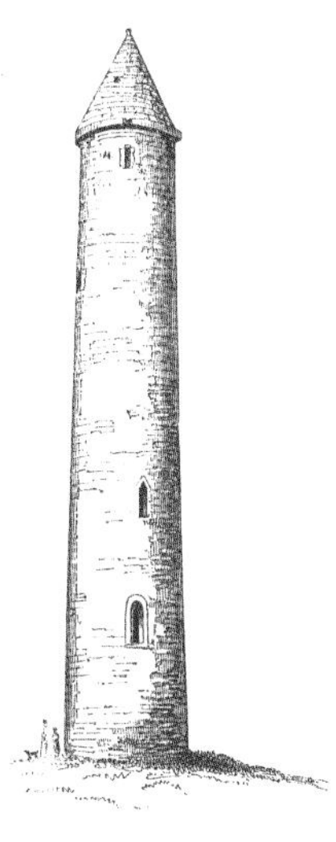

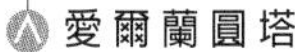

愛爾蘭圓塔

在愛爾蘭有許特色鮮明的圓塔，大多位於修道院遺址，可追溯到10至12世紀。這些圓塔呈獨立式，塔身向上漸細，塔頂呈圓錐形。圓塔的入口離地很高，必須用梯子攀爬，可見其功能是作為危急時的避難所。

圓塔

指建於圓形平面、樣式簡單、未加裝飾、直接與建築物相連的塔樓，在英國東盎格利亞地區的諾曼教堂中尤其常見。

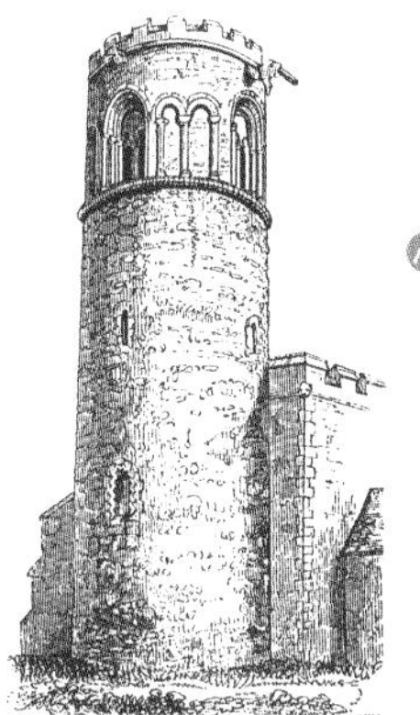

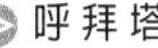

呼拜塔

指伊斯蘭建築中的塔樓，經常與清真寺相連，形制特別纖細。呼拜塔帶有挑出的陽台，用於召喚穆斯林前來禱告。

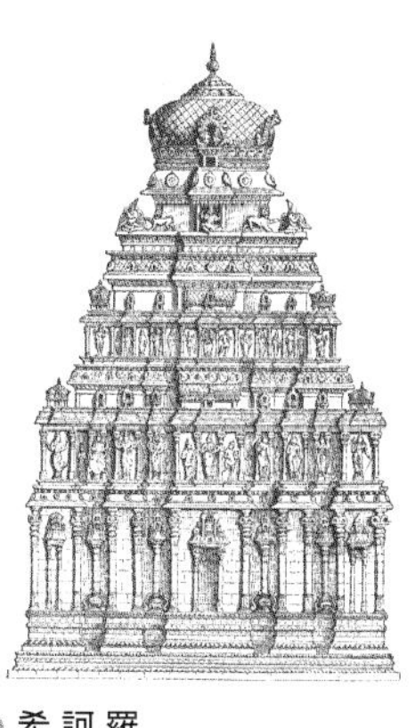

希訶羅

印度廟宇中的塔稱為希訶羅（北印度）或者高塔（南印度），坐落於建築物最神聖的中心點上。

斜塔

這座舉世聞名、獨樹一格的圓形鐘塔就是義大利的比薩斜塔（始建於1173）。根據原初設計應該是座垂直的塔樓，但在建造過程中就開始傾斜，目前的傾斜度已將近5.5度。

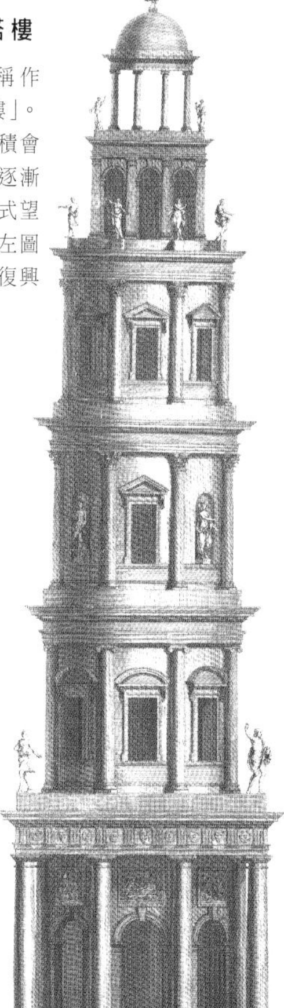

逐層收分式塔樓

塔的分級通常稱作「層」而不是「樓」。有些塔的塔層面積會隨著高度增加而逐漸縮小，彷彿伸縮式望遠鏡一般，例如左圖這件義大利文藝復興時期的代表作。

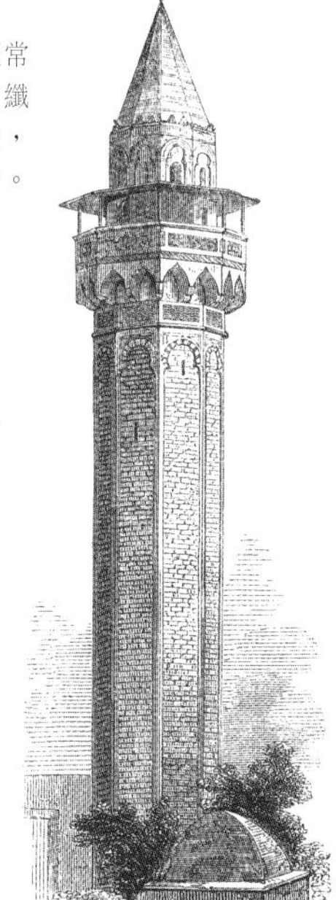

外八字形尖塔

右圖這座德國教堂有一座外八字形尖塔，這是一種大部分塔身呈八邊形但基座為方形的尖塔形式。尖塔的四個主要塔面在基座處向外撐開，形成屋簷。

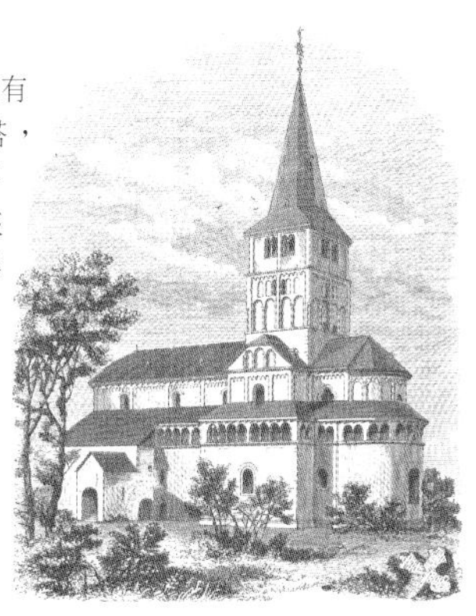

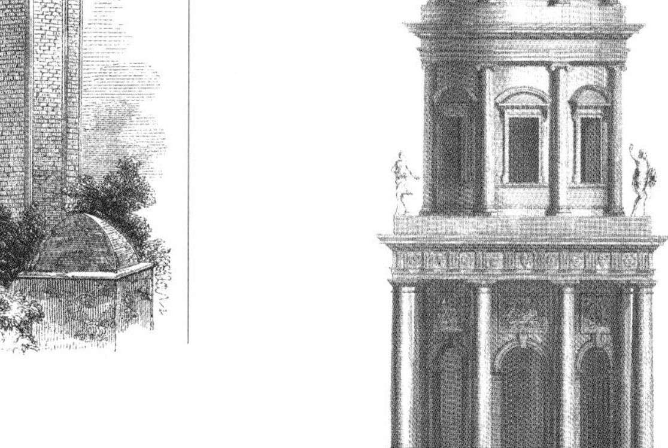

拱與連拱廊

拱是一種橫跨於開口之上的結構。拱的頂部通常呈曲線形，但拱的形式很多，從水平向的扁平拱到半圓拱、半橢圓拱乃到尖拱，不一而足。曲形拱是由楔形塊體（楔石）組成，彼此相互支撐，並能承重。在西方古典建築中，最後一塊安置於拱中心的石頭稱為拱心石。哥德式尖拱沒有拱心石；其推力是透過拱側和拱端的支撐力先向外傳遞然後向下分散。拱也可以支撐大跨度的牆體和地基。連拱廊是由圓柱或支柱支撐的連續拱，可形成敞開的入口，或是一邊敞開的覆頂式走道。至於「無窗拱廊」是指附貼於牆面上的連續拱，為中世紀教堂常見的裝飾形式。

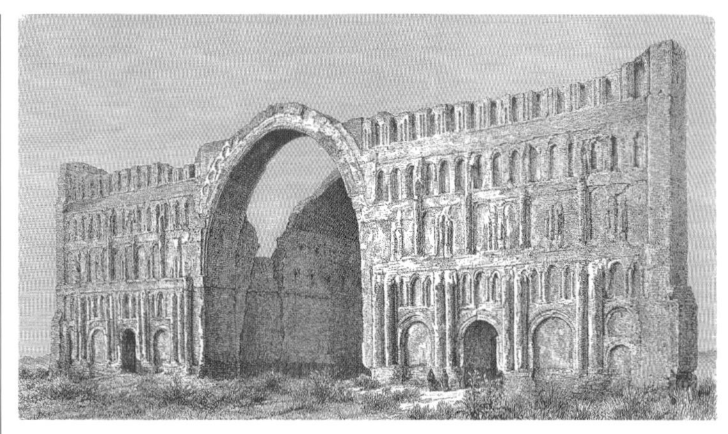

波斯拱

泰西封大拱（公元前550）形成一處宏偉的開口，通往宮殿的拱頂門廳。這座拱既非尖頂也非半圓形，而是非常接近半橢圓形。拱兩側的牆面由無窗連拱廊接合而成，是一系列的圓拱和尖拱。

層疊式連拱廊

羅馬大競技場（始建於公元70年）立面的連拱廊以梯級狀排列，稱為層疊式連拱廊。柱子以傳統的柱式順序層層疊加：多立克式、愛奧尼亞式和科林斯式。這些拱是典型的古羅馬風格，帶有半圓形拱頭。

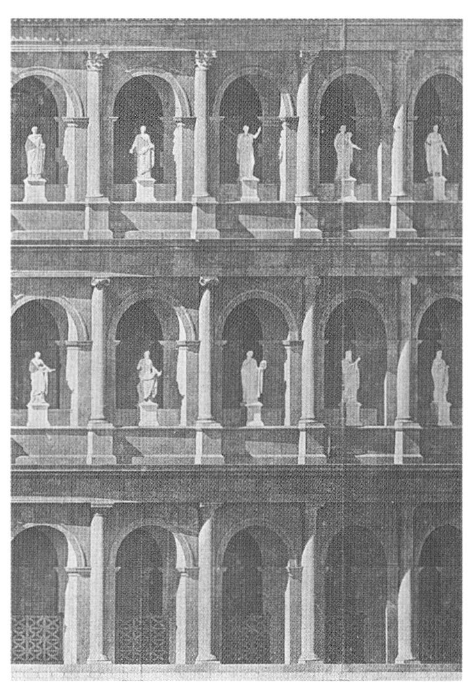

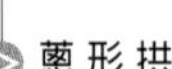

蔥形拱

蔥形拱是哥德式建築風格的常見特徵，由兩道S形曲線在頂部相交，構成尖頂樣式。

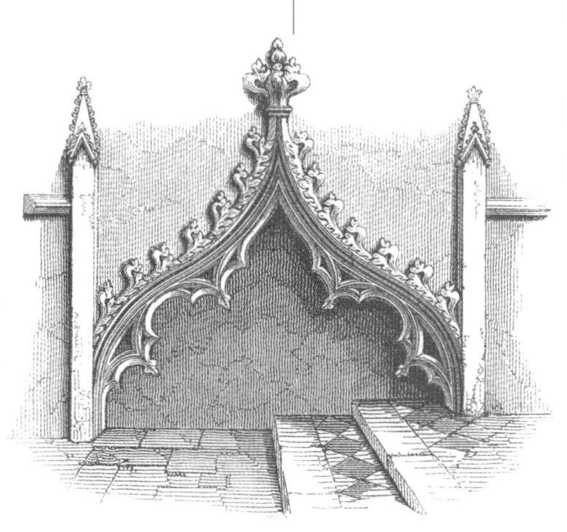

古典拱的術語

古典拱的特徵和各個組成元素的名稱都可在這張圖中找到。拱墩（impost）是指拱坐落其上的體塊或者條塊，拱腹（intrados）是指拱的內弧面或者下表面，也稱拱底。

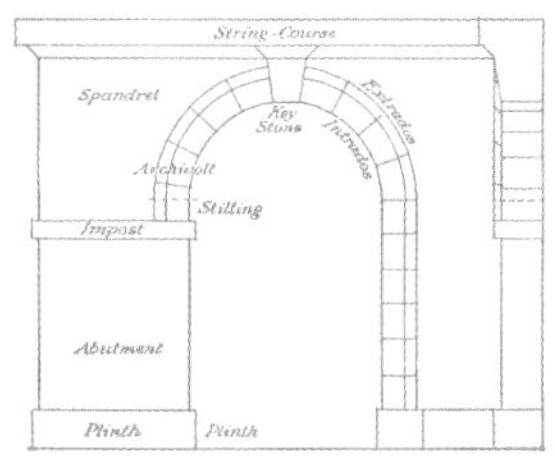

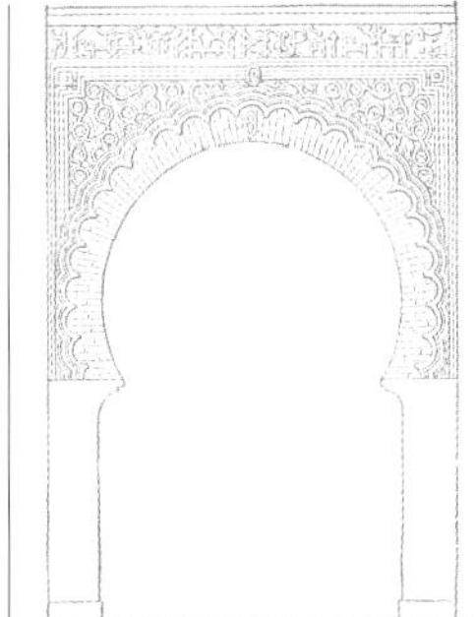

馬蹄形拱

圖中的拱頭曲線不斷向下彎曲，終端越過了拱墩。這是伊斯蘭建築中的常見特徵。半圓形和尖頂式的馬蹄形拱到處可見，但尖頂式馬蹄形拱在埃及、敍利亞和阿拉伯半島更為普遍。

都鐸拱

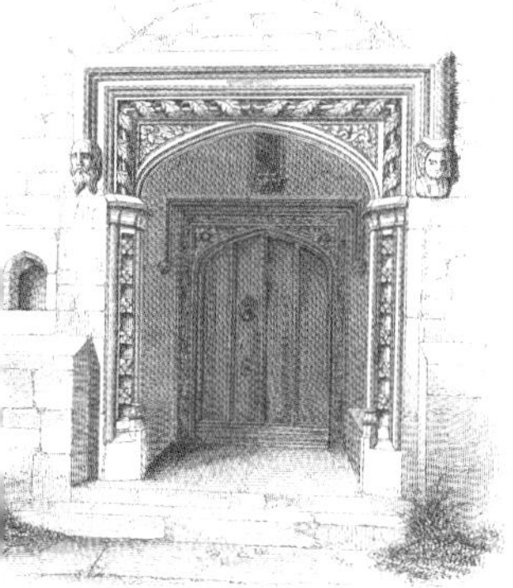

這種雙曲線的淺拱在都鐸時期應用廣泛，都鐸拱的名稱也由此而來。從形式上看，都鐸拱是尖頂和四心式，亦即較低的曲線或拱是以起拱線（拱開始彎曲的線）上的兩點為圓心形成的，較高的曲線或拱則是以低於起拱線的兩點為圓心形成的。

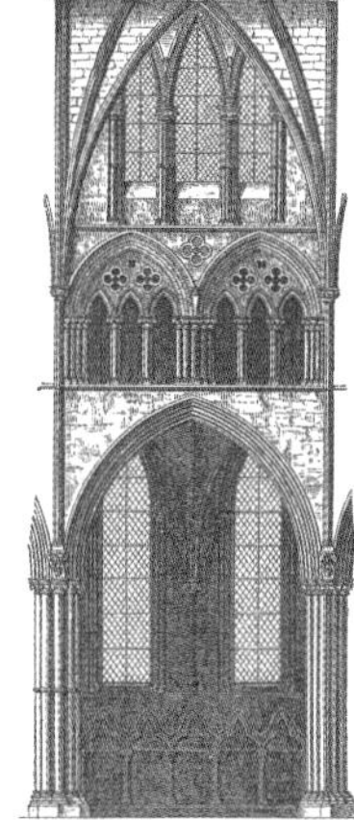

尖拱

林肯大教堂中殿的這座早期英國哥德式時期的尖拱（1230）顯示出：複雜的線腳和裝飾性的鏤空可以令簡單的形制變得多麼富麗——這就是窗花格的起源。

文藝復興拱

威尼斯聖馬可舊圖書館的這些拱（始建於1537）沿用了古羅馬的樣式，在古典柱式的形制框架內，半圓形拱頭、拱心石、拱肩、橫飾帶和簷口依次疊加。

圓頭拱

這座12世紀的法國式拱為圓頭，外拱帶有錯齒式線腳，內拱帶有捲纜式線腳。嵌柱看起來似乎承住了拱的下壓力，但事實上拱的重量是由石製支柱荷載的。

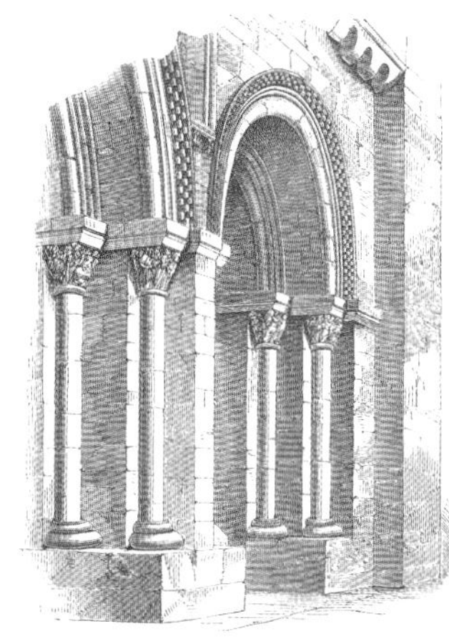

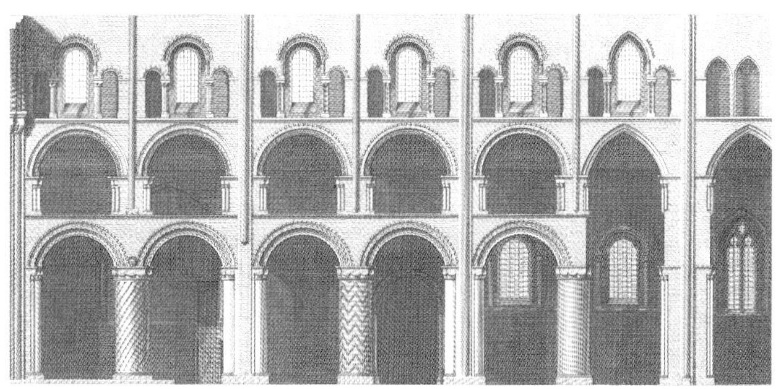

諾曼式中殿連拱廊

艾塞克斯沃森修道院教堂中殿南端側廊樓上的拱建於12世紀，和下方的中殿拱有著相同的跨距和高度，但是支撐的立柱較矮。標準的諾曼風格拱為圓形或半圓形，但也不乏像馬蹄形、弓形和尖頂（圖中最右的兩個開間）這類變體。

門道

門道是建築外部最顯著的部分之一，一般都位於立面的中心位置，並可看出該棟建物的特徵和功能——是公共建築或私人房屋。門道也是建築外部的焦點所在，門框的裝飾往往決定了整個立面的風格。在許多不同案例中，入口經常延伸至大門及其上方的陽台，或是立面中的整個垂直部分。門道代表從外部進入內部的通道，內部的布置與功能往往可藉由門框的裝飾雕刻反映出來。門道是立面上最易受損的部位，因此常見各種保護性設計，包括可實際遮雨的線腳、簷口、屋頂以及門廊，還有具有象徵意義的厚重磚石砌體或護衛性雕像。

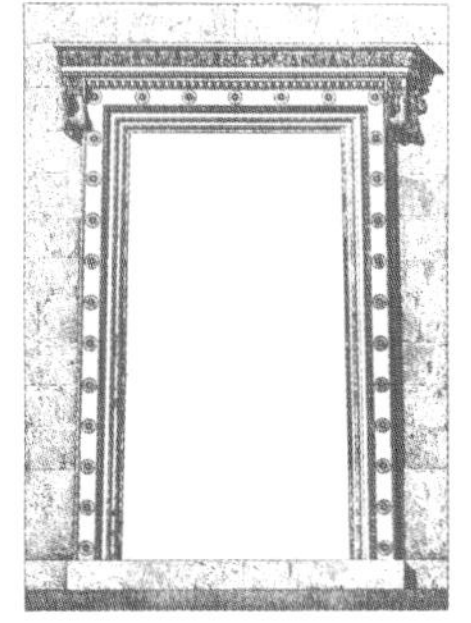

門柱

即入口處四周的邊框，是由兩側的垂直門柱構成。就其最基本的樣式而言，門柱就是簡單的建築線腳，可以在上面進行雕飾。即便是古希臘早期的梯形門框也都經過精雕細琢，例如雅典的埃雷赫修斯神廟（上圖）。

門衛

在許多古代文明中，包括亞述文明在內，重要的門道上都有石雕的神話動物鎮守護衛，例如鳳凰、獅子甚或人像。這些雕像有的是直接嵌在門框上（例如在亞述），有的是獨立守在入口處的兩側。

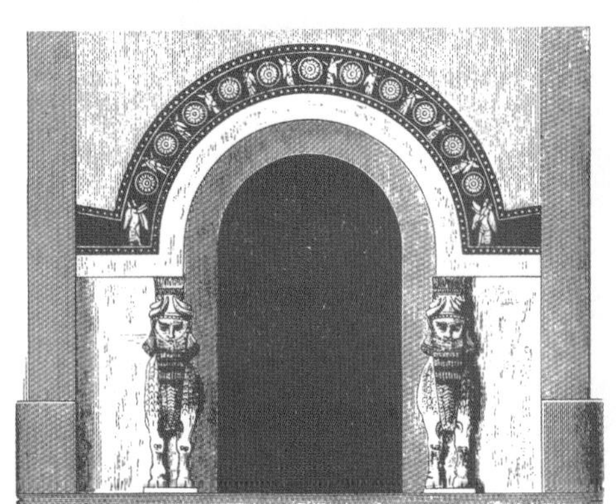

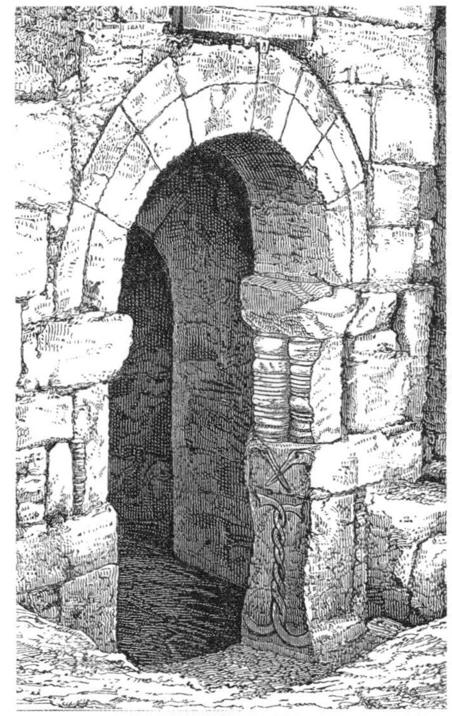

防禦性門道

以厚重磚石砌成的拱形門道是諾曼式建築的典型特徵，使立面具有城堡式的宏偉效果。這類門道最主要的裝飾特徵就是朝前突出的厚重拱墩，架在巨大的垂直石塊上，顯現出諾曼式建築具有強烈的防禦性格。

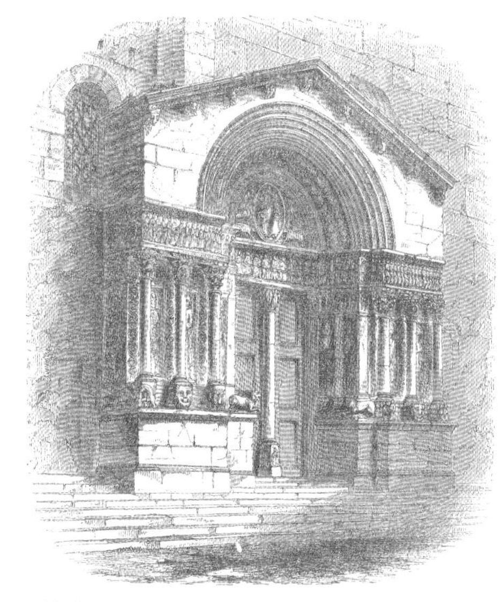

大教堂的入口

仿羅馬式大教堂建築的入口處都很高聳，寬敞的正門往往占據了教堂西立面總寬度的三分之一以上。但實際的進出口只局限於正門上那一小塊鉸接式鑲板。

摩爾式入口

摩爾式和伊斯蘭建築的門道通常都是嵌在一塊裝飾鑲板中間，其裝飾質材包括格子細工、馬賽克、瓷磚、灰墁、石塊、大理石，以及黑白相間的拱楔石。

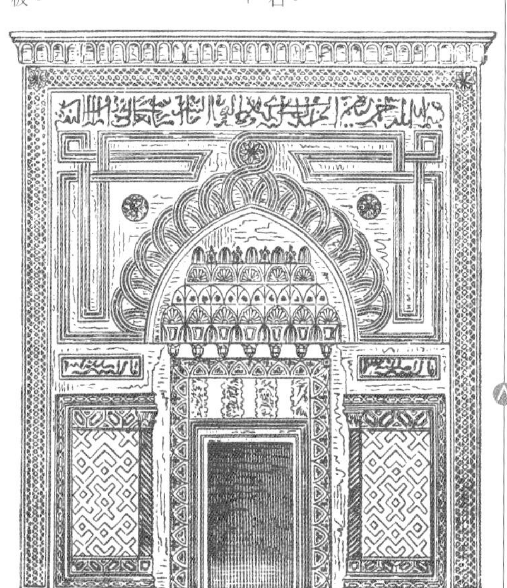

三角楣門斗

喬治王朝時期和新古典主義時期的房屋都以三角楣門斗作為大門的遮蔽物。這類門斗通常是古典裝飾的重心所在，裝飾重點在於柱子、簷部和三角楣。

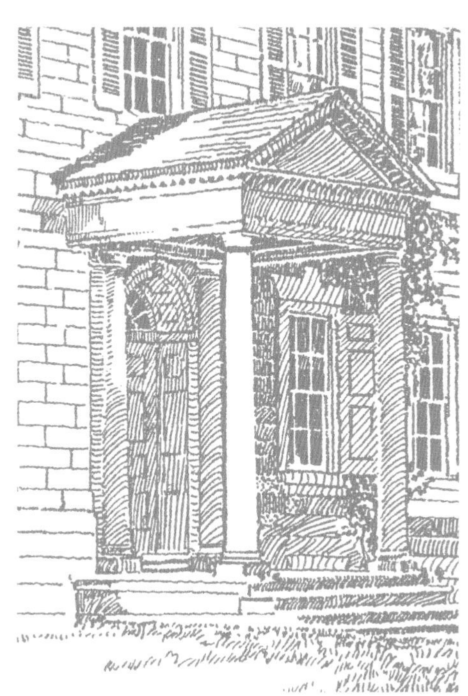

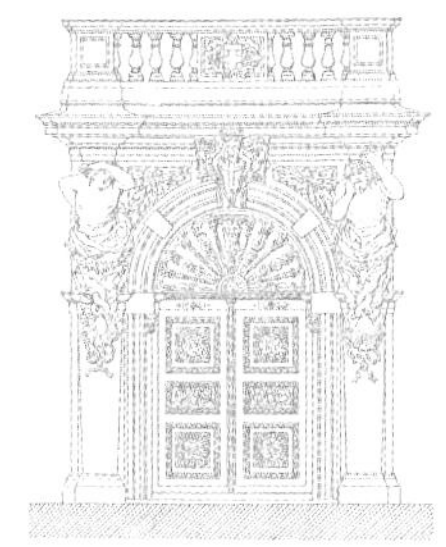

女像柱和男像柱

巴洛克時期開始出現極度華麗的入口裝飾，特別是在法國和中歐地區。這類裝飾包括用來支撐漂亮陽台的男像柱和女像柱（見105頁）。

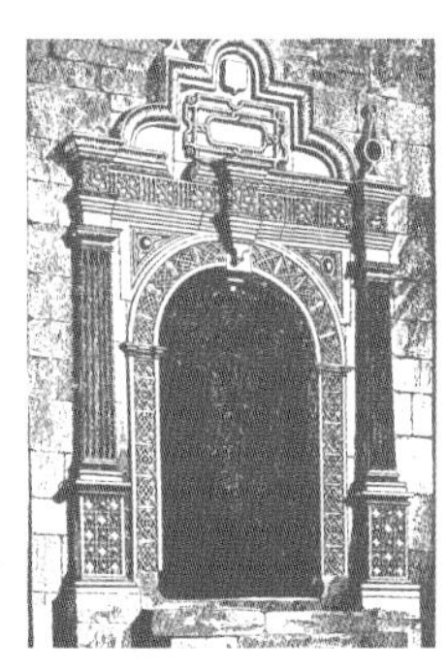

伊莉莎白式門道

伊莉莎白式的門道裝飾——如條帶飾、半身像柱以及古典式細節——往往顯示出屋主的建築知識是受到法蘭德斯和義大利建築圖冊的啟發。

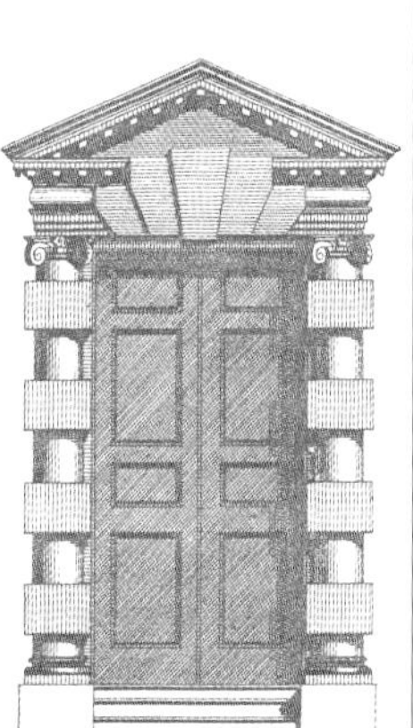

粗面塊門窗邊框

粗面塊門窗邊框是指以突出的石塊打破連續的邊框線腳，盛行於18世紀早期，用以強調古典式立面入口處的莊嚴感。

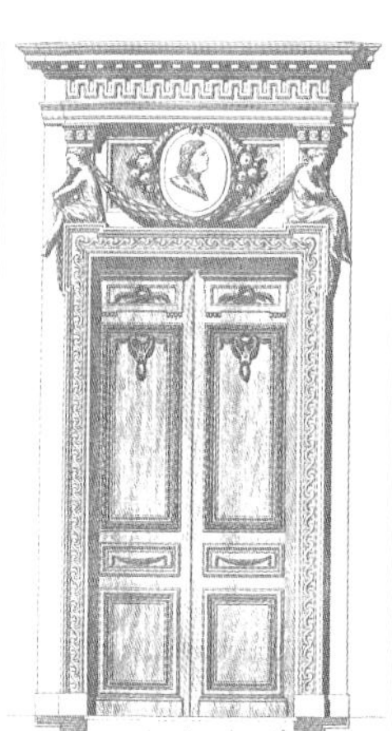

新古典主義的門

典型的新古典主義建築內部都有帶鑲板的雙扇門，門上刻有古羅馬式的精細裝飾，包括圓雕飾、灰泥半身像以及優雅的女像柱等。

窗

最早的窗是沒有鑲玻璃的牆上開口，以透進光線並供內部空間通風。功能性和裝飾性的玻璃窗是由羅馬人於公元65年同時發明的，但直到13世紀的教堂以及16世紀的住宅中，玻璃才廣泛使用。窗在美學上的重要性，反映在它所發展出來的各種式樣之上。玻璃窗的設計歷史，完全取決於玻璃製造技術的演進。早期的窗戶是用鉛條將小塊窗格玻璃固定在一起，17、18世紀，一種稱為滑窗的木框窗戶取代了鉛條窗。到了1840年代，拜科技發展之賜，窗戶已可採用大片的平板玻璃（比早期玻璃更薄、更大且更便宜），透過這種沒有窗櫺阻隔的玻璃窗，室內戶外皆可一覽無遺。

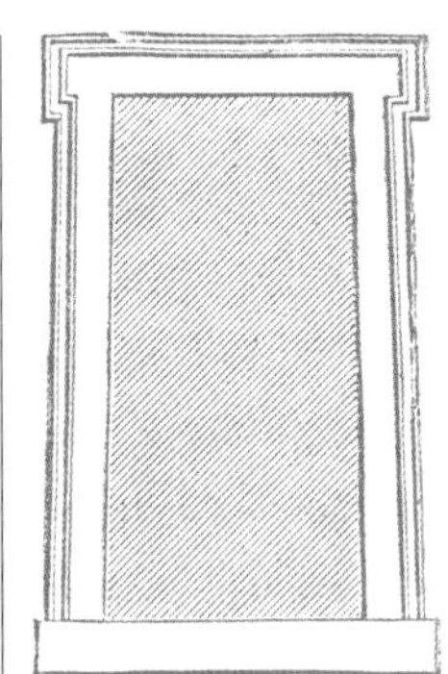

製圖員窗

在18世紀大部分的建築圖和版畫中，窗戶的開口處都被塗成黑黑的一塊，沒有顯露任何玻璃接合的痕跡。上圖窗戶周邊的模鑄邊框稱為肩托線腳。

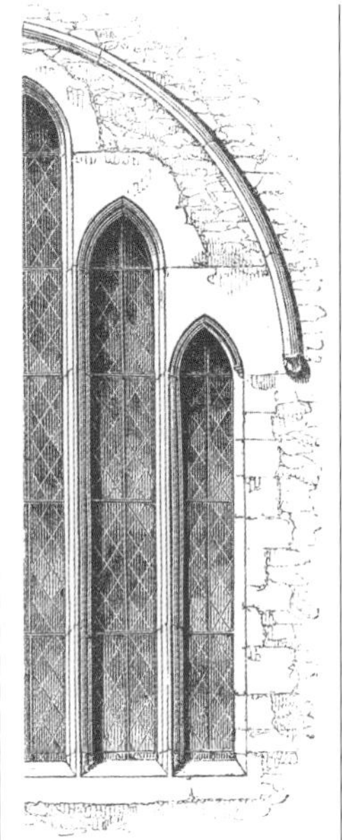

尖頂拱窄窗

高而窄的拱形窗戶是哥德式和拜占庭建築的標準特色，這類窗戶的頂端特別尖（偶爾也可看到圓頭式的），通常成對出現或三個一組。

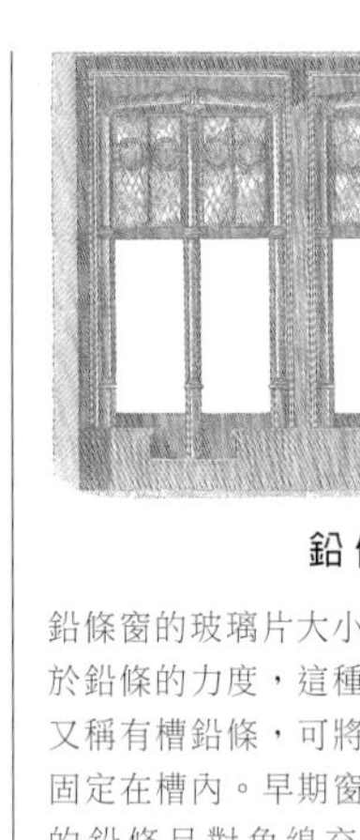

鉛條窗

鉛條窗的玻璃片大小取決於鉛條的力度，這種鉛條又稱有槽鉛條，可將玻璃固定在槽內。早期窗戶上的鉛條呈對角線交錯排列，形成一種格子圖案，到了17世紀，時髦的矩形窗格取代了格子圖案。

圓窗

玫瑰窗或者輪輻窗是一種精緻的設計，用以模仿花瓣和輪輻的藝術效果。

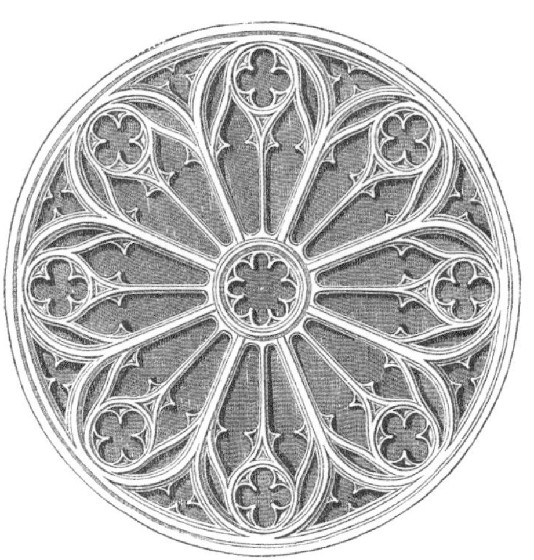

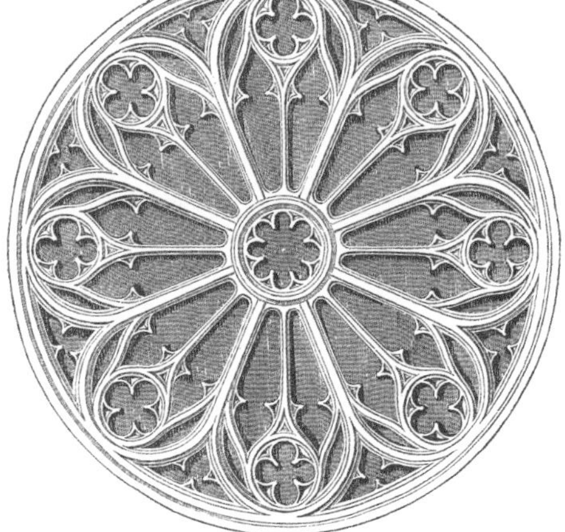

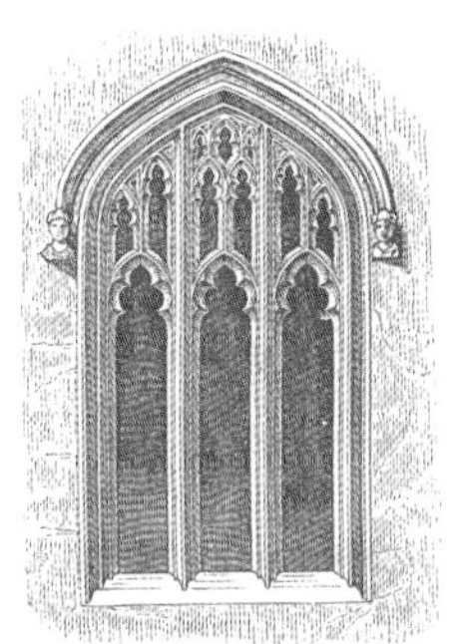

哥德窗

哥德窗在12到16世紀早期非常流行，窗上帶有尖拱、窗花格裝飾以及彩色玻璃。到了18世紀晚期，在復古意識的推動下，這種窗戶再度復活，並在維多利亞時代的建築師手中發揚光大。

蔥形窗

蔥形（S形曲線的組合）窗源自伊斯蘭建築。這種形式在哥德式建築中也能見到，並在18世紀風行一時，是一種可令人聯想起東方和古典風情的裝飾元素。

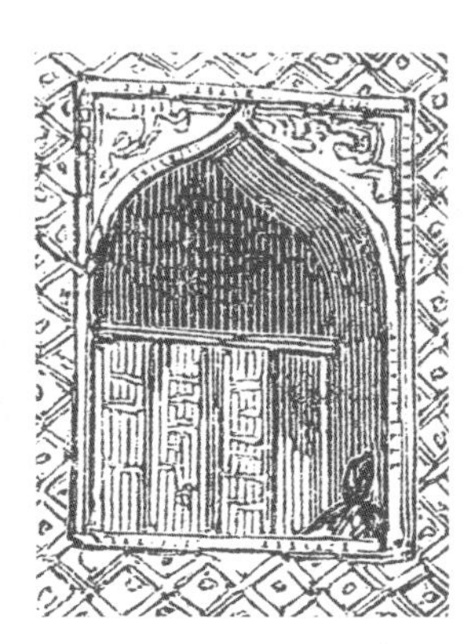

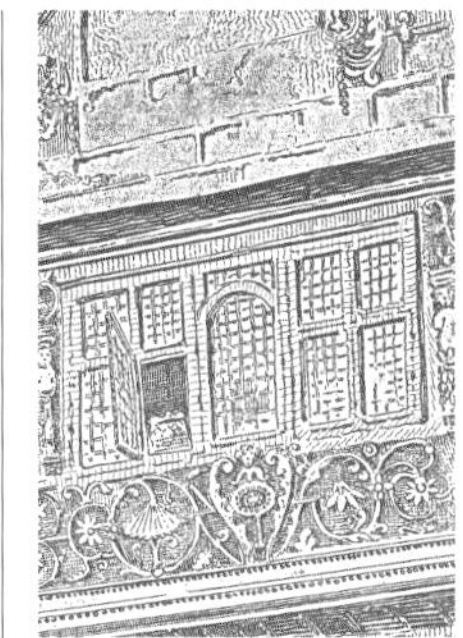

豎鉸鏈窗

這是一種利用側邊鉸鏈開啟的窗子，一側固定，可以向內開或向外開。在滑窗問世之前，豎鉸鏈窗是最為普遍的家宅式窗戶，而且通常都有鉛條窗玻璃。

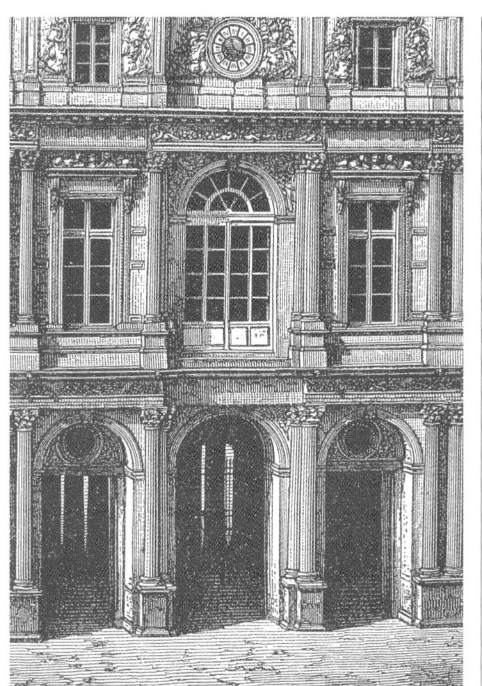

落地窗

這是豎鉸鏈窗的一種變體，與門齊高，與地齊平。落地窗可以向內開或向外開。

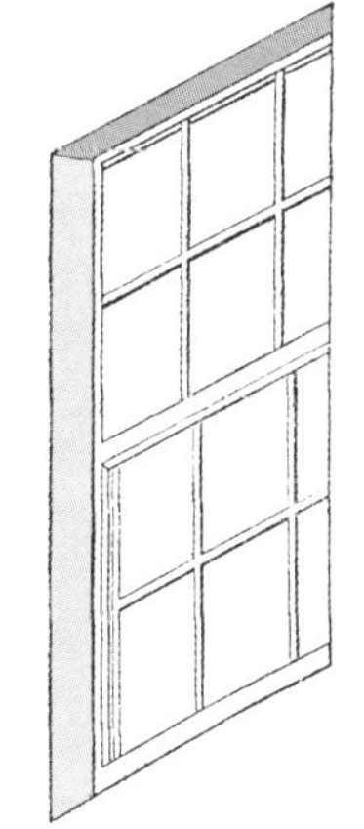

滑窗

滑窗是鑲有玻璃的木框窗，可以利用滑輪上下推拉。通行於整個18、19世紀，尤其常見於喬治式建築。滑窗還有一些地域性變體，如可水平推拉的約克郡滑窗。

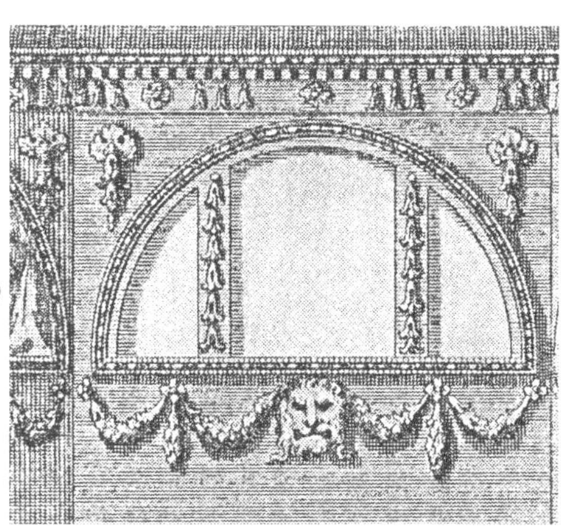

戴克里先（或浴場式）窗

這是一種半圓形窗戶，由兩根筆直的中櫺分隔為三個窗洞，常見於帕拉底歐式建築，這種式樣是以羅馬戴克里先浴場的窗戶為模型。

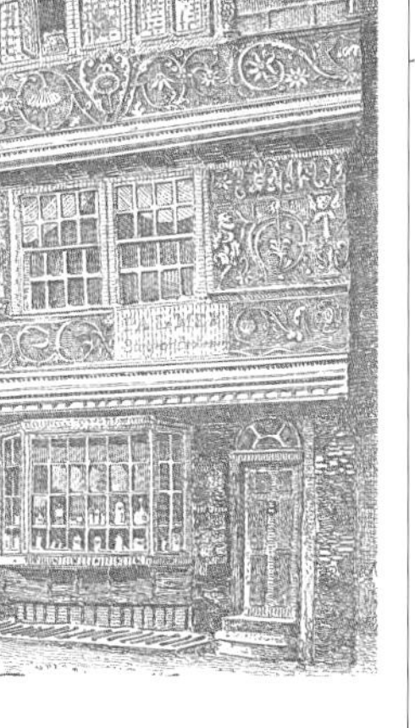

凸窗

灣窗和凸肚窗突出於建築的立面，通常都有豪華裝飾。它們的採光性優於與牆面齊平的窗戶。凸肚窗一般位於建築的上層，至於方形或斜邊形（帶有角度）的灣窗則可見於任何樓層。

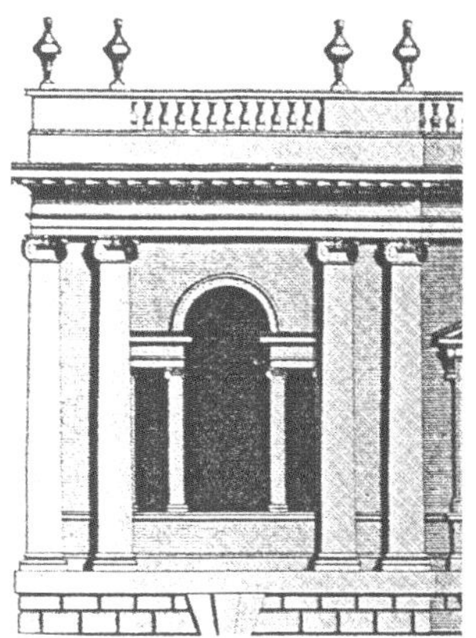

威尼斯式窗

這是一種由三個窗洞構成的窗戶，包括中央的圓拱形開口和兩側較窄的平頭開口。這種窗戶因為帕拉底歐和瑟利奧這兩位義大利建築師而得以發揚光大，所以又稱為帕拉底歐窗或瑟利奧窗。

三角楣與山牆

三角楣是房屋山牆的緩坡端部，也是許多古典或古典式建築的顯著要素，通常位於門廊上方。三角楣常飾以深浮雕，雕刻的主題可賦予該棟建築特別的意涵，此外，三角楣也可作為窗戶和門框的裝飾主題，並運於在墳塚和紀念性建築上。山牆是由坡屋頂的端牆上部構成，最簡單的形式是直邊三角形，不過曲線形、鐘形或是台階式也很常見。山牆在16、17世紀是北歐住宅建築最重要的裝飾元素，當時發展出許多華麗而富創意的處埋手法。

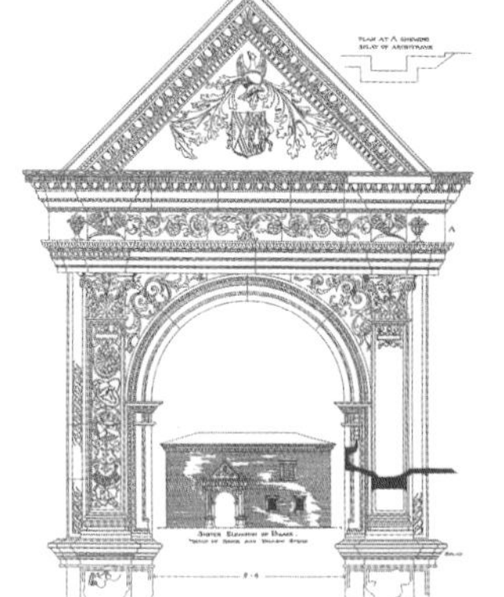

門道三角楣

古典建築形式在文藝復興時期經常作為室外和室內的裝飾元素。例如門道和窗戶就常會添上立柱、壁柱和三角楣。這座華麗的16世紀西班牙大門有一個陡坡三角楣，邊緣飾有卵箭形線腳（一種由卵形和箭頭形飾交錯形成的線腳）。

三角楣類型

三角楣的形狀不一，從三角形到彎弓形都有。破縫式三角楣的簷口線會在頂部或基座處斷裂，產生缺口。巴洛克時期的建築創造出許多三角楣的形式，例如上圖這個頂部中斷的三角楣，缺口中還立有一只甕飾。

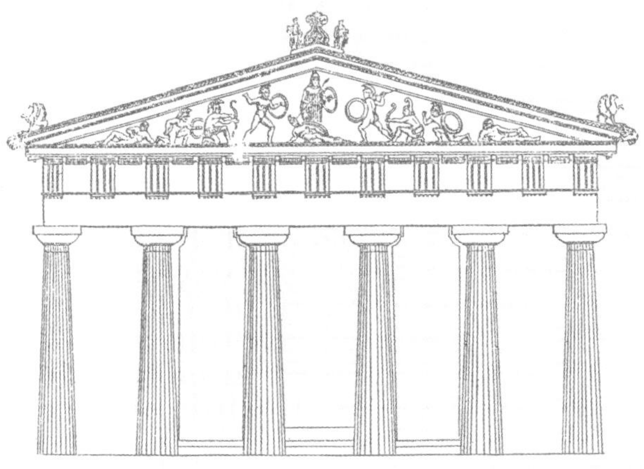

神廟三角楣

在古典的神廟中，三角楣是由沿著山牆邊緣延伸的水平簷口構成。這些傾斜的邊緣又稱為斜挑簷。楣心是安置宏偉雕塑的理想空間，許多古典神廟都採用這種裝飾手法。

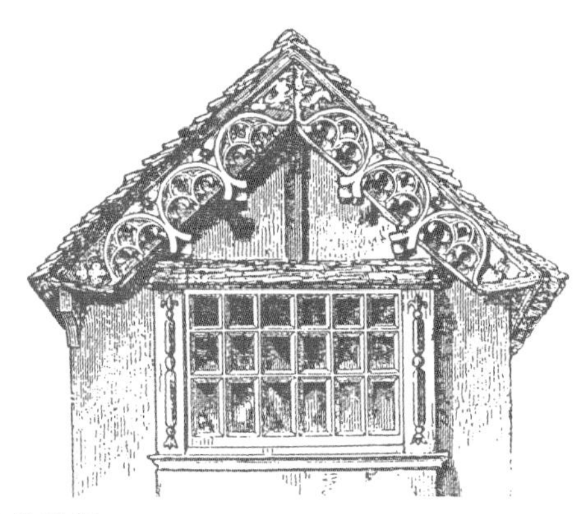

擋風板

木質的擋風板或封簷板安置在山牆的斜邊上，有時候會遮住屋頂椽木的端部。擋風板有的非常簡樸，有的精雕細琢，例如上圖。

三角楣頂雕像底座

嚴格地說，三角楣頂雕像底座是指古典三角楣頂部或端部雕像的基座，但是這個詞彙如今也用來泛指雕像本身。

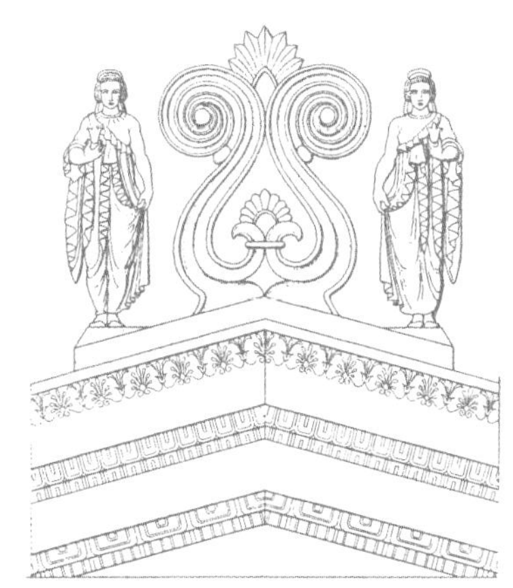

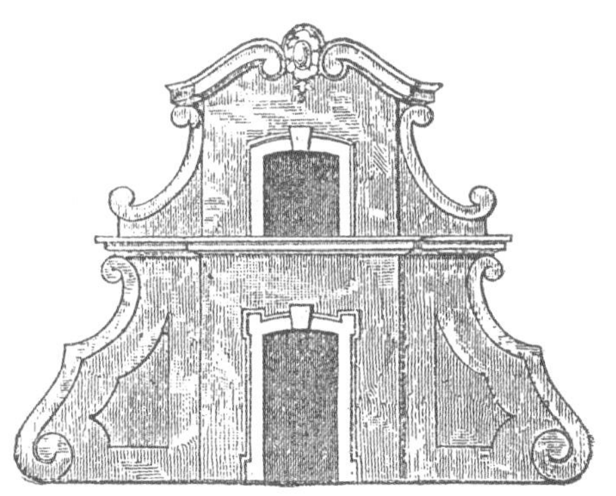

山牆裝飾

16、17世紀荷蘭和歐洲北部地區的世俗建築有一個重要特徵，就是山牆裝飾變得極其華麗而醒目。裝飾主題採取哥德式和文藝復興風格，側面形式多樣，裝飾豐富。

階式山牆

帶有階梯式邊緣的山牆稱作階式山牆或鴉步山牆。因為山牆裝飾繁多，所以屋頂端部的真正側面被它前面的山牆形給擋住了。

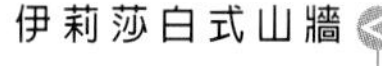

伊莉莎白式山牆

英國大概於16世紀也開始流行山牆裝飾，並引起一陣風潮，其中以曲線形的裝飾最受歡迎。裝飾性山牆也是17世紀詹姆士一世時期建築的特色之一。

屋頂

屋頂是建物的覆蓋體，用以保護居住者和內部結構免受氣候影響。屋頂通常為木結構，覆以瓦片——古典建築是覆以大理石或陶瓦——但也可能覆以茅草、板岩、石頭、木材、鉛、銅、泥炭或其他材料。屋頂形式隨著國家、地區、時期以及風格而有所不同，但最基本的樣式是坡屋頂和平屋頂。屋頂的支撐結構稱為屋架。早期屋架的設計非常簡單，但隨著時代推移而變得日漸複雜，並在中世紀晚期的英國建築中達到最頂峰。堅固的三角形木構架稱為桁架，橫跨於建物之上，並將建物區隔成一個個開間，桁架的最基本構件是椽木和繫梁——主要的橫向構架。

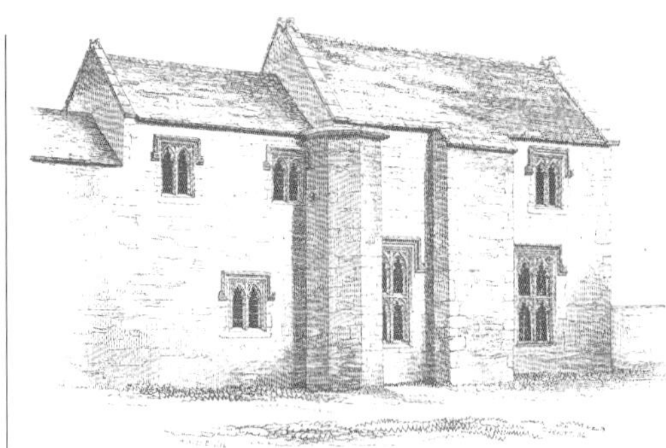

斜屋頂

最常見的一種屋頂形式是斜屋頂或人字形屋頂。這種屋頂的兩個側面在中脊處交會，兩端帶有山牆。

圓錐形屋頂

有些建築物帶有圓錐形的屋頂，比如瑞典的這座教堂。圓錐形屋頂又稱作旋轉屋頂。

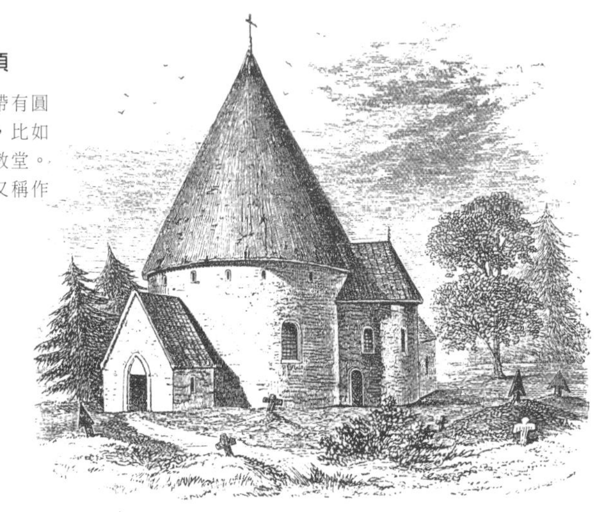

四坡攢角屋頂

這兩座哥德式教堂的主塔都覆有四坡攢角屋頂，每個屋頂都帶有從山牆上升起的四個斜面。圖中比較小的兩座塔則覆有金字塔形屋頂。

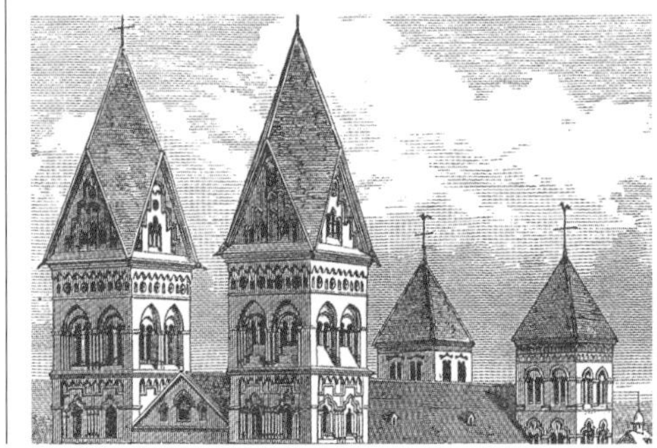

四坡屋頂

這座位於英格蘭肯特郡紐斯特德的中世紀大廳，具有一個四側面朝上傾斜的屋頂。這種由四個髖部（由兩個坡面相交所形成的外分角）組成的屋頂，稱為四坡頂。

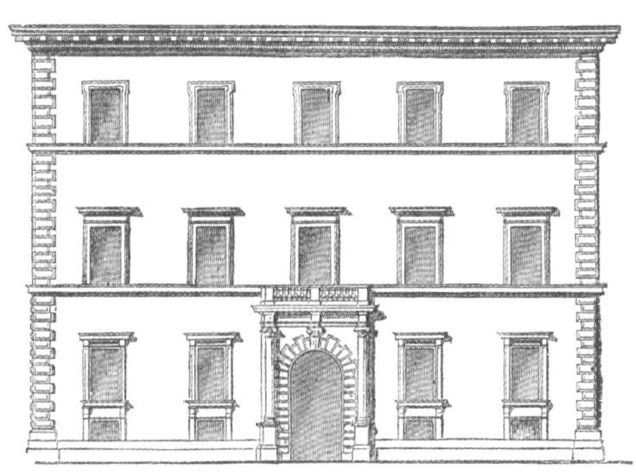

平屋頂

義大利文藝復興時期的許多建築都帶有平屋頂或緩坡屋頂。通常這種屋頂的結構都被陽台、大簷口或者女兒牆（屋頂線上方通常帶有裝飾的低牆）遮住了。

孟莎屋頂

孟莎屋頂是以法國建築家孟莎的名字命名。這種屋頂的四個側面都帶有雙斜坡，下方斜坡比上方斜坡較陡較長，通常還設有老虎窗。

懸臂梁屋頂

這種屋頂在英國從14世紀開始採用，最著名的例子位於倫敦的西敏廳（1399）。這種屋頂由懸臂梁支撐：短短的水平托座向內挑出，通常帶有裝飾性的雕刻。

桁架中柱屋頂

桁架中柱是這種常見的屋頂形式的獨特之處。桁架中柱是一根從橫向的（繫）梁中間升起以承接屋脊檁條的垂直木。斜支柱通常安置在兩側。

雙柱屋頂

這是屋頂的另一種基本形式。兩根豎直柱對稱地置於橫向繫梁上，通常用水平繫桿連結。

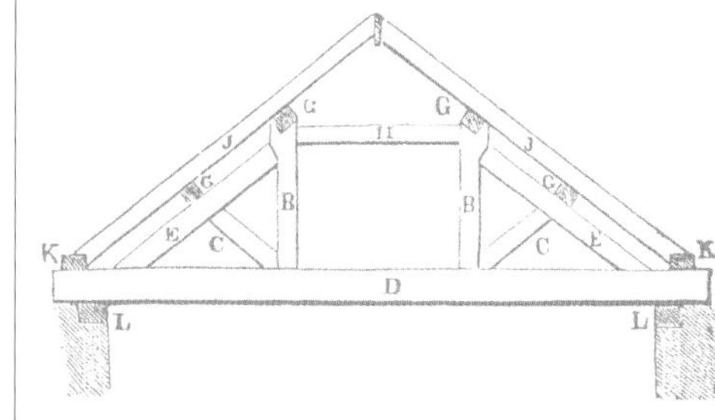

筒形屋頂

筒形屋頂帶有緊密排列的椽木，由曲線形支架支撐。它可能帶有頂棚或鑲板，也可能露明。從內部看，筒形屋頂很像那種有鐵環帆布簾的運貨馬車。

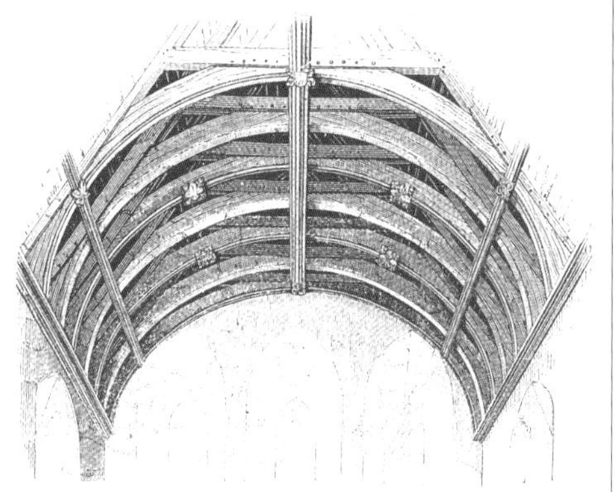

桁架短中柱屋頂

位於英國牛津郡查內巴塞特的這座桁架短中柱屋頂，有一根垂直柱位於繫梁中央。與桁架中柱屋頂不同的是，其中柱很短，不升至屋脊，而是支撐縱向的繫桿或檁條。

拱頂

從古羅馬時期開始，拱形的石屋頂或拱頂一直是建築中的關鍵要素。其最簡單的形式是建在在兩排平行的牆體上，利用石塊砌疊的方式，讓兩邊的每一層石塊其形狀和位置都逐漸向彼此傾斜，最終交會並連結於中央的拱心石上。拱頂必須支撐自己的重量，當它建於地面之上時，拱頂的重量（其重量會外推同時下壓）必須透過牆體結構轉移到地面；必要時可藉助扶壁。拱頂是建造大型巴西利卡空間的基本要素，在中世紀那些藐視地心引力的大教堂裡達到最高峰，並發展出各種樣式。

筒形拱頂

這是一種向內凹的拱頂，長度前後一致。筒形拱頂是歷史最久、樣式最基本的一種拱頂，早在公元前9世紀就已存在。

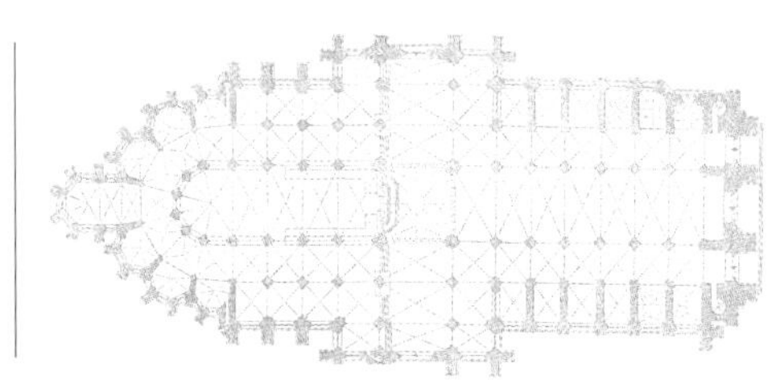

大教堂的拱頂

這座巨大的哥德式大教堂覆有複雜的拱頂網，和巴西利卡中的單一筒形拱頂形成了鮮明對比。

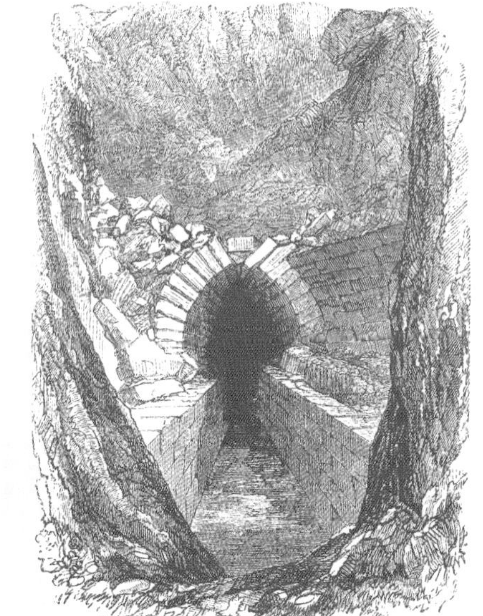

筒形拱頂構造法

筒形拱頂施工期間是在木製骨架上建造，等到石頭拱頂完全竣工並能承擔自身的重量後，木製骨架就會拆除。

扶壁

扶壁的作用是不需藉助厚重的磚牆，就可以將拱頂的重量轉移到地面。在哥德式建築最精緻的形式中，扶壁是與建築物分離的，這樣就可以不破壞輕盈光整的牆壁的連貫性。德國科隆大教堂中的這座扶壁就是所謂的「飛扶壁」。

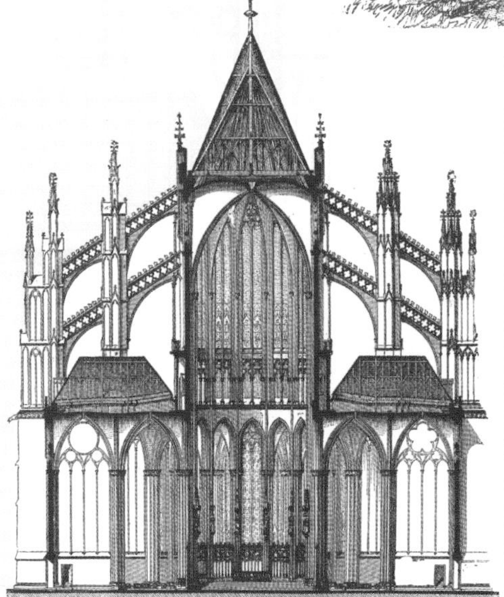

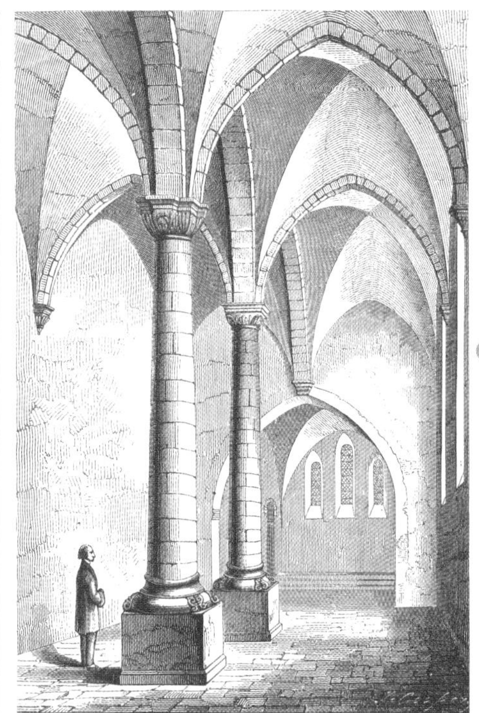

穹稜拱頂

當兩個筒形拱頂直角相交時，就會形成脊或者穹稜，比如這座11世紀的瑞典教堂。當穹稜是建於固定的石結構而非可移動的木結構之上時，就形成所謂的肋拱頂。

浮凸雕飾

在拱肋相交處，尤其是拱頂中央，經常會採用這類帶有華麗雕飾的突出石塊。

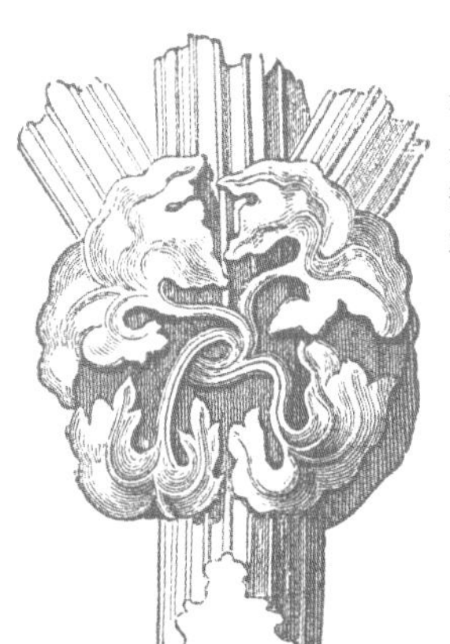

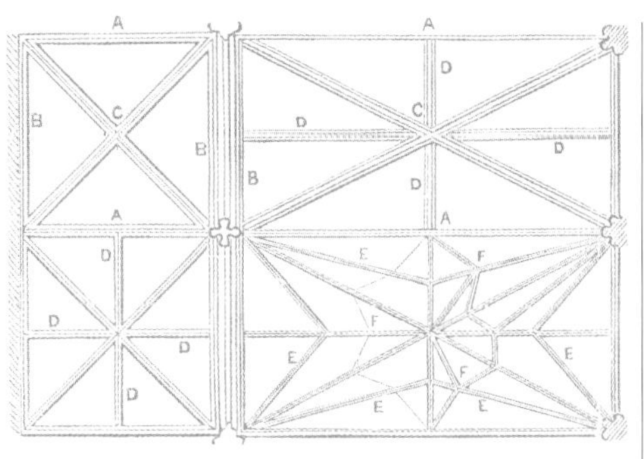

肋拱頂的樣式

肋拱頂的樣式很多，有簡單的十字拱頂或穹稜拱頂（左上圖），也有複雜的拱肋系統，包括第一級的脊肋、第二級的中肋以及第三級的枝肋（右下圖）。

枝肋拱頂 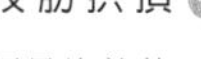

這是哥德式拱頂最複雜的形式之一，圖例為蘇格蘭梅爾羅斯修道院的拱頂。這座拱頂除了結構肋之外，還採用枝肋（主要是裝飾用）構成拱頂上交錯複雜的網狀圖案。

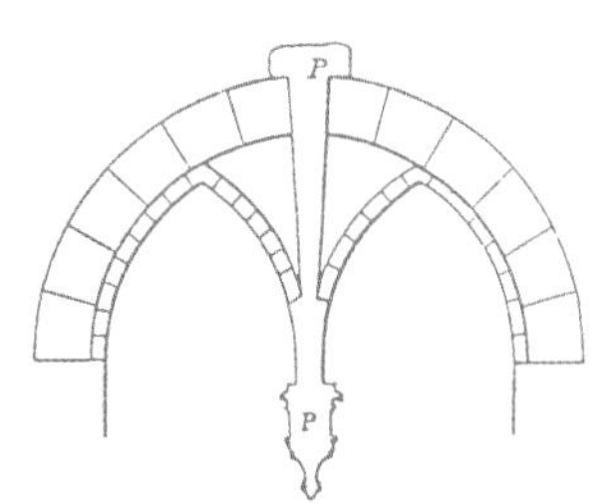

懸飾拱頂

哥德式拱頂的最後一個發展形式是懸飾拱頂，看似懸空沒有支撐的懸飾（P），實際上是拱心石的延伸。

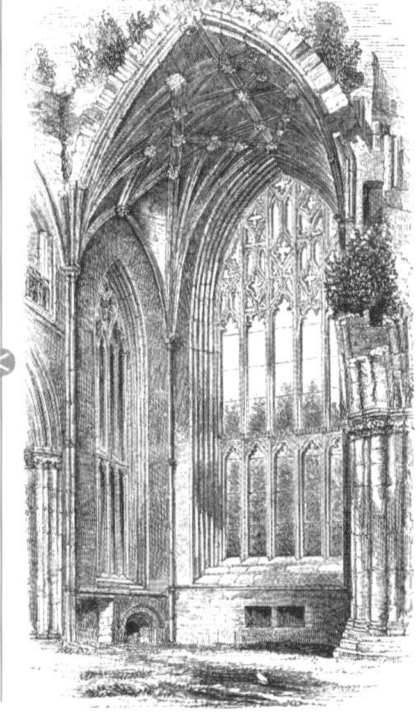

拱肋裝飾

建築師利用石肋來支撐石肋之間的磚石砌體，並可在這些部位進行雕刻，以裝飾拱頂表面。

樓梯

樓 梯

樓梯是兩個樓層之間不可缺少的通道，具有多種組合形式。樓梯可利用不同數量的梯段和平台，在圓柱體或立方體的上升空間中構成圓形、L形、U形甚至直線形的平面。台階由踏板（水平面）和踢板（兩個踏板之間的垂直部分）組成，有時飾有彩繪或雕刻，不過樓梯的裝飾大多是表現在扶手、支柱和欄杆部分。樓梯也可以用來強調上升的重要性，其效果取決於樓梯的寬度、陡度和高度。花園和露台的設計常需要藉助連續梯段，以創造不同的觀景點和空間感。

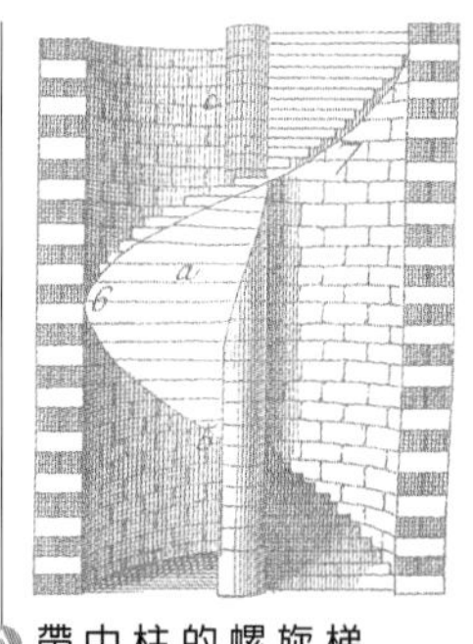

帶中柱的螺旋梯

帶中柱的螺旋梯（或者就叫螺旋梯）是建在圓形平面上的梯段，由中柱支撐。是塔樓和尖塔建築的理想選擇。

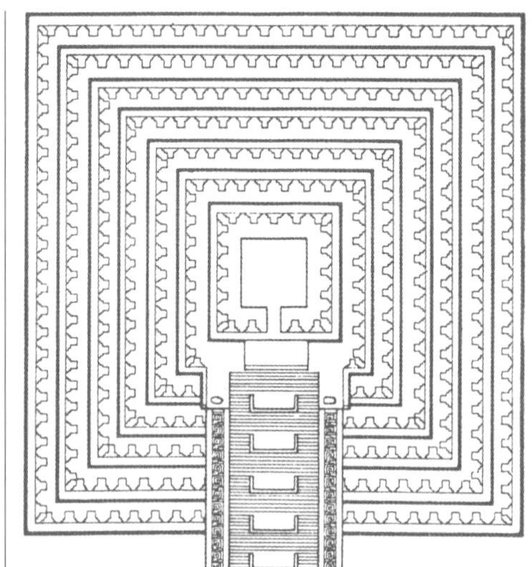

馬雅樓梯

馬雅金字塔最重要的特徵之一就是樓梯（通常刻有象形文字）。攀登樓梯是宗教禮儀中的高潮。

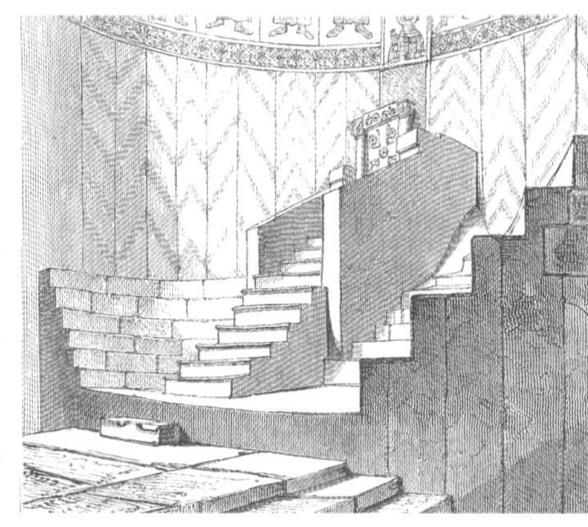

跛拱頂

覆有筒形拱頂的樓梯間是將兩個拱座設置在傾斜的平面上，這種拱肩高度不一的跛拱頂需要十分細緻的施工技術，以確保拱頂的重量可以完全分散。

台基

古代神廟的特徵之一就是建在離地的高台上，這些高台（部分或全部）是由梯段構成，稱之為台基。神廟的柱子通常是坐落在最上層的台階上。

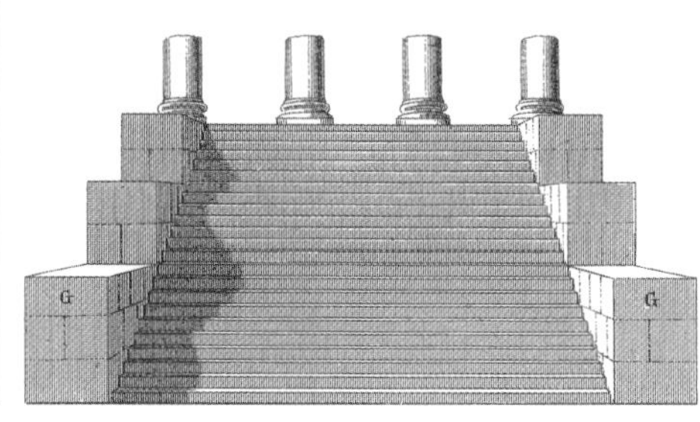

論壇／後殿樓梯

教堂東端後殿的室內樓梯乃承襲自古羅馬的巴西利卡，當時的行政官就是坐在樓梯頂端的高椅之上。在晚期的巴西利卡和教堂中，演講者的坐椅或者祭壇也會利用梯段的設置來提升高度，以象徵其重要地位，這類梯段通常延伸至整個後殿。

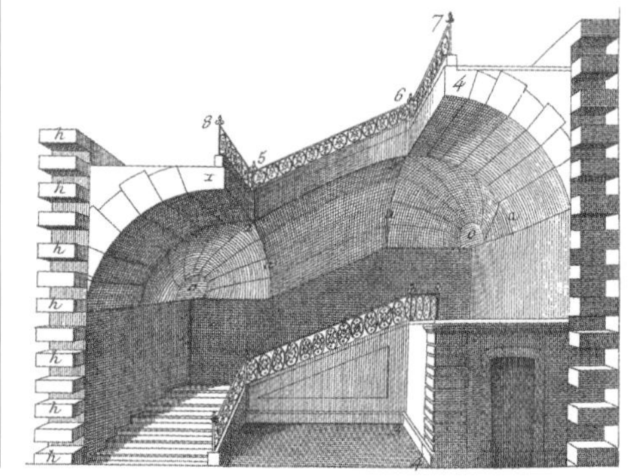

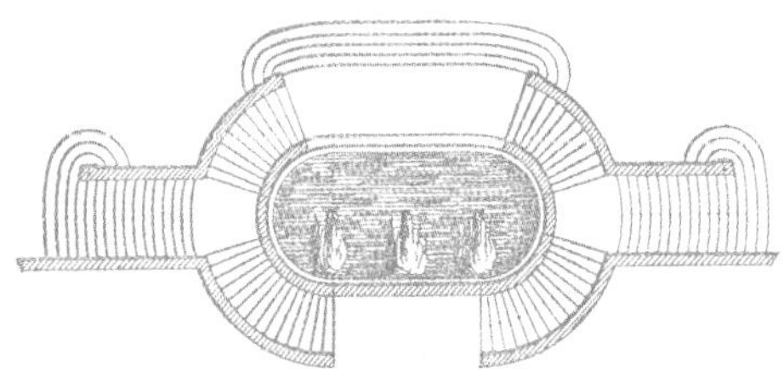

花園式台階

古典式花園的設計是由梯段組成其框架。梯段會採對稱式（通常為圓形）排列，並設有幾處平台以供歇憩和遠眺之用。

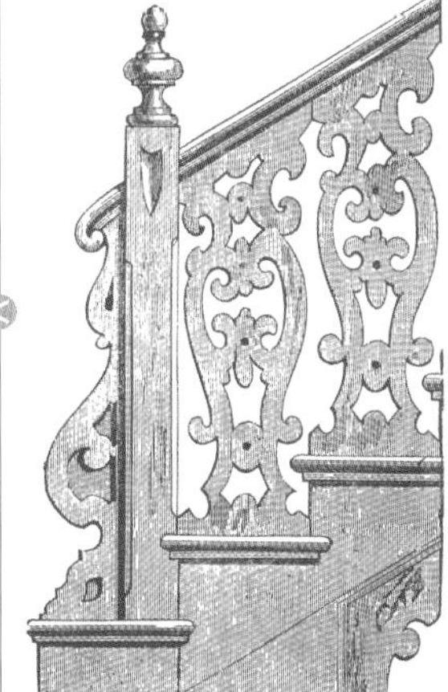

露明式樓梯斜梁

支撐樓梯踢板和踏板端部的斜板稱為樓梯斜梁。在露明的樓梯斜梁中，如圖所示，斜梁的端緣會貼著階梯側面。在封閉式的樓梯斜梁裡，樓梯的踢板和踏板都會被遮蓋住。

中柱露明樓梯

中柱露明樓梯圍繞樓梯井而建，可以一眼看穿建築物的中心部分，有時會由柱子支撐。這種設計可以讓攀爬者欣賞到精緻的欄杆以及有趣的透視景觀。

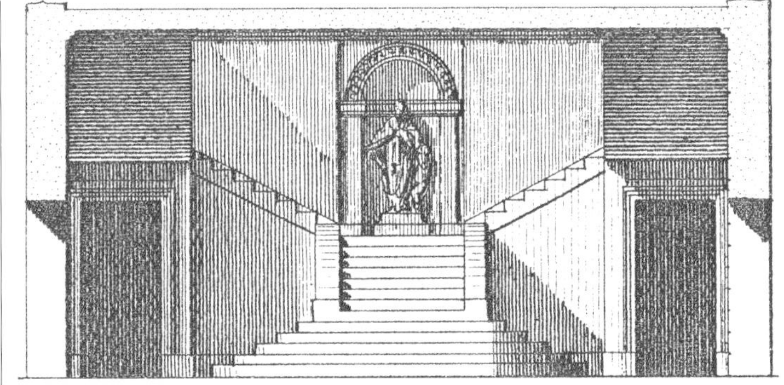

扶欄

石製的古典式扶欄自文藝復興時期以降就很流行。扶欄的構件包括帶有柱頂板（方形平板）的短杆柱、基座，以及一或兩個帶有圈足的鱗莖飾，圈足的鱗莖飾之間有凹形或凸形線腳。

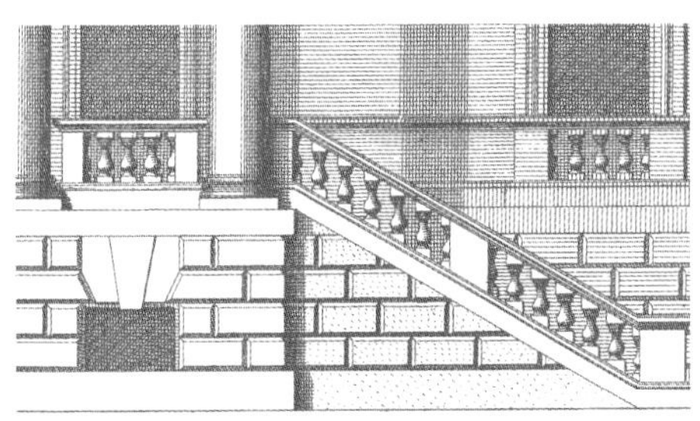

樓梯井

樓梯井指的是樓梯轉彎處的垂直空間。在新古典主義風格的樓梯井中，第一道梯段會面對牆壁，然後由兩邊延伸出兩道曲線形梯段，此處通常是門廳的焦點，並會利用頂棚上的小圓窗採光以增加戲劇效果。

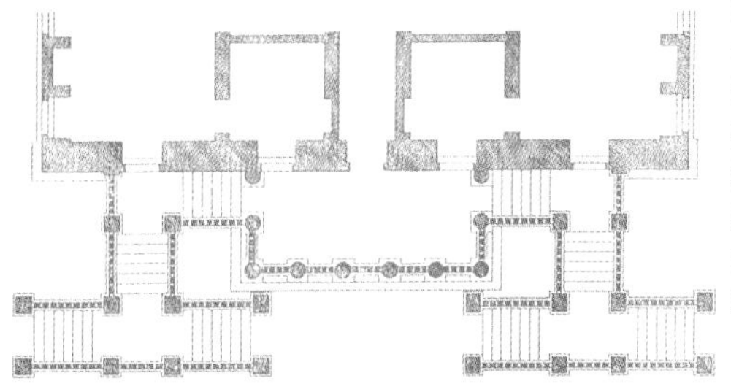

雙梯段樓梯

利用雙梯段樓梯爬升至門廊，可以讓訪客有機會從不同的角度觀賞房屋和花園的景致。在帕拉底歐風格的宅邸中，這類梯段都很短，而且呈對稱分布，與立面上的其他部分保持嚴謹的比例關係。

建築詞彙表（依中文筆劃排列）

●本書所收錄的建築專業名詞，可通過本表中的相應注釋查閱。注釋內文中凡以粗體字標示者，請查閱相關詞條。

2劃

七柱式門廊 heptastyle 指前部有七根**圓柱**的**門廊**。

人工景觀建築 folly 一種裝飾性建物，通常以古典或哥德式遺蹟以及塔樓形式出現，用於點綴觀。

人字形線腳 chevron 一種**仿羅馬式線腳**，呈Z字形。

人造大理石 scagliola 一種模仿大理石的材料，用以覆蓋**圓柱**、**壁柱**或其他室內部件的表面。

八柱式門廊 octastyle 指前部有八根**圓柱**的**門廊**。

十字交叉點 crossing 教堂**中殿**、**聖壇**和耳堂相交處。

十字架塔 rood tower 教堂十字交叉點上方的塔樓。

十字圓頂教堂 cross-domed 指中央上方覆有圓頂的十字形教堂。這類教堂與早期基督教和**拜占庭**建築有關。

十柱式門廊 decastyle 指前部有十根圓柱的**門廊**。

3劃

三角楣 pediment **山牆**的緩坡端頭，通常位於**門廊**上方。為古典建築和受古典主義影響的建築的顯著特徵，常飾有深浮雕雕飾。

三角楣頂雕像底座／屋頂雕像 acroterion 屋頂或**三角楣**上的裝飾或雕像的**台座**或底座。也可指裝飾或雕像本身。

三葉飾 trefoil 見**葉形飾**。

三槽板 triglyph **多立克式橫飾帶**上的一種裝飾，由三個垂直塊組成，用V形的槽或溝分隔。

千木 chigi 日本神社屋頂的交叉狀裝飾。

土丘塚 tumulus 墓室或墓穴上方的土丘。

土耳其式小亭 kiosk 通常為由支柱支撐的開敞式亭閣或涼亭。最常見於土耳其和伊朗，演奏亭（bandstand）是歐洲的典型變種。

土坯磚 adobe 一種曬乾的泥土磚，用於西班牙、非洲、新墨西哥和拉丁美洲的房屋建造。

大水缸 talar 印度廟宇院落中的大容器，用以淨身和準備聖事。

女兒牆／護牆 parapet 沿著諸如陽台、露台或橋等建物的長度方向修築的矮牆，其下懸空。也指防禦性胸牆，可帶**雉堞**。

女像柱 caryatid 以女性身體為形狀用以代替柱子的雕像。

小凸嵌線腳 reeding 以毗鄰且平行的麥稭凸**線腳**組成的裝飾。

小尖塔 pinnacle 類似角塔的小構築物，通常有裝飾，位於**尖塔**、**扶壁**或建物其他部位的頂部。

小希訶羅 urusringa 指印度廟宇中的希訶羅或塔樓的微縮物，用於裝飾希訶羅本身。

小修道院 priory 由修道院院長或女院長管理的宗教性房舍。

小神廟 tempietto 源自16世紀的一種通常為裝飾性的小神廟。

小教堂 parakklesion **拜占庭**風格的禮拜堂，可與其他房屋相連或獨立。

小莊宅 cottage orné 鄉村房屋，建有風景如畫式風格的茅草屋頂和木梁架。流行於18世紀晚期和19世紀初葉的英國。

小圓窗／小圓盤 roundel 裝飾性的圓形小窗戶或小**鑲板**。

小圓窗 oculus 圓頂上的圓窗或開口。

小塔樓 bartizan 附於塔樓或**女兒牆**頂部轉角處的小**角塔**。

小窣堵坡 stupika 小型**窣堵坡**，有時置於印度教廟宇院落的門道（**門塔**）頂部。

山林女神廟 nyphaeum 獻給山林女神的羅馬建築，具有圓柱、雕像和噴泉，可供人休憩。

山門 propylaeum 紀念性門道，通常位於古典神廟周圍區域的入口處。

山牆 gable 常指斜屋頂端牆的三角形頂部。也可指**哥德式**建物**正門**（入口）上方的裝飾形式。側邊通常筆直，但有時也會彎曲、呈階狀或其他形式。

弓形 segmental 指弧度小於半圓的**拱**或其他任何一種曲線物體。

4劃

不規則四邊形 trapezoidal 指兩個平行邊長度不等的四邊形。

中央灶廳 megaron **邁錫尼**王宮的中央院落和主要起居部分。由圓柱門斗、前廳和狹義的中央灶廳組成的一組狹長房間。

中庭 atrium 羅馬建築中的內院，有時全部覆頂，但通常中央有開口。在早期基督教建築中是教堂的前院，有**柱廊**環繞。

中國風 chinoiserie 歐洲對中國藝術和建築風格的模仿，18世紀達到流行高潮。包括大量的**寶塔**。

中部美洲 Mesoamerica 指中美洲和墨西哥部分地區，公元前1000年左右該地的文明開始繁榮，直到16世紀被西班牙人征服。

中殿 nave 教堂從主入口到**耳堂**或**後殿**之間的中央部分。

中廳 antarala 印度廟宇中**曼達波**與**胎室**之間的低矮**門廳**。

中欞和窗楣 mullion and transom 中欞指將窗戶之類的開口分隔成兩個或兩個以上部分的豎件。窗楣是橫貫窗戶的水平條。

五葉飾 cinquefoil 見**葉形飾**。

什一稅品倉庫 tithe barn 用以儲放教區什一稅農產品的倉庫，什一稅是用來供養神職人員，常以農產品的形式繳納。

內中堂 naos 希臘神廟中主要的封閉區域，設有男神或女神的雕像。

內宮 naiku 日本神社中供奉皇祖之神的內部神宮。

內殿 adytum 希臘神廟中用來放置神像的場地。也稱naiskos或sekos。

六柱式門廊 hexastyle 指前部有六根**圓柱**的**門廊**。

分塊柱 banded column **柱身**由或大或小、有裝飾或無裝飾的圓柱體石塊（石鼓）組成的柱子。

反曲線狀線腳 cymatium 古典**簷部**中最頂端的**線腳**。

反宗教改革式裝飾 Counter-reformatory decoration 強調戲劇性效果的裝飾形式，經常以彩繪**灰墁**、立體雕刻和斷裂的建築構件共同構成大型的壁畫**鑲板**。

天井式 hypaethral 中央部分全部或部分露天的構築物。

天窗／百葉 louver 房間屋頂的開口以便讓中央火堆的煙散出去。

也指門窗上層層相疊的平行條板，條板向外傾斜以便透氣和防雨。

巴西利卡 basilica 古羅馬的一種長方形建築，通常作為法庭或交易所。有一個位於中央的**中殿**和兩道**側廊**，通常是**展廊**。該術語也指有一個中殿和兩道或兩道以上側廊的教堂，如早期基督教教堂。

巴洛克 Baroque 盛行於17-18世紀初葉的一種建築風格。源於羅馬，通常裝飾華麗而浮誇，強調各部分的均衡以產生完美的整體。

支柱 pier 堅實的垂直支撐物，常呈方形，有時有**柱頭**和柱礎。

支提窟 chaitya hall 早期印度佛教的岩鑿廳堂，作為廟宇之用。主要空間由兩排柱子分隔成中殿和側廊。

支撐 strut 輔助性木杆以協助支撐屋頂主構件。

文藝復興 Renaissance 介於14-16世紀的歐洲歷史與文化時期，致力於「再生」古希臘與羅馬時代的知識，在藝術和學識方面都有驚人的飛躍發展。表現在建築上是羅馬古典風格的復興。

斗拱 dougong 中國建築中的一組**托座**（斗指承重塊，拱指托臂）。

方石網眼築牆 opus reticulatum 羅馬建築中的一種構造，由**金字塔**形的石塊以對角線的方式堆疊而成，內澆鑄混凝土。

方尖碑 obelisk 通常為花崗石、**獨石造**並有收分斜度的石製高聳**柱身**，原是古埃及建築的特徵。

方塊形柱頭 cubiform capital 一種柱頭，其形狀由一個立方體和一個半球體交截而成。

日輪 sun disk 呈現為帶翼太陽形象的盤匾，常與古埃及建築有關。

木樁柵欄 palisade 以粗壯堅硬的連續杆件構成的防護性圍欄。

毛石砌 rusticated 指由平滑或粗鑿的粗切割石塊所組成的石砌體。

火焰式風格 Flamboyant 15-16世紀法國**哥德式**晚期風格，特徵是火焰狀**窗花格**和複雜的雕刻。

牛眼窗 oeil-de-boeuf 圓形或橢圓形小窗。

牛頭雕飾 bucranium 古典建築中的牛頭雕刻，常附花環。

凹凸榫接頭 mortice and tenon joint 一種接頭，含有可插入突出物（榫頭）的承口（榫眼）。

凹弧形線腳 cavetto 指剖面約為1/4圓的一種**線腳**。

凹圓弧飾 scotia 一種凹**線腳**，常出現在諸如古典圓柱的柱礎上。

凹槽 fluting **圓柱**或**壁柱**的**柱身**上垂直的淺凹槽。這些槽可用**稜條**分隔。

凹線腳 apophyge 柱子的內凹曲線，位於底部的柱身與柱礎連接處，或頂部的**柱身**與**柱頭**連接處。

凸肚窗 oriel 突伸出牆面的一種**灣窗**。

5劃

半角錐形尖塔 borach spire 位於方形塔身頂上的八邊形**尖塔**。磚石物或尖塔是建在與其八邊形平面不相吻合的基座上。

半身像柱 herm 上置希臘信使神赫米斯或其他神祇的半身雕像或人頭的柱子。

半圓凹室 excdra 大型**後殿**。也指半圓形或矩形的凹陷空間或**壁龕**。

半圓形圓頂 semidome 覆蓋在諸如**後殿**的半圓形區域上方的圓頂。

半圓飾 astragal 小半圓形**線腳**，用於多種位置，如圍繞柱子的裝飾等。也稱珠鏈飾。

半圓龕 conch 覆有半圓頂的半圓形**壁龕**。

卡垂 chatri 一種有柱的亭閣，頂為**圓頂**狀。16至17世紀印度蒙兀兒王朝的建築典型。

台座 pedestal 柱子、雕像、祭壇或其他物體底下的支撐物。在古典建築中，台座包含柱基座或底座，及其上方更窄更高且覆有**簷口**的**牆裙**。

台基 stylobate 組成**石基座**的三級台階中最高的一級。廣義上指支撐**柱廊**的連續磚石砌體平台。

四合院 quadrangle 方形院子，四面通常圍有建物。

四坡屋頂 hipped roof 由向上傾斜的四個坡面所構成的屋頂。四個「髖部」是由兩兩坡面相交而成。

四坡攢角屋頂 helm roof 從山牆升起的四個坡面相交於頂部的一種屋頂。

四柱式門廊 tetrastyle 指前部有四根**圓柱**的**門廊**。

四馬雙輪戰車雕飾 quadriga 古典建築中四匹馬並列拉駛的戰車雕塑。

四葉飾 quatrefoil 見**葉形飾**。

四瓣形 tetraconch 相切的四個瓣形曲線組成的圖案。

外八字形尖塔 splay-foot spire 基座為方形但其高層的絕大部分是八角形的尖塔。

外挑樓層 jetty 木構架建物中上面樓層的挑出部分，由下面樓層的梁和格柵伸出外牆支撐。

外廊 veradna 沿建物的一面或多面牆伸展的有頂**門斗**或**陽台**，外側敞開。

巨柱式 giant order 柱高達數層的一種**柱式**。也稱colossal order。

正十字形 cross-in-square 拜占庭教堂最普遍的平面形式。包括一個中央**開間**，圍繞它的四個矩形大開間，以及位於十字夾角處的四個小開間。所有開間都覆有圓頂或拱頂。

正立面 frontispiece 建物的主要立面。也指門或窗上方的三角楣。

正門 portal 給人深刻印象的入口或門道，常有裝飾。

正面／立面圖 elevation 建物的平邊或外表面。也指投射到一垂直面用以展示房屋外觀的圖畫。

正殿 hondo 原為日本建築中佛教廟宇的神像廳。12世紀起，指可進入並做祈禱的廟宇。

玉垣 tamagaki 日本神社中由附貼在豎杆上的水平板構成的木質柵欄。

瓦當 antefixae 飾有裝飾的塊材，用以遮蓋屋頂邊緣瓦片的收頭。

生起 shengqi 中國建築中柱子的高度從房屋中央向兩側漸次增加。

石灰華 travertine 石灰石的一種變體。

石貝裝飾 rocaille 與18世紀**洛可**

建築詞彙表（依中文筆劃排列）

可風格有關的裝飾，以被水磨損的岩石與貝殼作為設計基礎。

石屏欄 pulpitum 教堂中隔離**中殿**與**唱詩班席**的屏幕。

石柩 sarcophagus 石棺，常飾有精緻雕塑並刻有銘文。

石基座 crepidoma 希臘神廟中的石砌平台，通常有三級階梯。

石楞窗花格 bar tracery 源於法國理姆斯（Reims）的一種窗花格，英國約在1240年首次使用，窗戶纖細的石質**中欞**向上延伸以形成頂部裝飾的輪廓。

立面 façade 房屋的外立面，通常指正面。

6劃

交叉拱頂 cross vault 又稱**穹稜拱頂**，由相同尺寸的兩個**筒形拱頂**直角相交而成。

仿羅馬式 Romanesque 公元6世紀時發展出來的建築風格，源自對羅馬帝國建築的興趣。特徵是使用圓**拱**和**巴西利卡平面**。

伊特拉斯坎文明 Etruscan 公元前780-100左右興盛於義大利的古文明。

伊奧尼亞式柱頭 Aeolic capital 古典建築中的一種**柱頭**，由頂端的長方形板及其下方的兩個**渦旋形飾**或螺旋形飾所構成。

印加文明 Inca 指1300-1530年間以秘魯的庫斯科（cuzco）為中心的南美洲文明。印加帝國的鼎盛時期，其範圍向西海岸一直延伸了4200公里。

吊鐘構架 bell gable 用以懸鐘的屋頂結構物。也稱bellcote。

地窖 crypt 位於教堂主要樓面下方覆有**拱頂**的區域，常用於存放棺柩或聖物。

多立克柱式 Doric order 古典建築的**柱式**之一，分為希臘多立克式和羅馬多立克式。希臘多立克式柱刻有凹槽，沒有柱礎，柱頭有簡單的**線腳**和**柱頂板**。羅馬多立克式柱更為纖細，無凹槽，有矮柱礎，柱頭較小。

多柱廳 hypostyle 屋頂由幾排圓柱支撐的建物，通常是大廳。

尖角 cusp 哥德式窗欞中**葉形飾**或**窗花格**弧線的相接點。

尖頂拱窄窗 lancet window 帶一尖**拱**的纖細長窗，為早期**哥德式**建築的特徵。

尖頂塔 flèche 一種纖細的**尖塔**，通常以木頭為材料。

尖頂飾 finial 常呈圓球狀並有葉形圖案的一種裝飾，位於小尖塔、山牆、尖塔或頂蓋的頂部。

尖塔 spire 自屋頂或塔樓上升起的高而纖細的構築物，向上逐漸變細最終收至一點。

尖塔樓 steeple 頂部有**尖塔**的塔樓，例如教堂尖塔樓。

帆拱 pendentive 內凹的倒三角形磚石構件，用以支撐在方形或多邊形基座上升起的圓頂。

托座 bracket 石、木、金屬或其他材料製成的突出於牆面的小支撐件。

托座式線腳 bracket molding 源於**哥德**晚期的一種**線腳**，由兩個**蔥形飾**（每個皆為S形或反S形）組成，凸起的部位相切。

托斯坎柱式 Tuscan order 羅馬**柱式**中最簡單的一種。風格上近似希臘**多立克柱式**，最顯著特徵之一是素樸的橫飾帶。

托爾特克文明 Toltec 公元900-1200年間墨西哥中部的美洲原住民古文明。建築主要特徵是多排柱和敘事性浮雕**鑲板**。

收分柱 estipite 越靠近柱礎直徑越窄的一種**壁柱**。

斜坡—鑲板 talud-tablero **中部美洲**建築中與階梯式**金字塔**神廟有關的形式，向外傾斜部分支撐被當作**橫飾帶**的方形豎直**鑲板**。

早期英國式 Early English 英國**哥德式**建築三階段的最早期，從12世紀晚期到約1250年。這一時期的英國教堂開始使用尖拱和**肋拱頂**。

灰墁 stucco 由石膏、石灰和沙組成的耐久性灰泥，用於室外。也指用於室內裝飾的優質灰泥。

米哈拉布 mihrab **清真寺**牆上指向麥加方向的**壁龕**。

老虎窗 dormer window 斜屋頂上的垂直窗，有獨立的屋頂和**山牆**。

耳堂 transept 以直角穿過教堂中殿的伸出部分，從而形成十字形平面。

肋 rib **拱頂**或頂棚上弓形的纖細突起條，具有結構或裝飾作用。

衣冠塚 cenotaph 為遺體葬於別處的個人或團體所立的紀念物。

7劃

佈道台 pulpit 教堂中宣教師站於其上的抬高平台。

別墅 villa 羅馬和**文藝復興**建築中的鄉間住宅。

卵箭形線腳 egg-and-dart 卵形和箭形交替的裝飾**線腳**。

希訶羅 sikhara 南印度廟宇中蜂窩狀的塔樓。

希臘十字 Greek corss 四臂相等的十字形。

希臘復古式 Greek Revival 指1780-1830年流行於歐洲和美國的建築式樣，以模仿古希臘建築元素為尚。

忍冬花飾 anthemion 以忍冬花為基礎的裝飾圖案，常見於希臘和羅馬建築。

扶壁 buttress 緊靠或突伸出牆壁的石砌體或磚砌體，可賦予牆壁附加力。有包括**飛扶壁**在內的多種形式。

扶欄 balustrade 用以支撐扶手的一組稱為欄杆的短杆或短柱。

扭索紋 guilloche 用於**線腳**的一種扭帶圖案。

束帶層 string course 連續的水平磚石砌層，或平或凸於周圍牆面。通常比其他帶層狹窄，有線腳。

男像柱 atlantes 以男性身體為形狀用以代替柱子的支撐物。在德國**巴洛克**建築中尤為盛行。

角塔 turret 從建物或牆的轉角處突出的小塔。

貝殼飾 scallop ornament 呈貝殼形的裝飾件。

走獸 xiaoshou 中國建築中採用奇異動物形象的屋頂雕像，通常在屋頂轉角處的斜屋脊上排成一列。

8劃

依旺 iwan 伊斯蘭建築中一邊向院子敞開的覆拱頂大廳。

佳利 jali 伊斯蘭建築中設有外窗的鏤空屏障。

卷殺 juansha 在中國建築中，此為**圓柱收分線**的同義詞。

呼拜塔 minaret 帶有出挑陽台的纖細高塔，與清真寺相連。供宣禮員召喚人們前往禱告之用。

和諧比例 harmonic proportions 羅馬人使用的一種系統，後為義大利**文藝復興**時期建築師及隨後的帕拉底歐所發展，將房屋比例與音樂原理相結合。

孟莎屋頂（折線形屋頂） mansard roof 以法國建築師François Mansard命名的屋頂，四個邊都有雙斜坡。下方斜坡比上方斜坡更陡也更長。

帕拉底歐風格 Palladianism 以16世紀義大利建築師帕拉底歐的理論為基礎的建築風格，遵循羅馬的古典傳統。在18世紀的英國尤為普遍。

府邸 palazzo 義大利宮殿，或任何令人印象深刻的公共建築與私人住宅。

底面 soffit 建築部件如**拱**、**陽台**或**拱頂**的下表面。

怪誕裝飾 grotesque 以古羅馬裝飾為基礎的一種彩繪或淺浮雕裝飾，由類似阿拉伯式花飾的人體與動物主題所構成。首次使用於16世紀的義大利，仿自古羅馬地下遺址中的岩洞（grotto）裝飾。

抱廈 avant-corps 突出於建築主體的部分。

板間壁 metope **多立克柱式橫飾帶**中位於兩個**三槽板**之間的三角形區域，可能留白或帶有裝飾。

波狀旋渦形飾 vitruvian scroll 常用於**橫飾帶**的一種古典裝飾，其中波浪狀條帶連接旋渦形飾。也稱「跑動的狗」。

玫瑰窗 rose window 巨大的圓窗，其**窗花格**如輪輻般排列。常見於**哥德式**建築中。

社殿 geku 指日本神社中位於周邊的神龕，供奉地方神。

穹稜拱頂 groin vault 見**交叉拱頂**。

舍利塔 dagaba 見**窣堵坡**。

花磚飾面 opus sectile 牆面或樓面的一種覆蓋物，將瓦片或大理石板切割拼成幾何圖案。

金字塔 pyramid 古埃及建築中巨大的石砌體，方形底座，四個三角形斜面交於頂上一點。

長插銷 espagnolette 兩扇落地窗或落地門上的一種長形鉸鏈扣件，17世紀首次使用。

門斗 porch 房屋入口處通常帶頂的低矮構築物。

門廊 portico 諸如住宅、神廟或教堂等建物入口處由圓柱支撐屋頂的開放空間。

門窗洞口裝飾線腳 antepagmenta 古典希臘建築中以**門窗邊框**形式環繞門道的線腳。

門窗側柱／側壁 jamb 門窗框架的垂直側壁。也指牆面開口如拱道的垂直內壁。

門軸線 enfilade 法國人使用的一種門戶安排，當一組房間的門都開啟時可形成某種景觀。

門廳vestibule 前室，或者入口區。

陀蘭納 torana 印度建築中特指通往佛教**窣堵坡**周圍區域的門道。

阿拉伯式花飾 arabesque 以幾何圖案和植物的莖、蔓、花及葉為基礎的複雜裝飾。穆斯林習用這類圖案來裝飾建物表面，因為伊斯蘭教禁止動物圖案。在阿拉伯人和西班牙的撒拉森人或摩爾人中尤為盛行。

阿茲特克文化 Aztec 1400到1520年盛行於墨西哥地區的文化，鼎盛時期其影響力從太平洋一直延伸至墨西哥灣。建築中包含眾多**金字塔**和神廟。

附牆柱 applied column 依附或突出於牆面或牆墩的柱子。也稱engaged column。

9劃

亭閣 pavillion 花園或公園中的涼亭或裝飾性建物。也指大宅的附屬部分，通常會帶有諸如圓頂這樣的顯著特徵。在英國也指運動場上的選手更衣房。

削角 chamfer 石塊或木塊被削掉一邊或一角後所形成的面，通常呈45度角。也可能呈凹面。

前後排柱式 amphiprostyle 指前後**門廊**有柱而兩側無柱的神廟。

前院cour d'honneur 法國宅邸或私人城市**別墅**的前院。

前廊 pronaos 古典神廟中位於**正殿**前方的**門廊**，由正殿的邊牆突出部分形成。前部立有排柱。

前廳 narthex 某些早期基督教教堂入口前的封閉走廊。

南瓜式圓頂 pumpkin dome 由帶脊的凹面組成的圓頂，常見於伊斯蘭建築中。也稱瓜頂或傘頂。

垂直風格 Perpendicular 英國**哥德式**建築三階段中的最後一個，約從1340-1530年。極為強調水平和垂直線條，窗和牆面常用**窗花格**分隔成許多帶有垂直**肋**的方形**鑲板**。

垂花飾 swag **垂花雕飾**的一種，狀似一條懸掛的織物。

垂花雕飾 festoon 常用於**橫飾帶**或**鑲板**的一種裝飾，包括花環和成簇水果，或一段布，或結成彩帶狀。

城廓 enceinte 城牆或護城河所環繞的要塞主要區域。

城齒 merlon **雉堞**的隆起部分。

威尼斯式窗 Venetian window 由**圓柱**或**支柱**分隔成三個窗口的大窗。中間的窗口比兩邊大且常帶拱。也稱**帕拉底歐**式窗或瑟利奧窗。

客廳樓層 piano nobile 義大利宮殿中的主要樓層，設有接待室。

封簷板 gabledboard 沿山牆斜邊的木板，有時用來遮蓋屋頂椽木的端部。也稱「擋風板」，有時有裝飾有時無裝飾。見**擋風板**。

屏風／隔板 screen 通常為石製或木製的分隔物，將建物或房間的一部分與其他部分隔開。

屏風過道 screens passage 中世紀大廳中介於屏風與任何通往廚房、酒窖和餐具室的門之間的空間。

屋脊飾 roof comb 通常是一道沿屋脊砌築的牆面。在古典時期的馬雅建築中是金字塔頂端的特色之一，由兩片有花洞的框架牆彼此靠在一起所組成，附有灰墁浮雕。也稱雞冠牆。

屋頂窗 lucarne 頂樓或尖塔上的**老虎窗**或小開口。

屋簷 eaves 斜屋頂的下緣。

後門廳 opisthodomos 希臘神廟中位於背部、內中堂後方的房間。

後殿 apse 建築物某個部分——如教堂的**側廊**或**唱詩班席**——的半圓形或多邊形終端。

拜占庭建築 Byzantine 指330-1453年間的拜占庭帝國建築。如

建築詞彙表（依中文筆劃排列）

今遺留的大多為教堂建築，包括大量的巴西利卡。

拱 arch 以石、磚或其他材料建造的結構，橫跨於開口之上但不用過梁。有多種不同式樣。

拱式 arcuated 指結構上以拱為支撐的建築，相對於梁式或**橫梁式**。

拱肩 spandrel 位於**拱**的左右曲線旁邊近似三角形的區域，或指兩拱之間以及**拱頂**相鄰兩**肋**之間的區域。常有裝飾。

拱頂 vault 磚或石砌成的**拱**形屋頂或頂棚。

拱心石 keystone 半圓形拱的中央石塊。

拱頂地下室 undercroft 覆有**拱頂**的房間，部分或全部位於地下，常見於教堂下方。

拱飾 archivolt 沿著曲形開口的**門窗邊框**形式。也可指拱端周圍的裝飾**線腳**。

挑口板 fascia 通常指**額枋**中的水平板。可由兩三塊板組成，每塊都比上面一塊略微深入。

柱式 order 古典建築中**圓柱**和**簷部**的式樣。共有五種：希臘人發明的**多立克柱式**、**愛奧尼亞柱式**和**科林斯柱式**，羅馬人發明的**托斯坎柱式**和**複合柱式**。也指圓柱和簷部的任何一種安排，如**巨柱式**。

柱身 shaft 柱子的垂直主體，介於柱礎與**柱頭**間。

柱基座／勒腳 plinth 通常為方形塊體，是柱礎最底下的部分。也指牆身突出的底部。

柱條 lesene 無柱礎和**柱頭**的方柱，嵌入牆中並稍微突出。可作為結構性或裝飾性要素。

柱頂板 abacus 古典建築中置於**柱頭**頂部的一塊方形平板。羅馬**多立克式**柱頂板帶有某些**線腳**。

柱廊 colonnade 帶有拱或簷部的列柱。

柱廊式 prostyle 指只在正面有圓柱**門廊**的建築。

柱廊空間 pteroma 希臘神廟中位於牆和一排圓柱之間的通道。

柱距 intercolumniation 相鄰兩柱間的距離，其寬度通常是柱子直徑的數倍。

柱頭 capital 柱子的冠部。其形狀和裝飾通常代表所屬的建築**柱式**，如**多立克式**或**愛奧尼亞式**。

柱頭拱墩 impost block **圓柱**的**柱頭**與**柱頂板**間的斜邊體塊。

查克摩爾 chacmool 一種斜倚的人體雕像。

洋蔥頂 onion dome 覆於教堂及教堂塔樓頂上的鱗莖狀圓頂，常見於俄羅斯和東歐建築。

洗禮堂 baptistery 洗禮用的建築或教堂中舉行洗禮儀式的地方。

洛可可風格 Rococo **巴洛克**風格的最後階段，18世紀中葉起源於法國。特徵是豐富的裝飾——將裝飾主題的各種組合方式發揮到淋漓盡致——和柔和、多姿多彩的室內設計。

皇家廣場 Place Royale 法國的一種廣場，主要從17世紀開始流行，設有貴族住宅。

祈禱室 oratory 教堂或房屋中設有祭壇的私人小禮拜堂。

科林斯柱式 Corinthian order 古典建築中的**柱式**之一，公元前5世紀由雅典人發明，後由羅馬人發揚光大。與**愛奧尼亞柱式**的最大區別在於**爵床葉**式的柱頭。

穿斗式 chuandou 中國建築中的立貼式結構，房屋屋頂重量由升至屋脊並承接**檁條**的柱子直接支撐。水平橫向的一組**繫梁**穿過柱身，將它們聯成構架。

突角拱 squinch 跨在方形或多邊形結構角上的小**拱**，有時是**過梁**，以使轉接處更接近圓形。

胎室 garbhagriha 印度廟宇中最神聖部分，安置神像的黑暗小間。

音樂廳 odeon 古希臘和古羅馬時一種非常類似劇場的音樂演奏廳，但形制更小，且部分或全部覆頂。

風景如畫主義 Picturisque 指18-19世紀英國的地景和建物，用繪畫的力量激發想像力。實例包括以**小莊宅**和以納許之設計為模範的**哥德式**堡壘住宅。

飛扶壁 flying buttress 一種**拱**或半拱，藉由將**拱頂**或屋頂的推力傳至外部的支撐物而為牆的上部提供額外支撐力。

飛簷口 modillion cornice 一種**簷口**，其突出的上部由連續的成對小**托座**或**螺形托座**支撐。

10劃

修士會堂 chapter house 修道院內的修士集會所，修士們每日在此聆聽該修會法規中的某個「章節」並討論事務。

修道院 monastery 供宗教團體——通常是僧侶——居住的一組建築，與外界隔絕。

哥普蘭門塔 gopuram 紀念性的帶塔門道，位於印度的印度教廟宇院落入口處。

哥德式 Gothic 中世紀建築的統稱，主要特徵為石尖拱、**肋拱頂**、**飛扶壁**和飾有精緻**窗花格**與彩色玻璃的窗。12世紀中葉首次在法國出現，此後三百五十年間主導了歐洲建築的發展。

家譜室 tablinium 古羅馬住宅中用以標識公共與私密空間分隔的房間，位於**中庭**與**圍廊**之間。

展廊 gallery 建物或教堂內牆上方的樓層，挑出於**側廊**上方。也指大宅或宮殿中用以娛樂有時且展示繪畫的長形房間。

座盤飾 torus 通常構成柱礎底部的凸**線腳**。

扇形窗／楣窗 fanlight 門上方的窗戶，常為半圓形。也指帶有鉸鏈以便單獨開啟的窗戶上部。

捐獻者小禮拜堂 chantry chapel 通常建於教堂內部的禮拜堂，並設有祭壇和捐獻基金創立者及其家族的陵墓。捐獻基金是一種由個人或行會所捐贈的宗教性基金，包括金錢和土地，捐獻者希望能藉此為其靈魂祈禱。

格鬥學校 palaestra 希臘的私人格鬥學校，類似體育館。

桁架中柱屋頂 king-post roof 一種屋頂形式，稱為桁架中柱的垂直木從橫向的（繫）梁中間升起以承接沿屋脊的**檁條**。

桁架短中柱屋頂 crown-post roof **繫梁**中央立有一根垂直柱的屋頂。中柱不升至屋脊，而是支撐縱向的**檁條**。

殉道堂 martyrium 在基督教聖地或象徵殉道事件的遺址上建立的構築物。在早期基督教建築中常以圓形構築物出現，除非其本身就是教堂。

浪花形線腳 wave rolding **盛飾時期**風格的一種典型**線腳**，以相扣的凹凸曲線表示浪花。

浮凸雕工 fretwork 裝飾性的幾何形雕刻或金屬雕工，有時鏤空。

浮凸雕飾 boss 裝飾性的突出物，通常位於頂棚或**拱頂**的**拱肋**或梁的交叉處。

浮雕 relief carving 突起於平面背景的雕塑。

浴場式窗 thermal window 半圓形窗，由中櫺分隔為三個透光口，中櫺從外側曲邊延伸至窗框底。也稱戴克里先窗。

珠鏈飾 bead-and-reel 見**半圓飾**。

破縫式三角楣 broken pediment 頂峰或底部**簷口**線上有缺口的三角楣。

神龕 tabernacle 帶**頂蓋**的凹陷或**壁龕**，用以安置雕像。也指教堂祭壇上的小裝飾盒，收藏聖餐用的麵包和酒。

紙拉門 shoji 日本房屋中分隔內部房間與**門廳**的滑動隔屏。

起居室 solar 中世紀住宅樓上的房間。

迴廊 ambulatory **迴廊庭院**四周的有頂廊道或教堂**後殿**的有頂曲廊。

迴廊庭院 cloister 通常呈方形的封閉空間，四周環繞有頂通道，通道內側有**柱廊**或**連拱廊**。連接**修道院**的住處與教堂。

針尖塔 needle spire 細**尖塔**，基座位於塔樓屋頂且四周有狹窄走道與**女兒牆**。

馬蹄形拱 horseshoe arch 圓形或尖角馬蹄形的拱，伊斯蘭建築的常見特徵。

馬賽克 mosaic 樓面或牆面的裝飾，在水泥、砂漿（水泥或石灰與沙、水的混合物）或膠黏劑（油灰般的黏合劑）中嵌入小塊石頭、玻璃或大理石。

高台座 adhisthana 印度建築中廟宇下部的高底座或**柱基座**。

高座 dais 中世紀大廳一端的高台。

高側窗（樓） clerestory 指教堂**側廊**上方位置較高的部分，通常由一排窗戶構成。

高塔 vimana 達羅毗荼式廟宇中多層的、金字塔式塔樓。

11劃

停柩門 lych gate 通往教堂墓地的有頂門，傳統上用來臨時停放棺柩。lych是薩克森語，指屍體。

假窗 blind window 牆面的一種裝飾性設置，由窗戶的各個部分組成，但無窗洞。最初使用於中世紀。

假雙排柱圍廊式 pseudodiptral 指每邊都有一排圓柱的神廟。

側廊 aisle 教堂或其他建築中用作走道的部分，一側通常有帶柱的**連拱廊**。

側廊樓 triforium 中世紀教堂中與**中殿**平行的連拱廊式牆洞通道。在三層樓建物中位於底層**連拱廊**與**高側窗**之間，在四層樓建物中位於**展廊**與高側窗之間。

側腳cejiao 中國建築中柱子向房屋中央的細微傾斜。

副柱 anta 一種**墩柱**或方柱，其柱礎與**柱頭**有別於該建築物其他柱式中的柱礎與柱頭。常用於神廟**門廊**，突出端牆。

副柱頭 dosseret **拜占庭**和**仿羅馬式**建築中，置於**柱頂板**上方的塊或板。

曼拿斯塔帕 manastambha 印度建築中耆那教樣式的**經幢**或**圓柱**，**柱頭**有小亭閣。

曼荼羅 mandala 印度建築中用作印度教或耆那教廟宇平面的幾何形圖樣。

曼達波 mandapa 印度建築中印度教或耆那教廟宇建築群內的教徒集會大廳。

唱詩班席 choir 唱詩班和神職人員所使用的教堂部分，通常位於聖壇內。

彩畫 caihua 中國建築中繪於建物室內外所有木構件上的彩繪。

捲葉飾 crocket **哥德式**建築中鉤狀的裝飾性石刺，從**山牆**、**小尖塔**或**尖塔**的側面突伸。也可用於裝飾**柱頭**。

捲邊形鑲板 cartouche 橢圓形**鑲板**，是**巴洛克**建築的典型，邊緣有紋飾或渦旋形飾，可用於**立面**上作為邊框，也可作為純粹的裝飾性主題。

採光塔 cupola 一種**圓頂**，特指**角塔鼓座**上覆有**燈籠式天窗**的小型圓頂。

排柱基座 stereobate 特指用堅固的磚石砌體建造的有排柱的建物基座。

救濟院 almshouse 由私人慈善家資助，為老人和窮人建立的收容所。

教堂長椅 synthronon **拜占庭**或早期基督教教堂中的神職人員座椅，通常設於後殿。

教堂門廊 galilee 教堂西端的**門廳**，某些情況下也作為禮拜堂。

教堂通道 solea **早期英國式**或**拜占庭**教堂中位於**誦經台**與**講壇**間的抬高走道。

斜屋頂 pitched roof 最常見的一種屋頂，兩坡相會於中央屋脊，兩端有**山牆**。

斜挑簷口 raking cornice 沿屋頂、**山牆**或**三角楣**坡面而作的**簷口**。

梁托 corbel 支撐梁的挑出式**托座**，通常以石頭為材料，常有裝飾。

梁托簷板 corbel table 由一排**梁托**支撐的挑出式磚石砌層，以形成**女兒牆**。

梯形墓 mastaba 模仿住宅平面的古埃及陵墓。方底、斜邊、平頂的土丘覆蓋在大面積的地下墓室之上。

梅花式建築 quincunx 指平面為**正十字形**的教堂，通常指**拜占庭**教堂。

條帶 band 一種**帶飾**，或是外牆上與牆平或略微突起的水平條狀**線腳**。

條帶飾 strapwork 許多**條帶**相互交織的一種裝飾形式。

梟混線腳 cyma reversa 一種上凸下凹的雙曲線**線腳**。

淺浮雕 bas-relief 略微突出背景的低浮雕。

清真寺 mosque 伊斯蘭教的禮拜場所，通常附有一個或一個以上的呼拜塔。

球形花飾 ballflower 14世紀的一種裝飾，由圍繞一顆小球的三瓣花組成。

球場院 ball-court **中部美洲**文明中圍以高牆並設有觀眾席的院子，用以舉行宗教性球賽。參賽隊伍要設法使實心球穿過兩個精心雕刻的大石環中的一個。石環附設在院子兩側。

盛飾時期 decorated 指英國哥德

建築詞彙表（依中文筆劃排列）

式建築三階段中的第二階段，約從1250-1340年。特徵是裝飾華麗的線腳、多重肋，以及拱和窗花格上的蔥形飾。

祭司席 presbytery 教堂中位於唱詩班席東側並包含高祭壇在內的區域。

祭司席 sedilia 神職人員坐的椅子（通常為三個），嵌於祭壇南邊的聖壇牆內。

祭具室 vestry 教堂中的房間，用以存放聖器和神職人員與唱詩班的法衣。

祭壇 altar 一種隆起的構築物，通常是一塊台子或石板，在上面舉行宗教儀式並向神靈供奉。在許多古文明中也作為犧牲獻祭之處。基督教教堂裡的祭壇大多飾有雕塑或其他裝飾。

祭壇背壁 reredos 祭壇後方的裝飾性隔板。

祭壇華蓋 ciborium 教堂高祭壇上方的頂蓋，通常包括一個由柱支撐的圓頂。

粗面塊石柱 blocked column 柱身由方形毛石砌的石塊組成的柱子。也稱毛石柱。

連拱廊 arcade 由圓柱或支柱所支撐的一系列拱形。可以獨立存在或用來裝飾教堂之類的建築牆面。

都鐸拱 Tudor arch 一種拱，以曲線起拱但隨即以直線相交於頂點。英國都鐸式建築的常見特徵，是1485-1547年亨利七世與八世統治時期哥德垂直風格的一種形式。

陵寢 mausoleum 大型莊嚴的墳墓。

頂脊crest 沿牆或房屋頂部的裝飾脊。

頂蓋 canopy 置於祭壇、門、窗、墓塚、佈道台、壁龕或雕像上方類似屋頂的覆蓋物。

頂樓／閣樓 attic 房屋屋頂內的空間或房間。也指如羅馬凱旋門這類古典立面中簷部上方的矮牆或樓層。

頂籃女像柱 canephora 頭頂籃子的女性雕塑。

鳥居 torii 日本建築中通往神社的門道。

埡替 yasti 印度佛教窣堵坡小尖塔寶頂上的柱子。

12劃

凱旋門 triumphal arch 紀念戰爭中偉大勝利的紀念性獨立拱，其起源與羅馬人有關。

喇嘛塔 chorten 西藏的窣堵坡。

喬治式風格 Georgian 指18世紀早期到19世紀初葉具有古典特徵的英國建築風格。

圍柱式 peripteral 指四周繞有單排圓柱的房屋。

圍場 precinct 有固定邊界的區域，常以圍牆限定。

圍廊 peristyle 圍繞院子或建物外部的柱廊。

圍欄 vedika 圍繞窣堵坡周圍鋪面小路的欄杆。

堡 château 鄉間或莊園的住宅或宮堡，最常見於法國。

嵌板 coffering 用於裝飾頂棚、圓頂或拱頂的凹陷鑲板。

廊殿 riwaq 清真寺中帶柱廊或連拱廊的廳。

復古風 all'antica 指模仿古典希臘和羅馬風格的建造特徵。

敞廊 loggia 至少一邊敞開的展廊或房間。可以是建物的一部分或獨立存在，也可能有支柱或圓柱。

斯多亞敞廊 stoa 用敞開的柱廊代替一兩個長邊牆體的狹長建物。

普拉卡拉 prakara 環繞印度教廟宇的院子，包含聖祠和其他構築物。

普蒂 putti 描繪裸體嬰兒的裝飾性雕塑或繪畫。

朝向 qibla 伊斯蘭世界祈禱時必須面朝麥加方面。清真寺裡的朝向牆上有米哈拉布壁龕。

棕葉飾 palmette 圓柱柱頭上類似棕櫚樹葉的扇形裝飾。

減壓拱 relieving arch 位於門道或窗戶上方、嵌入牆中以卸除上方牆體重量的拱。

渦旋形飾 volute 螺旋形的漩渦形飾，為愛奧尼亞柱式的主要特徵。

無柱式 astylar 指立面沒有壁柱或圓柱。

無窗拱廊 blind arcade 附接於牆上的連拱廊。

硬葉式 stiff-leaf 中世紀建築中一種葉狀雕刻形式，通常位於柱頭和浮凸雕飾上。

窗花格 tracery 相互交叉的裝飾性石工，用於哥德式窗、鑲板、屏風和哥德式拱頂的表面。

窗扉 casement 與窗框豎直部分鉸接的部位。

窗楣 transom 見中檻和窗楣。

筒形屋頂 wagon roof 一種屋頂，以曲線形支架支撐排列緊密的椽木，可露出結構。

筒形拱頂 barrel vault 長邊一致不變的凹形拱頂。是最簡單和最早期的拱頂形式，實例可追溯到公元前9世紀。

絞繩形柱 salomonica 西班牙語中指刻有凹槽「絞繩」的圓柱。

華蓋 baldacchino 置於如門道、祭壇或寶座上方的頂蓋。可由柱支撐，或附於牆上，或懸於頂棚下。

菱形花飾 diaper work 由諸如方形之類的小圖案不斷重複、蓋滿整個表面的一種裝飾。

開放市集（阿果拉） agora 希臘城鎮中用作市集或聚會的開放空間。等同於羅馬的集會廣場，通常四周有柱廊和公共建築。

開間 bay 建物的豎向分隔，不是以牆標示，而是用諸如窗、柱或扶壁等其他方式標示。

間 jian 中國建築中的開間或柱距。

間柱 in antis 指副柱間的圓柱。

階式山牆 crowsteps 也稱「鴉步」，用以裝飾山牆。

陽台 balcony 突出於房屋牆面的平台。外沿有扶欄或扶手，通常由門或窗進入。

隅石 quoin 建物轉角處修琢過的大石塊，用於加固或裝飾。常一塊塊疊加，呈大小面交替狀。

集會廣場 forum 羅馬城鎮中作為集市或聚會場地的開放空間。等同於希臘的開放市集（阿果拉），通常四周有柱廊和公共建築。

堞眼 machicolation 由梁托支撐、突出於城牆或塔樓的防禦工事。可將熱油和砲彈從梁托間樓板上的開口處投向進攻者。

13劃

圓形花飾 rosette 以花為主題的圓形或橢圓形的扁平小裝飾件，石製或木製，常附貼於牆上。

圓形建築 rotunda 通常覆有圓頂的圓形建物或房間。

圓形劇場 amphitheater 圓形或橢圓形會堂，四周座位呈階梯狀。遍及羅馬帝國，作為競技表演和其他娛樂的場地。

圓柱 column 獨立的直圓柱，由柱礎、**柱身**和**柱頭**組成。正常情況下是一種支撐形式，但也可作為紀念物而獨立存在。

圓柱收分線 entasis 古典圓柱中的輕微外凸，用以抵銷圓柱直邊的內凹視錯覺。

圓頂 dome 圓形或方形基座上的曲拱頂。其剖面可能是半圓形、鱗莖形或者蔥頭形。基座為方形時，會在四角插入**帆拱**或**突角拱**以使它近似圓形。

圓箍線 annulet 環繞**柱身**的一種環形**線腳**。也稱柱環飾。

圓盤花飾 patera 古典建築中小且扁平的圓形或橢圓形裝飾件，常呈**爵床葉**形。

塚塔 chullpa 前哥倫布時期建築中用以埋葬死者及其所有財產的墓塔。

塔旯 tala **岩鑿式**塔樓上的梯式褶襉。

塔門 pylon 古埃及建築中一種塔式斜牆的構築物，位於神廟入口兩側。

塔門門道 propylon 古建築中的紀念性門道。

塔婆 tope 見**窣堵坡**。

填充料 infill 用以填充洞穴或排屋空隙的物料。

奧爾梅克文化 olmec 盛行於公元前1200-300年間的**中部美洲**文化。

愛奧尼亞柱式 Ionic order 西元前6世紀中葉源於小亞細亞的古典建築**柱式**。特徵是**柱頭**的**渦旋形飾**、**簷口**的**齒飾**和可能飾有連續淺浮雕的**橫飾帶**。

新古典主義 Neoclassicism 歐洲古典主義的最後階段，始於18世紀晚期。強調幾何形式和有節制的裝飾。

楔石 voussoir 楔形的石或磚，用於**拱**或**拱頂**的結構中。

楣心／半月楣 tympanum 三角楣**線腳**所圍成的三角形空間。也指門上**過梁**與其上方的拱之間的空間，常呈半圓形輪廓。

瑟利奧連拱廊 Serlian arcade 一種**毛石砌**的**連拱廊**，常以三拱為限，是**帕拉底歐**風格建物的特徵，凸顯了二樓和中央體塊的重要性。

碉樓 barbican 用於戒備城堡大門或吊橋的塔樓。

稜條／簷口線 fillet 位於**圓柱**上或**拱**緣**凹槽**之間的狹窄而微凸的條帶。也指**簷口**頂部。

稜堡 bastion 瞭望用的碉堡突出部分。

經院 madrasa 伊斯蘭的神學院。

經幢 stambha 印度建築中靠近**窣堵坡**或位於廟宇前方的獨立紀念柱。也稱**獨柱**。

義式鐘塔 campanile 義大利式鐘塔，通常是獨立的塔樓。

聖母堂 Lady chapel 獻給聖母瑪利亞的禮拜堂。

聖所 sanctuary 教堂中主**祭壇**周圍的區域。

聖洗池／浴池 piscina 通常位於壁龕內的淺石盆。也指羅馬浴室中的水池或水盆。

聖祠 shrine 用以存放聖骸的容器或建物。也指與聖徒有關的遺址，在此可能建有其墳塚並成為朝拜聖地。

聖域 temenos 希臘神廟的神聖**圍場**。

聖殿／密室 sanctum 廟宇中最神聖的部位。也指特別私密的場所。

聖像屏 iconostasis **拜占庭**教堂中位於祭壇前方且橫貫中殿的三扇門屏障。14世紀起發展成帶有聖像的石牆或木牆。

聖器收藏室 sacristy 教堂中收藏**祭壇**器皿和神甫法衣的房間。

聖器室 diaconicon **拜占庭**建築中位於教堂內部或與教堂相連的房間。

聖壇 chancel **中殿**與**耳堂**交叉處後方的教堂東端，包括主**祭壇**和**唱詩班席**。有時僅指圍繞**祭壇**的區域。

聖餐室 prothesis **拜占庭**教堂中用以貯放彌撒用的麵包和酒的房間。

葉形飾 foils **哥德式窗花格**中尖角或突伸點之間的瓣狀曲線。前綴數字表示瓣的數目，如**五葉飾**（五個瓣）。

葉形飾帶 foliate band 飾有葉形圖案的**條帶**。

蜂窩式墓穴 beehive tomb 用粗石建造、覆有圓頂的圓形結構物。最早的實例可上溯到史前時期。見**圓形建築**。

裙板 apron 窗台下方突出的**鑲板**，有時帶有裝飾。

過梁 lintel 橫跨諸如門窗之類開口上方的木梁或石梁。

過渡期 Transitional 指從**仿羅馬式**或**諾曼式**向**哥德式**過渡的時期。

雉堞 battlement 圍繞城堡的**女兒牆**或牆面，有缺口或射擊孔可讓防禦者向進犯者射擊。隆起的部分稱為**城齒**。

鼓座／圓柱形石柱 drum **圓頂**或小圓頂坐落的垂直牆體。也指組成**柱身**的圓柱體塊。

椽木 rafter 構成屋頂架的斜梁。

窣堵坡 stupa 呈半球形**圓頂**（**覆缽**）狀的佛教聖祠，為紀念佛陀及其教義或對聖地、聖跡示敬而建。

14劃

僧伽藍 sangharama 早期佛教**精舍**或寺廟中的居住庭院。

實心扶欄 blind balustrade 附接於牆上的**扶欄**。

榻榻米 tatami 日本住宅中的鋪地草席，有標準尺寸，作為測量和設計房間尺寸的面積單位。

榫眼 tenon 見**凹凸榫接頭**。

滴水石 drip stone 門、窗或拱的上方用以擋雨的突出**線腳**。也稱滴水罩飾。

滴水罩飾 hood mold 見**滴水石**。

滴水罩端飾 label stop **滴水石**每個端頭處的裝飾性**浮凸雕飾**。

滴水獸 gargoyle 突出於屋頂或牆面的怪物形出水口。

旋渦形飾 scroll 一種裝飾或**線腳**，形似部分捲起的羊皮紙。如一些古典**圓柱柱頭**處的**渦旋形飾**。

瑪雅文明 Maya 由城邦組成的美洲原住民文明，約自公元前1500

建築詞彙表（依中文筆劃排列）

年開始在墨西哥和中美洲北部形成，公元後300-800年間達到顛峰。9世紀開始衰落，最終於16世紀被西班牙人征服。

碟形圓頂 saucer dome 不用垂直牆支撐且呈弓形的**圓頂**。

精舍 vihara 印度建築中佛教或耆那教的修行寺廟。

誦經台 ambo 用以誦讀《福音書》或《使徒書》的**佈道台**，常見於早期基督教教堂。

銀匠風格 plateresque 原文字面意思是「銀匠般的」，與16世紀西班牙相關的高度裝飾化建築風格。

15劃

劇場 theater 用來觀賞戲劇和其他表演的建築，古希臘和古羅馬時的劇場完全露天。

劍形窗花格 mouchette 帶有圓頭或尖角的彎曲**尖拱**式裝飾主題，用於**盛飾時期**風格的**窗花格**中。

墩座 podium 大型平台。更具體地說，是古代建物建於其上的平台，或是**圓形劇場**、**賽馬場**中圍繞表演區的平台。

廟塔（通天塔） ziggurat 公元前3000-600年間蘇美、巴比倫和其他中東文明中的一種宗教紀念物。矩形或方形底座，階梯式平頂金字塔上有矩形或方形的層階。一組斜坡通往頂部的聖祠。

數寄屋 sukiya style 指16世紀晚期以來日本住宅建築的一種風格，體現在茶室建築上。

模數 module 建物設計中用以決定比例的度量單位。在古典建築中，模數通常是緊靠柱礎處的圓柱直徑的一半。

線腳 molding 具有獨特縱剖面的雕刻條帶，用以裝飾大範圍的隆起表面，包括柱礎與**柱頭**、**門窗邊框**和**鑲板**邊緣。

蔥形飾 ogee 常用於**線腳**或**早期英國式**尖拱設計中的S形雙曲線。

衛城 acropolis 希臘城市中的城堡或要塞，包括神廟和其他公共建築，如雅典衛城。

衝立 tsui-tate 日本一種低矮的獨立屏風。

複合柱 compound pier 擁有數個**柱身**的**支柱**。也稱「簇柱」。

複合柱式 composite order 古典建築中最後形成和最為複雜的**柱式**。為羅馬人所創，結合了**愛奧尼亞**和**科林斯柱式**的元素。

論壇／後殿 tribune 古典建築中的抬高平台。也指**巴西利卡**中的**後殿**。

16劃

豎石碑 stela 飾有銘文或兼有某種形象的豎立石板，常作為墳墓標誌。也指建物牆上刻有紀念性銘文的垂直表面。

靠背長凳 pew 教堂中的板式長椅。

齒飾 dentil 古典**簷口**中**簷口板**上的成組小方塊。

齒形飾 tooth ornament **哥德式線腳**的一種裝飾，由四瓣花和中央的突起點組成。

壁柱 pilaster 稍微突出牆面的淺**支柱**，古典建物中的壁柱皆具某一**柱式**的特徵。

壁龕 niche 牆的凹陷部分，常為拱形並放置雕像、祭壇或其他形式的裝飾物。

戰利品雕飾 trophy 紀念勝利的武器和盔甲雕刻。

戰車式神廟 rath 從整塊花崗石中鑿出的印度廟宇。最顯著的實例始於7世紀。

擋風板 bargeboard 用以遮蓋屋頂水平椽木端部的板。有些有裝飾。也稱**山牆封簷板**。

橫梁式 trabeated 指在支撐體上方使用水平梁的一種結構，相對於**拱式**。

橫隔拱 diaphragm arch 穿越教堂**中殿**上方的**拱**，將屋頂分隔成幾部分。

橫飾帶（簷壁） frieze 可彩繪或以雕刻和**線腳**裝飾的水平**條帶**。有時會橫過整個牆體上部，或構成簷部的中間部分，介於**額枋**與**簷口**之間。

燈籠式天窗 lantern 覆於圓頂上的圓形或多邊形小構築物，通常有窗和敞開的基座以使光線透進下方空間。

獨石造 monolithic 用單塊石頭製造的構件。

獨柱 lath 見**經幢**。

穆迪哈爾風格 Mudéjar 一種西班牙建築風格，在基督教的建築設計中融入伊斯蘭要素。盛行於13-14世紀。

窺視孔 squint 教堂牆壁上斜切出的小開口，以便讓教堂內看不到高祭壇的地方可藉此孔看到。

諾曼式風格 Norman 指英格蘭的**仿羅馬式**建築風格，可追溯到1066諾曼第公爵征服英格蘭，到大約1180年間出現第一批具有**早期英國式**的建築物為止。

輻射式風格 Rayonnant 指13-14世紀法國中部的**哥德**式樣，特徵是**窗花格**的輻射式線條。

輻射狀禮拜堂 radiating chapels 結構為從**迴廊**向四周伸展的禮拜堂。

輸水道 aqueduct 建於地下或地面上的人工輸水管道，利用略微的坡度引導水流。羅馬人發明的輸水道常為帶拱的磚構建築。

錯齒式線腳 billet 一種**仿羅馬式線腳**，以等距排列的兩排或兩排以上隆起的方體塊或圓柱體塊構成。

雕像 effigy 人物肖像，通常雕刻而成。

頸底槽 hypotrachelium 指**多立克式**圓柱**柱身**頂部、**柱頭**下方的凹槽。

鴟吻 chiwen 中國建築中位於屋頂正脊兩端用以覆蓋屋頂坡面交點的**尖頂飾**。

戴克里先窗 Diocletian window 見浴場式窗。

17劃

爵床葉 acanthus 一種植物，其葉片構成**科林斯式柱頭**和**複合式柱頭**的裝飾基礎。

牆裙 dado 古典建築中位於**簷口**和基座間的**台座**或**柱基座**部分。

矯飾主義 Mannerism 指介於盛期**文藝復興**與**巴洛克**時期之間盛行於義大利、法國和西班牙的藝術與建築風格，特徵是以不符原意的方式運用裝飾主題。

翼廊 pteron 一種室外**柱廊**。

螺形托座 console 呈彎曲形狀的裝飾性**托座**。

螺旋梯中柱／樓梯扶手轉角柱 newel 螺旋梯的中央立柱。也指樓梯頂部或底部連接扶手的柱子。

講經台 mimbar **清真寺**裡的**佈道台**。

講壇 bema 早期基督教教堂中供神職人員使用的平台。也指猶太教會堂裡隆起的佈道台。

賽馬場 circus 羅馬建築中無頂的長方形建物，兩側有階梯式座位，一端為圓形。最常用於賽馬或賽馬車。

賽跑場 stadium 古希臘時的跑道。一般而言，通常是橢圓形的運動場地。

邁諾安文明 Minoan 公元前2000-1450年盛行於克里特島的青銅器文明。

邁錫尼文明 Mycenaean 公元前1600-1200年間盛行於希臘的文明。

檩條 purlin 沿屋頂長邊的水平梁，用來支撐屋頂覆蓋物下方的普通椽木。

18劃

禮拜堂 chapel 教堂內部（有時建在外部）設有獨立**祭壇**的地方，常作為祭拜某一聖徒的所在。也指大宅或諸如監獄、醫院等機構中進行禮拜的地方。

蟲跡飾 vermiculation 石砌體上的一種裝飾，由象徵蟲的爬行痕跡的波浪線所組成。

覆缽 anda 半圓球形圓頂，是佛教**窣堵坡**的基本特徵。

覲見大殿 apadana 古波斯用於覲見的多柱式大廳。公元前6世紀建於波斯波利斯的覲見大殿有一百根列柱。

鎖飾圖案 key pattern 迴紋飾的一例，由水平直線和垂直直線構成的重複性幾何圖案，用以裝飾條帶。

雙柱屋頂 queen-post roof 一種屋頂，稱為雙柱的兩根豎直柱對稱安置於橫向**繫梁**上，通常用水平繫桿聯結。

雙排柱圍廊式 dipteral 指每邊都有兩排柱的建物。

雙葉窗 bifora 由**中欞**分隔成兩個拱形開口的窗。

雞冠牆 cresteria 見**屋脊飾**。

額枋／門窗邊框 architrave 橫跨兩根**圓柱**或**支柱**上方的**過梁**。也可指圍繞窗、門或其他開口的帶**線腳**邊框。

19劃

簷口／簷口飾 cornice 古典建築中**簷部**的頂層。也指建物或牆、拱、**台座**等頂緣的裝飾**線腳**。

簷口板 corona **簷口**的垂直上部。

簷底托板 mutule **多立克柱式**中**簷部**的**簷口板**底面下挑出的矩形板。

簷部（柱頂楣構） entablature 古典建築中由圓柱支撐的部分，包括**額枋**、**橫飾帶**和**簷口**。

繫梁 tie beam 屋頂水平橫向主梁。

鏈飾 chaines 17世紀法國住宅建築中尤為盛行的一種裝飾，由垂直的**毛石砌**條帶組成，將立面分隔成幾個**開間**。

鏤空裝飾 openwork 常為裝飾性的多孔式細工。

20劃以上

寶瓶式柱頭 kumbha 印度建築中的彎曲、墊塊狀**柱頭**。

寶頂 tee **窣堵坡**或**寶塔**頂部常似傘狀的**尖頂飾**。

寶塔 pagoda 數層高的塔樓，常與佛教有關，最常見於中國、日本和尼泊爾。每層都比下面一層稍微縮進，均有單獨的屋頂和陽台。

懸垂式窗花格 drop tracery 哥德拱下側懸垂的**窗花格**飾邊。

懸飾 pendant 從覆有拱頂的屋頂或天棚垂下的細長**浮凸雕飾**。

懸臂 cantilever 僅一端有支撐的牆體水平突出物，如**陽台**、踏階或梁。

懸臂梁屋頂 hammer-beam roof 屋頂形式之一，其中稱為懸臂梁的水平短**托座**從對面牆體伸入以支撐稱為錘柱的垂直木。

競技場 hippodrome 古希臘和古羅馬用來舉行賽馬和賽馬車的構築物。

鐘形圓飾 echinus 一種凸**線腳**，位於**多立克式**柱的**柱身**與**柱頂板**之間，以及**愛奧尼亞式**柱的**柱頭渦旋形飾**下方。

鐘乳石簷口／蜂窩狀拱頂 muqarnas 伊斯蘭建築中鐘乳石狀的頂棚裝飾。

鐘塔 bell tower 獨立或附屬於市政廳之類建物的塔樓，內懸一口或多口鐘。

鐘樓 belfry 通常指懸掛一口或多口鐘的塔樓頂層。也指整座**鐘塔**，或指教堂**尖塔**內的懸鐘區域。

護牆 revetment 通常是石砌的面層，目的是要比所覆蓋的牆更具形式上的吸引力或更耐久。

露天台階 perron 住宅、教堂或其他建物門前的平台或露台。也指引向露台或門道的一段階梯。

露台／聯排式房屋 terrace 建物前的平台或是上覆平頂的路堤。也指兩側緊挨的一排房屋。

疊梁式 tailiang 中國建築中的一種「梁—柱—**支撐**」結構，柱子升至屋頂，屋頂由層層垂直疊加的梁支撐，梁間有**支撐**。

龕 aedicule 廟宇內部放置雕像的神龕，由兩根柱子和一個**三角楣**框定。有時也指由柱子框定的開口，如門或窗。

灣窗 bay window 突出建物的曲線形或多角形窗戶。

蠻石工程 cyclopean 指古典時期以前的希臘建築中用非常巨大的不規則石塊建造的石頭建築。也指任何一種用巨大粗鑿的石塊建造的石頭建築。

觀景樓 belvedere 房屋屋頂上的小瞭望塔。是眺台的一種，也指可欣賞公園或花園景致的涼亭。

鑲板 panel 比周圍區域低或高的平坦部分，周邊或有**線腳**。

鑲嵌物 tessera 用來構造**馬賽克**的小塊玻璃或大理石。

顱骨架 tzompantli **中部美洲**文明中用以擱置被獻祭人頭顱的顱骨架。

韃爾垂 chaultri 印度廟宇院落中的帶柱廳。

參考書目

ANCIENT EGYPT

ALDRED, C., *Egyptian Art*, London, 1988

BADAWY, A., *A History of Egyptian Architecture*, Giza, 1954–68, 3 vols

EDWARDS, I. E. S., *The Pyramids of Egypt*, Harmondsworth, 1985

GORRINGE, H. H., *Egyptian Obelisks*, New York, 1882

MEHLING, M. (ed.), *Egypt*, Oxford, 1990

PETRIE, W. M. FLINDERS, *Egyptian Architecture*, London, 1938

SETON-WILLIAMS, V., *Egypt*, London, 1993 (3rd edn)

SMITH, W. STEVENSON, *The Art and Architecture of Ancient Egypt*, Harmondsworth, 1958 (revised edn 1981)

UPHILL, E. P., *The Temples of Per Ramesses*, Warminster, 1984

WILKINSON, SIR JOHN GARDNER, *The Architecture of Ancient Egypt*, London, 1850

BABYLON, ASSYRIA AND PERSIA

FERGUSSON, J., *The Palaces of Nineveh and Persepolis Restored*, London, 1851

FRANKFORT, H., *The Art and Architecture of the Ancient Orient*, Harmondsworth, 1954 (revised edn 1970)

LAYARD, A. H., *Monuments of Nineveh*, London, 1849, 2 vols

LAYARD, A. H., *Nineveh and Its Palaces*, London, 1849, 2 vols

LEICK, G., *A Dictionary of Ancient Near Eastern Architecture*, London, 1988

MALLOWAN, M. E. L., *Nimrud and Its Remains*, London, 1966, 2 vols

O'KANE, B., *Studies in Persian Art and Architecture*, Cairo, 1995

POPE, A. U., *Persian Architecture*, London, 1965

POPE, A. U. and ACKERMAN, P., *A Survey of Persian Art*, Oxford, 1939

EARLY AND CLASSICAL INDIA

ALLEN, MARGARET PROSSER, *Ornament in Indian Architecture*, London, Newark and Toronto, 1991

BROWN, PERCY, *Indian Architecture: Buddhist and Hindu Periods*, Bombay, 1971 (6th edn)

BURGESS, JAMES, *The Ancient Monuments, Temples and Sculptures of India*, London, 1911

FERGUSSON, J., *History of Indian and Eastern Architecture*, London, 1910 (revised edn), 2 vols

HARLE, J. C., *The Art and Architecture of the Indian Subcontinent*, London and New Haven, 1994

HAVELL, E. B., *The Ancient and Medieval Architecture of India: A Study of Indo-Aryan Civilisation*, London, 1915

MEISTER, MICHAEL W. (ed.), *Encylopaedia of Indian Temple Architecture: Foundations of North Indian Style c. 250 BC–AD 1100*, Delhi, 1988

MEISTER, MICHAEL W. (ed.), *Encyclopaedia of Indian Temple Architecture: North India, Period of Early Maturity c. AD 700–900*, Delhi, 1991, 2 vols

MEISTER, MICHAEL W. (ed.), *Encylopaedia of Indian Temple Architecture: South India, Lower Dravidadesa 200 BC–AD 1324*, Delhi, 1983

MICHELL, GEORGE, *The Penguin Guide to the Monuments of India, Volume One: Buddhist, Jain, Hindu*, London, 1990

MURTY, K. SATYA, *Handbook of Indian Architecture*, New Delhi, 1991

EARLY AND DYNASTIC CHINA

BOYD, ANDREW, *Chinese Architecture and Town Planning, 1500 BC–AD 1911*, London, 1962

KESWICK, MAGGIE, *The Chinese Garden: History, Art and Architecture*, New York, 1986 (2nd edn)

LIANG SSU-CH'ENG, *A Pictorial History of Chinese Architecture: A Study of the Development of its Structural System and the Evolution of its Types*, ed. Wilma Fairbank, Cambridge, MA, 1984

LIU DUNZHEN (ed.), *Zhongguo Gudai Jianzhu Shi (A History of Ancient Chinese Architecture)*, Beijing, 1980

LIU DUNZHEN, *Suzhou Gudian Yuanlin (Classical Gardens of Suzhou)*, Beijing, 1979

MORRIS, EDWIN T., *The Gardens of China: History, Art and Meanings*, New York, 1983

SICKMAN, LAURENCE and SOPER, ALEXANDER, *The Art and Architecture of China*, Harmondsworth, 1971 (3rd edn)

STEINHARDT, NANCY SHATZMAN, *Chinese Imperial City Planning*, Honolulu, 1990

STEINHARDT, NANCY SHATZMAN (ed.), *Chinese Traditional Architecture*, New York, 1984

TITLEY, NORAH and WOOD, FRANCES, *Oriental Gardens*, London, 1991

XU YINONG, *The Chinese City in Space and Time: The Development of Urban Form in Suzhou*, Honolulu, 2000

ZHANG YUHUAN (ed.), *Zhongguo Gudai Jianzhu Jishu Shi (A History of Ancient Chinese Architectural Technology)*, Beijing, 1985

CLASSICAL JAPAN

BALTZER, FRANZ, *Die Architektur der Kultbauten Japans*, Berlin, 1907

DRESSER, CHRISTOPHER, *Japan: Its Architecture, Art and Art Manufactures*, London, 1882

FUJIOKA, M., *Shiro to Shoin*, Tokyo, 1973

INAGAKI, E., *Jinja to Reibyo*, Tokyo, 1968

KAWAKAMI, M. and NAKAMURA, M., *Katsura Rikyu to Shashitsu*, Tokyo, 1967

MASUDA, T., *Living Architecture: Japanese*, London, 1971

MORSE, EDWARD S., *Japanese Homes and Their Surroundings*, London, 1888

NAKANO, G., *Byodoin Hoodo (The Pavilion of the Phoenix at Byodoin)*, Tokyo, 1978

OTA, H., *Japanese Architecture and Gardens*, Tokyo, 1966

PAINE, R. and SOPER, A., *The Art and Architecture of Japan*, Harmondsworth, 1974

SANSOM, G. B., *A Short History of Japanese Architecture*, Rutland, VT, 1957

STANLEY-BAKER, JOAN, *Japanese Art*, London, 1984 and 2000

PRE-COLUMBIAN

COE, MICHAEL D., *The Maya*, London, 1995 (5th edn)

COE, MICHAEL D., *Mexico from the Olmecs to the Aztecs*, London, 1995

HEYDEN, DORIS and GENDROP, PAUL, *Pre-Columbian Architecture of Mesoamerica*, London, 1988

HYSLOP, JOHN, *Inka Settlement Planning*, Austin, 1990

KOWALSKI, JEFF KARL (ed.), *Mesoamerican Architecture as a Cultural Symbol*, Oxford and New York, 1999

KUBLER, GEORGE, *The Art and Architecture of Ancient America*, London and New Haven, 1993

MILLER, MARY ELLEN, *The Art of Mesoamerica from Olmec to Aztec*, London, 1986

PASZATORY, ESTHER, *Pre-Columbian Art*, London, 1998

RUTH, KAREN, *Kingdom of the Sun, the Inca: Empire Builders of the Americas*, New York, 1975

STIERLIN, HENRI, *The Maya, Palaces and Pyramids of the Rainforest*, Cologne, 2001

PRE-CLASSICAL

BOËTHIUS, AXEL., *Etruscan and Early Roman Architecture*, Harmondsworth, 1978

HAYNES, SYBILLE, *Etruscan Civilisation*, London, 2000

LAWRENCE, A. W., *Greek Architecture*, London and New Haven, 1996 (5th edn)

MARTIN, ROLAND, *Greek Architecture: Architecture of Crete, Greece, and the Greek World*, London, 1980

MATZ, FRIEDRICH, *Crete and Early Greece: The Prelude to Greek Art*, London, 1962

MYLONAS, GEORGE E., *Mycenae and the Mycenaean Age*, Princeton, 1966

STIERLIN, HENRI, *Greece: From Mycenae to the Parthenon*, London and Cologne, 2001

TAYLOUR, LORD WILLIAM, *The Mycenaeans*, London, 1964

ANCIENT GREECE

LAWRENCE, A. W., *Greek Architecture*, London and New Haven, 1996 (5th edn)

MARTIN, ROLAND, *Greek Architecture: Architecture of Crete, Greece, and the Greek World*, London, 1980

SCRANTON, ROBERT L., *Greek Architecture*, London, 1962

STIERLIN, HENRI, *Greece: From Mycenae to the Parthenon*, London and Cologne, 2001

TAYLOR, WILLIAM, *Greek Architecture*, London, 1971

TOMLINSON, R. A., *Greek Architecture*, Bristol, 1989

ANCIENT ROME

BOËTHIUS, AXEL, *Etruscan and Early Roman Architecture*, New Haven and London, 1994

BROWN, F. E., *Roman Architecture*, New York, 1961

MACDONALD, W. L., *The Architecture of the Roman Empire*, New Haven, 1965–86 (revised edn 1982), 2 vols

MACKAY, A. G., *Houses, Villas and Palaces in the Roman World*, London, 1975

NASH, E., *Pictorial Dictionary of Ancient Rome*, London, 1961–2 (2nd edn 1968), 2 vols

PLATNER, A. B. and ASHBY, T., *A Topographical Dictionary of Ancient Rome*, London, 1929

SEAR, F. B., *Roman Architecture*, London, 1982

SUMMERSON, J., *The Classical Language of Architecture*, London, 1980

VITRUVIUS, *On Architecture*, London and New York, 1931 (Bks I–V), 1934 (Bks VI–X)

WARD-PERKINS, J. B., *Roman Imperial Architecture*, London and New Haven, 1994

WHEELER, M., *Roman Art & Architecture*, London, 1964

EARLY CHRISTIAN AND BYZANTINE

KRAUTHEIMER, RICHARD, *Early Christian and Byzantine Architecture*, Harmondsworth, 1981

LASSUS, JEAN, *The Early Christian and Byzantine World*, London, 1967

MAINSTONE, ROWLAND J., *Hagia Sophia: Architecture, Structure and Liturgy of Justinian's Great Church*, London, 1988

MANGO, CYRIL, *Byzantine Architecture*, New York, 1976

MATHEWS, THOMAS F., *The Byzantine Churches of Istanbul: A Photographic Survey*, Pennsylvania, 1976

MILBURN, ROBERT, *Early Christian Art and Architecture*, Aldershot, 1988

RODLEY, LYN, *Byzantine Art and Architecture: An Introduction*, Cambridge, 1994

WHARTON, ANNABEL JANE, *Art of Empire: Painting and Architecture of the Byzantine Periphery, A Comparative Study of Four Provinces*, Pennsylvania, 1988

ISLAMIC

BLAIR, S. S. and BLOOM, J. M., *The Architecture of Islam 1250–1800*, London and New Haven, 1994

BLOOM, J. M., *Minaret: Symbol of Islam*, Oxford, 1994

COSTA, P. M., *Studies in Arabian Architecture*, Aldershot, 1994

CRESWELL, K. A. C., *A Bibliography of the Architecture, Arts and Crafts of Islam*, Cairo, 1962 and 1973

DAVIES, PHILIP, *The Penguin Guide to the Monuments of India, Volume Two: Islamic, Rajput and European*, London, 1989

ETTINGHAUSEN, R. and GRABAR, O., *The Art and Architecture of Islam 650–1250*, London and New Haven, 1987

FRISHMAN, M. and KAHN, H. U. (eds.), *The Mosque: History, Architectural Development and Regional Diversity*, London, 1994

GRABAR, O., *The Great Mosque of Isfahan*, London, 1987

HARLE, J. C., *The Art and Architecture of the Indian Subcontinent*, London and New Haven, 1994

HILL, D. and GRABAR, O., *Islamic Architecture and its Decoration*, London, 1964

HILLENBRAND, R., *Islamic Architecture*, Edinburgh, 1994

HOAG, JOHN D, *Islamic Architecture*, New York, 1997

KUHNEL, E., *Islamic Art and Architecture*, London, 1966

MAYER, L. A., *Islamic Architects and Their Works*, Geneva, 1956

MICHELL, GEORGE (ed.), *Architecture of the Islamic World: Its History and Social Meaning*, London, 1978 (2000 edn)

ROMANESQUE

ARCHER, L., *Architecture in Britain & Ireland: 600–1500*, London, 1999

BROOKE, C. N. L., *The Twelfth Century Renaissance*, London, 1969

BUSCH, H. and LOHSE, B. (eds.), *Romanesque Europe*, London, 1960

CONANT, KENNETH J., *Carolingian and Romanesque Architecture 800 to 1200*, Harmondsworth, 1973

DUBY, G., *The Europe of the Cathedrals, 1140–1280*, Geneva, 1966

EVANS, J. (ed.), *The Flowering of the Middle Ages*, London, 1966

FERNIE, ERIC, *The Architecture of Norman England*, Oxford, 2000

HOOKER, D. (ed.), *Art of the Western World*, London, 1989

KUBACH, HANS ERICH, *Romanesque Architecture*, London, 1988

OURSEL, R., *Living Architecture: Romanesque*, London, 1967

SWARZENSKI, H., *Monuments of Romanesque Art*, London, 1974

WATKIN, D., *A History of Western Architecture*, London, 1986

GOTHIC

ARCHER, L., *Architecture in Britain & Ireland: 600–1500*, London, 1999

ARSLAN, E., *Gothic Architecture in Venice*, New York, 1971

BONY, J., *French Gothic Architecture Twelfth to Thirteenth Century*, London and Berkeley, 1983

BRANNER, R., *St Louis and the Court Style in Gothic Architecture*, London, 1964

FRANKL, P., *Gothic Architecture*, Harmondsworth, 1962

GRODECKI, LOUIS, *Gothic Architecture*, London, 1986

HARVEY, J. H., *The Gothic World 1100–1600*, London, 1950

HENDERSON, G., *Gothic*, Harmondsworth, 1967

PUGIN, A. and A. W., *Examples of Gothic Architecture*, London, 1838–40, 3 vols

WHITE, JOHN, *Art and Architecture in Italy 1250 to 1400*, Harmondsworth, 1966

WOOD, MARGARET, *The English Mediaeval House*, London, 1965

參考書目

RENAISSANCE

ACKERMAN, J. S., *The Villa: Form and Ideology of Country Houses*, London, 1995

ALBERTI, LEON BATTISTA, *On the Art of Building in Ten Books*, translated by J. R. Rykwert *et al.*, Cambridge, MA, 1988

BLUNT, ANTHONY, *Art and Architecture in France 1500–1700*, London and New Haven, 1999 (5th edn)

BLUNT, ANTHONY, *Artistic Theory in Italy 1450–1600*, Oxford and New York, 1978

HEYDENREICH, L. H. (revised by P. Davies), *Architecture in Italy 1400–1500*, London and New Haven, 1996

LOTZ, W. (revised by D. Howard), *Architecture in Italy 1500–1600*, London and New Haven, 1995

MILLON, H. and LAMPUGNANI, V. M. (eds.), *The Renaissance from Brunelleschi to Michelangelo: The Representation of Architecture*, Milan, 1994

MURRAY, PETER, *Architecture of the Renaissance*, New York, 1971

PALLADIO, ANDREA, *Four Books of Architecture*, English translation, New York, 1965

SUMMERSON, JOHN, *Architecture in Britain, 1530–1830*, London and New Haven, 1993

THOMSON, D., *Renaissance Architecture: Critics, Patrons, Luxury*, Manchester, 1993

WATKIN, D., *English Architecture*, London, 1979 (reprinted 1990)

WITTKOWER, R., *Architectural Principles in the Age of Humanism*, London and New York, 1988

BAROQUE AND ROCOCO

BLUNT, ANTHONY, *Art and Architecture in France 1500–1700*, London and New Haven, 1999 (5th edn)

BLUNT, ANTHONY, *Baroque and Rococo, Architecture and Decoration*, London, 1978

BOTTINEAU, YVES, *Iberian–American Baroque*, ed. Henri Stierlin, Cologne, 1995

DOWNES, KERRY, *English Baroque Architecture*, London, 1966

HEMPEL, EBERHARD, *Baroque Art and Architecture in Central Europe*, Harmondsworth, 1965

MARTIN, JOHN RUPERT, *Baroque*, London, 1989

MILLON, HENRY A. (ed.), *The Triumph of the Baroque, Architecture in Europe 1600–1750*, London, 1999

MINOR, VERNON HYDE, *Baroque and Rococo, Art and Culture*, London, 1999

NORBERG-SCHULZ, CHRISTIAN, *Baroque Architecture*, London, 1986

NORBERG-SCHULZ, CHRISTIAN, *Late Baroque and Rococo Architecture*, London, 1986

SUMMERSON, JOHN, *Architecture in Britain, 1530–1830*, London and New Haven, 1993

VARRIANO, JOHN, *Italian Baroque and Rococo Architecture*, Oxford and New York, 1986

WITTKOWER, RUDOLF, *Art and Architecture in Italy 1600–1750*, London and New Haven, 1999 (6th edn)

PALLADIANISM

BARNARD, TOBY and CLARK, JANE (eds), *Lord Burlington, Architecture, Art and Life*, London, 1995

BOLD, JOHN, with REEVES, JOHN, *Wilton House and English Palladianism*, London, 1988

CAMPBELL, COLEN, *Vitruvius Britannicus*, London, vol. I 1715, vol. II 1717, vol. III 1725

HARRIS, JOHN, *The Palladian Revival, Lord Burlington, His Villa and Garden at Chiswick*, London and New Haven, 1994

HARRIS, JOHN, *The Palladians*, London, 1981

PARISSIEN, STEVEN, *Palladian Style*, London, 1994

SUMMERSON, JOHN, *Architecture in Britain, 1530–1830*, London and New Haven, 1993

SUMMERSON, JOHN, *Inigo Jones*, London and New Haven, 2000

TAVERNOR, ROBERT, *Palladio and Palladianism*, London, 1991

WITTKOWER, RUDOLF, *Palladio and English Palladianism*, London, 1983

WORSLEY, GILES, *Classical Architecture in England, The Heroic Age*, London and New Haven, 1995

NEO-CLASSICAL

ADAM, ROBERT and JAMES, *Works in Architecture*, London, 1778

The Age of Neo-classicism, Arts Council exhibition catalogue, London, 1972

CROOK, J. M., *The Greek Revival*, London, 1972

HAMILTON, G. H., *The Art and Architecture of Russia*, Harmondsworth, 1983

HONOUR, HUGH, *Greek Revival Architecture in America*, Oxford, 1944

KALNEIN, W. G. and LEVEY, M., *Art and Architecture of the Eighteenth Century in France*, Harmondsworth, 1972

MIDDLETON, R. D. and WATKIN, D., *Neo-classical and Nineteenth-century Architecture*, London, 1977

PIERSON, W. H., *American Buildings and Their Architects: The Colonial and Neo-classical Styles*, New York, 1970

STILLMAN, D., *English Neo-classical Architecture*, London, 1988

SUMMERSON, JOHN, *Architecture in Britain, 1530–1830*, London and New Haven, 1993

WATKIN, D. and MELLINGHOFF, T., *German Architecture and the Classical Ideal, 1740–1840*, London, 1986

WIEBENSON, DORA, *Sources of Greek Revival Architecture*, London, 1969

WORSLEY, GILES, *Classical Architecture in Britain, The Heroic Age*, London and New Haven, 1995

PICTURESQUE

ARNOLD, D. (ed.), *The Georgian Villa*, Stroud, 1996

BALLANTYNE, A., *Architecture, Landscape and Liberty: Richard Payne Knight and the Picturesque*, Cambridge, 1977

DANIELS, S., *Humphry Repton: Landscape Gardening and the Geography of Georgian England*, London and New Haven, 1999

HARRIS, J., *The Architect and the British Country House*, Washington, 1985

HUSSEY, CHRISTOPHER, *The Picturesque: Studies in a Point of View*, London, 1983

LINDSTRUM, D. (ed.), *The Wyatt Family*, RIBA catalogue, Farnborough, 1974

LOUDON, J. C., *The Encyclopedia of Cottage, Farm and Villa Architecture*, London, 1833

LOUDON, J. C., *The Landscape Gardening and Landscape Architecture of the Late Humphry Repton*, London, 1840

MACDOUGALL, E. (ed.), *John Claudius Loudon and the Early Nineteenth Century in Great Britain*, Dumbarton, 1980

MANSBRIDGE, M., *John Nash: A Complete Catalogue*, London and New York, 1991

ROWAN, A., *Robert and James Adam: Designs for Castles and Country Villas*, Oxford, 1985

STAMP, G., *The Great Perspectivists*, London, 1982

SUMMERSON, JOHN, *Architecture in Britain, 1530–1830*, London and New Haven, 1993

TEMPLE, N., *John Nash and the Village Picturesque*, Gloucester, 1979

WATKIN, D., *The Buildings of Britain: Regency*, London, 1982

WATKIN, D., *The English Vision: The Picturesque in Architecture, Landscape and Garden Design*, London, 1982

中英索引（依中文筆劃排列）

中英索引（依中文筆劃排列）

中英索引（依中文筆劃排列）

中英索引（依中文筆劃排列）

10劃

中英索引（依中文筆劃排列）

11劃

12劃

中英索引（依中文筆劃排列）

中英索引（依中文筆劃排列）

14劃

中英索引（依中文筆劃排列）

國家圖書館出版品預行編目資料

世界建築經典圖鑑／艾蜜莉・柯爾（Emily Cole）主編；陳鏞等譯. -- 二版. -- 臺北市 ： 臉譜, 城邦文化出版 ： 家庭傳媒城邦分公司發行 , 2012.02
360面；23.2×19.3公分；參考書目：3面，含索引（藝術叢書；FI2008C）
譯自：The Grammar of Architecture

ISBN 978-986-235-138-3（精裝）

1. 建築史

923.09 100018295